Franz Josef Röll

Pädagogik der Navigation

Selbstgesteuertes Lernen durch Neue Medien

kopaed (muenchen)
www.kopaed.de

Bibliografische Information Der Deutschen Bibliothek
Die Deutsche Bibliothek verzeichnet diese Publikation in der Deutschen Nationalbibliografie; detaillierte bibliografische Daten sind im Internet über http://dnb.ddb.de abrufbar.

ISBN 3-935686-51-X

Titel: kopaed, unter Verwendung eines Fotos von D. Boone (Corbis)

Druck: Kessler-Druck, Bobingen

Pfälzer-Wald-Str. 64, 81539 München
Fon: 089.68890098 Fax: 089.6891912
e-mail: info@kopaed.de Internet: www.kopaed.de

Röll
Pädagogik der Navigation

Inhaltsverzeichnis

Die fünf Freiheiten

Zu sehen und zu hören – was in mir ist und mit mir ist,
und nicht, was dort sein sollte, dort war oder vielleicht sein könnte!

Zu sagen – was ich fühle und denke,
und nicht was ich sagen sollte!

Zu fühlen – was ich fühle,
und nicht was ich fühlen sollte!

Zu fragen – was ich möchte,
und nicht warten, warten, warten auf Erlaubnis!

Zu wagen – was mich reizt,
statt immer nur „Sicherheit“ zu wählen!

Ich probier's einfach aus!

Virginia Satir

Einleitung

"Let us think of a school as a social laboratory where pupils themselves are the experimenters, not the victims of an intricate and crystallized system. Let us think of it as a place where community conditions prevail as they prevail in life itself."
Helen Parkhurst: Education on the Dalton Plan (1922)

Während die Ergebnisse der PISA-Studie für die einen die Notwendigkeit einer Verbesserung der grundlegenden Lerntechniken (lesen, schreiben) belegen, erkennen andere darin einfach eine Chance, um die Modernisierung des Bildungssystems voranzutreiben. Zwar ist „PISA" in aller Munde, doch trägt nicht zuletzt die Debatte zum Wandel unserer Gesellschaft in eine Wissensgesellschaft dazu bei, das bestehende Bildungssystem in Frage zu stellen. Einigkeit herrscht über die Tatsache, dass die entstehende Wissensgesellschaft uns vor große Herausforderungen stellt. In den Neuen Technologien werden zumeist geeignete Instrumente gesehen, um Lernen neu zu organisieren. Diese Neuen Technologien sind allerdings keineswegs ein Garant für ein neues, sich automatisch aktualisierendes Verständnis von Bildung. Der Nürnberger Trichter, die Metapher für automatisiertes Lernen, wird auch mit den neuen Medien nicht erfunden werden.

Abb. 1: Nürnberger Trichter

Abb. 2: Vision des Klassenzimmers 2000 von Jean Marc Cote aus dem Jahre 1899

Während technikeuphorische Bildungsplaner erwarten, dass der Lernende sich durch die elektronischen Medien das benötigte Wissen selbstständig aneignet, neigen konservative Pädagogen dazu, an der Lernphilosophie und die Methoden der programmierten Unterweisung der Siebziger Jahre anzuknüpfen. Dabei beziehen sie sich bewusst oder unbewusst auf die Lerntheorie des Behaviorismus. Beispielhaft lässt sich dies am Europäischen Computer-Führerschein (ECDL) verdeutlichen. Der ECDL besteht aus sieben

Teilprüfungen, basierend auf praxisbezogenem Wissen (z.B. Dateiverwaltung, Informations- und Kommunikationsnetze). Jede abgeschlossene Prüfung wird auf einer Skillscard eingetragen. Wer alle Module erfolgreich abgeschlossen hat, erhält ein international anerkanntes Zertifikat und damit den Nachweis für umfassende Kenntnisse im IT-Bereich.

Da Projekte mit ECDL oder vergleichbaren Zertifizierungen insbesondere dann, wenn Sie mit benachteiligten Jugendlichen durchgeführt werden, mit erheblichen öffentlichen Mitteln bezuschusst werden, bleibt die Frage, wie diese Jugendliche später in der Lage sein sollen, Ideenkompetenz für die Wissensgesellschaft zu erwerben. Die Befürworter derartiger Wissenskonzepte vermuten womöglich, dass das rudimentäre Beherrschen der alphanumerischen Kompetenz gleichbedeutend sei mit dem Überleben in der Wissensgesellschaft. Wahrscheinlicher ist, dass dieses Verständnis von Pädagogik nur ein Beispiel für eine verschärfte Dichotomisierung in der Bildung in der Wissensgesellschaft liefert. Denn während die Manager und leitenden Angestellten mit asiatischen Meditationsübungen, mit den Grundzügen der humanistischen Psychologie, mit neurolinguistischem Programmieren und Methoden, die auf einer konstruktivistischen Lernphilosophie beruhen, fit gemacht werden für die Wissensgesellschaft, bleibt für die Mehrzahl der zukünftigen Arbeitnehmer vor allem drill and practice.

Der Einsatz von Computern ist kein Allheilmittel. Die Wahrscheinlichkeit ist hoch, dass die Enttäuschung groß sein wird, sollte es nicht gelingen, den Computer und das Internet in ein neues Verständnis von Lernen einzubinden. Nicht der Computer und das Internet an sich bringen neue Lern-Chancen, sondern entscheidend ist die Lernumgebung, in der diese Medien eingesetzt werden. Gleichwohl bieten die elektronischen Medien eine günstige Voraussetzung, um unsere Lernkultur zu transformieren. Da der Computer und das Internet sowohl universelle Werkzeuge als auch Denkzeuge (TURKLE 1994) sind, können sie multioptional eingesetzt werden. Mit ihrer Hilfe ist es möglich, Erfahrungswelten zu simulieren, Realität und Virtualität zu verknüpfen (Virealität), unterschiedliche Begabungen und Fähigkeiten zu unterstützen, die gesellschaftlichen Machtverhältnisse besser zu durchschauen und sich spielerisch Kompetenzen anzueignen.

Der Computer und das Internet werden den Paradigmenwechsel von der schrift- zur bildorientierten Wissensvermittlung verstärken. MITCHELL (1994) prognostizierte bereits Mitte der 90er Jahre den „Pictorial Turn“ in der Wissensvermittlung, wobei er in einer späteren Schrift hervorhob, dass es ihm nicht um das Feststellen einer Tatsache, sondern um das Erkennen eines Problems ginge, das es zu untersuchen gelte (MITCHELL 2002, S. 207). Den von ihm konstatierten „Pictorial Turn“ sieht er als etwas an, das Angst macht und Kritik herausfordert. Auftauchende Befürchtungen sind bisher bei allen Neuen Medien geäußert worden. „Seit der ersten Verbreitung von Romanen und Zeitschriften über Film und Fernsehen, Comics und Cartoons löst das Auftauchen neuer Medien heftige Reaktionen der Öffentlichkeit aus, was ebenso sicher prognostiziert werden kann, wie der Eifer, mit dem die neuen Medien unters Volk gebracht werden“ (DROTNER, zitiert in: TAPSCOTT 1998, S. 78).

Die Wende zum Bild und zur Dominanz der alphanumerischen Kommunikation ist unbestritten. Divergenzen gibt es bei der Bewertung dieses Wandlungsprozesses. Pessimisten befürchten durch diese Entwicklung Isolierung, Entfremdung, soziale Klassenunterschiede, neue Formen des digitalen Kolonialismus und die haltlose Kommerzialisierung privater und öffentlicher Räume. Optimisten wiederum sehen in der skizzierten Entwicklung die Chance zur Dezentralisierung, Demokratisierung, die Erhöhung der Partizipation durch Interaktivität, die Entfaltung vielfältiger Potenziale durch Multimedialität und die Begünstigung von transnationalem und transkulturellem Denken.

Mit hoher Wahrscheinlichkeit werden die Neuen Medien zur Veränderung der sozialen, kulturellen, politischen, pädagogischen und ökonomischen Interaktion beitragen. Ob diese Veränderung mehr Vor- als Nachteile bringt, lässt sich in der Implementierungsphase nicht endgültig beurteilen. Die Mittel der Kommunikation prägen zwar die Form des Kommunikationsprozesses, sie legen aber keineswegs die Inhalte und das Komplexitätsniveau fest. Schon immer haben technologische Entwicklungen Erfahrungen auf der einen Seite erweitert und auf der anderen Seite verringert. Medienpädagogik ist daher mehr denn je ein wichtiges Arbeitsfeld, damit die Verluste sich nicht auf Kosten der Mehrheit und die Erweiterungen zum Nutzen von Einzelnen realisieren. Es besteht somit die Herausforderung, die Nachteile der Neuen Technologien zu mildern und die Vorteile zu nutzen. Gerade im Bereich der Aus-, Weiter- und Fortbildung steht es nicht mehr in unserem Ermessen, ob die elektronischen Medien Verwendung finden. Noch haben wir aber die Chance, die Bedingungen und die Konzepte festzulegen, in denen diese Medien eingesetzt werden.

Wie die Geschichte der Kommunikationstechnologien zeigt, waren bedeutende Veränderungen in diesem Bereich immer auch verbunden mit Veränderungen des Verständnisses von Lehren und Lernen (vgl. CHOU 2000, S. 116). In der durch den technologischen Wandel implizierten pädagogischen Irritation liegt eine Chance. „Der Wechsel vom text- zum bildvermittelten Wissen wird die Rahmenbedingungen für Lernen, Forschen und Arbeiten gründlich verändern. Er hat dies in Teilen schon jetzt getan. Wenn Schüler mit Hilfe von Grafiken, Animationen und Interaktion nachweislich leichter und schneller lernen, dann muss sich das Bildungswesen darauf einstellen und seine Angebote anpassen“ (Maar, 2000, S. 15). Es scheint mir kein Zufall zu sein, dass mit dem Bedeutungsgewinn des Mediums Internet die Idee und die Vorstellung des selbstgesteuerten Lernens stärker in der Öffentlichkeit an Bedeutung gewinnt.

Selbstgesteuertes Lernen ist ein unscharfer Begriff. Dementsprechend wird er unterschiedlich gedeutet, je nachdem, ob ein Ziel gegeben ist (woraufhin), ob die Inhalte des Lernens im Vordergrund stehen (was), ob die Modalitäten des Lernprozesses betont werden (wo, wann, wie lange) oder ob der Lernweg im Vordergrund steht (wie, mit welchen Hilfsmitteln, auf welche Weise, allein oder mit anderen). Für STRAKA (1999) ist selbstgesteuertes Lernen ein Prozess, „bei dem die Lernenden bereit und fähig sind, ihr Lernen eigenständig zu planen, zu organisieren, umzusetzen, zu kontrollieren und zu bewerten, sei es in Kooperation mit anderen oder als Einzelne.“ Je nachdem, wie hoch der Anteil des Lernenden bei den Faktoren im Lernprozess ist, handelt es sich um einen hohen oder einen niedrigen Selbststeuerungsgrad. Nicht in allen Lernprozessen wird es möglich sein, die Selbststeuerung in selbstorganisierten Lernformen zu ermöglichen. DIETRICH/FUCHS-BRÜNINGHOFF (1998, S. 2) zählen sogar die selbstorganisierten Lernprozesse in institutionell eingebundenen bzw. angebotenen fremdorganisierten Lernarrangement zum selbstorganisierten Lernen. Wesentliches Kriterium für das Selbstlernen ist nach diesen Autoren der zielgerichtete Vorgang zur Intensivierung expliziter und impliziter individueller Lernprozesse.

Wenn mit selbstgesteuertem Lernen selbstverantwortetes Lernen gemeint ist, bedarf es einer Präzisierung des Begriffs, um Missverständnisse zu vermeiden. Es ist denkbar, dass mit „selbstverantwortetem Lernen" auch Bildung und Lernen verstanden wird, das dem Lernenden Eigenständigkeit und Verantwortung gibt, ihm aber die Selbstbestimmung entzieht. Die Selbstständigkeit besteht dann allein darin, das Lernen selbst zu organisieren. Es ist denkbar, die Neuen Medien nur als Instrument zu nutzen. Dabei kann es zu einer technizistischen Verkürzung des Lernens kommen. In den Neuen Medien sehe ich nur dann eine große Chance für selbstgesteuertes und selbstbestimmtes Lernen, wenn folgende Aspekte berücksichtigt werden:

- **Autonomie erleben** Aufgaben können nach eigenen Vorstellungen bearbeitet werden und beim Handeln stehen Spielräume zur Verfügung;
- **Kompetenz erleben** beim Lernen kommen die Lernenden zum sachverständigen Lösen von Problemen und erleben dabei ihre eigene Wirksamkeit;
- **Erleben sozialer Einbindung** lernen wird als kooperativer und kollaborativer Akt verstanden, sodass der Lernende Anerkennung durch Kollegen oder die Peergroup erfährt.

Die Sinnhaftigkeit selbstgesteuerten Lernens mit elektronischen Medien herauszuarbeiten, zu begründen und zu belegen, sind Motiv und Anlass dieses Buches. Angesichts der Dynamisierung in unserer Gesellschaft, die das lebenslange Lernen zur Pflicht macht, bedarf es vor allem eines neuen pädagogischen Selbstverständnisses, einer neuen Lernkultur, eines neuen pädagogischen Leitbildes. Lernende und Lehrende müssen sich als Navigatoren verstehen, damit das defizitorientierte Subordinationsverhältnis des traditionellen Lehr-Lern-Verhältnisses durch ein Verständnis eines ressourcenorientierten, komplementären Lernens ersetzt wird. Dazu ist eine Lernumgebung nötig, die offenes Lernen ermöglicht: Es bedarf einer Pädagogik der Navigation.

Pädagogik der Navigation bedeutet, Lernende zum selbstgesteuerten Lernen zu befähigen. In der zukünftigen Wissensgesellschaft sind nicht Faktenwissen gefragt, sondern vielschichtige Problemlösungskompetenzen sowie mentale Beweglichkeit. Das Lernen des Lernens wird zur entscheidenden Schlüsselkompetenz. Lernende benötigen dabei umfassende Kompetenzen. Für die Fähigkeit zum selbstgesteuerten Lernen muss der Lernende in die Lage versetzt werden, den eigenen Bildungsbedarf erfassen und analysieren zu können, um Ziele formulieren zu können (vgl. EHLERS 2002, S. 17). Er muss die Kompetenz besitzen, sich Materialien und Inhalte eigenständig zugänglich zu machen. Dazu ist nicht nur die Fähigkeit gefordert, Lernen selbst zu organisieren, ebenso wichtig werden Methoden- und Medienkompetenz. In der Wissensgesellschaft wird von den Lernenden immer weniger Daten- und Faktenwissen verlangt, sondern ein reflektierter Umgang mit verschiedenen Wissensformen (vgl. MAAR 2000, S. 17). Maßgeschneidertes und transversales Lernen erhält eine hohe Bedeutung. Nonlineares Lernen, wurzelartige Lern-Strukturen (Rhizome) und interaktive Lernprogramme tragen nicht nur zur Lebenserhaltung (Qualifizierung), sondern auch zur Lebensentfaltung bei.

Am Beispiel unterschiedlicher Zielgruppen (Kindergarten, Schule, außerschulische Bildung, Hochschule und Weiterbildung) entwerfe ich ein auf sinnlich-ästhetischen Kriterien basierendes Computer- und Internet-Lernkonzept, dessen konzeptionelle Grundlagen auf Grundsätzen der Reformpädagogik und konstruktivistischen Lernphilosophien beruhen. Es werden Lernumgebungen zur Diskussion gestellt, die dokumentieren, wie Computer- und Internet-Pädagogik nicht nur zum Lernen für die Wissensgesellschaft motivieren können, sondern auch zu einer kritischen, selbstbewussten und handlungsorientierten Aneignung der konkreten Lebenswelt. Damit leistet die Pädagogik der Navigation auch einen Beitrag zur Identitätsstabilisierung. Explizit und implizit wird aufgezeigt, dass Lernprozesse besonders erfolgreich sind, wenn „Lernen" nicht als Qual, sondern als „Spaß" verstanden wird.

Ausgehend von einer Analyse des Begriffs „Wissen" fasse ich im **ersten Kapitel** das unterschiedliche Verständnis von Wissen in einem Wissensartenbaum zusammen. Danach skizziere ich die Debatte um die Wissensgesellschaft und grenze den Begriff der Wissensgesellschaft gegenüber dem der Informationsgesellschaft ab. Anhand der Darstellung und Bewertung von Wissensmanagement-Konzepten weise ich nach, dass sich im Grundverständnis der Ausbildung und der Organisation von Unternehmen ein Wandel abzeichnet. Bezogen auf den Einzelnen wird es in der Wissensgesellschaft zu einem neuen Lernverstandnis kommen. Während früher auf Vorrat gelernt wurde (just in case), verlangt die Dynamik des wirtschaftlichen Wandels ein Verständnis von Lernen nach Bedarf (on demand) und zu dem Zeitpunkt, wann es benötigt wird (just in time). Neben der daraus folgenden Notwendigkeit des lebenslangen Lernens wird Medienkompetenz zu einer Schlüsselqualifikation, weil sich zukünftiges Lernen in hohem Maße mit Unterstützung von Computer und Internet realisieren lässt. Durch die Nutzung elektronischer Kommunikationsmittel wird es insbesondere bedeutsam, Navigationskompetenz im Umgang mit Hypertexten zu haben. Die Medienkompetenz-Debatte muss daher bezogen auf die Anforderungen der Wissensgesellschaft aktualisiert werden. Dementsprechend schlage ich eine Definition vor, was in der Wissensgesellschaft unter Medienkompetenz verstanden werden sollte.

Die bereits zum Schluss des ersten Kapitels skizzierten veränderten Anforderungen an den Einzelnen in einer Wissensgesellschaft werden im **zweiten Kapitel** in Bezug gesetzt zu den Veränderungen von Wahrnehmung und Denken, den grundlegenden Skripts, die Kinder und Jugendliche in einer Gesellschaft, in der Medien zum alltäglichen Lebensumfeld gehören, entwickeln. Dabei beziehe ich mich auf STERNs (1992) Konzept der kreuzmodalen Wahrnehmung, das davon ausgeht, dass Kinder in der Lage sind, intersensorisch die von den einzelnen Sinneskanälen aufgenommenen Informationen zu kreuzen (kreuzmodale Wahrnehmung). In der Regel werden diese Fähigkeiten im sogenannten formalen Stadium (etwa 12 Jahre) abgelegt und von dem kausal-rationalen Denken ersetzt. Die Medien begünstigen, so meine These, das Bewahren der kreuzmodalen Aneignung von Wirklichkeit. Dies wird begünstigt durch die Veränderung der kindlichen Erfahrungsräume. Der Lebensraum von Kindern ist nicht mehr kohärent und ganzheitlich, sondern geprägt durch Institutionalisierung, Segmentierung und Spezialisierung. Die daraus folgende Orientierungsdiffussion wird durch die Medien aufgefangen. Sie bieten die Folie, um die verlorene Kohärenz des verinselten Lebensraumes zu schließen. Durch die kontinuierliche Erfahrung im Umgang mit Medien kommt es zu einer veränderten Dominanz in der Aneignung von Wirklichkeit. Das werde ich am Beispiel des Wandels vom Verstehen (Top-down) zum Begreifen (Bottom-up) und der Differenzierung zwischen Senioritäts- und juvenilem Prinzip aufzeigen. Am Beispiel des Computers werde ich darlegen, wie und warum die neuen Medien die kindliche Intelligenz fördern können. Des Weiteren weise ich auf die Dimension der Selbstsozialisation durch Medien hin und verdeutliche noch einmal die durch das Internet bedingten Veränderungen der Sprache, der Denkweise und der Struktur (hypertextuale Manuskriptkultur). Dazu skizziere ich die Denkfigur der Hotspotkultur als Synonym für die Internetgeneration.

Dass Lernen nicht nur die Aufnahme neuer Wissenselemente oder Verhaltensweisen bedeutet, sondern in bedeutendem Maße auch in Bezug steht mit der Identität des Lernenden, wird nur selten gewürdigt. Im **dritten Kapitel** fordere ich daher einen Wandel des Lernverständnisses von dem Lernen als Identitätsfalle hin zum Konzept des Lernens als Selbstermächtigung. Meist wird in unserer Lernkultur der Lernende als inkompetent und defizitär verstanden. Somit wird beim Lernen der Lernende in seinem Identitätskonzept in Frage gestellt (Identitätsfalle). Dem gegenüber favorisiere ich das Modell eines komplementären Lernens, bei dem der Lernende als kompetent wahrgenommen und Lernen ressourcenorientiert verstanden wird. Wichtig ist somit, sich mit den Identitätskonzepten der Lernenden zu beschäftigen. Aus diesen Gründen werden die Identitäts-Theorien von MEAD (1980) und HABERMAS (1988), bei dem die Interaktion den Ausgangspunkt von Identitätsbildung bildet, dargestellt. Diesen Ansatz erweitere ich zu einem Konzept, bei dem die Lebenswelt, der Medienkonsum, das Medienhandeln und die ästhetische Erfahrung in das Identitäts-Interaktionsgeflecht eingebunden sind. Ausgehend von diesen Überlegungen fordere ich die Konstituierung virealer Lernprozesse, bei denen Lebenswelterfahrung, ästhetisches Lernen und mediale Transformationen miteinander verbunden werden (Realität – Virtualität – Virealität).

Was Lernen in der Wissensgesellschaft bedeutet, konkretisiere ich im **vierten Kapitel**. Untersucht wird darin, welches Grundverständnis die unterschiedlichen Lernphilosophien haben und welchen Beitrag sie in Bezug auf elektronisches Lernen leisten. Neben den objektivistischen Lernmodellen des Behaviorismus, der Lerntheorie und ihrer Umsetzung in Form der programmierten Instruktion sowie sozial-kognitiver Ansätze bei denen das Lernen am Modell im Vordergrund steht, beschreibe ich in diesem Kapitel kognitivistische Theorien. In diesen steht Adaptivität im Zentrum. Lernen wird dabei als subjektiver Prozess verstanden, der sich im Kopf des Lernenden realisiert. Konkretisiert wird das kognitivistische Lernverständnis am Beispiel von tutoriellen Systemen und Interface-Agenten. Ausführlich kommt an dieser Stelle der Konstruktivismus und dessen Verständnis von Lernen als notwendigerweise eigenständig zu organisierendem Prozess zur Sprache (Selbstlernprozesse). Das Konzept des situierten Lernens wird erläutert und am Beispiel von *anchored instruction*, *cognitive apprenticeship* und *cognitive flexibility* präzisiert. GARDNERs (2001, 2002) Vorstellung vielfacher Intelligenzen und die Darlegung differenzierter Lernstil-Modelle, die davon ausgehen, dass Lernende auf unterschiedliche Lernstrategien zurückgreifen, begrunden die Einsicht, Lernen nicht aus der Sicht der Lehrenden, sondern aus der Sicht der Lernenden zu konstituieren. Es wird verdeutlicht, dass die Kenntnis der Lerntypen nicht unwesentlich ist, wenn beim Lernen die Bedürfnisse und Interessen der Lernenden ernst genommen werden wollen. Die Kompetenz zum „Lernen lernen" wird immer wichtiger. Dies veranschauliche ich am Beispiel von Mnemotechniken, Clusteringverfahren, Mindmapping und Ideencoaching. Die didaktischen Potenziale (Lernen durch Multicodierung und Multimodalität, Lernen durch Entdecken und Exploration, Lernen durch Kommunikation und Kollaboration, Lernen durch Informationsmanagement und Dislozierung, Lernen durch Visualisieren und Simulieren) und die methodischen Instrumente (Power Point, Hyperfolio, Mindmanager, interaktive White- und Smartboards), die der Computer und das Internet für das Lernen bieten, dokumentiere ich am Schluss dieses Kapitels.

Umstritten ist, ob der Computer bereits in der Vorschulerziehung eingesetzt werden soll. Gründe für und gegen den Einsatz elektronischer Medien in der Vorschulerziehung werden daher erläutert, bevor ein spielerisches Konzept vorgestellt wird, wie und unter welchen Umständen es sinnvoll ist, den Computer bereits in dieser Phase für Lern- und Erfahrungsprozesse einzusetzen. Es wird herausgearbeitet, dass der Computer nicht als klassisches Instrument des Lernens Verwendung finden sollte, sondern als Instrument des Spiels, um den Kindern die Chance zu geben, die notwendigen synaptischen Verbindungen virealen Lernens im Wahrnehmungsapparat zu entwickeln, die ihnen dann zu einem späteren Zeitpunkt von Vorteil sein werden. Im **fünften Kapitel** werde ich beispielhaft Computerprojekte mit Kindern vorstellen, in denen die hier entwickelte Pädagogik der Navigation bereits umgesetzt wird. Hervorheben werde ich das Konzept von *Cyber & Sense*, die Initiative einer Münchener Arbeitsgemeinschaft, die sich mit der Verschränkung realer und virtueller Lebensräume von Kindern (und Jugendlichen) auseinander setzt. Beschrieben wird der *SuperSpace*, ein Spielort zwischen „Sinnenreich und Cyberwelt". Ebenfalls aus München kommt das Konzept *Spielen ist Megabyte* der Arbeitsgemeinschaft *Spiellandschaft Stadt*, die mit ereignisreichen realen und virtuellen Spielorten und Treffpunkten Spielen in der Stadt attraktiv machen will. Innovative Kinderarbeit im virealen Raum konkretisiert das Jugendbildungswerk *Main-Taunuskreis* im Rahmen seiner von mir als „Cybergeschichten" bezeichneten vielfältigen Aktivitäten. Anhand eines von mir projektierten und umgesetzten Projektes im *Kinderhaus Ffm-Nordweststadt* entwerfe ich die didaktischen und methodischen Möglichkeiten, mit Kindern anspruchsvolle multimediale Produkte zu erstellen und beschreibe die konkrete Umsetzung. Verdeutlicht wird durch die abschließende Reflexion, dass Lernen mit Kindern nicht nur in der Vorschulerziehung vor allem Spielen bedeutet.

Im Zentrum des **sechsten Kapitels** stehen modellhafte Projekte in der Schule, bei denen nicht nur elektronische Medien eingesetzt werden, sondern die Lernenden als Schöpfer von Ideen und Wissen angesehen werden. Vorgestellt wird *die Virtuelle Schule*, die keinen Stundenplan und keine Schulleitung kennt, da sie nur im Internet existiert. Wie ein Modell des Lernens in der Zukunft aussehen könnte, zeige ich am Beispiel der *Dalton Schule* in Manhatten. Dort bilden reformpädagogische Grundprinzipien den Ausgangspunkt für ein Lernen mit und durch elektronische Medien bei gleichzeitiger Integration konstruktivistischer Lernprinzipien. *Das grüne Klassenzimmer* repräsentiert ein Lernmodell, bei dem die Schüler selbstbestimmt, eigenaktiv, kommunikativ, handlungsorientiert und erlebnisbezogen lernen können. Danach skizziere ich, wie die Schule der Zukunft aussehen könnte, und entwerfe ein Szenario der zukünftigen Aufgaben des Lehrers, dessen Rolle sich nach meiner Auffassung im Kontext der Wissensgesellschaft verändern wird. An die Stelle des traditionellen Lehrers, so die These, tritt der Navigator, der zuständig ist für die Lernumgebung und die Initiierung von Lernprozessen. Er wird unterstützt vom einem Medienpädagogen bzw. Telecoach, der ihm hilft, die elektronischen Medien optimal in das Lehr-Lernverhältnis einzubeziehen. Das Lehrteam wird ergänzt durch einen Sozialpädagogen, der zuständig ist für die Vermittlung von Sozialkompetenzen.

In der außerschulischen Bildung und in der projektorientierten Ausbildung entfaltet sich ein komplexes Wirkungsfeld, bei dem die Pädagogik der Navigation bestmöglichst eingesetzt werden kann. Während im Bereich der Jugendverbandsarbeit und der gruppenbezogenen Pädagogik seit Jahren zielorientiertes Lernen von Bedeutung ist, an dessen Ende ein vorzeigbares Produkt steht, trifft dies in der Regel für die Offene Jugendarbeit nicht zu. In der Regel gilt die Offene Jugendarbeit auf Grund der konzeptionell zugestandenen Unverbindlichkeit der Besucher als ein Arbeitsfeld, bei dem ziel- und produktorientiertes Arbeiten selten Erfolg hat. Im **siebten Kapitel** zeige ich am Beispiel von *Süd III inside* (Darmstadt-Eberstadt), dass es mit dem Konzept der unverbundenen Verbindlichkeit und dem Einsatz multimedialer Techniken auch in diesem schwierigen Arbeitsfeld möglich ist, Selbstlernprozesse mit Neuen Medien auszulösen. Das Projekt dient gleichzeitig als Beleg für die Sinnhaftigkeit der Verschränkung von Theorie und Praxis in der Fachhochschul-Ausbildung. Wie das gleiche Konzept innerhalb eines spiralförmigen Lernens über mehrere Semester auch in zweistündigen Lehrveranstaltungen eingesetzt werden kann, belege ich mit der von Studenten produzierten Multimedia-CD *Der virtuelle Fachbereich*. Bei dem *Anne-Frank-Projekt* handelt es sich um eine Auftragsarbeit: Studenten produzierten eigenständig eine Multimedia-CD zum Thema „Anne Frank und Amsterdam“ für das Jugendbildungswerk der Stadt Frankfurt. Bei der Produktion stellt sich die große Herausforderung ästhetisches und politisches Lernen miteinander zu verbinden. Anhand der CD *Selma*, die sich mit dem Thema „Sexueller Missbrauch“ auseinander setzt, möchte ich aufzeigen, dass auch mit Lernsoftware Anknüpfungspunkte für selbstorganisiertes und selbstbestimmtes Lernen in der Kurzzeitpädagogik möglich sind.

Im **achten Kapitel** richte ich den Blick auf das Medium Internet. Da es sich um ein neues Medium handelt, werde ich, bevor ich beispielhafte Projekte mit diesem Medium beschreibe, die Wahrnehmungsdispositive untersuchen, die sich auf Grund der Erfahrung mit diesem Medium ergeben können. Dabei differenziere ich zwischen der Dimension des Motivs, der Aneignung, der Struktur, der Verknüpfung und der Gestaltung. Bei der Dimension des Motivs analysiere ich, wie das Motiv für den Webauftritt die Darstellung beeinflusst (Sicht des Produzenten). Bei der Dimension der Aneignung richte ich den Blick auf die Ausgangsbedingungen des Wahrnehmens aus der Sicht des Users. Bei der Dimension der Struktur beschäftige ich mich mit den unbewusst gelernten Wahrnehmungsmustern. Die Dimension der Verknüpfung macht auf die vielschichtigen Formen der Vernetzung von Informationen im Internet aufmerksam. Bei der Dimension der Gestaltung geht es um die Sichtbarmachung der wesentlichen gestalterischen Mittel, die beim Webseiten-Design eingesetzt werden.

Am Beispiel mehrerer Jugendprojekte werden im **neunten Kapitel** selbstgestaltete Lernprozesse mit dem Medium Internet beschrieben. Vorgestellt wird das *Frankfurter Jugendnetz*, das von Jugendlichen für Jugendliche gemacht wird und durch das weitreichende Informationsangebot ein beispielhafter Beleg für selbstgesteuerte Partizipation von jungen Menschen ist. Auch das virtuelle Jugendhaus des Medienzentrum *Parabol*, Nürnberg bestätigt die Sinnhaftigkeit, Jugendlichen eine Plattform für die eigenständige Aneignung von Medienkompetenz zu geben. Das Projekt *Cyberland* wiederum zeigt, wie sich Jugendliche ausgehend von Bildungsmaßnahmen Kompetenzen und Fähigkeiten erwerben, um in einer selbstgestalteten und selbstverwalteten virtuellen Welt miteinander kommunizieren zu können. Die *Netzwerkstatt Webmobile* belegt den selbstbestimmten Umgang von Jugendlichen mit den elektronischen Medien, die souveräne Nutzung des Internets als Kommunikationsmittel sowie das kompetente Agieren und Handeln bei der Mitgestaltung des Netzes.

Das Selbstlernen mit neuen Medien gilt nach Auffassung von Bildungsministerien, Vertretern der Wirtschaft und vielen Bildungsforschern als ein angemessenes Mittel, um auf die Notwendigkeit des lebenslangen Lernens reagieren zu können. Im **zehnten Kapitel** werde ich mich mit dem elektronischen Lernen als Herausforderung für die Aus- und Weiterbildung beschäftigen. Definiert wird, was unter elektronischem Lernen zu verstehen ist. Differenziert wird zwischen *Computer Supported Learning* (Computer based und Web based learning, internetunterstütztes Lehren, Teleteaching und Teletutoring) und *E-Learning*. Die Kriterien für E-Learning werden herausgearbeitet. Die Mindestvoraussetzungen von Anwendungsarchitekturen, die für E-Learning notwendig sind, werden ebenso ausführlich beschrieben, wie die *Content Management Systeme*, die in der Regel die Hardware-Basis bilden für elektronisches Lernen im Internet. Die erschwerenden und begünstigenden Faktoren des elektronischen Lernens werden erörtert, wobei die Rolle der emotionalen und sozialen Dimension bei der Kommunikation (im Netz) besondere Berücksichtigung findet. *Blended Learning* (Gemischtes Lernen), *Community Learning* und das *Goal Based Szenario* sind als Reaktionen auf die Kritik am E-Learning zu verstehen. Mit diesen Konzepten werden die Schwächen der klassischen E-Learning-Ansätze minimiert, ohne dass deren Stärken verloren gehen. Am Beispiel des Telecoaches, dem Begleiter und Gestalter der Lernumgebung beim elektronischen Lernen wird das neue Verständnis des pädagogischen Prozesses verdeutlicht.

Vermutlich wird es in naher Zukunft umfangreiche Wahloptionen für die Lernenden geben, wenn sie Bildung und Weiterbildung nachfragen. Dies betrifft sowohl den universitären Bereich als auch den Weiterbildungssektor. Wie beide Bereiche auf die Herausforderung reagieren, stelle ich beispielhaft im **elften Kapitel** dar. Beide sehen in Konzepten des vernetzten Lernen eine Chance, den Herausforderungen der Wissensgesellschaft zu begegnen. Bei den Hochschulen lautet das Stichwort *Virtuelle Universität.* Die unterschiedlichen Aktivitäten deutscher Hochschulen werden vorgestellt, bei besonderer Hervorhebung der Fernuniversität Hagen. Die Relevanz dieser Projekte für die zukünftige Entwicklung der Universitäten wird reflektiert. Als ein Beleg für die Vernetzung im Weiterbildungsbereich wird das *Netzwerk Offenes Lernen* präsentiert. Nach Vorstellung des Konzeptes dieser bereichsübergreifenden Vernetzung von Bildung, Wirtschaft, Verbänden und öffentlicher Hand wird anhand der *Lernenden Region Offenbach* ein beispielhaftes Projekt genauer beschrieben. Dieses Projekt bietet die Möglichkeit, nach Bedarf in einem Lernzentrum und unterstützt von Tutoren an selbstgewählten Themen mit elektronischer Unterstützung zu lernen. Zu dem Projekt gehört das Bildungsnetz Offenbach, das u. a. allen Bildungsanbietern in der Region Offenbach virtuellen Raum im Internet zur Verfügung stellt, um sich und ihre jeweiligen Arbeitsschwerpunkte vorzustellen. Das Forum Innovations- und Potenzialförderung soll Klein- und Mittelunternehmen und Einrichtungen der Aus- und Weiterbildung einen Erfahrungsraum öffnen, sich mit den von der Wissensgesellschaft ausgelösten veränderten Qualifikationsanforderungen zu beschäftigen. Lerno.de, eine weiteres Teilprojekt, versteht sich als Begleiter auf dem Weg in die Lernzukunft. Sein Schwerpunkt bilden Datenbanken über Wissen, Lernen und Informationsquellen im Internet, ein kommentiertes Verzeichnis von E-Learning-Angeboten im Internet und ein Lerntyptest.

Im abschließenden **zwölften Kapitel** verweise ich auf den Wandel des Bildungsbegriffs und hebe die aktuelle Bedeutung reformpädagogischer Ansätze hervor. Insbesondere steht das Kapitel aber im Zeichen der Entwicklung eines programmatischen Resümees. Zwölf pädagogische Herausforderungen dienen dazu, auf einen notwendigen *educational turn* hinzuweisen. Diese programmatisch formulierten Postulate dienen dazu, den Wandel hin zu einer Pädagogik der Navigation plausibel und nachvollziehbar zu machen.

Alle zwölf Kapitel zusammen bilden ein systemisches Ganzes; sie sind jedoch so aufgebaut, dass sie eigenständige Module bilden. Deshalb habe ich keinen besonderen Wert auf die intensive Verzahnung der einzelnen Kapitel gelegt. Einzelne Module bzw. Teile von Modulen basieren auf bereits veröffentlichten Zeitschriftenartikeln von mir. Da alle Texte in wesentlichen Bereichen neu formuliert und erheblich erweitert wurden, stelle ich keinen Bezug zu den ersten Entwürfen her.

Aus Gründen des flüssigeren Lesens verzichte ich auf die explizite Hervorhebung des weiblichen Geschlechts. Ich bitte die geneigten Leserinnen und Leser, bei der jeweils verwendeten männlichen die weibliche Schreibweise mitzudenken.

1. Von der Informations- zur Wissensgesellschaft

Ausgangsbedingungen der Wissensgesellschaftsdebatte sind der strukturelle Wandel unserer Arbeitswelt, die Deregulierung der Finanzmärkte, die grenzenlose Investitionspolitik weltweit operierender Unternehmen und neue Technologien. Diese Entwicklung wird durch immer leistungsfähigere Kommunikations- und Informationstechnologien begünstigt. Die gesellschaftlichen Veränderungen zwingen die nationalen Ökonomien zur Anpassung. Eine Reaktion ist die europäische Integration, eine weitere die Veränderung unseres Bildungs-, Lern- und Wissenskonzepts. Im Kontext dieser Entwicklung werden die zukünftigen Arbeitnehmer andere Schlüsselqualifikationen benötigen. Neue und bekannte Codewörter tauchen in der Diskussion auf. So gelten Kompetenzen im Wissensmanagement, die Bereitschaft zum lebenslangen Lernen und Medienkompetenz als wesentliche Ausgangsbedingungen, um dem neuen Anforderungsprofil der gewandelten Arbeitswelt Rechnung zu tragen.

1.1. Arbeitswelt im Wandel

Ende des 19. Jahrhunderts waren 50 % der Erwerbstätigen in der Landwirtschaft und etwa 10 % im Informationsbereich tätig. Anfang des 21. Jahrhunderts erzielen nur noch 7 % ihren Erwerb aus der Landwirtschaft (primärer Bereich), aber 50 % aus dem Informationsbereich. Im letzten Jahrhundert sind somit erhebliche makroökonomische Veränderungen zu beobachten. Zuerst verschob sich die Beschäftigtenstruktur vom Agrar- zum Industriesektor (sekundärer Bereich). In den 60er Jahren kam es zu einer Verlagerung hin zum Dienstleistungssektor (tertiärer Bereich). Der Begriff Dienstleistungsgesellschaft charakterisiert die dritte Phase des Wandels in der Beschäftigungsstruktur (BELL 1975). Innerhalb dieses Bereichs entwickelt sich ein Segment, bei dem Information mittelbar oder unmittelbar eine Rolle spielt. In der Informationsgesellschaft geht die materielle Produktion zurück und immaterielle Bedürfnisse erhalten eine größere Aufmerksamkeit. Die Grundlage der gesellschaftlichen Infrastruktur bilden die Informationstechnologien. Bereits im Jahre 2000 gab es mehr Arbeitsplätze in der Informationstechnik als in der Automobilindustrie. Neben dem Wandel in der Beschäftigungsstruktur (ökonomischer Aspekt), der Veränderung der informationstechnischen Infrastruktur (technologischer Aspekt) wird Information nicht nur für die einzelnen Menschen zugänglich, sondern auch aktiv angeeignet und genutzt. WERSIG (1996, S. 140) spricht von der Informationsnutzungsgesellschaft. Im Moment befinden wir uns in einem weiteren Differenzierungsprozess der Dienstleistungsgesellschaft, der Wissensgesellschaft genannt wird.

Während der Übergang von einer Güter produzierenden und austauschenden Gesellschaft zu einer Gesellschaft, die Dienstleistungen und Informationen austauscht, in vollem Gange ist, beginnt bereits der Wandel hin zur Wissensgesellschaft, in der es insbesondere um den Produktionsfaktor Wissen geht (NEGROPONTE 1995). Waren in den früheren Jahrhunderten Boden, Kapital und Arbeit die entscheidenden Produktivfaktoren, treten heute als weitere Dimensionen Information und Wissen hinzu.[1]

DÖRRE (2002, S. 8) hat am Beispiel von Dortmund den strukturellen Wandel deutlich gemacht. In Dortmund gibt es keinen Großbetrieb mehr. 70 % der sozialversicherungspflichtig Beschäftigten waren 1980 in der gewerblichen Wirtschaft tätig. Bei anhaltendem Trend arbeiten heute 70 % der Beschäftigten im Dienstleistungssektor. Noch Anfang der 90er Jahre gab es in Dortmund noch ca. 15.000 Stahlarbeiter. Im Jahre 2001 waren es noch 1.500, da in Dortmund kein Stahl mehr geschmolzen wird. Dem Verlust von etwas 40.000 Arbeitsplätzen in der gewerblichen Industrie steht ein Zugewinn von 20.000 Arbeitsplätzen im Dienstleistungsgewerbe und neuen Branchen gegenüber. Im IHK-Bezirk Dortmund werden zurzeit 1.000 Software-Unternehmen mit mehr als 11.000 Arbeitnehmern gezählt.

Dieser strukturelle Wandel führt zu einem veränderten Qualifikationsanforderungsprofil für die Arbeitnehmer. Schon immer waren für die Industrie und Wirtschaft Metakompetenzen, die so genannten Schlüsselqualifikationen bedeutsam. Galten früher Aufmerksamkeit, Fleiß, Ordnung und ein gutes Gedächtnis (Informationswissen) als wichtige allgemeine Kompetenzen, werden heute andere Qualifikationen gefordert. Angesichts wechselnder Kundenpräferenzen und kürzerer Produktlebenszyklen werden Kreativität, Flexibilität, Spontaneität, Selbstständigkeit, Selbstbewusstsein und Selbstdistanz, Teamfähigkeit, Kompetenz zum systemischen bzw. vernetzten Denken, systematische Problemstrukturierung im Sinne einer vielschichtigen Problemlösungskompetenz sowie mentale Beweglichkeit zu maßgeblichen Schlüsselkompetenzen. Bedeutsam wird die Fähigkeit, in vorher nicht adaptierten Erfahrungskontexten Kompetenzen aktualisieren zu können.

Abstraktes Denkvermögen, Systemdenken, eine experimentelle Haltung zur Welt und die Fähigkeit zur Zusammenarbeit werden in Zukunft wichtiger als die Absolvierung einer akademischen Ausbildung. Selbstverständlich bleibt Fachwissen von Bedeutung. Woher dieses Fachwissen kommt, ist nicht mehr so entscheidend. Die Ausbildung ist nur noch eine mögliche Voraussetzung für das Erreichen der Ausgangsqualifikation. Noch bedeutsamer wird die Kompetenz, dieses Fachwissen effektiv und kreativ in kooperativen Arbeitsprozessen aktualisieren zu können (vgl. REICH 1992, S. 182 und S. 229). „Verlangt werden abstraktes Denkvermögen, Systemdenken, eine experimentelle

1 Nach Auffassung des amerikanischen Managementtheoretikers DRUCKER (1994) lassen sich Wissensgesellschaften in wirtschaftlicher, sozialer und politischer Hinsicht definieren. Sie seien gekennzeichnet durch „an economic order in which knowledge, not labor or raw material or capital, is the key resource; a social order in which inequality based on knowledge is a major challenge; and a policy in which government cannot be looked to for solving social and economic problems". Bereits 1969 hatte er die hervorgehobene Rolle des Wissen „as central to our society and as the foundation of economic and social action" betont.

Haltung zur Welt und die Fähigkeit und Bereitschaft zur Zusammenarbeit" (HEIDENREICH 2002, S. 12). Durch die wachsende Differenzierung anfänglich integrierter Fachgebiete bedarf es der Befähigung zum interdisziplinären Denken.

Nach Auffassung der Wissens-Delphi-Studie (WOLFF 1999, S. 15f) erhält Allgemeinwissen als Metakompetenz eine eigenständige Bedeutung. Allgemeinwissen hat in der Zukunft die Aufgabe, die Voraussetzung zur Aneignung von Spezialwissen (Einstiegsfunktion) zu liefern, zur Befähigung der Verständigung zwischen Experten und Spezialwissen (kommunikative Funktion) sowie zur Orientierung der Informationsangebote und deren Bezug zum eigenen Erfahrungswissen (Bewertungsfunktion) beizutragen und für soziales Handeln und die allgemeine Verständigung Voraussetzungen zu schaffen (WILHELMI 1999, S. 41). Das konkrete Spektrum des Allgemeinwissens wird, wie in der folgenden Auflistung wünschenswerten Allgemeinwissens zu sehen ist, von den bei der Delphi-Studie befragten Experten als notwendigerweise sehr breit angesehen.

1. ***persönliche Fähigkeiten*** kompetenter Umgang mit Wissen (Neugier, Offenheit, Vermögen der Beurteilung und Einordnung, Selbstmanagement, Entscheidungsfähigkeit, Planungs- und Organisationsgeschick);
2. ***kommunikative Kompetenzen*** Teamfähigkeit, Moderation, der persönliche Umgang innerhalb von sozialen Beziehungen und sprachliche Ausdrucksfähigkeit;
3. ***gesellschaftlich ethische Orientierungspotenziale*** Bereitschaft zur Übernahme sozialer Verantwortung, Toleranz, solidarischer Umgang mit anderen Kulturen und Generationen;
4. ***allgemeine methodische Grundlagen und Kulturtechniken*** Klassische Kulturtechniken, Fremdsprachenkenntnisse und Logik und Umgang mit Informationstechniken;
5. ***inhaltliches Grundlagen- und Problemwissen*** Grundlagen der geschichtlichen, geistigen, wirtschaftlichen, ökologischen, sozialen, naturwissenschaftlichen und internationalen Entwicklung im Kontext aktueller Probleme in Bildung und Beruf.

Als wesentlichste Qualifikation heben die Delphi-Experten den kompetenten Umgang mit „Wissen" hervor.

1.2. Wissen

Die unbelegte Behauptung (SCHMIDT 1999, S. 397), alle ein bis zwei Jahre verdoppele sich das weltweit verfügbare Wissen, hat im Kontext der Wissensgesellschaftsdebatte die Bildungsplanung irritiert und neben dem PISA-Schock maßgeblich dazu beigetragen, die Frage nach der geeigneten Grund-Bildung in das Zentrum von Bildungsplanung zu stellen. Bei der Wissensverdoppelungs-These bleibt ungeklärt, welches Verständnis von „Wissen" zu Grunde liegt. Unklar ist, ob es sich um historisches Wissen, Institutionswissen, wissenschaftliches Wissen, Alltagswissen oder Verhaltenswissen handelt.

Vermutlich ist bei der Verdoppelungsthese die Vorstellung enthalten, dass es sich beim „Wissen“ vor allem um Faktenwissen handelt. Die Frage bleibt, ob damit der Wissensbegriff erschöpfend beantwortet ist. Ein kurzer Blick in die verschiedenen Erklärungsmodelle von Wissen zeigen, dass keineswegs Einigkeit über diesen Begriff besteht.

Auf BELL (1979, zitiert in WOLFF 1999, S. 17f.) geht die Position zurück, Wissen sei „Sammlung in sich geordneter Aussagen über Fakten und Ideen, die ein vernünftiges Urteil oder ein experimentelles Ergebnis zum Ausdruck bringen und dies anderen über irgendein Kommunikationsmedium in systematisierter Form übermitteln“. Diese Definition wurde zu Recht kritisiert, da sie zu sehr auf das im Einzelfall nachvollziehbare, kommunizierbare und systematisierbare Wissen abzielt. STEHR (1994, S. 208) sieht im Wissen ein universales Phänomen und setzt Wissen gleich mit der Fähigkeit zum sozialen Handeln (Handlungsvermögen), als Potenzial, etwas „in Gang zu setzen“. BOURDIEU (1983) subsumiert unter dem Begriff Wissen das „kulturelle Kapital einer Gesellschaft“.

Die verbreiteste allgemeine Definition stammt von LUHMANN (1994), der unter Wissen veränderungsbereite, als wahr geltende kognitive Schemata, die den Umweltbezug psychischer und sozialer Systeme regeln, versteht. Dem folgend steht Wissen immer im Kontext überprüfbarer Wahrheitsansprüche. Diese Ansprüche, die sich in Erwartungen stilisieren, können, wenn sie eine kognitive Basis haben, im Unterschied zu normativ stilisierten Erwartungen, auf Grund von Erfahrungen korrigiert und verändert werden. SPINNER (2002, S. 186) macht deutlich, dass es beim Wissen nicht um den Wahrheitswert geht.[2] Wissen ist für ihn alles, was Menschen im Behauptungsmodus sagen, ebenso wie die informative Rede von Experten, mögliche Desinformationen von Politikern, Parteien, Pressesprechern oder Nachrichten in Zeitung und Fernsehen. „Wissen im elementaren Sinne ist das alles, ohne Rücksicht auf die Glaubwürdigkeit der Information, die Wirklichkeitstreue der Darstellungen, die Mehrwerte der Kenntnisse und die Nützlichkeit der Kompetenzen“ (ebd.). Für SPINNER ist alles Wissen intendierte Information (inhaltliche Wissensbestimmung). Weitere wissensbildende Module sieht er in der Erkenntnis (qualifizierende Wissensvalidierung) und in Kenntnissen (pragmatische Wissensbewertung, praktizierte Kompetenzen).

Aus soziologischer Sicht unterscheidet STEHR (1994, S. 204) „zwischen dem, was man weiß (Wissensinhalt) und dem, wie man weiß (Wissensprozeß)“. Der Wissensprozess bezieht sich nach seiner Auffassung sowohl auf das Verhältnis zwischen Dingen

2 Die Vorstellung, dass Wissen im Kontext zur Wahrheit steht, geht auf Plato zurück, der im *Theatet* Wissen (episteme) als wahre Meinung (doxa), die mit Erklärung (logos) in Verbindung steht, definiert (PLATO zitiert nach HUBER 2002, S. 164). MATURANA (1998, S. 284) hat den Begriff Wahrheit als ideologisches Konzept charakterisiert. Es diene dazu, Menschen auf eine bestimmte Sicht der Dinge festzulegen. Objektivität sei ein Mittel der Disziplinierung und Gleichschaltung der unendlichen Vielfalt von Meinungen, Haltungen und Überzeugungen, die von lebenden Organismen eingenommen werden können. MATURANA empfiehlt daher bei der Definition von Wissen vom Konzept der Wahrheit abzusehen und durch Gangbarkeit (Viabilität) und Performität zu ersetzen.

und Fakten als auch auf Regeln, Gesetze und Programme. Eine ähnliche Differenzierung nimmt die Kognitionspsychologie vor. Sie unterscheidet zwischen deklarativem Wissen (Fakten) und prozeduralem Wissen (Regeln), wobei ein objektiver Bezug hergestellt wird (MANDL/GRUBER/RENKL 1997, S. 167). Die Informationswissenschaft unterscheidet ebenfalls zwischen deklarativem und prozuderalem Wissen. Wissen in symbolischer Darstellung gehört zum deklarativen, Wissen als inkorperiertes Können, bezogen auf menschliche, gesellschaftliche oder technische Trägereinrichtungen (vgl. SPINNER 2000, S. 190), wird als prozuderales Wissen angesehen. Im Wesentlichen wird die Auffassung geteilt, dass ein Teil des Wissens explizit zur Verfügung steht, während ein Teil des Wissens genutzt werden kann, aber nur implizit, d.h. nicht sprachlich zur Verfügung steht. Zu dem impliziten Wissen gehört auch ein körperliches Wissen, das Wissen über bestimmte Bewegungsabläufe (vgl. PÖPPEL 2000, S. 24).

Das explizite Wissen, dazu gehören auch die veröffentlichten Erkenntnisse der Wissenschaften, wird meist mit der Idee der Bildung gleichgesetzt, da es von der Tradition des rationalistischen Denkens herausgehoben wird (vgl. ebd., S. 22). Mit diesem Denken, das auch als „linkshemisphärisches Wissen" bezeichnet werden kann, ist oft der Anspruch verbunden, Probleme nicht nur präzise formulieren, sondern auch lösen zu können. Dem prozuderalen Wissen wir eine implizite Dimension zugeschrieben. Es gibt aber auch prozuderales Wissen, das für andere nachvollziehbar gemacht werden kann, wie z.B. Trainingsvideos und Gebrauchsanleitungen (vgl. REINMANN-ROTHMEIER/VOHLE 2002, S. 343). Ebenso bedarf es der Differenzierung beim deklarativen Wissen. Keineswegs kann das deklarative Wissen von allen diskursiv geäußert und damit weitergegeben werden. POLANYI (1966) hat bereits früh darauf hingewiesen, dass dem „ganzheitlich-unbewussten" Wahrnehmen und Verstehen in modernen Gesellschaften eine geradezu überlebensnotwendige Funktion zukommt.

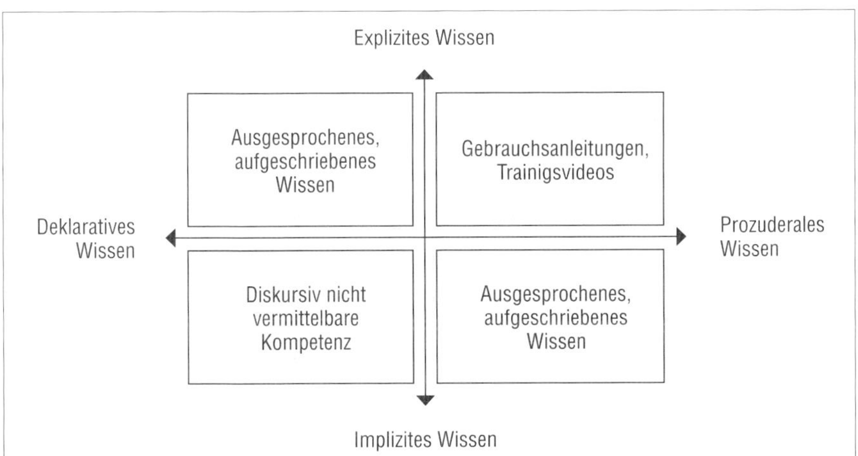

Abb. 3: Wissensdimensionen

PÖPPEL (2000, S. 21) hat darauf hingewiesen, dass zu dem expliziten und impliziten Wissen noch eine weitere Wissensform gezählt werden muss, das bildliche oder Anschauungs-Wissen. Da sich das Anschauungswissen ebenfalls unterscheiden lässt in explizites und implizites Wissen, neige ich dazu, zwischen Wissens-Dimensionen und Wissens-Arten zu differenzieren. Mit Wissens-Dimensionen ist der Unterschied zwischen deklarativen und prozuderalem und implizitem und expliziten Wissen gemeint (vgl. Abb. 3). Wissensarten können aufgeteilt werden in Orientierungswissen, Erklärungswissen, Kontextwisssen, Quellenwissen, Anschauungs-Wissen, Körper-Wissen und Handlungswissen.

Beim ***Orientierungswissen*** handelt es sich um Sach- und Faktenwissen. In diesem Kontext wird Wissen verstanden als Zunahme der Kenntnisse von Daten und Fakten (to know what). Meist ist bei Prognosen über die Halbwertzeit von Wissen diese Dimension des Wissens gemeint. Das Orientierungswissen lässt sich weiter differenzieren in ein Überblick verschaffendes und ein konzeptuelles Wissen, der Befähigung auf Grund von Erfahrungen und begrifflichen Ausdrucksformen Konzepte zu entwerfen und damit über Begriffe, Ideen und Erfahrungen sinnvolle Zusammenhänge zu erschließen (vgl. BALLSTAEDT 1997, S. 2f.). Ebenso lassen sich unter diesem Aspekt die Kenntnisse von Regeln, Programmen und Gesetzen subsumieren (Prinzipienwissen).

Das **Erklärungswissen** wird auch als Erkenntniswissen bezeichnet. Hier geht es um Einsicht in Ursachen und Zusammenhänge (to know why). Mit diesem Wissen sind Gewissheits- und Geltungsansprüche verbunden, in denen auch Überzeugungen, Werte und Normen sowie Einstellungen, Haltungen und Perspektiven zum Ausdruck kommen (vgl. MOHR 1999 S. 10 und WILLE 1992, S. 64). Die Geltungsansprüche können noch differenziert werden in einen pragmatischen (Problem-, Handlungs- und Objektbezüge) und einen empirischen Gehalt, ihre Funktionstüchtigkeit und in der Angemessenheit von Bewertungen, Entscheidungen, Zwecken, Normen und Prinzipien (vgl. LUFT 1994, S. 69). Diese Wissensart liefert Gründe dafür, warum etwas so ist, wie es ist und liefert Argumente, die Empfehlungen und Behauptungen belegen (vgl. MEDER 2002).

Das **Kontextwissen** spielt u.a. bei der kognitionspsychologischen Lerntheorie eine wichtige Rolle (vgl. ORTHMANN/ISSING 2000, S. 85). Dieses Wissen wird benötigt, um eine Beobachtung, ein Objekt oder einen Begriff in einen bekannten Zusammenhang (Kontext) zu integrieren (to know the context). Mit dem Kontextwissen wird auch der Grad an Wissen bestimmt, über den ein Mensch in einem Wissensgebiet verfügt. Das Kontextwissen bestimmt maßgeblich, wie gut sich Wissen zwischen Wissensträgern weitergeben lässt. Es lässt sich unterscheiden in die Herstellung von semantischen Bezügen und in die implizite Kompetenz der Zuordnung. Kontextwissen bedeutet z.B. das Wort „links“ im entsprechenden Zusammenhang als Hinweis auf einen Hypertext und nicht als Richtungshinweis zu interpretieren.

Das ***Quellenwissen*** - das Wissen, wo etwas steht (to know where), wo die gesuchten Informationen zu bekommen sind, wo Referenzen zu bereits gefundenen Daten vorhanden sind - wird eine enorme Bedeutung erhalten. In Anbetracht komplexer Speicherungsmedien und zeit- und raumübergreifender Zuriffsmöglichkeiten bedarf es keineswegs des permanenten personalen Zugriffs auf die unterschiedlichen deklarativen Wissenskomponenten. Da in erheblichem Maße die Aneignung dieses Wissens über verstreute Texte (in der Regel Internet) erfolgt, wird das Quellenwissen die Befähigung zum hypertextualen Denken verlangen. Dazu gehören auch die Fähigkeit der Auswahlentscheidung und somit die Einordnung der gefundenen Texte sowie die kritische (wissenschaftstheoretische) Beurteilung der jeweiligen Quellen.

Anschauliches Wissen ist geprägt durch perspektivische Wahrnehmung und intentionale Richtung. Sehen bedeutet bereits eine begriffliche Unterscheidung eines Beobachters. „Visuelles Wissen ist bereits ein Resultat einer analytischen Zuschreibung durch einen Beobachter an eine beobachtete Einheit oder sie ist eine analytische Selbstzuschreibung" (LANGER 1987, S. 272). Aus dem Chaos der Sinnesempfindungen müssen unsere Sinnesorgane Formen auswählen. „Unsere Sinneserfahrung ist bereits ein Prozeß der Formulierung" (ebd., S. 95). LANGER geht von einem impliziten „Sinn für Formen" aus, der für sie die Wurzel aller Abstraktion ist. Augen und Ohren scheinen das sensorische Feld nach bestimmten Mustern und Sinnesdaten zu gliedern. Aus diesem Grund wächst den *Formen* Bedeutung zu. ARNHEIM (1980, S. 24, S. 38) spricht der Wahrnehmung Erkenntnisfunktion zu, da für ihn kein Unterschied besteht zwischen Wahrnehmung und Begriff. Die Wahrnehmung, so ARNHEIM (vgl. ebd., S. 38), bezieht sich nie auf eine Sonderform, sondern auf Formtypen. Formwahrnehmung entspricht einem Erfassen allgemeiner Struktureigenschaften. „Es scheint keine Denkprozesse zu geben, die nicht wenigstens im Prinzip in der Wahrnehmung anzutreffen sind. Anschauen ist anschauliches Denken" (ebd., S. 24). Da die Medienproduzenten gerade mit diesen Mitteln arbeiten, bedarf es zunehmend der Befähigung, diese Botschaften zu decodieren bzw. in einem handlungsorientierten Kontext zu codieren (to know to imagine).

Sinnliche Erfahrungen und Episoden, die wir als Erinnerungen in unserem Wahrnehmungsgedächtnis speichern, lassen sich ebenfalls als anschauliches Wissen bezeichnen. Für unser Selbstwissen ist diese Wissensform nach Auffassung von PÖPPEL (2000, S. 26) grundlegend, das diese Bilder unsere Innenperspektive und damit unser Selbst bestimmen.

Zum anschaulichen Wissen gehört auch das präsentative Denken. LANGER (1987) hat den Begriff der präsentativen Logik geprägt. Jenseits der Diskursivität gibt es Phänomene, die sich nicht in einem „logischen Jenseits" befinden. Die grundlegenden Wahrnehmungsformen, die die elementaren Abstraktionen des von unseren Sinnen erfassten symbolischen Materials liefern, gehören der präsentativen Ordnung an. „Visuelle Formen - Linien, Farben, Proportionen usw. - sind ebenso der Artikulation, d.h. der komplexen Kombination fähig wie Wörter. Aber die Gesetze, die diese Art von Artikulation regieren, sind von denen der Syntax, die die Sprache regieren, grundverschieden. Der radikalste Unterschied ist der, daß visuelle Formen nicht diskursiv sind. Sie bieten ihre Bestandteile nicht nacheinander, sondern gleichzeitig dar, weshalb die Beziehungen, die eine visuelle Struktur bestimmen, in einem Akt des Sehens erfaßt werden" (ebd. 1987, S. 99).

Die Befähigung zur Visualisierung gehört ebenfalls zu dieser Wissensart. PÖPPEL (2002, S. 26) nennt sie Vorstellungswissen. Da die Visualität zu den grundlegendsten Formen unseres Existierens gehört, kommt ihr eine besondere Relevanz zu. Zum visuellen Wissen gehören alle Formen der Wissensproduktion, -distribution und -rezeption,

„die mit Hilfe des Sehvorgangs erzeugt, organisiert und verbreitet werden“ (HUBER 2002, S. 165). Gerade in multimedialen Lernsystemen dienen Visualisierungen der Vermittlung von Wissen und der Unterstützung des Aufbaus visuellen Wissens, zumal sich durch Visualisierung Informationen sehr viel schneller und effektiver vermitteln lassen. TERGAN (2002, S. 325) versteht in der Visualisierung und dem visuellen Wissen jene Form des Wissens, „das uns in Form visueller Vorstellungen und so genannter mentaler Modelle erfahrbar wird, die wir vor unserem geistigen Auge entstehen lassen können“. ENGLMEIER (2000, S. 185) ist der Überzeugung, dass 3-D-Techniken (Virtual Reality) in der Medizin die Mensch/Maschine-Interaktion revolutionieren wird, da mit Hilfe dieser bildgebenden Verfahren u.a. die dreidimensionale menschliche Anatomie als räumlich-zeitliche Bildfolge dargestellt werden kann.

Wissen über bestimmte Bewegungsabläufe (to be in balance), wie z.B. das Schreiben mit einem Federhalters, das Spielen eines Musikinstrumentes, das präzise Schlagen eines Golfballes nennt PÖPPEL (2000, S. 24) **körperliches Wissen**. Dieses Wissen ist eingebettet in Rituale des Alltags und wird in der Regel nicht hinterfragt. Ebenso zähle ich zu dieser Wissensform die Befähigung intuitive Entscheidungen treffen zu können. Wenn auch dieses (implizite) Wissen selten bewusst ist, ist es jedoch nicht irrational. Für VARELA (2000, S. 144) ist die „Verkörperung“ die Voraussetzung sich in der Welt zurechtzufinden. Für ihn sind mentale Fähigkeiten (Wissen) untrennbar mit der Aktivität und Bewegung des Körpers verbunden. „Das Bewusstsein verkörpert sich durch Handeln. Wahrnehmung ist etwas, das aus andauerndem aktiven Handeln entsteht.“ (ebd., S. 149f). VARELA geht dabei von einer sich gegenseitig bestimmenden intensiven Wechselbeziehung von Innen (lokale Prozesse) und Außen (systemische Zustände) aus. Für ihn ist eine der wichtigsten Erkenntnisse der letzten Jahre, dass es keine klare Trennung zwischen Gedächtnis, Gefühl und Vorstellung gibt. Die Basis von Vernunft und Kategorie und für unser gesamtes Handeln sind Affekte und Gefühle, da die Frühphase mentaler Zustände ihre Wurzeln im limbischen System haben. „Bewusstsein ist seinem Wesen nach etwas was aus einer gefühlsmäßigen Befindlichkeit erwächst, die in den Körper eingebettet ist“ (ebd., S. 153).

Mit ***Handlungswissen*** oder auch Verfügungswissen sind die Methoden und die Problemlösungsmuster gemeint, wie etwas bewerkstelligt wird und die Fähigkeit, die zum praktischen Handeln befähigt sowie die Befähigung zum Handeln in konkreten Lebensbezügen (to know how). Fähigkeiten, Methoden und Problemlösungen können auch ohne bewussten oder verbalen Verweisungszusammenhang abgerufen werden. Dieses Wissen basiert wesentlich, aber nicht umfassend auf impliziertem Wissen und beinhaltet vor allem visuelle und räumliche Repräsentationen. Der Erwerb dieser Wissenskomponenten erfolgt im Wesentlichen durch „Lernen vom Kontext“ (BATESON 1990).

Wissen ist offenkundig ein mehrdimensionales Phänomen.[3] Somit ergibt sich als Annäherung an den Begriff Wissen folgender Wissensarten-Baum:

3 In der Psychologie werden noch weitere Wissensdifferenzierungen vorgenommen, wie z.B. die Unterscheidung in heuristisches, unsicheres Wissen, Meta-Wissen, Expertenwissen, oder Alltagswissen (vgl. POSPESCHILL 1009, S. 689-691).

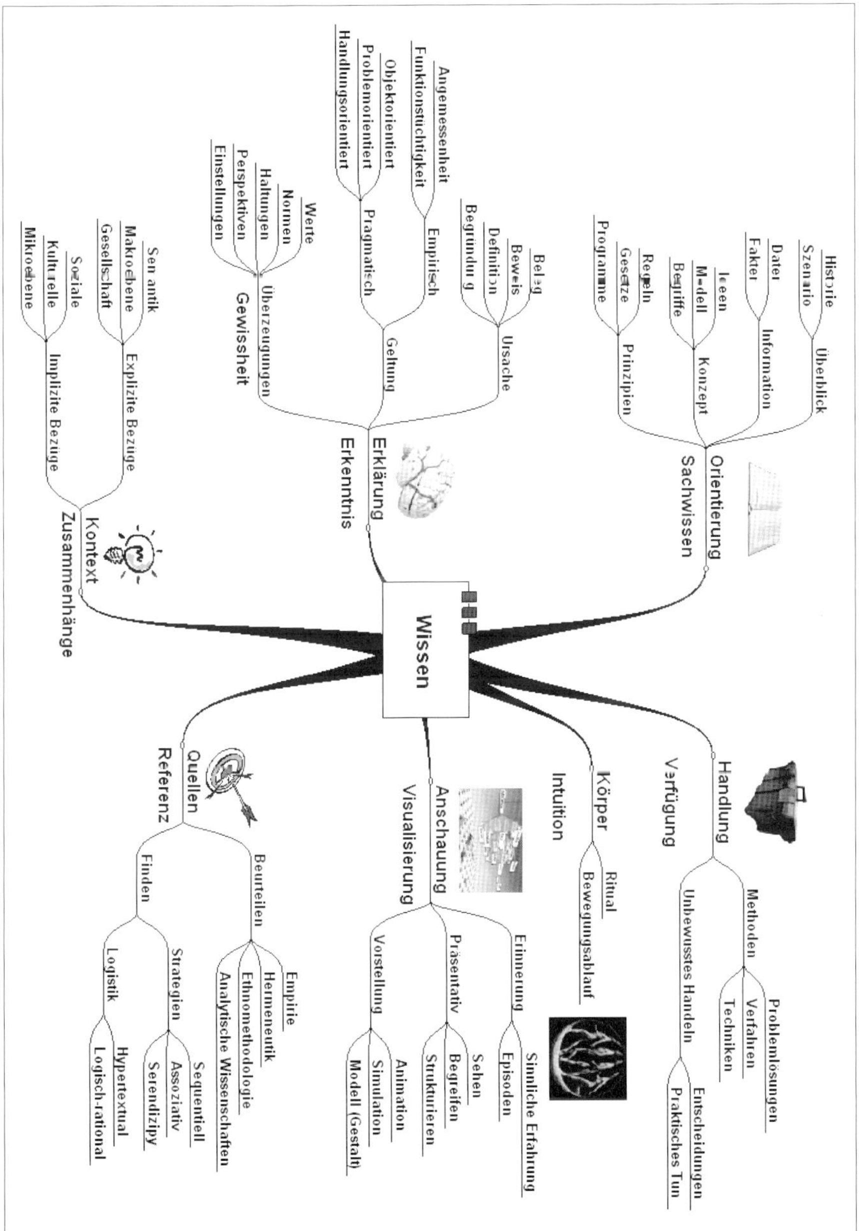

Abb. 4: Wissensarten

Obwohl alle Segmente dieses entfalteten Wissensbegriffs bedeutsam sind, wird in unserer Kultur das theoretisch-kognitive, deklarative Wissen (explizite Wissen) höher als das handlungsrelevante Wissen bewertet, da es sich „in grammatisch und semantisch korrekten Sätzen, in mathematischen Formeln oder in technischen Daten ausdrücken läßt" (MOHR 1999, S. 10). Offensichtlich gibt es in unserem Bildungssystem eine Hegomonie des sprachlich-mathematisch-naturwissenschaftlichen Weltbildes. Gerade in Anbetracht der hohen Bedeutung des Audiovisuellen bei den Neuen Medien überrascht die Vernachlässigung der visuellen Medien, ebenso der Musik, der Körpermedien und der Phantasie.[4]

Inwieweit der hier entwickelte Begriff des Wissens in der Wissensgesellschaftsdebatte aufgenommen wird, werde ich im folgenden Kapitel implizit erörtern.

1.3. Wissensgesellschaft

Datenverarbeitung, Unterhaltungselektronik (Chip-Technik), Satellitentechnologie, neue Übertragungswege (Glasfaser), weltweite Datenübermittlung und Vernetzung der Informationskanäle bis in die Privathaushalte hinein begünstigen die Erfolgsfaktoren der Informationsgesellschaft. Charakteristisch ist die Tendenz „daß alle Vorgänge der Produktion, Aufbereitung, Verteilung und Nutzung von Wissen und Information zunehmend durch Informationstechnik in einem derartigen Ausmaß unterstützt werden, daß sie ohne diese nicht mehr möglich zu sein scheinen" (KUHLEN 1996, S. 4). ISKE (2002 S. 10) hat als weitere wesentliche Faktoren die Hypertextifizierung, die Ökonomisierung und die Kommerzialisierung hervorgehoben. Mit der Hypertextifizierung ist die Universalisierung des Hypertext-Prinzips gemeint, das in allen Formen und Systemen der Informationsbearbeitung Verwendung gefunden hat, so z.B. der Repräsentation von Wissen, der Organisation von Ideen, bei Lernumgebungen, Online-Dokumentationen, Hilfefunktionen, Benutzerführungen, Computerspielen und CD-ROM-Produkten. Gleichzeitig entsteht durch die Kommerzialisierung ein Informationsmarkt, da der Umgang mit Information auf eine privatwirtschaftliche Grundlage gestellt wird. Unter Ökonomisierung des Wissens ist die Tendenz zu verstehen, Information und Wissen unter ökonomischer Perspektive auf wirtschaftliche Verwertbarkeit zu erzeugen (Wissensmanagement).

Die aufgeführten Aspekte gelten auch für die Wissensgesellschaft. Gleichwohl lassen sich Unterschiede zur Informationsgesellschaft feststellen. Mit Informationsgesellschaft ist die massenhafte Verbreitung moderner Informationstechniken und ihrer Folgen gemeint. Bei der Wissensgesellschaft stehen inhaltliche und qualitätsbewusste Aspek-

4 Bezeichnenderweise wurden in der viel zitierten PISA-Studie „nur" die sprachlichen Schreib- und Lesefähigkeiten im Fach Deutsch und das naturwissenschaftliche und mathematische Grundverständnis untersucht.

te, wie z.B. Bildungs- und Lernprozesse oder die Steuerung komplexer Arbeitsprozesse im Vordergrund. Es dominiert nicht die technologische und methodische Ebene, sondern der elaborierte Umgang mit der immateriellen Ressource Wissen. Wissen wird auf Tätigkeiten, Prozesse und Produkte angewandt. Wissen ist somit sowohl Produkt als auch Ressource, da es nicht nur auf Arbeit, sondern auch auf Wissen selbst angewandt wird.

Wenn es auch keinen Zweifel gibt, dass „Wissen“ in früheren gesellschaftlichen Kontexten eine wichtige Rolle gespielt hat, scheint mir ein sich wandelndes Verständnis von „Wissen“ erkennbar.[5] Im aktuellen Begriff „Wissen“ ist nicht nur die Absicht enthalten, einen Beitrag zur Erklärung, Deutung und Analyse der Welt zu leisten und somit ein besseres Weltverständnis zu erreichen, sondern Wissen wird als Modell für die Welt angesehen (vgl. STEHR 1994, S. 41).

Neu ist ebenfalls die Orientierung hin zum Individuum. Die Bildungs-Delphi-Studie (KUWAN/WASCHBÜSCH 1999, S. 20) betont ebenfalls als Unterscheidung zur Informationsgesellschaft die Vorstellung der Aneignung und Verarbeitung von Informationen zu Wissen durch Personen. DRUCKER (1969), auf den der Begriff der Wissensgesellschaft zurückgeht[6], hebt hervor, dass Wissen immer an eine Person gebunden ist und somit das Individuum in der Wissensgesellschaft in den Mittelpunkt rückt.

Die Generierung, Reproduktion, Distribution, Übertragung und Verwertung von Ideen sind der Rohstoff der Wissensgesellschaft. Während in der Informationsgesellschaft das physische Silizium eine wesentliche Bedeutung hat, wird in der Wissensgesellschaft der immaterielle Denkprozess bedeutsamer. Das exemplarische Produkt der Informationsgesellschaft ist der Chip, das exemplarische Produkt der Wissensgesellschaft ist Wissen. Zukünftig werden nicht mehr Daten, sondern Ideen ausschlaggebend sein.

In der Wissensgesellschaftsdebatte grenzt sich der Begriff „Wissen“ von dem in der Informationsgesellschaft explizierten Wissensbegriff ab.[7] Bei dem neuen Wissensbegriff wird Wissen als Information definiert, das eine Sache oder einen Menschen verändert und dazu befähigt, die Handlungsgrundlage anders und effektiver zu gestalten. Es geht nunmehr „um aktives und intelligentes Wissen, das auf Zuwachs und Veränderung ausgerichtet ist“ (FRIEDRICH 2002, S. 5). Dieses Wissen wird in den Kontext von Handlungsmöglichkeiten und Handlungsverantwortung hineingestellt.

5 HEIDENREICH (2002, S. 2) vertritt dem gegenüber die These, dass die moderne Gesellschaft sich schon immer als Wissensgesellschaft begriffen hat. Entscheidendes Kriterium für eine Wissensgesellschaft ist nach seiner Auffassung die Bereitschaft zur Infragestellung eingelebter Wahrnehmungs- und Handlungsmuster, und dies sei bereits ein konstitutives Merkmal der Moderne. Auch BELL (1973) geht von der Position aus, dass die postindustrielle Gesellschaft bereits eine Wissensgesellschaft ist, da Wissen die grundlegende Ressource der postindustriellen Gesellschaft sei. Er sieht zwei Gründe, weshalb die postindustrielle Gesellschaft „Wissensgesellschaft“ genannt werden kann: Forschung und Entwicklungen sind die Träger von Neuerungen, und die Gesellschaft legt erkennbar mehr Gewicht auf das Gebiet des Wissens.

6 In der sozialwissenschaftlichen Diskussion gilt DRUCKER (1969) als Schöpfer des Begriffs.

7 DRUCKER (1969, S. 269) betont, daß Wissen „normally conceived by the ‚intellectual‘ is something very different from ‚knowledge‘ in the context of ‚knowledge economy‘ or ‚knowledge work‘“.

Eine Voraussetzung für eine Gesellschaft, die sich als Wissensgesellschaft bezeichnet, ist für WILLKE (1998, S. 355), dass Innovationen zum alltäglichen Bestandteil der Wissensarbeit werden und Wissen einem Prozeß der kontinuierlichen Revision unterworfen ist und symbolische Analysen, Informationsverarbeitung sowie Expertensysteme gegenüber anderen Faktoren der Produktion bevorzugt werden. Wissensarbeit sei dadurch gekennzeichnet, „daß das relevante Wissen (1) kontinuierlich revidiert, (2) permanent als verbesserungsfähig angesehen, (3) prinzipiell nicht als Wahrheit, sondern als Ressource betrachtet wird und (4) untrennbar mit Nichtwissen gekoppelt ist, so daß mit Wissensarbeit spezifische Risiken verbunden sind“ (ebd., S. 21).

KRON (1997, S. 69 u. S. 84) macht ebenfalls darauf aufmerksam, dass jedes neue Wissen mit Unabwäglichkeiten, Risiken und Ambiguitäten in Verbindung steht. Mit jedem neuen Wissen erweitert die Wissensgesellschaft die Ebenen des Nichtwissens. Dies führt zu ständig sich reproduzierenden Ungewißheiten. Die Wissensgesellschaft ist daher gezwungen, Forschungsstrategien zu entwickeln, die nach dem Muster einer experimentellen Praxis verfahren, bei der sowohl neue wissensbasierte Technologien verwendet werden als auch auf die Erfahrungen der Praxis zurückgegriffen wird. „Die Wissensgesellschaft ist eine Gesellschaft der Selbst-Experimentation“ (ebd., S. 70). Dabei werden unterschiedliche Modi des Lernens integriert (Lernen durch Handeln, Generierung, Forschung, Reflexion). Ziel ist die Installation eines Netzwerkes von Akteuren, die die jeweiligen gesammelten Erfahrungen rekursiv miteinander verknüpfen.

Drei Beschäftigungsgruppen erwartet REICH (1992, S. 178) in der entstehenden Wissenschaftsgesellschaft: klassische Routineproduzenten, personenbezogene Dienstleister und Symbolanalytiker. In der wissensgestützten hochwertigen Produktion und den wissensvermittelnden Dienstleistungen, dem Arbeitsbereich der Symbolanalytiker, geht es um die kontinuierliche Suche nach Neuem. In den Berufszweigen der Forscher, Softwareentwickler, Ingenieure, Biotechniker, Fernseh- und Filmemacher, Designer, Werbefachleute, Banker, Juristen, Unternehmens- und Finanzberater, Informatiker, Organisationsfachleute, Systemanalytiker, Marketing- und Vertriebsexperten sowie der Architekten identifiziert REICH die Mitglieder dieser Gruppe. Allgemein gelten die Kommunikations- und Informationstechnologie sowie die Biotechnologie als Basisinnovationen, die den Aufbau der Wissensgesellschaft forcieren. In der Wissensgesellschaft werden *Wissensproduktion* (Generierung), *Wissensvermittlung* (Transfer) und *Wissensanwendung* (Nutzung) gleichwertig sein. Aus diesen Gründen lässt sich ein verstärktes Interesse an Wissensmanagement erkennen.

1.4. Wissensmanagement

Für die Industrie und Wirtschaft steht Wissen im Kontext zur Organisation und Umsetzung von Arbeit. Bisher interpretierten sie Wissen vor allem als Konzeption, Produktion und Anwendung von Werkzeugen, Verfahren und Produkten. Die Wissensmanagement-Diskussion hat zu einer neuen Sicht auf Management-, Arbeits- und Organisationsprozesse geführt. Beabsichtigt ist der zielgerichtete Einsatz von Wissen in der Organisation und damit der bewusste und systematische Umgang mit der Ressource Wissen. Im *forum-futur.de*[8] wird Wissen als der „Zweck gebundene und Ziel gerichtete Einsatz von Informationen, der zu Entscheidungen führt" definiert. Zusammengefasst unter Wissen werden hier alle Tätigkeiten und Fertigkeiten, die zur Bewältigung der täglichen Aufgaben und Probleme eingesetzt werden.

Einige Autoren der Wissensmanagement-Debatte, so z.B. REHÄUSER/KRCMAR (1996), unterscheiden zwischen Daten, Information und Wissen. ***Daten*** sind bedeutungslos, sie besitzen noch keinen Verwendungshinweis und bestehen aus einer durch Konvention festgelegte Folge von Zeichen (Buchstaben und Zahlen). Wenn Sie einer Zielerreichung dienen oder in einen Problemzusammenhang gestellt und damit kontextualisiert werden, werden sie zu ***Informationen***. Die Informationen wiederum gelten als Rohstoff für die Generierung von Wissen. Bewertete Information wird zu ***Wissen***, wenn sie in einen persönlichen Erfahrungskontext eingebunden ist. Wissen dient der Situationsbewältigung und ist sinnstiftend. „Erst die Aneignung durch Menschen oder die (auch technische) Integration in Produkte, deren sich Menschen bedienen, vermag aus Informationen Wissen zu machen" (WOLFF 1999, S. 18). Wissen ermöglicht es, Phänomene zu erklären, vorherzusagen oder zu begründen (vgl. MÜLLER 2000, S. 262).

Beim Wissensmanagement-Konzept besteht Wissen aus gespeicherten Informationen, aus gewonnenen Erfahrungen, aus Kreativität und emotionaler Intelligenz. Auf allen organisatorischen Ebenen soll die Lenkungsfähigkeit im Hinblick auf Daten- und Informationserzeugung verbessert werden, da mutmaßlich in den meisten Unternehmen weniger als 50 % des vorhandenen Wissens genutzt wird (SCHMIDT 1999, S. 328). Die Organisation hat die Aufgabe eine lernfreudige Umgebung und Kultur zu implementieren. Eine weitere Voraussetzung ist die Einrichtung und Gestaltung von Informations- und Kommunikationsinfrastrukturen sowie die Förderung und Gestaltung von Kenntnissen und Fähigkeiten des trägerrelevanten Wissens der Mitarbeiter.

Wissensmanagement wird in unterschiedlichen Ebenen eingesetzt, so z.B. zur Verbesserung von Unternehmensstrategien, beim Management des intellektuellen Kapitals, dem kundenorientierten Management, bei der Wissenskommunikation, dem Best-Practice-Sharing oder bei der gezielten Wissensgenerierung und Innovation. Aufgabe des Wissensmanagements ist es, das Wissen von Individuen, Teams und Organisationen effizienter zu machen und damit zu optimieren.[9] Die Organisation selbst wird als lernend interpretiert. Die Lebensfähigkeit und die Kernkompetenzen der Unternehmen sollen

8 vgl.: *http//forum.futur.de/Quickplace/Futur/Main.nsfl.* „futur" ist eine Initiative des Bundesministeriums.

9 Während der klassische Wissensbegriff vom Individuum ausgeht, wird bei der Wissensmanagement-Diskussion auch von einem Wissen der Organisation, dem organisationellen Wissen ausgegangen.

durch interdisziplinäres Wissen verbessert werden. Es wird von der Prämisse ausgegangen, dass weniger als 50 % des vorhandenen Wissens genutzt wird. Wissen wird als Rohstoff der Zukunft verstanden.

Die wirtschaftlichen Hintergründe dieser Diskussion liegen in folgenden Motiven:
- Leistungs- und Wettbewerbsfähigkeit optimieren,
- Marktstellung behaupten oder ausbauen,
- Zugang zu internen und externen Wissensquellen öffnen,
- Innovationsfähigkeit steigern,
- Kosten senken,
- Kommunikations- und Teamfähigkeit der Mitarbeiter fördern,
- Effizienz durch direkten Datenzugriff erhöhen,
- Unternehmensprozesse beschleunigen,
- Produktqualität erhöhen,
- vorhandene Ressourcen besser nutzen,
- Kundennähe verbessern,
- Kunden in problemlösungsorientierte Netzwerke einbinden,
- interaktive Kommunikation auf unterschiedlichen Ebenen ermöglichen,
- Projektumgebungen simulieren.

Neben dem Sachwissen und dem Handlungswissen wird von der Wissensbasis einer Institution, dem organisationellen Wissen ausgegangen; das ist das Wissen, das die Organisation hat (Regeln, Normen, Strukturen). Ein Großteil dieses Wissens ist nicht transparent und damit weder fassbar noch nutzbar. Das implizite Wissen gilt als große Herausforderung, da es nicht direkt artikulierbar und erfahrungsabhängig ist. Da viele keinen bewussten Zugang zu diesem Wissen haben, geht es darum, dieses Wissen explizit zu machen. Eine weitere Zielrichtung dieses Konzepts bezieht sich auf das individuellen Wissen der Organisationsmitglieder. Intendiert ist eine Aufwertung des Wissens und der Erfahrung von Individuen und Gruppen in Unternehmen.

Das Wissensmanagement dient als Leitbild für die Integration einer Wissens- und Leitkultur. Zielsetzung des Wissensmanagements (vgl. REINMANN-ROTHMEIER/MANDL/ERLACH/NEUBAUER 2001, S. 21 und S. 32f.; REINMANN-ROTHMEIER/VOHLE 2002, S. 342) ist die Implementierung einer lernenden und wissensbasierten Organisation. Die Unternehmen sollen sich als intelligente bzw. lernende Organisation verstehen. Wissen soll als strategische Komponente erkannt werden und zu einer neuen Kommunikations-, Kooperations- und Lernkultur führen. Dabei werden die Instrumente der Wissensgenerierung, die Wissensrepräsentation, die Wissenskommunikation und die Wissensnutzung eingesetzt. **Beschaffen** ist das Stichwort bei der **Wissensgenerierung**. Es geht nicht nur um Neues Wissen durch Wissensexplizierung, Forschung und Entwicklung. Ebenso ist vorstellbar, Wissen zu „importieren“ bzw. Wissen extern zu erwerben. Wesentlich ist die Förderung von Lernprozessen und der Aufbau von Wissensnetzwerken. Erfassen und Speicherung und somit **Bewahren** stehen im Zentrum der **Wissensrepräsentation**. Wissen soll identifiziert, aufbereitet, kodifiziert, dokumentiert, explizit und zugänglich gemacht werden. **Verteilen** steht im Brennpunkt der **Wissenskommunikation**. Wissen soll weitergegeben, ausgetauscht und gemeinsam konstruiert werden. Auch mittels Kooperation soll Wissen explizit und zugänglich gemacht werden. **Umsetzen** (in Handlungen und Entscheidungen) heißt das Schlagwort für die **Wissensnutzung**. Wissen soll in Produkte und in Dienstleistungen transformiert werden.

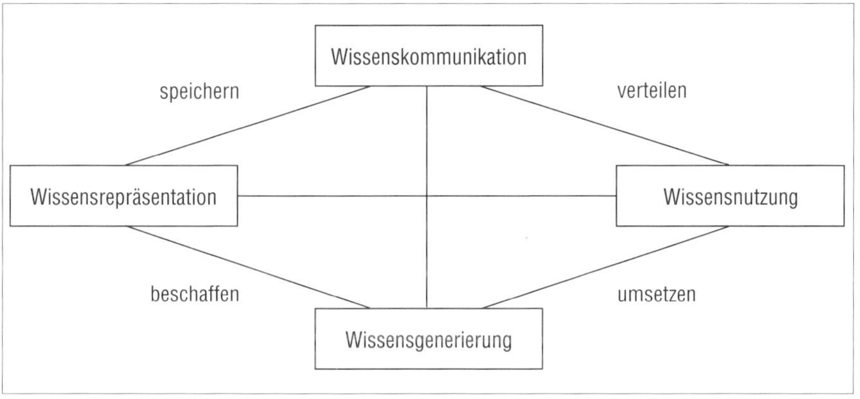

Abb. 5: Wissensmanagement-Komponenten (REINMANN-ROTHMEIER u.a. 2001)

Wenn auch von der lernenden Organisation die Rede ist, konzentriert sich der Ort des Lernens auf den einzelnen Mitarbeiter. REINMANN-ROTHMEIER u.a. (2001, S. 72) identifizieren drei Stufen eines notwendigen individuellen Lernzyklus. Die Basis für die Veränderung in der Organisation bilden die Fähigkeiten und Fertigkeiten. Dazu kommen neue Haltungen und Überzeugungen und damit ein neues Bewusstsein und eine neue Sensibilität. Drei Ansatzpunkte dienen zur Instrumentierung der Veränderung (vgl. ebd., S. 73f.):

1. Eine Vision, der **normative Ansatz**, wird als notwendig angesehen um eine organisationale Veränderung durchzusetzen. Der Formulierung von Leitgedanken wird ein erheblicher Stellenwert zugewiesen.
2. Der **operative Ansatzpunkt** konkretisiert sich in Konzepten, Methoden und Werkzeugen und dient der Umsetzung der Leitgedanken.
3. Der **strategische Ansatz** intendiert eine strukturelle Veränderung in der Organisation und damit eine Innovationen der Organisationsstruktur.

Offensichtlich gibt es Zweifel über die intrinsische Motivation der Mitarbeiter, daher werden materielle und immaterielle Anreize bei der Implementierung empfohlen (ebd., S. 63).

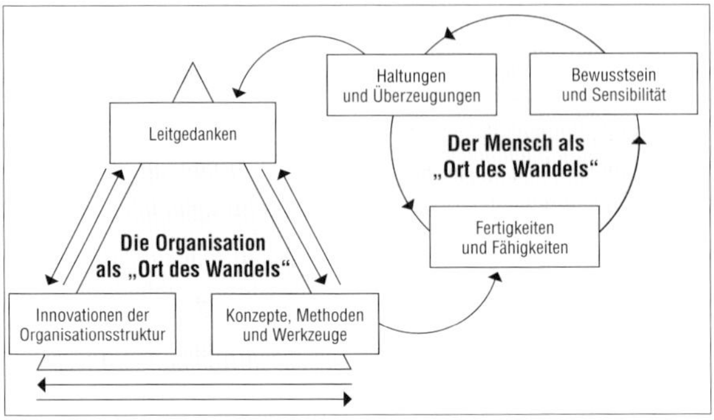

Abb. 6: Verbindung zwischen individuellem und organisationalem Lernzyklus (SENGE 1997).

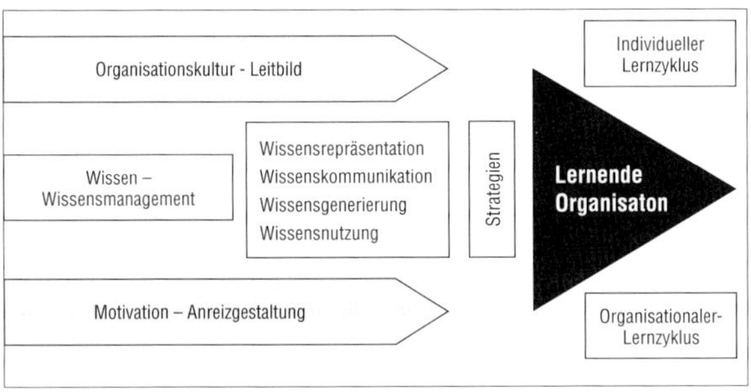

Abb. 7: Wissensmanagement und Lernende Organisation (REINMANN-ROTHMEIER u.a. 2001).

Bei den Wissensmanagement-Konzepten wird das organisatorische Lernen als die Fähigkeit selbstorganisierter Systeme begriffen, das in der Lage ist, in Abhängigkeit von neuen Zielen ihre eigenen Regeln zu verändern, während gleichzeitig das Management keineswegs alle Entscheidungen akzeptieren würde, so dass eine Selbstständigkeit unter Vorbehalt entsteht. Da Organisieren und Lernen unterschiedlichen Logiken folgen, kommt es bei den Wissensmanagement-Konzepten immer wieder zu Widersprüchen. Während Organisationen gebildet werden, um mittels Berechenbarkeit und Routine Kooperationsbeziehungen auf Dauer zu stellen, klare Verantwortlichkeiten und Regeln dominieren, geht es beim Lernen um die Veränderung von Regeln und Routinen, um Flexibilität, Improvisation und Innovation (vgl. HEIDENREICH 2002, S. 18). Die täglichen Konflikte bei der Einrichtung von Projektgruppenarbeit veranschaulichen das Problem. KÜHL (1997, 1998) hat u.a. auf folgende Dilemmata des organisatorischen Lernens hingewiesen:

- Das **Sei-selbstständig-Dilemma** – die zentralistische Einführung dezentraler Strukturen.
- Das **Innovations-Dilemma** – die Innovationsfähigkeit wird durch die Dezentralisierung gesteigert, während gleichzeitig die Durchsetzbarkeit dieser Innovationen behindert wird.
- Das **Lern-Dilemma** – die Etablierung von neuen Wahrnehmungsmustern durch erfolgreiches Lernen behindert spätere Lernprozesse.
- Das **Ideologie-Dilemma** – um den Wandel durchzusetzen, ist eine starke Ideologie (Leitgedanke) notwendig, die wiederum die Möglichkeiten des Wandels einschränkt.
- Das **Organisiere-dich-selbst-aber–nicht-so-Dilemma** – die bereits existierende Selbstorganisation wird durch von oben propagierte Selbstorganisation bedroht.

GÖDERT (2001, S. 21) äußert sich aus anderen Gründen ebenfalls skeptisch gegenüber der Effizienz des zielorientierten Wissensmanagements. Nach seiner Auffassung werden weiterhin strategische Entscheidung eher erfahrungsbasiert und nicht wissensbasiert getroffen. Wissen wird bei diesem Konzept entlang betrieblich-ökonomischer Kontexte betrachtet. Das Problem bei diesem Ansatz ist es, dass Lernen aus einem informationstechnischen Verständnis heraus verstanden wird. Ähnlich wie beim Nürnberger Trichter wird davon ausgegangen, dass Lernen eine unabdingbare Folge kompetenten Inputs und der Arrangements ist. Vernachlässigt wird die Art und Weise wie Lernen zu Stande kommt. Unberücksichtigt bleibt, wie unser Gehirn Information verarbeitet. Nicht genügend beachtet wird somit der Kontext des Benutzers und dessen aktive Rolle bei der Verarbeitung von Information und Wissen.

Unabhängig von der Bewertung der Wissensmanagement-Konzepte spricht einiges dafür, dass ausgehend von diesem Grundverständnis die Rolle der Bildung und der Ausbildung sich wandeln wird. Insbesondere wird es zu einem Druck auf die zukünftigen Arbeitnehmer kommen, sich dem Prinzip des lebenslangen Lernens zu öffnen.

1.5. Lebenslanges Lernen

Die Dynamik wirtschaftlicher Märkte von heute verlangt rasche Reaktionen auf Veränderungen ebenso wie vorausschauende Aktionen. Ausbildung garantiert keinen Status mehr. Sie ist eine von mehreren Möglichkeiten. Weder Betriebszugehörigkeit noch der erlernte Beruf schützen vor Beschäftigungs-, Entlohnungs- und Qualifizierungsrisiken. Gefragt sind, flexible, umfassend verfügbare, hochmotivierte und breit qualifizierte Mitarbeiter. Das Erfahrungswissen und die berufsfachlich tradierten Kompetenzen erhalten eine immer geringere Bedeutung. Das Potenzial und die Bereitschaft, Kompetenzen in einem Netzwerk von inner-, zwischen- und überbetrieblicher Beziehungen zu erwerben, wird immer wichtiger.

Mit hoher Wahrscheinlichkeit wird sich in naher Zukunft die traditionelle Form der Arbeit auf Grundlage der Vollbeschäftigung auflösen. Verschiedene Formen der flexiblen Arbeit werden sich in der Wissensgesellschaft durchsetzten. Eine Ausbildung, die eine Garantie für den gesamten Lebenszyklus der Berufskarriere gibt, wird ausgeschlossen sein. In den USA ist bereits heute der Anteil der Beschäftigten in Normarbeitsverhältnissen auf 22 % gesunken. 67 % der Erwerbstätigen besitzen in Kalifornien keine traditionellen Arbeitsplatz mehr. Die Verweildauer in einem Job liegt in den USA durchschnittlich bei 7,4 Jahren (vgl. DÖRRE 2002).

Firmen, die mit Wissensmanagement arbeiten, konfrontieren ihre Mitarbeiter mit Nicht-Routine-Entscheidungen. Selbst in den ausführenden Ebenen wird durch neue Organisationsformen (Projektgruppen, Zielvereinbarungen) ein eigenverantwortlicher Arbeitsstil gefordert. Permanente Veränderungen verlangen eine hoch motivierte, qualifizierte und flexible Belegschaft. Im Vergleich zu früher sind die Hierarchien in diesen Betrieben „flach". „Autorität beruht vornehmlich auf Sachkompetenz. Es gibt eine gering formalisierte, ständig wechselnde Aufgabenverteilung in zeitlich befristeten Projekten und selbstgesteuerten Teams“ (ebd.).

Es kommt zu einer Kluft zwischen den im Bildungssystem erworbenen Kenntnissen und den von der modernen Arbeitswelt geforderten Qualifikationen (DOHMEN 1999, S. 46). Lebenslanges Lernen ist daher in einer global gewordenen Welt notwendig. Es wird zu einer interdependeten Verflechtung organisiertem Lehrgangslernen in Bildungsinsitutionen, ad-hoc-situationsbezogener Wissenserarbeitung, informellem Lernen am Arbeitsplatz und den verschiedensten Lernformen an unterschiedlichen Lernorten in der Lebenspraxis kommen. Damit die zukünftigen Arbeitnehmer bereit sind, „Wissen“ als Ressource zu entwickeln, wird Ihnen die Verantwortung für die Bildung zugeschrieben. Der Erwerb von Wissen wird keiner speziellen Lebensphase zugeordnet. Die Verantwortung an die Qualifikation des Einzelnen wird nicht mehr der Institution Schule, sondern dem Einzelnen zugeschrieben. „Mit der Wissensgesellschaft geht die Forderung nach Flexibilisierung, Förderung der Bereitschaft und Befähigung zu Innovation und ein Stärkung des Eigenverantwortlichkeitsprinzips einher“ (Integrierter Abschlußbericht zum Wissens- und Bildungsdelphi, zitiert in DOHMEN 1999, S. 85). Der Einzelne wird für seine eigene Lern-Perspektive verantwortlich gemacht, dadurch wird das selbstorganisierte Lernen eine höhere Bedeutung als früher gewinnen. Gefordert wird die Fähigkeit, sich als Unternehmer seiner selbst zu verwerten (Selbstmanagement). Das Individuum muss sich somit selbst als Ressource seiner selbst begreifen. „Der einzelne Mitarbeiter muss die Verantwortung für die Weiterentwicklung seiner Kompetenz und den Erhalt seiner Wettbewerbsfähigkeit selbst übernehmen“ (JUNG 2000, S. 298). Notwendig wird der permanente Wandel des (eigenen) Markenprofils, um sich dem Markt anpassen zu können. Das eigene Bildungsleben zu entwerfen, ist keine Frage der Freiheit, sondern eine Frage der Notwendigkeit.

Dies erfordert für den postmodernen Menschen die Herausbildung komplexerer innerer Strukturen. Unter den Bedingungen der hohen Umweltkomplexität kann der Einzelne nur durch Erhöhung der Eigenkomplexität seine Identität bewahren. Er ist gezwungen die inneren Strukturen seines Denkens und Wahrnehmens, Wertens und Handelns immer weiter zu differenzieren und flexibel zu halten, um den Anforderungen, der Umwelt gerecht zu werden (vgl. SPANHEL 2002, S. 51). Wem dies nicht gelingt, der kann sehr schnell zu den Verlierern der Wissensgesellschaft gehören.

Die Konsequenzen dieser Entwicklung sind nicht unbeträchtlich. Niemand kann sich seines Arbeitsplatzes sicher sein. Branchenwechsel bilden eher die Regel als die Ausnahme. Es gibt, wie schon ausgeführt, nur noch kurzfristige und flexible Arbeitsverträge. Kenntnisse im Umgang mit neuen Technologien werden zur Ausgangsvoraussetzung. Die Gesetze des Marktes verlangen Kompetenzflexibilität. Die Zunahme von Unsicherheit und größere Risiken sind die Schattenseiten der wissensbasierten Gesellschaft. Die Diskussion um die gesellschaftliche Spaltung, den „digital divide“ wird sich intensivieren (vgl. KUBICEK 2000), und es wird mit hoher Wahrscheinlichkeit zur Zunahme sozialer Ungleichheiten kommen. Bei der sozialen Akzeptanz und Einbettung von neuen Technologien wird es zu erheblichen Friktionen kommen.[10]

Die Ausbildungsformen der Vergangenheit sind bereits in der Diskussion und werden in Zukunft in eine noch tiefere Krise geraten. Gefragt sind flexiblere, situationsgerechtere Berufsausbildungsformen (vgl. HEIDENREICH 1998). Von den zukünftigen Arbeitnehmern wird somit verlangt, dass sie individuell ein Set von unterschiedlichen Qualifikationen erwerben. Wo die Bildung erworben wird, ist ihre Sache. Die Folge wird eine Pluralisierung von Lernorten und die Flexibilisierung von Bildungsprozessen sein. Zur Gewährleistung dieser „freien" Entscheidung für lebenslanges Lernen wird es vermutlich zu einer Angebotspluralität kommen. Staatliche/private, praxis-/theoriebezogene, inner-/außerbetriebliche Pädagogik werden miteinander konkurrieren. Wenn sich unser Bildungssystem dieser Herausforderung nicht stellt, wird die Qualifizierung für den Beruf zunehmend außerhalb herkömmlicher Bildungsinstitutionen und formalisierter Lernprozesse erworben.

Parallel zu diesem Trend öffnen sich die klassischen Lernorte für breite Bevölkerungsschichten (vgl. KUWAN/WASCHBÜSCH 1999, S. 26). Die Bildungsinstitutionen werden gezwungen sein, sich von reinen Lehranstalten zu offenen Lernservice-Zentren zu wandeln (DOHMEN 1999, S. 48). Parallel zu dieser Entwicklung wird es regionale Lernzentren geben (communities of practice), in denen berufliche Qualifikationen und berufsfeldübergreifende Kooperations- und Lernfähigkeiten erworben werden können. Das Lernen wird stärker als bisher am Beruf (Arbeitswelt) orientiert sein. „Es entwickeln sich diversifiziertere, pluralere Arbeits- und Beschäftigungsformen, neue, stärker verbetrieblichte und stärker schulisch bzw. akademisch geprägte Formen von Beruflichkeit und tarifvertragliche Regulierungsformen, die stärker auf die jeweiligen Unternehmen, Betriebe, Berufe, Personen und Anforderungen zugeschnitten sind" (HEIDENREICH 2002, S. 10).

In der Wissensgesellschaft kommt es somit zu einer Aufwertung der Praxis. Neue Entdeckungen und Erkenntnisse kommen nicht nur aus der Wissenschaft, sondern können auch ihre Wurzeln im täglichen Leben haben. Die Bewertung des Wissens erfolgt aus der Handlungsperspektive. Wissen muss durch praktisch polytechnisches Wissen begleitet werden. Schule und Hochschule werden u.a. aus diesem Grunde notwendiger-

10 Im Verlauf meiner Projekte konnte ich oft erleben, dass viele Kinder und Jugendliche über latente mediale Fähigkeiten und Kompetenzen verfügen, die jedoch relativ schnell über ein handlungsorientiertes medienpädagogisches Projekt aktiviert werden konnten. Allerdings habe ich auch einige Kinder und Jugendlichen getroffen, die weder die Grundlagen von Lesen, Schreiben und Rechnen, noch die alphanumerischen Kommunikation beherrschten. Gerade an dieser Gruppe sind die potenziellen Auswirkungen des „knowledge gap" bzw. „digital divide" bereits jetzt erkennbar. Der Abstand zwischen den Gruppen, die sich immer mehr „Kompetenzen" bzw. „Wissen" aneignen, und dem „wissensfernen" Milieu wird immer größer. Es besteht die Gefahr, dass sozial schwache Gruppen von den wirtschaftlichen und gesellschaftlichen Entwicklungen abgekoppelt werden. Wenn dieser Entwicklung nicht bereits in früher Kindheit entgegengewirkt wird, wird auch eine spätere Kompensation wenig nutzen.

weise ihre Bildungsangebote an den Anforderungen des Erwerbsleben ausrichten müssen. Die leidige Trennung von praxis- bzw- theoriebezogenen Bildungsinstitutionen wird sich partiell auflösen. Inner- und außerbetriebliche Ausbildung müssen besser aufeinander abgestimmt werden, ergänzende Träger werden in das Ausbildungskonzept integriert. Auffallend ist, dass bereits seit einiger Zeit berufliche Qualifizierungsmaßnahmen in das Aufgabenfeld der außerschulischen Bildung integriert werden.[11]

Bildung deutlicher auf Anwendung hin zu konzeptionieren, bedeutet nicht, sich dem Diktat der Industrie vollständig unterzuordnen. Für die Wirtschaft geht es vor allem um die Mobilisierung von „Humankapital“ als Wettbewerbsvorteil. Die Interessen und Bedürfnisse der Ware Arbeitskraft stehen nicht im Zentrum der Verwertungsbedingungen des Kapitals. Den Selbsterhaltungsnotwendigkeiten sich anzunähern, bedeutet noch nicht grundlegende Bildungsansprüche zu negieren. Bildung lässt sich verstehen als Prozess der Aneignung einer allgemeinen Lebenskompetenz. Dazu gehören die Fähigkeit zur Lebenserhaltung und die Fähigkeit zur Lebensentfaltung. Unter den gegebenen Produktionsverhältnissen ergibt sich die Notwendigkeit, die Einzelnen zu qualifizieren, damit sie überhaupt dazu in die Lage gesetzt werden, sich Lebenskompetenz anzueignen.

Neben der Allgemeinbildung, den interdisziplinären, kommunikativen Fähigkeiten und den für den Beruf notwendigen Fähigkeiten, gehört als wichtige Schlüsselqualifikation die Medienkompetenz dazu. Sie kann dazu befähigen, bei der Einordnung des Wissens in umfassende Wertbezüge beizutragen, Kritikfähigkeit zu erwerben, Selbstreflexion zu begünstigen und gleichzeitig sich für die Wissensgesellschaft zu qualifizieren.

1.6. Medienkompetenz in der Wissensgesellschaft

Im Kontext der Wissensgesellschaftsdebatte ist die Ausbildung zur Medienkompetenz und/oder zur alphanumerischen Kompetenz, die Befähigung des kompetenten Umgangs mit dem Computer und dem Internet, als vierte zentrale Kulturtechnik neben dem Lesen, Rechnen und Schreiben gefordert worden. Prinzipiell teile ich diese Auffassung, da die Welt nicht nur der Kinder und Jugendlichen in erheblichem Maße aus Zeichen besteht, die medial konstruiert sind. Allerdings bedarf es der Notwendigkeit, insbesondere den Medienkompetenzbegriff inhaltlich zu füllen. Politiker und auch einige Pädagogen neigen dazu, Medienkompetenz als Erweiterung von Sachkompetenz (Zugriffwissen) funk-

11 Dies geschieht auf mehreren Ebenen. Es gibt Projekte, um Jugendlichen zu qualifizieren, eine angemessene und qualifizierte Tätigkeit zu erreichen, wie beim SYS*KOM-Qualifying-Projekt des Jugendzentrums Kom'ma in Langen, bei dem Jugendliche zu Junior-Screendesignern ausgebildet werden (OPPELT 2002, S. 17-19). Berufsbildende Maßnahmen stehen auch im Zentrum der berufsfördernden Lehrgängen des Projekts „Alt hilft Jung“ des Jugendbüros Neu-Isenburg. Der Verein leistet Unterstützung, damit Jugendliche überhaupt in den Arbeitsprozess kommen, das bedeutet „arbeitsfähig“ werden (MARTIN 2002, S. 19-21). Jugendberufshilfe leistet auch das Gelbe Haus in Offenbach, wenn seine Mitarbeiter sich um diejenigen kümmern, die sowohl von der Informations- als auch von Wissensgesellschaft ausgeschieden werden (MACH 2002, S. 22-23).

tionalistisch zu interpretieren. Nach diesem Verständnis wird Medienkompetenz durch Instruktion oder geeignete Lernmethoden vermittelt, wie dies bei der Diskussion um den Europäischen Computer-Führerschein (ECDL) deutlich wird (vgl. Einleitung).

Medienpädagogen haben ein differenzierteres Verständnis von Medienkompetenz. Für GROEBEL (1998, S. 41) ist sie eine wichtige Kompetenz, um zwischen Fakten-, Prozuderal- und Strukturwissen (Wissen über verschiedenartige Aggregatniveaus) unterscheiden zu können. In einer Medienmatrix (ebd., S. 43) differenziert er diese Kompetenzen in technische, physiologische, emotionale, kognitive, soziale und ethische Komponenten und zergliedert sie bezüglich der unterschiedlichen Adressaten (Technologie, Wirtschaft, Politik, Schule, Eltern, Nutzer, International). KÜBLER (1999, S. 28) identifiziert vier Dimensionen von Medienkompetenz. Als kognitive Fähigkeit bezeichnet er Kenntnisse über Strukturen, Organisationsformen, Funktionsweisen, Programme und Inhalte der Medien. Weiterhin unterscheidet er in analytische und edukative, sozialreflexive sowie handlungsorientierte Fähigkeiten. Für AUFENANGER (1997) enthält der Begriff der Medienkompetenz kognitive, moralische, soziale, affektive, ästhetische und handlungsorientierte Dimensionen.

Anhand dieser Beispiele wird deutlich, dass sich die Medienpädagogen keineswegs einig sind, „wofür der Begriff ‚Medienkompetenz' stehen soll" (THEUNERT 1999, S. 50). Ähnlich formuliert SCHELL (1999, S. 273): „Welcher Art diese Qualifikationen sein sollen und welche Zielsetzungen damit verbunden sind, darüber bestehen unterschiedliche Vorstellungen." Gleichwohl gibt es gemeinsame Nenner. SCHORB (1997, S. 237) hat eine allgemeine Definition vorgeschlagen: „Der Begriff Medienkompetenz soll die Fähigkeiten begrifflich bündeln, die das Individuum innerhalb einer Medien- oder Informationsgesellschaft benötigt." Unter Medienkompetenz verstehen die Medienpädagogen vor allem die Fähigkeiten, sich persönlichkeitsbezogene Grundfähigkeiten (Selbstkompetenz, ethische und moralische Kompetenz) und sozial ausgerichtete Fähigkeiten (Sozialkompetenz) im Umgang mit interaktionsorientierten (Foto, Video, Computer, Internet) und rezeptionsorientierten Medien (Print-Medien, Fernsehen und Film) reflektiert und handlungsorientiert aneignen zu können (vgl. u.a. BAACKE 1996; DEWE/SANDER 1996). Es wird von einer Wechselwirkung zwischen externer medialer Präsentation und internen Verarbeitungsprozessen ausgegangen. Der Lernende wird als Individuum betrachtet, das äußere Reize aktiv, selektiv und selbstständig wahrnimmt, interpretiert und verarbeitet.

Die Wurzeln des Kompetenzbegriffs liegen in der sozialwissenschaftlichen Diskussion Ende der 60er und Anfang der 70er Jahre.[12] Der Begriff der ***Kompetenz*** wurde von dem Sprachwissenschaftler CHOMSKY (1969) eingeführt. Er verstand Kompetenz als die genetisch bedingte Fähigkeit des Menschen eine potenziell unbegrenzte Anzahl von

12 In der Biologie bzw. Anthropologie wurde der Kompetenzbegriff bereits früher verwandt. In diesen Fachgebieten bedeutet Kompetenz die Fähigkeit des Organismus, angemessen auf spezifische Anforderungen der Umwelt reagieren zu können (vgl. SPANHEL 2002, S. 48).

Sätzen zu erzeugen und damit sprechen zu können. Kompetenz bildete die Grundlage seiner *generativen Grammatik*. Auf CHOMSKY wiederum stützte sich BOURDIEU (1983), der den Begriff des „Habitus" generierte. Mit Habitus verband BOURDIEU ein System von verinnerlichten Mustern, die es ermöglichen, kompetent Wahrnehmungen, Gedanken und Handlungen in einem kulturellen Raum zu generieren. HABERMAS (1988) entwickelte die Position, dass neben der Arbeit auch die „Kommunikation" eine Grundkategorie für die Aneignung und Gestaltung von Natur und damit für die menschliche Wertorientierung bildet. Inter- und intrapsychische Kommunikationsstrukturen, die sich über kommunikative Interaktionen realisieren, bilden nach HABERMAS einen der Ausgangspunkte, Ziele und Interessen im Einklang mit anderen zu verwirklichen. Er erweiterte somit den Kompetenzbegriff auf das kommunikative Handeln.

In dem er an diese Theorien anknüpfte, entwickelte BAACKE (1973) das Konzept der „kommunikativen Kompetenz". Kommunikations- wie auch Handlungsfähigkeit sollten in pädagogischen Kontexten konkretisiert und erfahrbar werden. Zu einem späteren Zeitpunkt hat BAACKE (u.a. 1996) wesentlich dazu beigetragen, den Begriff Medienkompetenz inhaltlich zu definieren, wobei er sich explizit auf die Kompetenzdiskussion bezog. Das Theorem der *kommunikativen Kompetenz* besagt, dass jeder Mensch prinzipiell ein „mündiger Rezipient" ist (ebd., S. 6). Damit der Einzelne als kommunikativ-kompetentes Lebewesen und aktiver Mediennutzer sich über und mittels von Medien ausdrücken kann, bedarf es des Übens und Lernens. Medienkompetenz wird bei BAACKE vor allem als Handlungskompetenz verstanden, die sich im „Lebensalltag" oder der „Alltagswelt" realisiert. „Kompetenz überschreitet vielmehr die Möglichkeiten, die der Mensch jeweils für die Bewältigung seiner realen, vorgegebenen Lebenssituation braucht" (ebd., S. 7). Kommunikation und Handeln sieht BAACKE als unterschiedliche Aggregate des gleichen Grundzustandes des „In-der-Welt-Seins". Medienkompetenz ist für BAACKE eine systemische Ausdifferenzierung der Aggregate von „Worten" und „Taten". „Medienkompetenz meint also grundlegend nichts anderes als die Fähigkeit, in die Welt aktiv aneignender Weise auch alle Arten von Medien für das Kommunikations- und Handlungsrepertoire von Menschen einzusetzen" (ebd., S. 8). Die Suche nach Selbstfindung des Subjektes ist letztlich das „hidden curriculum" des Medienkompetenzbegriffs von BAACKE.

Nach Auffassung von BAACKE lässt sich die Medienkompetenz in vier Module differenzieren:

- Die **Medien-Kritik** soll dazu befähigen, gesellschaftliche Prozesse wie z.B. Konzentrationsbewegungen zu erfassen. Das analytische Wissen soll reflexiv auf sich selbst und das eigene Handeln angewandt werden können. Das analytische Denken sollte die Dimension des Ethischen integrieren.
- Die **Medien-Kunde** erfasst das Wissen über die heutigen Medien-Systeme. Sie umfasst die informative Dimension. Die Fähigkeit, die entsprechenden Geräte bedienen zu können, wird über die instrumentell-qualifikatorische Dimension abgedeckt.

- Die **Medien-Nutzung** lässt sich differenzieren in rezeptive und angewandte Programmnutzungskompetenz und interaktive Mediennutzung.
- Die Kompetenz zur **Medien-Gestaltung** beinhaltet die Fähigkeit, das Mediensystem innovativ zu verändern bzw. weiterzuentwickeln sowie die Befähigung der kreativ-ästhetischen Aneignung der Medien.

Während Medien-Kritik und Medien-Kunde die Dimension der Vermittlung umfassen, lassen sich die Medien-Nutzung und die Medien-Gestaltung als Dimension des Handelns verstehen. BAACKE (ebd., S. 9) weist in seinem Text über *Medienkompetenz als Netzwerk* darauf hin, dass die Gefahr besteht, das „Kompetenz"-Theorem rationalistisch verengt zu missbrauchen. KÜBLER (2002, S. 22) sieht ebenfalls die Gefahr, dass die Medienkompetenz zu stark vom Stand der Medientechnologie und -forschung beeinflusst ist. Er schlägt als geeigneteren Begriff **Medienbildung** vor. Medienbildung meint „die Fähigkeiten von Individuen, mit allen Medien so kompetent umzugehen, dass sie ihre Bedürfnisse, Intentionen und Anliegen mit ihr erreichen können". SPANHEL (2002) zieht ebenfalls den Begriff Medienbildung vor, da für ihn die Medienkompetenz ein Teil von Allgemeinbildung ist. „Im engeren Sinne ist dann Medienbildung ein Aspekt der Persönlichkeitsbildung als Prozess und als Ergebnis des Prozesses der Vermittlung von Welt und Selbst durch Medien" (ebd., S. 52). Meiner Ansicht nach sollte die Definition des Medienkompetenzbegriffs nicht der technokratischen Sicht überlassen werden. Umgekehrt empfehle ich den Begriff instandzubesetzen, d.h. in seiner ursprünglichen Bedeutung zu reaktualisieren.

Grundlegend teile ich die Auffassung von SPANHEL, die ja bereits bei BAACKE angelegt ist, dass es bei der Medienkompetenz vor allem um Persönlichkeitsbildung gehen sollte, um die Suche nach der subjektiven Verortung des Einzelnen, seinem Verhältnis zur gesellschaftlichen Wirklichkeit, seiner sozialen Umwelt und seiner Selbstwahrnehmung, vermittelt durch und mit Hilfe von Medien. Gleichwohl bedarf es der Reformulierung dieses Konzeptes auf Grund der sich wandelnden medialen Landschaft. Da das ursprüngliche Konzept neben seiner Orientierung an Identitätsfindung vornehmlich an Aufklärung (Wissen über Medien und deren Instrumentalisierung, Produktions- und Verbreitungsformen, Einflüsse und Gefahren) interessiert ist bzw. war, bedarf es der Erweiterung. Emotionalität, die Körperlichkeit des Menschen, die legitime Faszination an der Technik, reflexive Selbstwahrnehmung und präsentative Wahrnehmungsweisen sind bei dem ursprünglichen Begriff zunächst nicht mitbedacht und müssten integriert werden. Ebenso ist die Frage zu stellen, ob durch die Computer- und Internetkultur spezifische Kompetenzen gefordert werden, die bisher nicht bedacht waren.

SCHACHTNER (1997, S. 4) betrachtet Medienkompetenz unter Einbeziehung der Computerkultur als Ausdifferenzierung kommunikativer Kompetenz. Dabei differenziert sie vier Ebenen:

- Kommunikation mit dem Medium (Interaktion mit dem PC),
- Kommunikation mit den Medien (Telefon, E-Mail),

- Kommunikation mit Medieninhalten (Medien als parasoziale Gefährten),
- Kommunikation über das Medium und Medieninhalte (kooperatives Lernen am Computer).

Diese Definition gibt einen Einblick über die unterschiedlichen Nutzungsformen der Medien. Dabei steht der Aspekt der Kommunikation im Zentrum von SCHACHTNERs Überlegungen. Nach ihrem Verständnis soll Medienpädagogik Menschen befähigen, „sich in einer sich ändernden Gesellschaft zu behaupten und weiter zu entwickeln" (ebd.). Sie bewegt sich somit in ihrem Selbstverständnis auf der Argumentationsebene von BAACKE. Zielperspektive ist der kompetente Mensch, der in der Lage ist „zu sprechen, seine Kontaktsinne einzusetzen, mit Medien umzugehen, und sein Handeln und das Handeln anderer zu beeinflussen" (BAACKE 1993, S. 8). Dabei stellt sich die Frage, ob durch die fortschreitende Mediatisierung und Wissenschaftsgesellschaft nicht noch weitere Kompetenzen gefordert sind? Um diese Frage zu beantworten möchte ich einen Blick auf die sich wandelnde Seh- und Wahrnehmungsweisen von Kindern und Jugendlichen werfen.

Durch die Medienkultur, insbesondere aber durch den Computer (Multimedia und Internet) erleben Kinder und Jugendliche eine veränderte Kommunikationskultur im Vergleich zu ihren Eltern und den meisten Pädagogen. Potenziell kann sich jeder zu jeder Zeit und überall Informationen holen bzw. Wissen erwerben. Kinder und Jugendliche erwerben sich in der Mediengesellschaft Qualifikationen außerhalb des pädagogischen Systems und kommen mit diesen neuen Kompetenzen in die pädagogischen Lernfelder zurück. Wie noch ausführlicher beschrieben wird, eignen sie sich im Kontext dieser Erfahrung andere Wahrnehmungsskripte an. Medienkompetenz im Computerzeitalter zu vermitteln, verlangt das Eingehen auf diese neuen Denk- und Wahrnehmungsweisen. Das Wie (Form, Methode) ist dabei mindestens genauso wichtig wie das Was (Inhalte). In einigen Fällen wird es zur dominanten Form der Aneignung von Medienkompetenz.

Die veränderten Anforderungen, die an die Kinder und Jugendliche gerichtet sind, lassen sich am Beispiel der strukturellen Logik der Internet-Kommunikation verdeutlichen. Im Internet gibt es keine Texte mehr, die abgeschlossen sind. Es handelt sich immer nur um vorläufige bzw. vorübergehende Texte, die jederzeit verändert werden bzw. verändert werden können. Das Internet funktioniert daher nicht wie ein „normales" Buch. Am ehesten könnte man das Internet als ein virtuelles Lexikon bezeichnen. Von jedem Begriff (Seite) kann der User innerhalb der von dem jeweiligen Anbieter im Netz angebotenen Seiten blättern, er kann jedoch auch jederzeit in die Seitensysteme anderer Begriffe (Seitenanbieter) wechseln, wenn zu bestimmten Schwerpunkten Links angeboten werden. Mit Links bezeichnet man die Möglichkeit, von einer Seite zu einer anderen zu wechseln. Somit entsteht die nichtlineare Organisationsform Hypertext, eine diskontinuierliche virtuelle Verknüpfung von Texten. Diese Texte haben meist eine multimediale Dimension, da nicht nur Texte in Form von Schrift benutzt werden. Bilder, Grafiken, Tabellen, Diagramme, Charts, Töne, Animationen, Simulationen und Filme lassen sich ebenfalls integrieren und miteinander verbinden. Werden innerhalb einer Seite mehrere Medien verwendet, spricht man von Hypermedia(texten). Hypertext und Hypermedia werden meist synonym verwandt. Während der Begriff Hypermedia sich auf das multimedial aufbereitete Endprodukt der hypertextuellen Vernetzung bezieht (die einzelne Seite), betont der Begriff Hypertext die Netzstruktur als grundlegende Organisationsform, das „über" (griech. hyper) den Dokumenten liegt. Aus diesem Grunde benutze ich nur den Begriff Hypertext, zumal nahezu alle Webseiten eine multimediale Dokumentenbasis haben (vgl. ISKE 2002, S. 30f).

Das Internet besteht aus miteinander verbundenen Knoten eines multifunktionalen und multimedialen Gewebes. Die Struktur dieses Gewebenetzes ist mehrdimensional. Durch die Hypertextstruktur wird die Linearität bisheriger Kommunikationsformen, wie z.B. die von Büchern, ersetzt durch ein System von unterschiedlichen vernetzten Websites. Das bisher herrschende Kommunikationsmodell, das einem Baum entsprach (Information ging von oben nach unten), wird vom Kommunikationsmodell Netz verdrängt.

Beim Baummodell steht an der Spitze keine Person, sondern ein Prinzip, und die Zwischenstufen sind dialogisch organisiert. Die Informationen fließen vorwiegend von oben nach unten, in seltenen Fällen können sie auch umgekehrt fließen (z.B. bei Wahlen). Die Zwischenstufen haben die Berechtigung, die Informationen zu analysieren und zu kritisieren und sind damit beteiligt an der Steuerung der Information. Typisch für diese Kommunikationsform sind die Wissenschaft, die Technokratie und die Pädagogik. Durch das Internet werden wir mit einem anderen dialogischen Kommunikationsmodell vertraut gemacht, dem Netzmodell[13]. Jeder der beteiligten Partner steht im Zentrum des Dialogs. Das Netz bildet ein offenes System. Hierarchie und Herrschaft lässt sich durch ein Netzmodell unterlaufen. Den Hierarchien kann es vorübergehend gelingen, sich der kommunikationstechnologischen Entwicklung zu entziehen, keineswegs werden sie aber die mit dem Netzmodell verbundenen Veränderungen der Denk- und Wahrnehmungsstrukturen verhindern können. Die angemessene Aktionsform in der von Netzen dominierten Kommunikationsform ist die Navigation.

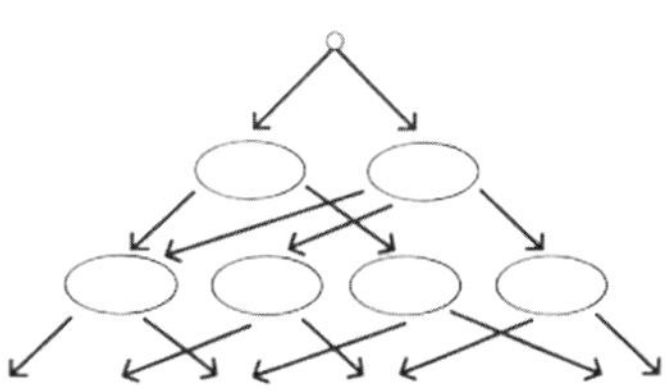

Abb. 8: Baummodell (FLUSSER 2000)

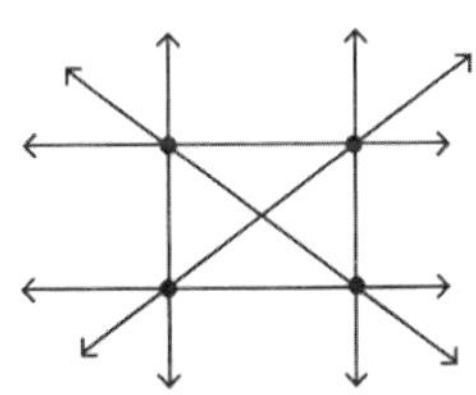

Abb. 9: Netzmodell (FLUSSER 2000)

13 FLUSSER (2000, S. 16-34) unterscheidet zwischen diskursiven und dialogischen Kommunikationsformen. Die Pyramide (Kirche), der Baum (Wissenschaft), das Theater (Pädagogik) und das Amphitheater (Massenmedien) sieht er als diskursive und den Kreis (Marktplatz, Laboratorium, Teams) und das Netz (Internet) als dialogische Kommunikationsform.

ISKE (2002, S. 43) hat die unterschiedlichen Navigationsmöglichkeiten untersucht. Er unterscheidet das Navigieren mittels Pfaden, „guided tours“, gerichtetem und ungerichtetem Browsing. Pfade werden vorab definierte Wege im Hypertext genannt. Pfade werden unter bestimmten Gesichtspunkten zusammengestellt und bestehen aus mehreren vorstrukturierten Modulen. Bei der „guided tour“ handelt es sich um eine kontrolliert geführte Unterweisung. Das Sichbewegen im Hypertext lässt sich als Browsing, d.h. Stöbern und Schmökern bezeichnen (to browse). Während bei dem gerichteten Browsing eine Ziel oder eine Fragestellung zu Grunde liegt, steht beim ungerichteten Browsen ein assoziatives, mäanderhaftes Treiben im Zentrum. Das gerichtete Browsing differenziert ISKE in einen Mitnahme-Effekt (der User stößt auf thematisch verwandte Informationen) und einen Serendipizy-Effekt (das überraschende Entdecken von Dingen per Zufall). Medienkompetenz bedeutet heute, in der Lage zu sein Hypertexte zu lesen und anwenden zu können. Dabei kann es nicht nur darum gehen, angemessen im Netz zu surfen (exploratory use), sondern im Idealfalle geht es um die aktive Gestaltung des Hypertextes (constructive use).

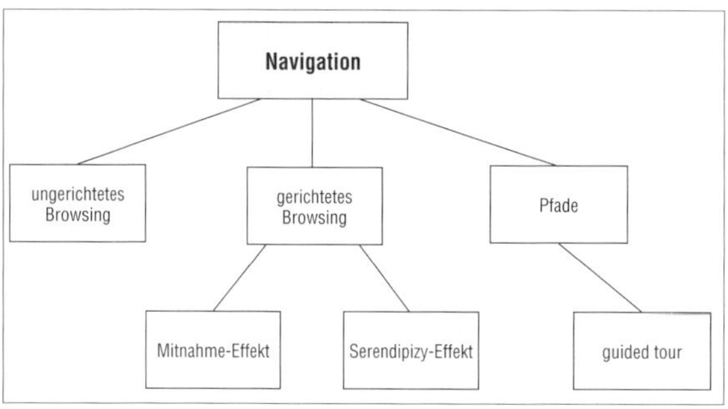

Abb. 10: Formen der Navigation (ISKE 2002)

Während bei dem klassischen Medienkompetenzbegriff die Gefahr besteht, dass die Medien als Objektwelt der Subjektwelt gegenübergestellt werden, hilft die Erfahrung mit dem Computer, das Subjekt-Objekt-Verhältnis neu zu definieren.[14] Medienkompetenz als die Fähigkeit zur aktiven Aneignung der sozialen Wirklichkeit im Zeitalter des Internets zu verstehen, impliziert unter der Prämisse einer Netzkommunikationskultur die Befähigung, sich in dem Handlungsraum als steuerndes, als navigierendes Subjekt bewegen zu können. Es gilt nicht nur, die Strukturgesetzlichkeiten medialer Präsentationen zu durchschauen, d.h. die Medienbilder zu decodieren, vor allem geht es um die Fähigkeit, sich durch die eigene mediale Ausdrucksfähigkeit zu projizieren und damit öffentlichkeitswirksam medial zu entwerfen. Dabei müssen die bei BAACKE u.a. differenziert ausformulierten Kompetenzen synergetisch miteinander verbunden werden.

14 GAPSKI (2002, S. 30 u. S. 35) hat zu Recht darauf hingewiesen, dass sich die Medienkompetenzdiskussion im Wesentlichen auf der Ebene der Subjektorientierung bewegt und es notwendig ist, den Referenzpunkt zu erweitern auf interdiziplinäre Schnittstellen wie z.B. Organisationen (Lernende Organisation) und Gesellschaftssysteme. Bei meinem Ansatz bewege ich mich bewusst auf der Ebene der Subjektorientierung, da ich vorwiegend Konzepte im Kontext der Nutzerperspektive entwickele.

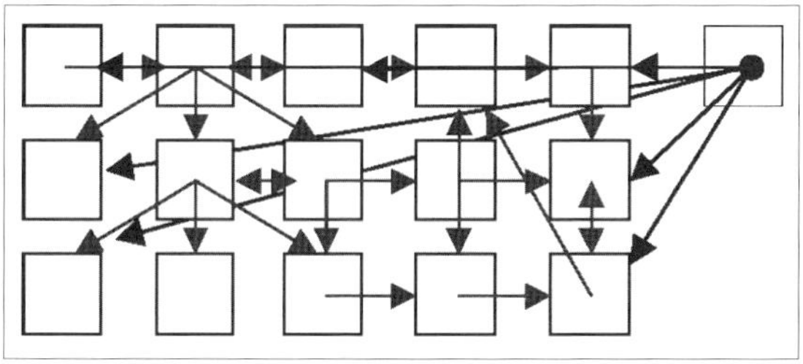

Abb. 11: Hypertext mit Metainformationen (SCHRÖDER 2002)

Der Lernende ist subjektiver Navigator seines eigenen Lernprozesses, der im optimalen Falle in einer von Pädagogen betreuten Lernumgebung sich Kompetenzen aneignet. Notwendig wird die Befähigung zur Selektion und Verarbeitung von Informationen. Deutungskompetenzen, d.h. die Fähigkeit, die vielfältigen Daten, Informationen, Hypertexte zu bewerten, werden bedeutsamer. KÜBLER (2002, S. 25) spricht von der Evaluationskompetenz. Hier liegen wesentliche Aufgaben des Pädagogen als Navigator. Seine Aufgabe ist es, Lernbedingungen zu generieren, die es begünstigen, (Hyper)Texte erfassen, zu deuten und interpretieren zu können. Notwendig wird das Erlernen selektiver und konstruktiver Fähigkeiten im Umgang mit diesen Texten. SANDBOTHE (2000, S. 20) spricht von der Notwendigkeit einer medienspezifischen geschärften Urteilskraft, die er transversale Medienkompetenz nennt.

Medienkompetenz aus dieser Sicht geht davon aus, dass Erkenntnisse individuelle Konstruktionen auf der Basis subjektiver Erfahrungsstrukturen sind. Daher ist es besonders wichtig, eine Lernsituation zu schaffen, die den individuellen Dispositionen gerecht wird. Ausgehend von diesem Grundverständnis verlangt dies nicht nur die Berücksichtigung des zu vermittelnden Inhalts sowie die Beachtung des pädagogischen Arrangements, sondern auch die Beachtung der spezifischen Lernsituation (Subjektorientierung). Die Lernumgebung unter diesen Prämissen lässt sich als Synthese systemischen Lernens zwischen Lernenden, Lehrenden und Inhalt verstehen. Der Lernzusammenhang ist als eigeninitiativer und selbstgesteuerter und sozialer Prozess organisiert, wobei die Lebens-, Lern- und Erfahrungswelten der Lernenden in den Lernprozess integriert werden.

Die Position, in dem jeweils Lernenden ein die Welt aktiv aneignendes Wesen zu sehen, führt zu einer weiteren wichtigen Ausgangsbedingung von optimaler Lernsituation: der Notwendigkeit der Beschäftigung mit den subjektiven Welt-Wahrnehmungsmustern der jeweils Lernenden. Eine wesentliche Voraussetzung von Medienkompetenz ist die Fähigkeit, seine eigene Wahrnehmung als mediales Produkt zu identifizieren. Medienkompetenz bedeutet daher vor allem, sich als Welt erzeugendes Subjekt zu verstehen. Die Welt wird aus dieser Perspektive nicht als ein dem Subjekt gegenüberstehendes Objekt angesehen, sondern als Konstrukt, das im eigenen Gehirn hergestellt wird. Die von allen Sinne aufgenommenen Informationen bilden das Anregungsmaterial für die Herstellung subjektiver Wirklichkeit. Entscheidend für die subjektive Wahrnehmung ist, wie dieser Input von dem vorhandenen kognitiven Skript gedeutet wird. In der ureigensten Bedeutung sind daher unsere Sinne Medien, Mittler zwischen unserer Selbstwahrnehmung und der Welt. Das Bewusst-Werden des eigenen Wahrnehmungsskripts ist eine wesentliche Voraussetzung des kompetenten Erkennens anderer Wahrnehmungsskripte.

Realität (die wirkliche Welt) ist nicht erkennbar. Jegliche Erzeugung von Wirklichkeit (das, was wir als Welt „wahr" nehmen) ist bereits gedeutete Wirklichkeit. Die so genannte „reale Welt" ist somit ebenso wie das mediale Abbild der Welt eine über Medien vermittelte Wirklichkeit. Unsere Welt besteht somit aus mindestens drei Ebenen: der Ebene der Realität (1. Ebene), der Ebene der Wahrnehmung (2. Ebene), der Ebene der Abbildung der Realität mit medialen Mitteln (3. Ebene). MEDER/FROMME (2000, S. 14) unterscheiden noch eine 4. Ebene: die computergestützte medial vermittelte Welt. Medienkompetenz bedeutet daher neben der Auseinandersetzung mit der eigenen Konstruktion der Wirklichkeit, die Kompetenz der Differenzierung der verschiedenen Wirklichkeitswelten und die reflektierte Aneignung der mittels der Medien erzeugten Wirklichkeit.

Da die mediale Konstruktion der Wirklichkeit durch den Eindruck der Immanenz, der Suggestion, dass die gesehenen Bilder und gehörten Töne ein Abbild der Wirklichkeit und damit mit ihr vergleichbar oder gar identisch sind, die Konstruktion (das Gemachte) der Medienprodukte verschleiert, bedarf es der Befähigung, die Intentionalität der Macher zu erkennen. Die Rezipienten nehmen jedoch die Produkte selbstidentisch auf, da sich die Suggestion der medialen Darstellung der Wirklichkeit mit dem eigenen Wahrnehmungsskript bricht und somit der Einzelne nur die Botschaften selektiert, die im Kontext seines Wahrnehmungsprofils von Bedeutung sind. Der Rezipient geht somit produktiv mit den Medien um. Er nimmt sie deutend auf und konstruiert deren Sinngehalt aus seiner subjektiven Wahrnehmung heraus.

Intentional kann der Rezipient allerdings nur die Aspekte der Botschaften in sein bewusstes Handlungsgefüge integrieren, die ihm bewusst zugänglich sind. Da er sich der Konstruktion seiner eigenen Wahrnehmung nicht bewusst ist, gerät er in die Gefahr, seine eigene Konstruktion von Wirklichkeit zu übersehen. Er folgt möglicherweise den Vorzugsleserichtungen der Medienproduzenten und somit deren integrierten Dramaturgiemustern und unbewussten Symbolgestalten. Da diese Muster sich auch aus archetypischen Quellen speisen, sind sie als innere Symbolgestalten den Rezipienten bekannt, aber selten bewusst (z.B. Gut-Böse-Schema). Es kann zu einer prä-attentiven Rezeption kommen, da prägnant organisierte Bildinhalte unabhängig von einer attentiven Verarbeitung psychisch wirksam werden können (vgl. SACHS-HOMBACH 2002, S. 27). Beim Output greift das Gehirn auch auf diese nicht bewussten „Informationen" zurück. Der Output des Rezipienten wird somit nicht nur von bewussten Quellen gespeist. Die Wahrnehmungswelt wird durch die Medien vielschichtiger, und wir können uns nicht mehr sicher sein, ob unsere jeweilige konkrete Wahrnehmung auf „realer" Wirklichkeit, auf onto- oder phylogenetisch erworbenen inneren Symbolgestalten oder auf virtueller Wirklichkeit basiert.

Medienkompetenz bedeutet unter diesen Vorzeichen vor allem Wahrnehmungskompetenz. Dies habe ich in meinem Buch *Mythen und Symbole in populären Medien. Der wahrnehmungsorientierte Ansatz in der Medienpädagogik* ausführlich begründet (RÖLL 1998). Darin habe ich drei Ebenen unterschieden. Neben der Befähigung zur Deutung der eigenen Wahrnehmungskonstruktion, die ich als **aktive Imagination** bezeichne, habe ich die Kompetenz der **reflexiven Imagination** hervorgehoben. Da nach meiner Auffassung der Logik des Imaginären nur begrenzt mittels des Mediums Sprache begegnet werden kann, habe ich insbesondere die Notwendigkeit der Reflexionsfähigkeit mittels Bildkommunikation betont. Im Angesicht unserer medialen Medienwelten ist die Ent- bzw. Begegnung mit dem ästhetischen Denken ganz wesentlich. Eine umfassende Durchdringung medialer Abbild-Welten ist jedoch nur möglich, wenn ästhetische Produktionserfahrungen den Prozess des Wirkens von Bild, Montage, Ton und Hypertext im eigentlichen Sinne des Wortes begreifbar machen. Bei der Kompetenz der **produktiven Imagination** wird im idealen Fall direkt oder indirekt die Lebenswelt zum Objekt der Aneignung realer und virtueller Wirklichkeiten.

Angesichts der Veränderung unserer Medienkultur bedarf es der Modifizierung dieses Konzeptes. Ergänzt werden muss das Konzept durch die **vireale Imagination**. Darunter verstehe ich die Fähigkeiten kompetent innerhalb der unterschiedlichen Wirklichkeitswelten zu agieren. Dann käme noch die **hypertextuale Imagination** hinzu. Da die Befähigung im Umgang mit Hypertexten einem Paradigmenwechsel gleichkommt, da eine gänzlich andere Logik erforderlich ist, handelt es sich beim Umgang mit dem Hypertext nicht nur um eine Methode oder Darstellungsebene, sondern um eine spezifische Form des Denkens. ISKE (2002, S. 93f.) hat die mögliche Komplexität von Hypertexten eindrucksvoll nachgewiesen. Die kompetente Gestaltung eines Hypertextes beinhaltet einen vielschichtigen Prozess bei dem metakognitiv-reflexive, interpretativ-hermeneutisch, heuristische-kreativ, pluralistisch-interdisziplinäre, und kooperative Dimensionen integriert sind. Diese Kompetenzen sind sowohl bei der Konstruktion (construcive use) als auch bei der Exploration (exploratory use) erforderlich.

Da die Module nicht nur auf einer inhaltlichen Ebene erstellt, sondern auch intentional auf einer Metaebene verknüpft und angeordnet sowie durch das Typisieren und Verknüpfen reflektiert werden, handelt es sich bei der metakognitiv-reflexiven Ebene um eine zweifachen Auseinandersetzung mit dem jeweiligen Gegenstand. Die Strukturierung der Module durch den Autor wird bereits als aktiver Prozess der Interpretation angesehen. Die interpretativ-hermeneutische Ebene besagt, dass der Autor bemüht ist, durch die interpretativ-hermeneutische Perspektive ein „höheres Verstehen" durch das Herstellen komplexer Zusammenhänge zu erreichen. Bei der heuristisch-kreativen Ebene geht es um eine phantasievolle, neuartige Verknüpfung von Informationen. Die pluralistisch-interdisziplinäre Ebene verweist auf die Sinnhaftigkeit, Dinge in Wechselbeziehung und im Zusammenhang zu sehen. Es geht dabei um die Befähigung, Informationen nach unterschiedlichen Gesichtspunkten anzuordnen. Die kooperative Ebene richtet die Konzentration vom individuellen Aspekt auf die soziale Konstruktion des Wissens. Diesen Dimensionen würde ich gerne noch die strukturell-ästhetische Ebene hinzufügen. Hier geht es um die zielgruppenangemessene visuell-ästhetische Gestaltung.

Selbstverständlich wird es einige Hypertexte im Netz geben, die diesem Anspruch nicht genügen, und sicherlich werden die jeweiligen User nicht in der Lage sein, alle Verknüpfungen und Botschaften zu decodieren. Allerdings kann es aber auch sein, dass die User Zusammenhänge entdecken und/oder erschließen, die von den Autoren nicht mitbedacht wurden. Es besteht kein Zweifel, dass von den Autoren und den Usern andere Medienkompetenzen verlangt werden als in einer durch Fernsehen geprägten Medienkultur.

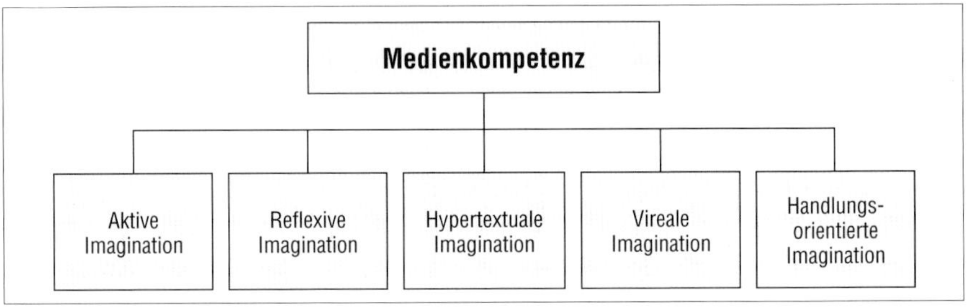

Abb. 12: Medienkompetenz in der Wissensgesellschaft[15]

Medienkompetenz zu vermitteln, bedeutet unter diesen Gesichtspunkten vor allem die Schaffung einer Lernumgebung, die das Erleben der sachverständigen Lösung von Problemen und das Erleben der eigenen Wirksamkeit begünstigt. Medienkompetenz bedeutet in diesem Sinne die Förderung der erweiterten Selbstkompetenz. Lernende und Pädagogen agieren dabei als Navigatoren. Der Lernende navigiert durch die Knoten und Kanten des Wissensnetzes. Der Pädagoge agiert ebenfalls als Navigator, der verantwortlich ist für das Bereitstellen das Lernverhalten begünstigender Arrangements. Er ist zuständig für Methodenvielfalt und bringt seine Deutungskompetenz als Angebot mit ein. Er achtet darauf, dass im Verlauf des Lernprozesses Erfahrungen im Kontext sozialer, geschlechtsspezifischer und interkultureller Auseinandersetzungen möglich sind. Ein wesentliches Aufgabengebiet liegt in der Unterstützung der vielfältigen Reflexion und Nutzung von medialen Zeichen und Symbolen.[16]

15 Bei meinem medienpädagogischen Konzept setze ich bewusst die Imagination, das Visuelle ins Zentrum, da ich, wie noch zu erläutern sein wird, in der Wahrnehmungsbildung einen entscheidenden Impuls sehe, neue Denk- und Wahrnehmungsweisen zu initiieren. Damit negiere ich nicht die Sinnhaftigkeit kausal-reflexiver Methoden und Modelle. Für eine hohen Anzahl von Personen ist diese Methode sicherlich erfolgreich - insbesondere für Personen, die über Metadiskussionen anzusprechen sind. Allerdings gibt es immer mehr Personen, die auf logisch-rationale Denkmuster nicht oder kaum reagieren. Bei diesen Zielgruppen hat sich mein Wahrnehmungsansatz in der Praxis bewährt. Das Problem ist, wie jemand von etwas überzeugt werden kann, von dem er nicht bereits überzeugt ist oder wie gelingt es, die bisherigen Wahrnehmungsskripte zu durchbrechen. Hier scheinen mir Modelle, die mit Imagination arbeiten, Erfolg versprechender zu sein als kausale Konzepte.

16 Damit teile ich die von SPANHEL (2002, S. 50) geforderte notwendige Integration von kompensatorischer, interkultureller, zeichentheoretischer und gesamtgesellschaftlicher Medienerziehung. Während jedoch SPANHEL eine systematische Erziehung wünscht, neige ich zu einem Konzept, in dem diese Kompetenzen implizit erworben werden.

2. Zur Veränderung von Wahrnehmung und Denken

„Sage es mir und ich werde es vergessen.
Zeige es mir und ich werde mich daran erinnern.
Beteilige mich und ich werde es verstehen“
La Se

Das jeweilige Denken und Wahrnehmen wird von den verwendeten Kommunikationsmitteln und der Struktur der Kommunikationsform geprägt, durch die wir die Welt und uns selbst erfahren. Die verschiedenen Teile dieses Kommunikationssystems sind soziokulturell einem ständigen Wandlungsprozess ausgesetzt. Jede neue Kommunikationstechnologie übt spezifische Zwänge aus und eröffnet bestimmte Möglichkeiten. Dem Diktat einzelner, *Killer-Applikationen* genannter Innovationen, kann man sich nach deren Implementierung, gesamtgesellschaftlich gesehen, nicht entziehen. Bezogen auf die Makroebene waren dies z.B. das Telefon, das Auto, das Radio, das Fernsehen, der Personal Computer, die CD und die Scheckkarte. Das dezentral organisierte, mehrdirektionale Medium Internet lässt sich spätestens seit 1997 ebenfalls als *Killer-Applikation* bezeichnen.[1] Innerhalb der jeweiligen Medien, der Mikroebene, gibt es ebenfalls Killer-Applikationen. Bezogen auf die CD-Produktion war dies Macromedia Director, bezogen auf das Internet war es das WWW (entwickelt am Europäischen Kernforschungszentrum in Genf).

Die *Killer-Applikation* des Internets besteht in der Verknüpfung des Systems (Hypertext), der jeweiligen Strukturen und den daraus resultierenden Interaktionsmöglichkeiten (vgl. FRIESE 2002, S. 246). Die Besonderheit beim Medium Internet ist, dass erst eine Innovation auf der Mikroebene, die Verknüpfung der Seitenschreibweise im Internet (HTML – HyperText Markup Language) mit der Entwicklung des Hyper Text Transfer Protocols (HTTP) und eine neue Adressierung (URL – Universal Ressource Locater), die Initialzündung bildete, dass die Makroebene (Internet) gesellschaftliche Relevanz erhielt. Vier Gründe können als maßgeblich angesehen werden für den Erfolg von Internet. Die grafisch orientierte Benutzerschnittstelle des WWW erlaubt eine intuitive Benutzerführung. Per Mausklick ist es möglich, durch das Netz zu navigieren (Browsing). Ein weiterer Erfolgsaspekt ist der Zugriff auf Bilder, Grafiken, Videos und Töne, dazu kommt noch die Interaktivität.

Welche Veränderungen die Medien und speziell der Computer und das Internet vermutlich auf unsere Wahrnehmung haben, möchte ich im Folgenden skizzieren. Ein kur-

1 Informationen über die historische Entwicklung des Internets und die einzelnen Dienste im Internet, dem Datenverkehr im Netz mittels Transmission Control Protocol (TCP) und dem Internet Protocol (IP) sind u.a. nachzulesen bei FASCHING (1997, S. 16f.).

zer Blick auf den (jugendkulturellen) Alltag des Internets zeigt die komplexe Wandlung unserer Kommunikationskultur. Diskutieren im Usenet, Kommunizieren in virtuellen Cafés, Flanieren in digitalen Städten, Anheften einer Nachricht in einem Bulletin-Board, beginnende virtuelle Liebesbeziehungen in Form von Cyberdates, Spielen in MUDs und Disputieren in MOOs mit anonymen und selbstgewählten Partnern gehören heute zu Tätigkeiten, die Jugendlichen keineswegs fremd sind. Weblogs (Netztagebücher) und onlinegeschaltete Webcams erlauben die permanente Selbstreflexion bzw. Selbstdarstellung. Die Mehrzahl der Jugendlichen kennt die Peer-2-Peer-Kommunikation: die Möglichkeit über einen Anbieter, wie z.B. Kazaa Media, Teile der eigenen Festplatte dem „Netz" zur Verfügung zu stellen und umgekehrt auf freigeschaltete Dateien anderer zugreifen zu können (Tauschsystem). Newsgroups öffnen sowohl allgemeine als auch spezifische Diskussionsforen, Chats erschließen alte und neue Kommunikationsportale.

Diese Kommunikationserfahrungen lassen insbesondere die Wahrnehmung von Kindern und Jugendlichen nicht unberührt. Nach meiner Überzeugung führen sie im Verbund mit anderen Medienwelten (Handy, SMS, Fernsehen und Film) und den strukturellen und soziobiographischen Veränderungen zu neuen Dispositionen bei der Aneignung von Wirklichkeit. Damit verständlich wird, weshalb der Computer eine so starke Wirkung auf unser Wahrnehmungssystem hat, bedarf es der Darstellung frühkindlicher Seh- und Wahrnehmungsweisen, da deren Kenntnisse es begünstigen, den Erfolg der Medien bei Kindern besser nachzuvollziehen. Ebenso möchte ich am Beispiel des Verstehens und Begreifens zwei unterschiedliche Denkformen näher beleuchten, bevor ich die Besonderheiten des Wahrnehmens hervorhebe, die durch den Computer ausgelöst werden, so z.B. das hypertextuale Denken und das Denken in Hotspot-Strukturen.

2.1. Kreuzmodale Wahrnehmung

Unsere Vorstellungen vom Denken ist wesentlich geprägt von der konstruktionistischen Auffassung. PIAGET/INHELDER (1980) gehen von der These aus, dass durch Assimilation, Akkomodation, Erkennen von Invarianten und assoziativem Lernen die Stimulusgruppen zu einer vollständigen Gestalt zusammengefasst und in eine umfassendere Entität integriert werden (von der Struktur zum Gesicht, zur ganzen menschlichen Gestalt). Bei diesem Ansatz ist das Lernen von angeborenen artspezifischen Präferenzen abhängig. Ausgegangen wird davon, dass die Selbst- und Objektwahrnehmung anfänglich fragmentiert ist.

Die „neue" Säuglingsforschung (u.a. STERN 1992, DORNES 1994) macht darauf aufmerksam, dass neben den Konstruktionsleistungen, die auf abstrakten Erfahrungsqualitäten beruhen, die Wahrnehmung (riechen, schmecken, tasten, hören, sehen) Prozesse konstituiert, in denen der Säugling das Entstehen von Organisationen erlebt. Während die Entwicklungspsychologie die Ausgangshypothese hat, dass ein Organismus durch Anpassung an seine Umgebung reagiert und dass die Bedürfnisse des Organismus die Antworten vorgeben, stellt STERN die These auf, dass von Geburt an Säuglinge „Einschätzungen" vornehmen und nach übereinstimmenden und kontrastierenden Mustern und Ereignissen kategorisieren.

Während SPITZ (1965) davon ausgeht, dass der Säugling in den ersten drei Monaten hauptsächlich mit der Wahrnehmung innerer Zustände beschäftigt sei, geht die neue Säuglingsforschung davon aus, dass von Geburt an verschiedene Farben und Muster unterschieden werden. „Neugeborene suchen bereits aktiv nach Reizen und können verschiedene Reize voneinander unterscheiden. Ihre Reizverarbeitung ist ein aktiver und selektiver Prozess, der bestimmten Regeln und Gesetzmäßigkeiten gehorcht" (DORNES 1994, S. 40). Bereits in dieser Phase kann visuelle Exploration zur Selbstberuhigung eingesetzt werden. Ebenso sind Säuglinge bereits in der Lage, auf hoch- und niedrig frequentierte Töne differenziell zu reagieren. So werden z.B. leise Töne beruhigender als laute und hohe Töne beruhigender als niedrige Töne empfunden.[2] Bereits nach fünf bis sechs Tagen sind Neugeborene fähig, den mütterlichen Geruch zu erkennen. Ebenso existieren Geschmack, Tastempfindungen und Bewegungsempfindungen von Geburt an.

Kinder haben Fähigkeiten, ihre Sinneseindrücke amodal zu verarbeiten und zu kreuzen. Sie verfügen über eine kreuzmodale Wahrnehmung: die Kompetenz zur intersensorischen Koordination von Sinneseindrücken in andere Sinnesmodalitäten. Sie können mit dem Tastsinn gemachte Erfahrungen über Form, Textur und Größe auf die visuelle Wahrnehmungsmodalität übertragen. Die Fähigkeit zur kreuzmodalen Wahrnehmung legt nahe, dass ursprünglich Ganzheiten wahrgenommen werden und die Wahrnehmung von Teilen in ein Ganzes „eingebaut" werden. Die Differenzierung dieser Ganzheiten in separate Empfindungen ist ein Ergebnis des Entwicklungsprozesses und nicht sein Anfang. Die kreuzmodale Wahrnehmung oder, wie STERN (1992, S. 74) es formuliert, die amodale Wahrnehmung wird bei dem Herstellen von Einheitlichkeit des Welt- und Selbsterfahrens unterstützt von der physiognomischen Wahrnehmung (die Fähigkeit ausgehend von einem Wahrnehmungsgegenstand einen bestimmten Affekt auszulösen) und den Vitalitätsaffekten (Erlebniseigenschaften wie z.B. Furcht, Scham, Freude, Wut).

Entgegen der Auffassung der Psychoanalyse und von PIAGET gibt es keine separierte Fühl-, Hör-, und Sehwelt, sondern eine einheitliche Welt. Von Lebensbeginn an gibt es eine holistische Welt- und Selbsterfahrung. Von Anfang an existieren Denken, Handeln, Fühlen und Wahrnehmen als nicht unterscheidbare Aktivitäten. Es gibt eine einheitliche Welt, die sich im Laufe der Entwicklung in viele Welten aufgliedert. Entsprechend ihrem Wahrnehmungs- und Affektbereich entdecken Säuglinge invariante Konstellationen, Regelmäßigkeiten und Zusammenhänge. Die Grundbausteine des auftauchenden Selbst- und Objektempfindens basieren auf diesen Regelmäßigkeiten. Die Grundbausteine von Erwachsenen sind demgegenüber Gedanken, Sprache, Bilder, Hand-

2 Einige Forscher gehen sogar davon aus, dass bereits intrauterin akustische Zeichen mit bemerkenswerter Genauigkeit wahrgenommen werden können (vgl. DORNES 1994, S. 41).

lungen und diskrete Affekte. Diese Differenzierungen gibt es bei Säuglingen und Kindern nicht. Ihre Ordnung besteht aus Intensität, Gestalt, Zeit, Anzahl, Bewegung, Rhythmen, dynamischen und kinetischen Mustern. Diese Wahrnehmungswelt ist nicht undifferenziert, sie hat im Vergleich zu den Erwachsenen aber eine andere Ordnung. Nach diesem Verständnis führt die Entwicklung nicht von Abhängigkeit in die Unabhängigkeit, von der Passivität in die Aktivität, vom Undifferenzierten in das Differenzierte. Individuation, Unabhängigkeit und Differenziertheit sind in bisher unterschätzter Weise von Geburt an vorhanden.

Während die kreuzmodale Wahrnehmung sich auf die Vereinheitlichung der äußeren Wahrnehmung bezieht, hat die synthetische Funktion die Aufgabe, die inneren Erlebnisse und Repräsentanzen in das Selbst und in Objektbilder zu integrieren. Während die amodale bzw. kreuzmodale Wahrnehmung von Anfang an funktioniert, entwickelt sich „die synthetische Funktion" des Ich oder der Psyche erst im Laufe der Zeit (DORNES 1994, S. 87).

Die Kernthese von STERN (1992) ist, dass es keine Verschmelzung von Selbst und Objekt gibt. Das Kind erfährt sich von Beginn als Urheber seiner Handlungen. Das Selbstempfinden (das auftauchende Selbst, das erlebnishafte Selbstempfinden, das Absichten formulierende Selbst, das verbale und das narrative Selbst) lässt sich als das organisierende Prinzip bezeichnen, aus dem heraus Welt erfahren und geordnet wird. Nachdem sich diese Empfindungen herausgebildet haben, bleiben sie als gesonderte Formen des sozialen Erlebens das ganze Leben in vollem Umfang lebendig. Während der Entwicklung sind alle Bereiche der Bezogenheit aktiv.

Obwohl STERN beim Selbstempfinden auch von einem Entwicklungsmodell ausgeht, das in Phasen und Stufen verläuft, enthält dieses Modell im Vergleich zu dem Phasenmodell von PIAGET (1975) keine Hierarchisierung. Bei STERN erfährt das Kind in jeder Phase das Selbstempfinden als zentralen Bezugspunkt und organisierendes Prinzip. Bei PIAGET sind ausgehend vom sensomotorischen, dem vorbegrifflichen (voroperationalen), dem anschaulichen (intuitiven), dem konkret-operationalen bis zum formalen Stadium die Leistungen des vorhergegangenen Stadiums in der höheren Form aufgehoben. Das präverbale Denken ist bei PIAGET nach dem Modell des erwachsenen Denkens konzipiert. Jedes Kind muss die Stadien durchlaufen bzw. lernen, um in eine nachfolgende höhere Leistungsform zu kommen. Hat das Kind die Stufe des formalen Denkens erreicht, ist es in der Lage, sich abstrakte Inhalte vorzustellen, und ist befähigt zum hypothetisch-deduktiven Denken. Dieses Denken stützt sich vorwiegend auf verbale bzw. symbolische Elemente und nicht mehr auf Gegenstände und wird als höchste Form des logischen Denkens angesehen.

In der sensomotorischen Phase (etwa bis zum zweiten Lebensjahr) gibt es nach Auffassung von PIAGET keine Objektvorstellungen, sondern nur Objektempfindungen. In dieser Phase wird daher Denken als intelligentes Handeln interpretiert. Die kognitiven Strukturen (Schemata) entsprechen nach diesem Modell Aufzeichnungen dieses Tuns. Denken mit Hilfe von Bildern oder (sprachlichen) Zeichen und damit symbolisches Denken wird in Zweifel gestellt.

In dieser neuen Sicht erscheint der Säuglings als aktiv, beziehungsfähig und differenziert, als jemand, dem Fähigkeiten und Gefühle zugesprochen werden und der in der Lage ist, die Welt und sich selbst geordnet zu empfinden. Während bei PIAGET die sensomotorische Phase die Ausgangsbedingung für den Entwicklungsprozess des Denkens ist, ist diese Phase bei STERN ein bedeutsamer Teil der kognitiven Aneignung von Wirklichkeit mit Perzeptoren, die dem Wahrnehmungsbereich zuzuordnen sind. STERN spricht wie STONE/SMITH/MURPHY (1973) vom kompetenten Säugling, der entsprechend seiner Selbst-Phasen einen holistischen Zugang zur Welt hat. Die sensomotorische Phase wird somit erheblich aufgewertet.

Für unseren Erkenntniszusammenhang gilt es festzuhalten, dass Kinder in der Lage sind, sich Denken, Wahrnehmen und Fühlen und damit die Aneignung von Wirklichkeit sowie das Selbstempfinden über kreuzmodale Fähigkeiten anzueignen. Kinder verfügen somit über Fähigkeiten, die uns Erwachsenen auf Grund der Dominanz formalen Denkens weitgehend verloren gegangen sind. Während früher, meist etwa im zwölften Lebensjahr, die kreuzmodalen Sensoren und Kompetenzen an Bedeutung verloren haben, erhalten Kinder und Jugendliche durch die Medienkultur nicht nur Reize und Angebote, sondern auch die Bestätigung für ihre Denkweise und somit eine innere Gratifikation für das Beharren im „kindlichen“ Denken. Sie sind in der Lage, in mehreren Wahrnehmungsebenen Informations-Inputs aufzunehmen, zu verarbeiten und zu verwerten. Sie können mehrere Quellen gleichzeitig verfolgen (Multitasking), und sie nehmen die Inputs in keiner linearen Reihenfolge auf. Sie bewahren sich die „kindliche Denkweise“, und oft gelingt es ihnen daher aus diesen Gründen nicht oder oftmals nur mäßig, die monokausale logozentrische Denkweisen der Erwachsenen zu adaptieren.[3] Während die Erwachsenenwelt im formalen Stadium denkt und handelt, denken und fühlen Jugendliche noch kreuzmodal.

Diese Entwicklung wird verstärkt durch die soziokulturellen Wandlung von Kindheit und der spezifischen Rolle der Medien bei der Sozialisation. Beide Faktoren haben maßgeblich dazu beigetragen, Seh- und Wahrnehmungsweisen zu verändern.

2.2. Kindliche Erfahrungsräume im Medienzeitalter

Die Modelle, die wir von der Welt haben, stehen im engen Zusammenhang mit unserer Vorstellung, die wir von der Wirklichkeit haben. Unsere Weltwahrnehmung (Deutungsmuster) und die Wahrnehmung von Welt (Perzeption) bedingen sich gegenseitig. Die Skripts, die jeweils frühkindlich erworben werden, haben eine hohe Beständigkeit. Es ist recht einfach, Faktenwissen zu revidieren, schon schwieriger ist es, prozuderales Wissen zu wandeln, noch komplexer ist es, Lernstile zu verändern, und am problema-

3 Nach meiner Meinung ist dies einer der Gründe, weshalb in der Schule zunehmend Schwierigkeiten im Lernverhalten auftauchen.

tischsten ist es, unsere früh erworbene Perspektive (die Art und Weise unseres Sehens) zu korrigieren. Meist nehmen wir unterschwellig die in unserer Kindheit und Jugend erworbenen Perspektiven als Basis, um die Wahrnehmung und die Wirklichkeit heutiger Kinder und Jugendlichen zu interpretieren. Die Mehrzahl der Erwachsenen ist in einer Welt aufgewachsen, in der Selbst-Erleben und Kohärenz des Ichs einen hohen Stellenwert hatte und die Medien mehr oder weniger einen integrierten Teil der Lebenswelt bildeten.

Unsere Vorstellungen von Kindheit sind meist geprägt von idealtypischen Vorstellungen. Bewusst oder unbewusst denken wir an ein Biotop bei dem Wohnen, Arbeiten und Lebensalltag noch weitgehend miteinander verbunden sind. Die kindliche Entwicklung wird meist zwar als diskontinuierliche, aber gleichwohl systematische Aneignung von Wirklichkeit verstanden. Zone für Zone, so die Vorstellung, eignet sich das Kind Welt und Wirklichkeit an. In diesem Kontext steht die Forschung von BRONFENBRENNER (1976), der unter Entwicklung ein sich veränderndes Individuum in einer sich verändernden Umwelt versteht. Das unmittelbarste System bezeichnet er als Mikrosystem. Neben der Familie (Erziehungsstil, familiäre Beziehungsstruktur) beinhaltet es u.a. die Wohnverhältnisse. Hier dominiert die Face-to-face-Beziehung. Das Mesosystem (z.B. Elternhaus, Schule) besteht aus den Wechselbeziehungen zwischen den Lebensbereichen, von denen das Kind unmittelbar tangiert ist. Das Exosystem umfasst Settings und Ereignisse, von denen das Kind nicht unmittelbar betroffen ist, es wird jedoch von ihnen beeinflusst (Arbeitsplatz des Vaters bzw. der Mutter, Entscheidungen vom jeweiligen Kultusminister). Das Makrosystem schließt alle Systeme ein, von denen die jeweilige (Sub-)Kultur geprägt ist (Weltanschauung, Lebensstile).

BAACKE (1993, S. 146f.), der sich auf BRONFENBRENNER bezieht, geht ebenfalls von einem Zonenmodell aus. Nach seinem sozialökologischen Ansatz entwickelt sich der Mensch in einer Wechselbeziehung zwischen sozialer Umwelt und sozialem Handeln. Ausgangspunkt ist das ökologische Zentrum, der alltägliche und unmittelbare Lebensraum, in den jemand hineingeboren wird. In der zweiten Zone erlebt das Kind den ökologischen Nahraum. Die Nachbarschaft wird als Ziel der Exploration erkundet. Erste Außenbeziehungen entstehen. Im Kontakt mit anderen Kindern gibt es Aktionsmöglichkeiten und werden Treffpunkte als Orte gemeinsamen Erlebens gefunden. Funk-

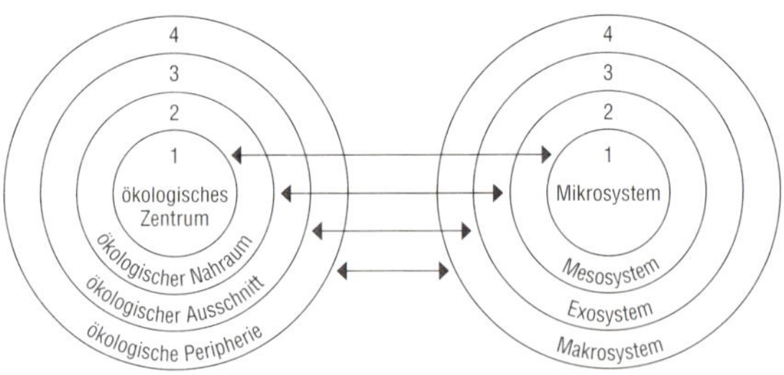

Abb. 13: Zonenmodell nach BAACKE (1993) und BRONFENBRENNER (1976)

tionsbestimmte Beziehungen bestimmen den dritten Zonenraum, die ökologischen Ausschnitte. Das Kaufhaus, der Sportplatz und die Schule sind Räume, die nur zu bestimmten Anlässen aufgesucht werden. Die ökologischen Ausschnitte bestimmen die vierte Zone. Dieser Raum steht nur zeitweise zur Verfügung (Fußball, Eishockey, Reiten).

Der sozialökologische Ansatz weist darauf hin, dass Kinder Medien nicht isoliert, sondern im lebensweltlichen Kontext, in einer Medienumgebung, aufnehmen, d.h. es gilt die spezifische soziale und räumliche Umwelt (u.a. familiärer Lebensstil und Peergroups) zu beachten, wenn nach den Wirkungen von Medien gefragt wird. Ebenso ist der Hinweis auf die Multifunktionalität der Mediennutzung von Bedeutung. Entsprechend diesem Ansatz bestimmen nicht die einzelnen Medien die Sozialisation, sondern deren Zusammenwirken. Erfahrungs- und Handlungsräume werden als integriertes Wirkfeld betrachtet. Der These, dass die Allgegenwart des medialen Symbolsystems räumliche Zuordnungen und kulturelle Differenzen verwischt, wird implizit widersprochen.

Nach meiner Auffassung muss dieses Modell modifiziert werden. Werden Medien in hohem Maße penetriert, lässt dies die Nutzer, unabhängig von der sozialökologischen Verortung, nicht unverändert. Weit mehr als die Inhalte prägt das jeweilige Medium selbst. Wie bereits MCLUHAN (1994) festgestellt hatte, massieren die kontaktierten Medien die Sinne der Nutzer.[4] Da die Medien das Ausmaß und die Form des menschlichen Zusammenlebens gestalten und steuern, führt dies zur Veränderung von Maßstab, Tempo und Schemas (vgl. ebd., S. 22f.). Im Kontakt mit den Medien verändert sich nicht nur das menschliche Zusammenleben, sondern auch die Art und Weise der Aneignung von Wirklichkeit, unser Raum- und Zeitkonzept und somit auch das Selbstkonzept der Kinder. Innerhalb eines Sozialraums kann sich keine von der hegemonialen Seh- und Wahrnehmungskultur differente Wahrnehmungsdisposition entwickeln, sie kann nur zu deren Differenzierung beitragen.

Die Drucktechnik und das Alphabet begünstigen Zerlegung und Vorgänge der Spezialisierung. In einer Buchkultur werden sequenzielle Denkmuster produziert. In einer Fernsehkultur werden symbolisch-assoziative, in einer Computerkultur werden hypertextuale und interaktive Denkmuster reproduziert. Die konkreten Ausformungen, d.h. wie die jeweiligen Denkmuster sich in Handeln und Verhalten konkretisieren, ist sicherlich von den sozialökologischen Lebensbedingungen abhängig.

Weshalb gerade in unserer aktuellen Kultur die Medienerfahrungen unsere Sinne „massieren" wird deutlich, wenn man die strukturelle Veränderung von Kindheit nach

4 In unserem Sprachraum wird die Aussage „Das Medium ist die Botschaft" (The medium is the message) kolportiert. Inzwischen ist bekannt geworden, dass es sich dabei um einen Übersetzungsfehler handelt. Ursprünglich hatte MCLUHAN gesagt: „The medium is the massage" (Das Medium ist Massage). „Alle Medien massieren uns gründlich durch. Sie sind dermaßen durchgreifend in ihren persönlichen, politischen, ökonomischen, ästhetischen, psychologischen, moralischen, ethischen und sozialen Auswirkungen, dass sie keinen Teil von uns unberührt, unbeeinflusst , unverändert lassen. Das Medium ist Massage. Jegliches Verständnis sozialer und kultureller Wandlungen ist unmöglich, ohne eine gewisse Kenntnis der Wirkung von Medien auf Umwelten". (MCLUHAN/ FIORE 1984, S. 26).

dem Zweiten Weltkrieg unter den Gesichtspunkt der Produktion von Wahrnehmungsmustern betrachtet. Kindheit steht nicht mehr in einem ganzheitlichen Lebenszusammenhang. Vernachlässigt wird oft, dass drei strukturelle Veränderungen auf die Entwicklung der Kinder Einfluss nehmen: der Wandel der familiären Sozialisationsbedingungen, die Pädagogisierung von Kindheit und die Funktionsentmischung von Räumen.

Vier Entwicklungstendenzen wirken nach Auffassung von PEUCKERT (1996, S. 34) auf die Familie:

- Aufkommen neuer Haushaltstypen (u.a. unverheiratet zusammenlebende Paare),
- Diversifizierung der Haushaltstypen (verschiedene Lebensformen),
- Verweiblichung der Haushaltsvorstände (Mutter-Kind-Familien, allein lebende Frauen),
- Wechsel zwischen verschiedenen Haushaltstypen im Verlauf der Biographie.

BRÜNDEL/HURRELMANN (1996, S. 88) sprechen von einem tendenziellen „Zerfall der Familie, der ersten Sozialisationsinstanz der Kinder. Zu beobachten ist ein Anstieg der „Ein-Eltern-Familien“ (ebd., S. 88). Genau genommen zerfällt nicht die Familie, sondern die traditionelle Struktur der Kleinfamilie. Die Ein-Kind-Familie lässt sich laut Statistischem Bundesamt als weiterer Trend beobachten. Bereits 1997 lag die Zahl der Ein-Kind-Familien bei 51,5 % (vgl. ROLFF/ZIMMERMANN 1997, S. 18). Immer mehr Kinder wachsen ohne Geschwister auf. Seit 1960 nimmt die Heiratsneigung ab (vgl. GEULEN 1989, S. 9). Eine Million Paare mit Trauschein und eine halbe Million Paare ohne Amtssiegel leben zusammen. Gleichzeitig nimmt seit 30 Jahren die Quote der Ehescheidungen zu, bei denen Kinder betroffen sind. Seit 1998 wird jede vierte Ehe geschieden. Von den rund zehn Millionen Familien mit Kindern leben in Deutschland eineinhalb Millionen in so genannten „Patchworkfamilien“, d.h. sie bestehen aus Scheidungsfamilien. In naher Zukunft, so die Prognosen der Trendforscher, werden etwa 40 % der Familien eine Zusammensetzung haben, die nicht von Anfang an so war. In den USA wird davon ausgegangen, dass die Patchworkfamilien, d.h. Personen, die ohne Trauschein zusammenleben, geschieden sind, Homosexuelle mit und ohne Kindern sowie Alleinerziehende mit und ohne Kinder, ab dem Jahre 2007 die Mehrheit bilden werden.

Die veränderte Frauenrolle führt zu einer Vermehrung von Problemen und Konflikten und damit zu einer „großen Belastungsprobe“ (BRÜNDEL/HURRELMANN 1996, S. 108). Der Trend vom autoritären Erziehungsstil zum partnerschaftlichen Erziehungsstil nach dem Motto „Von der Erziehung zur Beziehung“ (ebd., S. 110) verlangt von den Eltern soziale, psychische und kommunikative Kompetenzen. Verhandeln und nicht Befehl und Gehorsam wird zum dominanten Erziehungsstil.

Diese knappe Auswahl von strukturellen Veränderungen der Familie deutet darauf hin, dass die Stabilität der Familie fragiler geworden ist. Im Kontext dieser Entwicklung erodiert die Universalität der Vermittlung von Wertemustern der Ursprungsfamilie. Die Bereitschaft, Deutungsmuster von außerhalb der Familie in das Selbstkonzept zu integrieren, erhöht sich.

Diese Tendenz der Öffnung der Impulse von außen wird verstärkt durch die Institutionalisierung und Pädagogisierung von Kindheit. Bereits Ende der 60er bis Mitte der 70er Jahre geriet die vorschulische Erziehung ins Blickfeld differenzierter wissenschaftlicher Konzepte. Die Müttererwerbstätigkeit und die Tendenz zur Kleinfamilie führten zu einem Entlastungsbedarf in der Kinderbetreuung. In der Folge entstanden neue Institutionen für Kinder im Betreuungs-, Freizeit- und Therapiebereich. „Spezialorte" (ZEIHER 1989, S. 69) mit eigenen Regeln und Vorschriften strukturieren die Handlungsoptionen der Kinder. Die Möglichkeiten, eigene Räume mit Spielgefährten zu gestalten und zu verändern, verringern sich.

Die Strukturierung von Handlungsfeldern steht in Verbindung mit einer gesamtgesellschaftlichen Funktionsentmischung von Räumen. ZEIHER (1983, S. 176f.) beschreibt, wie sich die Außenwelt des Kindes nach 1945 verändert hat. Im Zuge der Verstädterung und durch die Entflechtung der Funktionen Wohnen, Arbeit und Einkauf werden die Wohngebiete zur Schlafstadt und damit vom Ort der Freizeit, der Kommunikation und des Konsums getrennt. Bereits 1972 lebten vier Fünftel aller Kinder in Außenbezirken und am Stadtrand. Von der Monofunktionalität sind somit die Kinder am stärksten betroffen. Für Kinder bedeutet dies, „dass sie einen Großteil ihres Alltags in einer Umwelt aufwachsen, deren kognitives Anregungspotenzial als verarmt, als wenig stimulierend anzusehen ist" (ROLFF/ZIMMERMANN 1997, S. 65). Als eine der Folgen dieser Entwicklung spielen Kinder häufiger in Wohnungen. Spielen Kinder in Wohnungen, führt dies in der Regel zu höherem Medienkonsum.

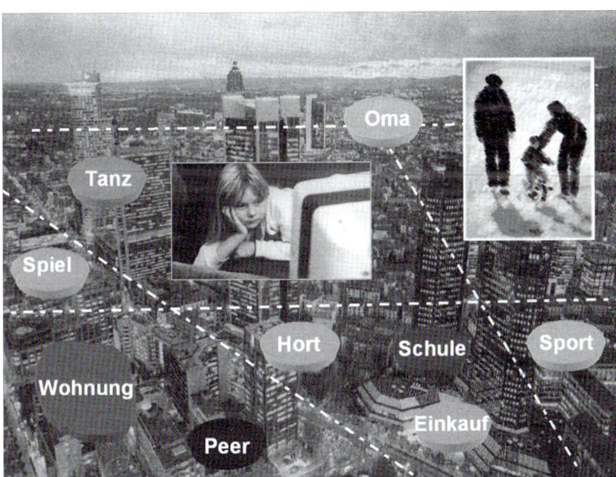

Abb. 14: Kindheit nach dem Inselmodell

Der neue Lebensraum von Kindern außerhalb der Wohnung besteht nunmehr aus einzelnen Segmenten (Kitas, Schule, Freunde, Vereine), meist gesellschaftlich organisierten Spezialräumen, die wie Inseln (Segmente) in einem größeren, unüberschaubar gewordenen Gesamtraum liegen. Damit geht eine Zunahme institutionalisierter Regulierungen des Lebenslaufes einher. Dieser Lebensraum vermittelt keine sinnliche Einheit mehr, er ist abstrakt und bruchstückhaft. „Die Umwelt tritt den Individuen als kodifizierter, verregelter Raum gegenüber, der kaum mehr Qualitäten an sich besitzt, sondern nur mehr Mittel für andere Zwecke ist" (BECKER/EIGENBRODT/MAY 1984, S. 13).

Kinder und Jugendliche werden von Beginn an mit anderen Grundqualifikationen vertraut gemacht. Die Handlungsmöglichkeiten in spezialisierten Räumen sind einerseits komplex, andererseits sind sie aber auch determiniert. Kinder können in diesen Räumen nur das spielen, was durch Funktionsspezialisierung vorgegeben ist. Gleichzeitig wird jedoch auch die Bereitschaft und Fähigkeit notwendig, sich ständig wechselnden Räumen und Identitäten anzupassen, wobei innerhalb der jeweiligen Räume die Entfaltung eingeschränkt wird. Bezogen auf die Gesamtgesellschaft wird erhöhte Mobilität gefordert.

Der verinselte Lebensraum verlangt eine höhere Mitwirkung der Betroffenen. Spontanes Handeln wird erschwert, da erst ein entsprechender Spezialraum aufgesucht werden muss. Der Zerstückelung des Raumes entspricht daher auch eine Zerstückelung der sozialen Beziehungen. Die segmentierte Lebenserfahrung erfordert die Fähigkeit zu kategorieller Einschätzung, um die Erfahrungen zu einem Sinnzusammenhang ordnen zu können.

Im Alltagsleben führt dies zwangsweise zu Schwierigkeiten, sich zurechtzufinden. Unsicherheit begünstigt die Suche nach stabilisierenden Handlungsstrategien. Alltagsästhetische Traditionsbildung, Wiederholung und Anlehnung an eingeübte Muster können dabei helfen. Eines dieser notwendigen, sich wiederholenden Erfahrungsmuster wird durch die Medien ermöglicht. Technische Medien, wie z.B. Handy, SMS, Fernsehen, Computer und Internet, bieten ein Ausgleich zu den engen Grenzen der Spielplätze und der soziokulturellen Umwelt. Sie bieten gleichzeitig das Anregungsmaterial, die Lücken zwischen den segmentierten Lebensräumen zu schließen. Diese Entwicklung ist auch bei Jugendlichen zu beobachten. Während früher das Kinder- und das Jugendhaus soziale Treffpunkte waren, von denen aus Aktivitäten gestartet wurden, hat inzwischen das Handy weitgehend diese Funktion übernommen.

Die Medien simulieren für die Rezipienten einen Aufenthalt in Räumen, den sie real nicht mehr aufsuchen müssen. Die Medien gestalten und verändern die Raumerfahrung. Durch den Umgang mit den Medien wird die Welt zum Pseudo-Lebensraum. Obwohl dieser Schein-Raum auch verinselt ist, da keine Vorstellungen über Zwischen-Räume vermittelt werden, weckt er die Phantasie, Räume schließen zu können. Insbesondere das Fernsehen und das Internet erweisen sich als Amalgam, da diese Medien auf vielfältigen Modi und Codes basieren. Printmedien, Theater, Foto, Radio und Film sind in diesen Medium integriert. Sie gewinnen mehr und mehr eine konstitutionell therapeutische bzw. eine gesellschaftskonstituierende Bedeutung bei Kindern und Jugendlichen.

Mit zunehmendem Fernseh- bzw. Medienkonsum verschieben sich die Gewichte: Der „Lückenbüßer" wird zum „Schienenleger". Die sinnliche Erfahrung der „Welt als Abbild" prägt die Wirklichkeitskonstruktion, so dass sich die Bezugspunkte für eine Orientierung in der Realität auch auf Grund der Folie (Schiene) medialer Vorerfahrungen herausbilden. Die subjektive Wirklichkeitsaneignung der Realität bleibt von dieser Erfahrung nicht unberührt. Die Welt und deren Bezug zur eigenen Identität stehen nunmehr in Korrespondenz mit der tagtäglichen Erfahrung der ästhetischen Kommunikation der Bilder. Die mediale Vorstellung von Welt bildet eine der Grundlagen für Entscheidungen, die Erfahrungsdimension der „Realität" verliert ihre bisherige dominante Bedeutung. Medienwelt und sozialökologische Lebenswelt gehen eine Verbindung ein. Eine Differenzierung zwischen der Beeinflussung von primärer und sekundärer (abgeleitete) Realität wird immer schwieriger.[5] Die Wahrnehmung der primären Realität ist bereits gestaltete bzw. mit semiologischen Bedeutungen aufgeladene Wirklichkeit (vgl. DOELKER 1989, S. 65). Die Lebenswelt von Kindern und Jugendlichen ist somit bereits von medialen und ästhetischen Erfahrungen durchdrungen. Es gibt keine von Medien unbeeinflusste Lebenswelterfahrung mehr. Wirklichkeitswahrnehmungen von Jugendlichen sind heute „Hyperrealitäten" (MOSER 1999, S. 213).

Wenn ich auch von einer Durchmischung der Erfahrungswelten von subjektiver Aneignung der realen und der medialen Wirklichkeit ausgehe, lassen sich doch unterschiedliche Dominanzen bei der Beeinflussung konstatieren. Während für die Entwicklung der Perspektive, der Herstellung von Zusammenhängen und der Relevanz des Selbst-Konzeptes die Medien eine dominante Bedeutung haben, haben die Eltern und die Peergroup (sozialökologischer Kontext) bei der Herausbildung von Konsummustern weiterhin eine wichtige Bedeutung. CHILDERS/RAO (1992, zitiert in: WISWEDE 2000, S. 34) haben bei ihrer Untersuchung über das Verhältnis von Peergroup- und Familieneinfluss auf das Konsumverhalten herausgefunden, dass bei lebensnotwendigem Bedarf sowohl die Kernfamilie als auch die Großfamilie einen starken Einfluss ausüben, während die Familie, im Gegensatz zur Peergroup, nur einen schwachen Einfluss auf die Auswahl von Produkten hat, die in öffentlich sichtbare Erscheinung treten. Beim Luxusbedarf hat die Familie einen schwachen Einfluss im Bereich der öffentlich sichtbaren Erscheinung, während der Peergroup ein starken Einfluss auf den Kauf dieser Produkte zukommt. Aber auch in der Privatsphäre hat die Peergroup starken Produkteinfluss ebenso wie die Kernfamilie, die Großfamilie hat sogar einen sehr starken Einfluss im Bereich der Privatsphäre. Da die Peergroup, die den zentralen Stellenwert bei Produkten, die in der Öffentlichkeit zu sehen sind, nicht unbeträchtlich von der Medien- und Konsumkultur geprägt ist, wird die enorme Bedeutung der Medien in der Wahrnehmungsdisposition von Kindern und Jugendlichen deutlich. Wenn auch die Studie von CHILDERS/RAO sich vornehmlich auf das Konsumverhalten bezieht, macht sie deutlich, dass verschiedene Faktoren auf Denken, Wahrnehmen und Werte Einfluss nehmen. Die sozialökologischen Muster bilden für einige Faktoren Bezugspunkte, während die Medien für andere Faktoren von Bedeutung sind. In einigen Bereichen verschmelzen sie.

5 Als meine Tochter Rebecca etwa zwei Jahre alt war, besuchten wir den Opel-Zoo bei Kronberg. Zum ersten Mal sah sie bewußt ein Zebra. Überrascht rief sie mir zu: „Papa, guck mal da ein Zebrastreifen." Wir lebten damals in Offenbach. Der Zebrastreifen (mediale Wirklichkeit) bildete ihre Referenz. Das Original war für sie das Abbild. In ähnlicher Weise können Medien bei Kindern sekundäre Wirklichkeitswelten als primäre Wirklichkeit erscheinen lassen.

Festzuhalten bleibt, dass sich die Lebenswelt von Kindern und Jugendlichen erheblich gewandelt hat. „Es hat sich ein tiefgreifender Wandel von geschlossenen und verbindlichen zu offenen und zu gestaltenden Systemen vollzogen. Nur noch in Restbeständen existieren Lebenswelten mit geschlossener weltanschaulich-religiöser Sinngebung, klaren Autoritätsverhältnissen und Pflichtkatalogen. Die Möglichkeitsräume haben sich in einer pluralistischen Gesellschaft explosiv erweitert“ (KEUPP 2000, S. 114). Die Möglichkeit der Entwicklung von Kohärenz, die der frühere Lebensraum in höherem Maße angeboten hat, gibt es heute in dieser Dichte nicht mehr. Die Struktur des segmentierten Lebensraumes fördert andere Selbst-Konstitutionen. Dies führt zu anderen Identitätsmustern, wie ich an späterer Stelle ausführlicher darstellen werde (Kap. 3.6.). An dieser Stelle konzentriere ich mich auf die Wandlungen der Denk- und Wahrnehmungsmuster, die nach meiner Überzeugung in erheblichen Maße von den Medien beeinflusst werden.

2.3. Vom Verstehen zum Begreifen

PIAGETS (1975) Ansatz ist dem Verständnis verpflichtet, dass das kognitiv-rationale Konzept (formales Denken), das sich charakterisieren lässt mit dem Begriff des „Verstehens“, die bedeutendste Form des Denkens bedeutet. Allen voran sind die Medien beteiligt, bei Kindern und Jugendlichen die Dominanz der Aneignung von Wirklichkeit umzuformen. Kinder und Jugendliche favorisieren Konzepte, die eher mit dem Begriff „Begreifen“ im Zusammenhang stehen. Beide Denkmöglichkeiten, die LANGER (1987) in diskursives und präsentatives Denken differenziert, sind uns Menschen eigen. Im idealen Fall verfügen wir über beide Potenziale. Es zeigt sich allerdings, dass die frühkindliche Erfahrung prägend dafür sein kann, mit welchem Konzept wir „Welt“ favorisierend aufnehmen und deuten.

Abb. 15: Verstehen und Begreifen

Unser Wahrnehmungsprozess wird von Konzepten gesteuert. Vorhandene Hypothesen werden mit einer Reizinformation abgeglichen. Vorwissen, Erwartung und Kontextinformation bilden das Ausgangsmaterial von Hypothesen, die Ausgangsbasis für die nachfolgenden, detaillierten Sinnesinformationen sind. Mit dieser Datengrundlage werden die Hypothesen verworfen oder bestätigt. Frühere Erfahrungen mit der Wahrnehmungswelt, die sich manifestieren in den *Gedächtnis*inhalten, gelten als Basis der Hypothesen, mit denen Reizinformationen verglichen werden. Der Vergleich findet unwillkürlich und unbewusst statt. Beim Prozess des Abgleichens wird gezielt nach Merkmalen gesucht, die zu dem aktivierten Konzept (Hypothese) passen. Gegebenenfalls werden Deutungsalternativen abgegrenzt. Versuchspersonen gehen an die Lösung der Aufgabe mit einem eigenen Schema, einer eigenen Strategie oder einem eigenen Rahmen heran.

Wenn ein Modell (Theorie) die Ausgangsbasis des Abgleichens ist, wird von einer **Top-down-Strategie** gesprochen (deduktives Denken = formales Stadium nach PIAGET). Von der **Bottom-up-Strategie** spricht man, wenn faktische Details einer konkreten Situation oder Aufgabe den größeren Einfluss auf die Wahrnehmungsleistung einer Versuchsperson haben (kreuzmodale Wahrnehmung).

Wie wichtig die Beachtung von Wahrnehmungsschemata sind, hat die Wahrnehmungsforschung herausgefunden. Die Schemata haben nach diesen Forschungen vor allem die Funktion, Hypothesen zu bilden, Wahrnehmungsinhalte anhand erster sensorischer Informationen zu antizipieren und Hypothesen zu testen, bzw. die Auswahl und Verarbeitung von Informationen zu steuern. Das Gedächtnis stellt ein antizipierendes Schema für die Wahrnehmung bereit, das auch die Erkundungsvorgänge leitet und Interpretationen über die aufgenommenen Informationen liefert. Die Aktivierung eines bestimmten Schemas führt dazu, dass wir nach bestimmten Informationen suchen (vgl. NEISSER 1979, S. 48f.). Informationen, die nicht in das aktive Schema passen, werden eher ignoriert. Nur eine Auswahl der verfügbaren Information wird verarbeitet und damit wahrgenommen. Was als Information wahrgenommen wird und welche Information Aufmerksamkeit erregt, ist demzufolge durch das innere System festgelegt. Wahrnehmung ist somit kein passiver Vorgang, sondern eine Strukturleistung des Gehirns. Das wird schon alleine dadurch deutlich, dass mehr Nervenfasern Erregungsströme vom Gehirn ins Auge leiten als umgekehrt (vgl. BERING 2002, S. 94). Die Reizempfindungen, die das Auge aufnimmt, werden von den inneren Zuständen geordnet und definiert. Da diese innere Struktur aus früheren Erfahrungen stammen, prägen die erworbenen Skripte die Ordnungsmuster und Ordungskategorien der Wahrnehmung. Von außen kommende Reize sind durch Hierarchisierung und Strukturierung der zerebralen Repräsentation unterworfen.

Bei jeder neuen Erfahrung wird zuerst auf bereits existierende Schemata zurückgegriffen. Dieses Schema kann durch das Erkunden und die Aufnahme neuer Informationen revidiert oder ergänzt werden. Schemata sind daher nicht starr, sondern veränderlich. Dadurch bleibt der Wahrnehmungsprozess optimal an die Verhältnisse der Umwelt angepasst. Wahrnehmung besteht daher aus der Interaktion zwischen innerer Repräsentation und Auseinandersetzung mit den Umweltreizen. NEISSER (1979, S. 8) spricht von einem zyklischen, sich wiederholenden Fluss zwischen Schema und Informationsaufnahme und der Entwicklung neuer Schemata.

Der frühkindliche Umgang mit Medien, die Dominanz des audiovisuellen und alphanumerischen Diskurses im Lebensalltag von Kindern führen m. E. allerdings zu einer Vorzugsleserichtung und damit zu anderen kognitiven Schemata bzw. anderen kognitiven Skripten als dies bei früheren Generationen der Fall war. Wenn dies selbstverständlich nicht für alle Kinder zutrifft, lassen sich dennoch Tendenzen beobachten.

Die Pädagogik arbeitet meist mit der Top-down-Strategie, die von einem abstrakten Modell ausgeht, von dem aus auf der Ebene der Wirklichkeit agiert und gehandelt wird. Versuchspersonen, die diesen Ansatz favorisieren, gehen an die Lösung von Problemen mit einem eigenen Schema, einer Strategie bzw. einem Rahmen heran. Dies entspricht der deduktiven Denkmethode. Bei ihr stehen Verstand, Abstraktheit, Zielgerichtetheit, Analyse, sukzessive und sequenzielle Folge im Vordergrund. Die Theorie (Verständnis der Zusammenhänge) geht der Tat voraus. Bei diesem Verstehenskonzept dominieren der Hang zur Sicherheit, die Abwehr bzw. Ablehnung von Neuem, Klarheit, Genauigkeit und Durchsetzung.

Während die früheren Generationen stärker von der Top-down-Strategie beeinflusst waren, bei dem Modelle die Basis für die Hypothesenbildung sind, steht bei der heutigen Generation der Kinder die Bottom-up-Strategie im Zentrum des Wahrnehmungsprozesses. Das Verständnis der Zusammenhänge kommt oft erst nach der Aktion. Die sinnlich-ästhetische Erfahrung ist hier der Ausgangspunkt. Eine konkrete Situation, eine Aufgabe oder faktische Details nehmen größeren Einfluss auf die Versuchspersonen. Der Bottom-up-Ansatz steht dem induktiven Denken nahe und ist durch intuitives Erfassen, konkretes, mäanderhaftes und ganzheitliches Denken geprägt. Das Begreifenkonzept ist geformt vom Hang zum Risiko, der Bereitschaft sich auf Neues einzulassen, Einsicht, Weichheit und Aufnahmefähigkeit. Die Wahrnehmungskoordination verläuft simultan und multipel. Mehr als früher bilden sinnlich-ästhetische Erfahrungen den Ausgangspunkt für die Hypothesenbildung. Sie lernen schneller, wenn ihre sensomotorischen, anschaulichen bzw. amodalen Fähigkeiten integriert werden. „Begreifen" steht im Zentrum ihres Lernkonzeptes. Im Vergleich dazu wird die Bedeutung des „Verstehens" (formales Denken) nivelliert. Das Verstehen (kognitiver Ansatz) als dominante Form des Aneignens wird zunehmend durch Begreifen (präsentativer Ansatz) überlagert. Begreifen und Erkennen werden die erkenntnisleitenden Strategien insbesondere neue Dinge aufzunehmen. Bild-Denken (visuelles Denken) und die alpanumerische Kommunikation substituieren sukzessive die in den letzten 200 Jahren dominierende Denkweise des rationalen, kausalen Verstehens. Das Lernkonzept von Kindern entspricht eher dem Konzept des Spiels (ludisches Konzept) als dem des klassischen Lernens (rationales Konzept).

Die Instruktion, die Art und Weise wie normalerweise Pädagogik Wissen vermittelt, steht ebenfalls zur Diskussion. Zukünftig werden in den erzieherischen Maßnahmen eigenständige Lernprozesse stärker gefördert werden müssen; das dazugehörige Stichwort lautet: Konstruktion. Wichtig wird, dem Einzelnen Hilfe und Unterstützung seiner Potenziale zu geben für seine Selbstentwicklung. Während bisher das System Bildung (Schule, Universität) mittels Prüfungen, Klausuren, Noten sich selbst überprüft, d.h. die Befähigung der Schüler und Studenten sich in die Denklogik der jeweiligen Institution hineinzudenken, erfordert zukünftiges Lernen Modelle, die sich an den Schülern und Studenten orientieren und deren Denk- und Wahrnehmungsweisen inkludieren. Das kausale Denken wird die Bedeutung als universale Denkweise verlieren und der erweiterte Begriff von Intelligenz (GARDNER 2001, 2002, vgl. Kap. 4.1.5.) könnte die Basis eines vielfältigen Lernens bilden, bei dem die unterschiedlichen Begabungen und Zugänge Berücksichtigung finden. Die Befähigung, ein Problem aus mehreren Zugängen heraus (multikausale Perspektive) beurteilen und bearbeiten zu können, hätte den Vorteil, dass sie gleichzeitig günstige Voraussetzungen schaffen, den Anforderungen in der Wissensgesellschaft gewachsen zu sein.

In Zukunft ist durchgängig von einer höheren Relevanz visueller Kompetenzen auszugehen (vgl. HUBER/LOCKEMANN/SCHEIBEK 2002). Das Denken mit Hilfe von Bildern ist keineswegs ungewöhnlich. Inzwischen hat die Kognitionsforschung herausgefunden, dass Menschen nicht zuerst Begriffe bilden, sondern zuerst Bilder im Kopf haben. Eine visuelle Wortanalyse und ihre Umsetzung in Sprache (Lesen) funktioniert innerhalb von 25 - 50 Millisekunden auf Grund eines komplexen Zusammenwirkens von verschiedenen Gehirnregionen. Die Gehirnforschung geht bei der Bearbeitung von Buchstaben- und Lautanalysen von interaktiven und parallel arbeitenden Neuronengruppen aus (PDP – Parallel Distribution Processing). Die Lese-Bilder werden erst in einem komplexen Prozess zu Begriffen gewandelt. Bevor überhaupt ein Wort gesprochen oder gedacht ist, werden alle Aktivitätsmuster vom präreflexiven limbischen System bewertet (vgl. SINGER 2000, S. 144, VARELA 2000, S. 153), das ganz entscheidend unsere Gefühle und Emotionen steuert. Über Nervenbahnen und spezielle chemische Überträgerstoffe (Neuromodulatoren) werden die Bewertungen an die verschiedenen Verarbeitungszentren im Gehirn weitergeleitet. Das bedeutet, dass unser Denken entgegen der landläufigen Vorstellung in erheblicher Weise vom Visuellen als Ausdrucksform der Gefühle und Emotionen geprägt ist.[6]

Gleichzeitig lösen Aktivitäten in einem Gehirnareal Hemmungen und Bahnungen in anderen Arealen aus. Inputs können somit eine aktivierende und eine hemmende Funktion ausüben. Durch die hier beschriebene Dominanzverlagerung und die damit verbundene Aktivierung (Bahnung) können die Kinder leichter mit den Medien umgehen, da ihre synaptischen Verknüpfungen im Gehirn besonders geeignet sind für Interaktionen mit und über Medien, zumal die Kompetenzen, die dabei verlangt werden, an ihre ursprünglichen kindlichen Denkweisen (kreuzmodale Wahrnehmung) anknüpfen.

Medienkonsum und Medienhandeln begünstigt somit die Aktivierung anderer Gehirnareale. Einerseits beeinflussen die Medien die Spezifik der Verschaltungen der neuronalen Synapsen, andererseits bilden die vorhandenen Wahrnehmungsskripte selektive Filter bei der Aneignung von Wirklichkeit. Dies ist einer der Gründe, weshalb sich unsere Kommunikationskultur wandelt und sich speziell die Denkweise von Kindern und Jugendlichen verändert, da Kinder und Jugendlichen in erheblich schnellerer Weise in der Lage ist auf die Veränderungen zu reagieren. Daraus entsteht sowohl in den Familien als auch in pädagogischen Kontexten ein Konfliktpotenzial. Ein Kind in der Wissensgesellschaft zu erziehen bzw. zu bilden, verlangt eine Auseinandersetzung mit den unterschiedlichen Wahrnehmungsskripten und den veränderten Denkweisen. Pädago-

6 Vgl. dazu in Kap.1.2, Abschnitt über körperliches Wissen.

gen und Eltern müssen wissen, dass sie in einem anderen Modus als Kinder und Jugendliche Welt und Wirklichkeit generieren. Sie müssen wissen, dass die Sozialisation in segmentierten Lebenswelten andere Wahrnehmungsskripte produziert als in einem kohärenter Lebensraum. Wird dieser Unterschied nicht wahrgenommen, kann es passieren, dass sich die Generationen zwar miteinander unterhalten, aber keineswegs im eigentlichen Sinne verstehen können. Ignorieren die Erwachsenen die gewandelten Denk- und Wahrnehmungsweisen, werden sie kaum eine Chance haben, die Handlungen, Aktionsfelder und Potenziale ihrer Kindern umfassend nachzuvollziehen. Daraus folgen unweigerlich Konfliktmuster, die ich in folgender Matrix (Abb. 16) skizzieren möchte.

Die vertikale Linie stellt das Senioritätsprinzip dar, dessen Bedeutung und Relevanz für das Identitätskonzept ich zu Beginn des dritten Kapitels differenzierter darlegen werde. Insbesondere die traditionelle Pädagogik, die Politik und die Mehrzahl der Erwachsenen agiert in diesem Modus. Die waagerechte Linie bezeichne ich als Juveniles Prinzip. In dieser Linie aktualisiert sich die favorisierte Denkweise der Wissensgesellschaft (Schlüsselqualifikationen), die insbesondere von der Wirtschaft, der Kommunikationstechnologie und den Medien gewünscht wird. Genau in diesem Sektor werden unsere Kinder heute unabhängig von einem Curriculum qualifiziert und ausgebildet (so z.B. auch über Computerspiele und das Anschauen von Videoclips), während sich in der Regel Eltern, Pädagogen, Politiker und die Wissenschaft an den Parametern der vertikalen Linie orientieren. Das führt zu Dichotomien und damit zu Konfliktfeldern, wenn die jeweiligen Denkmuster keine gegenseitige Akzeptanz erhalten.

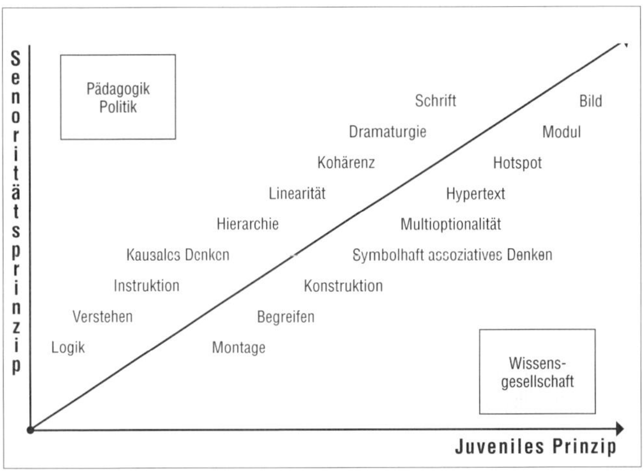

Abb. 16: Senioritäts- und Juveniles Prinzip

Zwischen den beiden Prinzipien ist eine Diagonale positioniert. Diese Diagonale ist eine Hilfslinie der ästhetischen Veranschaulichung, sie darf nicht statisch gesehen werden.[7] Ebenso bedeutet es nicht, dass jedes Kind, jeder Jugendliche juvenil denkt, wie

7 An dieser Stelle differenziere ich nicht in lebensstilorientierte Aneignungsmuster, die mit Sicherheit ebenfalls vorhanden sind. Innerhalb der beiden Deutungsmuster bedarf es der weiteren Abstufung. Hier geht es mir vor allem um die Sensibilisierung für sich wandelnde grundlegende Denk- und Wahrnehmungsmuster.

umgekehrt es auch Erwachsene gibt, die nicht dem Senioritätsprinzip folgen. Es gibt auch Jugendliche und Erwachsene, die sich in beiden Prinzipien bewegen. Gleichwohl zeigt die Matrix das Problemfeld auf, dem sich die Pädagogik auf den unterschiedlichsten Ebenen stellen muss, wenn sie darin interessiert ist, unnötige Reibungsverluste und damit potenzielle Konfliktfelder zu verhindern.

Favorisiert wird bei Kindern und Jugendlichen das Konzept des Begreifens (Bottom up) im Vergleich zum Konzept des Verstehens (Top-down); das Bild-Denken im Vergleich zum Schrift-Denken, das symbolhaft-assoziative Denken (präsentatives) im Vergleich zum kausalen Denken (diskursives), das konstruktive Lernen im Vergleich zum instruktiven Lernen, das Montage-Denken im Vergleich zum logischen Denken, das Modul-Denken im Vergleich zum Dramaturgie-Denken, das multioptionale Denken im Vergleich zum hierarchischen Lehrkanon-Denken, das Hypertext-Denken im Vergleich zum linear-sequenziellen Denken, das Empfinden des eigenen Selbst als Hotspot-Kultur (multiple Identität) im Vergleich zu einem Kohärenz-Denken.

Der alltägliche Umgang mit dem Computer und dem Internet formt das frühkindliche Denken und trägt dazu bei, neue Wahrnehmungsdispositionen zu begünstigen, wie z.B. das Hypertext-Denken. Ebenso begünstigt diese Entwicklung die Hotspot-Kultur geführt. Da diese Wahrnehmungsweisen „neu" sind, ist eine intensivere Beschäftigung mit diesen Phänomen angemessen.

2.4. Computer und kindliches Denken

GREENFIELD (1984), TURKLE (1998), und TAPSCOTT (1998) gehören zu den Autoren, die der Überzeugung sind, dass das Medium Computer in der Lage ist, die intellektuelle und emotionale Intelligenz zu fördern und damit die Wahrnehmungsskripte von Kindern zu beeinflussen. Intelligenz macht sich bemerkbar im Zusammenfügen von Zeichen, dem Erkennen von Bedeutungsunterschieden und -parallelitäten, im intuitiven Erfassen von Situationen und exakten Beobachten und Unterscheiden. Durch den Umgang mit dem Computer werden diese Fähigkeiten ebenso gefördert wie die Schlüsselfähigkeiten Wahrnehmen, Entscheiden und Erinnern. Die Befähigung zu differenzieren und anhand der Differenzierungen wiederzuerkennen und zu identifizieren, ist eine Kompetenz, die jedes lesende Kind lernen muss (vgl. BERGMANN 2000, S. 89). Des Weiteren muss ein Kind lernen, ein Objekt zu fixieren und in immer denselben Wahrnehmungsmustern zu identifizieren, die so genannte „Objektkonstanz". Auch diese Kompetenz wird durch das Spielen am Computer implizit erworben. Dieser Zusammenhang legt nahe, dass das Spiel am Computer einer Förderung der intellektuellen Intelligenz gleichkommt.

BERGMANN (ebd., S. 15) kommt zur Auffassung, das der Computer auch die Entwicklung der emotionalen Intelligenz fördert. Diese These stützt sich u.a. auf GARDNER (2001), der von einem mehrdimensionalen Verständnis von Denken und Intelligenz ausgeht und an der Berechtigung unserer Hervorhebung des diskursiven

Denkstils zweifelt. Das Denken und das Ordnen des Weltverständnisses des Kindes wird nach seiner Überzeugung durch symbolische Strukturen geformt. Der Erwerb von Kompetenz im Umgang mit Symbolen oder Symbolsystemen, mit Zeichensystemen und ihren Bedeutungen steht im Zentrum seiner Entwicklungstheorie. Mit dem Erwerb von Symbolen wird das Denken geformt und das Weltverständnis geordnet. GARDNER geht bei seinem Symbolsystem-Ansatz von unterschiedlichen Intelligenzbereichen aus (sprachliche, logisch-mathematische, musikalische, räumliche, körperlich-kinästhetische, intrapersonale und interpersonale, naturkundliche und spirituelle Intelligenz). In jedem Intelligenzbereich werden unterschiedliche Symbole bzw. Symbolsysteme (Zahlen, Wörter, Melodien, Topographien, Ikonographien) unabhängig voneinander entwickelt und benutzt. Entwicklung bedeutet für GARDNER Symbolerwerb und Symbolentwicklung in gesonderten Strömen. Im Vergleich zu der universalistischen Position von PIAGET betont GARDNER die individuellen Unterschiede in Persönlichkeit, Leistungsfähigkeit, im Tempo des Lernens und der kulturellen Einflüsse. Für meinen Erkenntniszusammenhang ist bedeutend, dass GARDNER darauf hinweist, dass die konkreten und formalen Operationen oder logischen Funktionen, die PIAGET in seiner Entwicklungstheorie beschreibt, für die kompetente Aktivierung anderer als sprachlicher Intelligenzen keine Ausgangsbedingung sind. Die Entwicklungsprozesse in den unterschiedlichen Intelligenzbereichen werden als bereichsspezifisch bzw. symbolspezifisch angesehen und können daher innerhalb dieser Symbolsysteme erklärt werden. Es gibt keine Abhängigkeit von einer allgemeinen stufenbezogenen kognitiven Entwicklung.

Die geistigen Entfaltungen von Kindern, so GARDNER, entsprechen treibenden Strömen. Nach dessen Auffassung erwirbt das Kind in vier Wellen ein inneres Lernskript. Während die Entwicklungsströme der Entwicklungspsychologie weitgehend unabhängig voneinander fließen, haben die Wellen der Entwicklung innerhalb des Symbolsystem-Ansatzes Auswirkungen auf die anderen Entwicklungsströme (Bezug zur kreuzmodalen Wahrnehmung).

In der ersten Welle lernt das Kind im Rahmen einer ***handelnden Ordnung***. In dieser Phase ist die Wahrnehmung des Ichs und der Welt deckungsgleich. Zunächst lernt das Kind Gesetzesmäßigkeiten im Handeln zu erkennen. Das Kind lernt, dass in allen Handlungen gewisse Gesetzesmäßigkeiten wirksam werden. Es lernt von einer Handlung auf eine andere zu schließen. In der nächsten Phase nimmt das Kind sich als Mittelpunkt wahr, es ordnet die Welt vom eigenen Körper her- die Welt wird um das Kind herum geordnet. Das Kind beginnt sich selbst im Zentrum der Welt wahrzunehmen. Es beginnt Beziehungen in Größe und Gestalt sowie realistische Abstände und Entfernungen wahrzunehmen. Das Kind wird fähig, räumliche Beziehungen in der realen Welt zu erfassen. In seinem Wahrnehmungssystem entsteht eine ***topologische Ordnung***. Wege können abgeschätzt werden, Zusammenhänge von Räumen und damit eine geordnete räumliche Kontinuität wird erfahrbar. In der Phase der ***numerischen Ordnung*** entsteht die Neigung, Dinge in Zahlen zu begreifen. Ein Kind, das zählt, strukturiert damit seine Umwelt. Zählen bedeutet Dinge in einen Zusammenhang zu stellen. Mit dem Erwerb der Schrift erlangt das Kind Kompetenzen der ***kognitiven Ordnung***. Schrift „stellt die Dinge fest" und macht sie dadurch beherrschbar. Oft wird das Geheimnis der Schrift unseren Kinder spätestens in der Schule ausgetrieben. Innerhalb dieser bereichsspezifischen Entwicklungsströme kann das Kind mit etwa fünf oder sechs Jahren differenzierte Kanäle ausbilden. So ist es z.B. in der Lage, innerhalb dieser bereichsspezifischen Entwicklungsströme zwischen verschiedenen Genres eines Symbolsystems zu differenzieren: Zeitungsberichte, Tiergeschichten und Märchen können unterschieden werden. Ebenso können Kinder ab diesem Alter verschiedene Musikstile unterscheiden.

Frühe Erfahrungen mit dem Computer vermitteln einen fließenden Übergang zwischen der kindlichen Wahrnehmung und dem Denken mittels kognitiver Symbolstrukturen. Der Umgang mit dem Computer aktiviert alle vier Bereiche der kindlichen Wahrnehmung. Durch Computeraktivitäten springen die Kindern von der Dominanz der einen Stufe in die Dominanz einer anderen Stufe. Dies führt zu einem lebendigen phantasiereichen Denken.

Meist achten wir nur auf die Ebene der kognitiven Ordnung. Unsere Intelligenz ist allerdings multifunktional (GARDNER 2001, 2002). Alle Intelligenzebenen gilt es zu fördern. Der Computer ist kein Allheilmittel, aber er bietet Potenziale einer anregungsreichen Aktivierung mehrerer Ebenen von Intelligenz. Der Computer erlaubt das Anwenden und das gleichzeitige Widerrufen der abstrakten Vernunftordnung. Dadurch kommt es zur Verschiebung von Perspektiven. Kinder lernen im Umgang mit dem Computer, dass symbolische Ordnungen gelten, aber auch nicht gelten. Es gibt keine monokausale Lösung: es gibt das Nebeneinander, das Gleichzeitige.

Der Computer ist eine phantastische Möglichkeitswelt. Das Computerspiel erlaubt eine weitgehende Freiheit im Umgang mit dem Realen und eine seelische und kognitive Vermengung mit dem Phantastischen. Die geistigen Dinge nähern sich wieder den Phantastischen. Beim Computerspielen lernen Kinder mit Hilfe von Motiven, die sich mit der kindlichen Phantasie verbünden. Das Lernen anhand von Symbolen verallgemeinert sich unmittelbar, da das Symbol immer eine Ebene der Reflexion anspricht. Handeln im Symbolischen entspricht aktiver Selbstreflexion. Die Symbolwelt von Computerspielen hilft Gelerntes zu löschen und neu Gelerntes an seine Stelle zu setzen. Da der Realitätsbezug in vielen Computerspielen nur sehr schwach ausgeprägt ist, begünstigt dies positive Erfahrungen und verhindert negative Assoziationsketten. Negative Erlebnisse in der seelischen Repräsentanz werden gelöscht, zumindest wird ihre Allgemeingültigkeit in Frage gestellt.

Im Umgang und Gebrauch von Symbolen lernen wir die Welt zu erkunden, zu verstehen und letztlich über sie zu verfügen. Gelernt wird sowohl die symbolische, die reflexive und die aktive Selbsterprobung. „Durch das spielerische Entdecken am Computer erfahren Kinder etwas, was ihnen Schulbücher nur selten vermitteln können, nämlich Selbstbewußtsein und Selbstvertrauen" (WEBB/ROWE 1996, S. 11). Dies ist eine gute Voraussetzung für Selbstveränderung, Selbsterprobung und selbstgesteuertes Lernen.

Neue Formen der Selbstsozialisation werden durch den Computer aktiviert:

- ***Autonomieerleben*** Aufgaben können nach eigenen Vorstellungen bearbeitet werden. Beim Handeln stehen Spielräume zur Verfügung.
- ***Kompetenzerleben*** das Erleben der sachverständigen Lösung von Problemen und der eigenen Wirksamkeit.
- **Erleben sozialer Einbindung** Anerkennung durch die Peergroup.
- **Egalitäre kommunikative Beziehungskultur s**oziale Beziehungen sind möglich, zu denen sonst der Zugang verwehrt wäre (z.B. Migrantenjugendliche). Virtuelle Kommunikation birgt statusübergreifendes und soziale Grenzen überschreitendes Potenzial.
- **Neue Umgangsweise mit der Welt** die Welt des Computers ist variabel, steuerbar, prozesshaft, wurzelhaft.
- **Beglückendes Gefühl des Selbstmachens** Produktionslust, Faszination.

Der Computer unterstützt die Kinder bei ihrer „natürlichen" Neugierde und ihrem Bedarf der kreativen Entfaltung. Der Umgang mit dem Computer führt zur Erfahrung, dass es mehrere Wege gibt, die zu einem Ziel führen, und dass es verschiedene Lösungen zu einzelnen Aufgaben gibt. Computer eröffnen damit das Denken in Alternativen. Allein durch Spielen werden Potenziale aktiviert. Der Computer erlaubt die Entwicklung eigener Lernstile und fördert damit das Denken in Zusammenhängen. Daher kommt BERGMANN (2000, S. 131) zu dem folgerichtigen Ergebnis, dass Computerspiele komplexeres Denken fördern. Der Computer begünstigt den Wert unpräzisen Wissens, da Kinder gefesselt sind von der Möglichkeit, neue Lösungswege zu suchen.

2.5. Internet und Wahrnehmungswandel

Die Relevanz des Begreifens als Denkkonzept wird insbesondere deutlich, wenn man sich mit dem Medium Computer beschäftigt. Der Computer rüttelt an den bisherigen Grundfesten des rationalen Denkens. Die Benutzeroberflächen der Computer lassen sich über eine Maus oder eine andere Schnittstelle interaktiv bedienen. Aktion und Reaktion liegen nahezu gleichzeitig zusammen. Die Koordination von Auge und Hand ist wichtiger als die Kenntnis einer Gebrauchsanweisung. Vermehrt werden die Computerprogramme und -spiele auf Grund von Versuch und Irrtum angeeignet. Die Kenntnis eines Programms erschließt sich über den konkreten Umgang mit dem Computer. Bevor verstanden wird, was gemacht wird, erfährt der User die Kenntnisse über die konkrete Tat. Der Umgang mit dem Computer begünstigt somit die Entwicklung von kognitiven Skripts, die dem Buttom-up-Ansatz nahe stehen.

Die Computerindustrie hat seit Mitte der 80er Jahre bis heute Benutzeroberflächen entwickelt, die den Wahrnehmungsweisen von Kindern bis zur Entwicklungsstufe des zwölften Lebensjahres optimal entsprechen. Aus diesem Grunde sind Kinder auch begabter im Umgang mit der Computerkommunikation. Je intensiver sie sich mit dieser

Kommunikationsform beschäftigen (z.B. Auge-Hand-Koordination), desto befähigter sind sie, in einer Telekommunikationskultur kompetent handeln zu können. Kinder, die gewohnt sind mit dem Computer zu spielen, erarbeiten sich im „hidden curriculum" die notwendigen Qualifikationen, die sie im späteren Leben dringend benötigen.

Bereits beim Spielen oder beim Browsen im Netz werden Aneignungsstrukturen erlernt, die auch dazu führen im so genannten „realen Leben" Verwendung zu finden. Dabei bedarf es insbesondere der Hervorhebung von drei Aspekten, der Hyperlogik, dem Wandel der Sprache und der Hotspot-Kultur.

2.5.1. Hypertext-Denken

Die veränderten Anforderungen an die Medienkompetenz für Kinder und Jugendliche habe ich bereits in Kap. 1 am Beispiel der Logik der Internet-Kommunikation verdeutlicht. Bezogen auf die Veränderung der Wahrnehmungstrukturen möchte ich an dieser Stelle noch einmal die Relevanz der Hypertext-Erfahrung auf die Entwicklung der Wahrnehmungs-Skript-Entwicklung hervorheben. Unter Hypertext-Technologien sind alle computerunterstützten Verfahren zu verstehen, die in einer bisher nicht bekannten Weise durch neue Formen der Kommunikation Informationen verarbeiten, vermitteln, speichern und übertragen (vgl. BOLLMANN 1995, S. 12).

Darüber hinaus ist entscheidend, dass Information nicht mehr sequenziell vermittelt wird, sondern durch „Fragmentierung und Verknüpfung" (KUHLEN 1991, S. 124).[8] Die Filmmontage entspricht genau dem gleichen Prinzip Filmen, Zerschneiden und Verknüpfen. Als Filmkonsumenten sind wir somit mit den Mustern der Verknüpfung von Fragmenten vertraut. Allerdings gibt es beim Film drei zentrale Unterschiede. Der Ton schafft in unserer Wahrnehmung eine Einheit, und mit dessen Hilfe kann die Vielfalt der visuellen Eindrücke geordnet werden. Meist sind in Filmen dramaturgische Handlungen integriert, die in einer Koda (Auflösung) oder einem zentralen Höhepunkt (Klimax) eine Zuspitzung erfahren. Dann kommt noch hinzu, dass beim Film eine interaktive Veränderung des Films nicht möglich ist.[9] Daher kann ungeachtet der Vorläufer der Hypertext-Kommunikation von einem Paradigmenwechsel gesprochen werden. Entscheidend ist nicht, dass durch den Computer und das Internet das Produzieren von und das Navigieren in Hypertexten möglich ist, sondern dass dies das zentrale Prinzip

8 Wie ISKE (2002, S. 55 f.) ausführlich ausgeführt hat, gibt es historische Vorläufer, wie z.B. das Bücherrad. Aber auch Enzyklopädien und Lexika sind in ihrer Nutzungsform dem Hypertext des Internet vergleichbar. Als direkte Vorläufer unseres aktuellen Hypertextsystems sind der „Memory Extender" von Vannevar Bush (1945), das „Augment" von Douglas Engelbert (1962) und das „Evolutionary File System" von Theodor Nelson (1965) zu nennen. Entscheidend ist aber, dass das Internet heute ein Massenmedium (insbesondere für Jugendliche) ist und Kinder und Jugendliche zum Zeitpunkt ihrer Denk- und Wahrnehmungsskriptentwicklung mit dieser Technik des Darstellens konfrontiert sind.

9 Es gibt allerdings immer wieder mehr oder weniger erfolgreiche Versuche, hypertextuale Filme zu produzieren (vgl. KRIEG 1998).

der Internet-Kommunikation ist. Damit ist vor allem der Wechsel von der Linearität zur Nonlinearität verbunden. Dies ist ein erheblicher Einschnitt in unsere Aneignungsform von Wirklichkeit und in etwa vergleichbar mit dem Wechsel von der Manuskriptkultur zur Buchkultur.[10]

Wir sind es gewohnt, dass wir in sequenziellen Ordnungen und Strukturen Bücher schreiben und lesen. Anfang (Einleitung, Exposition) und Ende (Zusammenfassung, Würdigung, Ausblick) stehen in einem Zusammenhang. Selbstverständlich ist es auch möglich Bücher „diagonal" zu lesen, d.h. innerhalb des Textes zu springen. Ebenso können Indizes helfen ein Buch gegen die sequenzielle Ordnung zu lesen. Fußnoten und Querverweise durchbrechen ebenfalls die lineare Logik. Gleichwohl sind diese nonlinearen Elemente eine Ergänzung aber nicht das Wesen der Logik des Buches. Sie bereichern die Narration, stellen sie aber nicht in Frage. Der Unterschied wird deutlich, wenn man sich nonlineare Bücher anschaut. Beispielhaft sei auf MINSKY (1994) und SCHMIDT (1999) verwiesen. Bezeichnenderweise wird bei SCHMIDTs *Der Wissensnavigator* eine CD-ROM mitgeliefert. Das Navigieren innerhalb der CD-ROM erweist sich als erheblich komfortabler als das Navigieren im Buch. Darüber hinaus ist es möglich, den Inhalt (z.B. bei einer Netzpräzenz) schnellstmöglichst zu aktualisieren. Bei einem Buch führt dies zu höherem Organisations- und Mittelaufwand.

Das Prinzip der Linearität ist in vielen Bereichen der pädagogischen Kommunikation dominierend. Schon Schüler müssen sehr früh einen „roten Faden" in ihren Aufsätzen nachweisen. Bei Aufsätzen und in der Literatur wird meist ein Thema reflektiert, ein Konflikt dramatisiert, ein Erlebnisraum beschrieben, eine Begebenheit erläutert. Ebenso sind biographische Verknüpfungen denkbar. Gemeinsam ist dieser Erzählstruktur die lineare Narration. Wenn auch aus künstlerischen Gründen immer wieder davon abgewichen wird, wurde das Prinzip der Narration nicht in Frage gestellt, sondern meist wurde nur die Reihenfolge innerhalb der Narration, dem Linearen geändert. Allein durch die Gebundenheit des Buches war die Linearität in hohem Maße notwendig. Selbst wenn ein Buch oder ein Film mit dem Tod anfängt und in Rückblenden das Leben der Hauptfigur beschreibt, bleibt dieses Konzept dem linearen Denken verpflichtet.

In wissenschaftlichen Büchern hat das lineare Denken bis heute eine unumstößliche Dominanz. Meist wird zu Beginn eine Ausgangshypothese formuliert, die im Verlauf der Arbeit anhand unterschiedlicher Forschungsmethoden und unter Zuhilfenahme von anderen Autoren (Zitate) verifiziert oder falsifiziert wird.[11] Daher trifft es die Wis-

10 Erstaunlicherweise nähern wir uns mit der Internet-Hypertext-Kommunikation wieder einer Kommunikationsform, die Ähnlichkeiten mit der Manuskriptkultur des Mittelalters hat. Zum damaligen Zeitpunkt gab es in der Regel kaum gebundene Bücher, sondern einzelne Kodices, die unter einem Titel zusammengeheftet waren. „Bücher" entstanden durch das Kopieren verschiedener Kodices, die von meist leseunkundigen Skriptoren nach Auftrag zu einem neuen „Buch" zusammengestellt wurden. Somit könnte die Manuskriptkultur als eigentlicher Vorläufer der Hypertext-Kultur bezeichnet werden.

11 Diesem Dogma der wissenschaftlichen Denk- und Wahrnehmungskultur beuge ich mich bei diesem Buch ebenfalls.

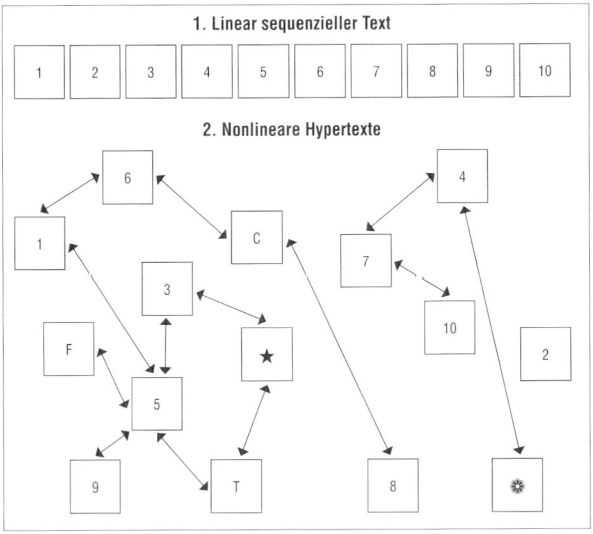

Abb. 17: Lineare und nonlineare Texte

senschaftler heftig, wenn, wie ich es bereits schon mehrfach erlebt habe, die Studenten keine Haus- und Diplomarbeiten mit These, Gegenthese und Synthese abgeben, sondern Hypertexte. Gerade in der Ausbildung zeigt sich am deutlichsten wie intensiv die Jugendlichen bereits in hypertextualen Kontexten denken und dabei oftmals die Fähigkeit der kausalen und linearen Denkweise verlieren. Die Meinung, die Studenten seien heute dumm - oder im günstigen Fall wird gesagt „sie können nicht mehr strukturell denken"-, greift zu kurz, da es durchaus sein kann, dass die Studenten einen hochkomplexen Hypertext abgegeben haben, die Hochschullehrer aber nicht in der Lage sind, den Hypertext angemessen zu lesen. Es kommt allerdings auch vor, dass Studenten einen schlechten Hypertext abgeben. Sowohl auf der linearen als auch auf der nonlinearen Ebene gibt es anspruchsvolle und weniger anspruchsvolle Texte.

Im Internet gibt es keinen abgeschlossenen Text. Einzelne Module (Knoten) bilden die Basis des Hypertextes. Diese Module können über Links mit anderen Modulen verknüpft werden (Kanten). Links sind Verweise zu einer anderen Quelle innerhalb oder außerhalb der jeweiligen Module. Mit den Links können vom jeweiligen Modul unterschiedliche Verknüpfungen zu anderen Modulen hergestellt werden. Diese Module liegen verstreut und können aus Dokumenten mit unterschiedlicher Konsistenz bestehen. Sie können zusammengesetzt sein aus Texten, Bildern, Grafiken, Tönen und Filmen. Die jeweilige Aneignung der Module erschließt sich nicht allein durch das Konzept der einzelnen Module, sondern durch die jeweilige Interaktion (Wahloption) des Nutzers.

Die unterschiedlichen Module können auf multioptionalen Wegen begangen werden. Sie eröffnen vielfältige Anschlussmöglichkeiten. So kann es sehr schnell passieren, dass der Nutzer von dem ursprünglichen Such-Zusammenhang „abgelenkt" wird und ergänzende, erweiterte Optionen wählt. Wie in obigen Schaubild zu sehen ist, wird der Hypertext-Nutzer bei einer nonlinearen Logik mit hoher Wahrscheinlichkeit einige Teile des sequenziellen Textes nicht finden, da sie möglicherweise mit anderen Modulen verknüpft sind. Mit hoher Wahrscheinlichkeit wird er aber ergänzende Module finden, die in dem sequenziellen Text nicht enthalten sind. Jedes Modul, jeder Text besteht aus dem vorhandenen und einem abwesenden Teil. Der Gesamttext konstituiert sich somit außerhalb des gegenwärtigen Textes. Erst im Akt des Lesens bzw. Sehens und Hörens wird der Text zusammengesetzt. Texte im Internet sind somit Metatexte und Leser bzw. User sind auf Grund ihrer Kompilation unterschiedlicher Texte zugleich Autoren (eines Metatextes). Jeder Text löst damit **Intertextualität** aus: eine Interaktion, die sich innerhalb und außerhalb des Textes abspielt.

Diese Vorgehensweise ist keineswegs unserem Wahrnehmungsapparat fremd. Unser Gehirn ist in der Lage, sich Wissen über so genannte „chunks", d.h. assoziative Cluster, nicht nur augenblicklich zu vergegenwärtigen, sondern sofort weitere „chunks" aufzurufen.[12] Wenn z.B. das Wort „Reh" in unserem Gehirn aktualisiert wird, bilden wir sofort eine Kette, die etwa so ablaufen könnte: Tier – braun – vier Beine – Wiederkäuer – niedlich – lebt im Wald – Walt Disney. Keineswegs selten kann es dann passieren, dass von „Wald" oder von „Walt Disney" eine weitere Kette von Assoziationen im Gehirn ausgelöst wird. Hypertext-Denken ist somit Teil unseres bisherigen Denkens und Wahrnehmens. Neu ist, dass sich dieses Prinzip der Vernetzung und Verknotung im elektronischen Raum zu einer **Intermedialität** transformiert hat.

Hypertexte können von den Nutzern in ganz unterschiedlicher Form angeeignet werden. Dies führt zur Herausforderung an die Produzenten, die einzelnen Module so zu gestalten, dass sie nicht nur verstanden werden können, sondern auch den unterschiedlichen Aneignungsmustern gerecht werden. Jedes Modul muss eine Kohäsion haben, d.h. eine semantische und thematische Stimmigkeit. Die Qualität eines Moduls ist daran zu erkennen, ob thematische Kontexte erschlossen werden und damit eine sinnvolle nonlineare Struktur aufgebaut werden kann. Die einzelnen Module müssen somit auch über eine angemessene Kohärenz verfügen (vgl. ISKE 2002, S. 29). Jedes Modul muss so aufgebaut sein, dass es sowohl Anfangsmodul als auch Zwischenmodul sein kann. Ein Zielmodul im eigentlichen Sinne gibt es nicht im Internet. Somit entfällt Koda und Klimax und damit die Basis der linearen Narration.

Kompetenz im Umgang mit nonlinearen Texten verlangt andere Schlüsselqualifikationen als der Umgang mit linearen Texten. Die oft zu lesende Problematik des „lost im cyberspace" hängt m.E. gerade damit zusammen, dass die Grundqualifikation im Umgang mit nonlinearen Texten, die Navigationskompetenz fehlt. Ebenso irreführend ist die oft zu lesende Metapher von der Informationsflut. Erstaunlicherweise gibt es keine entsprechenden Bezeichnungen wie z.B. Bücherflut oder Zeitungsflut, obwohl es doch keinen Zweifel gibt, dass das Angebot der Bücher und Zeitungen für jeden potenziellen Leser unübersichtlich und unüberschaubar ist. Immer wenn die Metapher „Flut" auftaucht, ist Vorsicht geboten. Jeder der den Begriff „Informationsflut" anwendet, benutzt mythische Bezüge. Der Begriff „Flut" ist bei uns Menschen archetypisch verankert. Der

12 Ich sehe in dem assoziativen Denken eher die Potenziale der rechten Gehirnhälfte aktiv (kreuzmodale Wahrnehmung, präsentative Logik), während die lineare Form des Denkens eher von der linkshirnischen Hemisphäre (diskursive Logik) gesteuert wird.

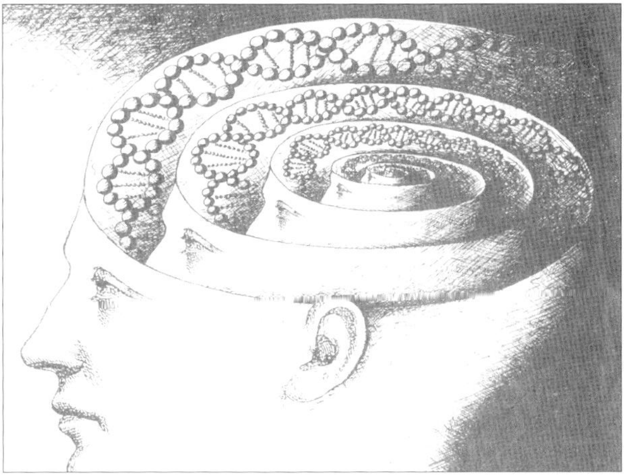

Abb. 18: Das Gehirn als selbstreferentieller hypertextualer Raum

Begriff „Flut“ löst in der Regel starke Gefühle aus und wird oft im Unbewussten mit einer Angst vor einer „Sintflut“ verknüpft. Die enormen Emotionen, die im letzten Jahr bei der „Jahrhundertflut“ überall zu erleben waren, hängen mit dieser archaischen Angst zusammen. An diese Ängste soll bewusst oder unbewusst appelliert werden, wenn von Informationsflut die Rede ist.

Da wir uns selektiv von Modul zu Model im Internet weiterbewegen, besteht nicht die geringste Gefahr, dass wir von einer „Sintflut“ von Informationen hinweggespült werden. Nahezu alle Seiten sind jeweils entsprechend der Fähigkeiten der Autoren nach gestalterischen Kriterien zusammengestellt. Informationsüberlastung besteht noch am ehesten, wenn reine Schrifttexte ohne Gestaltung mit einer Zehn-Punkt-Schrift jeden geneigten Nutzer zur Verzweiflung bringen. Doch selbst da gibt es Abhilfe. Der Drukker schafft selbst bei einem lesefeindlichen Bildschirmdesign Abhilfe. Es gibt in unserem Gehirn einen so genannten „Flaschenhals“ (max. Anzahl von Informationen, die das Gehirn im Langzeitgedächtnis speichern kann).[13] Durch diesen Flaschenhals kommen nur so viele Inputs wie das jeweilige Gehirn bearbeiten kann (vgl. BROADBENT 1958, zitiert in KEBECK 1994, S. 158). Umstritten ist, ob es zu einer frühen Selektion (gleich nach den Sinnesorganen) oder zu einer späteren Selektion kommt (nach ersten Verarbeitungsschritte, bei denen bereits eine Analyse des Inputs stattfindet). Selbst Positionen, die diesem Aufmerksamkeitsmodell widersprechen, wie z.B. das *Kapazitätsmodell von* KAHNEMANN (1973, zitiert in KEBECK 1994, S. 159) gehen von einer Selektivität (auf Grund begrenzter Verarbeitungskapazität) der Informationsverarbeitung aus. Auch nach dieser Theorie ist die Kapazitätsaufnahme wesentlicher geringer als der sensorische Gesamtinput. KAHNEMANN geht von der Möglichkeit der Aufteilung der Verarbeitungskapazität auf verschiedene Wahrnehmungsgegenstände und Tätigkeiten aus und damit einer parallelen Verarbeitung der Inputs. Das Gefühl der Überlastung oder der Überreizung kommt viel mehr durch die Schwierigkeit, die empfange-

13 Die sensorischen Inputs, die ein meditierender buddhistischer Mensch in seinem Gehirn erlebt, sind in der Menge nicht wesentlich unterschieden von einem Jugendlichen, der im Internet surft.

nen Informationen, Impulse und Inputs deuten und werten zu können. Das vornehmliche Problem der „Informationsflut-Debatte“ ist somit ein Hinweis oder die Bestätigung sich veränderter Wahrnehmungsstrukturen.

Hypertext und Hypermedia-Erfahrungen führen zu weiteren Veränderungen in unserem Denken und Wahrnehmen, so z.B. zu einem veränderten Zeit-Raum-Empfinden. Im Kontext dieser Entwicklung entsteht eine neue Wahrnehmungsstruktur. Im Netz gibt es kein Innen und kein Außen, keinen Anfang, Hauptteil, Schluss und somit keine vorgegebene Gliederung. Jederzeit sind unterschiedliche Konfigurationen von Selbstähnlichkeiten möglich.[14] Operativ-testende, taktile Wahrnehmungsmuster erhalten eine größere Relevanz. Während die Begriffsregister, Stellenverzeichnisse und indexalen Aufschlüsselungen verschwinden, werden universalisierte Zugriffmöglichkeiten auf akkumulierte Archive und/oder Datenbanken an Bedeutung gewinnen. Die multimedial kodierte Kultur des Internets verlangt nach einem technisch-modularen, telematischen und rhizomartigen (wurzelartig) organisierten Denken.

DELEUZE/GUATTARI (1976) haben den Begriff Rhizom geprägt. Das rhizomartige Denken geht von netzartigen Denkstrukturen aus, die an der Oberfläche keine direkte Verbindungen haben, jedoch durch nicht direkt wahrnehmbare Wurzeln/Stränge eine Verknüpfung eingehen können. Rhizome sind vielfältig vernetzt, haben kein Zentrum und keine Peripherie und sind potenziell unendlich. Nach ECO (1985, S. 126) ist ein Rhizom „eine offene Karte, die in all ihren Dimensionen mit etwas anderem verbunden werden kann; es kann abgebaut, umgedreht und beständig verändert werden.“ Beim rhizomartigen Denken geht es um ein Denken von der Wurzel her. Es steht keine (kausale) Schicksalsdeutung im Vordergrund, sondern das Eruieren von Umgebungen, Auswegen und Erfahrungsfeldern, Beim rhizomartigen Denken geht es um Wechselbeziehungen, die durch Kausalität nicht genügend erklärt werden können. Dieses Denken ist ein spielerisches Denken und entspricht dem Konzept der kreuzmodalen Wahrnehmung.

2.5.2. Internet und Sprache

Mit einem PC kann sich heute jeder in andere Datenbestände einloggen, wo enorme Wissensbestände abgelegt sind. Die Befähigung Daten aus dem Gedächtnis abzurufen, wird unter diesen Gesichtspunkten nicht mehr zu den vordringlichen Kulturleistungen gehören. Daten lassen sich einfacher in Datenbänken ablegen. Kinder- und Jugendliche benötigen dazu die Befähigung im Netz zu navigieren. Multitasking-Fähigkeit, die Befähigung auf unterschiedliche Reizmuster reagieren zu können bzw. mehrere Informationen gleichzeitig zu kontrollieren und darauf zu reagieren sowie und Navigationskompetenz, Denk- und Suchstrategien im Internet, werden zu unumgänglichen Schlüsselqualifikationen im digitalen Zeitalter. Pünktlichkeit und Werte, die der Erwachse-

14 MARESCH (1997, S. 194) nennt dies die „endlose Selbstreferenz der Information“.

nengeneration so bedeutsam sind und waren, werden durch das Handy und die Echtzeitkommunikation (E-Mail, Chatrooms) weniger bedeutsam. Ebenso wird die Internet-Kultur Auswirkungen auf die Sprache haben.

Keineswegs führt das Internet zum Ende der Sprachkultur. Die Bedeutung des schriftlichen Wortes als Verständigungsquelle wird auch in der Multimediakultur des Internets Bedeutung haben. Nur wird die durch das Internet sich verändernde Sprachkultur nicht identisch sein mit dem, was Erwachsene als Sprachkultur bezeichnen. Sie hat auch nicht die Konstanz, die die Sprache im Real Life (RL) aufweist. Im Internet ist die Sprache dynamisch und schnell. Nur ein kurzer Besuch eines Chatrooms (Live-Kommunikation per Internet) macht augenblicklich klar, dass die Sprache und vermutlich auch das sprachliche Denken von Kindern und Jugendlichen sich in den letzten Jahrzehnten markant verändert hat. Im Chatroom, den öffentlichen Gesprächsforen im Internet, kann jeder mit jedem plaudern, ganz allgemein oder auch bezogen auf einen bestimmten Themenschwerpunkt. Die Sprache im Internet wird durch Akronyme wesentlich verändert: „bg" bedeutet z.B. grinst breit (big grin), „blush" bedeutet errötet, ist verlegen, „cu" heißt see you. Wenn „bbl" auf dem Bildschirm auftaucht, wissen die Insider, dass der Autor später zurück ist (be back later). Dies kann auch mit dem Emoticon „-=" ausgedrückt werden. Tätigkeitsbeschreibungen tauchen ebenfalls im Netz auf, so z.B. „schlotter" (Angst haben), denk (Nachdenken) und „rotwerd" (sich schämen). Soundwörter wie „argh" (Wut), „äääh" (Abneigung, Ekel) und „hmn" (Nachdenken) finden ebenso Verwendung wie die direkte Schreibweise oder die phonetische Schreibweise, z. B. „kuwl" (cool), „wasn los" (was ist denn los?) und „axo" (Ach so). Da es auf dem Bildschirm keine Möglichkeit gibt Körpersprache zum Ausdruck zu bringen, werden Gefühle über Emoticons dargestellt. Das Smiley :-) gilt als Bezeichnung für Freude und das Smiley :-(als Kennzeichnung für das Gegenteil. {-(bedeutet wütend, %-) steht fur glücklich und verwirrt. An verschiedenen Stellen kann der User Kenntnis über die Bedeutung der Zeichen erhalten.[15]

Selbst eine Etikette, die im Netz „Netikette" heißt, hat sich herausgebildet. Diese Verhaltensregeln werden nicht über Kontrolle, sondern über stillschweigendes Einverständnis aufrechterhalten. „In der Netikette wie bei allen Benimmregeln äußert sich der Respekt vor dem Gegenüber als Anerkennung seiner Rechte" (TAPSCOTT 1998, S. 101). Eine dieser Regeln lautet: „Sage offen, was du sagen willst, und zensiere nie."

Augenblicklich, just in time, kann jeder, der sich in den Chatroom eingewählt hat, alle Gespräche, die auf der Gesprächsplattform geäußert werden, sofort beantworten. Es ist jedoch auch möglich, sich in einen separaten Raum zurückzuziehen und ein „Privatgespräch" zu führen. Problemlos können mehrere Gespräche gleichzeitig verfolgt bzw. geführt werden. Schreiben im Chat bedeutet gleichzeitig Reden im Netz. Der Chatroom ist vor allem Sprachraum. Geschrieben wird wie gesprochen wird. Versprecher

15 Eine Sammlung von Emoticons findet sich u.a. in SANDERSON (1993) und in WETZSTEIN u.a. (1995, S. 74f.).

bzw. Verschreiber werden in der Regel nicht geändert.[16] Der Chatroom ist in der Regel kein diskursiver Raum, sondern ein kommunikativer Raum, bei dem es vor allem um eine zwanglose Gesprächsform geht. Beim Chat dominiert nicht die Schrift, sondern die Sprache, wobei es sich um in Buchstaben konfigurierte Sprache handelt. Die unterschiedlichen Chats haben mehrere Kommunikationsebenen, so z.B. die Dimensionen:

- der **Agora** des freien anspruchsvollen Austauschs von Ideen, Überzeugungen und Meinungen zwischen gleichen Subjekten,
- der **Information** des gezielten Austauschs zu speziellen Bereichen,
- der **Stammesverortung** der Versicherung der Zuordnung zu Lebensstilen oder Gruppenzugehörigkeiten,
- des **Marktplatzes** des Austauschs von aktuellen, lokalen Informationen, Klatsch,
- der **Stammtisch-Kommunikation** des Tratsches und der Normverständigung,
- der **Lindenbaum- oder Brunnen-Kommunikation** der Verführung, Anmache, Vergegenwärtigung des eigenen Geschlechtsbildes,
- der **Kontakthof-Kommunikation** der Herstellung virtueller und/oder realer Kontakte (Cyberdating).

Wenn sich die User im Internet unterhalten und Nachrichten austauschen, nehmen sie nicht nur unterschiedliche Gestalten an, sondern sie entwerfen sich selbst. Die Subjekte konstituieren sich dabei in ihren Dialogen. „Im Internet gestalten Teilnehmer ihre Identitäten nicht in einem reinen Bewusstseinsakt, sondern im Kontext des aktuell geführten Dialogs“ (POSTER 1997, S. 152). Da es keine einseitigen Diskurse gibt, impliziert dies eine Demokratisierung der Subjektkonstitution. Obwohl den Nutzern computermediatisierter Netzwerke bewusst ist, dass sie es nicht mit Personen, sondern mit digitalisierten Symbolkonfigurationen zu tun haben, entsteht beim Chat eine Anthropomorphisierung, d.h. den Symbolketten der Kommunikationspartner wird ein Person-Sein zugeschrieben, obwohl die Autoren ihre Persönlichkeit wechseln (Crossover) und sie dies somit auch von ihrem potenziellen Gegenüber erwarten können.

Die Möglichkeit, mit textuellen Mitteln sein Geschlecht selbst zu bestimmen, führt nicht zur Auflösung von Individualität, sondern eröffnet neue Formen individueller Identität. Sowohl bei der Chat-Kommunikation mit Aufrechterhaltung der Geschlechtsrolle als auch beim Crossover[17] kommt es nicht, wie KRÄMER (1997, S. 97) vermutet, zur Außerkraftsetzung der mit der Personalität verbundenen parakommunikativen Dimension des symbolischen Handelns. Wenn Mädchen sich als Jungen ausgeben, Ältere als

16 Korrigiert jemand im Chat einen Tippfehler, ist davon auszugehen, dass es sich um eine ältere Person mit diskursiven Kompetenzen handelt (meist Pädagoge). Jugendliche und chaterfahrene „Oldies“ korrigieren ganz selten ihre Schreibweise.

17 Selbst die Werbung hat auf den Crossover reagiert. Im Augenblick wirbt die Firma Sony mit ihren Cyber-Shot-Webcameras mit einem Spot in dem sich ein Mann und eine Frau vermittelt über die Webcamera verjüngen.

Jüngere und umgekehrt wird in eine andere Maske (Persona) geschlüpft, die Regeln der alltagsweltlichen Handlungsdimension bleiben aber nach meiner Beobachtung innerhalb der jeweiligen angenommenen Personalitäten erhalten. Auswirkungen hat die Internet-Kommuniktion auf das Körperkonzept (vgl. Kap. 10.2.3.2. und Kap. 10.2.3.3.). Das Erstaunliche ist ja gerade, dass im Netz die Spielregeln sich keineswegs von den (Spiel-)Regeln des „echten" Lebens lösen. In der Projektion eines anderen Selbst werden allerdings Erfahrungen gesammelt, die dazu führen, das bisherige Konzept des Selbst zu überprüfen. Darin sehe ich neben der Neigung zur einer Versprachlichung der Schrift-Kommunikation die zentrale Veränderung durch die elektronische Kommunikation. Diese Veränderung hat Konsequenzen auf das Selbstverständnis und die Identitätsbildung. Auf diesen Aspekt werde ich in Kap. 3.6. noch einmal zurückkommen.

2.5.3. Hotspot-Kultur

Die Verhaltensmuster, die sich als Tendenzen bei Jugendlichen herausbilden, sind widersprüchlich. Weiterhin gibt es Jugendliche, die vornehmlich kognitiv und rational ihre Wirklichkeit konstruieren. Wie früher gibt es kein einheitliches Bild von Jugend. Gleichwohl lässt der Computer- und Internet-Kontakt die Jugendlichen nicht unverändert. Nach meinen persönlichen Beobachtungen, die ich im Verlauf von Projekten und durch qualitative Einzelanalysen gewinnen konnte, gibt es Verhaltensdispositionen, die nur durch ethnographische Beobachtungen oder durch qualitative Forschungsmethoden zum Erscheinen kommen. Einer dieser gerade bei Kindern und Jugendlichen immer wieder beobachteten Verhaltenszüge bezeichne ich als Hotspot-Kultur und in Folge dieses Phänomens die Internetgeneration als Hotspot-Generation.

Der Begriff „Hotspot" wurde zum ersten Mal im Multimediabereich verwendet. Hier bezeichnet er die Möglichkeit, in einem Bild eine weitere Information (meist Grafik, Bild, Text oder ein Fenster oder eine weiteren Seite) aufzudecken.[18] Während beim Link erkennbar ist, dass hinter einer Information noch weitere Informationen zu finden sind (Hypertext) ist der Hotspot dadurch gekennzeichnet, dass der Link eben nicht erkennbar ist oder erst dann, wenn eine spezielle Fläche aktiviert wurde. Dieses Prinzip ist den Kindern und Jugendlichen von Computerspielen vertraut. Insbesondere bei Adventurespielen aber auch bei Ego-Shooter-Spielen wird es oft eingesetzt. Bei Adventurespielen müssen die Spieler z.B. Informationen, die irgendwo versteckt sind, aufspüren oder müssen mit einem Elixier (Schlüssel) den Hotspot berühren, um zu einem anderen Level zu kommen (z.B. in *Myst*).

18 Die Firma T-Online setzt diesen Begriff in einer anderen Schreibweise ganz aktuell in ihrer Werbekampagne für kabellosen Internet-Zugang ein: „Ein HotSpot von T-Mobile: Das W-LAN Angebot für kabellosen Internetzugang." *(http://www.t-mobile.de/geschaeftskunden/company/hotspot/1,2530,3341-_,00.html).*

Das Internet lässt sich wie ein gigantischer Hotspot definieren. Überall sind über Links Informationen, Erlebnis- und Erfahrungsräume zu entdecken, die zwar virtuell vorhanden sind, aber im konkreten Surftrip erst gefunden werden müssen. Beim Surfen geht es nicht um eine lineare Zielorientierung. Eher geht es um freiwillige oder auch unabsichtliche Umwege, die jedoch nicht als Fehler verstanden werden, sondern als die zufällig „gefundene" Kompetenz der komplexeren Erfassung der (virtuellen) Umgebung. Im Internet ist nicht der Weg, sondern der Umweg das Ziel.

Meine These wäre nunmehr, dass die internet- und soap-opera-sozialisierte Generation (die Dramaturgie von Soap-Operas enthält ebenfalls eine Hotspot-Struktur) von dieser Wahrnehmungskultur beeinflusst wird. Schon heute lässt sich erkennen, dass Jugendliche sich immer mehr nur mit einem Segment, einem Teil ihres viel komplexeren Selbst einbringen. Sie repräsentieren jeweils ein Hotspot, der zu einem in einer Hypermedia-Struktur integrierten virtuellen Selbst gehört. Die unterschiedlichen Segmente des Selbst entfalten sich erst, wenn sie angeklickt werden, um in der Computersprache zu bleiben. Jugendliche repräsentieren demgemäß (neben den sofort erkennbaren Kompetenzen) vor allem Potenziale, d.h. verdeckte Qualifikationen und Fähigkeiten. Die Hotspot-Kultur beeinflusst daher vor allem das Selbst-Konzept und Fragen nach der eigenen Identität. Die Konsequenzen dieser Tendenz für das Identitäts-Konzept werden in Kapitel 3.6. diskutiert.

Bezogen auf den Erkenntniszusammenhang „Veränderung des Seh- und Wahrnehmungsweisen" bleibt festzuhalten, dass über Computerspiele und Internet-Erfahrung neue Wahrnehmungsskripte entstehen. Die Erfahrung im Umgang mit den Kommunikationsstrukturen des Internets wird unsere bisherig dominante Sichtweise verändern. Wir sind nicht mehr in der Rolle des (passiven) Konsumenten oder des (objektiven) Beobachters. Das Internet ist eine Eingreifmaschine, d.h. wir können uns unabhängig von sozialer Schicht, Alter, Geschlecht und Vorbildung durch Interaktion und Dialog in die Netzkommunikation einschalten. Beobachtung und Aktion fallen zusammen. Der Betrachter steht nicht mehr, wie bei der uns vertrauten zentralperspektivischen Perspektive, betrachtend vor dem Objekt. Bei dieser Perspektive repräsentiert das lineare Betrachter-Objekt-Verhältnis die Wahrnehmungsstruktur. Hergestellt wird dadurch beim Betrachter eine Welt-Sicht, die extrem vom Blickwinkel des einzelnen Betrachters geprägt ist. Bei der Internet-Kommunikation wird in unserer Wahrnehmung das Gefühl produziert, in einer vom Computer bzw. Internet zwar vorgegebenen Umgebung, aber gleichwohl in einem relativ vielfältigen Erlebnisraum agieren zu können. Die Erfahrung der Vielfältigkeit der Sichtweisen von Objekten im Internet und der variablen Positionierung des Betrachters zu den Objekten hebt die zentrale Perspektive zwischen Objekt und Subjekt auf. Im Internet ist der Nutzer zwar abhängig von den errechneten Programmen und damit bezogen auf die jeweilige Perspektive der Programmierer bzw. Anbieter der jeweiligen Netzangebote, aber es gibt im Internet nicht mehr einen einzelnen Fluchtpunkt, der eine ideale Betrachterposition induziert. Die Perspektive des Nutzers ist variabel und vermittelt dem Nutzer das Gefühl eigenständiger Erfahrungsprozesse. Der Nutzer erlebt sich als aktiv Mitwirkender in einer Welt, die ihn von allen Seiten umschließt.

Durch diese Erfahrung geht die bisherige Dominanz zentralperspektivischer Wahrnehmung (die eindeutige Position) verloren. Ersetzt wird sie von einer Multitasking-Perspektive. Der jeweilige Standpunkt bzw. das jeweilige Hotspot-Fenster, das geöffnet ist, repräsentiert „nur" einen Teil der Wirklichkeit, genau genommen einen subjektiven Standpunkt.

Die Erfahrung des segmentierten Lebensraumes, die Tendenz, aus der konkreten Lebenswelt die eigene Wahrnehmung in Form einer Bricolage zu gestalten, erfährt über das Sampling eine adäquate Ausdrucksform. Der Autor und damit das Subjekt verschwindet im Internet. Informationen, Texte, Daten, Grafiken, Töne und ästhetische Objekte können gespeichert und verändert werden. Die Modifikation kann jederzeit wieder in den Datenkreislauf zurückgeführt werden. Die Autorenschaft wird „verflüssigt". Der individuelle Schöpfer eines Objektes oder eines Textes existiert in solch einem Datenkreislauf nicht mehr. Der Rezipient wird zum Produzenten; die einzelnen Werke werden als Impulse angesehen, die jederzeit rekonfiguriert werden können. Potenziell kann jede Idee unendlich abgewandelt werden. Es gibt keinen absolut letzten Text oder ein letztes Bild. Jedes Ergebnis ist wieder verwertbar. Das Neue ist dabei jeweils eine kontextuelle Modifikation der vorhandenen Zeichenressourcen. Dadurch modifizieren die neuen Technologien auf der Abbildebene die vorausgegangenen Technologien und transzendieren die jeweiligen Wahrnehmungsweisen.

Daten figurieren dann wie Obertöne. Jeder Grundton löst Oktaven (Resonanzen) aus, die wiederum Oktaven zur Folge haben. Während beim Obertongesang die jeweiligen Oktaven sich halbieren, jedoch theoretisch nie aufhören zu schwingen, kann im Datenkreislauf die Resonanz bedeutsamer sein als die ursprüngliche Eingabe. Während beim Oberton der Schall von einer Quelle ausgeht, erfährt die Resonanz der Daten, so z.B. im Internet, eine Verstärkung durch die rhizomartige Verknüpfung des Netzes. Es ist nicht mehr entscheidend, was gesendet wird, sondern dass gesendet wird. Angeschlossen-Sein wird zur kategoriellen Funktion gesellschaftlicher Teilhabe und Kommunikation. Durch das Aufhalten und Agieren im Netz entfalten, verknüpfen und konkretisieren sich die Selbst-Fragmente zu einer vorübergehenden Einheit und konstituieren damit die jeweilige persönliche Erfahrungswelt.

3. Identität und Lernen im Medienzeitalter

„In der Pädagogik liegt der größtmögliche Erfolg nicht darin, Nachahmer zu finden, sondern darin, andere dazu zu inspirieren, etwas anderes zu tun.“
Seymour Papert, Revolution des Lernens

Gelingendes oder misslingendes Lernen wird meist in Beziehung gesetzt mit der Motivation des Lernenden. Eine der Grundlagen der pädagogischen Psychologie ist die Erkenntnis, dass extrinsische Motivation (außenmotiviert) weniger leistungsfördernd ist als intrinsische Motivation (innenmotiviert). Begabung spielt bei der Beurteilung des Lernvermögens eine ebenso wichtige Rolle wie die familiären und sozialen Lebensverhältnisse, die Beziehung zwischen den Lehrenden und den Lernenden und die Umgebung, in der das Lernen stattfindet. Neben diesen Aspekten gebührt dem *Identitätslernen* eine ebenso große Aufmerksamkeit. Es ist m.E. ein ganz wesentliche Faktor für einen gelingenden Lernprozess, dies sowohl auf der Ebene der Vermittlung von fachlichen Qualifikationen als auch auf der Ebene der Persönlichkeitsbildung.

SIEBERT (1985) hat auf die Notwendigkeit aufmerksam gemacht, sich beim Lernprozess an den Bedürfnissen und Lebenswelten der Teilnehmer zu orientieren.[1] Für ihn bedeutet Identitätslernen, an den Deutungsmustern und Sinnhorizonten der jeweiligen Teilnehmer anzuknüpfen. ARNOLD (1996, S. 120) fordert, die Teilnehmer bei deren Bemühen nach Identitätserhalt, Identitätsentwicklung und Identitätsbildung zu unterstützen. BADER (2001, S. 3) hat darauf hingewiesen, dass das Identitätslernen beim Thema Computer besonders deutlich wird, da es bei Weiterbildungsmaßnahmen im Themenkontext neuer Technologien immer auch um Themen wie lebensweltliche Plausibilität, Verlust biographischer Kontinuität und Auflösung der beruflichen Identität geht. WETZSTEIN u.a. (1995, S. 252) sehen allerdings in der gleichen Ausgangssituation die Möglichkeit der Genese von Selbstverwirklichungsidealen, da es beim selbstgesteuerten Lernen, einem der wesentlichen Parameter des computerunterstützten Lernens, zu einer zwangsläufigen Verknüpfung von Selbstlernen und individueller Sinnsuche kommt. Die Voraussetzung einer positiven Identitätsentwicklung sehen sie in der Möglichkeit zur Selbstverwirklichung und Selbstentfaltung. Vermutlich werden beide Prozesse ausgelöst. Es besteht kein Zweifel, dass bei einigen, aber nicht bei allen Zielgruppen die Neuen Medien ein hervorragendes Mittel bilden, die Selbstlernpotenziale zu wecken.

Der Computer bzw. die neuen Technologien verschärfen auf jeden Fall das Spannungsfeld Lernen und Identität. Keineswegs ist es selbstverständlich, dass Lernende

1 Es ist kein Zufall, dass derartige Konzepte in Lernzusammenhängen entstehen (Volkshochschule, außerschulische Bildung) bei denen die Teilnahme freiwillig ist.

bereit sind, „neue" und/oder kreative Lernprozesse anzugehen. Nach meinen Beobachtungen nimmt im Verlauf des Lebens die Bereitschaft ab, sich neuem Denken zu öffnen. Je älter Personen werden, desto weniger öffnen sie sich neuen Denk- und Wahrnehmungsmöglichkeiten. Sie neigen zu einem Denken, das als Senioritätsprinzip zu deuten ist.[2]

Das Senioritätsprinzip dient seit Tausenden von Jahren dazu, das Identitätskonzept von Gesellschaften stabil zu halten. Erstaunlicherweise nutzen es auch Individuen zu Erhaltung ihres Selbstkonzepts. Strukturelle Einheiten, das kann ein Verband, eine soziale Gruppe oder ein Individuum sein, sind daran interessiert ihr Identitätskonzept zu erhalten. Sie konstruieren in ihrem Wahrnehmungsskript Begründungsmechanismen für die Sinnhaftigkeit des jeweiligen Denkens und Wahrnehmens und interpretieren ihr eigenes Wahrnehmungskonzept als unhinterfragbar und „natürlich". Diese Methode ist nicht in der Moderne „entdeckt" worden. Es handelt sich um ein archaisches Konfliktregulationsmuster (vgl. MÜLLER 1987). In der frühgeschichtlichen Phase herrschte die Idee und die Vorstellung vom „"Wer älter ist, hat Recht". Dieses Prinzip hat sich bis Mitte des Jahrhunderts gehalten. Einsichtige und plausible Erklärungen für das Senioritätsprinzip wurden in den früheren Kulturen über Religion begründet, in den späteren Phasen der Geschichte über Rationalität oder schlichtweg über Macht. Das Senioritätsprinzip ist ein typisches Merkmal eines Denksystems, das einer patriarchalischen Kultur nahe steht. Ritualisierungsregeln helfen hierbei die Herrschaftakzeptanz und Deutungsmuster der jeweiligen Gesellschaft zu stärken.

Über diese Regeln wird die Selbststabilität des jeweiligen Systems nach außen positioniert, daraus entsteht eine ethnozentrische Deutung von Welt und Wirklichkeit. Dem jeweiligen System droht vor allem Gefahr von innen. Personen in Übergangszuständen, z.B. Jugendliche, gelten als gefährliche Subjekte, die die Geborgenheit und Sicherheit des Systems in Frage stellen. Das Senioritätsprinzip reagiert daraufhin mit einem Verabsolutierungsmechanismus.

Die Situation der Lernenden (und Lehrenden) lässt sich aus dieser Perspektive wie folgt beschreiben: Die Mediengesellschaft (Wissensgesellschaft) ist aus der Sicht der Erwachsenen eine exogene Zone. Sie nehmen ihr Lernpotenzial und das bisher erworbene Wissen als endogene Zone wahr, zumal in der Regel ihr Lern- und Erfahrungsfeld konträr zur Medienwelt situiert ist. Von Personen, die nicht mit einem Medienskript aufgewachsen sind, werden daher die Medien nicht als endogene (ethnozentrische Geborgenheit, Raum der bergenden Identität), sondern als exogene und damit „feindliche" Zone identifiziert. Aus der Sicht von Kindern und Jugendlichen ist es umgekehrt. Bei ihnen ist die Mediengesellschaft die endogene Zone und die von den älteren Menschen (Politiker und Pädagogen) vertretene Wahrnehmungskultur die exogene Welt. Lernen

2 Damit wird kein linearer Zusammenhang zwischen Alter und Seniorität behauptet. Allerdings gibt es eine klare Tendenz. Vermutlich erwerben wir sehr früh persönliche Lernstile, die sich im Verlauf des Lebens in synaptischen Verschaltungen verdichten und zu Lernskripten führen. Wenn die jeweiligen Lernskripte von Anfang an nicht ständig einem Revisionsprozess unterzogen werden, bleiben sie in der Tendenz stabil und führen zum Senioritätsprinzip.

gelingt eher, wenn das zu Lernende als endogen interpretiert wird. Es führt zu einem inneren Konflikt, wenn das zu Lernende als „fremd“ angesehen wird, d.h. sich in der exogenen Zone befindet.

Tauchen Lernstile auf, die den Lernenden nicht verständlich sind (da exogen), die nicht in das eigene Weltbild hineinpassen, werden sie abgelehnt (Negativierungsmechanismus). Ungewohntes und Andersartiges wird als fremdethnisch betrachtet, eben als Außenwelt definiert und damit negativ besetzt. Dies kann zur Verächtlichmachung, Abwertung und Diskriminierung des jeweils Neuen führen. Viele bewahrpädagogische Argumente haben in diesem Zusammenhang ihre Wurzeln. Die Abwehr und Abwertung des Neuen dient der Zuordnung zur eigenen endogenen Herkunft (Skript des Lernkonzeptes aus der Kindheit) oder hilft zur Klassifizierung, um das Unverständliche in den Griff zu bekommen.

In Anbetracht der These vom lebenslangen Lernen bedeutet dies, dass sich die jeweiligen Lernkonzepte sehr differenziert auf die kognitiven Skripte der jeweils Lernenden beziehen müssen. Dies ist eine von mehreren Ausgangsvoraussetzungen. Zusätzlich bedarf es der Notwendigkeit bei dem Lernenden, das innere Gefühl der endogenen Struktur des Lernens zu erzeugen. Dies gelingt eher bei Selbstlernkonzepten als bei einem Lernkonzept, das vom Prinzip der Instruktion durchdrungen ist.

Daher sind aus gutem Grunde im schulischen Kontext die Probleme des Lernens bereits evident. Aber auch die Konzepte des Wissensmanagements und der lernenden Organisation werden vor erhebliche Probleme gestellt, wenn dieser Aspekt unberücksichtigt bleibt. Das gleiche gilt für die außerschulische Bildung. Während früher in der außerschulischen Bildung die Sozialpädagogen sehr ähnliche Wahrnehmungsskripte im Vergleich zu den Jugendlichen hatten, hat sich dies in den letzten Jahren geändert. Das liegt nicht nur an dem gestiegenen Durchschnittsalter der Sozialpädagogen. Die Differenz in der Wahrnehmungswelt lässt sich auch bei jüngeren Sozialpägagogen feststellen. Auf Grund der durch die Medien beeinflussten Wahrnehmungsskripte scheint es, als ob Kinder und Jugendliche vornehmlich das Begreifen als endogen und das Verstehen als exogen wahrnehmen, während dies bei Pädagogen und Politikern umgekehrt ist.

Ein weiteres Grundproblem von Erziehung, Ausbildung und Lernen ist, dass unser Lernsystem in der Regel Menschen, die etwas Neues lernen, als unqualifiziert ansieht. Dieses Problem steigert sich, wenn in dem pädagogischen Verhältnis Personen agieren, die sich aus eigenem oder aus von anderen zugeschriebenen Verständnis als defizitär erfahren. Nach diesem Verständnis wird erst mit dem Akt des Lernens der Lernende in den Status der Kompetenz versetzt. Damit besteht die Gefahr der Identitätsfalle, da das neue Lernen[3] das Identitätsgefühl des Lernenden in Frage stellen kann.

Wir benötigen einen paradigmatischen Wechsel im Verständnis von Lernprozessen. Die Grundannahme müsste lauten: „der Lernende ist kompetent“. Lernen bedeutet nicht

3 Lernen wird hier nicht als Anhäufung von Faktenwissen verstanden, sondern als Aneignung bisher nicht bekannter neuer Denk- und Wahrnehmungsformen, Kreativität, Flexibilität und als die Befähigung neue Lernstile zu adaptieren. Es geht um genau die Qualifikationen, die in der Wissensgesellschaft eine immer größere Bedeutung erhalten.

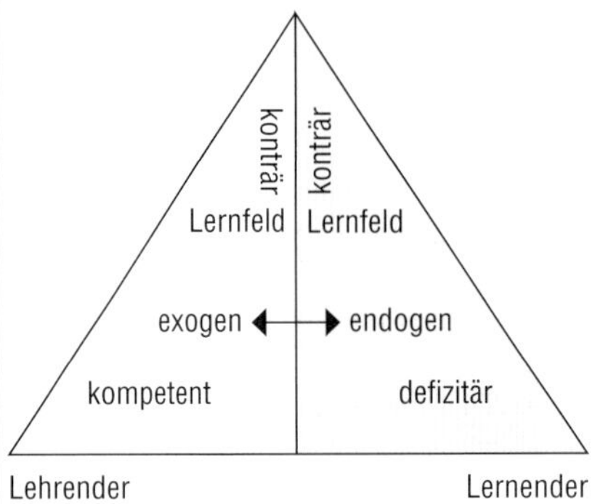

Abb. 19: Lernen als Identitätsfalle

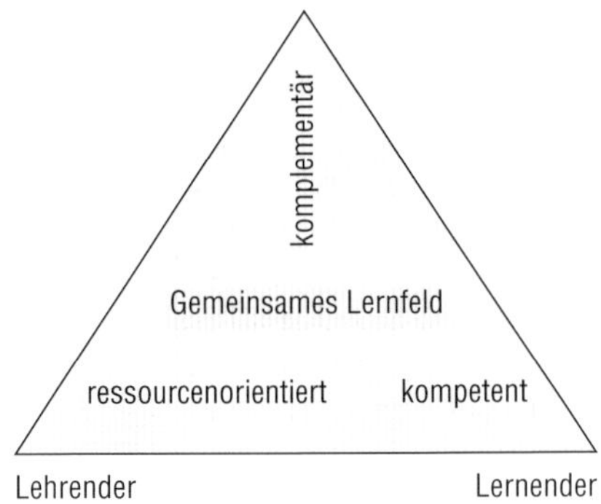

Abb. 20: Lernen als Selbstermächtigung

der Ausgleich eines Defizits, sondern eine erweiterte Qualifikation eines kompetenten Menschen. Es gilt diese bei den einzelnen Lernenden vorhandene Kompetenz in den Lernprozess zu integrieren. Beim Lernprozess sollte an den Ressourcen und nicht an den Defiziten angesetzt werden. Lernen muss zur Stabilisierung und zum Aufbau der Identität beitragen und nicht zu ihrem Abbau.

Lernen muss zur Selbstermächtigung beitragen (Empowerment). Der Begriff „Empowerment" (Selbst-Ermächtigung, Selbst-Bemächtigung) stammt aus der amerikanischen Sozialarbeit und der Bürgerrechts- und Selbsthilfebewegung (HERRIGER 1997). Ursprünglich verweist er auf Personen in marginaler Position (Benachteiligte, Behinderte). Entgegen der Fürsorge-Haltung und dem defizitorientierten Klientenbild setzt dieser Ansatz auf die Fähigkeiten der Menschen zur Selbstgestaltung ihres Lebens. Es wird auf die Stärken der beteiligten Personen vertraut, und ihnen wird die Gestaltung ihrer Lebenslagen zugetraut. Empowerment steht „für einen Prozess, in dem Betroffene ihre Angelegenheiten selbst in die Hand nehmen, sich dabei ihrer eigenen Fähigkeiten bewusst werden, eigene Kräfte entwickeln und soziale Ressourcen nutzen. Leitperspektive ist die selbstbestimmte Bewältigung und Gestaltung des eigenen Lebens" (THEUNISSSEN u.a. 1995, S. 12). Der Empowerment-Ansatz wendet sich gegen Aussonderung, Bevormundung und Verdinglichung. Die professionelle Hilfe konzentriert sich auf das Eröffnen von Wegen aus der erlernten Hilflosigkeit. Das Erschließen von Ressourcen und die Selbstorganisation der Betroffenheit ist wesentlicher Aspekt dieses Konzepts. Ziel ist die (Wieder-) Gewinnung von Selbstbestimmung und Realitätskontrolle. Im Verlauf des Prozesses sollen sich die Betroffenen ihrer Fähigkeiten und Stärken bewusst werden.

Das Konzept des Empowerment-Ansatzes kann wesentliche Impulse für das Lernen mit Neuen Medien geben. Gelingt es, wie bei diesem Ansatz intendiert, das Ziel des Lernens an den Menschen zu orientieren, das Vertrauen in die individuellen Ressourcen und Fähigkeiten zu öffnen, bietet dies Chancen der Identitätsfalle zu entgehen. Lernen als Selbstermächtigung zu sehen, würde eine andere Sicht auf den Lernprozess ermöglichen. Damit dies gelingt, sind weitere Aspekte zu berücksichtigen.

Als vorteilhaft hat es sich erwiesen, wenn ein gemeinsames Lernfeld die Ausgangslage des Lernens bildet, so z.B. ein Projekt, an dessen Ende ein Produkt steht. Bei einem gemeinsamen Lernfeld können die unterschiedlichen Kompetenzen produktiv eingebracht werden. Das Neue bedeutet dann nicht die In-Frage-Stellung des bisherigen Denkens, sondern eine komplementäre Sicht, eine andere Perspektive. Diese Einstellungsänderung gelingt insbesondere dann, wenn den Lernenden bewusst wird, dass es unterschiedliche Perspektiven (Einstellungen) geben kann. Dies kann über einen ästhetischen Lernprozess deutlich gemacht werden, da mittels der Ästhetik ein weiterer paradigmatischer Rollenwechsel möglich ist, die Veränderung der Schwerpunktsetzung von der Aufklärung über Sachverhalte hin zum eigenständigen Entdecken.

Der Lehrende muss, will er ein angemessenes Lernumfeld gestalten, Kenntnisse haben über die Identitätskonstrukte der Lernenden. Er muss in seinem Konzept von der Ausgangssituation der vorhandenen Konstrukte ausgehen. Dies gelingt am besten durch Projektlernen und beim Medienhandeln. Der Lehrende hat aber noch weitere Bausteine, die bei der Identitätskonstruktion eine Rolle spielen, zu beachten, um eine optimale Lernumgebung zu schaffen. Ein weiterer wichtiger Baustein ist die Berücksichtigung der jeweiligen Lebenswelt, um die endogenen Potenziale der jeweiligen Lernenden zu fördern. Ebenso wichtig ist es, das jeweilige Medienkonsumprofil und das ästhetische Urteilsvermögen zu kennen, da diese Faktoren ebenso erheblichen Einfluss auf die Identätsbildung haben. Da Lernen, ob Face-to-face oder per Elektronik, meist ein Akt der Kommunikation und Interaktion ist und Interaktion eine der wesentlichsten Grundlagen der Identitätsbildung bildet, bedarf dieser Aspekt ebenfalls der genaueren Betrachtung. Somit ergeben sich vier wichtige Bausteine, die bei der Herausbildung von Identität und Lernen eine wichtige Rolle spielen: Interaktion, Lebenswelt, Medienerfahrung sowie Medienhandeln und Ästhetik.

3.1. Interaktion und Identität

Die Auffassungen, wie Selbstkonzepte und damit Vorstellungen von Identität entstehen, sind in den Sozialwissenschaften umstritten. Während die klassische Psychoanalyse Identität vorwiegend als einen sich selbst reflektierenden autonomen Entwurf des Subjekts versteht bzw. verstand, reflektieren neuere Arbeiten eine dialektische Auseinandersetzung zwischen kindlichem Organismus und gesellschaftlicher Struktur. Soziologen wiederum sehen die Entwicklung des Selbstkonzepts als Folge und Voraussetzung von Interaktionserfahrungen in kulturellen Kontexten. DÖBERT/HABERMAS/NUNNER-WINKLER (1980, S. 9) definieren Identität als symbolische Struktur, die ein Persönlichkeitssystem dazu befähigt, die eigene Biographie im Kontext zu den verschiedenen Positionen im sozialen Raum als Erfahrung von Kontinuität und Konsistenz zu erleben.

MIKOS (1999, S. 4) unterscheidet in einen retrospektiven, einen aktuellen und handlungsrelevanten sowie einen prospektiven Aspekt. Nach seiner Auffassung geht es um die Rekonstruktion der eigenen Lebensgeschichte, die aktuelle Positionierung in Bezug auf die jeweiligen Anforderungen der Handlungssituation und den entwickelten Lebensentwurf auf Grund der bisherigen Erfahrungen. Er versteht Identität als dynamischen Prozess, der durch aktuelle Handlungen beeinflussbar ist. GEULEN (1989), sieht Ich-Identität „als das in der Selbstreflexion gegebene Subjekt, soweit dieses unvertret-

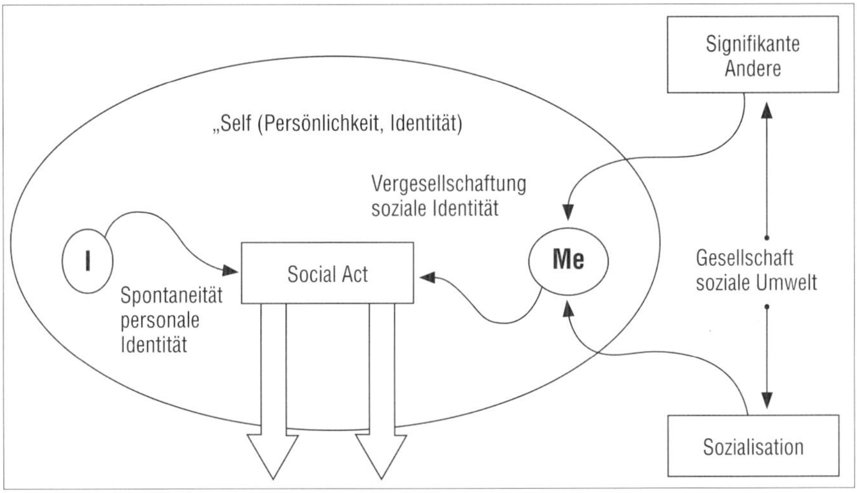

Abb. 21: Entstehungsbedingungen für Handlungen bei MEAD (HILLEBRANDT 2001)

bar die Synthese der gegebenen Mannigfaltigkeit in der biographischen Zeit (persönliche Identität) und im sozialen Raum (Rollen) leistet und daher Einheit ist" (ebd., S. 133). Nur das Subjekt, das sich als Synthese der biographisch bestimmten persönlichen Identität und der sozialen Identität versteht (zugeschriebene Identität), bezeichnet er als „identisches" Subjekt. GEULEN definiert den Begriff der „persönlichen Identität" als „die individuelle und einzigartige Biographie, die dem Individuum als >seine< erscheint und darin zu einer Einheit synthetisiert wird, der wiederum ein in der Mannigfaltigkeit der biographischen Daten identisches >Ich< entspricht" (ebd., S. 125).

Bei MEAD (1980, S. 241f.) liegen die Wurzeln der Identität in der sozialen Interaktion, im dialogischen Austausch; sie ist für ihn eine Folge von sozialer Praxis. Auf MEAD geht die Auffassung zurück, Identität als soziale Konstitutionstheorie zu interpretieren. Das Selbstbewusstsein ist demgemäß sozialen Ursprungs. MEAD differenziert zwei Aspekte der Ich-Identität, die als Dialogpartner sich wechselseitig beeinflussen können. Das „I" steht für das erkennende Subjekt, das „Me" für das Selbst als Erkenntnisobjekt. Während das „I" die Reaktion des Organismus auf die Haltungen anderer bedeutet, repräsentiert das „Me" die Haltungen der anderen. Im „Me" sind die Internalisierungen der sozialen Anforderungen repräsentiert. In der Interaktionssituation kommt es auf Grund sich widersprechender Normensysteme ständig zu wechselnden Erwartungen an die Selbstpräsentationen des Individuums. Das Individuum ist gezwungen, Konsistenz und Kontinuität zwischen der biographischen Selbstinterpretation und den sozialen Anforderungen herzustellen.

HABERMAS (1988) ist ebenfalls der Überzeugung, dass Identität nur in einem sozialen Rahmen hervorgebracht werden kann. HABERMAS interpretiert Identität als Balance zwischen der Aufrechterhaltung der persönlichen und der sozialen Identität. Im sprachlichen Interaktionsprozess findet die gleichzeitige differente Kommunikation auf verschiedenen Ebenen statt. Bei der Selbstkonstruktion ist bei ihm das soziale Gegenüber sowohl als Quelle intersubjektiver Anerkennung als auch als verinnerlichter Dialogpartner beteiligt. „Die Identität vergesellschafteter Individuen bildet sich zugleich im Medium der sprachlichen Verständigung mit anderen und im Medium der lebensgeschichtlich-intrasubjektiven Verständigung mit sich selbst. Individualität bildet sich in Verhältnissen intersubjektiver Anerkennung und intersubjektiv vermittelter Selbstverständigung" (ebd., S. 191). Die Dialektik von persönlicher und sozialer Identität sieht er vor allem im metakommunikativen „reflexiven Sprachgebrauch" der Umgangssprache verwirklicht.

Die Selbst- und Fremdverständigung wird bei HABERMAS von zwei Quellen gespeist, einmal durch die Zustimmung zu den Handlungen des Selbst unter normativen Gesichtspunkten, des Weiteren durch die Anerkennung als Person mittels der realisierten Biographie. Damit differenziert er das „Me" von MEAD. Gesellschaftliche Normen oder allgemeine moralische Prinzipien gelten als Orientierung für die Suche nach Zustimmung. Im Rahmen der Selbstdarstellung findet die Suche nach Anerkennung als Interaktion mit dem Gegenüber ihren Ausdruck.

Der Ansatz von HABERMAS ist dem Konzept der Moderne verpflichtet. Bei ihm steht die Identitätssuche in Zusammenhang mit sprachlicher Verständigung (diskursive Konstruktion). Der Ansatz von Habermas geht von der Prämisse eines kohärenten Ichs aus und hat seine Relevanz vor allem in einer von Schrift- und Sprachkultur geprägten Gesellschaft. Inzwischen überformt die Medienkultur und die Informationstechnologie die Schriftkultur. Daher gibt es begründeten Anlass zu vermuten, dass noch weitere Bausteine den Identifikationsprozess beeinflussen können. Ich gehe davon aus, dass eine inter- und intrasubjektive Selbstverständigung als Ausgangsbedingung für die Entwicklung von Identität auch über einen durch sinnliche Wahrnehmung vermittelten Diskurs mit Medien vonstatten gehen oder beeinflusst werden kann. Die Stabilisierung von Identität lässt sich auch in der Auseinandersetzung mit Bildern (audiovisuellen Medien) verwirklichen. Medien können demgemäß ebenfalls Prothesen bei der Suche nach dem Standpunkt zur Welt bilden.

Bevor ich den Aspekt des medialen Anteils bei der Identitätsbildung näher untersuche, möchte ich die Relevanz der sozialen Lebenswelt bei der Herausbildung von Identität einer genaueren Betrachtung unterziehen.

3.2. Lebenswelt und Identität

Die Welt des Alltags ist Aktionsfeld und Gegenstand unseres Handelns. Um unsere Ziele und Absichten zu verwirklichen, müssen wir in diese 'Welt' eingreifen und sie verändern. Die Wahrnehmung der Lebenswelt des Alltags ist von Wirklichkeits-Deutungen des handelnden Subjektes geformt. Meist sind sie von präreflexive Hintergrundannahmen geformt. Es handelt sich um eine intersubjektive Welt, die von unseren Vorfahren bereits als geordnete Welt erlebt und gedeutet worden ist. „Sie ist unserem Erleben und unserer Deutung vorgegeben. Alle Deutungen dieser Welt sind in einem Vorrat von früheren Erfahrungen begründet" (SCHÜTZ 1971, S. 238). Im alltäglichen Handeln und Wirken entsteht die Wirklichkeitsvorstellung und das Handlungsgefüge des sozialen Akteurs. Die Lebenswelt ist bei SCHÜTZ keine „ungeordnete Mannigfaltigkeit", sondern ein vorgefundener Sinnzusammenhang. „Ich werde in sie hinein geboren und ich nehme es als gegeben an, dass sie vor mit bestand. Sie ist der unbefragte Boden aller Gegebenheiten sowie der fraglose Rahmen, in dem sich mir die Probleme stellen, die ich bewältigen muß" (SCHÜTZ/LUCKMANN 1979, S. 47). Der subjektive Wissensvorrat steht bei ihm in einem gesellschaftlichen Zusammenhang.

Bei der Lebenswelt, die wir in unserem subjektiven Empfinden wahrnehmen, handelt es sich um eine kulturell gestaltete, gesellschaftlich konstituierte, symbolisch gedeutete Wirklichkeit, die den Verhaltensweisen, Lebensstilen, Leitvorstellungen und damit dem jeweiligen subjektiven Selbst-Verständnis Form verleiht. Es gibt somit keine von sozialen Vorgegebenheiten unbeeinflusste Wahrnehmung von Welt. Unabhängig davon wird die lebensweltlich erfahrbare Wirklichkeit vom einzelnen Subjekt als individueller Erfahrungsraum erlebt. Die gesellschaftliche Kontextualisierung wird selten bewusst wahrgenommen. Weitgehend undurchsichtig bleibt die Totalität der lebensweltlichen Zusammenhänge. Gleichwohl stehen die Identitätsvorstellungen der Subjekte im engen Kontext zu den über die Lebenswelt erlebten Seinsbezüge.

Die Erfahrung von Lebenswelt ist somit immer eine mittelbare. Der Mensch ist kein objektiver Beobachter der Welt, sondern er steht ihr nicht direkt gegenüber, er deutet sie mittels Symbolen. „Der Mensch lebt in einem symbolischen und nicht mehr in einem natürlichen Universum. [...] Er lebt so sehr in sprachlichen Formen, in Kunstwerken, in mythischen Symbolen oder religiösen Riten, daß er nichts erfahren oder erblicken kann, außer durch das Dazwischenschalten dieser künstlichen Medien" (CASSIRER 1990, S. 39).

Die natürliche Umwelt, die gesellschaftlichen und ökonomischen Rahmenbedingungen, die sozialen und kulturellen Lebensformen, die Sprache, das Symbolsystem, die sozial-konditionierten Verhaltensweisen von Peergroups und die biographische Lebenserfahrungen bestimmen die Denkformen und Handlungsspielräume der Menschen ebenso wie „die psychisch und kulturell konstituierten Formen und verhaltenssteuernden Wirkungen der Empfindungen, der emotionalen Sensibilitäten, des Glaubens, des Bewusstseins der Menschen" (VIERHAUS 1994, S. 8). „Signifikante Andere" (MEAD 1980) vermitteln in diesem Prozess die kulturelle und gesellschaftliche Ordnung, sie modifizieren mit ihren Einstellungen den Identifikationsprozess.

Da der Lebensraum eine so wichtige Bedeutung für die Identität hat, bedeuten Bearbeitungen und Auseinandersetzungen mit dem Lebensraum immer auch Auseinandersetzungen mit der Identität und dem Selbst-Konzept. Aus diesem Grunde bemühe ich mich bei allen Seminaren und Fortbildungsveranstaltungen weitestgehend die Lebenswelt als Ausgangspunkt der jeweiligen Lernprozesse einzubeziehen. Bei dem von mir entwickelten Konzept geht es nicht nur um rekonstruktives Verstehen dieses Erfahrungsraumes, d.h. um die reflexive Stärkung von intra- und interpersonaler kommunikativer Kompetenz, sondern auch um die Produktion und Reproduktion von sozialem Leben.

Dabei setze ich an den Phänomenen (griech: φηαινομενον = das Sich-an-ihm-Selbst-Zeigende, was erscheint, das unmittelbar Gegebene) an. Der jeweils aufgezeichnete Ausschnitt der Lebenswelt, der über Medien (Foto, Video, Datenerfassungerät) festgehalten wird, ist bewusste oder unbewusste Auseinandersetzung mit der vorgegebenen Wirklichkeit. So hält das Foto einen Augen-Blick fest. Während die menschliche Wahrnehmung schweifend beobachtet, handelt es sich bei der einzelnen Fotografie, aber auch bei einem Videofilmausschnitt um einen situativen Ausschnitt. Das Foto bzw. das Video gibt nicht nur der Erinnerung Halt. In den medialen Ausschnitten sind Sinneseindrücke festgehalten. Sie enthalten bereits gedeutete Welt bzw. haben für die jeweiligen Autoren eine Bedeutung. Diese Bedeutungsebenen gilt es einerseits zur Erscheinung bringen zu lassen, andererseits in einem ästhetischen Lernprozess bewusst werden zu lassen. Die Medien öffnen damit visuell-ästhetische „Reflexionsräume". Werden über die Reflexionsprozesse neue Perspektiven und Sichtweisen erschlossen, fließt diese Kompetenz in den folgenden Erfahrungsprozess mit ein. Sukzessiv werden, - vermittelt über Gespräche, Gegenüberstellungen und Reflexionen (Bildgestaltung, Perspektive) - eigene Wahrnehmungsstile und damit auch die eigenen Wahrheitskriterien erkennbar. Durch die Erweiterung der Wahrnehmungskompetenz wird die Voraussetzung geschaffen, den Lebensalltag komplexer wahrzunehmen, eine wesentliche Bedingung, um aktiv in den Lebensalltag gestaltend einzugreifen.

Die Lebenswelt, die jeweils subjektiv wahrgenommene Wirklichkeit, wird mit einer über Symbole vermittelten Wahrnehmungswelt konfrontiert. Während die diskursive Logik nur die rationale Beurteilung, Reflexion und Auseinandersetzung mit den konkreten Lebensbedingungen eröffnet, kann der audiovisuelle Lernprozess, vermittelt über die präsentative Symbolik (LANGER 1987), Dimensionen des Vor- und Unbewussten enthüllen. Beabsichtigt ist dabei, über die Deskription des Vorhandenen hinauszukommen, die Strukturen der Lebenswelt besser verstehen zu lernen. Die aktuelle Lebenserfahrung soll unter einem neuen Gesichtspunkt, mit einem anderen Standpunkt rekonstruiert, die Stabilität des Selbst gestärkt und die sinnliche Kraft gemeinschaftlichen Lernens und Lebens gespürt werden.

Während das subjektive Erleben des Lebensraums meist einem spontanen Agieren im Bewusstseinsstrom entspricht, so dass Vergangenheit, Gegenwart und Zukunft als Amalgam verschmelzen, wird durch das Bewusstwerden der visuellen Deutungsmuster der Schein der allumfassenden Wahrnehmung der Außenwelt durchbrochen. Die me-

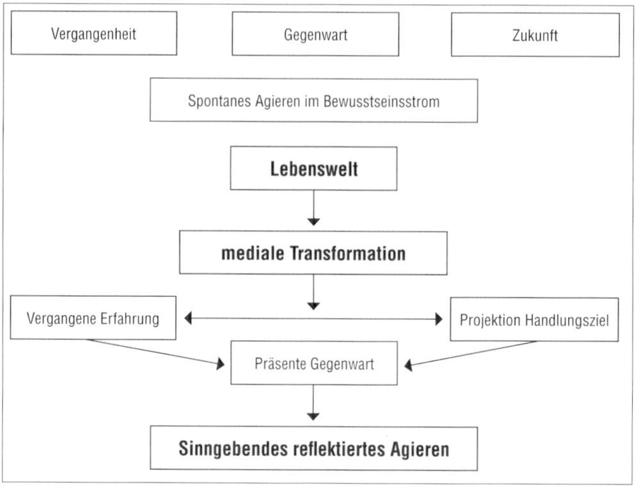

Abb. 22: Subjektive Sinngebung durch sinnlich-reflektiertes Agieren

diale Beschäftigung mit der Lebenswelt führt zum Erleben der Differenz zwischen dem Wissen und Wahrnehmen des Ichs und der vorhandenen Außenwelt. Die Wahrnehmung der Evidenz des vertrauten Umfeldes und seiner Denk- und Handlungsmuster wird irritiert.

Da die Erweiterung des bisherigen Bewusstseins, des bisherigen Standpunkts vornehmlich durch die eigenständige Erkundung erfolgt, führt dies nicht zu einer Blockade, sondern zu einer höheren Bereitschaft, sich bisher nicht Wahrgenommenem zu öffnen. Die oft verfestigte Verselbstständigung der lebensweltlichen Perspektive wird aufgebrochen. Das bisher nicht Wahrgenommene wird wie eine archäologische Entdeckung seines eigenen Selbst erlebt. Leben wird nicht mehr als Fluss gesehen. Leben wird als gestaltbarer Raum erlebt, der Projektionen, Entwürfe erlaubt. Weil ich eine bestimmte Erfahrung gemacht habe, verbinde ich mein Tun mit Plänen und Absichten. Der bewusste Prozess des Wahrnehmens meiner selbst wird geschärft und die Vergangenheit wird zu einer vergangenen Erfahrung. Die Gegenwart wird in einer intensiveren Präsenz erlebt. Die unspezifische Zeit- und Raumerfahrung wandelt sich zu einer spezifischen Zeit- und Raumerfahrung. Die Erfahrungen der Konfrontation der Lebenswelt mit Medien führt zu einer Transformation der bisherigen Aneignung von Wirklichkeit. Die Lebenswelt wird aus einer anderen Perspektive kennen gelernt, die bisherigen Deutungsmuster werden erweitert, und die Motivation, sein eigenes Leben bewusster wahrzunehmen, wird gefördert. Trage ich nunmehr dazu bei, dass über einen medienpädagogischen Prozess die Wahrnehmung das Weltbildes verändert wird, führt dies zu neuen, erweiterten Handlungszielen.

Es ist empfehlenswert, Produkte in Gruppenarbeit herzustellen. Wenn die jeweiligen Produkte in Gruppen erarbeitet werden, führt dies zur Erfahrung, dass es sowohl gruppenspezifische als auch subjektive Zugänge zu der Lebenswelt gibt und jeder Einzelne nur einen Ausschnitt zur Darstellung des Gesamtraumes beitragen kann. Über die sinnlich-ästhetische Erfahrung wird bewusst, dass es neben den bekannten Segmenten, den Inseln des bisher erkannten Lebensraumes, weitere Segmente gibt. Somit wird auf visueller Ebene die Sinnhaftigkeit der Integrierung von Sichtweisen anderer erlebbar gemacht. Der personale Aufmerksamkeitsfokus verändert sich. Durch das Erkennen der subjektiven Sicht der Anderen wird auch die eigene subjektive Sicht nachvollziehbarer.

Allerdings bedarf das ursprüngliche Konzept von SCHÜTZ (1971) einer Aktualisierung. Während SCHÜTZ von einem durch den Spracherwerb bestimmten Schemata der Erfahrung ausgeht, vermute ich, dass bei der Mehrzahl der Kinder und Jugendlichen die sprachlichen Schemata, die vorwiegend von den Normen der sozialen Schicht geprägt sind, vor allem von visuelle Schemata überlagert sind und maßgeblich bei der Sinngebung prägend sind. Die Weltsicht von Kindern und Jugendlichen ist demgemäß vorwiegend visuell dominiert. Aus diesen Gründen ergibt sich die Sinnhaftigkeit, Neue Medien als Transmitter des Lernprozesses einzusetzen.

Die von SCHÜTZ beschriebene einheitliche Lebenswelt existiert nicht mehr, da die Individualisierung und Pluralisierung von Lebensmustern die Sicherheit der traditionalen Bindungen aufgelöst haben. „Die Zeithorizonte der Lebenswahrnehmungen verengen sich immer mehr, bis schließlich im Grenzfall Geschichte zur ewigen Gegenwart schrumpft und sich alles um die Achse des eigenen Ichs, des eigenen Lebens dreht. Andererseits nehmen die Bereiche ab, in denen gemeinsam verfaßtes Handeln das eigene Leben affiziert, und es nehmen die Zwänge zu, den eigenen Lebenslauf selbst zu gestalten, und zwar auch und gerade dort, wo er nichts als das Produkt der Verhältnisse ist" (BECK 1986, S. 216).

Die Lebenswelt hat sich in eine Vielzahl von Handlungszusammenhängen aufgelöst. Zunehmend entwickeln sich fragmentarisierte Leitbilder, die sich aus unterschiedlichen Quellen speisen. Ganz wesentlich ist die Lebenswelt von den Medien geprägt. Diese liefern einen erheblichen Anteil an Deutungs- und Wertemustern und bieten in Zusammenarbeit mit der Konsumindustrie Sinnangebote an (Konsumgüter, Marken, Filme, Serien). Mit Hilfe dieses realen und virtuellen Warenangebots wählen die Kinder und Jugendliche ihren Lebensstil bzw. ihr spezifisches Lebensgefühl. Wie früher die konkrete Lebensumwelt hat Konsum heute für Kinder und Jugendliche die Funktion der Identitätsgewinnung und der Identitätssicherung. Konsum verleiht ihnen Status und Sinn. Die Marke scheint Sicherheit und Orientierung zu geben, Unsicherheit zu verbergen und Zugehörigkeit zu signalisieren. Markenbewusstsein ist schon bei Kindern verankert. Den Werbeproduzenten dienen Kinder und Jugendliche als Kaufentscheider, Markendurchsetzer und wandelnde Markenspeicher. Die Peergroup dient dabei als Markentribunal

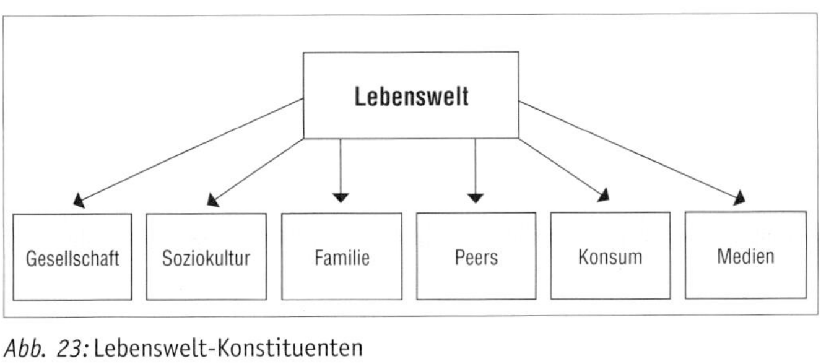

Abb. 23: Lebenswelt-Konstituenten

Der Lebenswelt-Begriff muss daher erweitert werden. Unter Lebenswelt verstehe ich nicht nur die über die Gesellschaft, die Soziokultur und die Familie vermittelten Deutungshorizonte. Alle Lebensbereiche, die für Jugendliche als Deutungsmuster für Ihre Lebenswelt wesentlich sind, wie z.B. die Peergroup, die Konsumwelt und die Medien, subsumiere ich unter Lebenswelt. Die Sinnhaftigkeit der Orientierung an der Lebenswelt wird damit nicht obsolet. Auch in Anbetracht eines zunehmenden Ich-Managements bedarf es der Notwendigkeit, am Lebensweltkontext anzusetzen. Die Arbeit mit der Lebenswelt wird dabei nur vielschichtiger und komplexer.

Das Subjekt sieht sich divergierenden und vielfältigen Anregungsmustern und Sinnangeboten gegenüber und muss lernen zu wählen (vgl. SCHULZE 1993). Diese Wahl wird durch die impliziten Wertemuster der Lebenswelt-Norm-Beeinflusser geprägt, gleichwohl wird zunehmend vom jeweiligen Subjekt verlangt, seine personale Wirklichkeit zu konstruieren. Diese (subjektive) Wirklichkeit der Lebenswelt ist jedoch nicht nur durch Vorgaben beeinflusst, sie kann umgekehrt auch durch Handeln verändert werden. Die Lebenswelt wird nicht als statisch angesehen, sondern ist sowohl dem Wandel durch äußere Einwirkungen als auch durch innere Entwicklung ausgesetzt.

An der Lebenswelt anzusetzen, verlangt von den Pädagogen lernend zu erfahren, welches Lebensweltkonzept vorliegt. Ausgehend von diesen Erfahrungen werden, wie anhand der Beschreibung einzelner Projekte noch deutlich gemacht wird, Lernumgebungen für die Bearbeitung realer und imaginisierter Lebensweltkontexte zur Verfügung gestellt.

Multimedia (CD-Produktion) und Internet sind beide geeignet für medienpädagogische Lebenswelterkundungen. Für den mir ganz wesentlichen Lernprozess, die Identität der Einzelnen zu stärken, um zu einem bewussteren Verhältnis zu sich selbst, des direkten Lebensumfeldes und einem komplexeren Verständnis gesellschaftlicher und medialer Wirklichkeit zu gelangen, ist es nicht entscheidend ob eine Multimedia-CD produziert oder eine Webseite gestaltet wird. Wichtig ist es, sich mit den verschiedenen Ebenen der Wirklichkeit auseinander zu setzen (Lebenswelt und Medienwelt), mehrere Medien zu benutzten und das Gestalten von Hypertexten zu erlernen und aus diesen Erfahrungen heraus ein ästhetisch gestaltetes Produkt zu erarbeiten. Dieses Produkt wiederum sollte nach seiner Fertigstellung wieder in den Erfahrungsraum realer oder virtueller Lebenswelt öffentlichkeitswirksam zurück kommen.

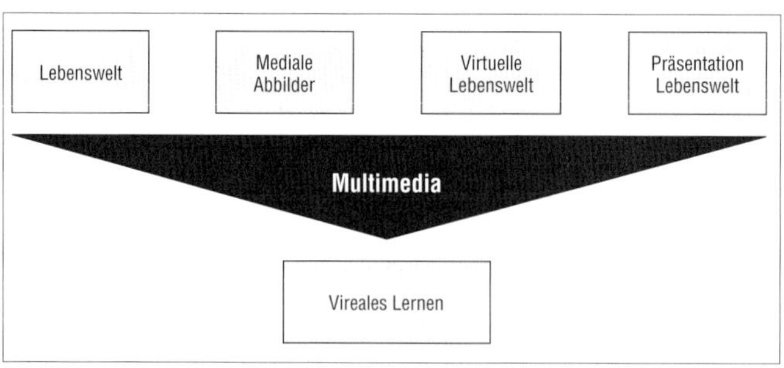

Abb. 24: Vireales Lernen

Durch diesen Prozess entsteht vireales Lernen. Mit virtuellen Medien wird im Lebensraum agiert. Realität wird durch virtuelle Realität gebrochen bzw. transzendiert. Das erzielte Produkt wiederum wird dann wieder in den Lebensraum zurückgespiegelt (Herstellung von Öffentlichkeit). Dies führt im idealen Fall zu einem kommunikativen Prozess und zu der Chance einer realen Veränderung der Lebenswelt. Vireales Lernen bildet somit eine günstige Voraussetzung, die Identitätsentwicklung positiv zu beeinflussen.

Dieses Konzept ist alleine durch die enorme Akzeptanz, die Medien in der Wahrnehmungswelt insbesondere von Kindern und Jugendlichen haben, Erfolg versprechend. Kompetenzzuwachs in einem Bereich, der einen wichtigen Aspekt zur Bildung des Identitätskonzept liefert, garantiert endogene Lernbedingungen. Warum die Medienerfahrungen so wichtig sind, soll im Folgenden erläutert werden.

3.3. Medienerfahrung und Identität

Die soziale Konstitution und die Erfahrungen im Lebenswelt-Raum führen nicht alleine zur Identitätsbildung. Der imaginäre Erfahrungsraum der Medien ist ebenfalls wie der reale Lebenswelt-Raum ein sinnlich erfahrbarer Raum. Für die subjektive Generierung von Wirklichkeit kommt ihm die gleiche Bedeutung zu wie dem sozialen und realen Erfahrungsraum. Die heutige Wirklichkeit von Kindern und Jugendlichen ist durch die Erfahrung medialer Wahrnehmung maßgeblich geprägt. Ein wesentliches Element der Erfahrung von Kindern und Jugendlichen ist die frühe Vertrautheit mit Medien. Dies führt zu einer Veränderung der Aneignung von Wirklichkeit.

In Anbetracht der hohen Bedeutung dieses symbolischen Raumes stellt sich die Frage, welche Rolle dieser bei der Identitätsbildung spielt. Durch Medienerfahrungen, d.h. über einen durch sinnliche Wahrnehmung vermittelten Diskurs, können ähnliche Prozesse ausgelöst werden wie bei der von HABERMAS (1988) beschriebenen intersubjektiven und intrasubjektiven Kommunikation. Auch in der Auseinandersetzung mit Bildern (audiovisuellen Medien) kommt es zum Aufbau und zur Stabilisierung von Identität.

Was (nicht nur) Kinder und Jugendliche von der Welt wissen, wissen sie im wesentlichen durch die Medien. Unsere Auseinandersetzung mit Welt und den anderen findet nicht nur über direkte, sondern zunehmend über indirekte, mediale Kommunikation und damit symbolische Kontexte statt. Vor allem die technischen Medien bilden vor allen anderen symbolischen Ausdrucksformen das Ausgangsmaterial für die Deutung der Welt und des eigenen Selbst. „Der Terminus Deutungsmuster bezeichnet allgemein die praktisch handlungsrelevanten überindividuell geltenden und logisch konsistent miteinander verknüpften Sinninterpretationen sozialer Sachverhalte. Deutungsmuster stellen die generative, sich historisch wandelnde Tiefenstruktur des gesellschaftlichen Bewusstseins dar, aus der heraus Vorstellungen, Argumentationen und Handlungsintentionen ihrerseits erst erzeugt werden" (DEWE/FERCHHOFF 1984, S. 76). Diese Deutungsmuster enthalten neben dem sprachlichen Code emotionale, sinnliche und symbolische Botschaften, die einen „eigenständigen" Code bilden, der nicht auf der linearen, sondern auf der präsentativen Logik (LANGER 1987) basiert.

Medien bieten ein reichhaltiges Material, aus dem die Versatzstücke für die Bricolage der Selbst-Findung genutzt werden. „In der Identifikation mit der sich offenbarenden Medienfigur können eigene Formen der Selbstdarstellung in ihrer Wirkung auf andere überprüft werden" (CHARLTON/NEUMANN-BRAUN 1992, S. 196). Medien haben für Kinder und Jugendliche darüber hinaus die Bedeutung eines sozialen Referenzsystems, das ihnen Hilfen beim Erfassen von Welt gibt. Die subjektiv wahrgenommenen Medienbilder bieten in erheblichem Maße Anregungsmaterial für die flexible Konstruktion der eigenen Biographie und nehmen daher Anteil an dem dynamischen Prozess der Identitätsbildung. Die Medien bieten dabei eine Vielfalt von Handlungsstrategien, Wertemustern und Lebensentwürfen an. „Normen, Werte und Rollenbilder werden nicht mehr nur anhand leibhaftiger Vorbilder aus der direkten sozialen Umgebung gelernt, sondern eben auch aus den Erzählungen der Medien und der Popularkultur" (MIKOS 1999, S. 6). Auf der intersubjektiven Ebene dienen die audiovisuellen Medien als Agenda, sind Basis und Potenzial für Kommunikation und Austausch innerhalb der Peergroups. Sie strukturieren als „verlässliche" Gefährten den Lebensalltag. Durch die Medien gewinnen Kinder Stück für Stück die Fähigkeit, die Komplexität von Welt zu reduzieren. Sie tragen nicht nur dazu bei, das Ich zu vervielfältigen, sondern auch in ein neues „Wir" einzubinden (vgl. SCHACHTNER 2001, S. 5).

In telematisch geprägten Gesellschaften können die Medien bei der intrapsychischen Selbstvergewisserung „Essentiale" bilden. Medienfiguren können die Rolle des evokativen Gefährten bzw. des imaginären Begleiters erhalten. Bereits Kinder gehen parasoziale Beziehungen mit Medienfiguren ein (vgl. GÖTZ 2000, S. 54). Die Medien fungieren als (heimliche) Sozialisationsagenten mit identitätsfördernder Wirkung und dienen u.a. dazu, die eigenen Vorstellungen widerzuspiegeln (sein Lebensgefühl zu entdecken, sich in einer Figur wiederzufinden) oder Fehlendes im eigenen Leben medienspezifisch auszufüllen bzw. zu überdecken. „Durch Identifikation mit und Abgrenzung gegenüber Personen und Szenen aus Medienepisoden kann sich der Zuschauer selbst neu kennenlernen" (CHARLTON/NEUMANN-BRAUN 1992, S. 58). Die medialen Angebote werden entsprechend dem Bedarf nach der Bearbeitung ihrer Themen selektiv ausgewertet und nicht direkt auf die Lebensrealität übertragen, sondern in Bezug auf die eigenen Lebensvorstellungen verändert (vgl. HENGST 1991). Die jeweiligen soziobiographischen Erfahrungen haben Einfluss auf die Art und Weise wie der jeweilige (Medien-)Text gelesen wird.

In den Medienprodukten sind die in Dramaturgie geronnenen Spiegelungen des anderen enthalten. Oft sind die Medienprodukte Seismographen gesellschaftlicher Wandlungsprozesse. Die Fernsehserie *Gute Zeiten, Schlechte Zeiten (GZSZ)* bearbeitete, lange bevor die Soziologie dieses Thema entdeckte, das Thema „Patchwork-Familie" und gibt ein eindrucksvolles visuelles Verständnis der Hotspot-Generation[4]. Die Werbung generiert ein neues Geschlechtsrollenbild in der Öffentlichkeit, nahezu unbemerkt von der Gender-Theorie. Wie kaum je zuvor kann der „Konsument" mitbestimmen. Die Ori-

4 Über die Hotspot-Generation habe ich bereits in Kap. 2.5.3. ausführlich berichtet. An dieser Stelle sei noch einmal erinnert, dass über Hotspots nonlineare Geschichten entwickelt werden. Die Geschichten in *GZSZ* haben nicht wie früher eine auf einen Höhepunkt orientierte Dramaturgie. Die

entierung an der Einschaltquote zwingt die Macher dazu, die Bedürfnisse und gesellschaftlichen Wandlungsprozesse schon vor den Betroffenen zu kennen. Der Rezipient ist kein Konsument mehr, er ist längst Prosument. Er produziert durch seine Interessen und Bedürfnisse die Vorgaben, die dann die Produzenten mit dem reichhaltigen Schatz an Manipulationsstrategien zu erlebnishaften Produkten verschmelzen.

Bei MEAD (1980), HABERMAS (1988) und auch bei BERGER/LUCKMANN (1969) wird der Mensch das, was andere in ihn hineingelegt haben. Dabei kommt es, wie bereits ausgeführt, zu einer dialektischen Aneignung zwischen zugewiesener und subjektiv angeeigneter Identität. Das Selbst wird verstanden als ein reflektiert-reflektierendes Gebilde, das die Einstellungen, die andere ihm gegenüber haben, spiegelt. Der Erwerb unseres Selbstbildes und die Regulation unseres Selbstwertgefühls erwerben wir reflexiv im anderen, der die Funktion eines Spiegels hat. Die Spiegelungen sowie die Erwartungen des Spiegel-Echos können als unbewusste Taktgeber unserer Selbstdeutung angesehen werden. Die Subjektivität hat also immer eine intersubjektive Herkunft. Heute sind es in nicht unerheblichem Maße die Medien, die den Spiegel unserer intersubjektiv erworbenen Identität bilden.

Pädagogische Lernprozesse müssen sowohl die konkrete Lebenswelt, die kommunikative Interaktion als auch das Ensemble der imaginären Medienwelt berücksichtigen, da Lebenswelterfahrung immer auch Erfahrung im Umgang mit Medien bedeutet. Medien sind einerseits Teil der Lebenswelt, andererseits bildet die Medienerfahrung eine Folie für die Interpretation von Welt. Medien machen Wirklichkeitswahrnehmungen vielschichtiger, sind aber auch selbst Bestandteil der Wirklichkeit, in der wir leben. Sie tragen sowohl zu unserem Verständnis von Welt als auch zur Einschätzung unserer Lebenswelt erheblich bei. Während auf der einen Seite die Lebenswelterfahrungen die Disposition für die Aufnahme und Bewertung von Medien mit beeinflussen, wirken die Medien in den Erfahrungsraum der Lebenswelt hinein.

Somit ergibt sich eine wechselseitige Beeinflussung. Die in den Medienwelten erworbenen Formen der ästhetischen Wirklichkeitsaneignung wirken auf die Lebenswelt und die soziale Konstitution, wie umgekehrt die soziale Wirklichkeit Auswirkungen hat auf die Rezeption von Medien. Aus diesen Gründen sind erworbene Kompetenzen im Umgang mit Medien auch im Alltag anwendbar.

Medien sind somit ein Amalgam gegenseitiger Spiegelungen. Die Integration der Lebenswelt innerhalb der Angebotspalette der Medien begünstigt die Identifikationsbereitschaft. Die Vielfalt der Angebote erlaubt auf die eigene Selbst-Bestätigung zugeschnittene Spiegelungen. Anerkennung, Abgrenzung und Identifikation, eigentlich eine notwendige Ausgangsbedingung für die Selbstentwicklung im interpersonalen Kommunikationsprozess, lassen sich daher auch mittels der Medien erleben und damit wird das potenziell andere zur virtuellen Bestätigung des Selbst-Bildes.

Erzählgeschichte wird auffallend oft über den Hotspot „Tür“ vorangetrieben. „Tür auf“ bedeutet eine neue Erzählgeschichte. Hinter jeder Tür, jedem potenziellen Zeichen lauert eine neue Geschichte, vorausgesetzt die jeweils Handelnden finden den „Türöffner“.

3.4. Medienhandeln und Identität

Die Verbindung von Medien und Identität wird noch intensiver, wenn eigenständig Medienprodukte hergestellt werden, da das Produktionserlebnis ein hohes Maß an Selbst-Wahrnehmung zulässt. Die selbstgeschaffenen Medienprodukte repräsentieren das Ergebnis der Bearbeitung von Phänomenen der Weltwahrnehmung. Audiovisuelle Medienprodukte spiegeln das subjektive Weltbild der Autoren wider. Bei den Produkten handelt es sich um aus den Sinnen geformte Sinnbilder, in denen Sinn verdichtet ist, und es werden durch sie Prozesse ausgelöst, die mit Identität zu tun haben.

Auf der Ebene der intersubjektiven Kommunikation führt die Medienproduktion zur Fremdversicherung. Das geschaffene Medienprodukt (Fotoausstellung, Videofilm, Multimedia-CD oder Webseite) führt zu einer Datenspur. Unsere Mediengesellschaft ist bestrebt, allen ihren Mitgliedern zu vermitteln, dass nur das bedeutungsvoll ist, was öffentlich gezeigt wird und damit eine Datenspur hinterlassen hat. Medienprodukte können gesehen werden und dienen damit dem gesellschaftlichen Diskurs als Datenmaterial und dem Selbst als Basis für seine Zuordnung. Daher spielt die öffentliche Darbietung der Produkte eine bedeutsame Rolle. Eine ganz zentrale Erfahrung für die Selbstwahrnehmung kann durch die Reaktion auf die Medienprodukte erzielt werden. Die intersubjektive Selbstwahrnehmung partizipiert an dieser Datenspur, wobei die Schaffung eines Selbstbildes und damit die Herausbildung von Identität davon beeinflusst wird. Für einen Augenblick erscheinen die Akteure als Steuernde im Fluss der gesellschaftlichen Bildwelten.

In der Produktionserfahrung liegt das Versprechen einer ganzheitlichen Erfahrung, da Konzeption, Realisierung und Verteilung, ursprünglich die zentralen Werte unseres Arbeitsbegriffes, in einem selbstbestimmten und lustbesetzten Lernprozess oft zum ersten Mal erlebt werden. Medienprodukte können daher ein Korrektiv bilden zur Zerstückelung unserer Lebens- und Alltagserfahrung.[5] Wird das zu schaffende Medienprodukt in einem Gruppenprozess erstellt, erleben die Produzierenden eine interkommunikative Geborgenheit. Sie nehmen sich als Teil eines gemeinsamen Produktes wahr. Sie erleben die sinnliche Kraft gemeinschaftlichen Lernens und Lebens und spüren, dass das gemeinsame Produkt mehr ist als die Summe der jeweiligen Einzelteile. Dies begünstigt das Erlebnis einer solidarischen Grunderfahrung. Werden Produkte mit Teilnehmern aus unterschiedlichen Nationalitäten und/oder Kulturen erstellt, kann dies einen interkulturellen Lernprozess in erheblichem Maße erleichtern.

Auch auf der Ebene der intrasubjektiven Kommunikation tragen Medienproduktionen zur Identitätsstabilisierung bei. Ganz wesentlich ist die Erweiterung der bisherigen Wahrnehmungskonstrukte. Medienprodukte, die in einer mediatisierten Gesellschaft her-

5 Voraussetzung ist allerdings, dass die Atomisierung unseres Alltagslebens nicht wiederholt wird und die Einteilung in Spezialisten den ganzheitlichen Lernprozess unterläuft. Nur wenn alle an den unterschiedlichen Lern-Dimensionen teilhaben, wenn sie in die verschiedenen Produktionsprozesse integriert sind, gelingt diese utopische Reaktualisierung des Arbeitsbegriffs.

Abb. 25: Intersubjektivität und Medienidentität

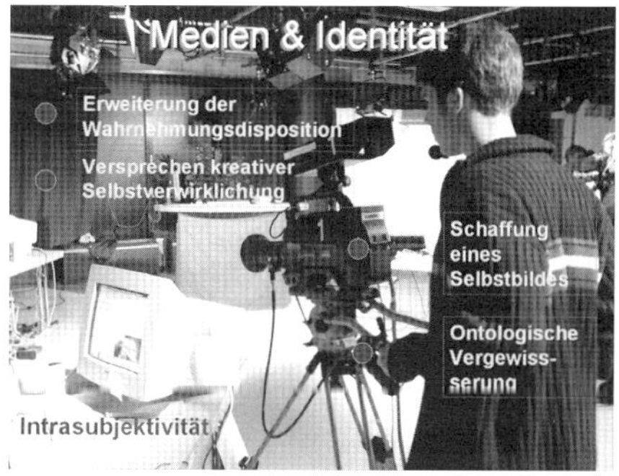

Abb. 26: Intrasubjektivität und Medienidentität

gestellt werden, bedürfen der Ästhetisierung. Durch den ästhetischen Lernprozess, das werde ich im folgenden Kapitel noch konkretisieren, werden die Wahrnehmungsdispositionen erweitert. Die Lebenswelt, die jeweils wahrgenommene Wirklichkeit, wird mit der über die Medien vermittelten Wahrnehmungswelt konfrontiert. Der audiovisuelle Lernprozess enthüllt Dimensionen des Vor- und Unbewussten. Beabsichtigt ist dabei, über die Deskription des Vorhandenen hinauszukommen und die Strukturen des eigenen Sehens und Wahrnehmens besser verstehen zu lernen. Die aktuelle Lebenserfahrung soll unter einem neuen Gesichtspunkt, mit einem anderen Standpunkt rekonstruiert und die Stabilität des Selbst gestärkt werden.

Das Erleben der eigenen Kreativität löst „Produktionslust" aus, die Erfahrung innewohnender Potenziale. Durch das Sammeln von audiovisuellen Eindrücken, die in einen neuen Kontext gestellt werden, erleben die Medienproduzenten das Prinzip der kreativen Gestaltung, das sich nicht nur in der Generierung von Bildwelten ausdrückt, sondern auch in der Befähigung zum Montage-Denken. Sinnlich erfahren sie, wie über Montage (zerschneiden und zusammensetzen) und Sampeln (bekannte Dinge in neue Zusammenhänge stellen) die einzelnen Fragmente in eine dramaturgische Struktur eingebunden werden können. Sie machen dabei auch die Erfahrungen, dass es keine universale Lösung gibt, sondern unterschiedliche Gestaltungs- und Darstellungsformen, die jeweils andere Produkte ergeben. Sie erleben in diesem Moment die Ahnung und das Versprechen kreativer Selbstverwirklichung. Nicht nur, dass sie durch den konkreten Nachvollzug der technischen Möglichkeiten audiovisueller Produktionen zum bewussteren Konsum und Genuss der Medienprodukte qualifiziert werden, sie wissen nunmehr, dass in ihnen eine virtuelle Persönlichkeit enthalten ist, die viele kreative Ausdrucksformen in sich birgt. Dies führt zu einer ontologischen Vergewisserung, die Kräfte und Energien nach Selbstverwirklichung freisetzt und damit Veränderung auslöst.

Dem Medienhandeln wird somit eine Lebensgestaltungsfunktion zugeschrieben. Die Produzierenden erleben die Potenzialität von Entscheidungsmöglichkeiten. Durch die Erfahrung der Möglichkeit, symbolische Lebensräume und unterschiedliche Seinsdimensionen in Medienprodukten zu generieren, kommt es zur Rückspiegelung, das eigene Leben als variablen Entwurf, als Projektion zu denken. Wer sich selbst als veränderbare und nicht statische Dimension erfährt, erlebt auch die soziale Umgebung als transformierbaren Raum. Dies führt zu einer Auseinandersetzung mit dem vergangenen, dem gegenwärtigen oder dem Entwurf eines zukünftigen möglichen Sein. Das Fremde, Neue wird damit nicht als exogen aufgenommen und abgewehrt, sondern als mögliche Variation des endogenen Selbstbewusstseins. Das Selbstbild wird damit als transformierbar erkannt.

Die selbstgeschaffenen Medienprodukte repräsentieren das Ergebnis der Bearbeitung von inneren Phantasiebildern (aktive Imagination), sie enthalten die Befähigung zur Decodierung von ästhetischen Objekten (reflexive Imagination) und die Erfahrung der Transformation von konkreter Lebenswelterfahrung in einen symbolischen Kontext (produktive Imagination) (vgl. RÖLL 1998, S. 403f.). Produktion, Reflexion und Phantasiebilder werden in einem interdependenten Zusammenhang und damit als nicht voneinander getrennte Einheiten gesehen. Das Wechselverhältnis dieser Kompetenzbereiche trägt nicht nur zur Identitätsbildung, sondern gleichzeitig zur Medienkompetenz bei (vgl. Kap. 1.6.). Diese (Medien-)Pädagogik setzt sich mit der realen, der imaginisierten und der virtuellen Lebenswelt auseinander und entwirft somit Zukunft im Spannungsfeld von Kunst und Lebensalltag. Innerhalb der produktiven Medienerfahrung erhält die Fähigkeit zur ästhetischen Gestaltung und Urteilsbildung eine zentrale Position.

3.5. Ästhetik, Identität und Lernen

Denken und kommunikative Kompetenz beschränken sich nicht alleine auf Sprache, sondern schließen auch und gerade visuelle und interaktive Kommunikationsformen ein. Kinder und Jugendlichen wachsen heute in einer expandierenden visuellen Kultur auf. Bilder dienen nicht nur als Abbilder, Dokumentationen und Informationsquellen, sondern, wie bereits am Beispiel der Medien hervorgehoben, als Vorbild und Modell für Lebensstil und Identität. „Das Bild gewinnt an gesellschaftlicher Relevanz, indem es in den sozialen Raum eindringt und diesen mitgestaltet" (SCHEIBEL 2002, S. 273). Audiovisuelle und alphanumerische Medien durchbrechen in den letzten Jahren die Dominanz des linearen Denkens, das vorwiegend von Sprache und Schrift geprägt ist. Die lange Zeit dominierende Schrift steht im verstärkten Verdrängungskampf mit dem Bild und dem alphanumerischen Code. Dies löst in der gesellschaftlichen Kommunikation und Wahrnehmung Veränderungsprozesse aus. Die Befähigung zur präsentativen Wahrnehmung und der Erwerb von *alphavisueller Kommunikation*[6] werden zu wesentlichen Komponenten der in der Wissensgesellschaft wünschenswerten kommunikativen Kompetenz.

6 Mit alphavisueller Kommunikation bezeichne ich die Verbindung von visueller, auditiver, grafischer und alphanumerischer Kommunikation.

Die präsentative Wahrnehmung erschließt sich nicht über einen diskursiven Lernzusammenhang, sondern über einen ästhetischen. Obwohl die Dominanz des Ästhetischen unübersehbar ist (WELSCH 1993, MEYER/FLAIG/MEYER/UELTZHÖFFER 1993; SCHULZE 1993), ist die geringe Auseinandersetzung mit diesem Phänomen in der Medienpädagogik auffallend. Mit wenigen Ausnahmen (DOELKER 1991, BAACKE/RÖLL 1995; RÖLL 1998; NEUSS 1999; NIESYTO/BELGRAD 2001) gibt es kaum Reflexionen über die Bedeutung der Wahrnehmung für die Identität von Kindern und Jugendlichen, die Komplexität von Bildsprache und die Symbolik im Medienhandeln oder über das Verhältnis von Bild und Abbild. ZACHARIAS (2001) hat dies zu Recht kritisiert. Gerade weil die Kommunikationskultur von Kindern und Jugendlichen so stark von audiovisuellen Symbolen durchdrungen ist, bedarf es der Kompetenzen, diese Form der Kommunikationskultur nicht nur zu verstehen, sondern auch anzuwenden.

Wie ich bereits an anderer Stelle ausführlich begründet habe (RÖLL 1998, S. 38f.) konstituiert sich die Wirklichkeit von Jugendlichen heute mittels ästhetischer Kategorien. Eine solche Wirklichkeit kann nur mit Hilfe ästhetischen Denkens dechiffriert werden.[7] In Anlehnung an WELSCH (1993) definiere ich Ästhetik als die Grundstruktur sinnlicher Wahrnehmung. Die Befähigung zur komplexen Wahrnehmung sowie des Lernens im Umgang mit Bildern und Symbolen wird in von Medien dominierten Gesellschaften zur Schlüsselqualifikation. Auch pädagogische und/oder politische Bildungsprozesse müssen mittels ästhetischer Kriterien organisiert werden. Mit ästhetischem Lernen ist die Befähigung zur komplexen Wahrnehmung gemeint, mit deren Hilfe die innere und äußere Lebenswelt gedeutet, Erfahrungen organisiert, erklärt, überprüft, verarbeitet, gegliedert und geformt werden können. Wahrnehmungskompetenz trägt sowohl zur Erfassung von Oberflächenstrukturen manifester Inhalte als auch der Tiefenstruktur latenter Sinngehalte bei. Die Praxis der Manipulation von Zeichen und ästhetischen Prozessen soll sichtbar und damit bewusst gemacht werden. Darüber hinaus geht es um die Herausarbeitung und Formung eines sich auch im konkreten Lebensalltag umsetzenden Zugewinns an perzeptivem und handlungsorientiertem Vermögen. Dieser Lernprozess bedarf jedoch einer anderen Didaktik. Waren früher eher kognitive Denkmuster vorherrschend, deutet sich die Notwendigkeit an, dem ästhetischen Denken einen größeren Stellenwert beizumessen.

Die Thematisierung von Sinnfragen wird besonders durch den ästhetischen Produktionsprozess ausgelöst. Dies gelingt alleine schon deswegen, weil ästhetische Erfahrung einer Grundform menschlicher Lebenserfahrung entspricht (vgl. DEWEY 1980).

7 Ästhetik im hier verstandenen Sinne bezieht sich auf den Ursprungsbegriff *Aisthesis*, der Wahrnehmungen aller Art thematisiert. In diesem Begriff sind neben dem künstlerischen auch die lebensweltlichen und alltäglichen Wahrnehmungen integriert. Mit dem Begriff *Aisthesis* steht die Vorstellung der Wahrnehmung an sich in Verbindung. Dabei ist nicht nur an visuelle Wahrnehmungstypen gedacht. Wahrnehmung (wahr-nehmung) ist ein weitergehender Begriff als *Sinneswahrnehmung*. Es geht um das *Gewahrwerden*, das Erfassen von Sachverhalten, um einen qualitativen Bedeutungszuwachs von Sinnenorientierung.

Dem ästhetischen Lernprozess kommt die Funktion zu, bisherige Welt-Deutungen zu überprüfen, andere Aneignungen von Wirklichkeit kennen zu lernen und probehaft auszuleben. Die Veränderung der Wirklichkeitswahrnehmung hat nicht nur Auswirkung auf die Selbst-, sondern auch auf die Fremdwahrnehmung sowie die Gestaltung der lebensweltlichen Zusammenhänge. Ästhetisches Denken und Handeln geht somit über die Nachahmung, die bloße Spiegelung hinaus, sie hat die Kraft des Hervorbringens. Diskontinuität und Differenz zu bisher Erlebtem kann durch ästhetische Erfahrung ausgelöst werden. „Ästhetische Erfahrung bezieht sich nicht auf Kunsterfahrung, sondern ist ein Modus, Welt und sich selbst im Verhältnis zur Welt und zur Weltsicht anderer zu erfahren" (OTTO 1992, S. 56). Der ästhetische Umgang mit Medien wird zum Katalysator einer Auseinandersetzung mit der Lebenswelt, den subjektiven Welt-Deutungen und den jeweils benutzten Medien. Das Ästhetische wird, wie ZACHARIAS (2001, S. 105) hervorhebt, zum „interface" bzw. zur „Schnittstelle" zwischen Subjekt und Welt, Mensch und Natur und Individuum und Gesellschaft.

Der ästhetisch organisierte Lernprozess stellt Bezüge her zu Hypothesen, Fiktionen und Ereignissen, die noch nicht existieren. Damit verbunden ist die Erschließung neuer Felder, neuer Formen der Erfahrung und die utopische Korrektur am Bestand bisheriger organisierter Welterfahrungen. In anschaulicher Weise eröffnet die ästhetische Erfahrung dem Menschen einen Verhaltensspielraum zu seiner bisherigen Lebenserfahrung. Gerade in der ästhetischen Erfahrung ist eine selbstzweckhaften Reflexion zur lebensweltlichen Existenz möglich. Ästhetische Ausdrucksformen sind Momentaufnahmen; sie fixieren nicht, sie geben eher Anstöße und repräsentieren innere Befindlichkeiten. Insbesondere gelingt es mittels ästhetischer Lernprozesse, das Fremde nicht als exogen zu deuten, da das menschliche Wahrnehmungsverhalten immer interessegeleitet ist (DEWEY 1980, S. 11). Ästhetisches Lernen führt auf sinnlicher und sinnenorientierter Ebene zum bewussten Erlebnis der perspektivischen Wahrnehmung. Die Eingeschränktheit, die Subjektivität und die Formiertheit des eigenen Wahrnehmensprozesses werden über ästhetisches Lernen bewusst. Die Illusion, den Wahrnehmungsprozess als wahrhaftige Wahrnehmung zu interpretieren, wird auf spielerische und lustvolle Form zertrümmert, ohne die Identität des Einzelnen zu zerstören. Beim ästhetischen Lernen geht der Verlust an universellen Deutungsmuster einher mit der Erfahrung der Multioptionalität von Seh- und Handlungsoptionen. Das „Multiversum der Wirklichkeiten" (MATURANA 2002), S. 19) wird als Zugewinn erlebt. Dieser Zugewinn wird nicht durch die Übernahme der Meinung bzw. die Position des Pädagogen erworben, sondern in einem kreativen Lernprozess selbstständig angeeignet.

Wichtige Strukturelemente ästhetischer Erfahrung sind Überraschung und Genuß. Überraschende Eindrücke können Anlass geben zu Korrekturen bisheriger Annahmen von Wirklichkeit (vgl. DUNCKER 1999, S. 11). Die ästhetische Erfahrung kann zu einem so genannten „A-Ha-Erlebnis" führen, der inneren Erkenntnis grundlegender Zusammenhänge, die plötzlich eintreten. Ebenso ist es möglich das „Flow-Erlebnis" (CSIKSZENTMIHALYI 1985) zu spüren. Dies tritt dann ein, wenn Handlung und Bewusstsein verschmelzen und der Verlust des Zeitgefühls und Selbstvergessenheit eintritt. Beide Erfahrungen öffnen neue Zugänge zu Erkenntnissen. Mit dieser entdeckenden Funktion der ästhetischen Erfahrung kommt es meist zum „Genuss erfüllter Gegenwart“ (DUNCKER 1999, S. 159).

Ästhetisches Lernen richtet sich vor allem an die Emotionen und ist daher einer anderen Logik als die der Vernunft verpflichtet. Während die Vernunft (rationales Denken) mit Logik überzeugen will, arbeitet das ästhetische Lernen mit den Mitteln des Verführens. Da neues Denken, insbesondere wenn es mit Druck verbunden ist, oft Ressentiments, Blockaden und Widerstand auslöst, kann mit Vernunft meist nur der überzeugt werden, der bereits überzeugt ist. Wie komme ich aber an Personen heran, die sich dem diskursiven Denken entziehen oder vorwiegend in einem anderen Modus (präsentativer Diskurs) agieren. Hier bedarf es der inneren Offenheit, der Bereitschaft sich mit dem Neuen auseinander zu setzen. Diese Offenheit ist über einen ästhetischen Lernprozess (z.B. mit Hilfe von Bildmedien) schneller und mit höherer Glaubwürdigkeit zu erreichen, da ästhetisches Lernen zur Änderung von Überzeugungen, Einstellungen und Präferenzen beiträgt (vgl. SACHS-HOMBACH 2002, S. 27). Da das ästhetische Lernen durch seine emotionalen Anteile erkenntnisträchtige Dimensionen enthält, ist es in der Lage, Ressentiments zu überwinden und kann verhindern, dass die neuen „Lerninhalte“ als exogen und damit fremd abgewehrt werden.

MATURANA (2002) geht ebenfalls von der Notwendigkeit aus, durch die Sinnhaftigkeit, über das Schöne und das Ästhetische zu überzeugen. „Die Idee der ästhetischen Verführung basiert auf der Einsicht, dass Menschen Schönheit genießen.“ Harmonie und Wohlgefühl und der Genuss des jeweils Vorgefundenen wird durch das Ästhetische ausgelöst. Ein positiv besetzter Anblick kann verändern. Die Erfahrung, Farben arrangiert, Formen gestaltet, Strukturen arrangiert, Inhalte dramatisiert zu haben, kann das Leben von Menschen transformieren, zumindest aber bereichern. Verführen in dem hier benutzten Sinne bedeutet daher nicht Manipulation, sondern die Ausgangsbedingung zu schaffen, sich mit Neuem zu beschäftigen. Das Verführen hilft Möglichkeiten zu eröffnen, die dem Handelnden nicht schaden, sondern ihm nützen und von Vorteil für ihn sind. Bei diesem Verständnis von Verführung dient die „Manipulation“ zur Selbsterkenntnis. Unabdingbar bei diesem Konzept ist die Authenzität des Pädagogen. „Nur wenn keine Diskrepanz zwischen dem Gesagten und dem eigenen Handeln existiert, nur wenn man nichts vortäuscht und erzwingen will, nur dann kann sich die ästhetische Verführung entfalten“ (ebd.). Das Konzept der Verführung geht nicht davon aus, dass bestimmte Dinge gelernt, bestimmte Meinungen und Überzeugungen übernommen werden, sondern zentrales Ziel ist es, die Bereitschaft für neue Perspektiven, neue Wahrnehmungspotenziale zu öffnen.

Neben der Relevanz des ästhetisches Denken als Auslöser von Selbst- und Fremdwahrnehmung und der Dimension neues Lernen zu initiieren, gibt es weitere Einsatz- und Nutzungsformen des Ästhetischen. Selbst in den bisherigen Domänen des rationalen Diskurses erhält die Visualisierung eine immer größere Bedeutung, wenn auch nicht als Sinnfindung oder als Lernpotenzialunterstützung, so doch immerhin, um die gewünschten Inhalte nachvollziehbarer bzw. verständlicher zu machen. Das Monopol des linearen Textes wird durch interaktive nichtlineare Darstellungsweisen, die Digitalisierung und die informationstechnologische Aufrüstung unserer Kommunikationskultur unterlaufen.

Die neue Kommunikationstechnologie hat den Trend zur Visualisierung verstärkt und trägt mit dazu bei, unsere visuelle Wirklichkeit zu prägen. Formalästhetische Sensibilität und audiovisuelle Kompetenz erhalten eine immer größere Bedeutung. Audiovisuelle Medien sind nicht nur Vorbilder und Modelle für Lebensstile, in verstärktem Maße finden sie Verwendung in Dokumentationen und werden immer bedeutender bei der Darstellung von Wissen. BONSIEPE (2002, S. 223) spricht von der *Audiovisualistik* und sieht im *sensoriellen Management* ein verändertes Aufgabenfeld der Designerkompetenz. Informationsdesign hat nach seiner Auffassung einerseits die Aufgabe „die kommunikative Effizienz der Ergebnisse der wissenschaftlichen Forschung zu erhöhen, andererseits neue wissenschaftliche Fragestellungen aus der Perspektive des Designs zu ermöglichen“ (ebd., S. 224). Dem innovativen Designer kommt die Aufgabe zu, bestehendes Wissen verfügbar zu machen, kognitive Komplexität abzubauen, Informationen verständlicher zu machen und Ergebnisse angemessen zu präsentieren sowie von der Technologie bereitgestellte Werkzeuge und Möglichkeiten für die alltägliche Lebenspraxis brauchbar zu machen.

Audiovisuelle Kompetenz kommt somit für die Assimilation, für die Präsentation und die Verbreitung von neuem Wissen eine immer größere Bedeutung zu. Durch den Einsatz multimedialer Ressourcen wird die kommunikative Effizienz der Vermittlung von Wissen erhöht. Dabei gewinnt die Darstellung von Inhalt im Vergleich zum Inhalt der Darstellung eine höhere Relevanz. Der Ästhetik kommt somit nunmehr die Aufgabe zu, Wissen und wissenschaftliche Informationen besser assimilierbar zu machen.

Während es auf der Produzentenseite immer wichtiger wird, die Befähigung zur audiovisuellen und alphanumerischen Kommunikation zu erwerben, bedarf es auf der Seiten der Rezipienten der Kompetenz, einige in der Regel unsichtbare strukturellen Botschaften bei der Visualisierung entziffern zu können. Der Befähigung zum kompetenten Wahrnehmen kommt somit nicht nur auf Grund des Bezugsystems zu Identitätsfragen eine zentrale Bedeutung zu.

3.6. Multiple Identitäten

Während HABERMAS und MEAD einem Identitätsbegriff nahe stehen, der sich in der Moderne herausgebildet hat, in der Identität als kohärente Struktur verstanden wird, erweitert sich in der Postmoderne das Verständnis von Identität. Nunmehr wird es als Spektrum von Entfaltungsmöglichkeiten der Ich-Struktur angesehen. Das Internet und andere Medien bieten Jugendlichen ein breites Reservoir an experimentellen Erfahrungsräumen, in denen sie sich mit unterschiedlichen Attributen ihrer Persönlichkeiten auseinander setzen können. Speziell das Internet (Chatrooms, MUDs und MOOs) sind geeignete Experimentierräume, in denen Identitäten textuell und/oder mittels von Avataren frei erfunden und jederzeit gewechselt werden können. Durch die elektronische Kommunikationstechniken erweitert sich das Spektrum der Entfaltungsmöglichkeiten. Die unterschiedlichen Anwendungsbereiche erweitern und differenzieren den Wirkungskreis bestehender Identitäten.

Im Netz können sich partielle Teile des Ichs entfalten und damit verdeckte und verschüttete Aspekte entfalten. Im Netz sind weder Alter, Status, Herkunft, Geschlechtszugehörigkeit noch Migrationsherkunft identifizierbar. Die durch die Face-to-face Kommunikation ausgelöste Habitus-Zuordnung und damit eine Etikettierung entfällt. Eine Karikatur, veröffentlicht im *NEW YORKER*, ironisiert die Möglichkeit, das Netz als Labor für Experimente mit der eigenen Identität zu nutzen. Ein Hund sagt zu einem Artgenossen, während seine Pfote auf einer Tastatur liegt: „Im Netz weiß niemand, dass du ein Hund bist." Im Netz können spielerisch unterschiedliche Persönlichkeitsanteile erprobt werden. Chatrooms und MUDs eröffnen parallele Lebenswelten. TURKLE (1998, S. 14) fragt zu Recht, ob unter diesen Bedingungen noch von Identität gesprochen werden kann. Beispielhaft zitiert sie Doug, einen Collegestudenten aus dem Mittleren Westen: „Ich spalte mich auf. Das gelingt mir immer besser. Ich kann mich selbst als zwei, drei und mehr Jemande betrachten. Beim Wechsel von einem Fenster zum anderen aktiviere ich jeweils einen anderen Teil meiner Persönlichkeit" (ebd., S. 16). TURKLE geht daher davon aus, dass computervermittelte Kommunikation ein Ort der Konstruktion und Rekonstruktion von Identität ist. Dabei geht sie von der Annahme aus, dass sich durch diese Erfahrung das Selbst zu einem multiplen, dezentrierten System wandelt.

Die Verabschiedung vom Identitätskonzept, bei dem das Ideal der Einheit im Zentrum steht, zu Gunsten eines Identitätskonzeptes, das von Komplexität, Vielfalt und Widersprüchlichkeiten geprägt ist, bestimmt auch die aktuellen Identitätsdebatten (KEUPP/HÖFER 1997, 2000). Identität, so die These, kann nichts Endgültiges und Abgeschlossenes sein in einer Welt in der jeder Einzelne in einer Vielfalt situativer Verortung und segmentierter Erfahrung lebt. Diskontinuität, Fragmentierung, Segmentierung, Deterritorialisierung und Collage bestimmen die heutige Lebenswelt von Jugendlichen. Dies führt zur Auflösung des stabilen Ichs. Das Subjekt lässt sich somit nicht mehr als autonome Einheit definieren. Auszugehen ist von Teil-Identitäten, die sich permanent neu zusammensetzen und weiterentwickeln. „Das Ego wird relativiert, variiert, flexibilisiert, entstrukturiert, entpersonifiziert und in differenzierte pluralistische sprach- und tiefenlose Stilformen aufgelöst" (FERCHHOFF/NEUBAUER 1997, S. 83). Im Kontext dieser Entwicklung generieren Jugendliche Identitätsmuster, die einen bruchstückhaften Charakter haben. Der Verlust der harten Konturen eines kohärenten Selbst steht in Verbindung mit der Pluralisierung von Lebensstilen.

„Jeder Jugendliche wird heute zum flexiblen Konstrukteur seiner eigenen Biografie mit einem persönlichen Wertekosmos, er muss und kann sich seine Identität und seine Wertorientierungen aus Versatzstücken selbst und eigenverantwortlich zusammenbasteln, sozusagen sein eigenes biografisches und ethisches 'Gesamtkunstwerk' schaffen und inszenieren, ein Kunstwerk, dessen Inhalt er selbst ist" (DEUTSCHE SHELL 2000, S. 95).

Sogar auf der bewussten Ebene kann keine Rede von einer definierbaren Identität sein. An Stelle von Subjektivität muss man von einer intersubjektiven Vernetzung sprechen, bei der Informationen im ständigen Austausch hergestellt werden. Für FLUSSER (1994, S. 14) erweist sich das „Ich“ als ein sich ständig verschiebender Knoten eines intersubjektiven Gewebes. Das Subjekt muss als modale Konstellation von Mannigfaltigkeiten verstanden werden. Fortwährend tauscht sich das Individuum aus, integriert neue Vielheiten, spaltet sich und nimmt neue Inhalte und Formen an. In Zukunft wird man von einem multiplen Ich oder von Identitätsfragmenten ausgehen müssen, wobei die Individuen stärker gefordert sind an der Selbstkonstitution mitzuwirken. „Subjekte erleben sich als Darsteller auf einer gesellschaftlichen Bühne, ohne dass ihnen fertige Drehbücher geliefert werden“ (KEUPP 2000, S. 117). Die Einzelnen erhalten nicht nur in Bezug auf das Lernen, sondern auch in Bezug auf ihre Identitätsfindung zunehmend die Verantwortung, das eigene Leben selbst zu entwerfen, zu inszenieren und zu realisieren. Die Vorlagen für die Bricolage am Selbstkonzept liefern vor allem die Medien und der von den Medien favorisierte audiovisuelle Diskurs.

Die gesellschaftliche Norm zur Selbstgestaltung führt nicht nur zu gelungenen Anpassungsprozessen. Fehlende Ressourcen und gesellschaftliche Rahmenbedingungen können zu erheblichen Irritationen führen. Probleme entstehen auch, wenn kohärente Ich-Identitäten mit multiplen Ich-Identitäten kommunizieren. Dies ist gerade im Bereich der Bildung ein nicht zu unterschätzender Faktor. Aktuelle Lernkonzepte müssen sich somit nicht nur mit den veränderten Seh- und Wahrnehmungsbedingungen auseinander setzen, sondern auch mit dem multiplen Identitätskonstrukt und dessen einzelnen Beeinflussungfaktoren.

4. Lernen in der Wissensgesellschaft

„Erstes und letztes Ziel unserer Didaktik soll es sein, die Unterrichtsweise aufzuspüren und zu erkunden, bei welcher die Lehrer weniger zu lehren brauchen, die Schüler dennoch mehr lernen; in den Schulen weniger Lärm, Überdruss und unnütze Mühe herrsche, dafür mehr Freiheit, Vergnügen und wahrhaftiger Fortschritt. ..."

Johann Amos Comenius (1592-1670)

Im Verlauf der bisherigen Darstellung sollte deutlich werden, dass sich nicht nur die Struktur unserer Arbeit, die gesellschaftlichen Rahmenbedingungen und unsere Kommunikationskultur wandelt, sondern dass mit diesen Veränderungen auch Veränderungen in der Art und Weise unserer Wahrnehmung einhergehen. Da Lernen im erheblichem Maße mit der Art und Weise konfligiert, wie wir unsere Welt wahrnehmen, bedarf es der Berücksichtigung dieser Wandlungen, um optimale Rahmenbedingungen für das Lernen zu erzielen. In Anbetracht dieser Veränderungen sind die meist dominierenden Konzepte einer linearen Informationsaufnahme nicht aufrechtzuerhalten. „Auffällig ist, dass gerade diejenigen Verhaltensweisen, die im Cyberspace geübt werden und die für die wirtschaftliche Zukunft unserer Kinder unverzichtbar sind, im Schulunterricht nicht einmal ansatzweise verlangt werden" (BERGMANN 2002, S. 12). In Anbetracht der bereits herausgearbeiteten neuen Schlüsselqualifikationen der Wissensgesellschaft helfen Formellernen und Auswendiglernen und ein auf nicht hinterfragbare Autoritäten zugeschnittener Unterricht wenig.

Insbesondere die schulische Pädagogik geht von der Prämisse aus, dass die jeweiligen Pädagogen omnikompetente Wissensverwalter sind. Für ihr jeweiliges Fach, ihren Schwerpunkt beanspruchen sie (bzw. stehen sie in einem fachlichen Erwartungssoll), jederzeit verbindliche Definitionen sowie feststehende Bewertungen zu formulieren und dabei ständige Wissenspräsenz zu repräsentieren. Sie spielen die Rolle eines universellen Fachlexikons mit Wahrheitsdogma und nicht zu hinterfragender Bewertungskompetenz. Dieser Prämisse implizit ist die Überzeugung, dass die zu vermittelnden Fähigkeiten mittels eines Kanons von feststehenden Fakten bzw. Kompetenzen weitergegeben werden müssen. Meist wird unter den Bedingungen der traditionellen Lernkultur, unabhängig von der Lernphilosophie, von einem hierarchisch strukturierten Lehr-Lern-Zusammenhang ausgegangen. Fachlichkeit als zentrale Grundlage lässt sich als Identitätsmuster des Selbstverständnisses dieser Lernkultur bezeichnen.

Die in der Wissensgesellschaft verlangten Schlüsselqualifikationen wie Kreativität, Flexibilität, theoretisches Denken, Informationsverarbeitung, die Fähigkeit zum Problemlösen, planerisches, synthetisierendes und analytisches Denken, Teamarbeit, die

Bereitschaft zum ständigen Informationsaustausch, die Kompetenz, sich mit Informationsquellen auseinander zu setzen, und systemisches Denken verlangen nach einem anderen Lernkonzept.

Die Massenausbildung ist ein Produkt der Industriegesellschaft. In der Wissensgesellschaft dominieren individuelle Produktionsabläufe und Flexibilität, die geprägt sind durch einen molekularen Ansatz. In der Wissensgesellschaft erhalten Selbstmanagement und selbstgesteuertes Lernen eine immer größere Bedeutung. Die Lernenden erarbeiten sich ihr Wissen selbstständig (incl. Recherchen, Themenbearbeitung und Präsentation der Ergebnisse).

Im Gegensatz zu früher wird den jüngeren Generationen ihre Lern- und Lebenskompetenz nicht mehr ausschließlich durch Erziehung und Pädagogik vermittelt. Potenziell kann sich jeder jederzeit und überall Informationen holen bzw. Wissen aneignen. Kinder und Jugendliche erwerben sich in der Mediengesellschaft Qualifikationen außerhalb des pädagogischen Lernfeldes und kommen mit den in diesem Bereich erworbenen Kompetenzen in die pädagogischen Lernfelder zurück. Sie werden nicht mehr verstanden und vieles von dem Erwartungshorizont der Pädagogen verstehen sie nicht. Dies löst Missverständnisse aus. Aus dieser Situation entstehen potenzielle Konflikte und/oder Abwertungen.[1]

Da Kinder und Jugendliche bei der Herausbildung ihrer Lernskripte von den Dramaturgiemustern und Darstellungsformen der Medien beeinflusst werden, entsteht eine Kommunikationskluft. Während die älteren Generationen noch deutlich geprägt sind vom Verständnis der Fachlichkeit als pädagogische Voraussetzung des Erziehungsprozesses, erwarten die jüngeren Generationen längst den veränderten Seh- und Wahrnehmungsweisen angemessene neue pädagogische Konzepte.

Pädagogen geraten in die Gefahr, den eigenen Lernstil als unumstößliches Dogma zu setzen und ignorieren dabei die Vielfalt und die Komplexität wie Lernen zu Stande kommen kann. Lernen ist ein „Prozess, in dem Informationen aus Objekten unserer Aufmerksamkeit in subjektiv bedeutsames und verfügbares Wissen oder in ein entsprechende Können umgewandelt werden“ (KORING 2002, S. 150). Verhalten kann auf Grund der Erfahrungen im Verlauf des Lernprozesses dauerhaft verändert werden. Wie dieser Lernprozess gestaltet ist und ob und warum er erfolgreich ist, hängt von den jeweiligen Dispositionen der Lernenden ab, da Lernen prinzipiell als ein aktiver Prozess der Wissenskonstruktion verstanden werden muss, da die bisherigen Konstrukte reorganisiert und erweitert werden. „Wissensaufbau entsteht immer nur in Verbindung mit bereits vorhandenem Wissen. Was sich nicht in die vorhandene Struktur einfügen lässt, wird verworfen [...]. Lernen ist eine individuelle Konstruktion eines menschlichen Geistes. Aus diesem Grund gibt es so viele eigene und unvorhersehbare Lernwege, wie es Lernende gibt [...]. Wissen ist nicht vermittelbar. Dem Lehrer ist es unmöglich, seine Kenntnisse dem Lernenden direkt weiterzugeben. Vielmehr hilft er dem Lernenden durch sein Tun, durch Hinweise, Fragen und Informationen, selbst Wissen zu

1 Zitat eines bundesweit renommierten Jugendforschers: „Die Studenten sind dumm.“

konstruieren. Dabei kann er diesen Prozess des Wissenserwerbs nur unvollständig und indirekt steuern“ (THISSEN 1999, S. 155).

Gerade in Anbetracht der Komplexität und der Dynamik gesellschaftlicher Wirklichkeit bedarf es eines Lernverständnisses, das angemessen auf diese Entwicklungen reagiert. Lernkonzeptionen in der Wissensgesellschaft müssen sich mit allen Potenzialen menschlichen Lernens auseinander setzen, um dem Selbstlernen die ihm gebührende Stellung zu geben. Aus diesen Gründen ist es wichtig, aktuelle Lernphilosophien auf ihre Unterstützung, die sie zu einem angebrachten Lernkonzept liefern, hin zu befragen. Wenn das Selbstlernen im Vordergrund steht, lenkt dies den Blick auch auf das Subjekt. Es wird bedeutsamer, individuelle Lernstrategien zu beachten und damit wird auch die Beschäftigung mit der Vielfalt unserer Intelligenzen und unterschiedlichen Lerntypen notwendig. Ebenso führt dieser Blick auf das Subjekt dazu das Lernen des Lernens mit in die Lernkonzeptionen einzubeziehen. Von diesen Ausgangsüberlegungen ausgehend lässt sich dann präziser bestimmen, was Lernen mit Neuen Medien bedeuten könnte.

4.1. Aktuelle Lernkonzepte (Lernphilosophien)

Unterschiedliche Annahmen über menschliches Lernen führten zur Entwicklung von unterschiedlichen Lernphilosophien bzw. Lernkonzepten. Die Fachdiskussion wird von Ansätzen bestimmt, die von einem objektiven Lernzusammenhang ausgehen, und von Ansätzen, die davon ausgehen, dass Lernen prinzipiell ein subjektiver Prozess ist. Der Behaviorismus, der sich unterteilen lässt in klassisches Lernen durch Erfolg, programmierte Instruktion und einen kybernetischen Ansatz, und der sozial-kognitive Ansatz, der auf der Lerntheorie (Lernen am Modell) basiert, lassen sich dem Objektivismus

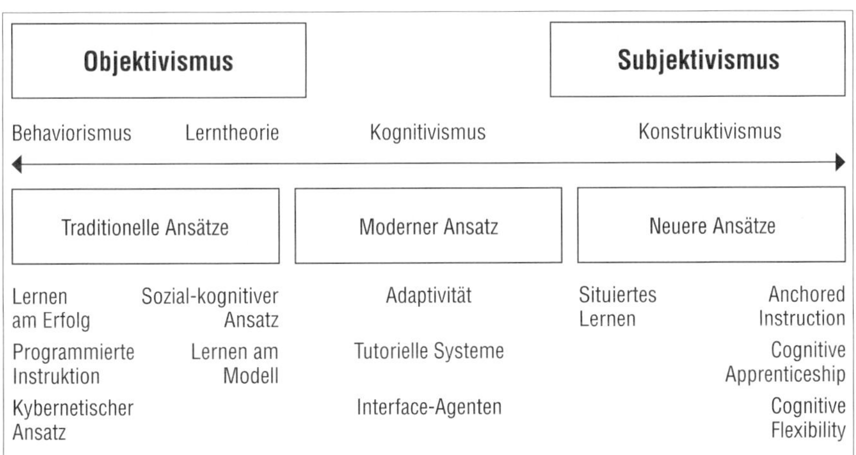

Abb. 27: Paradigmen des Lehrens und Lernens

zuordnen. Das zu vermittelnde Wissen ist eine objektive Größe, an der sich die Lernenden abzuarbeiten haben. Der Kognitivismus hat noch Bezüge zum Objektivismus, ist aber bereits am Subjektivismus orientiert. Ein Schlüsselbegriff dieses Ansatzes ist die Adaptivität. Mittels intelligenter tutorieller Systeme und in Zukunft mittels Interface-Agenten soll eine enge Wechselbeziehung zwischen Lernenden und Lernprogramm erreicht werden. Die konstruktivistischen Lerntheorien gehen vom Subjekt aus und von der Überzeugung, dass Lernen in situierten Lebenskontexten stattfindet. Wichtige didaktische Modelle werden mit den Begriffen „anchored instruction", „cognitive apprenticeship" und „cognitive flexibility" verbunden.

Im Folgenden werde ich diese Konzepte diskutieren. Implizit wird dabei die Frage diskutiert, welchen Beitrag sie für Lernkonzepte in der Wissensgesellschaft zu leisten im Stande sind.

4.1.1. Die behavioristische Lerntheorie

In unserem Bildungssystem kommt dem instruktionistischen Lernkonzept eine zentrale Bedeutung zu. Bis heute beeinflusst dieser Ansatz das mediengestützte Lernen. Er basiert auf den Grundannahmen behavioristischer Lerntheorien (SKINNER 1982; CORELL 1971). Das Verhalten eines Individuums lässt sich dieser Theorie zufolge durch äußere Hinweisreize und Verstärkungen steuern. Die Konsequenzen auf gezeigtes Verhalten sind bei dieser Theorie entscheidend, nicht die inneren Vorgänge in einer Person. Interne Prozesse werden als Black-Box-Inhalte angesehen. Der Behaviorismus (Lernen am Erfolg) geht von der Annahme aus, dass das Verhalten, das bekräftigt wird, in Zukunft häufiger gezeigt wird. Nicht jedes Lob gilt jedoch als Bekräftigung, da der Lernende die positive Einschätzung selbst vornehmen muss. Mit Experimenten wurde belegt, dass es durch negative Konsequenzen, d.h. Bestrafung, zur Reduktion eines zuvor gelernten Verhaltens kommen kann. Allerdings konnte keine Nachhaltigkeit dieser Lernerfahrung nachgewiesen werden. Da Strafen nicht dazu beitragen Lernaktivitäten systematisch zu aktivieren, ist diese Strategie langfristig nicht erfolgreich. Bei der dritten Annahme wird beabsichtigt, durch Ignorieren das Verhalten zu löschen. Wenn keine Reaktion der Umwelt erfolgt, wird davon ausgegangen, dass das Verhalten nicht aufrechterhalten wird.

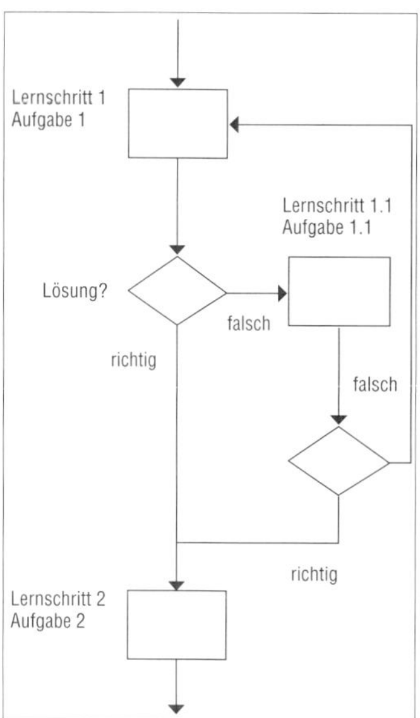

Abb. 28: Lernen als Veränderung von Verhaltensweisen (Kerres 2001)

Die Rückmeldung muss unmittelbar auf das Verhalten folgen, damit der Zusammenhang vom

Lernenden erkannt wird. Folgt die Reaktion zu spät, sind die Bestärkungen und Bestrafungen unwirksam. Verhalten kann demgemäß nur aufgebaut werden, wenn möglichst unmittelbar positive Konsequenzen erfolgen. Der Lernende (mit seinem Verhalten) wird an ein von außen gesetztes Ziel herangeführt. Die Bemühungen des Lernens richten sich darauf, unterschiedliche Varianten der Verstärkung zu konzipieren und zu identifizieren. Diese Theorie bietet keine Aufklärung über Lernen, sondern lediglich Orientierung für Lehraktivitäten.

Bei Software-Angeboten findet diese Lernform bei Vokabeltrainern, Rechtschreibe- und Rechenprogrammen Verwendung. Als Motivation für den Lernenden werden Informationen als Hinweisreize präsentiert. Beim Auftreten des gewünschten Verhaltens wird der Lernende belohnt. Die komplexen Lernziele sind in Segmente zerlegt. Der Lernprozess ist durch äußere Reizkonstellationen fremdgesteuert.

4.1.1.1. Die programmierte Instruktion

Da beim computerunterstützten Lernen, im Gegensatz zum schulischen Lernen, eine unmittelbare Korrektur und Bekräftigung möglich ist, hat das behavioristische Grundverständnis hohe Akzeptanz bei Software-Produzenten. Entsprechend den Vorgaben werden meist leichte Anforderungen gestellt. Schrittweise werden die Lernenden dann zu anspruchsvolleren Anforderungen geleitet. Durch regelmäßiges Prüfen werden die Lernaktivitäten stark gelenkt. Vorgegangen wird in ganz kleinen Schritten. Der Lernende wird durch den Lehrgegenstand, der in aufeinander aufbauende kleinste Informationseinheiten, in Frage-Antwort-Mustern, segmentiert ist, durch eine vorgegebene Sequenz geführt. Bei dieser auch ***programmierte Instruktion*** genannten Methode erfolgt eine „Prüfung" nach jeder Lerneinheit. Verstärkung erhält der Lernende durch eine richtige Antwort. Im Falle eines Fehlers muss die Frage und/oder ein Teil des Lernbereiches noch einmal bearbeitet werden. Bei guten Programmen kann der Lernende jederzeit aus dem Programm aussteigen. Der Vorteil bei diesem Lernprinzip ist es, dass der einzelne Lernende seinen eigenen Rhythmus wählen kann. Das Lernprogramm ist emotional indifferent und somit können „Fehler" mehrfach ohne Bestrafung im eigentlichen Sinne gemacht werden. Dennoch darf nicht vernachlässigt werden, dass die stringente Folge von „richtig" und „falsch" den Eindruck eindimensionaler Lösungen erzeugt.

Der Nachteil dieses Ansatzes ist die Nichtbeachtung von Selbstlernpotenzialen. Lernen wird nicht als explorierende Entfaltung verstanden. Bei diesem Konzept ist der Lernende passiv, da ihm nur didaktisch aufbereitetes Lernmaterial angeboten wird. Fehler sind keineswegs grundlegend nachteilig für Lernen. Oftmals können Zusammenhänge viel besser erinnert werden, wenn ein so genannter „Fehler" Anlass für eine intensivere Auseinandersetzung mit einem Stoff bewirkt. Fehler machen bedeutet Lernen mit Umwegen. Aber jeder Umweg erweitert die Kenntnis der Lernfeldumgebung. Die Lernerfolge dieser Methode lassen sich auch mit anderen Methoden erschließen. So ist die sequenzielle Einhaltung von Lernschritten keine Voraussetzung für Lernfortschritt und die mehr oder weniger regelmäßige positive Verstärkung keine Voraussetzung für erfolgreiches Lernen mit Medien (vgl. KERRES 2001, S. 59). Mit dem Konzept der programmierten Instruktion lässt sich Lernen und Wissen als Summe von zu erlernenden Verhaltensketten zu verstehen nur ungenügend beschreiben.

4.1.1.2. Der kybernetische Ansatz

Ausgehend von der programmierten Instruktion hat sich der kybernetische Ansatz entwickelt. Während bei der Konzeption der Lernmedien große Ähnlichkeiten festzustellen sind, gibt es Unterschiede im Verständnis des Lernprozesses. Lernen wird nicht als Verstärkung, sondern als Vorgang des Austauschs von Informationen angesehen. Nicht mehr Verstärkung steht im Vordergrund, sondern die Optimierung des Informationsaustauschs zwischen Lehr- und Lernsystem. Vermutet wird, dass es einen Zusammenhang zwischen der Art und der Häufigkeit einer dem Lernenden gegebenen Information und dessen Gedächtnisleistung gibt. Überlegt wird daher, wie lange, welche Informationen, mit welcher Sequenz und Häufigkeit zu dem intendierten Lernerfolg führen. Im Fokus der kybernetischen Ansätze steht die Präsentation der Information durch das Lernsystem und die Wahrnehmung und Speicherung des Lernstoffes durch die Lernenden. Die Entwicklung von Verfahren, wie Lernprozesse initiiert und gefördert werden können, werden vom kybernetischen Ansatz als weniger bedeutsam eingeschätzt.

Kybernetische Ansätze basieren auf der mathematischen Informationstheorie von SHANNON und WEAVER (1976). Informationsverarbeitung wird als Datenfluss in Digitalrechnern verstanden. Alle Prozesse der Informationsspeicherung, -verarbeitung und des -austauschs werden mit der Informationseinheit „bit" beschrieben. Da sich die Theorie einer rein digitalen Informationsverarbeitung von den Bio- und Neurowissenschaften nicht bestätigen ließ, konnte sich dieser Ansatz nicht durchsetzen.

Den instruktionistischen Konzepten ist die Vorstellung gemeinsam, den Lernenden an ein (fremd-)bestimmtes Verhaltensideal anzupassen (vgl. EULER 2003, S. 18). Diese Ansätze widersprechen somit dem Grundverständnis, Selbstlernprozesse mit Neuen Medien zu initiieren.

4.1.2. Die sozial-kognitive Lerntheorie

Als Referenztheorie des sozial-kognitiven Ansatzes (Lernen am Modell) gilt die Lerntheorie von BANDURA (1976). Aus der Beobachtung und der Imitation sozialer Verhaltensmodelle erwirbt nach dem Verständnis dieses Ansatzes der Mensch durch Modelllernen eine Vielzahl von Verhaltensmöglichkeiten (Verhalten, evaluative Standards, Gedanken und Gefühle). Als Voraussetzung von Lernen gilt der Erwerb symbolischer Repräsentationen in sprachlicher und bildhafter Form. Der Lernende wird Beobachter (observer), der oder das Beobachtete Leitbild oder Modell (model) genannt. Durch das Beobachten eines Modells können demgemäß neue Verhaltensweisen erlernt (modellierender Effekt) werden, vorhandene Hemmschwellen können steigen oder sinken (enthemmender/hemmender Effekt) und bestehendes Verhalten kann ausgelöst werden (auslösender Effekt). Das beobachtete Verhalten wird dabei in allgemeine Schemata oder kognitive Strategien abstrahiert und somit nicht einfach kopiert.

Bei diesem Ansatz werden einzelne Merkmale der behavioristischen Lerntheorie in einen umfassenden Bezugsrahmen gestellt. Das Prinzip der Verstärkung von Lernen wird akzeptiert, um nachzuvollziehen, wie bereits vorhandenes Verhalten gefestigt oder verändert wird. Offen gelassen wird, wie das jeweilige Verhalten erstmals entsteht. Lernen und Verhalten wird voneinander unterschieden. Dieser Ansatz ist durch ein interaktionistisches Verständnis geprägt und grenzt sich damit von dem Bild des außengesteuerten Menschen der behavioristischen Theorie ab. Eine Voraussetzung für den Verstärkungsprozess wird z.B. in der weitgehenden Identifikation des Beobachters mit dem Modell angesehen. „Nach dieser Vorstellung wird der Mensch weder auf die Rolle eines ohnmächtigen Objekts festgelegt, das von Umweltkräften kontrolliert wird, noch erscheint es als freies Subjekt, das aus sich machen kann, was immer es will. Menschen und ihre Umwelt determinieren einander wechselseitig" (BANDURA 1979, S. 10).

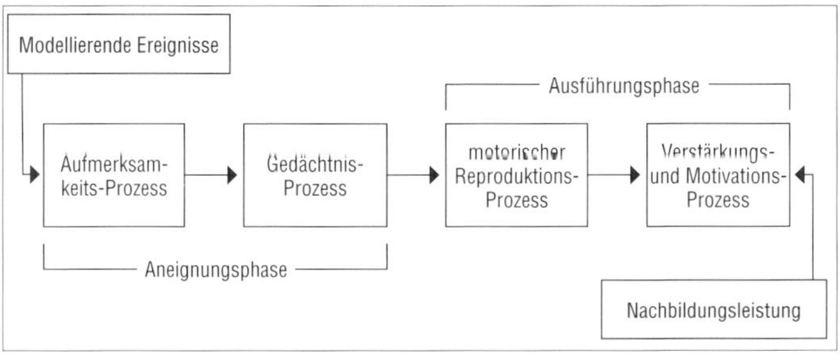

Abb. 29: Lernprozess bei der sozial-kognitiven Lerntheorie

Maßgeblich wird nach Auffassung von BANDURA der Erfolg des Modelllernens von vier zentralen Schritten beeinflusst. Ein Modell muss bestimmte Charakteristika aufweisen, um vom Beobachter als Modell angenommen zu werden. Nur dann kommt es zur ***Aufmerksamkeitszuwendung*** (attention). Nach der Wahrnehmung wird das beobachtete Verhalten in Schemata geordnet, klassifiziert und umgeformt. Dies wird ***Behaltensphase*** (retention) genannt. Das Verhalten kann symbolhaft/sprachlich oder als bildhafte Repräsentation gespeichert werden. In der ***motorischen Reproduktionsphase*** (production) kommt es zur konkreten Ausführung der erlernten Verhaltensweisen. In der **Verstärkung- und Motivationsphase** (motivation) entscheidet der Beobachter, ob das beobachtete Verhalten zur Ausführung gelangt. Die Ausführung des Verhaltens hängt von den antizipierten Erwartungen des Beobachters ab.

„Jedesmal also, wenn ein Beobachter das Verhalten eines Modells nicht nachbildet, lässt sich die Tatsache auf eine der folgenden Bedingungen zurückführen: Er hat die entsprechenden Tätigkeiten nicht beobachtet, er hat die modellierten Ereignisse in einer für die Gedächtnisrepräsentation nicht angemessenen Weise kodiert, er hat nicht behalten, was er gelernt hat, er verfügt nicht über die physischen Fähigkeiten, die Reaktionen auszuführen, oder er empfindet die Anreize nicht als hinreichend" (ebd., S. 38). Das Modelllernen geht somit von einem interdependenten Zusammenhang von anregenden Modellen, kognitiven Verarbeitungsprozessen, dem ausführenden Verhalten sowie der Rückmeldung auf dieses Verhalten aus.

Insbesondere wurde dieser Ansatz herangezogen, um eine Wechselwirkung zwischen Medienkonsum und aggressivem Verhalten nachzuweisen. THEUNERT (1996, S. 40) hat schwerwiegende Argumente gegen die Generalisierung dieser These formuliert. Da die Befunde einer künstlichen Laborsituation und somit einer realitätsfernen Umgebung entstammen, ist eine Übertragung auf die alltägliche Fernsehrezeption unzulässig. Ebenso fragt sie, ob es legitim ist, mit Kleinkindern gewonnene Ergebnisse auf eine andere Altersgruppen zu übertragen. Weiterhin bezweifelt sie die Berechtigung, an einer Puppe nachgewiesenes Lernverhalten auf den Lebensalltag zu übertragen. Die Stimulationswirkung medialer Gewalt sieht sie durch BANDURA nicht belegt.

Es stellt sich die Frage, ob die sozial-kognitive Theorie einen Beitrag zum Lernen in der Wissensgesellschaft leisten kann. Durch die hohe Affektivität, die elektronische Medien bei Kindern und Jugendlichen haben, ist es keineswegs ausgeschlossen, dass die Lernmotivation durch eine jugendnahe Lernumgebung begünstigt wird und ein Lernprozess aktiviert werden kann. Ebenso darf nicht vernachlässigt werden, dass die Lehrenden in nicht unerheblichem Maße positiv und negativ beeinflussen können. Durch den Einsatz virtueller Medien könnten negative Einflussfaktoren auf die Lernenden verringert, wie aber auch damit positive Einflußfaktoren reduziert werden.

Problematisch ist allerdings, dass die internen Prozesse des Lernenden von diesem Ansatz nicht genügend reflektiert werden. Daher gibt es erhebliche Grenzen des Einsatzes dieser Theorie. Darüber hinaus ist fraglich, ob die zu Grunde liegenden theoretischen Ausgangsüberlegungen des klassischen (PAWLOW) und des operanten Konditionierens (SKINNER) den komplexen kognitiven Denkprozessen gerecht werden. Durch die Überzeugung, dass das Verhalten des Modells als der entscheidende Hinweisreiz für die Nachahmungsreaktion angesehen wird, besteht die Gefahr, eine immanente Beziehung zwischen der beobachteten Botschaft und der selbstidentischen Deutung bei dem Beobachter zu unterstellen (das Abbild der Wirklichkeit ist identisch mit der beobachteten Wirklichkeit). Die Möglichkeit, dass auf Grund sozialer und biographischer Erfahrung das Beobachtete anders gedeutet, dekontextualisiert wird, findet keine Berücksichtigung. Ebenso wird vernachlässigt, dass scheinbar identisches Verhalten (auf der Ebene der Beobachtung) seinen Ursprung in anderen Ursachen haben kann.

In Software-Angeboten wird dieses Lernmodell bei Animationen und Simulationsprogrammen angewandt, so z.B. bei Problemlösungsverfahren, Ablaufstrukturen und der Darstellung von Arbeitsprozessen. Es findet eine moderate Eigensteuerung durch ein aktives Individuum statt. Selbstbeobachtung, Selbstbewertung und Selbstreaktion sollen ausgelöst werden.

4.1.3. Die kognitive Lerntheorie

Bei den kognitiven Lerntheorien (Lernen durch Auf- und Ausbau von kognitiven Strukturen) wird der Lernende als Individuum betrachtet, das äußere Reize aktiv und selbständig verarbeitet. Nach diesem Verständnis werden auf Grund des Erfahrungs- und Entwicklungsstandes die Inputs in selektiver Weise wahrgenommen, interpretiert und verarbeitet. Menschliche Wahrnehmung wird somit als aktive Konstruktionsleistung der einzelnen Person gesehen. Wahrnehmung wird demgemäß nicht als passive Aufnahme und Verarbeitung von Information angesehen, bei der einzelne Inputs an eine zentrale Verarbeitungseinheit weitergeleitet werden. Nach diesem Ansatz greift der Organismus auf allen Ebenen der Informationsverarbeitung beeinflussend ein. Wir sehen nur, was wir bereits wissen. Es gibt folglich keine objektiven Erkenntnisse. Jede neue Information wird mit dem Gedächtnis abgeglichen und anhand des vorhandenen Wissens interpretiert (vgl. Kap. 2.3.).

Gefragt wird, wie der Einzelne seine Umwelt in Wissen bzw. kognitive Strukturen verarbeitet. Es wird von einer Wechselwirkung zwischen externer medialen Präsentation und internen Verarbeitungsprozessen ausgegangen. Sowohl unmittelbare (Interaktion mit der Natur, Menschen, Gegenständen) als auch mittelbare Umwelterfahrungen (Medien) dienen als Basis eines über Prozesse der Assimilation und Akkodomation verlaufenden Entwicklung von so genannten „kognitiven Strukturen“. Die kognitiven Strukturen repräsentieren das jeweils subjektiv zur Verfügung stehende Wissen über die Umwelt. Das Wissen ist das Ergebnis wie auch die Voraussetzung seiner kognitiven Verarbeitungsprozesse (vgl. EULER 2003, S. 20). Erkenntnisse werden nicht in der Erfahrung gefunden, sondern vom Erfahrenden gedacht. Wissen wird demzufolge intern generiert.

Lernen wird als ein Teilphänomen von Informationsaufnahme und -speicherung interpretiert. Abhängige Variablen, bezogen auf die Qualität, werden in der Art der Informationsaufbereitung und Darbietung sowie in den kognitiven Aktivitäten des Lernenden gesehen. Die kognitiven Operationen des Lernenden im Umgang mit dem Lernangebot werden als entscheidend für den Lernprozess angesehen. Da bei der Speicherung von Informationen unterschiedliche Subsysteme des Gedächtnisses beteiligt sind, bei jeweils anderen Verarbeitungsprozessen, bedarf es der Klassifikation und Analyse von Lehrinhalten, um den Input dauerhaft zu verankern. Dieser Ansatz stellt sich die Frage, wie die Informationen in den Subsystemen des Gedächtnisses gespeichert und abgerufen werden können. Ausgehend von den Arbeiten von ANDERSON (1988) wird meist von einer Unterscheidung in deklaratives, kontextuelles und prozuderales Wissen ausgegangen (vgl. Kap. 1.2.).

Beim didaktischen Design werden die Voraussetzungen für das Lernen eruiert, die Beeinflussungsfaktoren auf den Aneignungsprozess reflektiert, nach den günstigen Lernprozessen für die Aneignung von Wissen gesucht, der Bezug zwischen Informationsdarstellung und Behaltensleistung miteinander korreliert und nach Faktoren gesucht, die das Erinnern von Wissen begünstigt (vgl. KERRES 2001, S. 66). Eine Voraussetzung für die Effektivität dieses Ansatzes liegt in der Kenntnis der jeweiligen Lernprozesse, die für die Aneignung der gewünschten Lerninhalte notwendig sind. Dies trifft in Laborsituationen zu, aber nicht ohne weiteres im „didaktischen Feld“. Mangelnde Verfügbarkeit von kognitionspsychologischen Erkenntnissen auf Seiten der Lehrenden und die unterschiedlichen kognitiven Aktivitäten der Lernenden zeigen die Grenzen dieses Ansatzes auf. In der Regel lassen sich die notwendigen kognitiven Prozesse, die für die Aneignung bestimmter Lerninhalte benötigt werden, nur schwer bestimmen.

Der kognitionstheoretische Ansatz ist geprägt von einer implizit moderaten Steuerung von Lernprozessen durch Instruktion. Den Lernprozess anregende Aufgaben, strukturierte und aufbereitete Inhalte, geeignete Hilfestellungen und angemessene Rückmeldungen erleichtern die Informationsaufnahme, -interpretation und -verarbeitung.

In Software-Angeboten ist dieser Theorieansatz in intelligenten tutoriellen Systemen, bei denen es um eine Strukturierung und Sequenzierung von Inhalten geht, zu finden. Wenn Problemstellungen, Prozessbezogene Lernhilfen und Rückmeldungen angeboten werden, wird diese Lernform auch bei Simulationsprogrammen eingesetzt.

4.1.3.1. Adaptivität und intelligente tutorielle Systeme

Lernen soll durch Instruktion, Lernhilfen und adaptive Systeme, die sich besser auf den Lernfortschritt einstellen, angeregt, unterstützt und in gewissem Maße gesteuert werden. Insbesondere der Adaptivität wird eine bedeutende Rolle zugeschrieben. Lehrende sind diesem Ansatz gemäß erfolgreicher, wenn ihr Vorgehen an dem aktuellen Wissensstand der Lernenden und deren Vorkenntnissen ansetzt. Im pädagogischen Dialog gibt es durch „Interaktion" ein wechselseitiges Eingehen von Lehrenden und Lernenden. Beim computerunterstützten Lernen wird dieser Ansatz bisher nur peripher verfolgt. Meist besteht die Adaptivität von CBT-Anwendungen[2] in der Auswertung von Testantworten. Auch bei WBT-Anwendungen ist dieser Aspekt mit wenigen Ausnahmen kaum berücksichtigt.

Mit ***intelligenten tutoriellen Systemen*** wird in den letzten Jahren versucht, das Lernangebot an den aktuellen Wissensstand anzupassen. Intendiert ist eine Diagnose der Kompetenz anhand von Eingaben des Benutzers, die dann die Grundlage liefern für das tutorielle Angebot des Lernsystems. Sollte diesem „intelligenten" System die Diagnosefähigkeit gelingen, würde sich die Forderung nach einer reaktiven Lernumgebung mittels computerunterstütztem Lernen umsetzen lassen. Intelligente tutorielle Systeme registrieren das Verhalten der Lernenden. Die Performanz des Lernenden dient dabei als Modell der aktuell zur Verfügung stehenden Kompetenz. Dieses Modell wird mit dem Experten-Modell verglichen. Die Lerneinheiten, die dem Benutzer angeboten werden, ergeben sich aus dem errechneten Lerndefizit. Alle Antworten und Eingaben werden von dem System permanent analysiert. Auf Bedarf kann sich der Lernende Erklärungskomponenten vom System geben lassen (vgl. LESGOLD 1988).

Bei diesem Modell ergeben sich mehrere Probleme. Es dürfte kein einfaches Unterfangen sein, trotz des Zugriffs auf fallbasierte Expertensysteme und objektorientierten Wissensbasen, Diagnosekomponenten zu entwickeln, die den differenzierten Denk- und Wahrnehmungsprozessen der Benutzer gerecht werden. So zeigt es sich in der Praxis als erhebliches Problem, ein „Fehlverhalten" richtig einzuschätzen. Ein Flüchtigkeitsfehler oder gegebenenfalls ein zufällig richtig angegebenes, aber keineswegs aus dem Gedächtnis rezipiertes Informationssegment, können zu einer Fehleinschätzung des Systems führen.

2 In Kap. 10.1.1. werden CBT (Computer Based Training) und WBT (Web Based Training) genauer erklärt.

KERRES (2001, S. 73) stellt die Frage, welche Komponenten der „intelligenten" tutoriellen Systeme eigentlich „Intelligenz" beinhalten. Nach seiner Auffassung ist die Intelligenz nicht nur „im" Programm zu suchen, sondern auch in der Art, wie das Informations- und Lernangebot dem Benutzer präsentiert und verfügbar gemacht wird, also an der Schnittstelle zwischen Mediensystem und Lerner." Danach problematisiert er, ob es nicht sinnvoller ist, dem jeweiligen Benutzer die Option über die Komplexität des Themas selbst zu überlassen. So aufregend wie die intelligenten Systeme auf den ersten Blick wirken, lassen sie schnell vergessen, dass die Lernenden um ganz wichtige Selbstlernprozesse gebracht werden.

Ebenfalls darf nicht vernachlässigt werden, dass die kognitiven Lerntheorien vor allem den Erwerb des Wissens, jedoch nicht seine Anwendung thematisieren.

4.1.3.2. Interface-Agenten

Die Weiterentwicklung der intelligenten tutoriellen Systeme wird in den so genannten „Interface-Agenten" (PIA - Personal Information Agent) gesehen. Bei diesen Systemen geht es nicht nur um eine bessere Handhabung und leichtere Verständigung mit der Soft- und Hardware, „sondern vielmehr um die Entwicklung einer Sprache, die es dem Nutzer ermöglicht, in adäquater Form mit solchen Subjekten zu kommunizieren. Da wahrnehmende, denkende Objekte als Subjekte bezeichnet werden, möchte ich im folgenden von einer Mensch-Subjekt-Kommunikation sprechen. Damit soll gleichzeitig die Verlagerung von passiven Produkten (Objekten) hin zu mitdenkenden Produkten (Subjekten) impliziert werden. Dieser Sprache muss ein fundiertes Verständnis neuer Technologien - gemeint sind innovative Informations- und Kommunikationstechnologien - sowie neuer Medien - hierunter ist der intelligente Einsatz von Multimedia zu verstehen - zu Grunde liegen. Ziel muss es sein, Technologien mit all ihrer Komplexität für den Menschen zur Erweiterung seines Denkens und Handelns effektiv nutzbar zu machen" (HENSELER 2001, S. 132).

Bei diesem Ansatz geht es nicht mehr um die Entwicklung eines Hilfsmittels, das den Menschen entsprechend seiner Fähigkeiten unterstützen soll. Hier geht es im Gegenteil um die Anpassung des Menschen an die Möglichkeiten des Hilfsmittels. Heutige Agentensysteme sind meist internetbasiert. Sie suchen im Auftrag ihrer Nutzer nach günstigsten Angeboten im World Wide Web (Quand Agent, Jango, Junglee oder Web-Shopper). Sie analysieren die Neigungen und Interessen ihrer Nutzer. Sie stellen ausgehend von den Präferenzen der Nutzer selbständig Angebote an Informations- und Produktleistungen zusammen (*www.firefly.com*). Neben Fernseh-Agenten wird bereits an Zeitungs-, Theater- und Kino-Agenten gearbeitet (vgl. MÜLLER 1997, S. 274). Bisher sind diese Agenten nur bedingt lernfähig. Ein TV-Agent kann z.B. nur fernsehspezifische Bedürfnisse seines Nutzers auf Grund eines erfragten Profils erfüllen. „Bei allem, was über seine Wissenskompetenz hinausgeht, scheitert er noch" (HENSELER 2001, S. 134).

Erst den Interface-Agenten der nächsten Generation wird Wissenskompetenz zugesprochen. Von ihnen werden weiterreichende technologische Fähigkeiten erwartet. Der elektronische Butler kann seinen Nutzer wahrnehmen und auf ihn reagieren. Vermutet wird eine Art „Beziehungsintelligenz". Sie können das Wissen des Nutzers auf Basis autonomen adaptiven Verhaltens in ihre Überlegungen und Handlungen mit einbeziehen. Die PIAs können im Rahmen einer Zielverfolgung (Auftrag) ihre sensorischen Kanäle weitgehend eigenständig an den Bedürfnissen, Wünschen oder Neigungen ausrichten, und sie haben Autonomie über das Wie, Wann und Wo ihrer Aufgabenerfüllung. „Auf Grund eigenen Wissens sowie selbst gemachter Erfahrungen sind Interface-Agenten der nächsten Generation fähig, sich kontinuierlich neu auszurichten, d.h. sie besitzen extreme Anpassungsfähigkeit und entsprechendes Adaptionsvermögen. Demzufolge erkennen persönliche Agenten nicht nur ihren Nutzer, sondern lernen auch durch sein Verhalten. Gleichzeitig können sie sich auf der Basis des Erlernten eigenständig weiterentwickeln" (ebd., S. 135).

So faszinierend dieses Szenario auf dem ersten Blick wirkt, sollte nicht vernachlässigt werden, dass Befürchtungen vom gläsernen Menschen zur bedrückenden Realität werden können und durch den Aufbau eines digitalen wissensrepräsentierten Ichs der Agent zum Manager des eigenen Wissens und somit zum Teil des Nutzers selbst wird. Damit delegiert der Einzelne sein Leitbild an den Agenten und verliert die informationelle Autonomie und Selbstbestimmung.

Allen hier skizzierten kognitiven Lerntheorien ist eigen, dass sie zwar die selektive Wahrnehmung des Einzelnen sehen, aber der Kontext des Lernenden ausgeblendet wird. Wissen wird vornehmlich als ein Extrakt angesehen, das aus Begriffen besteht. Innere Dispositionen, wie z.B. ,Emotionen, Körperlichkeit, Sinnlichkeit und insbesondere soziale Kontexte nehmen ebenfalls Einfluss auf den Lernprozess. Wissen wird nicht einfach von Person zu Person oder von Agent zu Person weitergegeben, da Lernen ein sich im Subjekt vollziehender Prozess ist und in einem situierten Kontext zu Stande kommt.

4.1.4. *Die konstruktivistische Lerntheorie*

Lernen wird beim konstruktivistischen Lernkonzept wird als aktiver Konstruktionsprozess und nicht als passive Wissensaufnahme verstanden.[3] In Abhängigkeit zu ihren mentalen Strukturen und Überzeugungen konstruieren die Lernenden ihr Wissen. Die Lernenden sind aktiv und regulieren den Zugang zum Wissen. Wissen wird in jeder Situation neu in den Köpfen der Lernenden generiert. Lernende bauen aktiv untereinander vernetzte neue Wissensstrukturen auf.

Beim konstruktiven Lernen geht es um die Schaffung von Lernkulturen und Lernpartnerschaften. Durch die Generierung von Lernumgebungen und Lernpartnerschaf-

3 In dem Text wird nicht zwischen gemäßigtem und radikalem Konstruktivismus unterschieden. Hier geht es um die von allen konstruktivistischen Positionen getragene Überzeugung, dass Lernen als aktiver Konstruktionsprozess des Lernenden zu konzipieren ist. Der radikale Konstruktivismus geht davon aus, dass es keine andere Art des Lernens gibt als die eigenständige Konstruktion von Bedeutungen und Sinnzusammenhängen, da „alle Wahrnehmung Konstruktion und Interpretation ist [...] und Objektivität und subjektunabhängiges Denken und Verstehen unmöglich sind" (GERSTENMAIER/MANDL 1994, S. 10).

ten (Kollaboration und Kooperation) kommt es zum Erleben sozialer und emotionaler Einbindung. Nicht der Lehrende, sondern der Lernende steht im Mittelpunkt der didaktischen Bemühungen. Das Lernen ist ein selbstgesteuerter und sozialer Prozess. Der Lehrer ist passiv, beratend und unterstützend. Erkenntnisse sind individuelle Konstruktionen auf der Basis subjektiver Erfahrungsstrukturen. Bedeutungen werden durch Kontextbezüge erschlossen bzw. in der Interaktion ausgehandelt.

Es kommt zu einem Zusammenspiel von Lehrenden, Lernenden und Inhalt. Nicht nur die Inhalte, sondern auch die pädagogischen Arrangements sind entscheidend. Konstruktivistische Methoden erlauben Autonomieerleben. Aufgaben können nach eigenen Vorstellungen bearbeitet werden. Beim Handeln stehen Spielräume zur Verfügung. Dies führt zum Kompetenzerleben, dem Erleben der sachverständigen Lösung von Problemen und der Erfahrung der eigenen Wirksamkeit.

Bezogen auf die didaktische Anwendung bietet der Konstruktivismus keine geschlossene Theorie. Meist werden einzelne Aspekte aus konstruktivistischen Theorien hervorgehoben und mit bekannten didaktischen Konzepten zusammengeführt. Reformpädagogische Ansätze, bei denen exemplarisches, erfahrungsbezogenes, offenes, handlungsorientiertes und entdeckendes Lernen im Vordergrund stehen, sind mit diesem Ansatz verwandt. So plädierte KERSCHENSTEINER (1907) bereits zu Beginn des letzten Jahrhunderts für das Konzept der Arbeitsschule, bei der der Lernende selbsttätig und mit authentischen Situationen konfrontiert wird. In der gleichen Tradition steht BRUNER (1966) mit seinem Konzept des entdeckenden Lernens. BRUNER forderte Möglichkeiten, selbstständig und explorativ Wissen zu erwerben, und setzte sich dafür ein, reale Situationen mit direkter Interaktion in das Unterrichtsgeschehen einzubinden. Neu bei der konstruktivistischen Lerntheorie ist vor allem die begriffliche Positionierung.

In Software-Angeboten findet dieses Lernmodell in hypermedialen Lernumgebungen Verwendung, dazu gehören die Repräsentation multipler Wissens-Kontexte von Lernumgebungen und Lösungsorientierungen, multimediale Präsentationen von authentischen Situationen und Aufgabenstellungen, Präsentationen von kollaborativen und kooperativen Arbeitszusammenhängen. Anwendungsbezogenes Lernen mittels konstruktivistischer Prämissen bietet die ***Simulation***. Um das Verständnis für kybernetische und systemische Prozesse besser zu verstehen, ist Simulationslernen mit technischen Medien (Multimedia, Internet) geeignet (vgl. TULODZIECKI 1999). Beim ***expertenunterstützten Lernkonzept*** dient Wissen zur Lösung von Aufgaben bzw. Fällen. Lernen wird mit Hilfe von Experten (Pädagogen, Internet, Bibliothek etc.) erreicht. Die Lernenden entscheiden selbstständig, ob ihr Wissen ausreicht oder Experten hinzugezogen werden.

Die Grundlage des konstruktivistischen Verständnisses von Lernen bildet das Konzept des situierten Lernens.

4.1.4.1. Das Konzept des situierten Lernens

Das situierte Lernen basiert auf authentischen Problemsituationen. Das jeweilige Lernen wird in reale Kontexte eingebunden. Der Transfer des erworbenen Wissens soll über die Adaption von konkreten Lebenssituationen hergestellt werden. Der Ansatz des situierten Lernens[4] sieht Lernen nicht als Resultat von Entscheidungsprozessen des einzelnen Individuums. Lernen ist nach dieser Auffassung in den materiellen und sozialen Kontexten (Lebenswelt) eingebunden. Unter keinen Umständen kann das Gelernte von den situativen Bedingungen, zu der auch historische und kulturelle Kontexte gehören, in der das Lernen stattfindet, getrennt werden (vgl. MANDL/GRUBER/RENKL 1997, S. 168). Lernen wird als Prozess aufgefasst, in dem personenexterne Komponenten, personeninterne Faktoren und die konkrete Situation eine Wechselbeziehung eingehen.

Lernen wird nicht mehr als Transport abstrakten Wissens verstanden. Beabsichtigt ist es, möglichst Lern- und Anwendungsgebiete zu gestalten, bei dem der instruktionale und der Anwendungskontext im engen Zusammenhang stehen. Entgegen dem Frontalunterricht, bei dem Schüler isoliert und ohne Hilfsmittel arbeiten, wird bei diesem Konzept in Gruppen gelernt und gearbeitet. Angestrebt wird kooperatives Lernen und Problemlösen, Hilfsmittel dürfen benützt werden und die Anwendungsbedingungen werden berücksichtigt. Geachtet wird auch auf die Nachhaltigkeit des erworbenen Wissens. „Das erworbene Wissen kann auch außerhalb der Lernsituation verwendet und eingesetzt werden, es findet also ein erfolgreicher Transfer statt" (ebd. S. 169).

Innerhalb des Ansatzes der situierten Kognition gibt es unterschiedliche Positionen. Es lässt sich ein kognitionspsychologischer und ein eher anthropologischer Ansatz unterscheiden (vgl. GERSTENMEIER/MANDL 1994). Insbesondere letztere Ansätze scheinen mir von besonderer Bedeutung, da Lernen in Wechselwirkung zur Lebenswelt gesehen wird. LAVE (zitiert nach MANDL/GRUBER/RENKL 1997, S. 169) betont den sozialen Kontext, da Lernen im Rahmen alltäglichen Handelns stattfindet. Nicht die Analyse rein kognitiver Strategien seien für das Lernen entscheidend, sondern ein dialektischer Prozess, der in der alltäglichen Situation verortet ist. ROGOFF (ebd.) hebt das soziale Milieu, in dem das Lernen verknüpft ist, hervor, und dass die soziale Umgebung dem Einzelnen eine Art kulturelles Curriculum vorschreibe. Geleitete Teilnahme an sozialen Prozessen führt nach diesem Verständnis zu erfolgreichem Lernen. „Durch die Unterstützung von kompetenteren Sozialpartnern erwerbe der Lernende kulturell und sozial angemessene Sichtweisen über den Lerngegenstand; er werde so zum Experten" (ebd., S. 169).

Alle situierten Ansätze – im Folgenden werde ich die *anchored instruction*, den *cognitive apprenticeship* und die *cognitive flexibility theory* hervorheben – sehen im aktiven Lösen von komplexen Problemen eine Verbesserung der Anwendungsqualität des zu erwerbenden Wissens. Das „Lösen-Wollen" des Problems begünstigt eine intrinsische Motivation. Realistische und authentische Situationen ermöglichen den Lernenden Anwendungskontexte zu integrieren. Damit das zu erwerbende Wissen nicht auf

4 Das situierte Lernkonzept besteht aus einer Synthese personeninterner Prozesse fokussierender kognitiver Theorien und Verhaltenstheorien, die ihre Konzentration auf situationale Verhaltensdeterminanten richten.

einen Kontext fixiert wird, gilt es, multiple Perspektiven zu vermitteln. „Dasselbe Lerngebiet ist zu verschiedenen Zeiten, in verändernden Kontexten, unter veränderter Zielsetzung und aus unterschiedlichen konzeptionellen Perspektiven zu beleuchten" (GRUBER/MANDL/RENKL 1999, S. 9). Ebenso gehört zu dem Konzept die Artikulation und Reflexion von Problemlösungskonzepten.

4.1.4.2. Der Anchored-Instruction-Ansatz

Der Anchored-instruction-Ansatz reagiert auf das Problem, dass zwar das Wissen gelernt, aber in realen Problemsituationen nicht angewendet werden kann. Die fehlende Wissensnutzung soll überwunden werden. Lerninhalte sollen in sinnvollen, problemorientierten und lebensnahen Kontexten verankert werden, so dass die Lernenden motiviert werden, eigenständig Themen zu explorieren, Probleme zu konstruieren und Lernergebnisse zu präsentieren. Beim geankerten Lernen (*anchored instruction*) ist Lernen in Kontexte und situatives Lernen eingebunden. Authentische Lernumgebungen werden kreiert, die auf ein offenes, explorierendes Lernen hin zielen. „Es gilt einen Anker zu finden, der die Aufmerksamkeit beim Lernen steuert und motivierend auf Lernaktivitäten wirkt" (KERRES 2001, S. 79). Der „Anker" soll Interesse auslösen und einen Anreiz bieten, explorativ und eigenständig Probleme zu erkennen, zu definieren und zu lösen. Die Lerninhalte werden in einer für die Lernenden motivierenden, sinnstiftenden Geschichte verpackt. Die Geschichte soll die Lernenden in eine realistische bzw. realitätsnahe Lernumgebung versetzen. Die Problemlösungen werden nicht von den Lehrenden vorgegeben, sondern von den Lernenden generiert. Die Problemlagen müssen als solche identifiziert und formuliert werden. Alle Informationen, die zur Problemlösung beitragen, sind an unterschiedlichen Stellen in das Ankermedium eingebettet. Ausgangspunkt des Lernprozesses sind somit nachvollziehbare Makrokontexte in narrativer Form. Mit Hilfe der in der Geschichte zur Verfügung gestellten Information, des Vorwissens und der Kreativität einer Kleingruppe werden die Probleme gelöst. Da die Geschichte nicht bis zum Ende erzählt wird, dies ist die Aufgabe der Lernenden, wird die Kompetenz, eigene Problemlösungsstrategien zu finden (generatives Problemlösen), gefördert.

Bei dem ursprünglichen Konzept war keine Unterstützung seitens der Lehrenden vorgesehen. Inzwischen werden oft Lehrsequenzen eingebaut, die auf grundlegende Techniken aufmerksam machen und mit gezielten Fragen werden gegebenenfalls „Blokkaden" überwunden. Zur Präsentation der Ankergeschichte sind textliche, mündliche und visuelle Präsentationen denkbar. Meist werden videobasierte „Anker" eingesetzt und/oder produziert, da sie auf Grund ihrer Anschaulichkeit, Informationsdichte und Einprägsamkeit besser als Druckmedien geeignet sind und ein flexibler Zugriff auf die einzelnen Sequenzen möglich ist. Charaktere und Szenerien können in Filmen durch Mimik, Gesten, Ästhetik und Musik lebhafter und eindrucksvoller dargestellt werden. Sie begünstigen die Erinnerungsfähigkeit und eine intensivere Identifikation mit den dargestellten Personen. Auch Lernende mit Schwierigkeiten im Leseverständnis können mühelos komplexe und vernetzte Problembereiche erfassen.

REINMANN-ROTHMEIER/VOHLE (2002, S. 347) sehen in der Integration narrativer Elemente (Analogien, Geschichten, begleitende Bilder) einen „Anker“, da die Narration unserem Leben zu Kontinuität verhilft und nicht nur den Ausdruck von Gedanken zulässt, sondern auch den von Gefühlen. Die Unmittelbarkeit und die soziale Komponente, die in der Narration gebunden ist, lässt sie als Muster von Wirklichkeitskonstruktionen erscheinen. „Gemeinsam sind allen Geschichten, dass sie konkrete Vorstellungen wie auch Gefühle hervorrufen, neue Denkmöglichkeiten aufzeigen und zu Veränderungen anregen. Vor allem aber sind Geschichten in ihrem Aufforderungs- und Motivierungscharakter Theorien überlegen, da sie Ordnung in gerade die Phänomene bringen, die für Menschen von besonderer Relevanz sind“ (ebd., S. 348). Ankermethoden erlauben sowohl eine Innen- als auch eine Außenperspektive einzunehmen. Es wird vermutet, dass das narrative Format günstige Auswirkungen auf den Transfer des Gelernten für spätere Handlungsanwendungen hat.

Der Anchored-instruction-Ansatz beschränkt die Lernenden nicht auf die Rolle von Wissensrezipienten, sondern lässt sie aktiv und gestalterisch am Lernprozess mitwirken. Da die Geschichten Einblicke in Themen anderer Fachrichtungen geben, wird dem fachspezifischen Blick entgegengewirkt. Mit Hilfe dieses multidisziplinären Ansatzes – die dargebotenen Problemsituationen berühren mehrere Fachrichtungen und berücksichtigen gleichzeitig unterschiedliche Perspektiven – sollen die Lernenden motiviert werden, transversal (Fächerübergreifend) zu denken, um Wissen flexibel anwenden zu können. Gleichzeitig werden die Lernenden bei der Entwicklung allgemeiner mentaler Situationsmodelle unterstützt.

4.1.4.3. Der Cognitive-Apprenticeship-Ansatz

Im Allgemeinen wird Wissen im Wesentlichen durch Lehrende und Bücher vermittelt, meist losgelöst vom praktischen Nutzen und von prozessualen Fähigkeiten (Probleme lösen). Der Ansatz des *cognitive apprenticeship* beabsichtigte ursprünglich, das implizite Wissen von Experten für das Lernen zugänglich zu machen (vgl. COLLINS/BROWN/NEWMAN 1989). Da in der Schule und in der Bildung meist Wissen abstrakt vermittelt wird und das praktische Einsetzen von Wissen sowie metakognitive Fertigkeiten vernachlässigt werden (lernen zu lernen), wird der Ansatz auch im Bildungsbereich eingesetzt, um diese Mängel zu beseitigen.

Traditionelle Ansätze aus der Handwerkslehre bilden den Ausgangspunkt eines Lehrkonzeptes (design of learning environments). Heute versteht man unter *cognitive apprenticeship* insbesondere eine interaktive Lernmethode zwischen Lernendem und Experten, die, wenn auch verändert, das traditionelle Meister-Lehrling-Verhältnis auf kognitive Lernziele anwendet. Wichtiger als spezielle Inhalte des gelehrten Stoffes gelten allgemeine, übertragbare Fähigkeiten. Als wichtiger wird angesehen, sich Strategien zum Lesen lernen zu merken, als den Text vom Inhalt her richtig verstanden zu haben. Die Motivation zum Lernen wird durch ein erkennbares, nachvollziehbares, konkretes Arbeitsziel erreicht. Transfers der gelernten Fertigkeiten in andere Lebensbereiche sind nur mittelbar gegeben. Die Lernziele sind so gestaltet, dass sie interessant und relevant erscheinen. Intensive Rückmeldungen über die Lernfortschritte sind Teil des Konzepts. Zentrale Methoden dieses Lernkonzepts sind:

- **Modelling** das Zeigen des Vorgehens eines Experten. Der Lernende beobachtet die angewandte Lösungsstrategie des Experten bei der Lösung eines authentischen Problems. Die nicht sichtbaren kognitiven Vorgänge (Überlegungen zur Lösung des Problems) werden vom Experten beschrieben und externalisiert.
- **Coaching** Verbesserungen, Korrekturen und Vorschläge seitens des Instruktors. Der Lernende bearbeitet selbstständig eine Problemstellung, die vom Experten durch gezielte Hilfestellung auf real vorliegende Probleme begleitet wird.
- **Scaffolding** der Experte gibt mittels einer Struktur und einer Anleitung ein unterstützendes „Gerüst" vor. Bei untergeordneten Zielen hilft er, bis das komplexere Lernziel erreicht wird. Teilaufgaben, die der Lernende noch nicht alleine durchführen kann, werden vom Experten übernommen.
- **Fading** Lernhilfen werden bei Wiederholung Stück für Stück zurückgenommen bzw. ausgeblendet, sobald der Lernende die Aufgabe selbst durchführen kann. Mit zunehmend selbstständiger Problembewältigung wird die Hilfe zunehmend verringert.
- **Articulation** Lernender und/oder Lehrender äußern die Denkprozesse bei der Problembearbeitung.
- **Reflection** die externalisierten Schritte beim Modelling und der Articulation werden verglichen. Es kommt zu Wiederholungen und zum Nachdenken über das Problemlösen.
- **Exploration** die Problemlösestrategien werden in praktische Aufgaben umgesetzt. Jetzt werden Transferleistungen vom Lernenden gefordert. Gefordert sind Erkundung und die selbstständige Lösung von Problemen.

„Mit dem Cognitive-Apprenticeship-Ansatz können explorative Lernschritte vollzogen werden, es kann sich eine heuristische, kommunikative und soziale Kompetenz angeeignet werden, wenn es den Lernenden ermöglicht wird, mit realistischen Problemen umzugehen und der Freiraum gelassen wird eigene Wissenskonstruktionen und Interpretationen vorzunehmen" (FRIES 2003, S. 1). Diese Methode findet insbesondere dann Verwendung, wenn es um die Lösung von (fach-)spezifischen Probleme geht. Wenn es um die Vermittlung zu generalisierender Probleme und Wissensdimensionen geht, hat diese Methode ihre Grenzen.

4.1.4.4. Der Cognitive-Flexibility-Ansatz

Der Cognitive-Flexibility-Ansatz kommt von der Expertisenforschung und geht auf SPIRO/JEHNG (1990) zurück. Ziel ist die geistige Flexibilität im Umgang mit komplexen Problemen. Komplexe Probleme (*ill-structured problems*) erfordern andere Fähigkeiten als einfach strukturierte Aufgaben. Diese Methode ist vor allem dann sinnvoll, wenn das vorhandene Wissen umstrukturiert und übertragen werden muss, da bereits vorhandene Schemata nicht angewandt werden können. *Cognitive flexibility* bedeutet daher das flexible Anwenden von Wissen und Strategien. Der Umgang und die aktive Nutzung und nicht das Weitergeben des zu lernenden Wissen steht im Vordergrund.

Der Ansatz intendiert, Vereinfachungen beim fortgeschrittenen Wissenserwerb in wenig strukturierten Gebieten zu verhindern. Die Lernenden setzen sich mit realen Komplexitäten und Irregularitäten auseinander. Fortgeschrittene Lerner lernen als Ergänzung zum herkömmlichen Unterricht die Vorteile von Hypertexten kennen. Es wird davon ausgegangen, dass der Wissenstransfer gefördert wird, wenn Inhalte aus verschiedenen Perspektiven erarbeitet werden (vgl. STAHL/BROMME 2000). Betont wird die zusammenhängende und netzartige Struktur des Wissens. Insbesondere die Produktion von Hypertexten eignet sich sehr gut, inhaltliche Zusammenhänge und Strukturen zu erschließen. Das Wissen wird aus verschiedenen Konzepten, ergänzt mit Fallbeispielen zusammengesetzt (assembly). Dieser Ansatz ist insbesondere für den fortgeschrittenen Wissenserwerb geeignet.

Charakteristisch für diesen Ansatz sind flexible Lerneinheiten, themengeleitetes und fallbasiertes Explorieren sowie die Verwendung multipler Repräsentationen des Wissens. Eingesetzt wird die Technik der *criss-crossing-landscapes*. Dieser Begriff stammt von WITTGENSTEIN (zitiert nach HÄFELE 1997). Komplexe Probleme sind demnach mit einer Landschaft vergleichbar, bei der es auch notwendig ist, verschiedene Positionen einzunehmen, um die Komplexität erfassen zu können. Das gleiche Konzept wird aus verschiedenen Perspektiven zu verschiedenen Zeiten in verschiedenen Kontexten unter veränderter Zielsetzung bearbeitet. Mit dieser multidirektionalen und multiperspektivischen Betrachtung des Lehrstoffs soll die kognitive Flexibilität mit dem Lehrstoff gefördert und gewährleistet werden, dass das erworbene Wissen facettenreich ist. Mit jeder neuen Perspektive sind neue Details und Aspekte, die vorher übersehen wurden, zu entdecken. Gelernt werden soll, dass das Gelernte flexibel angewendet werden kann und Etikettendenken vermieden wird.

Berücksichtigt wird bei diesem Ansatz die Überzeugung, dass Informationen, die über mehrere Sinneskanäle aufgenommen werden, besser erinnert werden. Zur Umsetzung der Theorie wird u.a. die nonlineare und multidimensionale *random access instruction* genutzt, mit deren Hilfe es möglich ist, eine multiple Sichtweise anzuwenden und das Material bzw. Objekt in verschiedenen Kontexten zu zeigen. Die unterschiedlichen Möglichkeiten des Zugriffs auf den Lerngegenstand sollen verdeutlicht werden. Es werden damit viele Wege in der Erforschung des Programms und des Lehrstoffs angeboten. Gleichzeitig hat der Nutzer auf das gesamte Material Zugriff. Obwohl dieses Programm hochflexibel ist, ist es trotzdem gut strukturiert.

4.1.5. Lernen als Innensteuerung

Konstruktivistische sowie kognitivistische Ansätze machen deutlich, dass die Kenntnis von Sachinformationen, Techniken und Methoden nicht genügt, um im umfassenden Sinne zu lernen bzw. Wissen anzueignen. Lernende werden nicht mehr als passive Gefäße wahrgenommen, in die Wissen „hineingeschüttet" wird. Die Konzentration auf die

Bedeutung des Auslösens eigenständigen Untersuchens und Entdeckens als Ausgangsbedingung der Fähigkeit, sich selbstständig Wissen anzueignen, wird insbesondere von den konstruktivistischen Ansätzen gefordert. Wissen entsteht nach diesem Ansatz allein durch die individuelle Konstruktion eines aktiven, selbstreflexiv Lernenden. Entscheidend bei den konstruktivistischen Ansätzen ist weiterhin, dass Lernen nicht als Folge von Außensteuerung (Wissen ist nicht übertragbar), sondern durch eine Innensteuerung eines selbstbestimmten Subjekts angesehen wird. Durch eine entsprechende Lernumgebung kann dieser Prozess unterstützt und begünstigt werden. Konstruktivistische Lerntheorien enthalten eine kommunikative Grundhaltung, da auf Grund des in ihm enthaltenen Subjektivismus die Erkenntnis von Wirklichkeit nicht als monokausal angesehen wird. Eine offene und tolerante Haltung gegenüber alternativen Konstruktionen und Positionen ist gegeben. Gesucht wird nach einer verständnisorientierten Erweiterung kognitiver Perspektiven und nach der Herbeiführung einer sozialen Verständigung (vgl. EULER 2002, S. 24).

Mit diesen Ansätzen wird der Dominanz der Lösung von Lernaufgaben möglichst auf abstraktem Niveau (diskursive Ebene), losgelöst von konkreten Lebenskontexten, entgegengewirkt. Lernen zielt daraufhin, anwendungsbezogenes, flexibles, integriertes und transferfähiges Wissen zu erzeugen. Die Perspektiven der Lernenden werden ernst genommen, die Lernvoraussetzungen werden berücksichtigt. Erst die Nutzung des Wissens wird als Bedingung für den Wissenserwerb betrachtet und erst aus der Einheit von Denken und Handeln entstehen die notwendigen kognitiven Strukturen. „Denken geht aus dem Handeln hervor, und es trägt – als echtes, d.h. noch nicht dualistisch pervertiertes Denken – noch grundlegende Züge des Handelns, insbesondere seine Zielgerichtetheit und Konstruktivität. [...] Denken geht aus dem Handeln hervor und wirkt ordnend auf dieses zurück“ (AEBLI, 1980, S. 26, zitiert nach: GUDJONS 1995, S. 208). Da Denken und Handeln nicht voneinander getrennt sind, gibt es keine vermittelnden kognitiven Funktionen. Bedeutung und Bewusstsein können während des Handelns und in Relation zu unseren Aufmerksamkeitsveränderungen entstehen.

Ebenso ist in diesen Modellen das Ziel erkennbar, „die gegenwärtig bestehende Kluft zwischen der impliziten und intuitiven Art des Lernens in der Kindheit bis zum Schulalter und dem eher außengeleiteten Lernen in der Schule, in der das systemvermittelnde Vorgehen immer noch bestimmend ist, zu verringern“ (REINMANN-ROTHMEIER/MANDL 1994, S. 63). Auch die außerschulische Pädagogik kann von den konstruktivistischen Ansätzen erheblich profitieren, zumal das intuitive Lernen schon längere Zeit zu ihrem Selbstverständnis gehört. Im Vergleich zum schulischen Lernen hat die außerschulische Pädagogik den großen Vorteil, das Lernen in die Lebenswelt zu verlagern bzw. im engen Kontext zur Lebenswelt zu gestalten. Da darüber hinaus in der Regel auch kein Faktenwissen, sondern eher Persönlichkeitswissen vermittelt wird, lassen sich die Grundprinzipen des situierten Lernens problemlos anwenden.

Nachteile dieses Lernverständnis ist der hohe Zeitaufwand, der notwendig ist. Meist werden die hier skizzierten Ansätze „nur“ im Projektunterricht umgesetzt. Auch hier zeigt sich der Vorteil der außerschulischen Pädagogik. In diesem Lernraum gibt es nicht nur mehr Zeit, sondern die Zielorientierung kann offen gestaltet werden und ist keinem Curriculum unterworfen. Das eröffnet das Potenzial für eigenständige Lernprozesse. Kritisiert wird an diesem Ansatz, dass es keine zu vermittelnde objektive Realität mehr gibt, da immer individuell konstruiert wird. Bezogen auf die wissenschaftstheoretische Position teile ich diese Auffassung. Im Lebensalltag gibt es jedoch mehr gemeinsame Bezüge bei der Aneignung von Wirklichkeit. Auf Grund phylogenetischer, ontogenetischer, gesellschaftlicher und sozialisationsbedingter Erfahrungen gibt es einen nicht unerheblicher Vorrat an Konsensmustern (generalisierte Skripte). Sie führen dazu, dass ein großer Anteil unserer Wahrnehmungswelt ähnlich aufgenommen und interpretiert wird. Wenn auch bei jedem Einzelnen die Welt subjektiv generiert wird, so lässt sich doch beobachten, dass bei fast allen Menschen eine Senkrechte Unruhe und eine Waagerechte Ruhe auslöst, ein Kreis Geborgenheit vermittelt und ein Dreieck Spannung. Die generalisierenden Muster sind Vorzugsleserichtungen, die aber auf Grund subjektiver Konstruktionen umgedeutet werden können. Entscheidend ist, dass die Möglichkeit einer Dekonstruktion, einer alternativen Deutung immer mit erwogen werden muss.[5]

Orientierungs- und Erfolglosigkeit können die Motivation und den Lernerfolg beeinträchtigen, wenn beim entdeckenden Lernen unlösbare Probleme auftauchen. Instruktionale Maßnahmen zur Unterstützung sind daher in Einzelfällen auch bei explorativen Lernumgebungen durchaus sinnvoll. Instruktion und Konstruktion schließen sich keineswegs völlig aus. Entscheidend ist, dass im Lehr-/Lernprozess an zentralen Stellen entdeckendes und selbstständiges Lernen ermöglicht wird. „Für eine effektive Gestaltung von Lernumgebungen ist es allerdings weniger wichtig, dass in jeder Situation alle möglichen Neuerungen aufgegriffen und umgesetzt werden. Entscheidend ist vielmehr, die Auswahl von didaktischen Grundorientierungen und Methoden in Abhängigkeit von aktuellen situativen Bedingungen, den Lernenden und ihren Voraussetzungen sowie den Zielen und Inhalten der Instruktion zu treffen“ (REINMANN-ROTHMEIER/MANDL 1994, S. 61). Der situationsspezifische Wechsel zwischen aktiver und reaktiver Position des Lehrenden und aktiver und zeitweiser rezeptiver Position der Lernenden wird auch als *problemorientierte Lernumgebung* bezeichnet.

4.2. Die vielfachen Intelligenzen

Insbesondere bei den konstruktivistischen Ansätzen wird die Notwendigkeit eines multiperspektivischen Lernens hervorgehoben, da von der Prämisse ausgegangen wird, dass Wissen subjektiv generiert wird. In diesen Kontext passen die Forschungen von GARDNER (2001, 2002), der sich gegen die Auffassung wehrt, Intelligenz sei als ganzheitliche, homogene, allgemein messbare, singuläre Eigenschaft zu betrachten. Er hat demgegenüber die These von der multiplen Intelligenz formuliert. GARDNER defi-

5 In der Fachdiskussion sind Extrempositionen (radikaler Konstruktivismus) in der Minderheit.

niert Intelligenz „als biopsychologisches Potenzial zur Verarbeitung von Informationen, das in einem kulturellen Umfeld aktiviert werden kann, um Probleme zu lösen oder geistige oder materielle Güter zu schaffen, die in einer Kultur hohe Wertschätzung genießen" (GARDNER 2002, S. 46f.). Für ihn ist Intelligenz nicht nur sichtbar und zählbar, sondern vor allem ein Potenzial, dessen Aktivierung von der jeweiligen Kultur, den Sozialisationsagenten (Eltern, Lehrer) und der Person abhängig ist. Er geht von der Hypothese aus, dass jeder Mensch über ganz unterschiedliche Fähigkeiten und Möglichkeiten verfügt, Fertigkeiten zu erlernen. Im Mittelpunkt der Förderung stand in den letzten Jahrzehnten insbesondere in der schulischen Bildung die sprachliche und die mathematisch-logische Intelligenz. Andere Formen der Intelligenz fanden kaum Berücksichtigung und wurden nur peripher gefördert.[6] GARDNER (2001) ging ursprünglich von sechs Intelligenzen aus. In seiner letzten Veröffentlichung hat er drei weitere Intelligenzen in sein Konzept integriert (GARDNER 2002).

Nach GARDNERS Auffassung lassen sich die unterschiedlichen Fähigkeiten des Menschen klar abgrenzen. Sie entwickeln sich unabhängig voneinander, haben eine gleichwertige Stellung, aber unterschiedliche Aufgaben und sind während des gesamten Lebens verfügbar. Ich teile die Auffassung, dass sich unterschiedliche Intelligenzen identifizieren lassen, die hierarchisch nicht unterschieden werden dürfen, gehe aber davon aus, dass sie nicht isoliert voneinander zu sehen sind. Sie können sich durch kreuzmodale Verknüpfung gegenseitig beeinflussen, wenn die entsprechenden synaptischen Schaltungen aus der Kindheit bewahrt wurden (vgl. Kap. 2.1.). Gleichwohl hat GARDNER mit seinen Veröffentlichungen den Blick für die Komplexität des Denkens und Lernens geschärft. Aus diesem Grunde scheint es mir sinnvoll, die einzelnen Intelligenzen vorzustellen.

1. Sprachliche Intelligenz

Die sprachliche Intelligenz ermöglicht uns Schreiben, Lesen und das Sprachverstehen, die Kommunikation und den Sprachgebrauch in jeglicher Form. GARDNER (2001, S. 77-99) subsumiert darunter ebenso die Fähigkeit, Sprache treffsicher einzusetzen, sprachliches Ausdrucksvermögen oder das Talent, Metaphern zu bilden, um die eigenen Gedanken auszudrücken und zu reflektieren. Sprache im schriftlichen Ausdruck ermöglicht das Fixieren von Vorstellungen und Erinnerungen. In der gesprochenen Sprache kommt dagegen die Darstellung unserer eigenen Persönlichkeit zum Ausdruck. Ein wichtiger Bestandteil der sprachlichen Intelligenz ist die Fähigkeit, andere zu verstehen. Vier Aspekte hebt GARDNER (vgl. ebd., S. 81f.) besonders hervor: den rhetorischen Aspekt, das mnemotechnische Potenzial der Sprache (Daten zu erinnern), die erklären-

6 Während in unserem Bildungssystem die Leistungsstärke eines Kindes nach den sprachlichen und/ oder mathematischen Fähigkeiten bewertet wurden und werden, betont GARDNER (2002, S. 43), dass die Leistung auf einem Gebiet nichts aussagt über die Leistungen in anderen Bereichen. Manche Kinder sind vielseitig begabt, andere wiederum verfügen über ein auf einzelne Bereiche fokussiertes Begabungsprofil.

de Funktion und die Möglichkeit, die eigenen Aktivitäten zu erklären. Diese Intelligenz findet sich häufig bei Dichtern, Schriftstellern, Rednern, Politikern, Journalisten, Rechtsanwälten und Sprachwissenschaftlern.

2. Logisch-mathematische Intelligenz

Die logisch-mathematische Intelligenz beschreibt die Fertigkeit, mit Zahlen, Mengen, Formeln, mathematischen Gesetzen und mentalen Operationen umzugehen sowie durch Abstraktionen oder formale Analogien Ähnlichkeiten zwischen Dingen zu erkennen (vgl. ebd., S. 124-159). Die Untersuchung wissenschaftlicher Fragen, Problemlösen, durch Denkprozesse richtige Folgerungen und Beziehungen abzuleiten, folgerichtige Schlussfolgerungen und Beweisketten zu bilden, nicht nur für mathematische Aufgabenstellungen, gehören zu dieser Intelligenzart. „Das Wichtigste an der mathematischen Meisterschaft ist die Fähigkeit, wichtige Probleme zu erkennen und zu lösen" (ebd., S. 137). Wissenschaftler, Logiker, Naturwissenschaftler, Computerfachleute und auch Philosophen verfügen über diese Intelligenz.

3. Musikalische Intelligenz

Zur musikalischen Intelligenz zählt GARDNER (ebd., S. 100-123) die Eignung, Tonfolgen korrekt wahrzunehmen und herstellen zu können, das Beherrschen eines Instruments, das Komponieren und Aufführen eines Musikstücks, ein besonderes Gespür für Intonation, Rhythmik und Klang, aber auch ein subtiles Gehör und Sinn für musikalische Prinzipien. Musikalische Intelligenzen kann mit der sprachlichen, räumlichen oder kinästhetischen Intelligenz zusammenhängen. Sie umfasst die Wahrnehmung sowohl auf hörende Weise als auch über die Bewegung. „Musik kann eine Methode sein, Gefühle und Wissen über Gefühle zu verkörpern und sie über die Interpreten dem aufnahmebereiten Zuhörer mitzuteilen" (ebd., S. 121). Durch die Regeln der Musiklehre besteht auch eine Verbindung zur mathematischen Intelligenz. Vertreter dieser Intelligenz sind Dirigenten, Musiker und Komponisten.

4. Räumliche Intelligenz

Des Weiteren zählt GARDNER (ebd., S. 160-190) das räumliche Wahrnehmungsvermögen bzw. die räumliche Intelligenz zur multiplen Intelligenz. Erst durch diese Intelligenz ist die Wahrnehmung von Formen und Gegenständen sowie deren Einschätzung bezüglich der Entfernung, Größe und Position möglich. Es ist dabei nicht nur die Fähigkeit gemeint, sich im Raum zurechtzufinden, Figuren zu bilden und zu verändern, ein Mosaik zu vervollständigen oder innere geistige Bilder zu erzeugen. Die räumliche Intelligenz umfasst die gesamte Vorstellungskraft des Menschen. Durch diese Intelligenzart wird die Erinnerung an Bilder, strategisches Handeln sowie die Generierung von Zukunftsvisionen und -planungen beeinflusst. „Wichtig für die räumliche Intelligenz ist die Kapazität, die visuelle Welt richtig wahrzunehmen, die ursprüngliche Wahrnehmung zu transformieren und zu modifizieren und Bilder der visuellen Erfahrung auch dann zu reproduzieren, wenn entsprechende physische Stimulierungen fehlen" (ebd.,

S. 163). Architekten, Chirurgen, Künstler, Bildhauer, Schachspieler, Seefahrer, Piloten, Grafiker und auch Kartographen sind Vertreter dieser Intelligenzart.

5. Körperlich-kinästhetische Intelligenz

Unter dieser Intelligenzart versteht GARNDER (ebd., S. 191-217) die Beherrschung, Kontrolle und zielgerichtete Koordination des Körpers, einzelner Körperteile und der Körperbewegungen zur Problemlösung und zur Gestaltung von Produkten. Untergliedern lässt sich die motorische Intelligenz in eine Körper- und eine Bewegungsintelligenz, die Fähigkeit zum körperlichen Ausdruck und Steuerung der Bewegungsabläufe. Der Körper ermöglicht uns den Kontakt zur Umwelt. Erst durch ihn können wir uns selbst spüren, nur über ihn finden wir unseren Ausdruck. „Charakteristisch für eine solche Intelligenz ist die Fähigkeit, seinen Körper sehr differenziert und geschickt sowohl zu expressiven als auch zu zielgerichteten Zwecken einzusetzen" (ebd., S. 192). Diese Fähigkeit findet sich häufig bei Chirurgen, Handwerker, Sportlern, Schauspielern, Artisten und Tänzern.

6. Interpersonale Intelligenz

Diese Intelligenzart bezieht sich auf die Interaktion mit den Mitmenschen. Interpersonale Intelligenz bedeutet, kommunikative Kompetenzen zu haben, das Gefühlsleben anderer Menschen nachempfinden und darauf entsprechend reagieren zu können (vgl. ebd., S. 218-253).[7] Dazu gehört auch Absichten, Motive und Wünsche anderer verstehen zu können und kooperativ darauf zu reagieren, aber auch die Fähigkeit, „Unterscheidungen zwischen anderen Individuen wahrzunehmen und zu treffen; insbesondere zwischen ihren Stimmungen, Temperamenten, Motiven und Absichten" (ebd., S. 220). In der entwickelsten Form erlaubt diese Intelligenzart verborgene Absichten und Wünsche anderer Personen zu erkennen und handlungsorientierte Strategien zu entwickeln. Therapeuten, Ärzte, Politiker, Lehrer, Verkäufer, Schauspieler und auch religiöse Führer sind Vertreter dieser Intelligenz.

7. Intrapersonale Intelligenz

Intrapersonale Intelligenz bezieht sich auf die Wahrnehmung der eigenen Emotionen und des entsprechenden Ausdruckverhaltens. Sich selbst zu verstehen, ein lebensgerechtes Bild der eigenen Persönlichkeit zu entwickeln und dieses Wissen im Alltag zu nutzen, gehört zu den Potenzialen dieser Intelligenzart. Die Charakteristika der intrapersonalen Intelligenz sind die Fähigkeiten, Impulse zu kontrollieren, eigene Grenzen zu kennen und mit den eigenen Gefühlen geschickt umzugehen. Diese Form der Intelligenz eröffnet Zugänge zum eigenen Gefühlsleben, den persönlichen Motiven und den

7 Während GARDNER (2001, S. 218) anfangs die interpersonale und intrapersonale Intelligenz als Teil der personalen Intelligenz einstufte, differenzierte er diese beiden Aspekte in einer späteren Veröffentlichung (vgl. GARDNER 2002, S. 57)

Emotionen. „In der primitivsten Form stellt die intrapersonale Intelligenz wenig mehr als die Kapazität dar, ein Gefühl der Lust von einem Gefühl des Schmerzes zu unterscheiden und sich auf der Basis diese Einordnung entweder mehr auf eine bestimmte Situation einzulassen oder sich ihr zu entziehen. Auf der höchsten Ebene erlaubt die intrapersonale Kenntnis, bei sich selbst komplexe und höchst differenzierte Gefühle zu entdecken und zu symbolisieren" (ebd., S. 219). Diese Intelligenzart ist bei Künstlern, Schauspielern und Schriftstellern oft zu beobachten.

8. Naturkundliche Intelligenz

Die naturkundliche Intelligenz beinhaltet, Sensibilität für Naturphänomene zu entwickeln und die Fähigkeit, Unterscheidungen treffen und begründen zu können (GARDNER 2002, S. 61-69). Dazu gehört, Lebendiges zu beobachten, zu unterscheiden und zu klassifizieren. Biologen, Botaniker, Förster, Tierärzte und auch Köche beherrschen häufig diese Intelligenzart.

9. Spirituelle Intelligenz

Als Teil von sozialer Intelligenz, zu der GARDNER auch die inter- und intrapersonale Intelligenz zählt, sieht er das spirituell-existenzielle Vermögen, das Erfassen und Durchdenken von grundlegenden Fragen der Existenz und somit die Sensibilität für Grund- und Grenzfragen des Lebens (ebd., S. 69-78). Fragen nach dem woher wir kommen, wer wir sind und wohin wir gehen, stehen bei dieser Intelligenzart ebenso im Fokus, wie die Frage nach dem Sinn des Lebens und der Art unserer Beziehungen außerhalb des uns Vertrauten und zu Wesen außerhalb der Grenzen unserer Vernunft. GARDNER ist bewusst, dass jede Auffassung des Geistigen als Spiritualität im akademischen Umfeld höchst umstritten ist, daher bedarf es nach seiner Auffassung weiterer Belege, um zu bestimmen, ob es sich dabei um eine eigene Intelligenz handelt. Er bezeichnet diese Intelligenzart daher als potenzielle Intelligenz. „Es gibt unbestreitbar Menschen, die Spiritualität, das Gefühl, mit dem Kosmos verbunden zu sein, ausstrahlen und anderen das Empfinden vermitteln, in gleicher Weise berührt zu sein und dadurch größere Seins- und Selbstgewißheit oder eine engere Verbindung zum Transzendenten erlangt haben" (ebd., S. 75). Spirituelle Führer (z. B. Dalai Lama) und philosophische Denker sind Vertreter dieser Intelligenzform.

10. Emotionale Intelligenz

Ergänzend zu GARDNER halte ich es für angebracht, die emotionale Intelligenz, die der intrapersonalen Intelligenz ähnelt aber nicht mir ihr identisch ist, in das Konzept der multiplen Intelligenz zu integrieren. GOLEMAN (1996) hat diese Intelligenzart bekannt gemacht. In der Regel sind die Menschen in der Lage die Bedeutung der emotionalen Intelligenz intuitiv zu verstehen. Darunter ist ein Ensemble von Fähigkeiten zu verstehen, die mit der Kenntnis und Beherrschung des Gefühlslebens zusammenhängen, so z.B. zwischen eigenen Gefühlen und Emotionen und denen von anderen Personen unterscheiden und diese Affekte einschätzen, kontrollieren und für eigene Handlungen und das eigene Denken nutzen zu können. In seinem Buch *EQ Quadrat. Der Erfolgsquotient* präsentiert GOLEMAN (1999) Belege dafür, dass die emotionale Intelligenz der Erfolgsfaktor schlechthin zu sein scheint. Je höher der Job in der Hierarchie steht, desto wichtiger werden Entscheidungen, die aus dem Bauch heraus getroffen werden müssen. Die Befähigung zum Einfühlungsvermögen, der Fremdwahrnehmung, der Anpassungsfähigkeit, der Konfliktstärke, der Lernbereitschaft und des Kooperationswillens scheinen erheblichen Einfluss auf Erfolg zu haben.

Die Herausforderung in der schulischen und außerschulischen Bildungsarbeit besteht nicht nur darin, die jeweiligen spezifischen Intelligenzen der Lernenden zu erkennen, sondern die vorhandenen Potenziale auszubauen und verkummerte Potenziale zur Entwicklung zu bringen. MÜNDEMANN (2000, S. 66) betont, dass es möglich ist, eine stetige Weiterentwicklung unserer Intelligenzen und neue Ausprägungen in jedem Alter zu fördern. Gleichwohl ist dies kein einfaches Unterfangen, da, wie bereits ausgeführt, die Lernskripte oft wenig flexibel sind. Umso wichtiger ist es, in der Phase der Kindheit und Jugend eine Vielfalt an Entwicklung zu begünstigen. Das gilt aber nicht nur für die Intelligenzart, sondern auch für den Lerntyp.

4.3. Lerntypen

Verschiedene Bedürfnisse beim Lernen und eine unterschiedliche Lerneffektivität führten zur Erkenntnis unterschiedlicher Lerntypen. „Jeder Erwachsene hat seinen eigenen Lernstil, um notwendige Verhaltensänderungen einzuleiten und einen individuellen Kognitionsstil, mit Informationen umzugehen“ (KLIMSA 1993, S. 263). Bereits 1968 unterschieden FISCHER/FISCHER (1968) zwischen „Zuwachslernern“, „intuitive Lernern“, „Sinnesspezialisten“, „Sinnesgeneralisten“ und „emotionell Beteiligten“. Der Impuls von KOLB (1972) für die Lerntypen-Diskussion wird an späterer Stelle gewürdigt, da er insbesondere ein aktuelles Konzept von HALLER (1992, 2002) maßgeblich beeinflusst hat. PASK (1976) ging von einem dualistischen Ansatz aus. „Serialisten“, die stufenweise von Konkretionen zu Abstraktionen gelangen, stellte er „Holisten“, die permanent zwischen Konkretionen und Abstraktionen interferieren sowie „Versatilen“, die kontextbezogen beide Muster anwenden können, gegenüber. Bezogen auf Erwachsene in der beruflichen Weiterbildung hat SCHRADER (1994) eine additive Typologie vorgelegt („Theoretiker“, „Anwendungsorientierte“, „Musterschüler“, „Gleichgültige“ und „Unsichere“).

Obwohl diese Zusammenhänge in der wissenschaftlichen Diskussion seit längerer Zeit bekannt sind und zur Alltagserfahrung gehören, wird dieser Sachverhalt in der Regel in der Bildung und Ausbildung ignoriert. Da es unterschiedliche Lerntypen gibt, ist es für Lehrende notwendig, den Unterricht so zu gestalten, dass unterschiedliche Sinnesorgane bzw. Denkmuster angesprochen werden. Die einzelnen Lerntypen benutzen verschiedene Lernstile. Es gibt Theorien, die davon ausgehen, dass die Chancen steigen, das eben Erlernte zu behalten und somit die Lernleistungen gesteigert werden, wenn mehrere Sinne angesprochen werden (vgl. DALE 1946, MICHAEL 1983). Die „naive Annahme“ sukzessiver Wirkungszusammenhänge[8] durch die Verknüpfung mehrerer Sinne konnte jedoch bisher nicht bewiesen werden (vgl. WEIDENMANN 1997, S. 68f.). Auf den Lernprozess wirken unterschiedliche Faktoren, wie z.B. die kognitiven Voraussetzungen (z.B. Kompetenz im hypermedialen Denken), das Arrangement (Design) bzw. die Verknüpfung der unterschiedlichen Bestandteile (Montage) einer Unterrichtseinheit oder einer multimedialen Präsentation, die Motivation (thematisches Interesse), die Komplexitätsstruktur des Lernprozesses und die Frage, ob Möglichkeiten geboten werden, interaktiv bei dem Lernen beteiligt zu sein (vgl. AUFENANGER 1999, S. 5).

Erstaunlich ist, dass in der erziehungswissenschaftlichen Diskussion in der Regel die Annahme von Lerntypisierungen verneint wird. „Es gibt keine typischen ‚Verbalisierer‘ oder ‚Visualisierer‘ (ebd., S. 5), während die für die Fortbildung in Industrie und Wirtschaft Verantwortlichen behaupten, mit der bewussten Nutzung dieser Unterscheidung erfolgreich weiterbilden zu können (vgl. FRANTZEN 2000; HERRMANN 1991; HERRMANN 1997; MÜNDEMANN 2000)[9]. Offen bleibt natürlich, was Erziehungswissenschaftler und was die Unternehmensberater unter „lernen“ und „bilden“ verstehen. Für AUFENANGER (1999) spielt die Pädagogik immer noch die wichtigste Rolle. Dem kann ich folgen, wenn beim Begriff „Pädagogik“ die Lernumgebung integriert ist. Wenn aber AUFENANGER, hier der These von WEIDENMANN (1997, S. 78f.) folgend, als eines der wichtigsten Ergebnisse über das Lernen mit neuen Medien behauptet, die Instruktionsmethode habe Vorrang vor der Präsentationsweise, habe ich Zweifel, ob dies für alle Lernenden zutrifft. Dies gibt erst einmal einen Hinweis auf die Lernphilosophie, die von den beiden Autoren favorisiert wird. Wenn, so meine Gegenthese, die Präsentationsweise sich mit den Möglichkeiten der eigenständigen Aneignung verbindet (Selbstlernprozesse), die Seh- und Wahrnehmungsdominanzen berücksichtigt und differente Angebote für unterschiedliche Lerntypen einbezogen und die oben erwähnten weiteren beeinflussenden Faktoren nicht vernachlässigt werden (Lernumgebung), erst dann kann Lernen sich in optimaler Wiese entfalten.[10] Daher scheint

8 Wir behalten 20 % von dem, was wir nur hören. Wir behalten 30 % von dem, was wir nur sehen. Wir behalten 50 % von dem, was wir hören und sehen. Wenn wir etwas sowohl hören als auch sehen und darüber zusätzlich diskutieren, behalten wir davon 70%. Und wir behalten 90%, wenn wir das, was wir hören und sehen und worüber wir diskutieren auch selbst tun (vgl. KONNERT/SENFTLEBEN zitiert nach Lernen lernen, *http://www.zeitzuleben.de/inhalte/denken_lernen_kreativitaet/lernen/lernen_1.html).*

9 In der Praxis scheint es offensichtlich zu funktionieren, wenn von unterschiedlichen Typisierungen ausgegangen wird, obwohl nach wissenschaftlichen Kriterien keine Zusammenhänge nachweisbar sind (Der Volksmund sagt dazu: Praxis ist das, was funktioniert, und keiner weiß warum. Theorie ist das, was richtig ist, aber nicht funktioniert). Möglicherweise kann ja alleine schon die Berücksichtigung von unterschiedlichen Lernstilen motivationsförderndes Lernen auslösen, da sich die Lernenden ernst genommen fühlen (gewürdigt in ihrer Differenziertheit).

10 AUFENANGER stimme ich dem Punkt zu, dass eine Multimedia-CD oder ein tutoriell nicht begleitetes E-Learning-Programm als Lernmedium nicht genügt, um umfassende Bildungsprozesse

mir die Auffassung von TULODZIECKI (1999, S. 10), das Lern-Lehrkonzept habe Vorrang vor den Präsentationsweise angemessener.

Die FH Darmstadt bietet in hohem Maße naturwissenschaftlich-technisch orientierte Studiengänge an. Im Verlauf ihres Studiums müssen die Studenten Scheine im Fachbereich Sozial- und Kulturwissenschaften (SuK) machen. Alternativ zu den SuK-Scheinen können sie diese Scheine (in speziell dafür offenen Lehrveranstaltungen) im Fachbereich Sozialpädagogik machen. Bereits nach der zweiten und spätestens nach der dritten Lehrveranstaltung ist es untrüglich festzustellen, wer einen SuK-Schein machen will (Techniker) und wer Sozialpädagoge ist. Die unterschiedlichen Lernzugänge dieser Zielgruppen sind deutlich zu erkennen. Die gleichen Erfahrungen habe ich auch bei Projekten in der außerschulischen Bildung gemacht. Die Lernstile der Jugendlichen des Praunheimer Jugendclubs (Gymnasiasten), die ein Jugendserverportal aufgebaut haben (vgl. Kap 9.1.), unterscheiden sich vehement von Jugendlichen, die im Jugendhaus Go In (Hauptschüler) in Darmstadt-Eberstadt (vgl. Kap. 7.1.) eine Multimedia-CD produzierten. Während den Praunheimern eine intuitive, wahrnehmungsdominante Herangehensweise fremd war (in dieser Gruppe dominierte der logisch-rationale Typ), hätten wir in Eberstadt mit hoher Wahrscheinlichkeit keine Chance bekommen, die Jugendlichen zu motivieren, eine CD-ROM zu produzieren, wenn wir ihre spezifischen Lerndispositionen nicht in der Konzeptplanung berücksichtigt hätten.

Gerade in der außerschulischen Jugendarbeit, wo es keinen Notendruck gibt, sondern die Freiwilligkeit als Grundprinzip des pädagogischen Lernprozesses herrscht, funktionieren Lernprozesse auf Dauer nur in den Zusammenhängen, in denen wie oben die Lernumgebung „passend" ist. Das bedeutet nicht nur, aber auch, die Unterschiedlichkeit von Lernstilen ernst zu nehmen. Allerdings gibt es eine Vielzahl von Kriterien, nach denen Lernstile und Lerntypen unterschieden werden, so dass es kaum möglich scheint, sie zu operationalisieren. Dann darf nicht vernachlässigt werden, dass es sich bei den meisten Unterscheidungen um analytische Differenzierungen handelt. Wenn es auch denkbar ist, dass einzelne Lerner über einen „Lieblingskanal" verfügen, bevorzugen die meisten Menschen eine Kombination aus verschiedenen Lernstilen, d.h. die Wahrnehmungsstile (favorisierte Lernstile) bestehen meist aus Mischtypen.

Bezogen auf die Informationsbeurteilung wird unterschieden zwischen sachorientiertem oder wertorientiertem Typ. Steht die Informationsaufnahme im Vordergrund, wird differenziert in einzelfaktenorientiert oder ganzheitlicher Typ. Steht die Vorgehensweise im Blickpunkt der Unterscheidung, lauten die Differenzierungen logisch-analytisch, intuitiv und eperimentell. Wird von der Persönlichkeit ausgegangen, werden die Kriterien introvertiert und extrovertiert herangezogen.

Die Lerntypbestimmung von FRANTZEN (2000, S. 115) basiert auf dem „Myers-Briggs-Typenindikator" (MBT). Wahrnehmungsorientierte und persönlichkeitsorientierte Unterscheidungen sind in seinem Konzept der divergierenden Lernstile integriert. Er

zu begünstigen. Als ergänzendes Medium um deklaratives oder prozessuales Wissen zu vermitteln, kann es im Einzelfall durchaus eine wertvolle Hilfe sein.

gliedert seine Typisierung nach der bevorzugten Beurteilung (außenorientiert – innenorientiert), der bevorzugten Wahrnehmung (über die fünf Sinne oder intuitiv) und der bevorzugten Beurteilung (analytisch oder gefühlsmäßig).[11]

Steht die Wahrnehmung im Zentrum der Unterscheidung, lassen sich folgende Lerntypen differenzieren:

- **Visueller (optischer) Lerntyp**
  Um Sachverhalte zu verstehen, benötigt dieser Lerntyp Texte zum Lesen, Bilder, Illustrationen, Animationen oder Videos. Dieser Lerntyp lernt am besten mit Grafiken oder Schautafeln, die einen Überblick geben. Vorträge ohne visuelle Unterstützung bereiten diesem Lerntyp Schwierigkeiten. Erfolgreich lernt dieser Lerntyp mit Clustering und Mind Maps.
- **Auditiver Lerntyp**
  Dieser Lerntyp lernt bevorzugt durch Zuhören, er kann sich gut Vorträge einprägen, wenn er den Lernstoff hört. Geräusche empfindet er als ablenkend. Er kann gut mit Tonaufnahmen (Kassettenprogrammen) lernen oder durch lautes Wiederholen eines gelesenen Textes. Auditive Lerner führen gerne Selbstgespräche.
- **Kinästhetischer Lerntyp**
  Dieser Lerntyp lässt sich als handlungsorientiert beschreiben. Er lernt bevorzugt durch aktives Tun und Ausprobieren, durch Rollenspiele, Übungspräsentationen, Planspiele oder in Lerngemeinschaften bzw. bei Gruppenaktivitäten.
- **Motorischer Lerntyp**
  Dieser Lerntyp ist ein Mischtyp zwischen auditiv-kinästhetisch oder visuell-kinästhetisch. Zentraler Aspekt ist, dass die Bewegungsabläufe und der eigene Körper im Vordergrund stehen. Dieser Lerntyp kann sich über Rhythmik, szenische Darstellungen, gestisches Mitagieren, Grafiken und Modelle den Lernstoff gut aneignen.

Denkgewohnheiten werden in den Vordergrund gestellt, wenn folgende Unterscheidungen Kriterium für die Lerntypbestimmung sind:

- **Linear-analytischer Lerntyp**
  Dieser Lerntyp bevorzugt hierarchisch gegliederte, vorstrukturierte, eher sequenziell präsentierte Lehrangebote. Bevor gehandelt wird, werden kognitive Überlegungen angestellt. Ihm bereitet es keine Probleme, mit Texten zu arbeiten.
- **Chaotisch-holistischer Lerntyp**
  Dieser Lerntyp handelt und kommuniziert zuerst. Er greift erst nach korrigierenden

11 Mit einem allerdings aus einem geringen Sample von Fragen bestehenden Test kann jeder seinen Lerntyp nach der Frantzen-Typologie testen (*http://images-www.managerseminare.de/materialien/Lerntyp.pdf*).

Informationen, wenn der Lernweg blockiert ist. Er kommt gut mit Hypertext-Strukturen zurecht. Für ihn ist das Experimentieren und Ausprobieren ganz wichtig.

- **Visueller, auditiver und kinästhetischer Lerntyp**
  Dieser Lerntyp benötigt ein konkretes Handlungsziel. Sinnvoll ist es für ihn, die Zielorientierung mit anderen zu besprechen. Vorteilhaft ist für ihn, Checklisten einzusetzen, ständig zu agieren und punktuell zur Vertiefung auf ergänzende bzw. erweiternde Informationen zurückzugreifen. Dieser Lerntyp lernt durch Tun und wünscht sich eine angenehme Lernumgebung. Gesten und der Drang sich zu bewegen sind typisch für den kinästhetisch orientierten Lerner.

KOLB (1972) hat bereits früh ein elaboriertes Modell entwickelt. Er bezog sich mit seinem Modell auf PIAGETs Verständnis von Assimilation und Akkodomation. Vier Grundkomponenten („Konkrete Erfahrung“, „Reflektiertes Beobachten“, „Abstrakte Begriffsbildung“ und „Aktives Experimentieren“) verknüpfte er mit zwei bipolaren Dimensionen. Daraus ergaben sich vier Grundtypen, die er als „Divergierer“ (Neigung zu konkreter Erfahrung und reflektiertem Beobachten), „Assimilierer“ (Neigung zu reflektiertem Beobachten und abstrakter Begriffsbildung), „Konvergierer“ (Neigung zu abstrakter Begriffsbildung und aktivem Experimentieren) und „Akkodomierer“ (Neigung zu aktivem Experimentieren und konkreter Erfahrung) bezeichnete.

HALLER (1992, 2003) hat ausgehend von diesem Modell eine Lernstildiagnose entwickelt. Er geht von einem Lernzyklus aus, in dem sich idealerweise vier unterschiedliche Kompetenzen zu einem vollständigen Lernkreislauf zusammenfügen. Den Anfang des Lernens bilden die konkreten Erfahrungen (KE). Für das Lernen ist es wichtig, fähig zu sein, ohne Vorurteile Neues wahrzunehmen. Reflektiertes Beobachten aus unterschiedlichen Gesichtspunkten (RB) folgt an zweiter Stelle. In dieser Phase werden die Beschaffenheit und Zusammenhänge von Objekten und Ereignissen kennen gelernt. Zum nachhaltigen Lerngewinn werden diese Erfahrungen, wenn sie begrifflich erfasst werden, ihre Regelhaftigkeit erkannt wird oder Theorien gefunden werden, mit denen sich die Ereignisse bzw. Beobachtungen erklären lassen (AB). Das aktive Experimentieren dieser Theorien (AE) im Rahmen von Anwendungen bei Problemlösungen und Entscheidungsfindungen kennzeichnet diese Ebene. Die gewonnenen Erfahrungen dienen wiederum als Ausgangsbasis des darauf folgenden Lernkreislaufes. Als Lernstil bezeichnet HALLER die jeweilige Dominanz innerhalb dieser vier Kategorien oder Trends. Angezeigt wird durch den Lernstil, ob das Abstrakte, oder das Konkrete, das Selbst-aktiv-werden und Erproben oder das distanzierte Beobachten und Reflektieren beim effektiven Lernen dominieren. Dabei hat er die Typen in Anlehnung an KOLB (1972) wie folgt klassifiziert.

- ***Divergierer (multiperspektivischer Lerntyp)*** bevorzugen konkrete Erfahrung und reflektiertes Beobachten. Die Vorstellungsfähigkeit ist dessen Stärke. Sie sind an Menschen interessiert und tendieren dazu, konkrete Situationen aus vielen Perspektiven zu betrachten. Sie interessieren sich für Kultur und künstlerische Aktivitäten. Dieser Lerntyp ist z.B. typisch für Geisteswissenschaftler und verwandten Berufen.

- ***Assimilierer (linear-analytischer Lerntyp)*** bevorzugen reflektiertes Beobachten und abstrakte Begriffsbildung. Die Erzeugung von theoretischen Modellen ist ihre spezifische Fähigkeit. Sie neigen zum Top-down-Ansatz (induktive Schlussfolgerungen). Sie sind in der Lage, einzelne Fakten zu Begriffen und Konzepten zu integrieren. Dieser Lerntyp ist z.B. typisch bei Mathematikern und (theoretisch orientierten) Naturwissenschaftlern und verwandten Berufen.
- ***Konvergierer (technokratischer oder konzeptioneller Lerntyp)*** bevorzugen abstrakte Begriffsbildung und aktives Experimentieren. Die Ausführung von Ideen ziehen sie dem Theoretisieren vor. Hypothetisch-deduktive Schlussfolgerungen (Bottom-up-Ansatz) stehen bei ihnen im Vordergrund. Sie befassen sich lieber mit Dingen oder Theorien (die sie gern überprüfen) als mit interpersonaler Kommunikation. Ihre Interessen sind auf Technik und angewandte Naturwissenschaften fokussiert. Dieser Lerntyp ist z.B. typisch bei Ingenieuren.
- ***Akkomodierer (audiovisueller oder intuitiver Lerntyp)*** bevorzugen aktives Experimentieren und konkrete Erfahrung. Ihre Stärken liegen in der Ausgestaltung von Aktivitäten. Versuch und Irrtum sowie intuitive Problemlösungen (Bottom-up-Ansatz) werden gegenüber Dingen, Theorien und interpersonaler Kommunikation vorgezogen. Sie verlassen sich nicht auf Theorien, sondern auf Fakten. Sie spezialisieren sich gerne und genießen es praktisch tätig zu sein. Dieser Lerntyp ist z.B. typisch für Handwerker und Verkaufsmanager.

Im Rahmen eines Fragenkatalogs stellt HALLER ein Diagnoseinstrument zur Verfügung (*www.gwdg.de/~hhaller/KOLB.doc*), um die Anteile an den Lerntypen erfassen zu können. Jeweils zehn Fragen zu den Bereichen KE, RB, AB und AE helfen zu erkennen, zu welchem Typ der Einzelne sich zählen kann. Wenn nunmehr die Werte für AE und RB subtrahiert werden, erhält man den ersten Wert für die horizontale Achse, wenn man KE von AB abzieht, erhält man den Wert für die vertikale Achse. Wenn nunmehr beide Punkte rechtwinklig zueinander verbunden werden, eventuelle negative Vorzeichen müssen beachtet werden, findet man einen Punkt in einem Quadranten. Je näher

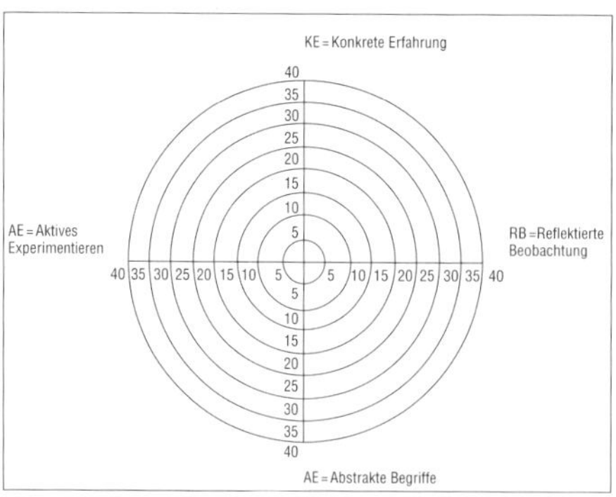

Abb. 30: Lernstildiagnose (Haller 2003)

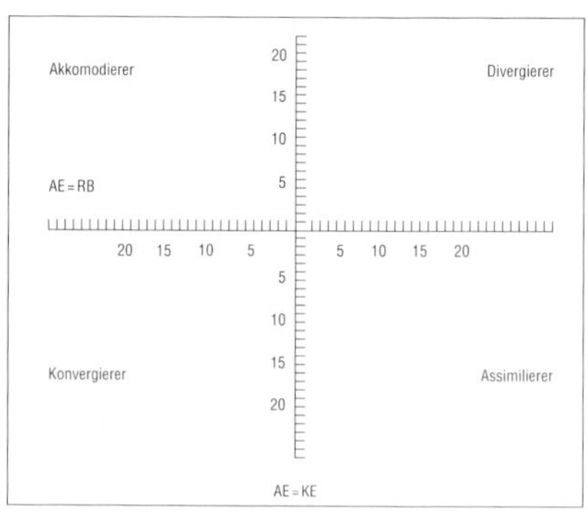

Abb. 31: Lernstildiagnose (Haller 2003)

dieser Punkt am Mittelpunkt des Koordinatenkreuzes liegt, desto ausbalancierter ist der Lernstil, da er von allen Kategorien Anteile hat. Wenn der Punkt in der Nähe eines anderen Quadranten liegt, handelt es sich um Mischtypen.[12]

Das nach seinem Begründer genannte Herrmann-Dominanz-Modell geht davon aus, dass zum effizienten Lernen jeder Mensch eine individuelle Mischung von Methoden benötigt. Das Modell basiert auf der Hemisphärenschichtforschung.[13] Die auf SPERRY (1974) und ECCLES (1993) zurückgehende Forschung geht von der Hypothese aus, dass sich in der linken Gehirnhälfte das Sprachzentrum befindet und sich dort vorwiegend das logische, analytische und mathematische Denken abspielt, während die rechte Gehirnhälfte eher mit Bildern, Konzepten, räumlichem Vorstellungsvermögen und Emotionen in Verbindung steht. Während die linke Gehirnhälfte präzise und detailorientiert ist, kann die rechte Gehirnhälfte Zusammenhänge besser erkennen. In unserem Bildungssystem kommt es zu einer systematischen Bevorzugung der linken Gehirnhälfte, während die rechte Gehirnhälfte vernachlässigt wird. Neben der Unterteilung in einen linken und einen rechten Modus unterscheidet das Hermann-Dominanz-Modell auch einen oberen (Denken, bewusstes Wahrnehmen) und einen unteren Modus (Verhalten, unbewusstes Wahrnehmen). Hierbei wird von einem sich gegenseitig beeinflussenden Prozess ausgegangen. Angestrebt wird das ganzhirnige Denken, in dem die unterschiedlichen Potenziale und Partialfähigkeiten aufeinander bezogen werden. Aus diesem Grunde wird auch nicht von Lernstil, sondern von Denkstil gesprochen.

Der **Typ A,** dem **Fach- und Methodenkompetenz** zugeschrieben wird, repräsentiert den logischen, rationalen, analytischen und quantitativen Lerntyp. Er favorisiert das Bemessen und Erfassen von Tatsachen, die Analyse und das logische Denken. Er setzt sich gerne mit Theorien auseinander, sammelt Fakten, analysiert die Situation, argumentiert rational, beruft sich auf Zahlen und Werte, versteht technische Zusammenhänge, erstellt Fallstudien und kann Ideen durchdenken. Positiv reagiert dieser Lerntyp auf den Vorlesungsstil, datenorientierte Inhalte, Lesen, Durcharbeiten von Texten und programmierte Unterweisung. Organisiertes, strukturiertes und sequenzielles Vorgehen wird von **Typ B,** der über **Organisations-Kompetenz** verfügt, vorgezogen. Er geht Schwierigkeiten praktisch an, entdeckt versteckte Probleme, genießt es Theorien auszuprobieren und zu bewerten. Er achtet auf Termine und Zeitpläne, entwickelt detaillierte Pläne, bleibt kontinuierlich bei der Sache und kontrolliert. Die Anwendung von Kursinhalten behagt ihm. Auf gute Planung, schrittweises und konsequentes Vorge-

12 HALLER (2003) geht von einem Plausibilitäts-Modell aus. Er beansprucht keineswegs, endgültige wissenschaftliche Beweise mit seiner Methode vorgelegt zu haben. Dazu bedarf es seiner Auffassung nach weiterer Untersuchungen. Hallers Lerntyptest ist unter folgender Webseite zu finden: *www.gwdg.de/~hhaller/KOLB.doc.*

13 Die Autoren gehen davon aus, dass es eine Interaktion zwischen beiden Hemisphären gibt. Meist sind, wie bei der Sprache, beide Hemisphären beteiligt. Es geht somit nicht darum, eine universale Zuordnung von bestimmten Fähigkeiten und entsprechenden Gehirnregionen zu behaupten. Es gibt Prozesse, bei denen beide Gehirnregionen aktiv sind, und Prozesse, bei denen die eine oder andere eindeutig bevorzugt beansprucht wird.

hen, aber auch Pünktlichkeit reagiert er positiv. Die Diskussion von Fallstudien liegen ihm, aber auch Text, Bücher und Vorlesungen sind ihm genehm. Zuhören und Austausch von Ideen ist der Lernstil von **Typ C,** dessen besondere Fähigkeiten in der **Sozialen Kompetenz** liegen. Wichtig ist für ihn, dass persönliche Erfahrungen integriert werden und emotionale Beteiligung gewährleistet ist. Er respektiert ethische Werte, spürt Reaktionen anderer Menschen, erkennt zwischenmenschliche Probleme und begegnet anderen Menschen mit Wärme. Die Körpersprache anderer kann er decodieren, ebenso kann er andere überzeugen und mitreisen. Er fühlt sich wohl, wenn Bewegen und Fühlen möglich und eine harmonische Lernumgebung gewährleistet sind. Musik und körperliche Bewegung sowie Experimentiermöglichkeiten und Gruppenarbeit wie auch Diskussionen aktivieren ihn. Mitarbeiterorientierte Fallstudien motivieren ihn zum Lernen. **Typ D,** der sich durch **Intuitions-Kompetenz** auszeichnet, lernt durch Selbsterkenntnis und das Aufstellen von Konzepten. Dieser Typ erkennt Chancen und Möglichkeiten, kann Konzepte und Ideen integrieren, toleriert Unsicherheit und Unvorhergesehenes und sieht große Zusammenhänge. Er kann vorzugsweise intuitiv verstehen, etablierte Verfahren in Frage stellen, setzt Phantasie ein, entdeckt versteckte Lernpotenziale und möchte gern beim Lernen initiativ sein. Er ist spontan und reagiert positiv auf Experimente und Spiele. Er lässt sich sensibilisieren vom freien Fluss von Ideen und Beiträgen. Bilder, Grafiken, Animationen und Simulationen regen ihn an.

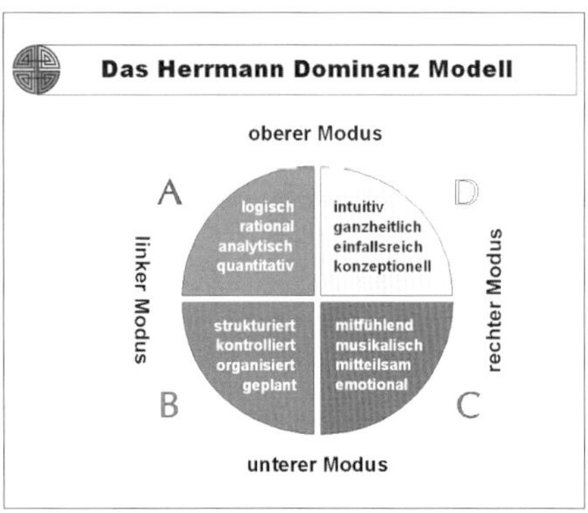

Abb. 32: Herrmann-Dominanz-Modell (© H.D.I. 1999)

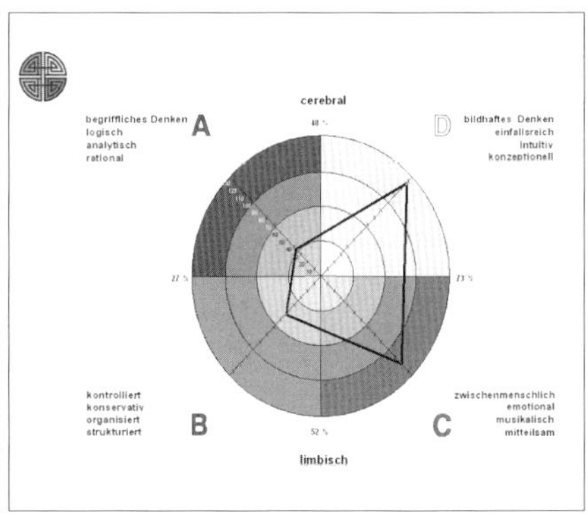

Abb. 33: Lernstildiagnose (© H.D.I. 1999)

Wie bei Haller (1992) dient die Auswertung eines Fragebogens zur Erstellung eines grafischen Profils. Allerdings wird nicht der Punkt der Verortung gesucht, sondern die Lernpersönlichkeit, die immer mehrere, aber unterschiedlich gewichtete Anteile der unterschiedlichen Lerntypen integriert. Damit wird eigentlich kein Lerntyp gesucht, sondern ein Denkstil, der entsprechend den Anteilen flächig visualisiert wird. Entsprechend den Auswertungen ergeben die erzielten Werte Positionierungen von 0 bis 100 Prozent. Insgesamt entsteht ein Vieleck, das die Multidominanz (Vielfältigkeit der Einflussfaktoren) der meisten Menschen verdeutlicht. Sie fühlen sich in mehreren, meist zwei Bereichen „zu Hause“. Auffallend ist aber auch, dass es immer wieder Bereiche gibt, die für erfolgreiches Lernen nur ungenügend herangezogen werden können, wie beispielhaft in Abb. 33 zu sehen ist („Verkümmerung“ des logischen, analytischen und rationalen Quadranten).

Lernende erreichen ihr Lernziel besser, wenn sie über die bevorzugten Lernstile Kenntnis haben. MÜNDEMANN (2000, S. 67) empfiehlt den Grund-Eingangskanal zu betonen, wenn Lernstoff nicht behalten wird. Dies ist aber nicht immer eindeutig festzulegen. Wie auch MORAWITZ (1995, S. 76f) betont, muss einerseits berücksichtigt werden, dass die Zuordnung zu Lerntypen nicht in Beziehung steht mit dem Erstellen eines Intelligenzniveaus, und andererseits darf nicht vernachlässigt werden, dass es, wie bereits erwähnt, in der Realität zu einer Vielzahl von Verknüpfungen der grundlegenden Lerntypen kommt. Einige lernen besser, wenn sie Bilder und Töne kombinieren oder etwas ausprobieren und dann Informationen hören oder lesen. Eine optimale Lernsituation, die allen Lerntypen und Lernstilen gerecht wird, scheint ausgeschlossen zu sein. Am besten gelingt es noch die Lernstile zu integrieren, wenn der Lernprozess in Form von Selbstlernen organisiert wird. Auch der Bereich des E-Learning bietet die Möglichkeit, die jeweiligen Lernmodule an die spezifischen Lernstile anzupassen.

In jedem Lernfeld haben Lehrende mit Lernenden zu tun, deren Lerndispositionen unterschiedlich sind. Dies zwingt m.E. zu zwei Konsequenzen. Unterricht bzw. Pädagogik muss prinzipiell lernstilübergreifend angeboten werden, d.h. in möglichst jeder Phase sollten unterschiedliche Methoden verwandt werden, damit den jeweiligen Lerntypen Lernangebote entsprechend ihren favorisierten Dispositionen gemacht werden. Sicherlich ist schwer zu entscheiden, welche Typisierung am besten geeignet ist, die unterschiedlichen Lerndispositionen zu erfassen. Zunehmend wird der Ansatz von KOLB (1976) und HALLER (1992) in der Fachdiskussion rezipiert (vgl. SIEBERT 2003). Nach meiner Auffassung handelt es sich bei dem Herrmann-Dominanz-Modell (1991, 1997) um das plausibelste Modell, da ein großer Teil anderer Ansätze sich in dieses Modell integrieren lässt und diesem Ansatz ein umfassenderes, ganzheitlicheres Persönlichkeitsbild zu Grunde liegt. Es ist der einzigste Ansatz der Lerndimensionen integriert, die von GOLEMAN (1996, 1999) und GARDNER (2001, 2002) gefordert werden (intuitives Lernen, emotionale Intelligenz). Während KOLB/HALLER zu stark an linkshemisphärisch dominanten Typen und dem Lernmodell von PIAGET orientiert sind, gelingt es HERRMANN (1991, 1997) die Ergebnisse der Hemisphärenschichtforschung aufzunehmen und zu einem ganzhirnigen Modell zu integrieren.

Im Bildungsalltag wird es kaum möglich sein, jeweils allen Lerntypen gerecht zu werden. Nicht entscheidend ist m.E., ob jeweils alle Aspekte angesprochen werden. Grundlegend aber ist, dass überhaupt differenzierte Angebote gemacht werden. Da in Anbetracht der komplexen und differenzierten Lernstile ein allen gerecht werdendes Lernangebot nicht zu realisieren ist, bietet es sich an, den Einzelnen weitestmöglichen Raum zu geben bzw. zu öffnen, ihren (Misch-)Stil zu entdecken, damit sie entsprechend ihrer Potenziale lernen können. Die Existenz unterschiedlicher Lerntypen bietet einen weiteren Grund, einem offenen Lerndesign mehr Gewicht zu geben.

Des Weiteren bedarf es in Anbetracht der realistischen Erwartung eines lebenslangen Lernens der allumfassenden Kompetenz neue Dinge zu lernen. Wie bereits ausgeführt, ist es nicht selbstverständlich, sich Neues anzueignen. Das Lernen des Lernens wird daher zu einer wichtigen Schlüsselqualifikation und bedarf angemessener Berücksichtigung.

4.4. Lernen lernen

Der Pädagoge kann durch eine angemessene Navigation eine günstige Lernumgebungen schaffen und damit den konstruktiven Lernprozess der Lernenden unterstützen. Nicht die jeweilig benutzten Inhalte oder das verwandte Medium sind entscheidend für den Lernerfolg, sondern der Lernzusammenhang. Die Neuen Medien bieten nicht qua ihrer Struktur gute Ausgangsbedingungen für die Aufnahme neuen Wissens oder neuer Erfahrungen. Vergleichbare oder ähnliche Lernprozesse lassen sich in der Regel auch mit anderen Medien erzielen. Grundsätze konstruktivistischer Pädagogik wie z.B. das selbstständige Bearbeiten von Problemlösungen, das Bearbeiten komplexer Problemstellungen mit authentischen Bezügen zu den Lernenden, die Nutzung unterschiedlicher Kontexte sowie multiple Perspektiven erlauben ein offenes Lernen und legen keine zu verwendenden didaktischen und methodischen Mittel fest. Ebenso sind konstruktivistische Lehrprinzipien wie z.B. das *Anknüpfen* (Analogie), das *Konfrontieren* (Erzeugung kognitiver Konflikte) und *Umdeuten* (Erzeugen bruchloser Umstrukturierungen) keineswegs auf elektronische Medien angewiesen. Handlungsorientierte Lernkonzepte (vgl. TULODZIECKI 1996, S. 84f.), die in der Erkundung, der ästhetischen Anmutung, einem Problem- oder Entscheidungsfall, einer Gestaltung oder einer Beurteilungsaufgabe lernprozessanregende Impulse geben, bedürfen nicht zwanghaft der elektronischen Medien. Das Gleiche gilt für die entwicklungsorientierte Unterrichtsgestaltung (vgl. HERZIG 2003), bei der u.a. anhand komplexer Kontexte, reflexiver und evaluativer Prozessorientierung, offener Umgebungen und authentischer Situationen gelernt wird.

Der Einsatz Neuer Medien begünstigt nur die Lernprozesse, bei denen auf Grund der sich veränderten Seh- und Wahrnehmungsbedingungen eine bessere Anknüpfung (geeigneter Anker) erwartet werden kann. Wenn es um hypertextuales Lernen geht, sind die Neuen Medien allerdings unumgänglich, da diese Lernform in wesentlich komfortablerer Weise, z.B. mit dem Internet oder Multimedia, angeeignet werden kann. Insbesondere sind die Neuen Medien, allen voran das Internet als enzyklopädisches Reservoir, hervorragend geeignet zum Selbstlernen. Besonders für diejenigen, die über komplexe und ausgestaltete Lernstrategien disponieren können. Wer demgegenüber über keine geeigneten hypertextualen Kompetenzen und darüber hinaus über keine Bewertungsstrategien der gefundenen Texte und Materialien verfügt, kann schnell im Internet verloren gehen (*lost in cyberspace*). Aus diesen Gründen ist es sinnvoll, – das ist nicht nur für das Lernen mit dem Internet wichtig –, das Lernen zu lernen, d.h. über Verfahren zu verfügen, die den Umgang mit einem Themenkomplex erleichtern.

In den letzten Jahre sind vielfältige Kreativitätstechniken entwickelt worden. Mit diesen vielfältigen Lernmodellen kann verdeutlicht werden, dass Lernen in komplexer Weise stattfinden kann und keineswegs auf das lineare Modell verkürzt werden darf. Obwohl viele dieser Methoden keineswegs unmittelbar auf die Neuen Medien angewiesen sind, sind sie doch ein wichtiger Baustein für selbstständiges Lernen. Einige Techniken werde ich aus Platzgründen nur skizzieren:

- **Brainstorming** heißt die Methode, bei der eine Vielzahl von Ideen ohne jegliche Bewertung gesammelt werden. Die Lernenden regen sich durch ihre Beiträge gegenseitig an. Die Ideen anderer können aufgegriffen werden und für eigene Inputs genutzt werden. Es gibt keine Kritik und Killerphrasen („Ihre Äußerung ist hervorragend, aber leider ...“). Zum Schluss werden die Ideen gesammelt und geordnet.
- Beim **Brainwriting** handelt es sich um die schriftliche Variante des Brainstormings. Auf verschiedene Flipchart-Blätter wird das gleiche Thema aufgeschrieben. Die Teilnehmer teilen sich auf und können die jeweiligen Ideen, die auf die Blätter geschrieben werden, ergänzen.
- Bei der **Methode 635** (6 Teilnehmer, 3 Ideen, 5 Minuten pro Durchgang) schreiben die Teilnehmer drei Ideen auf ein Blatt. Der Nachbar macht Lösungsvorschläge. Der nächste Nachbar wiederum nimmt diese Vorschläge auf und erweitert sie mit drei weiteren Lösungen. Bei der Methode 423 agieren vier Teilnehmer mit zwei Ideen wobei sie drei Minuten pro Durchgang zur Verfügung haben.
- Bei der **Synektik** genannten Methode, die von William Gordon 1944 entwickelt wurde, handelt es sich um die bekannteste Analogietechnik. Die Grundidee ist der Versuch, den meist unbewussten Ablauf kreativer Prozesse bewusst nachzuvollziehen. Problemfremde Strukturen werden übertragen bzw. kombiniert mit sachlich unzusammenhängenden Wissenselementen. Mit dem Bilden von Analogien wird sich bewußt vom eigentlichen Problem entfernt. So werden z.B. Problemzusammenhänge aus dem technischen Bereich mit Analogien aus der Natur verbunden (Fallschirm – Pusteblume). Es geht bei der Synektik um die Reorganisation von unterschiedlichem Wissen zu neuen Mustern (συνεχειν, synechein [griech] = etwas miteinander in Verbindung bringen).
- Jeder Teilnehmer erhält beim **Collective Notebook** ein Heft mit der Problemstellung. Über einen längeren Zeitraum können Notizen zu dem Problem gemacht werden. Die Methode lässt sich hervorragend im Rahmen von Newsgroups und Bulletin Boards (Internet) einsetzen. Es entsteht kein Zeitdruck, keine Idee geht verloren und immer, wenn eine neue Idee vorhanden ist, kann sich dem Problem von einem anderen Standpunkt genähert werden.
- Der **Morphologischer Kasten** ist eine morpholologisch-analytische Kreativitätstechnik (Morphologie = Lehre des geordneten Denkens), die von Fritz Zwicky 1956 entwickelt wurde. Ein Problem wird in Teilaspekte zerlegt und mehrdimensional klassifiziert. Alle Ausprägungen (Gestaltungsmöglichkeiten) der Teilaspekte werden in einer Tabelle dargestellt und systematisch miteinander kombiniert. Anschlie-

ßend erfolgt eine Analyse der neuen potenziellen Lösungswege, die sich durch die Kombination der einzelnen Merkmale ergeben.

- **Kognitive Karten** sind grafische Darstellungen eines inhaltlichen Konzepts einer Person, einer Gruppe oder eines Teils einer Organisation sowie die Beziehungen zwischen diesen Konzepten. Die individuelle, die teambezogene sowie die organisationale Wissensbasis werden deutlich gemacht. Die kognitive Karte verknüpft bisher unverbundene Wissenskonzepte miteinander, um strukturelles Wissen explizit zu machen und vorhandenes Wissen in Verbindung zueinander zu bringen (vgl. REINMANN-ROTHMEIER/MANDL 2000, S. 279). Dabei wird neues Wissen generiert, Wissenslücken und Fehler werden deutlich und Anwendungsmöglichkeiten für vorhandenes Wissen werden erkennbar. Kognitive Karten lassen sich auch vom Wissen jedes einzelnen Mitarbeiters erstellen.
- **Concept Mapping** ist eines Werkzeuge zum Erstellen einer Kognitiven Karte. Sie stammt von Dietmar Graf. Ein Thema wird auf ein Blatt geschrieben. Darunter werden hierarchisch Begriffe angeordnet, die in Beziehung zu diesem Thema stehen:

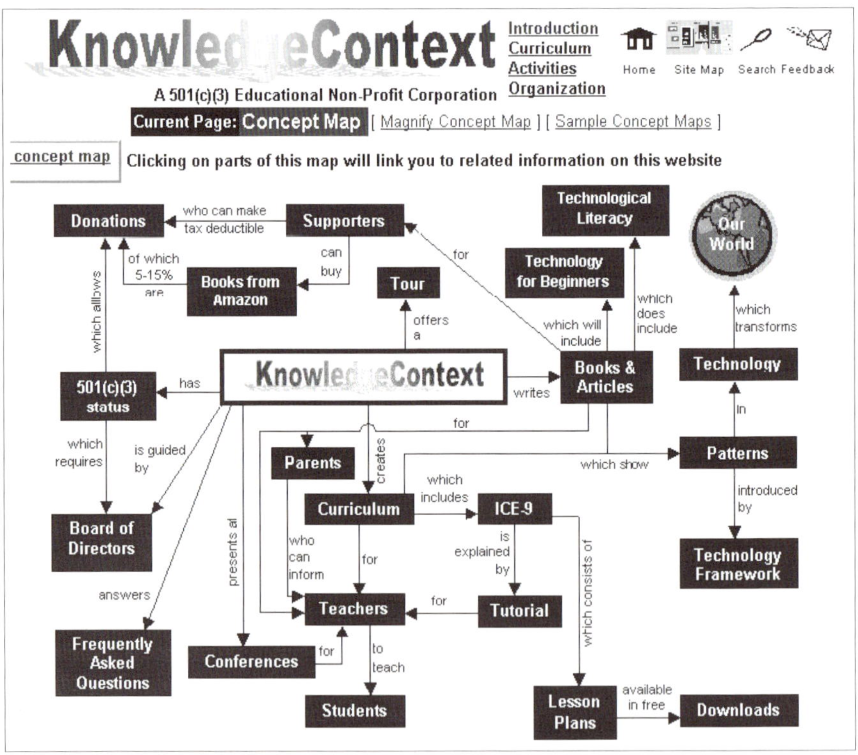

Abb. 34: Concept Map von KnowledgeContext (www.knowledgecontext.org/introduction/concept_map.htm)

Die abstrakten Begriffe stehen oben, die konkreten unten. Ganz zum Schluss werden Beispiele angegeben. Die Begriffe werden verknüpft durch Relationen, die zweiwertig oder mehrwertig sein können. Die Begriffe auf derselben und auf den verschiedenen Ebenen werden mit Linien verbunden, sofern sie in direkter Beziehung zueinander stehen. Durch verbindende Wörter (linking words) auf den Verbindungslinien wird die Art der Relation zwischen den Begriffen verdeutlicht. Die Concept Maps ähneln sehr einem hierarchischen Hypertext.

Alle hier beschriebenen Lerntechniken, die auch Kreativmethoden genannt werden, helfen, die Komplexheit des Denkens zu aktivieren. Weitere insbesondere in der Weiterbildung und Wissenschaft eingesetzte Methoden sind die Walt-Disney-Methode, die Reizwortanalyse, die Superposition, die Delphi-Methode, die RTSC-Konferenz, Open Space und die Zukunftskonferenz. (vgl. *http://www.zmija.de/; http://www.haw.-hamburg.de/pers/Burger/seminar/kreativitae.ppt; http://www.visionintoaction.de/THINKTANK/TT_Startseite_Headframe.htm*).

Ausführlich werde ich mich folgenden Methoden widmen: den Mnemotechniken, dem Clustering, dem Mind Mapping und dem Ideencoaching.

4.4.1. Mnemotechniken

Bereits in der Antike war bekannt, dass Gedächtnisleistungen durch eine Verknüpfung von Text und bildhafter Vorstellung gesteigert werden können (vgl. YATES 2001). Die Mnemotechnik (Eselsbrücken), eine merktechnische Abschweifung, bestätigt nicht nur die Sinnhaftigkeit von Umwegen, sondern zeigt, dass Umwege manchmal schneller zum Ziel führen als die geraden Wege. Die Mnemotechnik (= Merktechnik) basiert auf dem Prinzip der gedanklichen Verknüpfung zweier „Dinge". Bei den mnemotechnischen Bildwortreihen stützt sich das Gedächtnis nicht auf den Inhalt des zu Behaltenden, sondern auf die äußere Form. Diese Methode ist sehr gut geeignet, wenn Worte oder Begriffe einzuprägen sind. Wenn man z. B. während eines Vortrages die Hauptaussagen in Bilder umgestaltet und in eine persönliche Merkwortreihe einbindet, lassen sich Vorträge besser behalten. Auch zum Zahlen merken (Grundschule) ist die Methode sehr sinnvoll. Wenn man an eine Erdnuss oder eine Brille denkt, ist z.B. die Zahl 8 besser zu merken. Gereimtes merkt sich besser, wie an dem Reim „Peter Bauer ist ein ganz Schlauer" sofort zu erkennen ist. Farben wiederum

Abb. 35: Mnemotechnischer Umweg zum Behalten von Zahlen (Müller 2003)

können oft als Ordnungs- oder Einteilungsmittel hilfreich sein. Im Gedächtnis wird eine Grundstruktur in Form eines bildhaften Ankers geschaffen. Später wird dann dieser Anker mit der neu aufzunehmenden Information verknüpft. Innerhalb kürzester Zeit lassen sich durch derartige Merksysteme im Gehirn Informationen abspeichern. Später können die Informationen in beliebiger Reihenfolge wiedergegeben werden.

Der Erfolg von Mnemotechniken beruht erstaunlicherweise gerade darauf, dass Informationen in keinen logischen oder natürlichen Zusammenhang miteinander gebracht werden. Das Lernen wird durch einen Umweg ausgelöst. Bildern, Reim und Rhythmus wirken behaltensfördernd, da zusätzlich zu dem rationalen Modus (linke Gehirnhälfte) die Potenziale der rechten Gehirnhälfte angesprochen werden. Bei den Mnemotechniken handelt es sich um mehrkanaliges Lernen, bei dem lineare (zeitliche, sprachliche) und nicht-lineare (räumliche, bildliche) Prozesse zugleich ablaufen. Unterschieden wird in Zahl-Wort-Systeme, Zahl-Form-Systeme, Zahl-Reim-Systeme, eine Assoziationstechnik und ein Raum-System (Loci-Methode) (vgl. *http://www.zmija.de/mnemotechnik.htm; http://www.mnemotechnik.info/index.php; http://www1.ku-eichstaett.de/PPF/PDMueller/lerntech/method/mnemo.htm)*

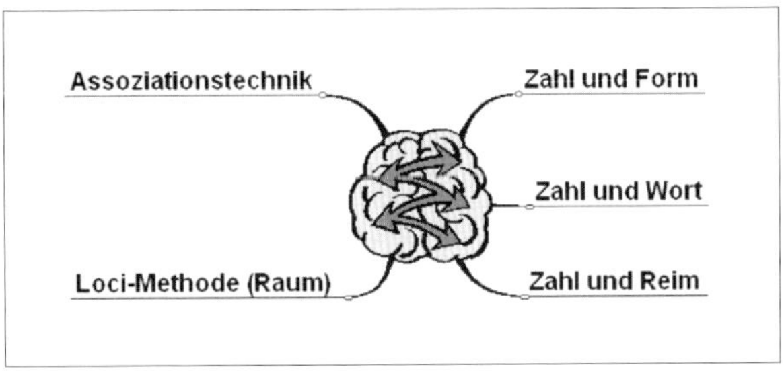

Abb. 36: Mnemotechniken

Die vielseitigste Methode der Mnemotechnik ist die Loci-Methode. Bei dieser Methode wird im Geiste entlang eines vertrauten Weges (oder einer Anordnung von Objekten) gegangen. Der zu erinnernde Stoff wird mit den jeweiligen Wegpunkten verknüpft. Komplexe und abstrakte Inhalte werden auf Kerninformationen reduziert. Mit Hilfe der Ersatzwortmethode werden die Assoziationen „verpackt", die ihrerseits wiederum mit dem Loci (Ort) verbunden werden. Beim Memorieren schreitet man den Weg vor dem inneren Auge ab und memoriert das Gelernte über die assoziativen Verknüpfungen. Mit dieser Methode kann man imaginäre Häuser und Straßenzüge „bauen" und diese dann in beliebiger Reihenfolge „durchwandern". So ist es auch möglich, entlang der hypertextualen Landschaft des Internets zu browsen und dabei mehr an Zusammenhängen aufzuklauben als dies mit rationaler Denkweise allein möglich wäre.

Diese Methode wirkt umsobesser, je mehr der Lernende an der Sache interessiert ist, ein zusätzlicher Anker (bereits vorhandenes Wissen) eine Basis bietet und die Fragewörter Was, Warum, Wo, Wann, Wie, Wer, mit eingesetzt werden. Ebenso wird der Behaltensprozess begünstigt, wenn mehrere Sinne einbezogen werden. Dies schafft zusätzliche Anknüpfungspunkte und begünstigt das spätere Erinnern. Vorteilhaft ist es auch, Gefühle mit in die vorgestellte Situation einzubeziehen. Beim Speichern und Abrufen von Erinnerungen spielen Emotionen eine Schlüsselrolle. Automatisch aktiviert jede Erinnerung die an sie gekoppelten Emotionen. Ganz wesentlich ist, sich die zu merkende Information bildlich vorzustellen und mit Bewegungen und Geräuschen zu untermalen. Je differenzierter die vorgestellte Situation ist, desto einfacher ist es, sie zu einem späteren Zeitpunkt wieder abzurufen.

4.4.2. Clustering

Wenn ein Mensch in der Lage ist, die gewohnten Sinneseindrücke auf eine neue Weise zu verarbeiten nennt, man ihn kreativ (vgl. EDWARDS 1999, S. 40). Bei hochentwikkelten kognitiven Prozessen, wie z.B. der Generierung neuer Ideen oder kreativen Prozesse sind beide Gehirnhälften auf unterschiedliche Weise sich gegenseitig ergänzend beteiligt. Allerdings gibt es Tendenzen, dass bei den meisten Menschen bestimmte Areale bei spezifischen Tätigkeiten intensiver angesprochen werden. So scheint es, dass es bei der Erfassung von neuen Informationen oder Beobachtungen günstiger ist, wenn sie mit Hilfe der rechten Hemisphäre ins Bewusstsein kommen (RICO 1984, S. 71). Neue Erfahrungen können in der rechten Hemisphäre leichter verarbeitet werden, da die rechte Hemisphäre interregional besser miteinander verbunden ist. Die kreativen, ideenschöpfenden Anfangsstadien des Denkens liegen meist in der rechten Gehirnhälfte. Während die linke Gehirnhälfte tendenziell eher verbal und analytisch arbeitet, agiert die rechte Hemisphäre nonverbal, räumlich-bildlich und ganzheitlich. Sie ist für Aufgaben zuständig, für die noch kein Bewältigungsschema angelegt ist. Die linke Gehirnhälfte kann infolge ihrer sequenziellen Neuronenanordnung etablierte und bekannte Codes besser speichern und verarbeiten. Sobald ein Schema entdeckt ist, macht sich die linke Hemisphäre die Wahrnehmung zu eigen. In dem Diskurs zwischen den beiden Hirnhälften koordiniert der Balken, das Corpus callosum.

In der Schule wird die „Linkslastigkeit" gefördert, während die rechte Hemisphäre mit ihrer Vorliebe für Ganzheit, Bilder und Metaphern unterfordert ist. Da in der Wissensgesellschaft kreatives, intuitives und erfinderisches Denken und Handeln immer mehr an Bedeutung gewinnt, bedarf es eines Umdenkungsprozesses und geeigneter Methoden, die Fähigkeiten der rechten Gehirnhälfte zu reaktivieren. Eine dieser Methoden nennt sich Clustering-Verfahren, eine kreative Arbeitstechnik, die auf einem gelenkten assoziativen Verfahren beruht, einer Art Stenografie unseres bildhaften Denkens (vgl. WALTER 2003).

Abb. 37: Visualisierung des Clustering-Verfahrens

Cluster lässt sich mit Büschel, Gruppe, Anhäufung übersetzen. Mit dem Clustering werden Informationen, Vorstellungen und Ideen miteinander vernetzt. Clustering ist vornehmlich eine kreative Methode zur Ideenfindung. Entwickelt wurde sie von RICO

(1984) bei der Suche nach einem Konzept gegen „Schreibmüdigkeit“. Die vielfältigen Eindrücke, Erfahrungen, Bilder und Ereignisse, die in unserem Gedächtnis gespeichert sind und nur mit Mühe abgerufen werden können, waren Ausgangspunkt der Überlegungen RICOs. Sie hatte erkannt, dass diese Erinnerungen mit Assoziationsketten in unser Bewusstsein gerufen werden können, wenn es uns gelingt, einen geeigneten Schlüssel zu finden. Diesen Schlüssel sah sie im Clustering-Verfahren.

Auf spielerischer Weise verschafft das Clustering Zugänge zu den non-verbalen Ressourcen unserer rechten Hemisphäre. Ein Schlüsselwort wird auf ein Blatt Papier geschrieben und ein Kreis wird um diesen Begriff gemalt. Ausgehend von diesem Begriff werden assoziativ in Abfolge der auftauchenden Ideen weitere Begriffe ergänzt, die jeweils auch umrahmt werden, so dass eine Kette entsteht. Die einzelnen umrahmten Begriffe werden mit Strichen verbunden. Wenn ein anderes Schlüsselwort hinzukommt, wird eine neue Gedankenkette erzeugt, jeweils immer von innen nach außen, bis der Assoziationsstrang erschöpft ist.

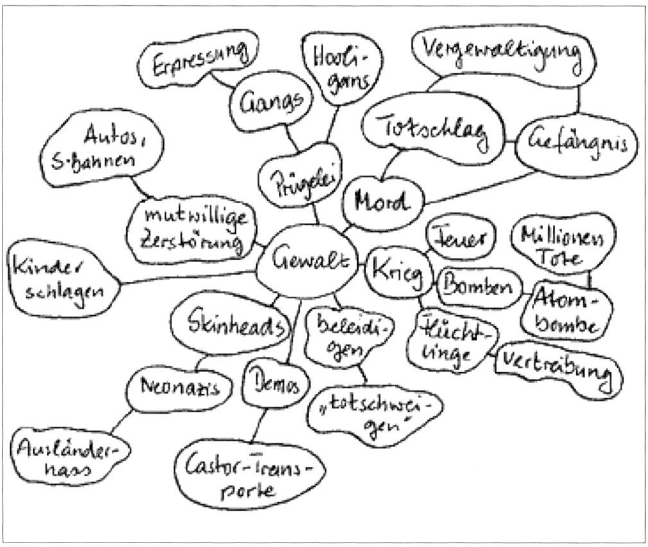

Abb. 38: Beispielhaftes Clustering-Ergebnis zum Thema Gewalt

Clustering ist dann besonders bedeutsam, wenn innere Blockaden die Annäherung an ein Thema erschweren. Mit dem Cluster als Hintergrunderfahrung lassen sich dann meist problemlos ganz unterschiedliche Bildwelten den Themen bzw. Erfahrungsräumen zuordnen. Die emotional besetzten Assoziationen der rechten Gehirnhälfte werden durch das Cluster freigesetzt. Dies führt zu einer Aktivierung und damit auch intensiveren emotionalen Teilhabe. Die Erfahrungen zeigen, dass es mit dieser Methode möglich ist, an unbekannte oder unverarbeitete Wahrnehmungsmuster heranzukommen. Das freie Fließen der Gedanken öffnet der subjektiven (und damit auch der inneren) Welt Räume zur Gestaltung. Mittels der Methode des Clusterings kann die emotional-sinnliche und assoziative Denkleistung der rechten Gehirnhälfte besser freigesetzt werden, da die emotionalen Zwischentöne der rechten Gehirnhälfte eine primäre und organisierende Erkenntnisfunktion haben. Das Clustering nutzt diesen Zusammenhang produktiv.

4.4.3. *Mind Mapping*

Am besten arbeitet unser Gehirn, wenn beide Gehirnhälften an der Informationsaufnahme und -verarbeitung beteiligt sind. Dies macht sich die Mind-Mapping-Methode zu Nutze. Wir können uns leichter an einzelne Informationen erinnern, wenn diese Informationen miteinander in Beziehung stehen. Dies hängt damit zusammen, dass Assoziationsstränge die Basis für Informationen bilden, die unser Gehirn abruft.

Ein nebenbei gehörtes Musikstück kann augenblicklich eine Urlaubserinnerung aufrufen, verbunden mit den Erlebnissen und den dabei empfundenen Emotionen. „Mind Mapping verhält sich für das Denken, Bearbeiten, Entwickeln oder Erinnern so wie hochwirksamer Dünger für gesundes Baumwachstum: es kurbelt und beschleunigt das Sprießen der Ideen und Gedanken an, es hinterläßt ein prächtiges und buschiges Gerüst mit unendlichen Knospen, an denen neue Blüten oder Blätter oder Zweige ansetzen, und so weitgefiedert bis ..., und da fängt die Komponente der Zeit an zu wirken: bis theoretisch ins Unendliche“ (BEYER 1975).

Beim Mind Mapping können Ideen schnell geordnet sowie Informationen anschaulich und übersichtlich präsentiert werden. Die Methode ähnelt dem Brainstorming, da es bei dieser Kreativmethode ebenso darum geht, die gesammelten Ideen nach Kategorien zu klassifizieren. Das Mind Map basiert auf dem Prinzip der Visualisierung von Gedanken. Es wird aber nicht wie beim Clustering-Verfahren frei assoziiert, sondern die Begriffe werden zueinander in Beziehung gesetzt. Am Ende entsteht dann ein anschauliches Netz von Beziehungen. Die Qualität eines Mind Maps wird erhöht, wenn vorher eine Liste relevanter Gesichtspunkte/Begriffe erstellt wurde. Bei der Erstellung von Hausarbeiten, Diplomarbeiten und beim selbstständigen Erarbeiten eines Stoffes sind Mind Maps bestens geeignet, da Texte besser strukturiert und Projekte komplexer geplant werden können.

Abb. 39: Mind Map von Mogens KIRCKHOFF

Mind Mapping (dt.: „Spinnennetz-Notizen“, „Ideenmuster“ oder „Entscheidungsbaum“) wurde von BUZAN (1984) zur Aufzeichnung assoziativer Strukturen bei der Ideenfindung entwickelt. Mit Hilfe dieser Mind Maps sollen die individuellen Verknüpfungen der Gedächtnisinhalte sichtbar gemacht werden. Mind Maps können als methodisch strukturierte Schlüsselwörter bezeichnet werden. Die Schlüsselwörter (Bedeutungskerne) erschließen die Vorstellungskraft für neue Einfälle. Diese werden in Hauptästen,

Zweigen und Nebenzweigen visualisiert, um über- bzw. untergeordnete Gesichtspunkte voneinander zu unterscheiden. Beim Mind Map können Äste ihre Bedeutung jederzeit verlieren, und neue Äste können entstehen. Aus neuen Schlüsselwörtern (Setzlinge) wachsen neue Bäume, sprich Mind Maps.

Der Aufbau eines Mind Maps erinnert nicht nur an einen Baum, er ähnelt auch der Struktur einer menschlichen Nervenzelle (vgl. TAUSCH 2003, S. 2). Die Verästelungen sollen die Orientierung in den Gedankengängen stützen. „Mind Mapping ist eine subjektive und situative Darstellung der augenblicklichen Gedanken zu einem Thema oder zu einer Aufgabe. Diese Gedanken sind in günstigen Assoziationswörtern komprimiert, in logischer Reihenfolge auf die Mind-Map-Linien eingetragen und stellen das ursprüngliche Denkmuster der Person dar!“ (BEYER 1995). Die anschauliche und erweiterbare Struktur erlaubt es, die Methode in unterschiedlichen Zusammenhängen einzusetzen (Gliederung, Themensammlung, Problemaufriss, Wochenplan, Moderation, Stichwortzettel für Rede oder Vortrag, Erarbeitung, Strukturierung und Darstellung eines Stoffes).

KIRCKHOFF geht dabei von der Prämisse einer Entwicklung vom Allgemeinen zum Speziellen aus (1990, S. 8). Je weiter sich die Verästelungen vom ursprünglichen Schlüsselwort entfernen, desto mehr entwickelt sich die Begriffswelt. Bei jedem neuen Schlüsselwort können Symbole, konkrete Bildideen oder Aufnahmeorte hinzugeschrieben werden. KIRCKHOFF vermutet, dass das Gehirn an unfertigen Mind Maps weiter arbeitet, da ihre Struktur im Unterbewusstsein gespeichert wird (ebd., S. 11). Mind Maps, ebenso wie Cluster, entlasten von kognitiven Verkrampfungen. Gleichzeitig handelt es sich um eine besonders konzentrierte Form des Denkens (vgl. TAUSCH 2003). Das Erstellen von Clustern bzw. Mind Maps ist eine sinnvolle Tätigkeit und wirkt gleichzeitig wie ein Spiel.

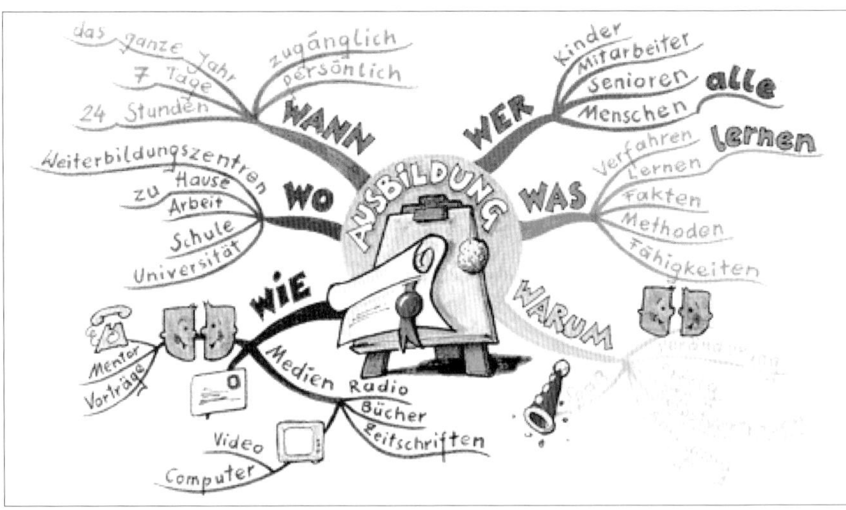

Abb. 40: Mind Map von Monika LEGENSTEIN zum Thema Ausbildung

4.4.4. *Ideencoaching*

Ganz wesentlich bei der Generierung von Wissen ist es, neue Lösungsmuster zu entwickeln, um aus den bisherigen Denkmustern herauszukommen. Eine weitere Methode, neue Dimensionen des Denkens zu erschließen wird von MÜNDEMANN (2000, S. 10) *Ideencoaching* genannt. Diese Methode ist geeignet zur Vorbereitung von Produktionen und Projekten und hilft, wie die meisten kreativen Lernmethoden, wenn Blockaden neue Einsichten verhindern.

Wie dem Mind Map zum Thema Ideencoaching zu entnehmen ist (Abb. 41), können folgende Schritte helfen, eine Aufgabe aus unterschiedlichen Gesichtspunkten zu planen: Zuerst wird die Problemstellung geklärt (Welche Anforderungen bestehen? Welche Voraussetzungen sind zu leisten, um die anstehende Aufgabe zu bewältigen? Gibt es Verarbeitungstechniken, die anwendbar sind?). Danach ist es sinnvoll, die Lernziele festzulegen (Selbststeuerung, Eigenmotivation, Entwickeln eigener Perspektiven). Anschließend

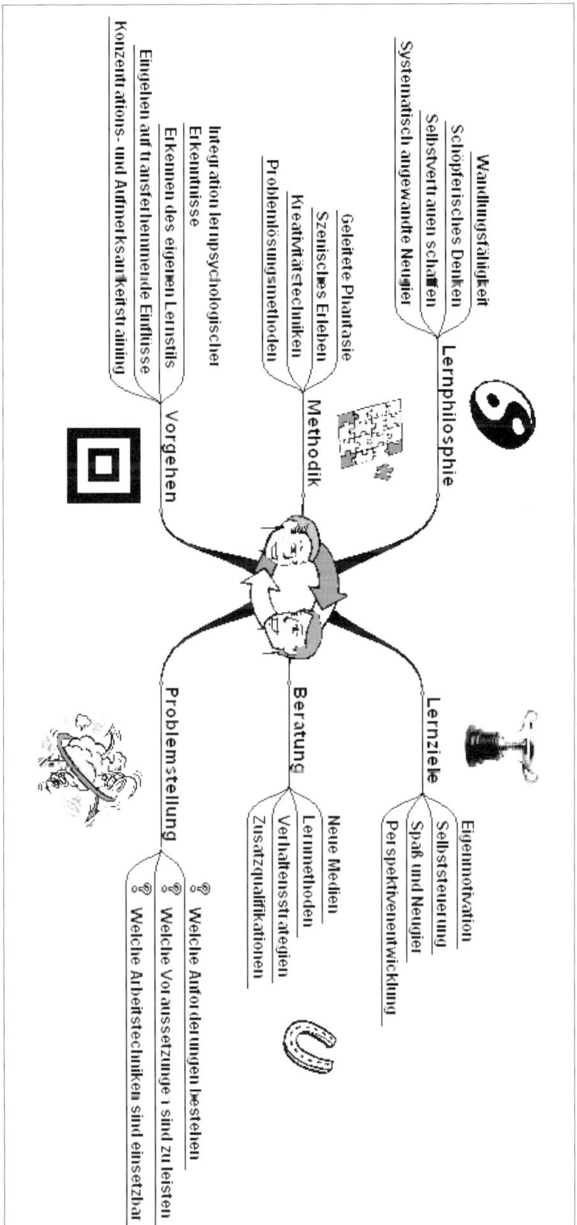

Abb. 41: Mind Map zum Thema „Ideencoaching"

muss überlegt werden, ob Beratung oder Zusatzqualifikationen notwendig sind (Einsatz Neuer Medien, neue Lernmethoden und -verfahren). Vorteilhaft ist es, sich der impliziten Philosophie, die im Verlauf des Lernprozesses zum Tragen kommen soll, bewusst zu werden (Lernfähigkeit ist Basis für Wandlungsfähigkeit. Schöpferisches Denken entsteht aus systematisch angewandter Neugier). Der nächste Bereich beschäftigt sich mit Assoziationen zum Vorgehen (vergleichbar mit der Didaktik) des gewünschten Lernprozesses (Lernpsychologie, Beachten transferhemmender Einflüsse). Die letzte Überlegung des Ideencoachings dient der Auswahl der zu verwendeten Methodik (Kreativitätstechniken, Szenisches Erleben).

Alle hier beschriebenen Kreativitätstechniken bzw. Hinweise zum Lernen des Lernens sind das „Getriebeöl" beim lebenslangen Lernen. Sie thematisieren notwendige Lernfähigkeiten, die über den Bereich des elektronischen Lernens hinausgehen. Da aber beim elektronischen Lernen non-lineare Lernmethoden eine beträchtliche Rolle spielen, scheint mir die Kenntnis und die Kompetenz im Umgang mit diesen Techniken ein erheblicher Vorteil zu sein. Obiges Mind Map wurde z.B. mit dem MindManager erstellt (vgl. Kap. 4.5.1.) und zeigt wie das Mind-Map-Verfahren längst in die Computer-Lernkultur integriert ist. Wer Clustering-Verfahren beherrscht, wird sich nicht so schnell im Internet verirren, da er sich bewusst ist, dass sich von jedem Baum weitere Äste verzweigen und sich von jedem Zweig eine Unzahl von Trieben bilden können. Die hier beschriebenen Kreativverfahren können somit erheblich dazu beitragen, Schlüsselqualifikationen im Umgang mit dem elektronischen Lernen zu erwerben.

4.5. Lernen mit Neuen Medien

Lernen ist am erfolgreichsten, wenn es selbstbestimmt ist. Die zuletzt beschriebenen Lerntechniken zeigen, dass Lernen auch ohne Computer und Neue Medien kreativ sein kann. Es gibt allerdings genügend plausible Gründe, weshalb es sinnvoll ist, gerade in den Neuen Medien erhebliche Chancen zu sehen, die Selbstlernaktivitäten zu initiieren. Multimedia und Internetkommunikation beeinflussen bereits jetzt in erheblicher Weise unsere Kommunikationskultur, und dies wird in absehbarer Zukunft weiterhin der Fall sein. Da in diesem Kontext die Beherrschung des audiovisuellen und alphanumerischen Codes eine wichtige Rolle spielt, ist eine Nutzung dieser Kommunikationscodes allein schon aus diesen Gründen zwingend.

Es gibt aber weitere Gründe für den Einsatz des Computers im Kontext des Lernens. Der Computer umgeht z.B. die traditionelle Mischung aus künstlicher Motivation und auferzwungener Disziplin. Das Internet erlaubt bisher nicht bekannte Formen der interaktiven Kommunikation „Das Revolutionäre der digitalen Medien und des Internets liegt darin, dass sie Möglichkeiten zur Gestaltung, Verknüpfung (Hypermedia, Multimedia), Manipulation und Distribution (Versendung über Netze) bieten, die hinsichtlich Flexibilität, Reproduzierbarkeit, Aktualität und Geschwindigkeit von keinem traditionellen oder analogen Medium zu überbieten sind" (KORING 2000, S. 138).

Die Wissensvermittlung erlaubt nicht nur auf der Ebene der Faktenvermittlung durch individuellen und dem persönlichen Lernrhythmus und an Lerntypen angepassten Zugriff eine Flexibilisierung und Effektivierung von Informationsvermittlung. Lernen mit dem Computer gestattet Methodenpluralität und Methodenkombination. Spielerische Komponenten können ebenso ergänzt werden wie kommunikative Diskurse.

Wie in vielfältiger Weise (vgl. u.a. KORING 2002, S. 153; PETERS 2002, S. 181) bereits reflektiert, sind mit dem elektronischen Lernen auch Nachteile empfunden, wie z.B.

- komplexe Lernprozesse bedürfen individueller Rückmeldungen,
- geringe Berücksichtigung des aktuellen Standes des Lernprozesses bei den einzelnen Lernbiographien,
- die spezifischen Erfahrungen realer Lernräume gehen verloren,
- der Unterschied zwischen komplexer Wissensvermittlung und Beratung von Lernenden (Problemfall),
- Lernen und Lehren wird nicht mehr als Raum-Zeit-Einheit und ritualisierte soziale Interaktion erlebt,
- es fehlt die historische Ebene,
- es kommt nicht zu dem Erlebnis des Authentischen,
- *cognitive overload* (nicht durchschaubare Komplexität),
- Etablierung neuer Machteliten,
- Zugangsprivilegien zur Information,
- die Differenz zwischen Lebenspraxis und Computerlogik,
- es gibt keine realen Mitlernende und Lehrende.

Einige der Einwände sind ernst zu nehmen, andere gelten nur für ganz bestimmte Lernformen innerhalb des Lernens mit elektronischen Medien. Durch die Schaffung einer angemessenen Lernumgebung lassen sich einige Kritikpunkte entkräften. Durch entsprechende tutorielle Betreuung ist auch eine individuelle Betreuung möglich. Lernen mit elektronischen Medien kann auch mit Präsenzphasen verknüpft werden. So kann durch *blended learning* (Integration von Präsenzphasen) der Mitlernende und Lehrende auch erlebt werden. Realität, die die Suggestion des Originalen hervorruft, kann in den Lernprozess integriert werden. Virtuelle Erfahrungen können erheblichen Einfluss auf die Realität haben. SACHS-HOMBACH (2002) macht darauf aufmerksam, dass von der Annahme ausgegangen werden kann, „dass mentale Bilder in einer nicht-arbiträren Beziehung zum Repräsentierten stehen, so dass Lösungen bestimmter Probleme gewissermaßen an einem Modell simuliert werden können“ (ebd., S.17). Folgt man dieser Argumentation, wäre es durchaus vorstellbar, dass mittels simulierter Lernprozesse im Netz oder mit dem Computer ein Lerntransfer auf den Lebensalltag verbunden ist.[14]

14 Genau an dieser Schnittstelle knüpft diese Arbeit an. Sie setzt sich mit den Ressourcen des Selbstlernens mit elektronischen Medien auseinander, nicht mit den nicht auszuschließenden Defiziten.

Entscheidend ist, dass mit Hilfe der Neuen Medien die Chance besteht, das Prinzip der Autonomie des Lernens stärker in den Vordergrund zu stellen. Der Lernende „wird schnell zu einem Stadium der Selbstbestimmung finden, aus dem heraus er seine eigene Lernevolution steuern kann" (GOTTWALD/SPRINKART 1998, S. 56). Dies ist jedoch kein sich automatisch einstellender Erfolg, wie das Zitat den Eindruck erweckt. Das ist den Autoren durchaus bewusst. Sie gehen von fünf Kompetenzen aus, die erworben werden müssen, um in virtuellen Lernumgebungen angemessen lernen zu können: Selbstbestimmung und Orientierung, Selektion und Entscheidung, instrumentell-qualifikatorische Aneignung, konstruktiv-qualifikatorische Aneignung sowie Lernen und Gestalten (ebd., S. 178). Ergänzend müsste hinzugefügt werden, dass die Lehrenden dem Selbstlernen einen hohen Stellenwert einräumen und die entsprechenden Lernbedingungen und Navigationsräume zur Verfügung stehen. Ohne Zweifel bietet der Computer und das Internet enorme didaktische Potenziale. Ob sie genutzt werden, liegt nicht nur an den Lernenden.

4.5.1. Didaktische Potenziale des Lernens mit dem Computer

Digitale Lernumgebungen bieten eine gute Ausgangsbasis für selbstgesteuertes Lernen, da sie in das aktive und konstruktive sowie kontextgebundene Lernen einüben. Für PETERS (2000) bedeutet die Nutzung virtueller Lernräume „das didaktische Fundamentalereignis der Gegenwart, dem kulturgeschichtliche Bedeutung beigemessen werden muß" (ebd., S. 185), da mehrkanaliges, strukturelles und vernetztes Denken gefordert ist. Wie nie zuvor wird mit dem Computer entdeckendes und problemlösendes Lernen und Lehren möglich. Online-Lernen im Klassenzimmer, virtuelle Seminare und audiovisuelle Konferenzen eröffnen neue Arbeits- und Lernräume. Lernen wird leichter zugänglich, lässt sich flexibler, variabler und anpassungsfähiger an die eigenen Erfordernisse anpassen. Während früher auf Vorrat gelernt wurde, erlauben die elektronischen Medien den disponiblen Zugriff und damit *Lernen on demand* (SCHÖNWALD 1999, S. 54). Durch das Internet erschließen sich Möglichkeiten des *just-in-time*-Zugriffs. „Lernende erhalten über Bildung on demand das Privileg, genau das lernen zu können, was sie gerne möchten, und dies, wann sie gerade Zeit haben" (MEISTER/SANDER 2000, S. 131).

Bereits das Informationsangebot im Internet bietet mannigfaltige Lernpotenziale. Wer das Internet nutzen will, muss vor allem Kriterien entwickeln, um die für ihn relevante Informationen herauszufiltern, zu strukturieren, einzuordnen und dann bewerten zu können. Es darf nicht vernachlässigt werden, dass das vergleichende Beurteilen gesuchter und zufällig gefundener Informationen bereits ein anspruchsvoller kognitiver Prozess ist. Wünschenswert ist, wenn die Aufnahme und Bearbeitung der Informationen von Metakognition begleitet ist. Der Kern pädagogischen Lernens besteht in der Selektion, dem Arrangieren und der Präsentation von Informationen. Genau dies ist auch mit dem Internet möglich, nur werden im Vergleich zur schulischen Bildung andere Schlüsselqualifikationen benötigt. „Beim Umgang mit neuer Technik ändert Lernen seinen Stellenwert. Die Dynamik in der Welt der Netze und globalen Datenhighways macht andere Basisqualifikationen zur Voraussetzung" (TULLY 2000, S. 212). Assoziatives, okkasionales, problemorientiertes und transversales Denken werden benötigt.

Keineswegs wird das Internet nur für innovative Lernformen benutzt. In hohem Maße werden die Potenziale nicht genutzt. Häufig findet ein traditionelles Lernverständnis Verwendung, bei dem das rezeptive Lernen im Vordergrund steht (z.B. Führung des Lernenden von Frame zu Frame, entsprechend der Theorie des Behaviorismus). Neues Lernen bedeutet daher nicht, mit dem Computer zu lernen, sondern die Möglichkeiten, die der Computer für eine andere Form des Lernens anbietet, zu realisieren. Die Lernprozesse werden eigenständig geplant, koordiniert und im Idealfall handlungsorientiert in Form von Projekten oder Produkten umgesetzt. Lehrende haben eine navigierende, d.h. beratende, mentorielle oder moderiende Funktion. Am Beispiel einer virtuellen Ausgrabungsstätte (Dalton-Schule) werde ich in Kap. 6.1.1. ein konkretes Beispiel beschreiben. Selbstlernprozesse können nur umgesetzt werden, wenn folgende didaktisch Prinzipien verwirklicht werden (vgl. PETERS 2000, S. 162-175; FRIEDRICH/ MANDL 1997, S. 237):

4.5.1.1. Lernen durch Multicodierung und Multimodalität

Wesentliche Impulse für das Lernen gibt der Computer und das Internet durch seine multimediale Dimension.[15] Die elektronischen Medien bieten die Möglichkeit zur integrierten und parallelen Präsentation verschieden codierter Informationen auf einem Bildschirm (vgl. TERGAN 2002, S. 322). Informationen lassen sich in unterschiedlichen Formaten und Symbolsystemen darstellen und präsentieren. Diese Symbolsysteme, wie z.B. Schrift und Zahlen, enthalten Codes und Subcodes. Botschaften und Informationen sind somit absichtsvolle Codierungen. Enthalten Botschaften unterschiedliche Symbolsysteme bzw. Codierungen, – dies ist in der Regel beim elektronischen Lernen der Fall, – haben sie eine multicodale Struktur (verbal, pictoral, numerisch). Werden unterschiedliche Sinnesmodalitäten (auditiv, visuell) bei den Lernenden angesprochen, handelt es sich um multimodale Angebote. Wenn die Angebote auf unterschiedliche Speicher- und Präsentationstechnologien verteilt sind, handelt es sich um ein multimediales Angebot (vgl. WEIDENMANN 1997, S. 67).

In spezifischer Weise können multimediale, multicodierte und multimodale Angebote das elektronische Lernen begünstigen. Andererseits wächst mit der Vielfalt der Codierungen und angesprochenen Modalitäten die Anforderung an den Nutzer, ihre Aufmerksamkeit auf die unterschiedlichen Inputs zu verteilen und die Inhalte in einen

15 Der Begriff „Multimedia" hat sich im Verlauf seiner Nutzung gewandelt. Ursprünglich bedeutete er das Nutzen unterschiedlicher Medien in einem Raum. Dann wurde er von der Audiovision dafür verwendet, wenn von einem Steuerbord aus mehrere Medien gesteuert wurden (Diaprojektoren, Videobeamer, Trockeneisanlage etc.). Die heutige Verwendung des Begriffs „Multimedia" (elektronische Repräsentation multimedialer Inhalte auf einem Datenträger) lässt sich etwa auf Beginn der 90er Jahre datieren.

semantisch kohärenten Zusammenhang zu bringen (vgl. ebd., S. 73). Allerdings ist es ebenfalls notwendig, – dies wird gerade in universitären Präsentationen oft vernachlässigt, – auf die ästhetische Gestaltung (Design) zu achten. Multicodalität und Multimodalität bieten vor allem die Chance, für unterschiedliche Lerntypen eine entsprechendes Lernarrangement zu machen. Die Auffassung von WEIDENMANN (ebd., S. 78), dass die implizite Strategie von Lernangeboten maßgeblicher als Codierung und Modalität die Lernsituation beeinflusst, ist meines Erachtens richtig und zugleich in der gedachten Intention falsch. Richtig ist, dass die Lernumgebung immer den größten Lerneinfluss ausübt, die Umkehrung, dass Multicodierung und Multimodalität dann nicht so bedeutsam sind, ist falsch, da bei den Untersuchungen von WEIDENMANN weder die veränderten Wahrnehmungsbedingungen (*iconic turn*) noch unterschiedliche Lerntypen berücksichtigt wurden. Wenn ich auch keine empirische Beweise vorlegen kann, so kann ich zumindest mit der Erfahrung argumentieren, dass multimediale, multicodierte und multimodale Lehrveranstaltungen nicht nur zu gesteigerter Aufmerksamkeit, höherer Motivation und intensiverem Engagement, sondern auch zu höherer Repräsentanz expliziten Wissens führen. Jedoch habe ich auch die Erfahrung gemacht, dass es Studenten gibt (logisch-rationaler Typ), die von diesem Stil völlig überfordert sind oder die den Eindruck einer nicht wahrnehmbaren Struktur haben. Ebenso kann ich anhand von Produkten, die Kinder, Jugendliche und Studenten im Rahmen von Projekten in Selbstlernprozessen erarbeitet haben, nicht nur ihre hohe Kompetenz im Umgang mit multidimensionalen Lerndimensionen belegen, sondern auch den Erwerb impliziten Wissens.

4.5.1.2. Lernen durch Entdecken und Exploration

Bei der Suche nach Informationen zu speziellen Sach- und Wissensgebieten für das deklarative Wissen hat das Internet seine spezifische Bedeutung. Simulationen können auch dazu beitragen, prozuderales Wissen zu erwerben. Insbesondere ermöglicht das Internet interaktives, problembezogenes und situationsbezogenes Lernen und damit kontextuelles Wissen (vgl. ORTHMANN/ISSING 2000, S. 86). Voraussetzung dafür ist die Kompetenz der *information literacy* (ebd.), d.h. die ideale Nutzung des Internets hat der Lerner, der bereits das selbstständige Lernen gelernt hat. Aus der Sicht curricularen Lernens ist hohe Selbstdisziplin und Selbstmotivation notwendig, damit der Butterfly-Effekt nicht einsetzt, die nur oberflächliche Verarbeitung der Informationen. Geht man von einem erweiterten Lernbegriff aus, kann das ziellos schweifende Suchen und Entdecken Bezüge deutlich machen und damit neue Erkenntnisse liefern, die mittels einer selektiven und mit hoher Selbstdisziplin durchgeführten Navigation nicht möglich gewesen wären.

Der hypertextuale Raum bietet Lernräume für mehrdimensionale Raumerkundungen, gestattet das subjektive Eruieren eigener, individueller Pfade und personifiziert damit die Individualisierung von Lernwegen (vgl. ISKE 2002, S. 43f.; SCHRÖDER 2002, S. 4; PETERS 2000, S. 164f). Der Ausbau der kognitiven Flexibilität wird begünstigt. Verlangt wird dabei ein mehrkanaliges und vernetztes Denken. So werden z.B.

- beim **scanning** größere Informationsmengen überflogen,
- beim **surfing** assoziativ und unsystematisch Verweise (Links) verfolgt,
- beim **browsing** Verweise neugierig verfolgt, bis sich Sinnzusammenhänge erschließen, die dann zum zielorientierten Suchen animieren,
- beim **exploring** gezielt Verweise in thematischen Zusammenhängen möglichst vollständig gesucht,
- beim **serendipitying** per Zufall überraschende Entdeckungen gemacht,
- beim **searching** gezielte Fragen bearbeitet,
- beim **matching** durch Bezüge zu anderen Seiten Zusammenhänge erstellt,
- beim **connecting** neue Verbindungen zwischen bestimmten Informationseinheiten hergestellt,
- beim **weblogging** subjektive Tageseindrücke mit ausgewählten Linklisten verknüpft,
- beim **collecting** Daten zu größeren Wisseneinheiten neu zusammengefügt,
- beim **flagging** Informationseinheiten oder bildlichen Darstellungen für den späteren Gebrauch markiert,
- beim **annotating** eigene Gedanken beim Navigieren im Netz auf einem Notizblatt festgehalten,
- beim **editing** Daten kopiert,
- beim **framing** ausgewählte Texte, Bilder und Tondokumente gekennzeichnet und in speziellen Dateien gespeichert.

Ganz wesentlich beim entdeckenden und explorierenden Lernen ist die Aktivierung der Lernenden. Gelernt wird nicht durch Konsum, sondern durch Interaktion.

4.5.1.3. Lernen durch Kommunikation und Kollaboration

Die Verbundenheit mit anderen Lernenden sowie Lehrenden und Tutoren (*connectivity*) ist ein wesentlicher Faktor für erfolgreiches virtuelles Lernen. Konnektivität bietet ein Gegengewicht zu der Isolation der Lernenden in den Massenuniversitäten und den anonymen Strukturen des schulischen Alltags. Mittels E-Mail, Mailinglisten, Chat, Bulletin Boards, Mitwirkung in speziellen Foren, Net-Meetings, Whiteboard-Kommunikation und Audio- sowie Videokonferenzen ist es möglich, dem Lernenden die soziale Vernetzung deutlich zu machen. Das Internet erlaubt ganz unterschiedliche Kommunikationsformen. Das Net-Meeting verlangt den Person-zu-Person-Kontakt. E-Mail erlaubt eine Kommunikation mit einer oder mehreren Personen. Der Chat ermöglicht sowohl die Kommunikation mit vielen Personen als auch den Rückzug in einen separaten Raum, in dem ein singulärer personaler Kontakt arrangiert werden kann. Beim Bulletin Board und den News Groups kommuniziert eine Person mit vielen Personen. Beim Whiteboard und den audiovisuellen Konferenzen kommunizieren mehrere Personen mit mehreren Personen.

Das elektronische Lernen erlaubt kollaboratives Lernen; dabei handelt es sich um „individual learning occuring as a result of group processes" (KAYE 1992, S. 2). Während die schulische Bildung in der Regel darauf ausgerichtet ist, die Einzelleistung einer Person hervorzuheben, erlaubt das kollaborative Lernen die Befähigung im Team zu agieren (Gruppenarbeit). Die unterschiedlichen Fähigkeiten innerhalb einer Gruppe werden gewinnbringend bei der Bearbeitung eines Problems oder einer Aufgabe genutzt. Beim Lösen von Problemen darf geholfen werden. Gegenseitige Hilfe beim Lernen fördert die *peer-education*. Die soziale Binnenstruktur der Gruppe begünstigt den didaktischen Prozess, da durch sie die Vermittlung von Werten und Normen transportiert wird. Durch Interaktionen im relativ herrschaftsfreien Raum wird die soziale Mitverantwortung gefördert, die soziale Integration insbesondere von Außenseitern verbessert und die Selbstverwirklichung der Einzelnen gestärkt. Lern- und Wissensgemeinschaften (*knowledge building communities*) können sich bilden und damit dem isolierten Lernen entgegenwirken.

4.5.1.4. Lernen durch Informationsmanagement und Dislozierung

Die Übernahme von Informationen, die von externen Quellen geliefert werden, lässt sich als Grundprinzip des Lernens in den letzten Jahrzehnten hervorheben. Aufnahme, Auswendiglernen, Behalten und Erinnern waren die grundlegenden verlangten Fertigkeiten. Dazu kam das Zusammenwirken des Gedächtnis mit externen Wissensspeichern wie z.B. Büchern (vgl. PETERS 2000, S. 172). Das erworbene Wissen, verbunden mit der gesammelten Erfahrung, mussten im Gedächtnis gespeichert werden und zu einem späteren Zeitpunkt reproduziert werden. Bewertet wurde, wie gut Input und Output übereinstimmten.

Durch Datenbanken lassen sich externe Speicher erheblich erweitern. Die „freigewordenen" Gedächtnispotenziale werden benötigt, Routinen und Strategien zu entwickeln, um die externen Wissensspeicher sinnvoll zu nutzen. Zu den heutigen Schlüsselqualifikationen gehört es daher nicht mehr, über gute Reproduktionsfähigkeiten extern aufgenommener Informationen zu verfügen, eher ist die Befähigung zur Anwendung aktivierender Lerntechniken gefordert, bei denen es zu einer Synthese zwischen menschlichem Gedächtnis und externen Wissensspeichern kommt.

In der Regel fand Lernen bisher an festen Orten statt, Lernen war loziert (locus [lat.] = Ort), meist in der Schule, in Bibliotheken oder anderen institutionellen Räumen. Durch die elektronischen Medien ist Lernen nicht mehr von Raum und Zeit abhängig, Lernen ist somit disloziert.

4.5.1.5. Lernen durch Visualisieren und Simulieren

Das Lernen mit visualisierten Daten wird in nahe Zukunft eine beträchtliche Rolle spielen. Die zunehmenden Datenmengen im Internet führen zu Überlegungen, wie es möglich sein könnte, schneller und effektiver durch das Datenangebot zu navigieren. Eines der probatesten Mittel sind Suchwerkzeuge. Da die gängigen Suchwerkzeuge (Google, Web, Yahoo) kein Kontextwissen liefern, wird im Moment daran gearbeitet Suchdienste nach dem Prinzip von semantischen Netzen aufzubauen (vgl. ISKE 2002, S. 45). Ein zweiter Weg ist die dreidimensionale Anordnungen von Daten. Dabei wird darauf zurückgegangen, dass die Menschen sich mittels des Gesichtssinnes räumlich in der

Welt orientieren und in grafischen Darstellungen mehr Informationen verpackt werden können als in Texten. Da unser Auge eine Serie von Bildern als etwas Zusammenhängendes begreift, wird in der grafischen Darstellungen die Möglichkeit gesehen, Beziehungen zwischen einzelnen Daten auf eine leicht verstehbare Weise darzustellen.

Bei dem bisherigen System muss der User Fenster öffnen und schließen, während er entlang grafisch geordneter Menüs wandert. Die Ebenen müssen ständig verlassen werden, wenn man sich vor- und rückwärts bewegt. Das von Xerox PARC und Inxight *(www.insight.com)* entwickelte Interfaceprinzip *Wide Widgets* erlaubt es, „dass große Informationsmengen grafisch abgebildet und weitere große Informationsmengen durch intelligente räumliche Anordnung der grafischen Repräsentationen interaktiv zugänglich gemacht werden“ (RAO 2000, S. 254). Ohne die Interface-Ebene zu verlassen, kann der Nutzer die dahinter liegenden Daten anschauen. Grundlegende Strategie ist es, zwischen Übersichtsdarstellungen mit wenig Informationen über viele Gegenstände (Fokus) und detaillierten Darstellungen mit viel Informationen über wenige Gegenstände (Kontexte) pendeln zu können. Im Einzelnen lassen sich folgende Modelle hervorheben:

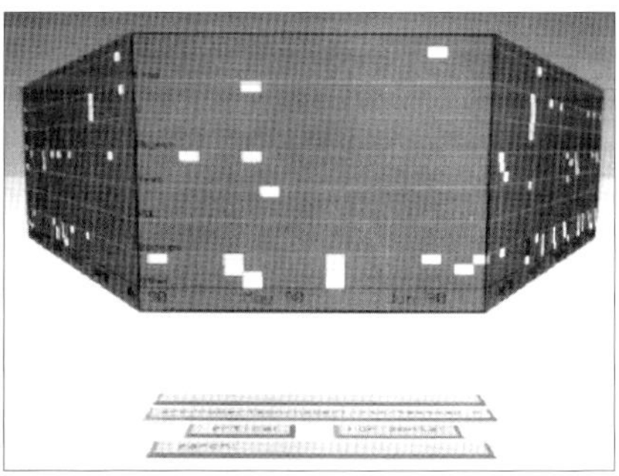

Abb. 42: Perspective wall

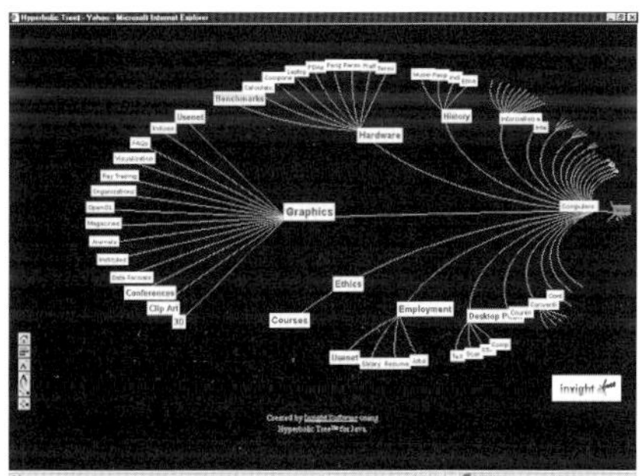

Abb. 43: Hyperbolic Tree

- ***Perspektivische Wand*** Auf der Vorderfront der *Perspective Wall* sind die Informationen enthalten, die sich im Zentrum des Interesses befinden. Auf den sich nach rückwärts perspektivisch verjüngenden Seitenwänden sind die kontextuellen Informationen enthalten. Wenn der User auf eine Kontextinformation klickt, verändert sich das System und rückt den neuen Begriff in den Mittelpunkt des Interfaces. Dies gilt auch für andere Systeme, wie z. B. den *Hyperbolic Tree*.
- **Der Hyperbelbaum** Der *Hyperbolic tree* verfolgt ein räumlich-dynamisches Konzept. Was sich in der Nähe des aktuellen Informationsfokus befindet, erscheint größer und ist von mehr Raum umgeben als die zugehörigen Kontextinformationen. Das Suchergebnis wird in inhaltlich zusammenhängende Informationsknotenpunkte eingebettet. Farben und Symbole unterschiedlicher Größe werden verwendet, um quantitative und kategoriale Eigenschaften räumlich zu organisieren.

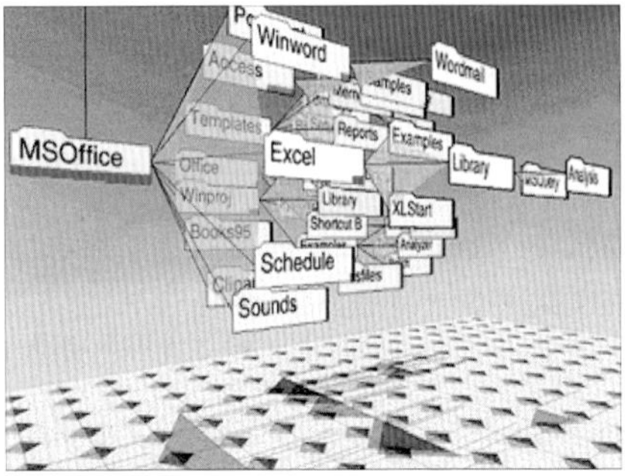

Abb. 44: Cone Tree

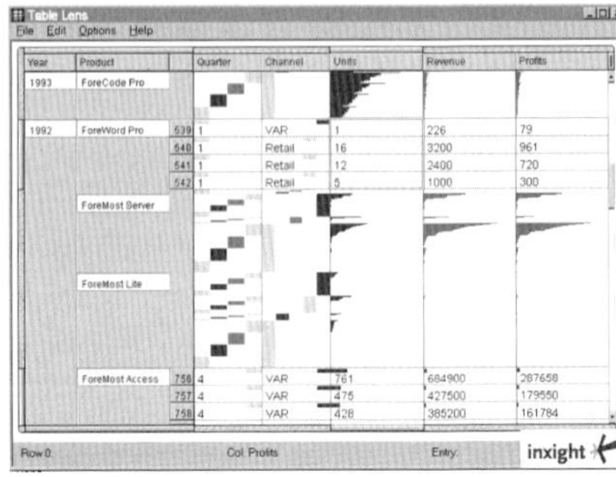

Abb. 45: Table Lens

- ***Kegel-Bäume*** Die *Cone Trees* bestehen aus kegelförmigen Strukturen. Die Kegelspitze repräsentiert einen Elternknoten, während sich auf der unteren Mantelfläche die Kinderknoten befinden. In jedem Kindknoten sind weitere Kegel (Knoten) positioniert. Bei Aktivierung eines Knotens, wird der selektierte Knoten visuell hervorgehoben und per Animation nach vorne gebracht.
- ***Tabellenlupe*** Mit Hilfe der *Table Lens* lassen sich Daten einfacher als mit herkömmlichen Werkzeugen analysieren. Zugrunde liegt das Tukey-Prinzip, das heißt der Nutzer schaut sich erst die Daten in einem Zusammenhang an, danach entscheidet er, wohin er seinen Fokus richtet. „Die Daten werden auf Korrelationen und Abweichungen hin untersucht, zu Gruppen zusammengefasst und die Gruppen miteinander verglichen“ (ebd., S. 259). Dabei wird davon ausgegangen, dass tausend Zahlen weniger schnell erfasst werden können als tausend Striche. Der Vorteil der *Tabellenlupe* liegt darin, dass Eigenschaften und Werte in den jeweiligen Tabellenspalten miteinander verglichen und die Beziehungen durch Kurven oder Markierungspunkte auf einen Blick sichtbar gemacht werden können.

Die besondere Rolle des Visualisierens und Simulierens sollten wir auch in unserer Aus- und Fortbildung berücksichtigen Uns er Bildungssystem ist weiterhin darauf erpicht, Leistungen nach mündlichen und schriftlichen Leistungen (Aufsätze, Referate, Hausarbeiten, Vorlesungsprotokolle, Diplomarbeiten etc.) zu beurteilen. Das Verblüffende ist, dass die Studenten einerseits unter diesem Diktum leiden, andererseits in selbsterwarteter Erfüllung in diesem Denkschema gefangen bleiben. Kürzlich machte mich unsere Sekretärin darauf aufmerksam, dass eine Studentin ihr mitgeteilt hätte, ich würde Seminarscheine austeilen, obwohl sie keine Studienleistung erfüllt habe. Sie hatte bei der Produktion einer Multimedia-CD zum Thema „Virtueller Fachbereich“ mitgewirkt. Bei dieser Lehrveranstaltung (vgl. Kap. 6.2.3.) wurde das Prinzip des Selbstlernens eingesetzt und die „Leistung“ bestand darin, in einem kommunikativen und kollaborativen Lernzusammenhang an der Produktion einer multimedialen Darstellung des Fachbereiches mitgewirkt zu haben (Visualisierung des Fachbereichs). Die Informationsaufnahme und -verarbeitung erfolgte über mehrere Sinneskanäle. Der Raum des

Lernens war im eigentlichen Sinne nicht der Seminarraum, sondern der multimediale Raum. Da es in diesen Lernkontexten automatisch zu einer „Organisation und Reorganisation verfügbarer Informationsrepräsentationen im Wechselspiel mit Reorganisation der eigenen kognitiven Konstrukte“ (PETERS 2000, S. 174) kommt, ist es mehr als berechtigt, dafür eine Studienleistung zu attestieren.

Die Lernenden sind beim Visualisieren, Animieren und Simulieren gezwungen, sich über ihr konzeptionelles Denken bezogen auf die zu bearbeitende Aufgabe, bewusst zu werden. Die Darstellung des Gelernten geschieht in Kooperation mit anderen Studenten. Sie müssen sich daher nicht nur über die Inhalte (Was kann man im Fachbereich lernen?), und die Methoden verständigen (Befähigung im Umgang mit einem Autorensystem), sondern auch lernen, in einem Team sich gegenseitig abzustimmen.

4.5.2. Methodische Potenziale des Lernens mit dem Computer

Der Computer bietet ganz unterschiedliche Hilfsmitteln, um die Lehrenden und Lernenden zu unterstützen. Bei der Präsenzlehre ist der Einsatz von **PowerPoint** in naturwissenschaftlichen Fachrichtungen zunehmend anerkannt, in geisteswissenschaftlichen Fachrichtungen ist es erschütternd, wie gering die Bereitschaft ist, diese zur Darstellung von Inhalten hervorragende Software anzunehmen. PowerPoint zwingt einerseits zu einer klaren Gliederung, andererseits ist es möglich, ausgehend von den einzelnen Seiten, Seitenäste und Seitenarme anzusprechen. Nachdem PowerPoint anfangs nur als elektronische Folie Verwendung fand, ist die Integration von Bild, Grafik und Animation in verstärktem Maße zu beobachten. Die Möglichkeit, einzelne Informationen oder Objekte präzise zu bestimmten Zeitpunkten zu präsentieren, erlaubt eine zeitnahe Dar-

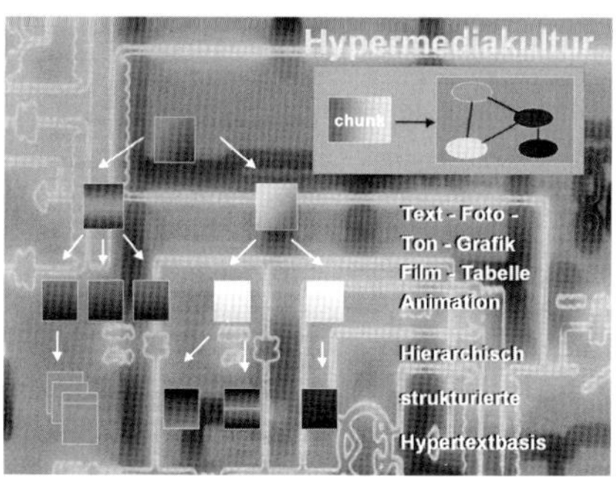

Abb. 46: Visualisierte und animierte PowerPoint-Folie zum Thema „Hypermediakultur“

Abb. 47: Visualisierte PowerPoint-Folie zum Thema „Hotspot-Kultur“

stellung von Aussage und Hintergrundinformation. Gerade wegen der unterschiedlichen Lerntypen können mit PowerPoint ergänzende oder beim Vortrag vernachlässigte Lernebenen Verwendung finden. Das betrifft insbesondere den Bereich der multimedialen Verwendung (Video, Sound, Animation und Simulation).

PowerPoint eröffnet durch seine multimediale Ebene eine hervorragende Basis zum sinnlichen und ästhetischen Denken. Bisher ist dieser Bereich noch stark vernachlässigt. Bei einer PowerPoint-Folie sollte m.E. nicht nur auf die inhaltliche Gestaltung geachtet werden. Die Visualisierung kann ein ganz wichtiger *door-opener* sein. Die Produktion von visualisierten Folien bedeutet auch für die Lehrenden eine schöpferische Tätigkeit. Sie sind gezwungen, sich über die unterschiedlichen Lerntypen Gedanken zu machen, und erleben möglicherweise bei der Produktion der Folien die Lust und die Freude, die ästhetisches Lernen auslösen kann.
HyperFolio[16] ist ein sehr schönes Tool, um die Recherchen im Internet zu vereinfachen: Mit Hilfe von HyperFolio können einzelne Texte, Bilder, Audio- und Videofiles per Drag & Drop direkt vom Browser in einen virtuellen Speicher geladen werden. Alle gängigen Dateiformate können angezeigt bzw. abgespielt werden. Beliebige Fundstükke aus dem Internet können gesammelt, katalogisiert, kommentiert, abgelegt und verwaltet werden. HyperFolio ermöglicht es, verschiedenste Links zusammenzuführen. Demgegenüber kann man bei Bookmarks nur jeweils die einzelne Seite hochladen und abspeichern. Gleichzeitig hat HyperFolio eine Karteikartenfunktion. Die richtigen Informationen zu den gesammelten Medienobjekten werden automatisch katalogisiert. Das Auffinden der jeweils relevanten Inhalte wird durch die integrierte Suchfunktion erleichtert. HyperFolio erhielt 2002 das Comenius-Siegel, den Bildungsmedienpreis der GPI (Gesellschaft für Pädagogik und Information e.V.) für die Entwicklung hervorragender Bildungsmedien.

Sehr beliebt ist **MindManager**, ein PC-Programm, das die Technik des Mind Mapping nicht nur ergänzt, sondern wesentlich erweitert. Aus diesem Grunde möchte ich dieses Programm in einem separierten Punkt darstellen. Die Software zeichnet sich aus durch ihre Übersichtlichkeit, die einfache Handhabung und den großen Anwendernutzen. Die Einfachheit der Bedienung garantiert eine hohe Produktivität und ein sehr kurze Einarbeitungsphase. Mit Druck auf die rechte Maustaste werden die Zweige und Äste hinzugefügt. Alle Parameter lassen sich je nach Bedarf verändern und erlauben daher einen leichten Zugang und schnelle Aktualisierung. Ein weiterer Vorteil von MindManager liegt in der Möglichkeit, in das Mind Map Texte, Bilder und Grafiken einzubinden sowie die erarbeiteten Ergebnisse mit anderen Dokumenten oder Webseiten zu verknüpfen (Hyperlinks). Insbesondere die Integration von interaktiven Arbeitsformen sind leichter umzusetzen. Verweise auf ergänzende eigene Materialien oder auf ausgewählte Adressen aus dem Internet können hinzugefügt werden. Ebenso ist es ein Vorteil, dass die erstellten Mind Maps traditionell und elektronisch präsentiert werden können (Papier, Folie, PowerPoint oder Internet). Auf diese Weise wird problemorientiertes systematisches Arbeiten wesentlich erleichtert.

Konzipiert wurde MindManager für JAVA und OLE. Per Mausklick lässt sich aus jedem Mind Map eine ansprechende Webseite erstellen. Die Mind Maps lassen sich

16 Zu finden auf der Webseite *http://www.schule-online.de/hyperfolio/*.

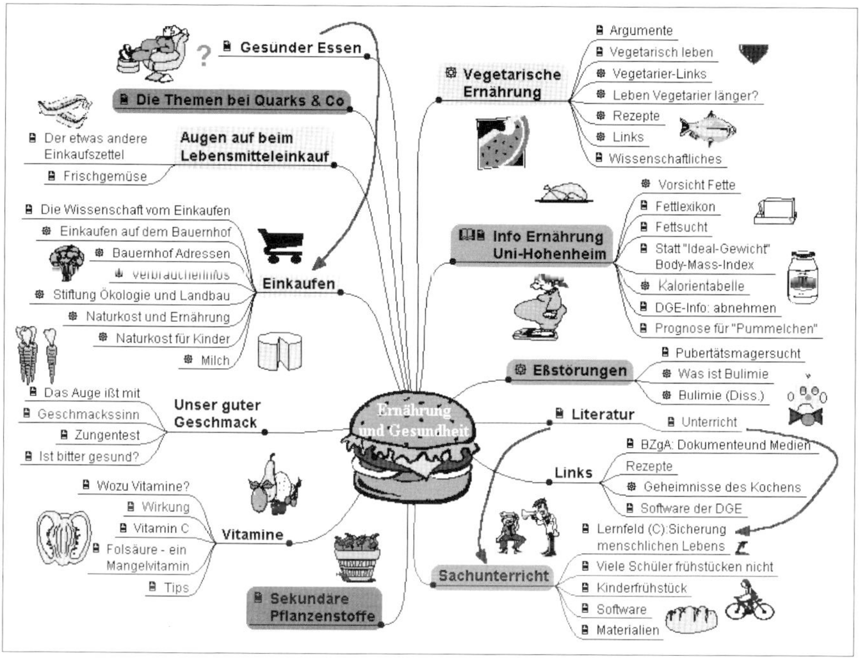

Abb. 48: Mind Map „Ernährung und Gesundheit" von Jürgen TAUSCH

auch problemlos in Textverarbeitung (Word), Excel und PowerPoint integrieren. Die Einsatzmöglichkeiten von Mind Maps reichen von der Ideensammlung, einer Inhaltsanalyse, der Prüfungsvorbereitung, der Herstellung von Manuskripten, Projekte planen, Wissen strukturieren bis hin zur Veranschaulichung komplexer Zusammenhänge (vgl. TAUSCH 2003). Gleich, ob es sich um Prüfungsvorbereitungen handelt oder für Forschung und Lehre Wissen ausgewählt, gut strukturiert und übersichtlich dargestellt werden soll, die hierarchische Struktur von Mind Maps kann dabei sehr hilfreich sein.

TAUSCH (2003) hebt hervor, dass mit dem MindManager Ideen klarer, präziser und verständlicher mitgeteilt werden können, da das Programm eine klare Struktur aufweist. Die Kreativität und das Zusammenarbeiten im Team wird auf Grund der einfachen Möglichkeit von Veränderungen gesteigert. Die übersichtliche Verdichtung der Gedanken und Ideen in einem Zweigdiagramm auf einer Seite kommt der Wahrnehmungsweise des menschlichen Gehirns entgegen, da bei der Konzeption aktuelle Erkenntnissen der Funktionsweise des menschlichen Gehirns berücksichtigt werden.

Beim MindManager begrenzen keine linearen Strukturen die Ideen und Phantasien. Die visuelle Arbeitsweise von MindManager begünstigt die optimale Nutzung der Potenziale der linken und rechten Gehirnhälfte. Kreativität kann sich frei entfalten. Hervorhebungen mit Textintegration, Bild, Grafik, Farbe und Verlinkungen erlauben eine Akzentuierung der Ideen.

Interaktive Whiteboards verbinden die Funktion einer Tafel mit der eines Flipcharts. Mittels dieses Mediums lassen sich Informationen optimal präsentieren. Dies geschieht auf der Basis einer Kombination aus Computer- und Projektorentechnik. Die Bildschirmausgabe des Computers wird auf die großformatige Oberfläche des Boards projiziert. So ist es möglich, durch Berührung des Boards den Computer zu bedienen und auf dem Board zu schreiben. Berührungsempfindliche Folien in der Tafelwand, die registrieren, was auf die Wand geschrieben wird, bilden die technologische Basis für die Interaktivität des Whiteboards. Durch das Berühren der Oberfläche werden die Anwendungen gesteuert. Die auf dem Computer installierte Whiteboard-Software übernimmt die Kommunikation mit der Präsentationsfläche. Eine Maus wird nicht mehr benötigt. Freie Notizen, Änderungen und das Markieren wichtiger Informationen können vom Lehrenden (oder den Lernenden) direkt auf dem Board schnell und einfach mit Hilfe eines Stifts festgehalten werden. Die Lernenden müssen keine Anmerkungen und Informationen aufschreiben und können sich auf die Präsentation konzentrieren. Die Whiteboard-Präsentation (das kann auch eine PowerPoint-Präsentation sein) als auch der neue Anschrieb bzw. die Ergänzungen können ausgedruckt oder in einer Datei gespeichert werden und zur weiteren Bearbeitung direkt an eine beliebige Office-Anwendung exportiert werden. Die Daten können auch an Schüler, die nicht anwesend sind, per E-Mail oder HTML-File geschickt werden. Die Lernenden können nach dem Unterricht auf die Materialien zurückgreifen. Sie können sich ganz auf die Präsentation konzentrieren.

Wenn in einer Klasse oder einem Seminar nicht jeder Lernende einen Computer hat, ist das Whiteboard bestens geeignet, da der PC des Lehrers als Gruppenwerkzeug eingesetzt werden kann. Er kann die Basis bilden zur Schaffung einer interaktiven Lernumgebung, wenn die Lernenden aktiv und kreativ am Unterricht teilnehmen, indem sie auch auf der robusten Oberfläche des SMART Boards schreiben. Durch das Ändern der Präsentationen und das Ausdrucken der Ergebnisse können die Lernenden direkt mit eingezogen werden. Die Lernenden können mit unterschiedlichen Farben über Anwendungen schreiben, wie sie es von der herkömmlichen Wandtafel kennen. Jederzeit kann auf frühere Arbeitsphasen und bereits abgespeicherte Dokumente zurückgegriffen werden.

Das interaktive Whiteboard hat sich inzwischen zu einem komplexen multimedialen Medium gewandelt. Von seinen Entwicklern wird eines der interessantesten der aktuellen Modelle, das SMART Board auch intelligentes oder **elektronisches Board** genannt. Mit SMART Board kommt es auch auf der Anwendungsebene zu einer Verbindung von interaktivem Whiteboard und Computer. Der Computerdesktop kann angezeigt werden und gleichzeitig kann eine ergänzende Interaktion erfolgen (Präsentation, Anschrieb). Handanschriebe können vom Computer sofort in alphanumerische Buchstaben gewandelt werden. Computer-Anwendungen können geöffnet und im Internet kann navigiert werden. Ergänzend zu der Präsentation können Notizen gemacht und auch abgespeichert werden. Es ist möglich, Dateien zu speichern, zu drucken, sowie Informationen und Präsentationen ablaufen lassen. SMART Board erlaubt als zusätzliche Anwendung sogar Videokonferenzen. In Echtzeit können weitere Teilnehmer, die gleichfalls mit der Smart-Technik ausgestattet sind, per Internet, z.B. durch Microsoft NetMeeting oder Intranet, zugeschaltet werden. Die Inhalte der jeweiligen Präsentation erscheinen auf den Boards beider Teilnehmer, so dass sich Interaktivität mit voneinander entfernten Teilnehmern realisieren lässt. Das SMART Board kann ebenso als Gruppen-Arbeitsplatz benutzt werden, um neue Software zu erklären. Die Lernenden können jeden Schritt, auch die Bedienung von Menüs oder Icons, auf ihrem Bildschirm verfolgen. Ebenso ist es möglich, innerhalb einer Klasse zusammenzuarbeiten. Nachdem einzeln spezifische Aufgaben bearbeitet wurden, können die Schüler danach selbstständig weiterarbeiten. Sie können im Rahmen eines Intranets mit anderen Lernenden Kontakt aufnehmen oder deren Arbeitsschritte anschauen. Aufgaben können auch in Teams bewältigt werden. Damit kann die Teamfähigkeit verstärkt werden. Instruktive und konstruktive Lernelemente können problemlos miteinander verbunden werden.

Abb. 49: Produktpräsentation SMART Board, Screenshot

Alle Formen des kreativen Lernens, wie z.B. Brainstorming, Clustering, Mind-Mapping die helfen, die Phantasie von Lernenden zu fördern, können integriert werden. Ebenso ist es möglich, im Team kreative Geschichten zu schreiben. Ausgehend von einer von den Lernenden entwickelten Idee kann gemeinsam an einer fortlaufenden Geschichte geschrieben werden. Unvollständige Geschichten können ausgedruckt werden und von den Lernenden zu einem späteren Zeitpunkt selbstständig ergänzt werden. Eine weiterer Einsatz ist die gemeinsame Bearbeitung von PowerPoint-Präsentionen. Zuerst machen die Lernenden einen Entwurf, der dann von der ganzen Klasse oder dem Seminar diskutiert wird. Veränderungsvorschläge werden von jedem Lernenden sofort aktualisiert und in Realtime akzeptiert und/oder verworfen. Die Erfahrungen zeigen, dass es für Lernende einfacher ist, Bemerkungen in eine Whiteboard- bzw. SMART-Board-Applikation zu integrieren als an eine Tafel zu schreiben. Meist wird dieses gemeinsame Lernen auch als Spiel verstanden. Weitere mögliche hervorragende Arbeitsfelder könnten das Produzieren einer Schülerzeitung oder das gemeinsame Herstellen von Internet-Seiten sein.

Mit dem SMART Board lassen sich zusammen mit den Lernenden auch virtuelle Ausflüge durch das Internet machen. Die Webseite der NASA bietet z.B. virtuelle Ausflüge in den Regenwald oder auf den Mars. Weiterhin ist die Multitasking-Fähigkeit hervorzuheben. Mit SMART Board lassen sich Multimedia-Werkzeuge verbinden. So können z.B. auch ein Videorecorder, PowerPoint-Präsentationen, ein Scanner, eine CD-ROM oder eine digitale Kamera angeschlossen werden. Der Wechsel zwischen verschiedenen Geräten ist schnell und bequem. Wenn von einem Ort nur durch die Berührung des SMART Boards aus alle Anwendungen (Software, Grafiken und Webseiten) bedient und kontrolliert werden können, spart dies Zeit und lenkt die Aufmerksamkeit auf den Unterricht. Unterricht kann interaktives und selbstgesteuertes Lernen unter intuitiver Nutzung elektronischer Medien begünstigen, wie MICHAELIS, die Direktorin der Realschule von Pritzwlak, Brandenburg bestätigt: „... ich denke gar nicht mehr bewusst daran, dass ich einen Computer bediene, alles ist intuitiv gut verständlich und ich kann interaktiv mit der Klasse arbeiten" (zitiert nach: *http://www.smartboard.de/products/smartboard/inuse.asp*).

5. Computerprojekte mit Kindern

„Alles soll wo immer möglich den Sinnen vorgeführt werden,
was sichtbar dem Gesicht, was hörbar dem Gehör, ...,
was fühlbar dem Tastsinn. Und wenn etwas durch
verschiedene Sinne aufgenommen werden kann,
soll es den verschiedenen zugleich vorgesetzt werden."
Johann Amos Comenius, Didacta Magna, 1654

Kinder wachsen in einer Welt auf, in der Medien eine große Bedeutung für sie haben. Kinder kennen keine Welt ohne Computer. Für sie ist der Computer Teil ihrer Lebenswelt. Für Kinder hat der Computer nichts Bedrohliches. Sie kennen ihn von ihren Geschwistern, von Freunden oder den Eltern, ihrem Gameboy oder ihrer PlayStation. Wegen seinen multimedialen Dimensionen werden beim Computer mehrere Sinneskanäle angesprochen (Sehen, Hören, Taktilität). Die Neigung der Kinder zur intersensorischen Verknüpfung der über die Sinne empfangenen Informationen können bei der Interaktion mit dem Computer ausgelebt werden. Schon allein aus diesen Gründen ist er für Kinder ein sehr interessantes Lern- und Spielobjekt. Andere Sinne, wie Riechen, Schmecken und differenzierte Formen der Bewegung werden durch den Computer nicht aktiviert. Daher kann der Computer nicht alle kindlichen Bedürfnisse und notwendigen Erfahrungsräume erfüllen. Der Computer hat nichts Bedrohliches und ist kein Allheilmittel, er ist eines von mehreren Medien, um in komplexer Weise, reale und phantasierte Welten in einer bisher noch nicht bekannten Weise zu erfahren und zu verändern. Da in ihm mehrere Medien als Amalgam gebunden sind, ist er besonders geeignet, die Phantasie und die Entwicklungspotenziale zu fördern.

Mehr als in der Schule können Kinder durch die Befähigung im Umgang mit dem Computer Selbstbewusstsein und Selbstvertrauen schöpfen, da er das Gefühl vermitteln kann, eine gestellte Aufgabe erfolgreich bearbeitet zu haben. Reaktionen auf dem Computer sind voraussagbar. Damit wird der Sinn für Konsequenzen geübt. Sinnlich erleben die Kinder über Begreifen den Zusammenhang von Ursache und Wirkung. WEBB/ROWE (1995) sehen darin den Ausgangspunkt für die Erkenntnis, Leben planen zu können, da das Verständnis von Kausalität ihnen dabei hilft, spielerisch geistige Bilder zu entwerfen und gestalten zu können. „Die Berechenbarkeit, mit der der Computer auf eine bestimmte Handlung reagiert, stärkt bei einem Kind die Vorstellung, dass sich die Vergangenheit rekonstruieren lässt und dass vergangene Erlebnisse Voraussagen über Zukunft zulassen" (ebd. 1995, S. 66). Erfolgserlebnisse und die Beständigkeit des Computers vermitteln das Gefühl von Sicherheit und Geborgenheit. Dies beginnt bereits auf der Ebene des Anschlags einer Taste auf der Tastatur, da dadurch eine voraussagbare Wirkung erzielt wird, die bei Kindern Erfolgserlebnisse auslöst. Es endet bei der spielerischen Fähigkeit, gezielt Handlungen auszuführen, auf Herausforderungen auch in der Zukunft zu reagieren und damit aktiv, entdeckend und forschend auf ihre Lebenswelt zu reagieren und damit ein komplexeres Verständnis von Welt zu entwickeln.

MONTESSORIs Anliegen war die ganzheitliche Sinneserfahrung, das Lernen mit allen Sinnen. An der Relevanz dieses berechtigten Anspruchs hat sich nichts geändert. Nur gehören der Computer und die elektronischen Medien dazu, wenn mit allen Sinnen gelernt werden soll. Da Lernen mit allen Sinnen für Kinder ganz wesentlich ist, ist es sinnvoll, den Computer nicht als isoliertes Medium einzusetzen, sondern im eigentlichen Sinne als Medium und als Mittler, um komplexe Erfahrungen zu sammeln.

Selbstverständlich kann auch kein Computer eine Person ersetzen (Werte, soziale Aspekte), darauf verweist MÜLLER (2001, S. 15), aber es ist denkbar, dass sich mit Hilfe des Computers die Rolle der Erzieherin erweitern kann. Ihre Rolle als Lernprozesse begleitend (Dimension der Navigation) wird bzw. kann sich erhöhen, entsprechend wie dies in skandinavischen Ländern bereits der Fall ist. Die Erzieherinnen können durch „Zulassen" dazu beitragen, dass Kinder den kompetenten Umgang mit dem Computer erlernen und ihnen dabei helfen, Komplexität zu reduzieren und sich als gestaltend und damit wirksam zu erleben.

Das „magische Denken" der Kinder, ihre Tendenz, Objekten eine animistische Bedeutung zuzuweisen, d.h. ihnen eine Seele (anima) zuzuschreiben und sie damit als lebend wahrzunehmen, kann sich im Spiel mit dem Computer ausleben. Auch dieses Bedürfnis kann durch Aktivitäten mit dem Computer „bearbeitet" werden.[1] Der Computer eröffnet eine Vielfalt von Aktivitätspotenzialen. Wenn der Computer Ausgangspunkt oder Ziel einer komplexen Bewältigung eines Problemzusammenhangs ist, erhält er die Rolle, die ihm zusteht: Teil eines ganzheitlichen Lernprozesses zu sein. MONTESSORIs Axiom „Hilf mir, es selbst zu tun" entspricht genau dem, was mit selbstgesteuerten Lernen auch gemeint ist.

In einer Welt, die von Computertechnologien durchdrungen ist, wird die alphanumerische Kompetenz „gleichbedeutend sein mit der Fähigkeit zu kommunizieren" (WEBB/ROWE 1995, S. 17). Der Computer bietet den unschätzbaren Vorteil, dass die Gestaltungsprinzipien der einzelnen Medien und die Strategien zur Problemlösung spielerisch erworben werden können. Neues wird nicht abstrakt nach kaum nachvollziehbaren Selbstzweckaufgaben erworben, sondern durch Kreativität und Phantasie. Mit Hilfe des Computers können Kinder frühzeitig Strategien zu Problemlösungen kennen lernen und damit problem- und nicht faktenorientiert lernen. Ideen zu entwickeln, Kreativität und Phantasie auszuleben, Spaß zu haben und zugleich Probleme zu bewältigen bilden keinen Widerspruch, sondern sind eine Herausforderung.

1 „Der Animismus in der Kindheit, jenes Bedürfnis, unbeseelten Objekten die Attribute des Lebens zuzuerkennen, wird nur allmählich durch ein neues Verständnis der physischen Welt in Begriffen physikalischer Prozess ersetzt" (TURKLE 1984, S. 31).

In vielfältiger Weise wird in handlungsorientierten Projekten auf unterschiedlichen Ebenen Kindern die Möglichkeit gegeben, sich Computer über den Bottom-up-Ansatz anzueignen. Hinter dem Rücken der medienpädagogischen Theorie hat sich das Navigationsprinzip bereits durchgesetzt, auch wenn die jeweils handelnden Akteure andere Begrifflichkeiten wählen. Ein kritischer Umgang mit dem Medium wird vor allem durch das Aneignen gelernt. Wesentlich ist es dabei, Räume zu öffnen für die eigenen Interessen, Bedürfnisse und Überzeugungen. Einzigartig ist das Projekt **Kinderspuren im Internet** vom SIN-Studio im Netz e.V. in München. 105 Kinder im Alter ab fünf Jahren wird die Möglichkeit geboten, über mehr als ein Jahrzehnt ihren eigenen virtuellen Raum zu gestalten. Schon jetzt ist abzusehen, dass ein einmaliges virtuelles Zeitdokument entsteht. Die Verantwortlichen verstehen sich als Navigatoren, wie es auch in ihrer eigenen Formulierung erkennbar wird. „Das Projekt bietet eine langjährige Plattform mit einer nicht absehbaren Dynamik, deren Weiterentwicklung unter pädagogischen Blickwinkeln erfolgt, jedoch nicht beeinflusst wird" (*http://www.sin-net.de/*). Wenn auch unklar bleibt, was ein „pädagogischer Blickwinkel" ist, wird aus der Konzeption die Mentorenfunktion der Pädagogen deutlich. Es geht eben nicht mehr wie früher um die vordergründige Vermittlung von Expertenwissen. Die Persönlichkeit des Kindes steht im Zentrum, ihm soll die Möglichkeit gegeben werden, sich mit Hilfe der Mentoren oder anderer Kindern den selbstverständlichen Umgang mit dem Medium Internet anzueignen. Dem Projekt geht es daher vor allem um „dynamische Impulse zur Persönlichkeitsreifung in einer technologisierten Zukunft" (PALME/FRIEDRICH 2001, S. 127). Neben dem Erwerb personenbezogener Kompetenzen geht es in den meisten Projekten um die Befähigung zur Kooperation, Kommunikation und Kollaboration. Auf die Vielzahl bereits existierender Projekte kann aus Platzgründen nicht eingegangen werden. Beispielhaft sei auf SIN-Studio im Netz (1997), PALME (1999), ANFANG/DEMMLER/LUTZ (2001, 2003), MOSER/DREYER (2001, 2002) verwiesen. Auch im Internet finden sich inzwischen viele Adressen[2], die deutlich machen, dass der Computer bereits in mannigfaltigen Lern- und Arbeitszusammenhängen von Kindern angeeignet wird.

Abb. 50: Logo des gleichnamigen Projekts

Eine besondere Herausforderung für Kinder ist es, sich zwischen den realen und medialen Umwelten zu bewegen. Daher finde ich besonders die Projektdesigns wichtig, die vireales Lernen ermöglichen. Wenn Realität mit Virtualität konfrontiert wird entsteht aus dieser Konfrontation die Notwendigkeit zum virealen Denken. Kinder lernen Medien in ihrer sozialen Lebenswelt einzusetzen, diese dann kreativ zu bearbeiten, um zum Schluss das geschaffe-

2 *www.blinde-kuh.de / www.gebr-grimm.de/cdalter.htm / www.geoline / www.kids.hotline.de / www.kidsville.de / www.kindercampus.de / www.kindernetz.de / www.kindersache.de / www.kids.muc.kobis.de/ / www.kiku.at / www.multikids.de / www.wdrmaus.de /*

ne mediale Produkt in die Alltagswirklichkeit zurückzuführen. Damit einher geht der Anspruch eines themenübergreifenden, eines transversalen Lernens. Wirklichkeit und Virtualität stehen nicht im Widerspruch, sie ergänzen und beeinflussen sich gegenseitig. Derartige Modelle führen zur Erkenntnis, „dass Handeln und Fühlen im Symbolischen auch in der realen Welt Verhaltensmöglichkeiten erweitert und Verhaltensalternative aufzeigt" (BERGMANN 2000, S. 122). Ohne permanente Bevormundung, festgelegte Beurteilungen, Vorprägungen, Etikettierungen und Ermahnungskultur können Kinder vorbehaltlos handeln. Bei derartigen Projekten bringen auch schwierige Kinder von sich aus „Leistungen".

Ausgehend von dieser Prämisse möchte ich Beispiele eines angemessenen Einsatzes des Computers in der Vorschulerziehung diskutieren und beispielhafte Computerprojekte vorstellen, bei denen es jeweils um die Integration von elektronischem und realem Lernen geht. Eine abschließende Reflexion zum Thema „Spielen und Lernen" beendet das Kapitel.

5.1. Computer in der Vorschulerziehung

Für NEUSS/MICHAELIS (2002, S. 7) gerät der Kindergarten aus bildungspolitischer Sicht unter Druck.[3] Da Kinder in den ersten Jahren als enorm lernfähig angesehen werden, vermuten sie, dass der Kindergarten der Zukunft sich weniger als Betreuungs-, sondern vielmehr als Bildungsinstitution verstehen muss. Wie auch LIL (2000) betont, macht die Bildungsdiskussion vor dem Kindergarten nicht halt. Wenn auch die aktuelle Familienministerin Renate SCHMIDT (SPD) warnend ihre Bedenken äußert, das Problem bestehe in der Altersgruppe nicht in der mangelnden Computerkompetenz, sondern dass sie „keinen Purzelbaum mehr machen können"[4] (FR, 13.03.03), dürfte kein Zweifel bestehen, dass sich der Kindergarten in Bezug auf Frühförderung mit den pädagogischen Potenzialen auseinandersetzen muss. Bei SCHMIDTs Argumentation ist implizit die Forderung von Schonräumen enthalten.

Die bildungspolitische Idee, bereits frühkindlich Schlüsselqualifikationen zu vermitteln, wird auch von Politikern (SCHMIDT bildet da eher eine Ausnahme) und Wissenschaftlern gefordert. Sie sehen im frühen Umgang mit dem Computer die Basis für zukünftige berufliche Qualifikationen. WASSILOS, wissenschaftlicher Direktor des Münchner Staatsinstituts für Frühpädagogik, hat sich kürzlich entsprechend geäußert (FR, 19.02.03). Nur die Bildungssysteme seien bei der PISA-Studie erfolgreich gewe-

3 Wenn ich auch in einzelnen Details eine differenzierte Meinung habe, möchte ich ausdrücklich auf das Buch von NEUSS/MICHAELIS (2002) hinweisen, da durch die differenzierte Diskussion anhand unterschiedlicher Schwerpunkte und das profunde theoretische als auch handlungsorientierte Sachwissen die Relevanz der Neuen Medien im Kindergarten präzise, kompetent und zukunftsorientiert bearbeitet wurde.

4 Erstaunlicherweise können die gleichen Kinder in Anmut und Perfektion Inliner fahren.

sen, bei denen es einen frühen Einstieg in die Lernförderung gebe. „Die höchst intensive Lernzeit vor dem sechsten Lebensjahr wird in Deutschland bisher viel zu wenig genutzt", äußerte der Kindheits- und Familienforscher auf einer Tagung in Gütersloh. FTHENAKIS fordert daher einen zusammenhängenden Bildungs- und Erziehungsplan für die ersten zehn Lebensjahre „mit festen Standards und Inhalten". Bereits bei unter Sechsjährigen sollten Sprachkompetenz, naturwissenschaftliches Verständnis sowie kognitive Fähigkeiten wie Zeitverständnis und Zahlenbegriff stärker gefördert werden.

Wenn ich diesen Ansatz richtig deute, geht es dabei vor allem um die frühkindliche Vermittlung instrumenteller Qualifikationen. Alleine die Vorstellung, dass bei Vorschulkindern mit festen Standards und Inhalten gearbeitet werden soll, gibt einen Hinweis über ein sehr enges Konzept von Lernen. Hier sehe ich die Gefahr, dass bereits früh Leistungsbewusstsein und Konkurrenzdenken gefördert wird und die soziale Auslese, eine spezifische „Qualität" des deutschen Bildungssystems, in den Vorschulbereich verlagert wird. Dieser Ansatz ist hochproblematisch. Dies ist auch nicht das Interesse von NEUSS (2001). Er möchte grundlegende Qualifikationen vermitteln, damit die Kinder in der Lage sind, sich in einer multimedialen Gesellschaft zurecht zu finden. Genau genommen dient der Computer dazu, Lernpotenziale zur Entfaltung kommen zu lassen. Durch die Arbeit mit dem Computer werden nach seiner Auffassung folgende Fähigkeiten gefördert:

- **Kognitiv-koordinierende Aktivitäten**: Merken von Lösungswegen, Zuhören, Kombinieren und Umsetzen, Konzentrieren und Auge-Hand Koordination;
- **Emotionale Aktivitäten**: Staunen und Neugierigsein, Erfolgserlebnisse, Spannung und Entspannung und Stolzsein;
- **Soziale Aktivitäten**: Gegenseitig motivieren und helfen, Lernen sich durchzusetzen und gemeinsam lachen;
- **Ästhetisch-sinnliche Aktivitäten**: Mitsingen, Tanzen, Zeichnen, Integration von biographischen Erfahrungen.

Es gilt Impulse aus der Freizeitebene aufzunehmen, sie mit anderen kindlichen Bedürfnissen zu verknüpfen und beide Ebenen in einer ersten Annäherung im Umgang mit virtuellen Erfahrungsräumen zu vermischen. „Lernen mit dem Computer" wäre somit ein Amalgam unterschiedlichster Aktivitäten. Nicht der Computer (Bildschirm) steht im Zentrum, sondern er ist vor allem ein Erfahrungsraum.

Es wäre verfehlt von einem deklarativen Wissensanspruch auszugehen. Prozuderales Aneignen in einem multidimensionalen Lernraum sollte im Vordergrund stehen. Die berechtigten Interessen bereits im Kindergarten Computer zu integrieren, sollten von der Prämisse geleitet sein, Lernpotenziale zur Verfügung zu stellen, die es erlauben, dass die Kinder früh synaptische Verschaltungen erwerben, die bei ihnen die Heranbildung von *computer literacy* begünstigen. Dazu gehört neben den von NEUSS bereits herausgestellten „Aktivitäten" das Erfassen von Objektkonstanz und -variabilität, die spielerische, sinnliche und aktive Beschäftigung mit dem Phänomen des Virtuellen, die Kompetenz, Ikons und Symbole zu identifizieren und mit bestimmten Befehlen zu verknüpfen sowie sie strukturell über- oder untergeordneten Bereichen zuzuordnen. Mit Hilfe des Computer verstehen die Kinder schneller die Bedeutung von Symbolen als Ausdruck von Bedeutungen. „Nur" durch Erfahrung erkennen sie sukzessive Komponenten einer visuellen Logik sowie die Handlungsmuster und die unterschiedlichen Dramaturgiekonzepte, soweit sie im Rahmen ihrer Denk- und Wahrnehmungsmuster gestaltet wurden. Ebenso kann in dieser Phase die sinnlich-ästhetische Nachvollziehbarkeit von Verknüpfungen sowohl von Bild und Ton als auch von Datei zu Datei gelernt werden. Dazu kommen erste Erfahrungen dem Medium beurteilend gegenüberzutreten sowie das Nutzen explorierender Erfahrungen. Keineswegs halte ich es für sinnvoll, das Medium pädagogisierend den Kindern überzustülpen, ihre kreative Lust und ihren Eigensinn mit zielorientiertem Lernen zu blockieren oder zu lenken. Wenn es um Computer im Kindergarten geht, sollte das Spiel im Vordergrund stehen, denn wichtige Schlüsselqualifikationen lassen sich durch einen spielerischen Zugang erwerben.

Angesetzt werden sollte an den kreuzmodalen Fähigkeiten der Kinder, an der Dominanz ihrer Wirklichkeitskonstruktion, dem Begreifen. Es wäre ein Missverständnis, zu glauben, wie Bewahrpädagogen meinen, der Einsatz des Computers im Kindergarten bedeute, regungslos Kinder vor dem Bildschirm verharren zu lassen.[5] Kinder sind in der Regel vor dem Bildschirm aktiv und jederzeit interessiert daran parallel zu agieren. Wenn Kinder im Rahmen eines Spiels in einem virtuellen Raum Gegenstände aufdecken müssen, unter denen eine Maus versteckt ist, die wegläuft, wenn sie gefunden wird und dann mit der Maus gefangen werden muss, erleben dies Kinder als einen Riesenspaß. In einem Kindergarten in Maintal konnte ich beobachten, dass acht bis zehn Kinder mit emotionaler und kinästhetischer Beteiligung dieses Spiel verfolgten. Für die Kinder war es kollektiv erlebter Spaß, während sie faktisch gesehen die Auge-Hand-Koordination trainierten. Die Mehrzahl der Dreijährigen hat nach meiner Erfahrung durchaus noch Probleme mit der Mausführung. Ihre Befähigung Aktion (Hand) und Wahrnehmung (Auge) miteinander zu verknüpfen, fällt ihnen oft noch schwer, während dies Vierjährige problemlos können.[6] Aus diesem Grunde empfehle ich den Einsatz des Computers etwa ab dem vierten Lebensjahr.

Bereits Fünfjährige haben oft ausgiebig Erfahrungen mit Computerspielen. Für ihr Selbstbewusstsein kann es von nicht zu unterschätzender Bedeutung sein, ihnen deutlich zu machen, dass sie bereits Experten sind, bzw. dass sie Kompetenzen haben. Zen-

5 Es verhält sich oft genau umgekehrt. Gerade Kinder mit verhaltensauffälliger Motorik finden in der Interaktion mit dem Computer ein höheres Maß an Ruhe. Die Beobachtung, dass hyperaktive Kinder gerade im Kontakt mit dem Computer entspannter und konzentrierter sind, bestätigt auch MÜLLER (2001). Sie beschreibt, wie der hyperaktive Jay stundenlang bei der Sache geblieben war. Allerdings scheint sie dem Medium nicht ganz die „therapeutische Wirkung" zuzugestehen, denn sie schreibt weiter: „Er hatte Glück, dass ich seine Vorgeschichte nicht kannte, dass ich ihn als ein ‚normales' Kind einstufte" (ebd., S. 106).

6 Im Vergleich dazu tun sich bereits 40-Jährige erheblich schwerer, diese Kompetenz zu erwerben.

trales Prinzip ist es, Kinder ernst zu nehmen. Eine Möglichkeit ist dabei sie zu bitten ihre Lieblingssoftware vorzustellen. Durch die Darstellung ihrer Lieblingssoftware lernen sie, sich ihrer impliziten Verhaltens- und Steuerungsstrategien bewusst zu werden. Wenn Kinder nicht in der Lage sind, explizit die Software darzustellen, sollen sie einfach die Software nutzen. Bei der Aktion wird dann durch Fragen der Zusammenhang verdeutlicht (Was hast Du da gerade gemacht?). Am besten ist es, wenn Kinder anderen Kindern die Software „beibringen".

Das Verblüffende ist, dass bereits Fünfjährige visuelle Bezugssysteme innerhalb der Programme entdecken, die oft Erwachsenen verborgen bleiben. Aus diesen Gründen habe ich bereits mehrfach Kindergartengruppen zu Lehrveranstaltungen in die Fachhochschule eingeladen. Die Kinder wurden als Spiele-Experten eingeladen, die den Sozialpädagogik-Studenten zeigen sollten, wie die Spiele funktionieren. Nach dem Prinzip der Navigation, dem Herstellen einer Lernumgebung interagieren Kinder und Studenten in einem sich gegenseitig beeinflussenden Lernprozess. Durch diese Erfahrungen wurde den Studenten eindringlich die Andersartigkeit kindlicher Wahrnehmung (kreuzmodales Denken) bewusst, wie es im Vergleich dazu mit Instruktion nicht möglich gewesen wäre.

Abb. 51: Kinder als Experten

Abb. 52: Kinder als Experten

Eine weitere Möglichkeit Kinder zu einem aktivierenden Lernen zu sensibilisieren, ist, sie zu bitten, Software zu beurteilen. Auch bei dieser Aufgabe bin ich immer wieder überrascht wie komplex und vielfältig Kinder bereits in der Lage sind Software zu analysieren. Dies lässt sich ganz offen gestalten, als assoziative Annäherung nach dem Prinzip „Zeige mir die Stellen, die dir am besten gefallen bzw. die dir nicht gefallen." Bei diesen offenen Fragen kann es passieren, dass Kinder Bereiche erwähnen, die bei vorher festgelegten Fragestrukturen nicht formuliert werden. Wenn irgend möglich gebe ich unscharfe Fragen, um eine breite Antwortsituation zu begünstigen.

NEUSS/MICHAELIS (2002, S. 26f.) empfehlen, strukturierter an das, was sie „Expertenspiel" nennen, heranzugehen. Die Bewertung der Software geschieht mittels unterschiedlichen Kriterien. Beurteilt wird die grafische (Farben, Bilder) und akustische

Gestaltung (Töne, Musik, Geräusche, Sprache). Während ein Pinsel die Grafik repräsentiert, stellt ein Ohr den Ton dar. Mit rauchenden Köpfen wird symbolisiert, ob man bei dem Spiel etwas lernt oder mit dem Spiel nicht zurecht kommt. Ebenso wird als Kriterium empfohlen, dass das Spiel besser alleine gespielt wird oder geeignet ist, mit anderen zusammen gespielt zu werden. Bei der jeweiligen Beurteilung dienen lachende Gesichter für die Beurteilung „sehr gut", ein neutrales Gesicht drückt „geht so" aus und das traurige Gesicht „gefällt mir gar nicht". Kinder sollen durch eine sich ausdrückende „Reflexion" angeregt werden, neue Informationen an das Bestehende anzuknüpfen. „Deshalb meinen wir, dass es eine pädagogische Aufgabe sein muss, das Lernen am Computer durch solche, von der Pädagogin initiierte Reflexionsprozesse zu unterstützen" (NEUSS /TIEDKE 2002, S. 29). Das ist sicherlich begrüßenswert, wenn, wie die Autoren fordern, „die Kinder mit ihrer Perspektive ernst genommen werden" und neben den sprachlichen auch zeichnerische oder andere ästhetische Ausdrucksweisen angeregt werden.

Der Auffassung von NEUSS/TIEDKE (ebd.) Edutainmentprogramme würden nur Anregungen zum Lernen (was in diesem Kontext mit Lernen gemeint ist, wird nicht ausgeführt), nicht aber Reflexionsprozesse auslösen, möchte ich jedoch widersprechen.[7] Nicht nur die von der Pädagogin initiierten Prozesse führen zu Reflexionen, Kinder sind auch in der Lage selbstständig zu reflektieren. Wenn eine geeignete Lernumgebung vorhanden ist, kann durch das Einbinden geeigneter Edutainment-Software auf Grund der präsentativen Erfahrung ein Lernprozess stattfinden, der vornehmlich von den Erfahrungsobjekten initiiert wird. Da Reflexion eine individuelle Konstruktion ist, wird sie im Kopf des Einzelnen ausgelöst. Nicht entscheidend ist, wer oder was zur Reflexion Anlass gibt, sondern dass durch den Zusammenprall divergenter Erfahrungswelten (bisheriges Bild versus aktuelles Bild) ein Prozess ausgelöst wird. ARNHEIM (1980, S. 9) hat darauf hingewiesen, dass Wahrnehmen und Denken untrennbar miteinander verbunden sind. Da unsere Wahrnehmung selektiv und auswählend vorgeht, ist Wahrnehmen kein passiver Akt. In der Formwahrnehmung ist bereits der Anfang der Begriffsbildung enthalten, da im Reizmaterial Struktureigenschaften erfasst werden. Der wahrgenommene Gegenstand wird als Wahrnehmungsbild einer organisierten Form angepaßt. ARNHEIM schreibt daher der Wahrnehmung Erkenntnisfunktion zu. „Es scheint keine Denkprozesse zu geben, die nicht wenigstens im Prinzip in der Wahrnehmung anzutreffen sind. Anschauen ist anschauliches Denken" (ebd., S. 24).

Aus der Perspektive der Pädagogik der Navigation lässt sich zwischen Lernen und reflexivem Lernen nicht so ohne weiteres trennen. Jegliche neue Erfahrung führt zu einem Abgleich zwischen bisherigen Deutungsmustern und möglichen erweiterten Mustern. Die „initiierte Reflexion" kann dazu beitragen, dies zu begünstigen, insbeson-

7 NEUSS selbst nivelliert im Verlauf des Buches mehrfach diese Position und macht an mehreren Beispielen deutlich, dass der Einsatz von guter Edutainment-Software ebenfalls geeignet sein kann, zu einem vielfältigen, komplexen und anregungsreichen Lernen beizutragen.

dere dann, wenn ästhetische Ausdrucksweisen integeriert werden. Es gibt aber auch reflexives Imaginieren[8], d.h. die Fähigkeit auf Grund visueller Erfahrungen zu neuen Kompetenzen zu gelangen, so z.B. durch den Zusammenprall divergierender Erlebniswelten. Wenn eine Lernumgebung vorhanden ist, die bestimmte Erfahrungszusammenhänge begünstigt, kann die dazu führen, dass die Kinder zum eigenständigen Reflektieren und Erkennen angeregt werden. Dies lässt sich sogar mit Unterstützung von Edutainment-Programmen leisten.

Eine Software, die dazu animiert, ergänzende Erfahrungen in der Realität zu sammeln ist besonders gut geeignet für die Vorschulerziehung. Meine Lieblingssoftware ist *Milli Methas Abenteuerreise in den Baum* (Tivola Verlag). Bei dieser Edutainment-Software handelt es sich um eine Naturspurensuche. Es wird eine Geschichte von Milli Methas erzählt. Sie trifft Depp, der gerade dabei ist, einen Baum zu fällen, um einen englischen Rasen anzulegen. Auf Milli Methas Frage, weshalb er den Baum fällen will, antwortet er, in dem Baum gäbe es kein Leben mehr. Milli Methas widerspricht dem und bekommt von dem Holzfäller die Aufgabe mindestens zwölf Lebewesen zu finden, dann würde er den Baum stehen lassen. Mit Hilfe von Hans Hörnchen, dem Eichhörnchen, und ihrem Pilotöff (Hubschrauber) geht Milli Methas auf Erkundungsreise. Die Kinder müssen nunmehr in verschiedenen Ebenen „versteckte“ Tiere finden. Sie entdecken, dass Leben nicht nur auf der Baumspitze, in der Krone, im Blatt, am Stamm, unter der Rinde und am Fuße des Stammes zu finden ist, sondern auch in der Erde und im Wurzelwerk. Im Verlauf der Erkundung werden die Kinder mit kindgemäßer Grafik über den Wasserkreislauf des Baumes und über die Photosynthese informiert und erhalten einen sinnlichen Eindruck des systemisch miteinander verbundenen Netzwerkes Baum. Da sie die Tiere fotografieren müssen, die sich jeweils dem Hintergrund sehr gut angepasst haben, wird aus der Erkundung zugleich ein Suchspiel.

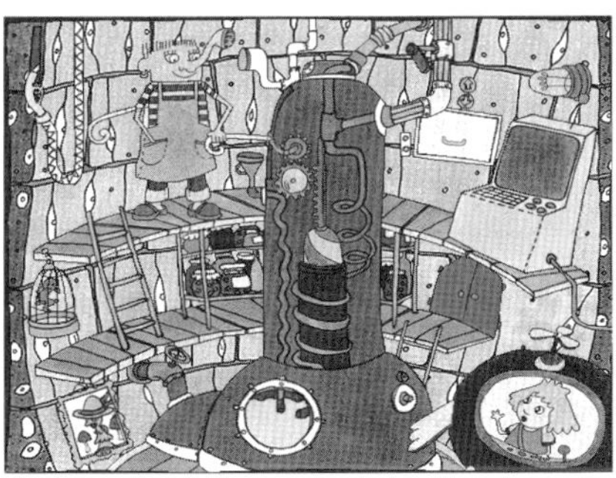

Abb. 53: Milli Methas - Screenshot Wurzel

Abb. 54: Milli Methas - Screenshot Blatt

8 Der Begriff „Reflexive Imagination“ ist nicht mit dem Arnheimschen Begriff des anschaulichen Denkens identisch, basiert aber auf den gleichen grundlegenden Überlegungen.

Nachdem die zwölf Fotos gemacht wurden, können sie als Reliefbild ausgedruckt werden. Dies löst in der Regel augenblicklich den Impuls aus, die Bilder zu bemalen. Nachdem dies geschehen ist, werden sie an die Wand geheftet. Die Kinder lassen sich leicht dazu motivieren, einen Ausflug in den realen Wald zu machen. Ganz wesentlich ist es, bei diesem Ausflug eine digitale Fotokamera mitzunehmen. Im Wald werden die Bäume, der Boden und das Wurzelwerk „untersucht" und fotografiert. Die Kinder erleben sehr schnell, dass die Dinge (wie z.B. der Wasserkreislauf) mit den Augen und dem Fotoapparat nicht aufzunehmen sind. Dabei lernen sie, dass bestimmte Dinge nicht mit unserem Wahrnehmungssystem zu erfassen sind. Meist können sie aber entdecken, dass es hinter der Rinde Lebewesen gibt. Nunmehr kann dem Bedürfnis nach Sammeln nachgegangen werden. Jeder nimmt etwas aus dem Wald mit, ein Blatt, eine Eichel, ein Stück Rinde, Müll etc. Deutlich wird meist, dass durch das Computerprogramm ihre Wahrnehmung geschärft wurde. Der Wald selbst löst auf Grund der Montageerfahrung (Zusammenprall divergenter Erlebnisebenen) die Ebene der Reflexion aus. Die Kinder navigieren selbstständig durch den Lernraum. Stoßen sie dabei auf Fragen oder benötigen sie ergänzende Informationen können Experten hinzugezogen werden, so z.B. auch die Erzieherin. In der nächsten Phase wiederum werden die gemachten Fotos ausgedruckt. Zum Schluss werden die mitgebrachten Objekte aus dem Wald, die gemalten Fotobilder, die digitalen Fotografien, verbunden mit Materialien aus dem Internet und/ oder aus fotokopierten Kinderbüchern in einer multimedialen Ausstellung zusammengefasst und den anderen Kindern und den Eltern präsentiert (Herstellung von Öffentlichkeit).

Bei diesem Konzept werden Kinder zu Forschern. Die Computersoftware wird zum Anstoß eines vielfältigen und multimedialen Lernens, bei dem alle Sinne integriert werden. Virtualität wird mit Realität konfrontiert und daraus entsteht Virealität. Mit einer ganz einfachen Software lernen die Kinder das Prinzip des Hotspots kennen. Ein bestimmtes Level erreichen sie nur, wenn sie einen Hotspot aktiviert haben, d.h. sie lernen, dass bestimmte Informationen nur erreicht werden können, wenn die richtige Eingangstür gefunden wird. Sie lernen audiovisuell und durch Begreifen, dass ein Baum ein Gebilde ist, das genau genommen aus einem miteinander verflochtenen System besteht. Durch ein derartiges vireales Lerndesign werden selbstständige Lernprozesse begünstigt.

Je besser die Software ist, desto wahrscheinlicher ist es, dass Kinder bei ihrem Drang zu lernen davon profitieren. Dass es Qualitätskriterien gibt sehe ich auch. NEUSS/ TIEDKE (2002, S. 40) sehen in folgenden Punkten Kriterien die bei der Anschaffung von Software beachtet werden sollen: Interaktivität, Navigation und Bedienung, Form und Inhalt, Grafik und Akustik, Aufforderungscharakter, Hinweis und Service sowie Komfort beim Spielen. Trotzdem bin ich im Kontakt mit Kindern immer wieder überrascht wie das Expertenurteil (FEIBEL 1999) sich nicht mit dem Urteil der Kinder deckt. Ich habe sogar erlebt, dass Kinder-Software, die bei Bewertungen ausgenommen schlecht abgeschnitten hat, von den Kindern akzeptiert wurde. Daher habe ich mir angewöhnt, Software erst zu beurteilen, wenn ich gesehen habe, wie Kinder mit ihr umgehen, welche Prozesse sie auslösen. Manche Software erfüllt nur Teile von wünschenswerten Ansprüchen, diese aber besonders beeindruckend. Verblüffend ist für mich allerdings, dass Lernprozesse auch von Software-Programmen trotz oberflächlichen Inhalten und mäßiger Grafik Selbstlernprozesse ausgelöst werden können.

Daher kommen meinem Ansatz die Bewertungskriterien von WEBB/ROWE (1975, S. 73f.) näher. Sie differenzieren in Altersstufen. Software für Dreijährige halten sie für geeignet, wenn u.a.:

- eine Auswahl von Bildern zur Verfügung gestellt werden, die auf unterschiedliche Weise manipuliert werden kann;
- Kinder ermuntert werden, unterschiedliche Paletten oder Tools auszuwählen und damit spielerisch Aufgaben bewältigen können;
- Kinder das Programm interessant und unterhaltsam finden.

Software für Vierjährige halten sie geeignet (vgl. ebd., S. 92), wenn u.a.:

- Erkenntniszusammenhänge zwischen Ursache und Wirkung gefördert werden;
- Markieren, Auswählen und Anklicken möglich sind und somit grundlegende Fertigkeiten im Umgang mit dem Computer gelernt werden;
- die Software abwechslungsreich ist und nur wenige Redundanzen enthält.

Software für ältere Kinder halten sie geeignet (vgl. ebd., 1975, S. 184), wenn u.a.:

- Probleme aufgezeigt werden und dabei geholfen wird, Problemlösungsstrategien zu entwickeln;
- auf Vorkenntnissen aufgebaut wird und diese erweitert werden;
- Kinder in eine Welt versetzt werden, die ihre Phantasie anregt.

Für Kinder hängt die Akzeptanz von Kinder-Software auch in hohem Maße von der Identifikation mit den jeweiligen Identitätsfiguren ab. Sind ihnen die Figuren bekannt, entwickeln die Kinder meist eine positive Wertschätzung. Erzieherinnen geraten oft alleine durch den Namen „Barbie“ in eine Krise. Wenn ich nunmehr selbst eine „Barbie-Software“ als potenzielles Lernfeld empfehle, bin ich mir der Grenzüberschreitung bewusst. *Barbies Fingernagelstudio* gehört zu der Software, die bei vier bis sechsjährigen Mädchen höchste Akzeptanzquoten erzielt und bei uns Erwachsenen heftigste Irritationen auslöst. In Barbies Fingernagelstudio können die Fingernägel lackiert, bemalt und gestaltet werden. In einem Mischraum lassen sich Farben mischen, und es können in dem Programm enthaltene verschiedene Barbie-Figuren, die alle nur denkbaren Klischeevorstellungen widerspiegeln, benutzt werden. Diese Figuren können per Zoom größer und kleiner gemacht werden.

Es ist nicht schwer, Kinder zu motivieren mit der digitalen Kamera von sich selbst ein Foto zu machen bzw. machen zu lassen. Dieses eigene Foto lässt sich dann ebenfalls als Fingernagelaufdruck nutzen. Wichtig ist, dass alle Ergebnisse sich farbig ausdrukken lassen. Für Kinder ist es ein beeindruckendes Erfolgserlebnis, wenn sie ihre Kreationen in den Händen halten. Wenn vier bis sechsjährige Mädchen sich mit dieser Software angefreundet haben, fällt es schwer, sie für eine andere Software zu begeistern, es sei denn sie heißt *Barbies Filmstudio*. Wenn auch die Inhalte keineswegs im pädagogischen Sinne überzeugen können, verblüfft die Variabilität der Gestaltungsmöglichkeiten. In verschiedenen Räumen kann gestaltet und animiert werden. Kinder können sogar lernen wie Filme gemacht werden. Obwohl die Kinder „nur" mit Klischeefiguren agieren, eignen sie sich *viewing literacy* an, die Befähigung im Umgang mit visueller Dramaturgie.

Wir gehen davon aus, dass gute Software gute Lernprozesse liefert, und umgekehrt ist es kaum vorstellbar, das negativ beurteilte Software Lernpotenziale auslösen kann. Gerade die kritische Intelligenz ist geprägt von der berühmten Aussage von ADORNO, dass es kein richtiges Leben im Falschen geben kann; damit meinte er, dass in einer entfremdeten Gesellschaft Emanzipation nicht möglich ist. Erstaunlicherweise können aber auch, so meine Beobachtung, durch von uns Erwachsenen als schlecht eingeschätzte Software, wenn Identifikationsfiguren vorhanden sind und die Kinder die Software positiv besetzen, anregende Lernprozesse ausgelöst werden. Selbstverständlich bietet „gute" Software mehr Potenzial, aber es gibt auch Richtiges im Falschen. Software ist nicht einfach gut oder schlecht. Der Kristallationspunkt ist das die Software aneignende Kind. Auch mit „schlechter" Software ist es möglich, ganz wesentliche Erfahrungen zu sammeln, die den Aufbau von synaptischen Strukturen begünstigen, die wiederum für die Befähigung zur *computer literacy* beitragen. Kritikfähigkeit lässt sich in späteren Phasen einfacher erwerben als die Fähigkeit zum multioptionalem Denken.

Gerade bei Kindern im Alter von vier bis sechs Jahren geht es m.E. vorwiegend um die grundlegende Fähigkeit im Umgang mit dem Computer. Eine besondere Chance, dies zu lernen, liegt in einer Software, die kreative Impulse von den Kindern fordert. Auch dazu möchte ich zwei Beispiele vorstellen. Wiederum überrascht mich die hohe Akzeptanz, die *Disneys Kreativstudio* (Disney Interactive) hat. Kinder können mit dieser Software unterschiedliche Ebenen kreativer Gestaltung kennen lernen. Auf einem Board können Bilder gestaltet werden; mit Pinsel, Kreide, Wachsmalstiften und Stempeln kann gemalt werden. Dabei haben die Kinder die freie Wahl, ob sie ihr Werk ganz einfach aus der freien Hand zeichnen oder bei den Geraden und Kurven technische Hilfestellung hinzuziehen. Mit dem Werkzeug „Stiloptionen" sind verschiedene Linien von Zacken bis zu Kringeln zu gestalten; ebenso ist die Breite von schlank bis getropft variierbar und ein 3-D-Effekt kann eingesetzt werden. Auch Schleifen oder Würmer sind möglich. Dazu können animierte Gif-Figuren aus der Disneywelt ergänzt werden. Rund 300 Stempel mit gewöhnungsbedürftigen tanzenden Disneyfiguren stehen ihnen darüber hinaus zur Verfügung. Außerdem können sie noch auf diverse Hintergrundbilder und Requisiten zurückgreifen. Eigene Bilder können mittels eines Scanners oder einer Digitalkamera importiert werden. In einem Speicherraum können die verschiedenen Kreativ-Seiten als Datei abgespeichert werden. Die Kinder lernen Dateien anzulegen und zu verwalten, d.h. sie eignen sich die Grundstrukturen von der Dateiverwaltung an. Ebenso erlernen sie spielerisch das koordinierte Ziehen und Klicken mit der Maus und das Transportieren von einem Ordner zu einem anderen. Das sind die gleichen Fähigkeiten, die bei der Textverarbeitung gelernt werden. Implizit eignen sich damit die Kinder alphanumerische Grundkompetenzen an. Bei *Disneys Kreativitätsstudio* erlernen sie auch die so genannte „vertikale Montage", da den einzelnen Datei-Seiten Töne (15 Musikrichtungen) zugeordnet werden. Zum Schluss können die Bilder mit der Musik als Diaschau abgespielt werden. Älteren Kindern ist es damit möglich, eine selbstlaufende Geschichte zu schreiben bzw. zu gestalten. Auch Siebenjährige lassen sich von dieser Software noch begeistern. Sie nutzen die Software, um visuell gestaltete Grußworte und Briefe zu schreiben. Insbesondere „schreibfaule" Kinder lassen sich durch das Programm motivieren zum Schreiben.

Differenzierter, komplexer und auch ästhetisch noch anspruchsvoller und in der Pädagogik zu Recht hoch anerkannt, können vergleichbare Gestaltungsprinzipien im *Kid Pix Studio* gelernt werden. Mit *Kid Pix* lernen die Kinder Multimedia selbst zu machen. Bilder malen und stempeln, die sich durch den Raum bewegen, animierte Figuren auf dem Bildschirm verteilen oder digitale Figuren zu Musik tanzen lassen, gehört ebenso zu dem Programm wie die Möglichkeit, Hintergründe zu wählen (auch eigene Fotos). Diese Software bietet auch für ältere Kinder hervorragende kreative Ausdrucksmöglichkeiten. Allerdings sind die Ikons so klein, dass jüngere Kinder Probleme haben, so z.B. bei der Farbauswahl, den richtigen Punkt zu treffen. Nachdem die jeweiligen Bilder fertiggestellt sind, können die Bilder mit einem Filter ästhetisiert werden (das ist das gleiche Prinzip wie bei Adobe Photoshop oder Paint Shop Pro). Die fertigen Produkte können dann im Diaschauraum zusammengefügt werden. Wiederum kann jedem Bild ein Ton beigefügt werden, und zwischen die Bilder können unterschiedliche Überblendungsformen eingefügt werden. Am Ende kann man das fertige Produkt als Diaschau anschauen. Wie bei *Disneys Kreativstudio* lernen die Kinder nicht nur kreativ zu gestalten, sie lernen auch spielerisch das Verknüpfen von Bildern und damit Montage. *Kid Pix* bietet ein Menü, das bereits Grundstrukturen eines Bildbearbeitungsprogramms enthält. Kinder die *Kid Pix* kennen, werden es später recht einfach haben, mit Bildbearbeitungs-Programmen umzugehen.

5.2. Cyber & Sense

Spiel- und Lernumwelten von Kindern verändern sich unter dem Einfluss der neuen Medien. Die Neuen Medien sind für Kinder ebenso Realität wie Straßen, Häuser und Gegenstände. Wirklichkeit für Kinder ist längst eine „Mixed-Zone". Es kann kein Entweder-Oder geben, sondern nur eine Verschränkung. Wenn Kinder sich früh mit realen und virtuellen Räumen auseinandersetzen, wird dies für sie kein irritierter Raum sein, sondern ein alltäglicher Erfahrungsraum.

Beispielhaft setzt sich die Münchener Arbeitsgemeinschaft *Inter@ktiv*, ein Verbund verschiedener Münchener Träger der Kinde- und Jugendkulturarbeit (u.a. Pädagogische Aktion/SPIELkultur e.V., Medienzentrum München, SIN-Studio im Netz e.V., Stadtjugendamt München) mit diesem Thema auseinander. Mit den von ihr angebotenen vielfältigen Veranstaltungen, Fortbildungen, Tagungen, Diskussionen und Arbeitsgruppen für Multiplikatoren zum Thema „Kinder/Jugend und virtuelle Welten" ist sie bundesweit einzigartig. Die bisherigen Themen: „Im Labyrinth der Wirklichkeit" (1995), „Im Labyrinth der Möglichkeiten" (1996), „Bausteine multimedialer Spiel- und Lernwelten" (1997), „Multimediale Spiel- und Lernumwelten" (1998), „Schöne Aussichten?! Unsere Zukunft in den neuen Spiel- und Lernumwelten (1999), „Eduvisionen. Medienbildung zwischen Potter, Pokémon und PC" (2000), „Junge Kultur und Kunst mit neuen Medien: Kommunikativ Kreativ Komplex" (2001) und „MultimediaBildung innovativ kreativ partizipativ" (2002) veranschaulichen das Interesse, sowohl das kindliche Bedürfnis nach Spiel, Entdecken seiner Umwelt und Ausloten der Möglichkeiten realsinnlicher Spielangebote ernst zu nehmen, als auch die kreativen Potenziale der virtuellen Medien als aktuelle Ausdrucksform kindlicher Wirklichkeit nicht zu vernachlässigen. Der Slogan „vom Sinnenreich zum Cyberspace" (und zurück) macht deutlich, dass digitale und reale Spielwelten nicht als Gegensatz, sondern als komplementäre Welten wahrgenommen werden. Umrahmt werden diese Veranstaltungen von interaktiven und inszenierten Erlebnislandschaften, bei denen verschiedene Spiel- und Handlungsstationen (reale Erfahrungsräume) mit den Medien Computer und Internet verknüpft sind.

Im Rahmen von offenen Spielaktionen kommt es zur Integration von kreativen Ausdrucksformen, bei denen mit allen Sinnen gespielt wird, zugleich aber auch neue Lern- und Experimentierräume angeeignet werden. Dabei kommt es auf der Ebene der sinnlich ästhetischen Aneignung von Wirklichkeit (Begreifen) zu spielerischen Lernprozessen. „Es gilt dabei, alte und neue, materielle und digitale, sinnliche und virtuelle Medien und Aktionsformen, sowohl unmittelbar nebeneinander, als auch in Korrespondenzen zueinander zu inszenieren – sozusagen als eine ‚Einheit des Spielens und Lernens', bezogen auf Zeit, Raum und ein anregungsreiches atmosphärisch starkes Ambiente" (BAUER 2002, S. 104).

Die Aktionen mit den Kindern verlaufen nach dem Navigationsprinzip. Die Pädagogen stellen Erfahrungsräume zur Verfügung, die von den Kindern selbstständig angeeignet werden können. Auf unterschiedlichsten Abstraktionsebenen können sich die Kinder eigenständig mit den jeweiligen Themen vertraut machen. Es werden somit sowohl die unterschiedlichen Lernstile berücksichtigt als auch Anregungsräume für die kreuzmodale Wahrnehmung eröffnet. Es geht um die Befähigung, in komplexen Lebenswelten interagieren zu können und damit Handlungsfähigkeit zu entwickeln. Lernen wird nicht verstanden als In- und Output-Denken, sondern als Reiben an divergenten Erlebnis- und Erfahrungswelten. Die Diskursivität wird durch den Zusammenprall sinnlicher Erfahrungen überhöht. Das Motto „hands on" (vgl. ebd., S. 107) macht auch deutlich, dass die Kinder nicht instruiert werden, sondern sich konstruktiv in den virealen Welten bewegen. Sie sollen eigene Erlebnisse darstellen und eigene Ideen realisieren. Der ästhetische Diskurs und das Begreifen sind die Modi ihrer Aneignungswirklichkeit. Das Prinzip heißt „aktive Wahrnehmung und soziale Kreativität" (ebd., S. 108). Die Kinder sind keine Beobachter; sie sind mitten im Geschehen und die eigentlichen Akteure.

Der Herbstschwerpunkt von *Inter@ktiv* dauert drei Wochen. Als aktivierendes Multimedia-Angebot für Schulklassen, Horte sowie vor allem in den Herbstferien für Familien bildet dabei **SuperSpace** einen wichtigen Teil. Das Projekt steht in der Tradition offener, material- und subjektbetonter Spiel- und Aktionsräume sowie interaktiver Ausstellungen. Im *SuperSpace* werden „zwischen Sinnenreich und Cyberwelt" (ZACHARIAS 1997) inszenierte und atmosphärisch dichte Erfahrungswelten als öffentliche Demonstration präsentiert und zur experimentellen Erprobung durch die Kinder aufgebaut. Durchschnittlich besuchen ca. 200 bis 250 Kinder und Erwachsene den *SuperSpace*. 500 bis 600 Besucher am Wochenende und in den Ferien sind keine Seltenheit.

Das *SuperSpace*-Programmangebot besteht aus einer Aktionslandschaft, die sich auf ca. 400 qm in unterschiedlichen Bereichen und Stationen entfaltet. Im zentralen Raum ist das Innere eines Raumschiffs simuliert. Von hier aus kann man in die Peripherie bzw. Begleitschiffe gehen, z.B. ins „Weltall", zur „Internetstation", in die „Werkstatt" und in das „Kino". Den Verantwortlichen ist offensichtlich bewusst, dass die Atmosphäre für Kinder eine große Bedeutung hat. Je vielfältiger die Gestaltung der Lernumgebung ist, umso mehr geben sie assoziative Anregungen für die Kinder. Die Ästhetik der Lernumgebung ist eine in Dekors geronnene Form von Argumenten. Es sind Diskursangebote, haptische, taktile, kinästhetische, olfaktorische, akustische und visuelle Anregungen. Licht-, Nebel- und Geräuscheffekte garantieren, dass alle Sinne angesprochen werden. Sie bieten aber auch psychosoziale Geborgenheit angesichts des Wunsches und des Bedarfs, seine eigenen Grenzen kennen zu lernen. So bot in den letzten Jahren im Kinder- und Jugendmuseum im Münchner Hauptbahnhof unter dem Motto „Raumfahrt, Weltall und Multimedia" eine Kommandozentrale eines Raumschiffes eine real-sinnliche Hintergrund-Inszenierung. „Der Aufbau glich einer futuristischen Kulisse für einen Science-Fiction-Film" (BAUER 2002, S. 106). In jedem Jahr steht die Ausstellung unter einem speziellen Motto. Während z.B. in einem der früheren Jahre die Kinder sich zu Astronauten ausbilden lassen konnten, stand 2002 der Bau von Raketen im Zentrum der Ausstellung. An sieben verschiedenen Stationen konnten sich die Kinder mit dem Schwerpunkt „Raketen" auseinander setzen. Mit einer Hau-den-Lukas-Vorrichtung konnten die Kinder Raumschiffe in den „Orbit" schicken. Parallel dazu

Abb. 55: Raketen-Konstrukteur im SuperSpace (PA/SPIELkultur e.V.)

konnte im *SuperSpace* eine Rakete gebastelt werden. Eine Raketenkonstruktion diente als Vorlage und Anregung für die Bastelaktion. Beim Durchgang durch einen schmalen Tunnel konnten die Kinder ihre Angst vor Einsamkeit auf die Probe stellen.

Eine Vielzahl an Anregungen gibt ihnen die Möglichkeit, sich selbst zu erfahren und auszuleben. Video- und Computerspiele waren in Monitoren der Kommandozentralen integriert. Mit dem Blue-Box-Verfahren konnten die Kinder sich vor eine grüne Wand stellen und allerlei Bewegungen machen. Der Austausch der grünen Farbe[9] in dem Videoaufzeichnungsgerät und dem Ersetzen der grünen Farbe mit einem Film, der Flugaufnahmen enthielt, ließ für die Zuschauer den Eindruck entstehen, dass das Kind durch die Luft fliegt. Obwohl die Kinder es genau wissen, da sie ja den gesamten Ablauf beobachten können, die Aufnahmesituation wie auch die parallel zu sehende Kombination von Flugfilm nebst der Bewegungen des Kindes, ist es immer wieder beeindruckend, wie authentisch die virealen Aufnahme aufgenommen werden.

Auch die Bedürfnisse nach Information werden berücksichtigt. Vier Computer mit Internet-Zugang stehen zur Informationssuche zur Verfügung. Die Kids können interessanten Links zum Thema „Weltall und Raumfahrt" nachspüren oder lokal und global mit anderen kommunizieren. Eine gut vorbereitete Internet-Rallye erlaubt Spielespaß für Kinder ab ca. acht Jahren. Neben dem Recherchieren zum Thema und Spielen können auch Internet-Seiten erstellt werden. Die *SuperSpace*-Station kann beschrieben und mit Fotos und durch Malen auch visuell dargestellt werden. Kleine Spiele, Animationen und Trickfilme, die die Seite bereichern, können ebenso eingesetzt werden wie Interviews, Softwaretipps und Spieleempfehlungen. An 25 Computer- und Videospielstationen kann gespielt und das Expertenurteil gefunden werden.

Die Gesamtinszenierung enthält eine offene didaktische Komposition, die intentional verknüpft ist mit interdependenten Inhalten, Methoden und Medien. Das Mitarbeiterteam arbeitet interdisziplinär im Dreieck von Pädagogik/Vermittlung – Ästhetik/Inszenierung – technisch-fachliche Multimediakompetenz. Die für diese Tätigkeit notwendige Kompetenz, das gilt besonders auch für die Projektleitung, im konkreten Projekt Angelika Bauer, kann bisher in keinem Studium (formale Ausbildung) erworben werden, sondern nahezu immer nur durch ambitionierte und engagierte Praxiserfahrungen. Haften bleibt ein vielfältiger Eindruck, dazwischen staunende Eltern, die so ganz und gar nicht nachvollziehen können, weshalb ihr Nachwuchs so begeistert ist, obwohl eigentlich die Räumlichkeiten zu klein, die Anzahl der Kinder zu groß und die Zeit zu kurz ist. Lange vor der Öffnung des *SuperSpace* stehen sich die Kinder an der Eingangstür die Nasen platt, und es fällt schwer, sie wieder nach Hause zu bringen. Wer auf sinnliche Weise einmal erleben möchte, was transversales Lernen bedeutet, dem sei empfohlen, sich diese „intergalaktische Erlebniswelt" einmal im Herbst in München anzuschauen *(www.muc.kobis.de, www.pa-spielkultur.de, www.interaktiv-muc.de, www.superspace-online.de*).

9 Das Verfahren funktioniert auch, wenn die blaue Farbe ausgetauscht wird. Daher kommt auch der Name Blue Box.

5.3. Spielen ist Megabyte

Die Arbeitsgemeinschaft Spiellandschaft Stadt, ein freiwilliger Zusammenschluss eigenständiger Partner in München, hat sich zur Aufgabe gemacht, die Stadt für Kinder als Spielraum zu erschließen. Mit ereignisreichen Aktionen wollen sie zu einer kinderfreundlichen Stadt mit einem dichten Netz von abwechslungsreichen Spielorten und Treffpunkten beitragen, damit Spielen in der Stadt wieder Spaß macht. Sie gehen von der Prämisse aus, dass Kindern Spielräume zur Verfügung gestellt und deren Wünsche und Interessen berücksichtigt werden müssen.

Kinderkulturarbeit hat nach Auffassung der Spiellandschaft Stadt die Aufgabe, Erfahrungsräume zu schaffen, „in denen Kinder sich diesen Lebensraum aneignen und nach ihren Regeln gestalten können" (KNECHT/WRANA 1999, S. 70). Orte und Anlässe sollen geschaffen werden, in denen der Lebensraum zu einem Raum des Spielens wird. „Im Spiel eignen sich Kinder eine Welt an, entwickeln Handlungsstrategien, entdecken die Lebensräume, die sich ihnen bieten und gestalten sie aktiv um" (ebd., S. 70). Diese Konzeption entspricht dem pädagogischen Prinzip der Navigation. Die Pädagogen gestalten die Lernumgebung, und die Kinder können sich spielerisch mit den Neuen Medien vertraut machen. Der Eigenständigkeit kindlicher Aneignungsweisen ihres soziokulturellen Lebensraumes wird dabei Rechnung getragen. Keine inhaltliche Vorgaben machen sie zu bloßen Erfüllungsgehilfen erwachsener Erziehungsabsichten.

Der virtuelle Lebensraum (Multimedia und Internet) ist neben dem Leben und Spielen im Stadtteil in den letzten Jahren zunehmend zu einer alltäglichen Erfahrung und damit ein Teil der Lebenswelt von Kindern geworden. Daher sieht die Spiellandschaft Stadt die Notwendigkeit, auch Kindern den Computer und das Internet zu erschließen. Im ***Circus Megabyte,*** der als Teil eines Ferienprogramms jährlich stattfindet, können „reale" und „virtuelle" Welten kennen gelernt werden. Im *Circus Megabyte* gibt es sowohl eine Werkstatt mit Bastel- und Gestaltungsmaterial, ein Fotostudio, wie auch einen Computerbereich, in dem die Kinder multimediale Erfahrungen sammeln können. Virtuelles und Sinnliches, Konkretes und Abstraktes wird nicht als Gegensatz angesehen, sondern als Potenzial eine spannende Spielwelt zu verbinden (vgl. ebd., S. 73). Der Zirkus wird somit zum Raum virealen Lernens, in dem die Auseinandersetzung mit der konkreten Realität sich mit virtuellem Lernen verschränkt und somit eine neue Dimension der Aneignung von Wirklichkeit erschlossen wird.

Während im Zirkuspark die Kinder Gelegenheit haben, sich vertraut zu machen mit der klassischen Zirkusatmosphäre (Zirkuskünste erlernen oder Zirkusvorstellungen anschauen), haben sie im *Circus Megabyte* die Gelegenheit, im Internet über ihre Erfahrungen zu berichten. Ihre Erlebnisse verdichten sie in Reportagen, Toncollagen, Fotogeschichten und kleinen Trickfilmen. Ergänzt werden kann dies durch von Zaubertricks und allem, was im virtuellen *Circus Megabyte* produziert wird. Im virtuellen Zirkus kann Unmögliches spielend verwirklicht werden. Einem Jungen, der eine Elefantennummer einüben wollte, konnte mit Hilfe einer digitalen Kamera virtuell geholfen werden. Er knetete einen Elefanten, dann variierte er die Position des Elefanten, wobei alle

Veränderungen fotografiert wurden. Im Computer entstand so ein Trickfilm, der später als kleine Zirkusnummer mit Beamer im Zelt vorgeführt werden konnte.

Der *Circus Megabyte* wird flankiert von spielpädagogischen Aktionen im Internet (*http://www.spiellandschaft.de*). Kinder sollen nicht nur spannende Angebote und interessante Informationen im Netz vorfinden, sondern vor allem eine Kultur von Kindern. Kinder können bei dem Projekt *Spielen ist Megabyte* das Internet aktiv und kreativ nutzen und dabei die Stärken und Schwächen dieses Mediums herausbekommen. Sie können eigene Webseiten erstellen, in denen sie Geschichten erfinden oder Rätsel- und Online-Spiele publizieren. Die „Megabyte Reporter", die ihre nähere und weitere Umwelt erforschen, können im Internet von ihren Beobachtungen berichten. Alles dies macht das Internet zu einem Spielraum. Dazu stehen ihnen neben einem Kassettenrecorder, bunten Filzstiften und Verkleidungskisten auch Digitalkameras, Scanner, Bildbearbeitungssoftware und ein Soundeditor zur Verfügung.

Als Teil des Kinderinformationsdienstes der Spiellandschaft Stadt in München entstand ***Kids-Online***. Im Netz wird somit auch außerhalb von *Circus Megabyte* den Kindern ein Raum geöffnet, in der sie ihre Sicht und ihre Erlebnisse zum Ausdruck bringen können. Hier dürfen Kinder ihre Ideen und Vorstellungen veröffentlichen und ihre Meinungen austauschen. Kids-Online-Forscher und Kinder zwischen sieben und 13 Jahren, berichten für Kinder über Erlebnisse, Treffpunkte, Tipps, Sehenswürdigkeiten und Events. Die Kinder-Forscher erkunden bekannte und unbekannte Spielorte und ergründen Geheimnisse. Sie erzählen Geschichten vom eigenen Stadtteil und berichten Wissenswertes für Kinder rund um München. Unterstützt werden die Kinder von der mobilen Forscherstation von „Kids-Online".

Abb. 56: Kids-Online-Reporter (Spiellandschaft Stadt)

Mittelbar zum Projekt *Spielen ist Megabyte* gehören auch **virtuelle Kinderstadtteilpläne**, deren Ziel es ist, Stadtteilpläne von Kindern für Kinder zu erstellen. Im Rahmen von Projekten setzen sich die Kinder mit ihrem konkreten Lebensumfeld auseinander und lernen dabei ihren Stadtteil besser kennen. Die Bestandsaufnahme des Stadtteils geschieht aus der Sicht der Kinder. Die Kinder geben Hinweise auf spannende Spielorte und outen gefährliche Straßenübergänge. Kein Märchenschloss im Vorgarten bleibt unbemerkt, die besten Kletterbäume werden lokalisiert. Wichtig ist, was Kinder für wichtig erachten. Alles was ihnen wichtig ist, wird gesammelt, erforscht und dokumentiert. Anschließend wird es ins Internet gestellt. Der Stadtteil Neuhausen ist in vier Teile aufgesplittet. In jedem der vier Teile sind mit laufenden Nummern Ereignisse lokalisiert, die beim Anklicken Webseiten mit Informationen

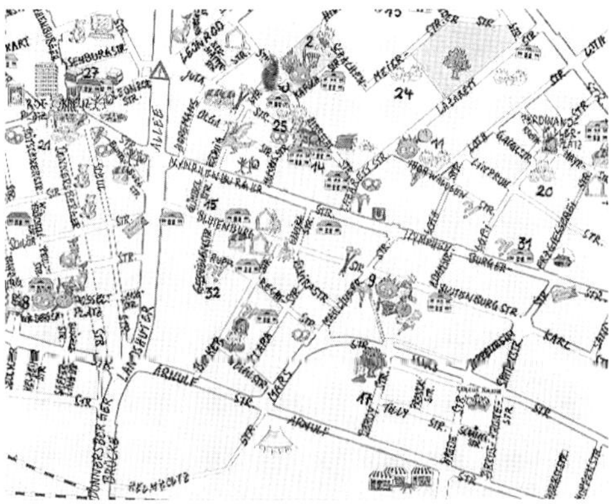

Abb. 57: Stadtteilplan Neuhausen (Spiellandschaft Stadt)

öffnen, die hinter den jeweiligen Nummern versteckt sind (Hotspot). So können die Kinder unter der Nummer 17 nicht nur Informationen über den Spielplatz in der Lazarettstraße erhalten, ein Interview mit Mariele, sondern anhand der beigefügten Fotos auch einen visuellen Eindruck bekommen. Hinter Nummer 26 finden sich „ein paar nette Fotos" vom Bahngelände von Manu & Jojo, das eindrucksvolle Ergebnis eines fotografischen Streifzugs. Erwachsene können anhand der Ergebnisse lernen, wie Kinder ihre Lebensumwelt aufnehmen und was ihnen wichtig ist, wo sie sich wohl fühlen und was ihnen nicht behagt.

5.4. Cybergeschichten

Die bisher vorgestellten Projekte aus München lassen den Eindruck erwecken, dass innovative Kinderarbeit im virealen Raum nur mit hohem Aufwand zu bewältigen ist. Je besser die Ausgangssituation, je mehr Partner beteiligt sind, desto wahrscheinlicher ist es, dass die Erfahrungsfelder für Kinder vielfältig sein werden. Ausschlaggebend ist und bleibt jedoch die Konzeption. Auch aufwändig geplante und strukturierte Projekte lassen sich in den Sand setzen, wenn wichtige Parameter missachtet werden. Die Münchener Projekte zeichnen sich gerade dadurch aus, dass sie von den strukturellen Ausgangsbedingungen her und zugleich konzeptionell stimmig sind. Auch bei eingeschränkten Ressourcen und geringem Zeitbudget lassen sich aufregende Projekte durchführen. Mit ihren vielfältigen Projekten beweist Verena KETTER vom Jugendbildungswerk Main-Taunus-Kreis, dass vireales Lernen auch im Low-Budget-Bereich möglich ist. Alle Projekte sind durch das Prinzip der Navigation geprägt. Unterschiedliche Themen, Rahmenbedingungen, Aufgaben und Erfahrungsorte sind der Ausgangspunkt eines Selbstlernprozesses. Die Kinder werden dabei begleitet, selbst zu entdecken, ihre eigenen subjektiven Erfahrungsebenen in Form von Multimedia-Produkten zu generieren. Das Erlernen der Technik erfolgt implizit. Die Kinder werden als kompetent wahrgenommen, ihnen wird Raum gegeben, ihre Potenziale zu entfalten. Dabei entstanden einige innovative Projekte, von denen ich drei Ergebnisse kurz vorstellen möchte.

Wer im Internet zufällig oder absichtlich auf die Webseite *www.jugendbildungswerk-main-taunus-kreis.de/onlinemuseum/* stößt, findet das **Online-Museum des Main-Taunus-Kreises** im Haupttitel (für Erwachsene) und im Untertitel ***das mal etwas andere***

Museum (Titel für die Kids). Kinder sind die Kuratoren dieses Museums. Sie haben sich nicht bemüht, eine objektive Präsentation zu machen. Sie interessiert nicht der Gegenstand und dessen Historie, Beschaffenheit und Bedeutung. Dieser objektivistischen Darstellung, wie Erwachsene Museen gestalten, haben sie eine subjektivistische Sicht entgegengestellt. Kinder werden mit ihrer subjektiven Sicht ernst genommen. Durch die Präsentation ihrer Objekte im Internet wird ihrer Meinung Relevanz verliehen. Gezeigt werden in diesem virtuellen Museum einzelne Objekte und mit ihnen die Geschichte, weshalb sie für die Kinder, die sie ausgesucht haben, eine Bedeutung haben. Genau genommen handelt es sich nicht um ein Museum, sondern um die skizzenhafte Selbstdarstellung von Kindern, verkörpert durch Objekte.

Unter „Nintendo 64" findet sich folgende „Selbstdarstellung":

> *Ich spiele lieber Nintendo als irgendwelche Gesellschaftsspiele. Mit 10 Jahren habe ich meinen Nintendo 64 bekommen. Meine Eltern haben mir das Gerät zur Kommunion geschenkt. Meine Spiele kaufe ich mir selber und sie kosten um die 100 Mark. Ich habe viele Spiele, z.B. Zelda 2, Mario Tennis und Super Smash Brothers.*

Unter „Gameboy" findet sich folgende „Selbstdarstellung":

> *Vor 4 Jahren hat mein Vater mir den alten Gameboy geschenkt. Er war grau. Ich habe gerne mit ihm gespielt. Auch mit meinem neuen Gameboy, dem blauem, spiele ich gerne. Heute, wenn ich mich mit meinem neuem Gameboy beschäftige, spiele ich nur eine viertel Stunde oder auch einmal eine halbe. Es macht mir einfach Spaß!*

Unter „Zwergkaninchen" findet sich folgende „Selbstdarstellung":

> *„Das ist mein Zwergkaninchen Susi. Sie ist 2 Jahre alt und sehr frech, ich habe sie zu Weihnachten bekommen. Sie knabbert morgens an den Stäben und weckt mich immer, weil sie Hunger hat. Sie klopft manchmal mit ihren Hinterfuß auf den Boden."*

Unter „Tiger Team" findet sich folgende „Selbstdarstellung":

> *„Dieses Buch hab ich von meiner Mutter bekommen, weil ich nicht lesen wollte. Jetzt habe ich 29 Bücher von Tiger Team. Bei diesen Büchern kann man nicht nur lesen, sondern sich auch wie ein richtiger Detektiv fühlen."*

Unter „Nummernschild" findet sich folgende „Selbstdarstellung":

> *„Das Nummernschild erinnert mich an meinen Urlaub – an den besten, den ich je hatte – in den USA. Ich habe das Nummernschild auf einem Campingplatz gekauft."*

Neben den Texten der Kinder sind auf den Seiten jeweils unterschiedliche audiovisuelle Effekte zu sehen. Es gibt Tonbildschauen, Interviews mit und ohne Hintergrundmusik und ein Bild, das sich beim Berühren zu einem 3-D-Würfel formt und sich dreht. Neben der Information soll auch der audiovisuelle Reiz die Botschaft transportieren. Unterschiedliche Sinne werden somit beim Betrachten des „Museums" angesprochen. Beim Durchblättern der Seiten ertappte ich mich dabei, neugierig zu sein und erfahren zu wollen, welchen Effekt die Kinder sich denn beim nächsten Objekt ausgesucht hatten. Mein Erstaunen war groß, als ich bei den „Zwergkaninchen" sah, dass in dem Bild eine Lupe integriert war, die es erlaubte, Fragmente des Bildes zu vergrößern.

Dem Prinzip, Kindern die Chance zu geben, sich zu artikulieren, ihre Interessen und Bedürfnisse zu formulieren, wird auch das Projekt **KiRa – Kinderratgeber Eddersheim** gerecht. Diesen virtuellen Kinderratgeber erstellten Kinder des Spielmobils der Stadt Hattersheim. Im Rahmen eines offenen Angebots konnten die Kinder im Verlauf von vier Monaten einmal wöchentlich ihren Lebensraum Eddersheim mit unterschiedlichen Medien erkunden. Als Phantasieanreger wurde vorgeschlagen, sie sollten die Orte und Plätze aufsuchen, die sie gerne einer Freundin oder einem Freund aus einer anderen Stadt zeigen würden. Alle Erkundungen wurden mit eine digitalen Kamera festgehalten. Danach wurden die Bilder ausgewählt, Texte entworfen, Kommentare gesprochen, Musik ausgesucht und digitalisiert. Die Ergebnisse wurden dann mit Hilfe der Autorensoftware Mediator (Details zu der Software folgen in Kap. 5.5.) in einer Multimedia-CD zusammengefasst. Ähnlich wie bei den Kinderstadtteilplänen der Spiellandschaft Stadt wird von einem Stadtplan ausgegangen. Die Multimedia-Basis einer Autorensoftware erlaubt im Vergleich zum Internet erheblich aufwändigere Visualisierungen, Animationen und Effekte, die von den Kindern auch gerne genutzt werden. Ebenso ist das Aufdecken von Information und Bild auf der gleichen Seite technisch einfacher als bei Internet-Editoren. Offensichtlich waren die Kinder so begeistert von ihrem „Lernerfolg" bei ihren Recherchen, dass sie ein Wissensspiel eingearbeitet haben, das den Nutzern die Möglichkeit gibt zu überprüfen, ob die neu gewonnenen Informationen „gelernt" wurden. Möglicherweise haben sie es auch eingebaut, um den Erwachsenen zu demonstrieren, dass sie etwas gelernt haben.

Abb. 58: Kinder bei der CD-Produktion (Main-Taunus-Kreis)

Grundstruktur des Kinderratgebers ist die Interaktion. Durch aktive Aneignung, d.h. Navigation, können sich die Nutzer die Informationen aneignen. Wann welcher Ort aufgesucht wird, bleibt offen. Keineswegs müssen alle Orte aufgesucht werden. Damit dies funktioniert, bedarf ein derartiges Produkt einer hypertextualen Struktur. Die Kinder mussten sich vorher überlegen, wie sie die Seiten verknüpfen und welches Anklicken von welchem Bild zu welchem Effekt führt.

Die Fähigkeit bereits von Kindern mit Hypertextualität umzugehen, kommt noch besser in **The Rage**, einer digitalen Fotogeschichte, zum Ausdruck. Bei *The Rage* handelt es sich um eine interaktive Spielgeschichte. Das Intro zeigt eine Rückblende. Francescos Vater wird bei einem Spaziergang aus einer vorbeifahrenden Limousine erschossen. Jahre später kommt es in der Stadt zu Terroranschlägen. Aus dieser Ausgangssituation entwickelt sich eine narrative Erzählgeschichte aus der heraus der Nutzer sich für unterschiedliche Handlungsstränge entscheiden kann. „Aus einem Angebot von mehreren, unabhängig verlaufenden Handlungssträngen wählt er einen aus und beeinflusst damit den Verlauf der Geschichte“ (KETTER/PIATKOWSKI 2001, S. 34). Der Nutzer kann z.B. entscheiden, ob Francesco einen weiteren Mord begehen oder ins Ausland flüchten wird.

In vielfältiger Weise werden bei diesem Projekt verschiedene Sinne angesprochen. Angeknüpft wird an das darstellende Spiel. Die Kinder lernen unterschiedliche Rollen einzunehmen (Agent, Bankräuber, Held, Krimineller). Gleichzeitig müssen sie in der Lage sein, das Spiel per Foto zu visualisieren. Sie müssen lernen, entscheidende Gesten zu finden, die die Erzählgeschichte als Bildgeschichte nachvollziehbar macht. Sie setzen sich damit notwendigerweise mit Bildgestaltung und mit Dramaturgie, der Verknüpfung der Bilder zu einem Handlungsrahmen, auseinander. Dazu gehört dann noch die Kompetenz, eine non-lineare Geschichte zu erzählen.

Wenn im Rahmen der Projekte die Ideen ausgehen setzen KETTER/PIATKOWSKI (ebd., S. 36) die 7+5+2-Methode eine. An sieben Wandzeitungen haben jeweils zwei Kinder bei laufender Musik fünf Minuten Zeit, eine Idee zu entwerfen oder eine Geschichte zu malen. Während bei dem Kinderratgeber die Kinder, kaum ist eine Idee fixiert, sofort losziehen, um die Ideen in die Tat umzusetzen, empfehlen die Autoren, die entstandenen Ideen bei aufwändigen Produktionen wie *The Rage* in einem Storyboard miteinander zu verknüpfen. Wegen der hypertextualen Struktur eröffnet dies den vielfältigen Ideen der Kinder Raum zur Gestaltung. Genau genommen ist es nicht erstaunlich, dass bereits Kinder mit Hypertextualität zurechtkommen. Da diese Darstellungsweise ihrem Denken näher ist als das linear-sequenzielle Denken, können sie damit im doppelten Sinne des Wortes spielend umgehen.

5.5. Virtuelles Kinderhaus

Bei diesem Projekt war beabsichtigt, Kindern die Möglichkeit zu geben, ihren Sozialraum mit Hilfe einer virtuellen Reflexion bewusster zu erschließen. Von Beginn an intendierte das Projekt, benachteiligten Jugendlichen den Zugang zu zukunftsorientierten Technologien zu ermöglichen. Das Alter der Zielgruppe war zehn bis 13 Jahre. Alle beteiligten Kinder waren Migranten, deren Familien als sozial benachteiligt galten. Die Familien der Kinder kamen aus unterschiedlichen Ländern, vorwiegend aus der Türkei, Marokko, Mazedonien und Pakistan. Die Kinder konnten sich in der deutschen Sprache nicht optimal ausdrücken, es fiel ihnen schwer, sich diskursiv zu artikulieren. Zu Beginn des Projekts hatten sie, mit Ausnahme eines pakistanischen Jungen, keine Erfahrung im Umgang mit dem Medium Computer. Sie verfügten weder auf der diskursiven noch auf der alphanumerischen Ebene über gesellschaftlich anerkannte kommunikative Kompetenzen.

Sozial Benachteiligte und so genannte „lernschwache Kinder“ werden zu den „bevorzugten“ Kandidaten gezählt, im zu erwartenden *knowledge gap* als Verlierer am Rande der Wissensgesellschaft zu stehen. Wenn überhaupt, kennen sie den Computer als User von Spielen. Eine handlungsaktive Aneignung des Computers ist selten. Gerade diese Jugendliche benötigen Multimedia-Kompetenzen. Allerdings wären Versuche, mit kognitiven Methoden Lernprozesse bei dieser Zielgruppe auszulösen, chancenlos. Sie benötigen Tools, die sinnlich-ästhetisch nachvollziehbar und im Modus des Begreifens erlernt werden können. Notwendig sind benutzerfreundliche Multimedia-Tools.

5.5.1. Sensibilisierung und Einstieg

Kinder lassen sich begeistern, wenn ihre Lebenswelterfahrung ernst genommen wird, visuell-ästhetische Lernformen integriert sind, der Lernprozess schnelle Erfolgserlebnisse zulässt und ein Bezug zur jeweiligen Ich-Wahrnehmung hergestellt wird. Die digitale Kamera ist das wichtigste Utensil bei der Computerarbeit mit Kindern. Es ist keine teure Kamera notwendig. Ganz billige und einfache Geräte genügen, zumal auf dem Bildschirm eine hohe Auflösung der Bilder nicht zwingend erforderlich ist. Zu Beginn von Projekten erhalten die Kinder Gelegenheit, sich gegenseitig mit einer digitalen Kamera zu fotografieren. Kinder genießen es, vor einer Kamera zu posieren. Es genügt die Kamera auf „Rec“ (Aufnahme) zu stellen, das Motiv auszusuchen und auf den Auslöser zu drücken und fertig ist das digitale Bild. Anschließend kann das Bild in der Kamera zur Kontrolle angeschaut werden und bei Nichtgefallen sofort gelöscht werden. Die Kinder erhalten keine Einführung über die verschiedenen Features der Kamera. Gezeigt wird nur, wo ausgelöst, das Bild kontrolliert wird und gegebenenfalls gelöscht wird. Alle notwendigen Zusatzfunktionen, wie z.B. Gegenlichtblende verstehen sie, wenn sie ein Bild haben, das ihnen nicht gefällt und sie überlegen, wie es besser zu machen ist. An Fehlern zu lernen und darüber hinaus an eigenen Bildern begünstigt das Selbstlernen und beschleunigt den Lernprozess.

Nachdem die Aufnahmen gemacht sind, wird die Kamera an den Computers angeschlossen und die Fotos werden auf den Rechner überspielt. Im Beisein der Navigatoren installieren die Kinder die Software (Treiber). Nahezu alle Software-Programme sind selbsterklärend und verlangen keine Computer-Programmierkenntnisse. Die Kinder müssen nur den Eingabeanforderungen folgen. Danach wird ein Bildbearbeitungsprogramm (ganz wichtig !) installiert. Sehr gute Erfahrungen habe ich mit *Paint Shop Pro* gemacht. Im Verlauf des Projektes, wenn die Kinder „fortgeschritten“ sind, wird noch *Adobe Photoshop* installiert, um die Fotos noch raffinierter verfremden zu können. Danach lernen die Kinder wie eine Datei angelegt wird (Instruktion) und alle Bilder auf den eigenen Ordner kopiert werden. Danach werden die Fotos im Browser als Miniaturbild angeschaut. Wenn Rechner mit dem Betriebssytem XP vorhanden sind, lassen sich die Miniaturen auch über den Explorer anschauen. Jedes Bild kann mit einem Doppelklick vergrößert werden. Zuerst werden alle vertikal aufgenommen Bilder um 90 Grad gedreht, damit sie so zu sehen sind, wie sie aufgenommen wurden. Im Idealfall erklären die Kinder den anderen Kindern warum und wo sie die Aufnahmen gemacht haben. In der Anfangsphase sollte man jedoch nicht enttäuscht sein, wenn die Kinder nur an ihren Fotos interessiert sind.

Die Fotos dienen auch dazu mit jedem Kind ins Gespräch zu kommen: Was wolltest du fotografieren? Wie ist die Person bzw. das Objekt im Bildraum positioniert? Sind die Dinge erkennbar, die die Kinder ausdrücken wollten (Bildfülle)? Wenn Linien durch den Kopf gehen, kann man Kinder darauf aufmerksam machen. Daran haben sie bisher nie gedacht. Das ist ihnen augenblicklich klar, dass dies nicht so schön ist. Kinder lernen sehr schnell, was die Erwachsenen „Bildgestaltung" nennen. Danach dominiert erst einmal die *peer-education*, d.h. die gelernten Kompetenzen werden von Kindern an andere Kinder weitergegeben. Wenn das Gelernte weitergegeben wird, prägen sich die einzelnen Befehle schneller ein. Nach jeder Phase suchen sich die Kinder ein lustiges, schönes oder interessantes Bild aus. Dieses Bild wird ausgedruckt und an die Wand des Computerraums geheftet. Nach jedem Treffen wird ein weiteres Bild daneben geheftet. Stück für Stück wird der Computerraum zu einem sinnlichen Erleben kontinuierlicher Erkundungen.

In der nächsten Phase geht es um die kreative und lustvolle Bearbeitung der digitalisierten Bilder. Sehr gut geeignet ist die Software *PowerGoo* von MetaTools. *PowerGoo* arbeitet sowohl mit Pixel- als auch mit Vektorgrafik, d.h. es eröffnet die Möglichkeit Bilder in Echtzeit durch Mausbewegung zu verändern. Alle digitalisierten Bilder lassen sich in das PowerGoo-Programm importieren. Es stehen mehrere Werkzeuge zur Verfügung, das jeweilige Bild kreativ zu gestalten, u.a. schmieren, wischen, ziehen, wirbeln und drehen. Die Kinder können ihr Aussehen verändern, sie können sich dicker, dünner, größer und gar unkenntlich machen. Jede der einzelnen Veränderungen, die im Bild vorgenommen werden, kann in einer Filmbildleiste gespeichert und nachträglich jederzeit korrigiert werden. Nach Aktivierung des Ikons Filmkamera sind die Animationen als Film zu sehen und können als Avi-File umformatiert und in andere Anwendungen exportiert werden.

Mit dem Programm lassen sich auch Morphingeffekte erzielen. Teile von Personen können auf andere Personen gemorpht werden (übereinander geschoben). Sie können sich andere Augen, Lippen und Haare einsetzen. Selbst- und Wunschbild stehen sich gegenüber. Das setzt bewusst und unbewusst Fragen nach Identität und dem Selbstkonzept frei. Auf spielerischer Weise können grundlegende Fragen im zwanglosen Gespräch erörtert werden. Nach dieser Einstimmungsphase sind die Kinder gut eingestimmt, und es kann mit dem eigentlichen Projekt begonnen werden, der Produktion einer CD.

5.5.2. Benutzerfreundliche Multimediatools für die offene Kinderarbeit

Mit der Autorensoftware *Mediator*[10] lernen die Kinder sehr schnell und eindrucksvoll die Arbeitsweise mit Hypermedia kennen. Ganz ohne Programmierkenntnisse können Kinder mit diesem Programm professionelle Multimedia-Seiten erstellen. Die Benut-

10 Begonnen haben wir mit der Version 4. Im Verlauf dieses Projekts wechselten wir auf die Version 5. Inzwischen arbeiten wir mit der Version 6 Pro und werden demnächst auf die Version 7 umsteigen.

zung der Software lässt sich sehr schnell erlernen, da sie nur mit Drag & Drop das Erstellen einer Multimedia-CD ermöglicht (WYSIWYG-Prinzip – What you see is what you get). Es zeigte sich auch, dass die Kinder nach einer Anfangsunsicherheit die Software recht schnell beherrschten.

Mit dem Befehl „Seite" kann eine neue Seite generiert werden und über den Befehl „Ereignis" können die Seiten schnell miteinander verknüpft werden. Auf jeder Seite können anwählbare Schaltflächen platziert werden. Zehn separate Werkzeuge stehen zur Verfügung, um ihnen eine Funktion zuzuweisen. Das wichtigste Werkzeug ist die Schaltfläche. Ihr, wie auch den anderen Flächen, kann ebenfalls ein Ereignis zugeordnet werden. Über die rechte Maustaste wird das Kontextmenü aufgerufen und das Ereignis wird spezifiziert. Dies geschieht über Ikons und ist damit enorm bedienerfreundlich. Auf einer vertikalen Leiste werden Ereignis-Ikons angeboten, die mit der Maus auf die Arbeitsfläche gezogen werden, wie z.B. „Mauszeiger herein" (Wenn-Funktion). Dann wird eine Aktion festgelegt, wie z.B. „Seite 2" (Dann-Funktion). Neben diesen einfachen Befehlen sind ganz komplexe Animationen mit Zeitfunktion und Integration von Fremddateien möglich.

Mit allen anderen Schaltflächen werden Objekte erstellt, wie z.B. Bild, Video oder Text. Der Inhalt der Objekte kann von anderen Programmen importiert werden. Über die Aktivierung einer dieser Schaltflächen mit der rechten Maustaste öffnet sich ein Menü und erlaubt den Nutzern den Zugriff auf andere Quellen; so können z.B. über die Schaltfläche „Bild" die digitalisierten Bilder und andere Bilddateien importiert werden. Bei der Schaltfläche „Video" kann auf Avi-Files, so z.B. auf die in *PowerGoo* produzierten Filmanimationen, zurückgegriffen werden. Ebenso können Daten von einer Videokamera oder einem Videorecorder integriert werden. Jedoch müssen diese Daten vorab digitalisiert werden. Dies lässt sich ebenso mit einfachsten Bedienungsschritten mit Hilfe der Software Pinnacles Filmstudio umsetzen. Auch Tondateien (Interviewaufnahmen) oder Musik sind in das Programm integrierbar. Hier ist es notwendig, mittels einer speziellen Software (hier empfehle ich Cool Edit) die Töne zu digitalisieren. Bei diesem Programm überzeugt ebenfalls die Bedienerfreundlichkeit. Auf dem Bildschirm sind die Amplituden der Töne zu sehen. Nur über Mausbedienung können selbst Bruchteile von Sekunden aus der Datei herausgeschnitten werden. Mit Hilfe des Befehls „Create Envelope" kann die Lautstärke graduell erhöht oder abgesenkt werden. Durch Speichern werden Wav(e)-Dateien erzeugt, die wiederum mit anderen Programmen zu MPEG-Dateien umformatiert werden. Das klingt für unerfahrene User kompliziert, ist aber im doppelten Sinne der Bedeutung kinderleicht.

Auch der Seite selbst kann ein Ereignis zugeordnet werden. Über die Menüleiste kann beim Wechsel einer Seite ein vorher festgelegter Befehlsparameter ausgelöst werden, so kann z.B. nach drei Sekunden ein Film, eine Animation oder ein Tonsegment aktiviert werden, Bilder können über den Bildschirm laufen, Textdateien auftauchen und vieles mehr. Selbst Menüleisten sind mit diesem Programm herstellbar.

Wegen der einfachen Bedienung ist *Mediator* ein ideales Probierfeld. Entwürfe werden gemacht, verändert, korrigiert und erweitert. Immer lässt sich über „Seite" oder

„Dokument testen" das spätere Endergebnis abrufen. Das vermittelt sehr schnell Erfolgserlebnisse. Persönliche Dokumente, kreative Entwürfe, soziale Recherchen, dokumentarische Berichte oder poetische Suchbewegungen – alles ist möglich. *Mediator* ist „nur" ein Handwerkszeug, die Inhalte, die bearbeitet werden können, sind weitgehend offen. Je offener das Thema ist, desto mehr entwickeln die Kinder eigenständige Lernprozesse.

Die Ergebnisse lassen sich auf eine CD-ROM brennen oder auf einem ZIP-Medium speichern. Von dem fertigen Produkt lässt sich eine so genannte „Runtime-Version" erstellen. Diese Version läuft dann auch ohne die Software auf allen PCs mit der Mindestvoraussetzung eines 386er Prozessors mit installiertem Windows-Betriebssystem. Seine eigentliche Stärke entfaltet Mediator auf Grund seiner hohen Bildlastigkeit im Offline-Bereich. Die Ergebnisse lassen sich auch im Internet platzieren. Allerdings ist das nicht der ideale Raum, da wegen der hohen Daten die Anwendungen nicht optimal laufen.

5.5.3. Projektdesign und Projektumsetzung - Kinderhaus Nordweststadt

Bei dem Projekt *Virtuelles Kinderhaus Nordweststadt* beschäftigten sich die Kinder mit sich selbst (virtuelle Steckbriefe), ihrer konkreten Lebensumwelt (virtuelle Stadtteilerkundung), dem Kinderhaus (virtuelles Kinderhaus) und dem Abenteuerspielplatz (virtueller Abenteuerspielplatz). Ursprünglich war „nur" das Erstellen eines virtuellen Stadtteilplanes vorgesehen. Im Verlauf des Projektes erweiterte sich die Aufgabenstellung. Zum Schluss wurde an den oben erwähnten vier Handlungssträngen gearbeitet: Alle Ebenen wurden auf der Oberfläche einer CD-ROM miteinander verknüpft, d.h. das eigentliche Ziel des Projektes war das Erstellen einer CD-ROM.

Initiiert werden sollten Selbstlernprozesse. Die vier Themenvorgaben waren nur Anhaltspunkte für eine erste Orientierung. Jegliche Abweichung war denkbar und wünschenswert. Zu Beginn zeigte sich jedoch erst einmal ein sozialpädagogisches Problem, da die Jungen den Mädchen keine Chancen ließen. Daher entschieden wir uns sehr schnell, zuerst die Mädchen Lernerfahrungen machen zu lassen. Nachdem die Mädchen qualifiziert waren, erhielten sie die Aufgabe die Jungen zu qualifizieren (*peer-education*). Durch ihren Wissensvorsprung erhielten sie plötzlich von den Jungen Anerkennung und Akzeptanz.

Von Anfang an ging es nicht um einen objektiven Dokumentarbericht. Bewusst wurde davon ausgegangen, dass die Kinder die Chancen bekommen sollten, subjektive, individuelle Dokumente zu erstellen. Objektive Erkenntnisse waren nicht intendiert, da von der Hypothese ausgegangen wurde, dass die Kinder eine intensivere Erfahrung erleben, wenn ihre eigene Perspektive in das Zentrum des Projektes gerückt wird. Darüber hinaus eröffnete dies die Chance für die Sozialpädagogen des Kinderhauses, mehr über die Sichtweisen von Kindern zu lernen.

Nachdem die Seitenstruktur (Hyperlinks) erstellt war, die wesentlichen Befehle geübt, die Texte geschrieben und in die jeweiligen Seiten integriert waren, baten wir die

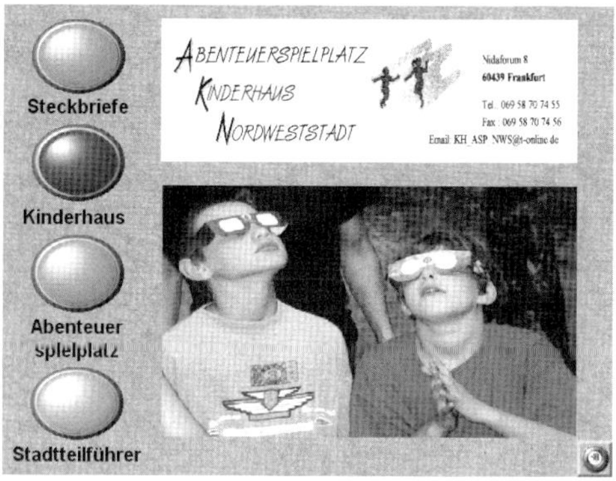

Abb. 59: Virtuelles Kinderhaus, Startseite

Kinder, Fotos aus ihrer frühen Kindheit und ihrer Heimat mitzubringen. Die Fotos wurden mit einem Scanner in Dateidaten transformiert und in die Selbstdarstellung der virtuellen Selbstbilder einbezogen. Ebenso eingesetzt wurde das digitale Schnittprogramm *Cool Edit*. Damit war es möglich, die Kinder zu interviewen und nachher die besten Stellen für die CD auszusuchen. Ebenso wurden Schlagzeugsoli der Kinder, die sie im Rahmen einer Arbeitsgruppe von „Rockmobil" geübt hatten, aufgenommen, digitalisiert und in das Produkt integriert. Danach recherchierten die Kinder mit digitalen Kameras in ihrem Lebensumfeld und im Kinderhaus. Die ausgewählten Aufnahmen wurden dann in die Multimedia-CD integriert. Zum Schluss des Projekts wurde auch noch das Medium Video eingesetzt.

5.5.4. Projektergebnis Kinderhaus Nordweststadt

Wenn die Seite **„Steckbriefe"** aufgerufen wird, sind sogleich die Kinder zu sehen, die bei dem Projekt mitgemacht haben, und ein Schlagzeugsolo von Hülya, das sie bei „Rockmobil" einstudiert hat, ist zu hören. Gleichzeitig schwirren die Namen kreuz und quer über die Seite und „suchen" das zugehörige Bild. Wenn man auf die Namen klickt, kommt man auf die „Steckbriefe" der Kinder. Der Begriff „Steckbriefe" wurde gewählt, da sie diese Begrifflichkeit von der *Bravo* kannten.

Mit der Startseite von jedem Kind sind Interviews verknüpft, die im Verlaufe des Projektes mit jedem Kind gemacht wurden. Jedes Kind konnte selbst entscheiden, welches Seitenprofil es von sich erstellten wollte, sowohl inhaltlich als auch ästhetisch. In der ersten Phase wurden farblich einheitliche Hintergründe gewählt. In der zweiten Phase entdeckte ein Kind mittels des Multimedia-Katalogs von Mediator die Rubrik „Hintergründe". Daraufhin begannen alle, Tapeten, Fließen, Steinböden, Holzfurniere als Hintergründe zu nutzen. Dass führte aber dazu, dass oftmals der Text schlecht zu sehen war. Irgendwann kam ein Kind auf die Idee ganze Bilder als Hintergrund zu nehmen. So entwickelte sich die ästhetische Gestaltung des Produktes in einem spiralförmigen Prozess.

Özlem beispielsweise entschied sich, eine Seite über ihre Kindheit zu erstellen. Sie zeigt Fotos aus unterschiedlichen Altersphasen (Abb. 62). Wenn ein Bild mit dem Curser berührt wird, blendet das Bild aus und es ist ein Text zu lesen über die Situation in der das Bild gemacht wurde. Des Weiteren produzierte sie eine Seite über ihre Hobbys, ihre Heimat und ihre Lieblingsmusik. Wais berichtet in seiner Seite über seine Familie,

Abb. 60: Virtuelles Kinderhaus, Steckbriefe

seine Freunde, sein Traumzimmer, seine Traumschule, seine Lieblingsfilme, seine Hobbys, seine Zukunftsphantasien und seine Bezugspunkte zum Kinderhaus. Auffallend war, dass sehr viele Kinder ihre Seiten mit Pokémon-Figuren ausgestalteten. Mohit sang das Pokémonlied und verknüpfte dies mit seinen Seiten.

Beim virtuellen **Stadtteilplan** dominierte die Darstellung des Nordwestzentrums, offensichtlich ein Bereich, der für die Kinder eine besondere Bedeutung hat. Ihr Lebensumfeld, eine Retortenstadtteil am Rande des Einkaufzentrums Nordwest, bietet wenig individuelle Gestaltungs- und Aneignungsformen, da das Areal eine zweckorientierte, klar gegliederte Architektur aufweist. Demgegenüber verspricht das Einkaufszentrum mehr an Erlebnisvielfalt.

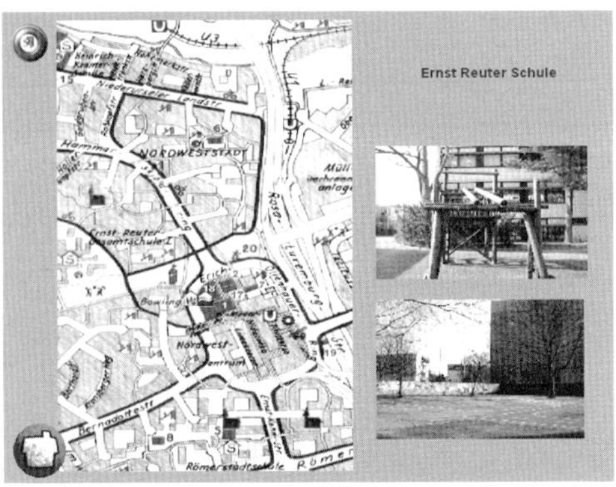

Abb. 61: Virtuelles Kinderhaus, Stadtteilplan

Im direkten Lebensumfeld wurden vornehmlich das Einkaufszentrum Nordwest, die Wohnbedingungen und die Spielorte fotografiert. Wegen der Offenheit und des klar gegliederten Lebensumfeldes konnten die ursprünglich geplanten Recherchen über gefährliche und geheime Orte, „coole" und „echt krasse" Ecken nur beschränkt in die Produktion integriert werden (da es sie kaum gab). Die subjektiven Stadtteilansichten wurden zum Schluss miteinander verglichen. Damit wurde auf sinnliche Weise deutlich, dass Kinder ihre Umwelt ganz unterschiedlich wahrnehmen. Das gab Anlass zur Kommunikation und zum Austausch. Am Ende wurde eine multiperspektivische Sicht auf den Stadtteil erstellt. Wenn man mit dem Cursor an einen Hotspot gelangt, werden weitere Informationen oder Bilder aufgedeckt. Somit kann der User eine virtuelle Reise durch den Stadtteil machen entlang der Stellen, die den Kindern wichtig waren. Absichtlich wurde auf eine Systematisierung verzichtet, um die Subjektivität der kindlichen Raumaneignung bewusst zu machen.

Ergänzt wurden die Sozialrecherchen im Lebensraum mit einem Videoclip, der parallel zu dem Computerprojekt produziert wurde. Auf eine von den Kindern ausgesuch-

Abb. 62: Virtuelles Kinderhaus, Kinderhaus

te Rapmusik wurden taktgenau Bilder aus ihrem Lebenskontext geschnitten. Insgesamt entstand eine vielschichtige Auseinandersetzung mit ihrer Lebenskultur, eine audiovisuelle Hommage an ihre Lebenswelt.

Die an dem Projekt beteiligten Kinder fühlten sich in dem **Kinderhaus** Nordweststadt sehr wohl und hatten von Anfang an Interesse, das Kinderhaus mit einzubeziehen. Die Räume des Jugendhauses wurden visuell vorgestellt. Das Wochenprogramm wurde präsentiert. Ein besonderer Bereich, die Gruppen, wurden ausführlich mit Bild und Ton (z.B. „Rockmobil") gewürdigt. Theater, Kino- und Tanzaktivitäten der letzten Wochen wurden gezeigt, und es wurde auf Veranstaltungen aufmerksam gemacht, so z.B. den Flohmarkt, Feste des Kinderhauses, Turniere und Ausflüge. Ein Kind hatte selbstständig ein Quiz entwickelt, das mit in die CD aufgenommen wurde. Ebenso wurden die Teammitglieder des Kinderhauses und die Projektmitarbeiter vorgestellt.

Abb. 63: Virtuelles Kinderhaus, Abenteuerspielplatz

Der Grundriss des **Abenteuerspielplatzes**, der zum Kinderhaus Nordweststadt gehört, wurde als Eingangsseite dieses Teilprojekts positioniert. Wenn nunmehr die User mit dem Cursor über den Plan schweifen, öffnen sich unterschiedliche Seiten (Hotspot-Prinzip), so kann man z.B. Infos erhalten über das Programm, es gibt Seiten über Pizzabacken, eine Wasserschlammkuhle, ein Baumhaus und ein Kindertheater zu sehen. Ebenso kann sich der User entlang eines Waldweges bewegen, dabei öffnen sich unterschiedliche Fenster, die jeweils weitere Bildansichten über den Abenteuerspielplatz eröffnen.

Zum Schluss wurden die unterschiedlichen Seiten, die an ganz verschiedenen Computern bearbeitet worden waren, auf einem Master zusammengefügt und auf eine CD-ROM gebrannt (Runtime-Version), die nunmehr überall vorgeführt werden kann. Das Ergebnis ist ein Zwischenprodukt. Jederzeit können die einzelnen Seiten erweitert bzw. verändert werden. Somit lassen sich zukünftige Veränderungen im Kinderhaus aufnehmen und produktiv verarbeiten. Das vorläufige Endprodukt hat somit eine offene Struktur.

Durch die Mitarbeit von Peter Bodung konnte ein hauptamtlicher Mitarbeiter im Projektverlauf mit den Methoden vertraut gemacht werden. Das Projekt kann problemlos in einem eigenständigen Prozess fortgeführt werden. Damit handelt es sich bei dem Projekt um Hilfe zur Selbsthilfe.

Die Kinder lernten, wie neue Technologien kompetent angewandt werden. Sie erwarben damit die Kompetenz der gesellschaftlichen Teilhabe einer in der aktuellen Zeit bedeutsamen Kommunikationsform. Ganz wesentlich bei dem Projekt war, dass die Kinder sich Kompetenzen erwarben, mit sinnlich-ästhetischen Methoden ein Multimedia-Produkt (CD-ROM) zu erstellen. Bewusst wurde eine technische Methode unterhalb von Internet eingesetzt (niedrigschwelliges Angebot), um die Hemmschwelle für die Teilhabe zu senken.

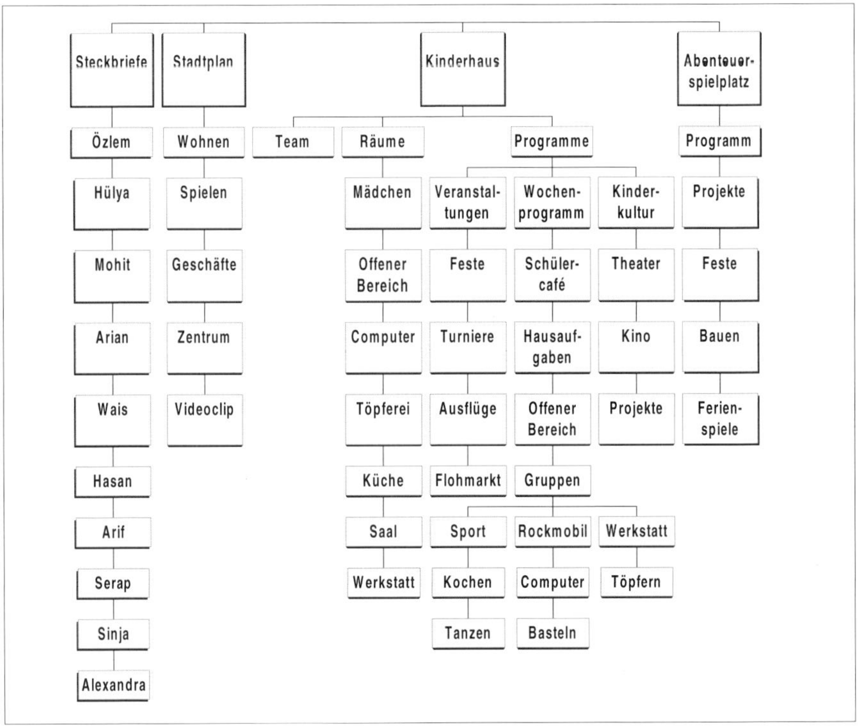

Abb. 64: Navigationsplan des Projekts „Virtuelles Kinderhaus"

Bei dem Projekt stand jedoch nicht die Vermittlung von Technik im Vordergrund, sondern die handlungsorientierte Aneignung von Medien für die Bewältigung einer Sozialrecherche. Somit wurde simulativ Problemlösungsverhalten im interaktiven Sozialraum gelernt. Neben der kommunikativen Kompetenzerweiterung im Umgang mit dem Computer erlernten die Kinder, ihre konkrete Lebensumwelt intensiver zu betrachten. Ein weiterer Fokus des Projektes lag somit bei der Schulung der Wahrnehmung als Ausgangspunkt zum bewussten Erkennen. Aus diesen Gründen wurden „subjektive" Stadtteilpläne erstellt. Die beteiligten Kinder wurden sich ihrer subjektiven Bedürfnisse bewusst und durch die Gegenüberstellung mit anderen subjektiven Bedürfnissen nivellierten sie im gemeinsamen Lernprozess ihre Standpunkte.

Politiker, Eltern und Pädagogen können anhand der Ergebnisse sehen, wie Kinder ihren Stadtteil sehen, welche Aneignung von Wirklichkeit bei ihnen Relevanz hat. Ausgehend von diesen Ergebnissen gibt es Chancen für eine partizipative Beteiligung, da in den Produktionen die Bedürfnisse, Wünsche und Interessen der Kinder veranschaulicht sind. Bei der öffentlichen Präsentation im Beisein von Stadtverordneten, Vertretern des Jugendamts und der Presse erlebten die Kinder, dass sie ernst genommen werden. Bei den Kindern löste das Ergebnis große Begeisterung aus und wird mit hoher Wahrscheinlichkeit dazu führen, sich auch in Zukunft mit dem Medium Computer intensiver zu beschäftigen.[11]

5.6. Spielen und Lernen

Wenn man den Kindern, die beim *Circus Megabyte*, beim *SuperSpace*, der *The-Rage*-CD oder beim *Virtuellen Kinderhaus* Projekt mitgemacht haben, erzählen würde, dass sie sich grundlegende Kompetenzen in der Aneignung alphanumerischer Kommunikation und damit Schlüsselqualifikationen für die Wissensgesellschaft erworben haben, würden sie sicherlich verwundert sein. Für sie war dies kein Lernen, sondern Spielen. Es ist nicht schwer, Kinder zu bewegen, sich Neues anzueignen, wenn dies im Kontext des Spiels geschieht. Kinder haben Lust und Freude zu entdecken, Lernen bedeutet für sie Entdecken. Diese Impulse gilt es aufzugreifen. Dies gelingt mit elektronischen Medien recht einfach. „Elektronische Bildräume schaffen eine Welt ohne Zwang zur Anpassung. Dies ist eine befreiende Erfahrung für alle Kinder" (BERGMANN 2000, S. 80).

Das Interessante am Medium Computer ist, dass das Lernen mit dem Computer durch Spiel angeeignet wird. Die explorative, spielerisch-simulative Aneignungsform des Mediums Computer erlaubt eine Vielzahl von Tätigkeiten, wie dies mit der Beschreibung der Projekte bereits verdeutlicht wurde. Im effizienten spielerischen Als-Ob verfügen wir über Potenziale der Weltaneignung, die anders, eben ganzheitlich, spiele-

11 Das Projekt wurde von mir noch während meiner Tätigkeit beim Institut für Medienpädagogik und Kommunikation (MuK) in Frankfurt im Sommer 1999 konzeptioniert. Seit September 1999 habe ich das Projekt ausgehend von meiner Tätigkeit an der FH Darmstadt betreut und begleitet. Ganz wesentlich an dem Erfolg des Projekt waren Sandra Schollmeyer (FH Frankfurt), die über das Projekt ihre Diplomarbeit geschrieben hat, Xavier Renoux und Armelle Boukhedid aus Paris (Europäischer Jugendaustausch) und Peter Bodung (Kinderhausleiter) beteiligt. Das Projekt wurde im SS 2001 abgeschlossen.

risch, assoziativ, aber ebenso kompetent Welt erschließen. Dies entspricht dem Modus des kindlichen Denkens. Unsere Kinder eignen sich spielerisch unsere Umwelt an. Unsere kognitiven, sozialen, kommunikativen und emotionalen Fähigkeiten erproben Kinder zunächst im Spiel, bevor sie in das Handlungsgefüge als Teil der Persönlichkeit integriert werden. Kinder setzen sich spielerisch handelnd mit ihren Aufgaben auseinander. Kinder erspielen sich das für sie notwendige Wissen, um ihre Ziele zu erreichen. Spielen führt zur Herausbildung von kognitiven Skripten, die es ihnen ermöglicht, in realen und virtuellen Lebenswelten angemessen zu interagieren. In Anbetracht der Bedeutung der elektronischen Medien und der Notwendigkeit der schnellen Anpassung an sich veränderte Bedingungen scheint es so, als ob Personen, die ihre spielerischen Skripte bewahren, in unserer alphanumerisch- audiovisuellen Kultur begünstigt sind.

Allein durch Spielen mit dem Computer lernen Kinder eine Reihe ganz unterschiedlicher Fähigkeiten. Beim Spiel sind meist mehrere Sinne beteiligt. Das Agieren ist vom Modus des Begreifens geprägt. Bereits das Sehen und Erkennen von Objekten ist von Deutungen begleitet. Diese Deutungen bedürfen einer Einordnung. Somit lernen Kinder beim Spielen automatisch zu bewerten. Sie erleben im Spiel mit anderen Kindern unterschiedliche Bewertungen; darauf müssen sie, wenn sie im Spiel dabei sein wollen, reagieren. Immer bedeutet das Spiel auch eine Aneignung von Regeln, Verhaltensweisen, Spielstrategien. Das jeweilige Spiel und dessen System müssen verstanden werden. Entsprechend den subjektiven Interessen kommt es zu Umdeutungen vorhandener Spiel-Schemata. Im Idealfall werden neue Spielszenarios entworfen. Das Potenzial des eigenen möglichen Seins kann im Spiel projiziert und entworfen werden. Meist gelingt dies nur durch Kooperation mit anderen. Daher wird Interaktion zu einer notwendigen Lernstrategie. In der Wiederholung verfestigen sich diese Lernschritte und führen zur Rückerinnerung, Stabilisierung und möglichen komplexeren Fähigkeit, mit sinnlich-ästhetischen Mitteln die gesellschaftliche Wirklichkeit aufzunehmen, zu verarbeiten und in ihr interaktiv und kompetent zu handeln zu interagieren.

6. Modellhaftes Lernen in der Schule mit elektronischen Medien

„Der Skandal in der Erziehung liegt darin, dass sie dem Kind jedes Mal, wenn Sie ihm etwas beibringen, die Freude und die Vorteile des selbstständigen Entdeckens nehmen.“
Seymour Papert

Eine überalterte Lehrerschaft steht einer sich permanent beschleunigenden Globalisierung gegenüber, die in ihrer Dynamik die Bildung nicht verschont. Es fehlen Konzepte für die Integration von Zugewanderten und die Ressourcen, in kleinen Gruppen Lernen zu organisieren, damit die Individualität des Einzelnen besser gewürdigt werden kann.

Eine wenig effektive, aber anstrengende Unterrichtsmethode, das fragend-entwikkelnde Lehrer-Schüler-Gespräch ist weiterhin in Deutschland vorherrschend. Meist und oft werden Schüler im Unterricht zum passiven und nachvollziehenden Lernen angehalten. Der Frontalunterricht im 45-Minuten-Takt dürfte in Deutschland die Regel sein, abgesehen von einzelnen reformpädagogischen Inseln an Grundschulen und im Projektunterricht. Entgegen dem Trend in der Wissenschaftstheorie bildet in großen Teilen der Behaviorismus die zentrale Lernphilosophie in den Klassenzimmern. Vernachlässigt wird dabei, den Schülern Kompetenzen für ein aktives und produktives Arbeiten zu vermitteln. Ihnen werden nicht die Lernimpulse gegeben, die ihnen helfen, Sachverhalte zu verstehen und mit Wissen eigenständig zu operieren, obwohl ein Schüler am besten lernt, wenn er mitdenkt und willig ist (vgl. PAPERT 1998b, S. 29).

Während es eigentlich notwendig ist, den transparenten Umgang mit unterschiedlichen Wissensquellen zu erlernen, „die Kunst des eigenständigen, reflektierenden und intelligenten Lernens“ (SANDBOTHE 2000, S. 23) einzuüben, präsentieren sich die Lehrenden als omnikompetente Vertreter des Wissens, das qua ihrer Definitionsmacht als unumstößlich angesehen wird. „In der Lernwelt des Frontalunterrichts geraten Lehrerinnen und Lehrer allzu schnell in die Rolle intransparenter Selektions- und autoritativer Bewertungsinstanzen, die einen vorgegebenen Kanon des Wissens institutionsspezifisch personalisieren und als geordnetes und abprüfbares System von Tatbeständen erscheinen lassen“ (ebd., S. 22).

Der Zwang und/oder der Wunsch zur Auslese und zur Einheitlichkeit bestimmt in Folge dieser Tendenz das gesamte berufliche Leben des Lehrers. „Die Dominanz der Auslesefunktion in unserem Schulwesen überformt alle pädagogischen Maßnahmen“ (JÜRGENS 2002). Verschiedenheit und Differenz werden als Störfaktoren interpretiert. Das Streben nach Homogenisierung durch die Anwendung optimaler Auslesemechanismen führt nach Auffassung von JÜRGENS dazu, dass Lehrer in schulformspezifischen Milieus denken und handeln, die scharf voneinander abgegrenzt werden. Auf

Grund dieser Beobachtung kommt er zur Entscheidung, dass innerhalb unseres Schulwesens mehr Abstieg als Aufstieg produziert wird.

Eine der fatalen Konsequenzen dieser Denkweise führt zur Vorstellung, Hauptschüler müssten von abstrakten Denkvorgängen verschont bleiben. Sie werden somit vom systemischen und problemorientierten Denken ferngehalten. „Anspruchslosere Erwartungen zeigen sich in anspruchloseren Unterrichtsmethoden und führen zu geringeren Lernleistungen“ (ebd.). Somit bestätigt sich der vorurteilsgeprägte Lehrer in seiner Bewusstseinslage. Gymnasiasten wiederum wird die Vermittlung von prozuderalem Wissen „erspart“. Notwendig ist daher eine Veränderung der Einstellung der Lehrer und selbstverständlich auch der Lehrerausbildung. Wenn dies nicht gelingt wird sich, so JÜRGENS, nichts Nennenswertes in unserem Schulsystem bewegen. Bereits im Studium ist das Bewusstsein auf Selektivität und Homogenität ausgerichtet. Grundschullehrern wird leichte Kost in Form von Pädagogik „eingetrichtert“, während bei der Gymnasialausbildung Pädagogik und Didaktik nur als eigentlich störendes Beiwerk angesehen werden. Der Gymnasiallehrer versteht sich nicht als Pädagoge, sondern als Mathematiker, Altphilologe, Germanist oder Physiker.

Gerade im Angesicht von Pisa benötigen wir dringendst einen Paradigmenwechsel. PAPERT (1998a, S. 78) vertritt die paradoxe Idee, dass gerade der Computer und die elektronischen Medien die Chancen bieten, einen tiefgreifenden Wandel auszulösen. In den technischen Mitteln sieht er die Chance, das technokratische Wesen der Schule abzuwerfen. Allerdings bleiben doch erhebliche Zweifel, ob die technische Entwicklung allein die Wandlung bewirken werden. Werden die Computer in formalisierten Konzepten eingesetzt (informationstechnische Grundbildung) oder im Rahmen computerunterstützten Lernens (drill and practise) werden die innovativen Potentiale der neuen Technologien nicht genutzt – das ist Kreidepädagogik auf Alphatastatur. Darüber hinaus wird mit derartigen Lernangeboten das Interesse von Jugendlichen am Medium Computer neutralisiert.

Wir bedürfen dringend eines Gegenideals gegenüber dem technopolistischen Verständnis unseres bisherigen Bildungssystems. Lernende müssen als Schöpfer von Ideen und Wissen und nicht als Konsumenten angesehen werden. Das Gegenideal zum Lernenden als Objekt schulischer Vermittlungsprozesse ist ein aktiv Lernender, der sein Lernen selbst steuert und bestimmt. Dies kann nur gelingen, wenn der Lernende selbstbestimmt, eigenaktiv, kommunikativ, handlungsorientiert und erlebnisbezogen lernen kann (vgl. VAN LÜCK 1996). Es ist wahrscheinlich, dass derartige pädagogische Konzepte sich mit Hilfe der neuen Technologien eher durchsetzen lassen als ohne.

Computer und Internet können in unterschiedlicher Weise zu einem anderen Bildungsverständnis beitragen. Sie sind Werk- und Denkzeug (TURKLE 1984) zugleich. Sie regen an, eigene Fragen zu stellen, bieten multifaktorielle Antworten und motivieren die Lernenden. Sie sind eine Quelle bei der Formulierung von Konzepten und können dazu beitragen, die erarbeiteten Ergebnisse besser zu dokumentieren. Sie sprechen subjektive Interessen und die Emotionen von Kindern und Jugendlichen an. Mit ihrer Unterstützung lässt sich an persönliche Erfahrungen und Beobachtungen anknüpfen.

Sinnliche Wahrnehmungen und authentische Begegnungen lassen sich mit ihrer Hilfe auslösen, wenn vireale Projekte durchgeführt und produktorientierte Erfahrungen gesammelt werden können. Insbesondere bieten die elektronischen Medien mehr Anregungen als früher, das Wissen der Lernenden zu vernetzen, d.h. sie zu einem systemischen Denken anregen. Allerdings darf nicht vernachlässigt werden, den Lehrenden die Möglichkeit zu geben, vorhandene Defizite im Bereich der Medienkompetenz und Medienpädagogik durch gesicherte Lehrerfortbildungen anzubieten, um ihnen die Ängste vor den Geräten zu nehmen. In Kap. 4.5.1. und 4.5.2. habe ich bereits ausführlich auf die vielfältigen didaktischen und methodischen Möglichkeiten der Neuen Medien hingewiesen. An dieser Stelle möchte ich anhand von drei Beispielen auf zukunftsweisende Modellprojekte hinweisen und Visionen einer zukünftigen Schule skizzieren.

6.1. Die Spiegel-Schule

Abb. 65: Die Spiegel-Schule, Screenshot

Peter GRÜN und Konrad HÖHLER-HELBIG von der Friedrich-Ebert-Schule in Frankfurt a.M. möchten nicht auf die Zukunft warten und haben aus diesem Grunde die Spiegel-Schule, die erste Frankfurter Virtuelle Schule gegründet. „Neue Utopien sind gefordert. Ein neuer Denkansatz wird die virtuelle Schule sein. In einer virtuellen Schule, wäre es fernab von Zwängen der Bürokratie möglich, gemeinsam mit und aus allen gesellschaftlichen Bereichen die Zukunft der Schule in Form einer Zukunftswerkstatt zusammen zu entwerfen“ (GRÜN 2002, S. 13). Die Spiegel-Schule hat weder eine Schulleitung, noch einen Stundenplan, sie existiert nur im Internet. Jeder kann Mitglied der Virtuellen Schule werden.

Die Virtuelle Schule wird als Sammelpunkt für alles Neue verstanden. Nach der Utopie von GRÜN/HÖHLER-HELBIG könnten Projekte ausgeschrieben werden, die im Wettstreit Sachthemen mit Hilfe elektronischer Medien bearbeiten. Denkbar wäre es, dass in diesem Kontext gesellschaftliche, soziale und technische Probleme gelöst werden. Die Gruppen suchen sich selbst. Sie sind aus unterschiedlichen Altersstufen zusammengesetzt. Es vereint sie nur das gemeinsame Thema. Im Rahmen einer virtuellen Projektmesse werden die Beiträge präsentiert und, um den Anreiz zu erhöhen, prämiert.[1]

1 Verblüffend ist, das selbst ein so fortschrittlicher Lehrer wie Peter GRÜN immer noch in Bewer-

In der Spiegel-Schule werden mehrere Projekte vorgestellt. Bei dem Projekt *Fälscherwerkstatt* wird deutlich, wie Unterricht und Präsentation in der virtuellen Schule eine gute Einheit ergeben, daher möchte ich dieses Projekt besonders hervorheben.

6.1.1. Die Fälscherwerkstatt

Das Modellprojekt *Die Fälscherwerkstatt*, das als Unterrichtseinheit für die Sekundarstufe I konzeptioniert wurde, ist eingebunden in ein Konzept spiralförmigen Lernens, bei dem in vorherigen Jahrgangsprojekten u.a. digitale Fotografie, Fotoreportagen, kreatives Schreiben und eine Zukunftswerkstatt integriert waren. Das Projekt *Fälscherwerkstatt* geht von der Prämisse aus, dass unsere Medienwelt zunehmend zur Bilderwelt geworden ist. Durch die digitale Speicherung der Bilder und deren potenziell unbegrenzte Manipulation durch Programme wie z.B. Photoshop gibt es für den Beobachter keine Chance mehr, zu beurteilen, ob er ein Original ansieht oder eine „Fälschung". Wenn historische Vorlagen oder soziopolitische Bilder verändert werden, kann dies erhebliche Auswirkungen haben.

Dies ist die Ausgangslage des von GRÜN/HÖHLER-HELBIG (1999) initiierten Modellprojektes an der Friedrich-Ebert-Schule in Frankfurt a. M. Ihre Intention war es, die vielfältigen Möglichkeiten der Bildmanipulation und sich daraus entstehende Konsequenzen aufzuzeigen. „Wenn nun digitale Bilder zunehmend die Grundlage von zukünftigem Erleben bilden, muss Schule hier ein frühzeitiges Handeln intendieren, um eine Kompetenz von Wahrnehmung und Bewertungsmustern herauszubilden" (ebd., S. 13). Als Voraussetzung einer zukünftigen Bilderziehung sehen die Autoren die Befähigung, zwischen objektivem und subjektiven Sehen zu unterscheiden, um die Wahrnehmung einer Interpretation von deren Interpretation differenzieren zu können.[2] Daraus ergibt sich für sie die Aufgabe „zum verantwortungsbewussten, selbstbestimmten Gebrauch der neuen Bildkommunikationsmedien zu qualifizieren" (ebd.). Insbesondere für Schüler, die sich normalerweise nur schwer motivieren lassen, sollen über den kreativen Prozess der Fälschung (Veränderung) einen Einstieg finden, sich mit ihrer realen Wirklichkeit besser auseinander setzen zu können.

Im Verlauf der Projektarbeit wird selbstständig an den Produkten gearbeitet. Vier Module werden als Informations-Input in die Arbeitsprozesse integriert. So werden die Schüler mit dem Thema „News" vertraut gemacht. Dabei lernen sie, wie moderne, elek-

---

tungskategorien denkt. Offensichtlich ist Lehrern nicht so ohne weiteres nachvollziehbar, dass Jugendliche bei Projekten mitmachen, weil sie sich von einer Teilnahme versprechen, ernst genommen zu werden, etwas bewirken zu können, ein Produkt erstellen, das sich vorzeigen lässt. Schülern genügt es, sich gemeinsam mit anderen zu erfahren, sie wollen einfach nur Spaß haben. Voraussetzung ist, man bearbeitet ihre Themen.

2 GRÜN/HÖHLER-HELBIG gehen dabei von der These aus, dass eine objektive Wahrnehmung, d.h. eine Wahrnehmung ohne Interpretation möglich ist. Der Konstruktivismus hält das für ausgeschlossen. Angemessener wäre daher das Ziel, sich der vielfältigen Deutungsmuster bei der Bildaneignung bewusst zu werden und möglichst eine Deutung zu finden, die von der Mehrzahl geteilt wird.

tronische Nachrichtensysteme arbeiten. Die Gefahren der Nachrichtenmanipulation sollen in dieser Lerneinheit vermittelt werden. Da Nachrichtenagenturen Bilder auf ihren Wahrheitsgehalt nicht überprüfen können, wird den Schülern die Manipulationsmöglichkeit durch Bilder eindringlich klar.

Die Kenntnisse der Manipulationstechniken werden im Modul „EBV“ (Elektronische Bildverarbeitung) vermittelt. Hier lernen die Schüler zu digitalisieren und üben sich ein in erste Manipulationstechniken, wie z.B. Bildgröße, Auflösung, Formatbestimmung und Bildbeschneidung. In der darauffolgenden Phase wird gelernt, inhaltliche Komponenten im Bildraum zu verändern.

Im Modul „Dichtung und Wahrheit“ werden sie vertraut gemacht mit der Möglichkeit, Nachrichten auf ihren Wahrheitsgehalt zu überprüfen. Sie lernen in Bibliotheken, Archiven und im Internet zu recherchieren. Sie werden befähigt, im Internet gezielt nach Informationen zu suchen, um sie dann in einer zweiten Phase zu bearbeiten und kreativ zu verändern. GRÜN/HÖHLER-HELBIG erwarten, dass dabei die Fähigkeit zur Entwicklung von Strategien für Problemlösungen gestärkt werden. Im Computer sehen sie ein Werkzeug ästhetischer Praxis für eine universelle Medienerziehung. Der Einsatz von Multimedia gestattet nach ihrer Auffassung ganzheitliche Lernprozesse, da er es ermöglicht, neben der Vernunft auch Kopf und Herz anzusprechen. Gleichzeitig repräsentieren Multimedia und Internet allgegenwärtige Medien, deren Beherrschung eine günstige Ausgangsbasis für die berufliche und die persönliche Zukunft bilden.

Abb. 66: Fälscherwerkstatt, Spiegel-Schule

GRÜN/HÖHLER-HELBIG ist bewusst, dass diese Ziele nur zu verwirklichen sind, wenn die Schüler in hohem Maße selbstbestimmt in Gruppen lernen können. Die projekttypische Größe besteht bei ihnen aus 16 Schülern, die wiederum in Projektteams unterteilt werden, wobei jedes Team ein Projektthema bearbeitet. Rahmenthemen geben eine Orientierung für die Projektgruppen.

Bei dem Rahmenthema „Schulgeschichte(n)“ setzte sich eine Gruppe mit dem Schulhof auseinander. Sie beabsichtigte das Thema in Form eines Panoramablicks umzusetzen. Mit mehreren Digitalkameras wurden Teile des Schulhofes fotografiert (meist 12 bis 16 Aufnahmen). Die Fotos wurden dann mit Hilfe der Software *QuicktimeVR Authoring Studio“ (QTvrAS)* von Apple zu einem 360 Grad-Panorama-Foto verarbeitet. Der Betrachter hat den Eindruck, einen realistischen Rundumblick vom Schulhof zu bekommen (*http://www.friedrich-ebert-schule.com/saft/immis/panoramen/index.htm*).

Zum Themenkreis „Historische Detektive“, bei dem Märchen und Mythen im lokalen Umfeld einer Stadt erkundet werden sollten, erforschte eine Arbeitsgruppe den Eschenheimer Turm in Frankfurt a. M. Die Geschichte des Turms wurde recherchiert, ehemalige Besucher des Turms ausfindig gemacht und interviewt. Ebenso wurden im

Archiv der *Frankfurter Rundschau* Zeitdokumente eingesehen und Kopien angefertigt. Besonders beeindruckte die Schüler die Geschichte vom Wilddieb Hans Winkelsee, der im Turm in Haft gesessen und dem Rat der Stadt das Angebot gemacht hatte, eine Neun in die Fahne der Turmspitze zu schießen oder dem Henker ausgeliefert zu werden. Das Kunststück gelang, und er wurde frei gelassen. Diese Geschichte rekonstruierten die Schüler im Computer als Bildcollage, ausgehend von den bei der Erkundung gemachten Fotoaufnahmen. Da es nicht möglich war, den Turm freigestellt zu fotografieren, mussten als erstes Verkehrsampel wegretuschiert werden. Ebenso mussten die Autos aus dem Bild verschwinden. Dies gelang mit Hilfe der Software Photoshop. Dann wurde der Wilddieb aus einer Grafik, die im Internet gefunden wurde, isoliert und in das Bild eingefügt. Ebenso wurden die neun Kugel in das Bild hineinkopiert.

„Interessantes im öffentlichen Raum“ bildete den dritten Themenbereich. Die Schüler interessierten sich vorwiegend für die Hochhäuser. 15 Hochhäuser schauten sie sich genauer an. Leider durften sie keines der Hochhäuser besuchen. Eines ihrer Ergebnisse war ein Blick vom Eisernen Steg auf die Stadt, bei der sowohl der Dom, die Paulskirche, das Commerzbank-Hochhaus und auch der Messeturm in einer Reihe zu sehen sind. Wer die lokalen Bedingungen in Frankfurt nicht kennt, könnte glauben, dass es sich um eine realistische Aufnahme handelt – eine gute Fälschung. Ebenso gelang ihnen mit der Kunstskulptur von Joseph Borofsky, die vor dem Messeturm steht, eine beeindruckende Fälschung. Dem *Hammering man* wurde eine *Hammering woman* zur Seite gestellt. Damit wird bewusst oder unbewusst auf die Notwendigkeit von Gleichberechtigung hingewiesen.

Dann gibt es noch ein ergänzendes Modul, das „Missklang“ genannt wird. Hier beschäftigt sich die *Fälscherwerkstatt* mit der Digitalisierung von Klängen. Mit Hilfe von Computer, Sampler und geeigneter Software (SoundEngine, CircleElements) werden Klänge digitalisiert und am Bildschirm bearbeitet. Die Arbeit des Geräuschemachers beim Film dient als Vorbild. Mit einfachen Mitteln werden hier Alltagsgeräusche nachempfunden, digitalisiert und auf elektronischem Wege weiterverarbeitet. In der Verbindung mit der Arbeitsweise des seltenen, fast ausgestorbenen Berufes des Geräuschemachers und den Möglichkeiten der digitalen Bearbeitung von Geräuschen sieht HÖHLER-HELBIG (vgl. *http://www.friedrich-ebert-schule.com/saft/missklang/modul_missklang.htm*) einen faszinierenden Bereich des Musikunterrichts. Es können sowohl Klangreisen ausgelöst und zugleich eine Auseinandersetzung mit den Neuen Medien im Musikbereich angeregt werden. Die Klänge, die dann dabei entstehen, können u.a. zu Klangcollagen, Playbacks von RAP-Stücken, Klangkulissen in Theaterstücken, Musikstücke und (verfälschten) Vertonungen von Videofilmen verwendet werden.

Die Arbeitsergebnisse werden zwischenzeitlich dem Projektplenum in Form eines Referates und der Schulöffentlichkeit in Form einer Projektmesse vorgestellt. Zum Schluss werden alle Arbeitsergebnisse zusammengetragen und als hypermediale Datenbank dokumentiert. Unter der durch die Neuen Medien geschaffenen globalen Öffentlichkeit werden grundsätzlich alle Projektergebnisse im Internet präsentiert (*www.spiegel-schule.de*). Jede Projektgruppe trägt zur Erweiterung der Arbeitsergebnisse bei. Spiralförmig knüpfen spätere Klassen an den Erfahrungen und Lernerfolgen der vorherigen Klassen an.

Die Lehrenden stecken den inhaltlichen und technischen Rahmen ab (Lernumgebung schaffen), innerhalb dem die Schüler große Freiheiten haben sich zu entwickeln. Reale Recherchen im Raum, in Archiven und im Internet verknüpfen ebenso wie das Fotografieren und die spätere Bildbearbeitung im Computer reales und virtuelles Lernen. Unterschiedliche Lerntypen können sich mit ihren jeweiligen Stärken einbringen, da kooperativ und kollaborativ gelernt wird und unterschiedliche Lernebenen angesprochen werden.

6.1.2. RÖSA, MaMut und Cyber microscope

Jede einzelne Person, Personengruppe, Institution oder Schule kann Mitglied der Spiegel-Schule werden. Die Spiegel-Schule versteht sich als virtuelle projektorientierte Zukunftswerkstatt. Sie lebt von den Ideen ihrer Mitglieder. Wer sich zu bestimmten Themen und Fragestellungen zusammensetzt, ein Projektteam bildet und ein Arbeitsergebnis erzielt, kann sein Arbeitsergebnis in der Spiegel-Schule zugänglich machen. Im Augenblick werden auf der Webseite der Spiegel-Schule (*www.spiegel-schule.de)* exemplarische Schulprojekte mit zukunftsweisenden Themen gesammelt. Die Spiegel-Schule hat auch den Anspruch, Infos zu geben über für den Unterricht relevante Seiten. Beispielhaft stelle ich hier die interessantesten Projekte und Links der Spiegel-Schule vor:

- ***RÖSA – Regionale Ökologische Sachunterrichts-Lernwerkstatt***

Die regionale ökologische Sachunterrichts-Lernwerkstatt RÖSA wurde unter Leitung von Astrid KAISER im Jahre 1994 an der Carl-von-Ossietzky-Universitat in Oldenburg gegründet. Der Unterricht soll durch Handlungsmaterial aus Beinahe-Müll-Objekten interessanter gestaltet werden. Verwendet werden keine teuren Versuchsmaterialien für den Sachunterricht, sondern Wertstoffmüll aus Haushalten und Gewerbebetrieben. Spiegelabfälle aus der Glaserei, Pipetten von gebrauchten Medikamentenflaschen, Knöpfe, Steine, alte Instrumentensaiten etc. werden auf ihre unterrichtlichen Einsatzmöglichkeiten hin überprüft. Die Lernenden können dadurch ressourcenschonendes Verhaltens im Unterricht kennen lernen. Sie lernen auch, dass schon zum Abfall gezählte Produkte noch genutzt und jederzeit kreativ umgestaltet werden können.

Hintergrund des Projekts sind reformpädagogische Überlegungen. Naturerleben, gemeinsames Handeln, kreatives Lernen und Lernen mit allen Sinnen sollen miteinander verbunden werden. Gerade in der Verschiedenheit der Materialien wird ein günstiger Anknüpfungspunkt gesehen, da auch in der schulischen Realität die Kinder mit sehr verschiedenen Lebensläufen in die Schule kommen. Aus diesen Gründen sieht es KAISER (1998) als wichtig an, verschiedene Zugangsweisen zu öffnen, z.B. ästhetische, kognitiv-kritische, praktisch-handelnde, ethisch-beurteilende. Wichtig ist für sie, in einem Team ein gemeinsames Thema zu bearbeiten und gemeinsam im Gespräch auszuwerten, sich auszutauschen und gegenseitig anzuregen (*http://www.member.uni-oldenburg.de/astrid.kaiser/forschung/projekte/laufend/roesa/*).

- ***MaMut***

Malen und **Mu**sik mit dem Compu**t**er, ein Projekt der Friedrich-Ebert-Schule, Frankfurt a.M. ist entstanden aus dem Schulversuch HELIOS. Das Projekt basiert auf dem Versuch, nach Musik zu malen oder nach Bildern Musik zu komponieren. Bisher war entweder das Bild oder die Musik vorgegeben. Mit Hilfe des Computers kann man heute diese beiden getrennten Vorgänge mit dem Computer verbinden. Der Kerngedanke des Projekts lautet: „Es müsste möglich sein, in dem Moment, da gemalt wird, Musik erklingen und, sobald komponiert wird, ein Bild entstehen zu lassen.“ Die Ergebnisse dieser Intentionen werden nicht als musikdidaktischer Ansatz verstanden. Intendiert ist nicht die Umsetzung von Musik in eine grafische Partitur, sondern Malen und Musikmachen als kreativer Ansatz in der jugendlichen HipHop-Szene.

Der Computer wird hier fächerübergreifend als Werkzeug und nicht als Gegenstand des Unterrichts begriffen. Unter dem Thema „Öffnung von Schule“ in den Fächern Musik und Kunst werden die Schüler an die neuen Technologien herangeführt. In der Malwerkstatt wird ein Digitalisiertablett mit kabellosem Stift eingesetzt. Mit diesem Hilfsmittel wird direkt in den Computer gemalt. Malen und Graffiti-Zeichnen mit Hilfe von Malsoftware und Grafiktablett werden somit digital simuliert. Indem man den Schülern legale „Vertriebswege“ über das Anfertigen eines Angebots mit Hilfe des Rechners und das Sprayen als „Dienstleistung“ aufzeigt, sollen sie vom illegalen Sprayen abgebracht werden. In der Klangwerkstatt werden digitale Klänge erzeugt und mit Hilfe von Klangverarbeitungsprogrammen zu Playbacks für HipHop-Stücke verarbeitet (*http://www.spiegel-schule.de/mamut/index.htm*).

- ***Virtuelle Universität***

Sogar eine Verlinkung zur Fernuniversität in Hagen findet sich auf der Spiegel-Schule. Hingewiesen wird darauf, dass erstmals in der deutschen Universitätslandschaft an der Fern-Universität Hagen das Konzept der *virtuellen Universität* realisiert und im realen Betrieb erprobt und evaluiert wird. Die virtuelle Universität bietet neue Lehrformen und ein räumlich sowie zeitlich flexibles, individualisiertes und bedarfsorientiertes Lernen durch konsequente Nutzung der Multimedia- und Kommunikationstechnologie (*https://vu.fernuni-hagen.de/*).

- ***Cyber microscope***

Mit Hilfe eines „cyber microscope“ wird Ozeanographie anschaulich und praxisnah erklärt. Beeindruckende Mikro-Aufnahmen sind in Großaufnahme auf der Seite zu finden. Betreut wird das Projekt von Uwe KILS vom Institute of Marine and Coastal Sciences (IMCS), Rutgers University, New Jersey (*http://www.schools.ash.org.au/elanorah/seakrill.htm*).

- ***DigitalArt Galerie***

Im Designer Showroom der DigitalArt wird Foto- und Grafikdesignern, Art-Directoren, potenziellen Käufern, den neugierigen Kollegen und der interessierten Öffentlichkeit die Möglichkeit gegeben, das Leistungsspektrum der DigitalArt Galerie anzuschauen. Die Seite hat ein hervorragendes Design und ist daher allein wegen der Gestaltung einen Besuch wert. (*http://www.digiartgallery.videortechnical.com/D/MainFrames.html*).

- ***4teachers.de – der Internetpool für Unterrichtsmaterialien***

Auf diesen Seiten sind zahlreiche Unterrichtsmaterialien, Infos über Alltagspädagogik, Methodik/Didaktik, Referate, Klausuren u.v.m. enthalten. Darüber hinaus besteht ein großer Forenbereich, der den kollegialen Erfahrungsaustausch ermöglicht (*http://www.4teachers*).

- ***Lernhilfen***

Auf dieser Seite werden, betreut von Benjamin Werner STANGL (Institut für Pädagogik und Psychologie der Universität Linz), Tipps bereitgestellt wie man das Lernen leichter bewerkstelligen kann. Die Seite ist für alle interessant, die etwas lernen müssen. Aus didaktischen Gründen wird immer nur ein Tipp vorgestellt. Die Lerntipps wechseln jedoch ständig (*http://www.stangl-taller.at/LERNTIPS/*).

- ***Hausaufgabensammlung***

Nach eigener Einschätzung bietet diese Seite die größte deutschsprachige Hausaufgabensammlung. Sie bietet ein einzigartiges Angebot von deutschsprachigen Referaten, Schüleraufsätzen und Ähnlichem zum Stöbern. Sie liefert Schülern und Studenten eine Fülle von Informationsmaterial und Anregungen zur Verbesserung ihrer schulischen Leistungen, wie der Initiator Bastian WILHELMS sein Angebot beschreibt (*http://www.cheat.net/)*.

6.2. Der Canyon der Dinosaurier

Ein Modell, wie Lernen der Zukunft aussehen könnte, gibt es in der Dalton School in New York Manhattan. Hier lernen die Schüler in einem „Multimedia Paradies". In allen Klassenräumen stehen ausreichend Rechner zur Verfügung. Arbeitsblätter, Grafiken und Arbeitspapiere können im Klassenzimmer ausgedruckt und dürfen mit nach Hause genommen werden. Die Schüler sitzen nicht zentriert und gerichtet auf den Lehrer. Das Lehrerpult dient nur noch zur Ablage. Die Tische sind zu kreisförmigen Inseln zusammengestellt und bilden kommunikative Arbeitseinheiten. Unterrichtet wird individuell in Dreier- oder Vierergruppen. Das Tempo des Unterrichts wird durch die Schüler selbst vorgeben und nicht durch der Lehrer. So kann nicht nur auf den individuellen Arbeitsrhythmus Rücksicht genommen werden, sondern die unterschiedlichen Lernstile können sich im kollaborativen Lernen gegenseitig ergänzen. Jeder in der Gruppe entscheidet sich für eine spezielle Aufgabe. Auf diesem Gebiet wird er zum Experten. Die Kinder lernen gegenseitig voneinander. Der Lehrer ist Mentor und auf Bedarf externer Berater. In bestimmten Phasen des Lernens stellen die Gruppen ihre Arbeitsergebnisse der Klasse vor. Gemeinsam wird dann entschieden, wie weitergearbeitet wird.

Diese Form des Unterrichts ist nicht auf den Computer angewiesen. Mit Hilfe des Computers lassen sich allerdings einige aufregende Lernerfahrungen machen, wenn es eine geeignete Lernsoftware gibt. Das gibt es zweifelsohne an der Dalton School. Dies soll am Beispiel eines Erdkundeunterrichts in der 6. Klasse verdeutlicht werden. Die entsprechende Software wurde in der Dalton School für den Erdkundeunterricht in der Mittelstufe entwickelt.

Abb. 67: Portal der Dalton School im Internet (Ausschnitt)

Per Computer begeben sich die Schüler an einen virtuellen Ausgrabungsort. Der Ausgrabungsort sieht aus wie ein Canyon, daher heißt die Software auch *Canyon der Dinosaurier*. Zu sehen ist eine Ausgrabungsstätte. Entlang der Ausgrabungsstätte können die Schüler navigieren. Jeweils ist als Größenvergleich, damit die Proportion des Gebietes richtig gedeutet wird, unten rechts die Körpergröße eines Menschen zu sehen. Die Seiten sind ästhetisch ansprechend gestaltet. Die in dem Programm enthaltenen Soundeffekte begeistern die Schüler. Im virtuellen Canyon müssen sich die Schüler für ein 10 x 10 Meter großes Gelände entscheiden, das sie untersuchen wollen. In dem ausgewählten Ausgrabungsbereich schlagen sie bei ihrer Suche nach Fossilien Gesteinsproben aus dem Fels. Die Gesteinsproben werden in den virtuellen Rucksack gepackt, um sie in simulierten Laboratorien untersuchen zu können.

Den Schülern stehen zwei verschiedene Labors zur Verfügung: Im paläanthologischen Labor können die jugendlichen Forscher die Fossilien ausmessen und unter dem Mikroskop betrachten. Im petrochemischen Labor wird das Gestein auf Beschaffenheit und Alter untersucht. Die Ausrüstung im virtuellen Labor entspricht dem von wissenschaftlichen Laboren. Die Schüler fühlen sich daher bei ihrer Arbeit wie Wissenschaftler und echte Forscher. Mit Hilfe des Computers werden sie zu Biologen, die die Lebensformen und Geschichte des Canyons rekonstruieren.

Der Computer hilft den Schülern herauszubekommen, wie lang z.B. das Tier war. Um es intensiver erforschen zu können, machen sie einen Ausdruck. Der Computer gibt jedoch nicht an, wie alt die Fossilie ist. Genau dies herauszufinden, ist eine ihrer

Aufgaben. Dazu können sie auf weitere Materialien zurückgreifen, wie z.B. Bücher. Durch den Vergleich des Ausdrucks mit einer entsprechenden Enzyklopädie finden Sie nicht heraus, wie groß es war, sondern auch woher das auf der Fossilie abgebildete Tier gekommen ist, was es gegessen hat und was es gemacht hat. Dann müssen die Schüler noch die wissenschaftliche Bezeichnung für die Fossilie finden. Danach beginnt die nächste Recherche im Canyon.

Folgendes Interview von STAMPFLER (WDR 1996) vermittelt einen guten Eindruck von den Reaktionen der Schüler:

> *Joe: „Es macht wirklich Spaß. Du hast nicht das Gefühl zu arbeiten. Es ist fast wie ein Videospiel".*
> *Peter: „Computer machen Spaß, und du kannst damit spielen, und wenn du dir das hier anschaust und dir vorstellst, dass das ja jemand gezeichnet haben muss und das ganze Programm geschrieben hat, mit dem du spielst, das ist schon cool. Jemand hat dies alles programmiert, und du brauchst nur zu klicken, das ist ganz schön gut."*
> *Joe: „Es ist aber auch ganz schön anstrengend, denn wir müssen all diese Informationen finden, sonst ist alles vermasselt. Wir müssen wirklich aufpassen. Um zu untersuchen, brauchen wir ungefähr einen ganzen Tag. Alles muss genau stimmen, sonst müssen wir wieder ganz von vorne anfangen."*
> *Peter: „Genau, also auch wenn der Computer uns die Arbeit erleichtert, müssen wir wirklich genau sein. Wir können nicht einfach hier sitzen und so herumklicken. Wir müssen unsere Aufzeichnungen sehr sorgfältig machen und aufpassen, daß wir keine Fehler machen. Dann graben wir möglicherweise in einem Gebiet von einem anderen, und dann geht alles daneben."*

Erwähnenswert ist, dass beide Kinder den Spaß, die Lernfreude in den Vordergrund stellen. Im ersten Moment vergleicht Joe dieses Lernen sogar mit einem Videospiel. Damit wird deutlich, dass die Ebene der eigenen Erfahrungswelt (endogene Dimension) auch in der Schule eine Korrespondenz erfährt. Die Kinder werden bei ihren Seh- und Wahrnehmungsweisen abgeholt. Beim weiteren Gespräch wird ihnen auch deutlich, dass das Lernen mit dem Computer auch harte Arbeit ist. Allerdings nehmen sie dies gerne in Kauf. Obwohl es nur eine Simulationswelt ist, in der sie sich bewegen, ist zu spüren, dass sie sich als Experten ernst genommen fühlen. Erstaunlich auch die Empathie von Peter, der fachkundig erkannt hat, dass hinter dem Programm eine Menge Arbeit und Phantasie steckt.

Das grundlegende Lernprinzip sehe ich in der Navigation. Die Kinder navigieren eigenständig durch den *Canyon der Dinosaurier* und können, so weit notwendig, auf Expertenwissen zurückgreifen, so z.B. auch auf den Lehrer. Der Lehrer bildet aber nicht mehr die Achse des Lernprozesses. Seine entscheidende Aufgabe ist es, die Lernumgebung zu strukturieren und zu organisieren und beratend die einzelnen Lernteams zu unterstützen. Die elektronischen Medien werden zur wertvollen Hilfe beim Selbstlernprozess der Schüler.

Auch nach der Schule können die Schüler an ihren jeweiligen Themen weiterarbeiten. An der Dalton School gibt es kein Schwarzes Brett mehr, alle Ankündigungen sind im Dalton Forum zu finden. Hier werden Treffen angekündigt und über Neuigkeiten berichtet. Ebenso können die Schüler zu jedem Thema, das im Unterricht behandelt wurde, eine Nachrichtengruppe finden, in der sie den Lernstoff incl. zusätzlicher Materialien finden können. Auf elektronischem Wege können die Schüler ihre Diskussionen, die sie im Unterricht begonnen haben, fortführen. Schüler, die nicht in der Lage sind, sich im Unterricht zu artikulieren, haben nunmehr die Gelegenheit mitzudiskutieren. Selbstverständlich hat jeder Schüler eine eigene Mailbox.

Die Dalton School intendiert, mit ihrem Bildungsverständnis einen Anstoß für eine fortschrittliche Bildungsentwicklung zu geben. Dabei beruft sie sich auf John DEWEY und Helen PARKHURST (Gründerin der Schule), die 1922 den so genannten „Dalton Plan" aufgestellt hatte. Es ging ihr um einen „spirit of change", wobei sowohl das Kind als auch die Gesellschaft wahrgenommen werden sollen. „Aiming to achieve a balance between each child's talents and the needs of the growing American community" (PARKHURST 2003). PARKHURST forderte ein Erziehungskonzept, das Freiheit und Gemeinschaftsgefühl verbindet. „Specifically, she had these objectives: to tailor each students program to his or her needs, interests and abilities; to promote both independence and dependability; to enhance the student's social skills and sense of responsibility toward others" (ebd.).

PARKHURST steht in der Tradition der Reformpädagogik. Ihre Auffassungen haben an Brisanz nichts verloren und sind damals wie heute aktuell. So geht sie davon aus, dass die wahre Aufgabe der Schule nicht sei, die Schüler an vorher ausgedachte Inhalte zu fesseln, „but to set him free to discover his own ideas and to help bring his powers upon the problem of learning" (ebd.). Die verblüffende Aktualität von PARKHURST wird auch in folgendem Zitat deutlich: „Let us think of a school as a social laboratory where pupils themselves are the experimenters, not the victims of an intricate and crystallized system. Let us think of it as a place where community conditions prevail as they prevail in life itself" (ebd.).

Die Entwicklung des ganzen Kindes wird als äußerst wichtig betrachtet. Kinder werden zuerst einmal als soziale Wesen angesehen, und Schule hat demgemäß die Aufgabe eine Gemeinschaft zu bilden, wo die Schüler miteinander lernen können, um sich gemeinsam Kopf, Körper und Geist zu widmen. Ausgehend von dieser Tradition integriert die Dalton School in vielfältiger und beeindruckender Weise die elektronischen Medien in den Unterricht, unter Beibehaltung grundlegender reformpädagogischer Prinzipien, zu denen auch das Grundprinzip des individuellen Lernens gehört. „The programs networked multimedia electronic systems have greatly enhanced the possibilities implicit in the traditional curriculum in exciting and innovative ways. With this computerized technology, students are provided with general, efficient and enduring access to a far broader range of cultural works of nearly every conceivable form than is found in conventional classrooms" (*http://www.dalton.org/AboutDalton/about_techplan.shtml*).

6.3. Das Grüne Klassenzimmer

Lernformen, die die aktive und selbstständige Rolle des Lernenden betonen und von einem übergreifenden, virealen und ganzheitlichen Denken geprägt sind, sind in Deutschland selten. Wenn überhaupt, findet man sie bei Projektversuchen. Eines dieser modellhaften Projekte, bei dem die wesentlichen Parameter einer Pädagogik der Navigation bereits 1994 umgesetzt wurden, hat bis heute seinen Vorbildcharakter nicht verloren. Die zukunftsweisende Dimension dieser Multimediaanwendung wird auch von BAUER (1997, S. 385) bestätigt. In dem Zitat von VAN LÜCK, einem der Mitinitiatoren dieses Projektes, wird das Grundverständnis deutlich:

> *„Nur diejenigen neuen Medien fördern die Qualität des Lernens, die Lernende zum Fragen, Staunen und Verwundern anregen, die ihre eigenen Interessen und Gefühle aufgreifen, die an persönliche Erfahrungen und Beobachtungen anknüpfen, die für sinnliche ‚Wahr-Nehmungen' und authentische Begegnungen aufschließen und die keinen Lernweg vorgeben. Medien dieser Art fördern eigenaktive Tätigkeiten wie: lesen, stöbern, schreiben, anordnen, strukturieren, umgestalten, modellieren und simulieren. Solche Medien besitzen in der Regel im hypermedialen Datenbestand auch vielfältige Dokumente, die zum gemeinschaftlichen Handeln herausfordern wie: diskutieren, interpretieren, bewerten, befragen, beobachten und experimentieren. Operative Werkzeuge in diesen Medien erlauben, mit einer zunehmenden Fülle von Text-, Grafik-, Bild-, Ton- und Animationsbausteinen, Komplexitäten aufzu ‚schreiben' oder Informationen zu komplexen Sach- und Sinnverhalten zu finden, diese zu ‚rechnen' und zu ‚lesen'. Lesen, Schreiben, und Rechnen müssen heute viel umfassender gesehen werden. Neu bestimmt sind sie in der Informationsgesellschaft wichtige Basisqualifikationen für alle Menschen“* (http://www.netz-kasten.de/lesen/information/cult/vanlueck.php3.).

Das Grüne Klassenzimmer ist eine Metapher für drei verschiedene Unterrichtsebenen. Es existiert als eine natürliche Raumzone auf dem Schulhof, die in der Freiarbeit oder im Unterricht benutzt werden kann für authentische Natur-Erfahrungen. Der Raum kann und soll von den Kindern mitgestaltet werden Auf der zweiten Ebene verweist sie auf die Arbeitsschwerpunkte „Pflanzen und Tiere“ und „Natürliche und gestaltete Umwelt“ des Sachunterrichts in der Grundschule. Auf der dritten Ebene ist sie eine Hypermedia-Arbeitsumgebung. Die Verschränkung dieser drei Ebenen macht das Grüne Klassenzimmer zu einem hochinteressanten Lernraum (vgl. VAN LÜCK 1994, S. 37). Ökologische, ökonomische, moralische und mediale Grundsatzfragen ergeben sich nicht auf Grund eines Lehrplans, sondern aus der jeweiligen sinnlichen Erfahrung. Darüber hinaus können die Kinder personale Verantwortung lernen. Durch die Integration von mehreren Ebenen wird das Denken in größeren Wechselwirkungen und Zusammenhängen erkennbar. „Kinder lernen ihre Umwelt besser begreifen, wenn sie lernen, ‚in vernetzten Systemen' zu denken“ (ebd., S. 39).

VAN LÜCK empfiehlt situative und bedeutungshaltige Anlässe als Ausgangspunkt zu nehmen, um in einer Klasse Empathie für den Bau eines Gartens zu wecken. Zuerst gilt es, den Kindern die Möglichkeit zu geben, ihre Utopien und Phantasien für eine Schulhofumgestaltung zu entwickeln. Dies kann durch zeichnerische Entwürfe geschehen oder aber auch, wie beim Projekt in der Ennertschule in Bonn-Beuel, durch den Bau von Modellen. In dieser Phase empfiehlt sich eine Arbeit in Kleingruppen. Alle Arbeitsphasen werden ausführlich dokumentiert. Dadurch entsteht gegenüber der Schulöffentlichkeit permanent Transparenz.

Abb. 68: Das Grüne Klassenzimmer

Abb. 69: Das Grüne Klassenzimmer

Im Rahmen von Projektwochen kann dann an die Umgestaltung herangegangen werden. Nachdem der Garten angelegt ist, ergeben sich vielfältige Anknüpfungspunkte. Eine Klasse entscheidet sich, Kohlmeisenkästen für die Ansiedlung von Kohlmeisen zu bauen. In der folgenden Gruppenarbeit erarbeiten sich die Kinder das notwendige Wissen über die Kohlmeisen selbstständig. Auf Wandzeitungen wird festgehalten, wer für welche Aufgaben zuständig ist. Alle Arbeitsschritte werden wiederum dokumentiert. Eine Gruppe beschäftigt sich mit der Frage, wovon und wo Kohlmeisen leben, wie sie brüten und ihre Jungen aufziehen und wovon ihre Beutetiere leben. Eine andere Arbeitsgruppe konzentriert sich auf die Aufgabe, wie sich die Kohlmeise am konkreten Standort weiterverbreitet. Dabei muss erst einmal geklärt werden, wie Kohlmeisen beobachtet werden und ein Beobachtungsplans erstellt werden. Eine weitere Gruppe war für den Bau der Kästen zuständig, eine für die Finanzierung und eine Gruppe suchte nach Geschichten, Gedichten und Lieder zur Kohlmeise.

Bei diesem Unterricht handelt es sich um einen erlebnisorientierten, ganzheitlichen Lernansatz. Eine situative Ausgangsbedingung für die nächste Lernphase kann die Beobachtung von Raupen oder Blattläusen sein, die die von den Kindern angelegten Blumen und die Blätter der Pflanzen zerfressen. Dies führt zum Lernschwerpunkt „Schädlingsbekämpfung". Nunmehr gibt es wiederum die Möglichkeit unterschiedliche Arbeitsgruppen zu bilden, die eigenständig recherchieren. Während eine Gruppe in einem konventionellen Gartencenter recherchiert, geht eine andere Gruppe zu einer ökologisch arbeitenden Gärtnerei, eine andere Gruppe befragt Verwandte und Bekannte, die nächste Gruppe besorgt sich Fachliteratur und eine Gruppe nutzt als Informationsmedium die Hypermedia-Arbeitsumgebung „Grünes Klassenzimmer".[3]

In der nächsten Phase erfolgt eine intensivere multimediale Einbindung für alle. Durch die Verschränkung von realem mit virtuellem Lernen entsteht eine neue Qualität. So kann eine „interaktive, animierte Simulation zum Wachsen einer Vogelbevölkerung" (ebd., S. 43) beitragen, um das Verständnis für systemisches Denken zu begünstigen. Mit Hilfe des Computers ist es möglich, die Rolle der Kohlmeise bei der Schädlungsbekämpfung herauszubekommen. Beobachten vor Ort, Diskutieren, Experimentieren und in der CD-ROM (oder anderen Quellen) zu recherchieren wechseln sich ab. Die Sinne für Wahrnehmung werden auf mehreren Ebenen erweitert.

Die CD-ROM enthält insgesamt 1187 Multimedia-Dokumente, unterteilt in Singvögel, kleinere Säugetiere, Blütenpflanzen, Insekten, Hütten und Feuer. Jedes Multimedia-Dokument enthält bis zu 30 sensitive Bereiche und setzt sich zusammen aus Text, Grafik, Bewegtbild, Stimme, Tonfolge und Rhythmus. Eine logische Suchstrategie hilft Informationen sowohl begrifflich als auch assoziativ zu finden. Die interaktive Dimension ist ebenso berücksichtigt, da sich alle Dokumente bearbeiten und neu gestalten lassen. Dazu gibt es Werkzeuge für Schreiben, Rechnen und Kalkulieren. Die Konstruktion von intersubjektiven und subjektiven Wissensnetzen wird durch das aktive Schreiben, dem Ändern vorgefundener bzw. Anlegen neuer Dokumente unterstützt. Jedes einzelne Kind kann seine Dokumente in einer Arbeitsmappe speichern. Für das Gesamtergebnis kann und sollte aber auch in einem kommunikativen Lernprozess ein gemeinsames Produkt erstellt werden. Somit ist es möglich, dass jedes Kind einzeln sein eigenes Wissen konstruiert, wie auch Wissen in einem kollaborativen Lernzusammenhang erschlossen wird. Diese Lern-Dimension wird begünstigt durch die non-lineare Struktur der CD. Die Kinder können ihren eigenen Lernweg begehen (vgl. VAN LÜCK 1995, S. 3).

Die CD kann auf mehreren Ebenen zum virealen Denken beitragen. So enthält die CD auch die akustische Aufzeichnung von Vogelstimmen, die über ein Programm visualisiert werden. Wenn nun die Kinder bei einem Waldspaziergang Vogelstimmen aufnehmen und sie nicht zuordnen können, haben sie bei der Auswertung am Computer die Möglichkeit, akustisch nach dem gesuchten Vogel zu suchen. Sie können aber auch allein durch den visuellen Ausschlag des Vogelgezwitschers den Namen des Vogels herausbekommen (visuelle Methode). Ergänzend zu den eigenen Aufnahmen können sie weitere Tonaufnahmen anhören und anschauen und werden somit sensibilisiert, die unterschiedlichen Botschaften im Gezwitscher der Vögel zu erkennen.

Sechs Lehrer, die am Modellversuch „Grünes Klassenzimmer" (Grundschule) teilgenommen hatten, wurden im Rahmen einer qualitativen Studie interviewt. Nach ihrer Einschätzung waren die Schüler bei diesem Projekt eigenaktiver, und der Lehrer stand

3 Erhältlich beim Cornelsen Verlag unter „Winnies Welt" – Integrierte Lernumgebung für Kinder im Grundschulalter.

weniger im Mittelpunkt. Ihre Rolle als „Coach“, als Berater wurde hervorgehoben. Mehrfach nahmen die Lehrer selbst die Rolle des Lernenden ein. Von den Lehrern wurde geäußert, „dass sie durch die Freiarbeit der Schüler Zeit für die Beobachtung der Lernenden hatten und deshalb die sozialen Prozesse im Unterricht besser steuern konnten“ (vgl. *http://bildung.freepage.de/cgi-bin/feets/freepage_ext/41030x030A/rewrite/airwolf007/Kapitel4/kapitel4.htm*).

6.4. Die Schule der Zukunft

Je mehr Freiräume Lernende haben, und je weniger die Lernräume mit Spezialwissen überfrachtet sind, desto besser funktioniert Lernen. Die Entscheidung, was wichtig ist und was überflüssig ist, ist zugegebenermaßen nicht ganz einfach. Wie ausführlich begründet, werden ständig wechselnde Tätigkeiten zum Lebensalltag heutiger Kinder- und Jugendliche gehören. Will die Schule nicht, wie so oft, am Bedarf vorbei bilden, bedarf es grundlegender Reformen. Ganz wesentlich ist eine breite Grundqualifizierung, die in späteren Phasen durch Qualifikationsmodule ergänzt bzw. erweitert werden kann.

Ausgelöst durch PISA und TIMSS[4] gibt es im Augenblick eine hohe Reformbereitschaft. In den letzten Monaten findet sich eine hohe Anzahl von Veröffentlichungen zum Themenkomplex. Erstaunlicherweise sind viele dieser Texte durch hohes Niveau gekennzeichnet und enthalten ein zeitgemäßes Bildungsverständnis. Entgegen der in der Praxis dominanten behavioristischen Theorie gewinnen (in theoretischen Abhandlungen) die Befürworter von konstruktivistischen Positionen immer mehr an Akzeptanz. Bei den Millenniumtagen in Kassel wetterte der Kommunikationswissenschaftler GLOTZ (zitiert in: PASCH 2002) gegen die „Wissensbarone“ in den Elfenbeintürmen

4 Bei der Dritten Internationalen Mathematik und Naturwissenschaftsstudie (TIMMS) von 1997 hatte im internationalen Vergleich Deutschland ähnlich schlecht abgeschnitten wie bei der PISA-Studie. Viele Schüler scheiterten bereits bei der Prozentrechnung. Dass das schlechte Ergebnis auch mit der Ignoranz gegenüber den veränderten Denk- und Wahrnehmungsweisen der Schüler zusammenhängen könnte, wird durch die Erfolgsstory des Grimmelshausen-Gymnasium in Gelnhausen bestätigt. Nach Aussage des Frankfurter Physik-Dekans Horst Schmidt-Böcking (zitiert in: RIEBSAMEN 2003) bilden die Gelnhäusener Jahr für Jahr exzellenten Nachwuchs aus. In Gelnhausen pauken die Schüler nicht unentwegt Formeln. Sie erfahren den Stoff von der Anschauung. Sie erleben die Kräfte der Natur im Experiment. Die Gesetzesmäßigkeiten dieser Kräfte werden in eigenen Versuchsreihen durch den Bottom-up-Ansatz selbst erschlossen. Eine neue „Aufgabenkultur“ wird auch von dem 1998 begonnenen Modellversuch „Steigerung der Effizienz des mathematisch-naturwissenschaftlichen Unterrichts“ (SINUS) initiiert. Anstelle von Vorgaben werden Probleme geliefert und die Schüler werden aufgefordert über eine Lösung nachzudenken. Die Richtlinien „Mathematik in NRW“ bemühen sich in ähnlicher Richtung Akzente zu setzen. Gefordert wird das Selbstlernen und der Umgang mit neuen Medien. Im Modellversuch *SelMa* (*http://www.learn-line.nrw.de/angebote/selma/*) werden Szenarien und Materialien für Selbstlernphasen im Mathematikunterricht der gymnasialen Oberstufe unter Einbeziehung von Neuen Medien entwickelt und erprobt. Selbstlernen, Mathematik und Medien werden als gleichberechtigt angesehen. Es wird von einer sich gegenseitig befruchtenden Wechselwirkung ausgegangen.

der Wissenschaft und in der Politik, die immer wieder aufs Neue in Hierarchien denken und Wissen von oben nach unten verteilen wollen. DOHMEN (1999, S. 47) fordert die Anhäufung von Wissens-Konstruktions-Kompetenzen an Stelle der Anhäufung von Gedächtniswissen und Wissensprüfung. Eine ganz entscheidende Qualifikation, die in der Zukunft benötigt wird, ist non-lineares Hypertext-Lernen in offenen Lernnetzwerken.

Eine 24-köpfige Experten-Kommission, die vom hessischen Kultusministerium und Wissenschaftsministerium bereits 2001 ins Leben gerufen wurde, schlägt ein dreistufiges Modell einer berufsbegleitenden Ausbildung vor, so dass ähnlich wie für alle Nicht-Lehrer auch für Lehrer das Prinzip des lebenslangen Lernens erfolgen soll. Bereits im Studium sollen theoretische und praktische Inhalte gleichberechtigt vermittelt werden. Die angehenden Lehrer sollen qualifiziert werden, bei den Schülern nicht nur die Defizite zu erkennen. Sie sollen mit diagnostischen Fähigkeiten ausgestattet werden, die sie in die Lage versetzen, die besonderen Potenziale der jeweiligen Schüler zu fördern. Nach fünf bis zehn Berufsjahren müssen die Lehrer, wie es Kommissionsleiter WOLLRING beschreibt (zitiert in: PASCH 2003), wieder „aufrüsten" und erneut auf die Schulbank. In einer dritten Stufe können sich Schulleiter betriebswirtschaftliche Kenntnisse und Personalführung aneignen. Wenn auch eine einmalige „Aufrüstung" nicht genügend scheint, den sich permanent wandelnden Anforderungen gerecht zu werden, geben derartige Empfehlungen immerhin Signale, dass das Problem erkannt ist. Es wird vorstellbar, dass über mehrere Monate dauernde berufsbegleitende Weiterbildungsmaßnahmen für Lehrer zur vornehmen Pflicht werden.

In diesen Kontext passt die Expertise *Zur Entwicklung nationaler Bildungsstandards* von KLIEME (zitiert in: GODDAR 2003) vom Deutschen Institut für Internationale Pädagogische Forschung in Frankfurt. KLIEME und zehn weitere Forscher haben in ihrer Expertise eine Sammlung verbindlicher Anforderungen an Lehrer und Lernende erarbeitet. Nach ihren Vorstellungen sollten keine Lehrpläne mehr Grundlage des Unterrichts sein, sondern nur kurze knappe „Kompetenzstandards". Es werden keine einzelnen Schulstunden mehr vorgeschrieben, sondern ein Bildungsstandard, den ein Schüler zu einem bestimmten Zeitpunkt haben soll. Diese Standards haben mehrere Niveauebenen. Ganz wesentlich und ein ganz entscheidender Schritt in eine zukunftsweisende Schule ist der Vorschlag, dass jede Schule zukünftig selbst entscheiden kann, mit welchen Mitteln sie diese Standards erreicht. „Mehr Selbstständigkeit und Eigeninitiative" lautet die Devise. Die HEINRICH-BÖLL-STIFTUNG (2002a) fordert ebenfalls größere Gestaltungsräume für die Schulen. Abgesehen von Rahmenvorgaben, ein so genanntes „Kern-Curricula" und Kernkompetenzen hätten die Steuerungsinstrumente in den Hintergrund zu treten. „Regelvorgaben werden für die Schulzeit, die Zahl der Schuljahre gemacht, die zum Erreichen bestimmter Abschlüsse veranschlagt werden, allerdings mit großen Spielräumen für die jeweils individuelle Bildungsbiographie" (ebd.). Gefordert wird eine autonome Schule, die ihre pädagogische Gestaltung weitgehend selbst verantwortet. Innerhalb des Kern-Curriculums werden hinsichtlich der Auswahl von Inhalten und Methoden Gestaltungsräume verlangt.

Mehr Selbstverantwortung und Selbstverwaltung beim Bildungsmanagement vor Ort verlangt auch DOHMEN (1999, S. 48). Um dies zu erreichen, ist vor allem eine Lockerung der Bürokratisierung, der Hierarchisierung, sowie der Regulierungs- und Dienstaufsichtstradition notwendig. Mehr Selbstständigkeit bei den einzelnen Schulen stärkt das Verantwortungsbewusstsein und die Motivation aller Beteiligten. Dann wäre noch die Forderung nach Budgetfreiheit zu nennen. Die Schule der Zukunft führt einen Gesamthaushalt, in die die Mittel vom Land, den Schulträgern und Dritten einfließen, d.h. den Schulen wird die Einwerbung von Drittmitteln (Fundraising, Alumni) gestattet (vgl. HEINRICH-BÖLL-STIFTUNG 2000a).

Eine nationale Agentur soll nach Auffassung der Klieme-Kommission eingerichtet werden, die den Schulen hilft sich (das heißt ihr System und nicht den Schüler) besser einzuschätzen. Überraschenderweise wird diese Position von der Politik mitgetragen. Sie wurde gemeinsam mit der Bildungsministerin Edelgard BULMAHN (SPD) und der Präsidentin der Kultusministerkonferenz (KMK), Karin WOLFF (CDU) im Februar 2003 der Öffentlichkeit vorgestellt. Dies könnte eine Grundlage für eine echte Bildungsreform bilden.

Offensichtlich gibt es kein Erkenntnisdefizit, eher ein Umsetzungsdefizit (vgl. KUWAN/WASCHBÜSCH 1999, S. 35). Die Sinnhaftigkeit der Modularisierung von Bildungsprozessen, wird ebenso hervorgehoben, wie die Notwendigkeit den Lernenden als aktiv Gestaltenden wahrzunehmen. Planspiele und Gruppenprojekte sollen die Lernformen erweitern. Auch die Rolle des Lehrers steht längst zur Diskussion. Insbesondere seine zukünftige Rolle mit mehr Beratungs- und Moderatorenfunktionen in offenen Lernarrangements wird hervorgehoben. Zunehmend wird auch erkannt, dass die Lernmotivations-Förderung bisher einen zu geringen Stellenwert hatte.

Ende der 90er Jahre behauptete PAPERT (1998a, S. 27), dass kein Chirurg, der nach einer 100-jährigen Zeitreise Ende des Jahrtausends zurückgekehrt wäre, auch nur eine minimale Chance hätte in seinem Beruf agieren zu können, wenn er sich plötzlich in einem Operationsaal eines modernen Krankenhaus wiederfände. Ein zeitreisender Lehrer, der plötzlich in einer Grundschule aufgetaucht wäre, würde sich zwar über einige unbekannte Gegenstände wundern, er würde aber die meisten Vorgänge verstehen und könnte den Unterricht ohne große Problem weiterführen. Während sich unsere Lebenswelt, darunter auch die Medizin, als Folge des dynamischen Wandels von Wissenschaft und Technik radikal gewandelt hat, ist erstaunlicherweise die Schule davon kaum betroffen. PAPERT bezieht sich bei seinem Gleichnis auf die Grundschule. Das Bildungswesen hält weiterhin an der Bildungstheorie fest, die Ende des 19. Jahrhunderts entwickelt wurde. Die Innovationsresistenz lässt sich nicht nur auf einzelne Schultypen beziehen, sondern bezieht sich auf das Bildungssystem insgesamt und geht bis in die Hochschulausbildung hinein, wobei hier insbesondere die geisteswissenschaftlichen Ausbildungen betroffen ist. Seit einiger Zeit entwickeln naturwissenschaftliche Fachrichtungen ein verstärktes Interesse, mit elektronischen Medien Lernen und Lehren zu dynamisieren, wobei dann noch zu klären sein müsste, inwieweit moderne Lernphilosophien Berücksichtigung finden. Ohne Zweifel sind erste zaghafte Impulse für eine

Neuorientierung zu ahnen. Es gibt viele Hinweise, dass dies nicht nur bei Ahnungen bleiben wird. Das System „Bildung" befindet sich in der Inkubationsphase eines kommenden Transformationsprozesses. Wenn PAPERT die Gelegenheit hätte, seinen Zeitreisenden noch einmal in 35 Jahren auf die Erde zu schicken, um den Stand der Pädagogik zu überprüfen, wird es, so meine These, genauso sein wie bei den Chirurgen. Die aktuelle Struktur des Gebäudes „Bildung", wie sie uns heute noch monolitisch und reformresistent begegnet, wird dann keinen Bestand mehr haben.

Der Hintergrund für diese Hypothese liefert der zunehmende Bedeutungsverlust nationaler Hierarchien. Wenn die deutsche Kultuspolitik nicht in der Lage ist, ein Bildungssystem zu etablieren, das die notwendigen Schlüsselqualifikationen für die Wissensgesellschaft vermittelt, werden Privatschulen (Elite), betriebliche Qualifikationsmaßnahmen und internationale Anbieter (E-Learning) als Konkurrenten auftreten. Politik kann längst nicht mehr agieren – wenn sie es je konnte –, sondern reagiert auf die systemischen Anforderungen seitens der globalen Wirtschaft. Die Widerstände gegen Innovationen in der Bildung finden sich, mit Ausnahme einzelner Länder, am wenigsten im Kultusbereich. Insider behaupten, dass die Schulämter die wenigen keimhaften Innovationen im Keim ersticken. Die Institution Schule steckt in vielen strukturellen Zwängen, so dass Veränderungen einer Quadratur des Kreises gleich kommen. Die Lehrer haben auf Grund ihrer synaptischen Verschaltungen und teilweise auch auf Grund ihrer auf Kinder und Jugendliche bezogenen lebensfernen Alltagskompetenz (das ist bei Projekten immer deutlich zu erkennen) wenig Chancen, angemessen und aktuell auf die sich wandelnden Seh- und Wahrnehmungsweisen ihrer Schüler zu reagieren. Ihnen wurde bis heute über Ihre Ausbildung der Eindruck vermittelt, dass sie sich in des Besitz des aktuellen Fachwissens zu bringen haben, um dies angemessen den Kindern weiterzugeben. Dass sie sich selbst als Lernende zu begreifen haben, dass Lernen zu vermitteln selbst eine Kunst ist, die permanent immer wieder entsprechend der Zielgruppe mit der man arbeitet, angeeignet werden muss, konnte ihnen nicht ins Bewusstsein dringen, da die größte Anzahl der Zöglinge durch Wirken traditionaler Instrumentarien (Notendruck und Senioritätsprinzip – Prinzip Gehorsam) bereit zu Anpassung waren. Die anderen wurden ausgesiebt.

Heutige Jugendliche sind stärker von Eigensinn geprägt (ihr Denken agiert ausgehend vom Ich), sie verfügen über andere snynaptische Verschaltungen (Stichworte: Bildhaftigkeit, Hypertext, Hotspot), die mit den Verschaltungen der Lehrer nicht mehr zusammenpassen (linear-kausales Denkkonzept). Jugendliche reagieren nicht mehr mit Anpassung, sondern zu einem hohem Anteil mit Verweigerung und der Verlagerung ihrer Sinnorientierung in andere Bereiche (Freizeit, Peergroup).

Die erste Reaktion auf die PISA-Studie war eine heftige Irritation über die „Unfähigkeiten" der deutschen Schüler. Die zweite Reaktion war die Irritation über die Inflexibilität des Schulsystems. Die dritte Reaktion wird sein, sich der Lehrerrolle anzunehmen. Wie bereits anhand des Ergebnisses der Kommission dargestellt, wird mit hoher Wahrscheinlichkeit demnächst lebenslanges Lernen für Lehrer „verordnet". Danach erfolgt, so meine Prognose, eine sukzessive Anpassung des Arbeitsverhältnisses an die

Arbeitswelt (vgl. Kap. 1.1.), es wird nur in wenigen Fällen zu lebenslangen Festanstellungen kommen; die Regel werden Zeitverträge oder offene Verträge sein, da sich der Beamtenstatus nicht als Instrument der Innovation erwiesen hat. Beamte sind zwar zur Treue verpflichtet, aber nicht zur innovativen Qualitätsarbeit. Kündigungen und Bewerbungen an anderen Schulen werden wie bei einem Angestelltenverhältnis möglich sein.

Ein wesentlicher Hintergrund für die „Demontage" des Lehrers liegt im kommenden Verlust der Fachlichkeit des Lehrers als zentrale Qualifikation, und damit erodiert seine Aufgabe, vor allem Faktenwissen zu vermitteln. Die elektronischen Medien haben bereits die Universalität der Deklarationspädagogen in Frage gestellt. Weshalb wird z.B. ein Wissenschaftler über Geschichte nötig sein, der abfragbares Wissen vermittelt? Das kann mit Hilfe externer Wissensspeicher, wie z.B. dem Internet oder einer qualifizierten CD-ROM viel besser geleistet werden. Die in Zukunft mit semantischen Netzen arbeitenden Suchdienste, unterstützt von intelligenten Agenten oder Informationsbrokern können dies wesentlich effektiver und besser als ein behavioristisch geprägter Fachlehrer. Die Vermittlung von Faktenwissen kann viel besser über technische Medien erfolgen.

Wenn das Vermitteln von Fakten nicht mehr notwendig ist, bleibt natürlich die Frage, welche Rolle dem Lehrer in der Zukunft zukommt? Nach meiner Prognose wird der Lehrer keineswegs überflüssig werden, ganz im Gegenteil. Sein Aufgabengebiet und das Bildungssystem „Schule" werden sich ändern. Die Lehrer gehen nicht mehr vom Grundprinzip Unter-richten aus, sondern vom Grundprinzip Auf-richten. Der Begriff „Unterricht" wird wegen seiner subordinierenden etymologischen Assoziation mit dem Begriff „Lernentfaltung" ausgetauscht. Die Lernentfaltung findet in Lernumgebungen statt. Der 45-Minuten-Takt wird von Projektaufgaben substituiert, bei denen übergreifende Probleme bearbeitet werden. Die Hauptschule wird mit der Realschule zusammengelegt. Es gibt keinen einzeln unterrichtenden Lehrer mehr, die Lehrer arbeiten in Teams. Differenzierungen im Schulsystem beginnen ab dem zwölften Lebensjahr. Die bestehende Schulpflicht wird abgeschafft und durch das Recht auf Bildung ersetzt, damit wird Bildung als individuelles Recht positiv besetzt. Eltern haben die freie Wahl der Schule. Schulen haben die freie Wahl, ihren Schwerpunkt zu gestalten. Die Schule schreibt die zu besetzenden Stellen selbstständig aus und besetzt die Lehrerstellen nach Bedarf und Profil. Das Aufgabengebiet der Lehrer unterteilt sich in drei Grundbereiche, die von einer Person abgedeckt werden können aber nicht müssen. Eher ist zu erwarten, dass es sich um drei Personen handelt: den Sozialpädagogen, den Medienpädagogen und den Navigator.

Es kommt zu einer nicht unerheblichen Aufwertung des Sozialpädagogen. Auf Grund der Erkenntnis der hohen Bedeutung sozialer Kompetenzen wird seine Qualifikation nicht nur für die Betreuung, die so genannte „Schulsozialarbeit" wichtig. Er wird zum gleichberechtigten Partner im Bildungsprozess. Der Sozialpädagoge wird, u.a. auch weil er billiger ist, einen erheblichen Anteil der Rolle des Grundschullehrers übernehmen. Er ist zuständig für einen ganzheitlichen Erziehungsansatz in der Grundbildung, der nach reformpädagogischen Prinzipien aufgebaut ist. Ebenso organisiert und garantiert er in Kooperation und Zusammenarbeit mit Jugendverbänden und sozio-kulturellen Organisationen ein Angebot, das gewährleistet, dass die Kinder den ganzen Tag die Schule besuchen. Zugleich organisiert er die Unterstützungskurse, koordiniert gegebenenfalls psychosoziale Betreuungen und ist zuständig für die Ermittlung der spezifischen Lernbegabung des einzelnen Kindes. Zu seiner Tätigkeit gehört auch die Koordination des Elternkontaktes. In den anderen Schulzweigen gehören zum wesentlichen Aufgabengebiet des Sozialpädagogen die Vermittlung folgender Sozialkompetenzen:

- Wahrnehmung und Interpretation von sozialen Situationen,
- Gestaltung von Kommunikationsprozessen in sozialen Beziehungen,
- Lösen von Kommunikationsproblemen im Unterricht (u.a. Migranten),
- Einübung von Varianten sozial-kommunikativen Handelns,
- Training von Entscheidungsfähigkeit und Handlungskompetenz,
- Reflexion erlebter Handlungsvarianten,
- Kompetenz zur Meta-Kommunikation,
- Konflikt-, Team- oder Moderationsfähigkeit.

Da die Lernumgebungen im erheblichen Maße von technologischen Medien geprägt ist, wird eine Person benötigt, die einerseits zum qualifizierten Umgang mit den Medien qualifiziert und auch Medienkompetenz besitzt, d.h. im in Kap. 1.6. beschriebenen Sinne Lernbedingungen schafft, dass die Schüler sich die Fähigkeiten aktiver, reflexiver, hypertextualer, virealer und handlungsorientierter Imagination selbstständig aneignen können. In Kooperation mit dem Navigator lotet er die Möglichkeiten ganzheitlicher und transversaler Lernprozesse aus, bei denen die Medien die Rolle als Mittler bzw. Verknüpfer unterschiedlicher Lernbereiche spielen. Als Telecoach unterstützt er den Navigator bei der synchronen und asynchronen Kommunikation mit den Lernenden. Er dokumentiert die Webseiten der Navigatoren, in denen der Verlauf der Lernprojekte nachlesbar ist. Mit ergänzenden Materialien (Filmen, Grafiken, Animationen) und durch die Auswahl geeigneter Materialien, die er von Informationsbrokern erhält, systematisiert er die vorhandenen didaktischen Materialien und macht sie on- oder offline zugänglich. Er steht im Kontakt mit anderen Schulen und tauscht mit Kollegen Lern- und Lehrbausteine aus. Eine Bildbank, Animationsbank sowie eine Filmszenenbank (markante Ausschnitte zu relevanten Fragen) erfasst er mit Hilfe eines intelligenten Agenten, der auf Anfrage genau mitteilt, wo welches Material liegt. Gleichzeitig kann dieser Agent auch die gewünschten Materialien auf einem Datenträger zusammenstellen. Der Medienpädagoge entwickelt aus diesen Materialien eine dramaturgische Konzeption. Stehen die Medien als Instrument der Erkenntnissuche im Vordergrund, übernimmt er selbst die Verantwortung für die Lernentfaltung, werden die erarbeiteten Materialien als Ergänzung gebraucht, als Element von Visualisierungs-Wissen, übernimmt der Navigator die Materialien.

Der Navigator hat insbesondere die Verantwortung, Arbeitstechniken (Methodenkompetenz) und mentale Strategien (Motivierung) zur sinnvollen Organisation des Ler-

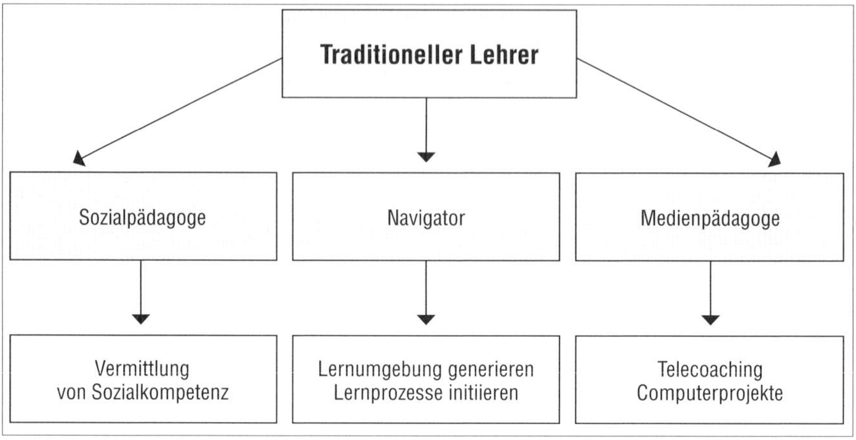

Abb. 70: Transformation der zukünftigen Lehrerrolle

nens zu vermitteln. Im Rahmen seiner universitären Ausbildung hat er Kenntnis erhalten über die kognitionspsychologischen Erkenntnisse wie Lernen in welchem Alter zu Stande kommt. Er hat an fachdidaktischen, handlungsorientierten Projekten teilgenommen, in denen konstruktivistische, d.h. Selbstlernprozesse im Vordergrund standen. Er verfügt über eine professionelle Wahrnehmungs- und Diagnosekompetenz, er ist qualifiziert im wissenschaftlich-reflexiven Denken und in einem oder mehreren Grundfächern (Naturwissenschaften, Geisteswissenschaft, Sprachwissenschaft, etc.) ausgebildet. Er kennt die Unterschiede zwischen Orientierungswissen, Erklärungswissen, Kontextwissen, Quellenwissen, Präsentativem Wissen und Prozuderalem Wissen. Er verfügt bei den inhaltlichen Schwerpunkten, die er vertritt, über kein enzyklopädisches Wissen, weiß aber, wo jeweils Informationen zu finden sind. Er ist Berater, Moderator und Mentor der eigenständig und selbstständig agierenden Kleingruppen. Bei Bedarf unterstützt er die Lernenden auch inhaltlich. Gerät ein Teil oder die gesamte Lerngruppe in eine Sackgasse oder dreht sie sich im Kreis, bietet er mit Hilfe multimedialer Informationen (Zusammenarbeit mit dem Medienpädagogen) seine Hilfe an.

Er generiert die Lernumgebung, die es ermöglicht, dass die Schüler sich unterschiedliche Wissensdimensionen aneignen können. Bei der Bewertung und Interpretation gefundener Informationen aus dem Internet und aus anderen Wissensbeständen unterstützt er die Schüler. Er verfügt über Kontextwissen, gibt dies je nach Situation weiter, sucht nach transversalen Verknüpfungen des Lernens, damit Lernen nicht als Selbstzweck gelernt wird, sondern die Lernentfaltung sich ganzheitlich und in situierten Kontexten abspielt. Entsprechend der jeweiligen Aufgaben und dem Stand der Gruppe setzt er den Anchored-Instruction, den Cognitive-Apprenticeship oder den Cognitive-Flexibility-Ansatz ein. Eine seiner besonderen Aufgaben liegt in der Beobachtung der gesellschaftlichen Veränderungen und deren Berücksichtigung bei der Entwicklung von Lernumgebungen.

Die notwendige Verzahnung dieser drei Lehrertypen verlangt die Auflösung des bisherigen individualisierten Berufsverständnisses. Aus dem Einzelkämpfer Lehrer wird ein mit den Kollegen und anderen Berufsgruppen kooperierender und kollaborierender Navigator, der in die Schulentwicklung integriert und an der Förderung ganzeitlicher Lernprozesse interessiert ist. Die Schule versteht sich als lernende Organisation, die von Reflexion, Dialog und vernetztem Denken geprägt ist. Unterrichtsprojekte werden gemeinsam vorbereitet, die gewonnen Erfahrungen aus Projekten werden ausgetauscht. Es entwickelt sich eine Kultur der Zusammenarbeit. Alle drei Lehrerteile sind nicht nur interessiert an einem Austausch mit den Eltern, sondern auch interessiert an einem wechselseitigen Erfahrungsaustausch mit dem regionalen Umfeld. Alle fördern die Öffnung der Schule hin zu einer *community based education*, der Zusammenarbeit mit Betrieben, ökologischen, kulturellen und sozialen Einrichtungen, Kirchen, Vereinen wie auch Stadtteilinitiativen (vgl. HEINRICH BÖLL STIFTUNG 2002b).

7. Lernen mit Multimedia

„Handeln ... lernen kann man ... nur dort, wo es auch gebraucht wird.“
Hermann Giesecke

Die Hyperstruktur von Multimedia erlaubt es, Bilder, Texte, Töne und Grafiken in einer bisher nicht bekannten Weise miteinander zu verzahnen. Durch die Beachtung der Interaktivität kommt es beim Produzieren zu einer Simultaneität von Generierung, Gestaltung und Verknüpfung von audiovisuellen Materialien. Produzieren, Konsumieren und Reagieren verschmelzen miteinander. Die früher übliche Trennung zwischen Produzenten und Rezipienten wird aufgehoben. Jeder ist Konsument und kann problemlos zum Produzenten werden.

Jegliches Ergebnis ist „nur“ der aktuelle Zwischenstand eines in einem permanenten Prozess entstehenden Produkts. Jede Seite, jedes Bild, jeder Ton kann jederzeit aus dem Ensemble herausgelöst und mit anderen Materialien verknüpft werden. Jede einzelne Grafik, jedes einzelne Bild kann Ausgangspunkt einer Entfaltung der Hyperstruktur bilden und damit dazu beitragen, ein beliebig verknüpfbares variables Hypertext-System zu schaffen. Prozesshaftigkeit, Unabgeschlossenheit und Interaktivität können als wesentliche Aspekte der Struktur von multimedialem Lernen bezeichnet werden.

Für Selbstlernprozesse eignen sich daher Multimedia-Projekte ganz ausgezeichnet. Durch die Vielfalt der Gestaltungsmöglichkeiten, sowohl inhaltlich als auch ästhetisch, lassen sich in der Kinder- und Jugendarbeit, wie auch in der Ausbildung und in der Fort- und Weiterbildung aufregende Lernprozesse anregen. Alle Projekte, die ich bisher mit Multimedia initiiert habe,[1] waren Selbstläufer. Die Lernenden empfinden es nicht als Lernen, sondern als Spaß und Selbsterfahrung. Es handelt sich um endogenes Lernen, das in vielfältiger Weise unterschiedliche Dimensionen des Lernens anspricht und die Wissenspotenziale der Produzierenden produktiv aktiviert. Sie spüren, dass durch die Selbstermächtigung sich das Lehr-Lern-Verhältnis verändert und sie somit in erheblichen Anteil ihre Selbstentfaltungspotenziale in den Lernzusammenhang integrieren können. Es gibt weder Lernblockaden noch Motivationsprobleme, aber eine Menge Umwege und eine Vielzahl von „Fehlern“, die als Teil notwendigen Lernens betrachtet werden.

In Kap. 7.4. werde ich darlegen, wie ich die Multimedia-CD *Selma* zum Thema „Sexueller Missbrauch“ eingesetzt habe. Dieses Beispiel dient als Beleg, Multimedia

1 Wie bereits ausgeführt, arbeite ich mit der Software Mediator 6 Pro. Hier noch einmal das verwendete Equipment: Bei der Bildbearbeitung nutze ich Paint Shop Pro und Adobe Photoshop, für den digitalen Tonschnitt Cool Edit und für den Videoschnitt Pinnacles VideoStudio. Dazu kommen noch mehrere digitale Fotokameras (Kodak und Nikon), eine Webcam, ein Dia-Scanner und ein Papier-Scanner.

auch bei „schwere Themen" einsetzen zu können, um Selbstlernprozesse zu initiieren. Im Vordergrund dieses Kapitels steht die Darstellung von Projekten, bei denen Multimedia-Produkte selbstgesteuert gestaltet wurden. Reflektiert wird ein Jugendprojektes (*Süd III inside*), eine Ausbildung innerhalb des Fachbereiches (*Der virtuelle Fachbereich*) und die professionellen Produktion einer CD-ROM (*Anne Frank*). Wichtig ist mir hier, anhand der Beispiele aufzuzeigen, dass das Navigationsprinzip in der Praxis funktioniert und zu hervorragenden Ergebnissen führt.

7.1. Multimedia in der Offenen Jugendarbeit

Offene Jugendarbeit begann mit der Jugendzentrumsbewegung im Kontext der Schüler- und Studentenunruhen Ende der 60er Jahre. Sie war ein Ausdruck eines antipädagogischen Emanzipationsanspruchs und Verselbstständigungswillen, ein Kennzeichen von Behauptungswillen und eigenständigen Aneignungsforderungen. Nach dem anfänglichen Misstrauen der etablierten Träger wurde die Offene Jugendarbeit im Laufe der 70er und 80er Jahre zu einem anerkannten, öffentlich finanzierten Regelangebot der kommunalen, verbandlichen und kirchlichen Jugendarbeit. Sie hat ihr eigenes „pädagogisches Profil" und typische Arbeitsformen und zielgruppenspezifische Angebote entwickelt.

Offene Jugendarbeit gehört zu den „freiwilligen Leistungen" und gerät in diesem Kontext unter Rechtfertigungszwang (Nachweis von Programmangeboten, Teilnehmerzahlen). Im Zuge dieser Entwicklung wird die Offene Jugendarbeit zunehmend in Konkurrenz zu problemgruppenbezogenen Maßnahmen gesehen. Dadurch besteht die Gefahr der Verwischung des eigenen charakteristischen Profils. Ursprünglich entstand die Offene Jugendarbeit in Abgrenzung zu den elitären Vorstellungen der bürgerlichen Jugendbewegung und der Gruppenpädagogik der Jugendverbände. Die Gesamtheit der Generation sollte Zugang zu den Angeboten und Einrichtungen haben. Offene Jugendarbeit wehrte sich gegen Verbindlichkeit, Mitgliedschaft, Tradition, feste Weltanschauung und Grenzziehungen. Geprägt war sie von einer niedrigschwelligen „Kommstruktur". Ihre besonderen Kennzeichen waren Zielgruppenoffenheit, Aktivitätenvielfalt, Variabilität der Arbeitsformen, räumliche Zugänglichkeit und Verfügbarkeit. Intendiert waren auch musikalische und körperliche Ausdruckmöglichkeiten, wie z.B. die Absicht, handwerklichen Fähigkeiten Raum zu geben. Offenheit bedeutete ursprünglich nicht thematische Beliebigkeit, Standpunktlosigkeit oder Konsum- und Wunschbefriedigungspädagogik, sondern eine pädagogisch-politische Perspektive, die dem Emanzipationsanspruch einer kritischen Pädagogik verpflichtet war (vgl. Münchmeier 1998).

Von diesen Utopien hat sich wenig durchsetzen lassen und noch weniger wurde bewahrt. Weder konnte der ursprüngliche pädagogische Traum, die Vorstellung, Jugendliche jenseits weltanschaulicher, wertebezogener, schicht-, bzw. klassenspezifischer Grenzen zu einer einheitlichen Jugend zu verschmelzen, verwirklicht werden, noch konnten die urspünglichen Methoden der umfassenden Offenheit bewahrt werden. Ein Grund für das Scheitern lag auch in den überzogenen Erwartungen. Der pädagogisch-politische Traum, durch die Offene Jugendarbeit neue Impulse zur gesellschaftlichen Öffnung und Veränderung zu geben, scheiterte ebenso wie der Versuch, dass Gymnasiasten von Arbeiterjugendlichen lernen und im Jugendhausalltag Zuneigung zu Personen gefunden wird, die politisch andere Standpunkte haben.

Ständig aufbrechende Rivalitäten zwischen verschiedenen Gruppen und Stilen, das Voranschreiten von Differenzen und Spaltungen zwischen verschiedenen Gruppen, verhärtete wechselseitige Missverständnisse, eskalierende Konflikte und gewalttätige Auseinandersetzungen auf Grund von Disparitäten führten schnell zur Resignation. Das ist sehr bedauerlich, da in der Grundkonzeption der Offenen Jugendarbeit das Prinzip des Selbstlernens enthalten war. Bedürfnisbefriedigung sollte in Form von Selbstorganisation umgesetzt werden. Die Jugendlichen sollten sich ihrer wahren Interessen und Bedürfnisse bewusst werden und ihren Alltag selbst in die Hand nehmen und gestalten. Dazu gehörte auch die Vorstellung, sich im Gemeinwesen zu artikulieren und durchzusetzen. Offene Jugendarbeit wurde verstanden als Übungs- und Erfahrungsfeld der Selbstorganisation. Den Jugendlichen sollte Raum gegeben werden, mündig ihre Interessen zu vertreten. Tunlichst wurde ein hierarchisches Erzieher-Zögling-Verhältnis vermieden. Hinter diesen Strategien stand auch bewusst oder unbewusst eine Strategie des Empowerments, der Selbstermächtigung.

Der Gedanke der Einheit zwischen persönlicher Lebenspraxis und gesellschaftlicher Politik findet kaum mehr Akzeptanz. Die Entkoppelungstendenz zwischen dem eigenen Lebensstil und den Makroprozessen in Wirtschaft und Gesellschaft haben sich verstärkt. Jugendliche fühlen sich einflusslos, politisch unwirksam und machtlos. Heute werden Jugendzentren kommunalpolitisch damit begründet, dass sie präventiv dazu beitragen, die Jugendkriminalität unter Kontrolle zu halten, den Drogenkonsum zu minimieren und Gewalttätigkeiten zu unterbinden. Offene Jugendarbeit steht heute für eine kompensatorische Tendenz: die kommunale „Problem-Entsorgung". In Folge dieser Entwicklung werden Jugendhäuser zu Orten für problematische Jugendliche, wo „normale" Jugendliche nicht hingehen. Diese Offene Jugendarbeit besteht vor allem aus Kickern, Theke und Disco.[2]

Die Forderungen für Offene Jugendräume sind in Folge dieser Entwicklung auch entsprechend defensiver geworden. Nunmehr gilt es, Jugendlichen einen sozialen Raum zur Verfügung zu stellen, um positive Erfahrungsmöglichkeiten zu schaffen als Gegengewicht zu Erlebnisarmut, Langeweile, den resignativen Rückzugstendenzen und undurchschaubaren Anforderungen der Lebenswelt. Positive Akzente setzt der sozialräumliche Ansatz, der sich im Gegensatz zur Präventionslogik für die Wiedergewinnung der „Straße" und damit des öffentlichen Raums für Kinder und Jugendliche einsetzt (vgl.

2 In gut funktionierenden Jugendhäusern gibt es klare Strukturen, feste Räume, Zielgruppenfestlegungen (Schülerarbeit, Mädchenarbeit) und zu festen Zeiten Gruppenarbeit (Siebdruck, Video, Foto, Theater).

DEINET 2001, S. 117). Diese Richtung innerhalb der Offenen Jugendarbeit will zur Revitalisierung sozialer Räume beitragen bzw. in einem sozialräumlichen Mandat für deren Wiedergewinnung kämpfen.

Trotz dieser positiven Ansätze sieht sich Offene Jugendarbeit heute heftiger Kritik ausgesetzt. Vorgeworfen wird ihr Ineffektivität, das Fehlen einer bedürfnisgerechten Konzeption, eine falsche Zielgruppenorientierung, Angebote abseits des Bedarfs, die Überalterung der Sozialpädagogen und deren mangelnde professionelle Berufsauffassung. Bei dem in Kap. 7.1.2. beschriebenen Projekt konnten wir den größten Teil der Vorurteile bestätigt sehen. Erschütternd mussten wir in einem Praxisprojekt als zentrales Problem mangelnde Motivation der Hauptamtlichen und fehlenden Teamgeist feststellen. Bei dem konkreten Projekt begegneten uns die Sozialpädagogen als professionelle Bedenkensträger, die vorab bereits sicher waren über das Scheitern des Projektes. Dass es uns trotz der Mitarbeiter des Jugendhauses gelang, innovative Selbstlernprozesse im Offenen Jugendbereich durchzusetzen, lag vor allem am Engagement der Studenten und am Interesse der beteiligten Jugendlichen. Bevor ich das Projekt näher beschreibe, möchte ich jedoch zuvor die Einbettung des Projekts in das Sozialpädagogik-Studium der FH Darmstadt beschreiben.

7.1.1. Zum Verhältnis von Theorie und Praxis

In allen Sozialpädagogik-, Sozialarbeit- bzw. Sozialwesen-Ausbildungsgängen an Fachhochschulen wird die Integrierung von Praxiserfahrungen als strukturierendes Element im Studium angesehen. Im Rahmen von Block- oder Begleitphasen erhalten die Studenten die Möglichkeiten, Arbeitsfelder der Jugendarbeit bzw. Jugendbildung kennen zu lernen. In den einphasigen Studiengängen, wie z.B. an der FH in Wiesbaden, werden jeweils zwei halbjährige Ausbildungsphasen integriert. Während eines halben Jahres stehen sozial-administrative Aspekte im Vordergrund der Praxiserfahrung, während des anderen halben Jahres ist der Fokus auf die pädagogische Praxis gerichtet. Bei der zweiphasigen Ausbildung folgt nach dem Diplom das Berufspraktikantenjahr, das mit der staatlichen Anerkennung (Kolloquium) abschließt.[3] Sowohl in Frankfurt a.M., Fulda, Wiesbaden und in Darmstadt (fakultativ) kann der Schwerpunkt „Jugend" im Hauptstudium im Rahmen eines Projekts studiert werden.

Die formalen Voraussetzungen einer optimalen Verzahnung theoretischer und praktischer Erfahrungen scheinen auf den ersten Blick gewährleistet zu sein. Gleichwohl verblüfft immer wieder die Erfahrung, dass Studenten nach ihrem Abschluss vom so genannten „Praxisschock" heftig irritiert werden. Da es sich um keine Einzelfälle handelt, steht das Verhältnis von Theorie und Praxis zur Diskussion.

3 Nach einer Rahmenordnung der Kultusministerien gibt es im Zuge der Angleichungsdiskussion Überlegungen, in Zukunft eine einphasige Ausbildung allen Fachhochschulen verbindlich vorzuschreiben.

7.1.1.1. Theorie und Praxis als verschränkte Zweiheit

Trotz aller gegenteiliger Absichten hat sich in den Studiengängen der Sozialpädagogik eine latente Bevorzugung der Theorie durchgesetzt. Das Verdikt der Theorie steht dem Diktat der Praxis weit mehr gegenüber als dies beabsichtigt ist. Das Primat der Theorie über die Praxis hat mehrere Gründe. Die Trennung der beiden Systeme ist u.a. die Auswirkung fortschreitender gesellschaftlicher Differenzierungsprozesse. Beide Systeme sind gekennzeichnet durch ein hohes Maß an operativer Geschlossenheit. Dabei folgen sie ihren eigenen Regeln und Logiken. Die Professoren verstehen sich in Folge dieser Entwicklung zunehmend als Fach-Wissenschaftler und sehen in der Weiterentwicklung der theoretischen Grundlagen ihres Fachgebiets die größere Herausforderung. Die sozialpädagogische Ausbildung führt dadurch eher zu einer Reflexions- und Beurteilungskompetenz, nicht jedoch zu einer Handlungskompetenz. Es besteht die Notwendigkeit, Konzepte für einen angemessenen Transfer von Theorie und Praxis und umgekehrt zu finden.

Theorie ist frei vom Zwang unmittelbaren Nutzens. Sie hat den Anspruch „wahrhaftige" oder besser generalisierende Aussagen zu treffen. Sie möchte von der beobachteten Wirklichkeit das Ganze begreifen. Demgegenüber zielt die Praxis auf Wirkung. Praxis ist nicht die von der Erkenntnisebene auf die Handlungsebene verschobene Theorie. Theorie beansprucht, den letztlich nicht zu erfüllenden Anspruch zu klären, was warum ist. Praxis muss versuchen, herauszubekommen, was unter welchen Bedingungen geht. Theorie kennt keine Taktik. Praxis wiederum verlangt zwingend nach einer strategischen Umsetzung. Praxis hat Stimmungen und Emotionen zur berücksichtigen, steht vor der Notwendigkeit auf der einen Seite Rücksicht zu nehmen, Verständnis aufzubringen, muss, wenn sie Einfluss gewinnen will, ausgleichend mit den unterschiedlichen Interessen umgehen. Oft stehen sich beide Welten gegenüber.

Bereits KANT hat sich im Jahre 1794 über den Gemeinspruch „Das mag in der Theorie richtig sein, taugt aber nicht für die Praxis" Gedanken gemacht. Er kommt zu folgendem Schluss: „Man nennt einen Inbegriff selbst von praktischen Regeln alsdann Theorie, wenn diese Regeln, als Prinzipien, in einer gewissen Allgemeinheit gedacht werden, und dabei von einer Menge Bedingungen abstrahiert wird, die doch auf ihre Ausübung notwendigen Einfluss haben" (KANT 1991, S. 127). Das Problem der Theorie wäre somit nach Auffassung von KANT die Außerachtlassung in der Praxis vorkommender Bedingungen, die wiederum im Erleben der jeweils Handelnden einen entscheidenden Bezug haben. KANT vernachlässigt es aber auch nicht, darauf hinzuweisen, dass nicht jedes „Hantieren" als Praxis anzusehen sei. Von Praxis könne nur dann die Rede sein, wenn das Bewirken eines Zweckes in Befolgung allgemein vorgestellter Prinzipien damit eingebunden sei.

Praxis ist immer vielfältiger und komplizierter als die Theorie, wie umgekehrt eine anspruchsvolle Theorie über die Praxis hinausgehen muss. Praxis ist unauflöslich von impliziter Theorie durchdrungen. In der Theorie sind Modellvorstellungen von Praxis enthalten. Dabei ist fraglich, ob es sinnvoll ist zu einer Einheit von Theorie und Praxis zu kommen, eher sollte an eine Zweiheit gedacht werden. Wenn Theorie der Praxis folgt, fehlt der notwendige kritische Abstand (Reflexion), wenn Praxis der Theorie folgt, gerät sie in die Gefahr des Sektierertums. Theorie und Praxis bedürfen ihrer Eigenständigkeit und müssen sich gleichwohl in einer Interdependenz aufeinander beziehen. Es geht um eine Zweiheit, die in einem permanenten Wechselverhältnis zueinander steht.

7.1.1.2. Projektstudium als Chance

Die anzustrebende notwendige Verschränkung von Theorie und Praxis lässt sich im Rahmen der Fachhochschulausbildung m.E. nur in Form von Projektstudiengängen realisieren. Das Projektstudium eröffnet realistische Einblicke in konkrete Aktivitäten, die in der späteren Tätigkeit ausgeübt werden sollen und begünstigt das Erleben sinnstiftender und motivierender Erfahrungen. Wesentlich dabei ist, dass die Studenten in eigenverantwortlichen Bereichen eingesetzt werden. Nur dann ist die Voraussetzung für Selbstbestimmung und -organisation gewährleistet. Wesentlich ist auch die Kontinuität des Prozesses, denn nur Kontinuität ermöglicht das Kennenlernen der Teilnehmenden, der Lernbegleiter und der Strukturen. Im Verlauf dieses Prozesses werden zunehmend die tiefer liegenden Schichten transparent und so für Interventionen erreichbar.

In konkreten Handlungssituationen zeigt es sich als notwendig, bedeutungsvolle Handlungskonstellationen schnell zu erkennen, zu differenzieren und relevante Faktoren in Beziehung zu setzen. Dies verlangt situatives individuelles Fallverstehen und somit Beobachtungs-, Wahrnehmungs- und Beurteilungsvermögen (Urteilskraft), die Deutung und Anwendung von Regelwissen (Theorie), die Fähigkeit beides kritisch prüfend auf die eigenen Handlungen anzuwenden. Nur wenn diese Kompetenzen erlangt werden, eröffnen sich den Jugendlichen optimale Entscheidungs- und Handlungsoptionen.

Als günstig hat sich erwiesen, wenn konkrete Ziele, wie z.B. Produkte, Aktionen, Events im Team und in Kooperationen bearbeitet werden. Dabei darf es sich nicht um Praxis-Simulationen, sondern reale Lernerfahrungen gehen. GIESECKE (1996) sagt zu recht, dass nur dort Handeln gelernt werden kann, wo es auch gebraucht wird. Bei dem *Süd-III-inside-Projekt* haben acht Studenten mit Jugendlichen des Jugendzentrums „*Go In*“ in Darmstadt-Eberstadt eine Multimedia-CD über deren Lebensraum produziert.

Während des Projektes konnten die Studenten intrakommunikative Kompetenzen erwerben, d.h. lernen, sich selbst besser einzuschätzen. Sie erlebten eine erhöhte Bewusstheit über ihr eigenes Begleiterverhalten und darin wirksame Bedingungen. Sie erwarben interaktive Kompetenzen und die Fähigkeit, angemessen mit anderen zu kommunizieren. Sie erlebten auf der persönlichen Ebene und auf der Ebene der Gruppe ungeschminkt die institutionellen und gesellschaftlichen Rahmenbedingungen und das Zusammenspiel von Strukturen. Die Sensibilisierung für Prozesse und Strukturen, die Selbst- und Fremdbestimmung in Gruppenprozessen beeinflussen, wurde gefördert. Das Handlungsspektrum im Hinblick auf Interventionen, die selbstbestimmtes Lernen ermöglichen, wurde erweitert.

Sie lernten, dass Menschen prinzipiell selektiv wahrnehmen und stets nur von bestimmten Aspekten angesprochen werden und nie vom Ganzen. Sie konnten nachvollziehen wie bedeutsam die Akzeptanz derjenigen ist, mit denen zusammengearbeitet wird. Erst die Akzeptanz des anderen ermöglicht Entwicklung, unter Umständen auch die Wegentwicklung von falschen Positionen.

Das in der Praxis vorfindbare Können aktualisiert sich als Rezeptwissen, Routinewissen oder als implizites Wissen. Die hinter diesem Alltagswissen sich befindliche Kompetenz muss von der impliziten Ebene des Wissens auf die explizite Ebene des Wissens transferiert werden. Eine parallel laufende reflektierende Betreuung während der Projektphasen vor Ort und an der Fachhochschule sind daher äußerst wichtig. Während dieser Betreuung gibt es die Chance, interdisziplinäres Denken anzuregen. Insbesondere bieten die Reflexionen mit den Lernbegleitern über die verschiedenen Deutungen der gemeinsam erlebten Praxis ein Gegenpol zu den „Demütigungserfahrungen" während des Studiums. Die Prozessbegleitung öffnet die Chance eines kollegialen Austauschs, der lern- und entwicklungsförderlich für die Teilnehmer und die Betreuer ist.

7.1.2. Süd III inside

Aus der Wahrnehmung wird die Wirklichkeit konstruiert, und diese dient gleichzeitig als Maßgabe für die Orientierung in der Welt. Diese These war Ausgangspunkt eines Projektes mit Jugendlichen aus dem Jugendhaus „Go In" in Darmstadt-Eberstadt. Zentrales Lernziel war, zur Komplexitätserweiterung der Wahrnehmungskompetenz beizutragen, eine audiovisuelle Reflexion über das eigene Selbstbild anzuregen und den persönlichen Sozialraum sowie die Lebenswelt unter anderen Gesichtspunkten komplexer erkennen zu können. Es wird davon ausgegangen, dass die Jugendlichen die objektiven Parameter ihrer Lebenswelt subjektiv deuten. Die Formen ihrer Aneignung sind beeinflusst von der sozialräumlichen Struktur der jeweiligen Lebenswelt. Der Sozialraum ist eine „gewachsene, gelebte Struktur innerhalb geografisch bestimmbarer Grenzen, in denen sich die Interaktions- und Deutungsmuster der Adressaten ... abbilden" (KLAWE 2000, S. 439). Der Lebensraum, die bewusst erlebte Wirklichkeitskonstruktion der Jugendlichen rekonstruiert sich auf Grund von Erfahrungen in diesem Sozialraum. Der Lebensraum ist somit immer nur ein Teil des Sozialraumes. Das Projekt dient dazu, in einem Selbstlernprozess anhand eigener Recherchen sich weitere Segmente des Sozialraums zu erschließen. Durch Fotografieren und Videografieren eignen sich die Jugendlichen in tätiger Auseinandersetzung ihren Sozialraum an. Bisher fremde Orte werden ihnen vertraut, die Möglichkeiten, die in ihrem Sozialraum liegen, werden ihnen erst durch das Abbild (vireales Denken) bewusst. Gleichzeitig dienen die Aufnahmen den Erwachsenen als Indikator für die Seh- und Wahrnehmungsweisen der Jugendlichen sowie deren Bedürfnisse und Interessen. Neben der sozialräumlichen Erkundung sollten handlungsorientierte Kompetenzen im Umgang mit Multimedia erlernt werden.

Abb. 71: *Süd III inside*, CD-Cover

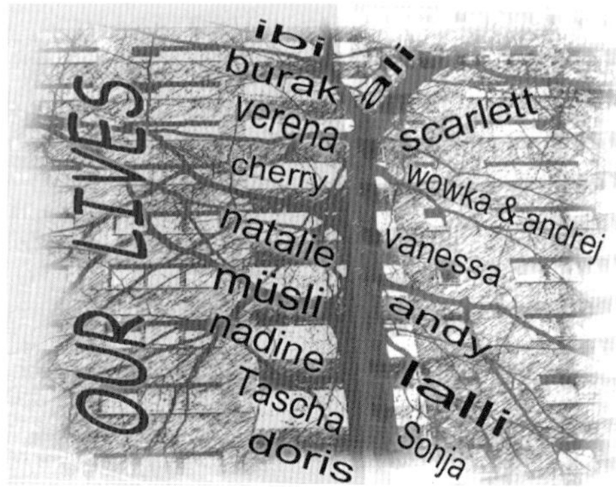

Abb. 72: *Süd III inside*, Screenshot

Zugleich war es Realtime-Lernen für Studenten im Rahmen ihrer sozialpädagogischen Ausbildung.[4] Sowohl die Jugendlichen als auch die Studenten, die das Projekt vor Ort in einem Jugendzentrum betreuten, waren autonom Lernende. Gelernt wurde im Rahmen eines offenen Curriculums. Meine Aufgabe bestand in der Generierung der Lernumgebung (Projektdesign, Mittelbeschaffung, Verhandlungen mit dem Kooperationspartner, Sicherstellung der Infrastruktur), der beratenden Betreuung der Studenten und der Präsenz bei den Projekttagen. Eine weitere Ebene bestand in dem Nachweis, dass Offene Jugendarbeit nicht zwangsweise „Abhängen", „Zeit totschlagen" oder „gelebte Langeweile" sein muss. Es sollte gezeigt werden, dass Jugendliche, wenn ihre Themen angesprochen, ihre Denk- und Wahrnehmungsweisen berücksichtigt werden, durchaus Interesse haben, sich mit sich selbst und ihrer konkreten Lebenswelt auseinander zu setzen.

Ausgangslage Sozialraum

Das Projekt fand im Stadtteil Süd III von Darmstadt-Eberstadt statt. Dieser Stadtteil liegt am Rande des Stadtteilkerns und ist geprägt von einer dichten Hochhausbebauung. Er wurde in den 70er Jahren von einem kommunalen Wohnungsunternehmen errichtet. Das Anregungsniveau für eine vielseitige Freizeitgestaltung fehlt. Der Anstieg der Arbeitslosigkeit Mitte der 80er Jahre und die Verringerung des sozial gebundenen Wohnungsbestands (mit entsprechenden Zwängen für die Belegungspraxis) engt die Chancen für eine ökonomische, soziale und kulturelle Konsolidierung der Siedlung empfindlich ein. Der Anteil von Migranten und Aussiedlern aus Russland ist in diesem Stadtteil weit über dem Durchschnitt.

4 Folgende Student/innen haben an dem Projekt teilgenommen: Bernhard Jost, Eva Karnovsky, Gabor Keresztes, Ines Klinka, Daniel Kozacki, Mariana Peréza, Markus Ries, Michael Schwinger.

Ausgangslage Interkulturalität

Die Besucher des Jugendhauses „Go In" rekrutieren sich aus Migranten- und Aussiedlerfamilien. Sie sind in unserer Gesellschaft einem starken Mobilitätsdruck ausgesetzt. Nur wenigen gelingt eine problemlose Integration in die neue Kultur. Einerseits sind sie noch stark geprägt von der Kultur ihres Geburtslandes, andererseits fühlen sie sich zu jugendkulturellen Lebensstilen hingezogen. Sie schwanken zwischen den Werten, die sie von Ihrer Familie erfahren (Tradition) und den Werten, die in ihrer Peergroup Bedeutung haben.

Eine besonders schwierige Lage ergibt sich für die Aussiedler-Jugendlichen. Meist waren sie in ihrer früheren Lebenswelt keineswegs sozial voll integriert. Sie fühlten sich als Deutsche und waren stolz darauf, Deutsche zu sein. In Deutschland angekommen, stellen sie plötzlich fest, dass sie als „Ausländer" behandelt und ausgegrenzt werden. Ebenso durchleben Sie die Erfahrung, dass ihre von Russland mitgebrachten Werte, die sie als „deutsche Werte" betrachten, keine Anerkennung finden.

Diese Ausgangssituation kann für beide Gruppen zu einer Identitätskrise führen. Wenn dazu noch schulische, berufliche oder soziale Schwierigkeiten kommen, liegen erhebliche soziale Belastungen vor, die einen guten Nährboden für auffallendes Verhalten bieten. Durch die audiovisuelle Auseinandersetzung mit der biographischen Selbstdarstellung und ihrer Lebenswelt werden implizite Lernprozesse ausgelöst. Die Jugendlichen werden in ihrer Suche nach sozialer und kultureller Verortung ernst genommen. In einem sensitiven Lernprozess entdecken sie im Kontext eines assoziativen Lernens ihre Wurzeln und ihre potenziellen Entfaltungsmöglichkeiten.

Ausgangslage Medienprojekt

Jugendliche mit ausländischer Herkunft und sozialer Benachteiligung weisen oftmals nicht nur Defizite in der sprachlich-rationalen, sondern auch in der audiovisuell-alphanumerischen Kommunikation auf. Damit sie in der Wissensgesellschaft nicht ausgegrenzt werden, ist Medienkompetenz für diese Zielgruppe von hoher Bedeutung. Das Projekt reagiert genau auf diese Problem-Schnittstelle.

Mittels der eigenständigen Bearbeitung von Multimedia-Seiten für eine interaktive CD erlebten sich die Jugendlichen als kompetent. Im Rahmen eines Selbstlernprozesses, bei Bedarf flankiert von Hilfestellungen seitens der Studenten, lernten sie sich mit einer in unserer Gesellschaft hoch anerkannten Kommunikationsform auszudrücken. Nicht auf der expliziten, sondern auf der impliziten Ebene, und damit auf spielerische Weise, erlernten die Jugendlichen den Umgang mit dem Computer. Sie lernten die Auge-Hand-Koordination und die Interaktion mit Bildschirmmenüs. Sie digitalisierten Text, Bild, Grafik und Video zu Daten, banden diese Daten in Seiten ein und vernetzten die Seiten zu einem hypermedialen Text. Sie machten sich vertraut mit der ästhetischen Gestaltung von Multimedia-Seiten und wurden dabei sensibilisiert, die Wirkung von gestalterischen Ausdrucksmitteln wahrzunehmen. Sie erwarben dabei Schlüsselqualifikationen, die sie in späteren beruflichen Tätigkeiten einsetzen können.

Nach Abschluss des Projektes erhielten sie nicht nur von ihrer Peergroup Anerkennung. Alleine durch die öffentliche Präsentation unter Beisein der Presse und der Sozialdezernentin der Stadt Darmstadt, die ihre Verwunderung über die Professionalität der CD-ROM und anspruchsvolle ästhetische Gestaltung deutlich zum Ausdruck brachte, wurde Ihr Selbstbewusstsein gestärkt, und sie erfuhren Anerkennung innerhalb und außerhalb ihres Kulturkreises.

Projektumsetzung

Das Projekt wurde im WS 2001/02 und im SS 2002 von der FH Darmstadt, FB Sozialpädagogik in Kooperation mit dem Jugendzentrum „Go In" und dem Jugendamt der Stadt Darmstadt durchgeführt. Es wurden über Projektmittel drei Computer, ein Scanner und zwei digitale Fotoapparate angeschafft. Eine digitale Videokamera incl. digitalem Videoschnittplatz und vier weitere digitale Fotoapparate wurden von der FH zur Verfügung gestellt. Im Verlauf der Woche standen die Studenten nachmittags im Jugendhaus als Ansprechpartner zur Verfügung. Entsprechend der „typischen" Verhaltensstruktur von Jugendlichen in Offenen Jugendhäusern, sich selten in einen kontinuierlichen Lernprozess einzulassen, wurde das Prinzip der unverbundenen Verbindlichkeit eingeführt. Unverbunden waren die Gesellungsformen, d.h. wann, wer und mit welcher Intensität an seinen oder den gemeinsamen Multimedia-Seiten arbeitete, blieb den Jugendlichen überlassen. Verbindlich war das gemeinsame Ziel, eine CD-ROM zu erstellen und die Lernumgebung. Als Orientierung wurden die Jugendlichen angeregt, Seiten über den Stadtteil, das Jugendhaus und über sich selbst herzustellen.

Verdichtet wurden die Lernerfahrungen im Rahmen von Projekttagen, bei denen Lernen, Event-Kultur und soziale Begegnung miteinander verbunden waren. Zu diesem Zweck richteten wir im „Go In II", einem Gebäude, abseits des eigentlichen Jugendzentrum, eine „Computerhöhle" ein. Bei den Event-Tagen im Go In II fanden sich 12 bis 15 Jugendliche ein, die im Verlauf eines Tages in unterschiedlicher Intensität nonlinear an ihren Produkten arbeiteten. Gerade an diesen Tagen wurde deutlich, dass bei den Jugendlichen sich mehrere Bedürfnisse gleichzeitig artikulieren. In pädagogischen Lernprozessen muss den unterschiedlichen Impulsen Raum zur Entfaltung gegeben werden. Ein typisches Rhythmus nicht nur für Jugendliche mit schwierigen Ausgangssituationen sieht wie folgt aus: Eine Stunde an den Rechnern „arbeiten", danach raus ins Viertel, um zu schauen, wer auf der Straße ist, parallel dazu Foto- und Videoaufnahmen machen, dann eineinhalb Stunden am Computer an den Multimedia-Seiten produzieren, danach gemeinsam Spaghetti kochen, Quatsch machen, sich untereinander unterhalten, raus gehen, recherchieren, schwätzen, zurückkommen, Bilder speichern, bearbeiten und wiederum intensiv an den Seiten arbeiten. Dazwischen wird geschaut was die anderen so machen. Wenn die Entwürfe der anderen gefallen, werden deren Impulse als Anregung für die eigenen Seiten verwendet.

Spiralförmig entstehen Stück für Stück die eigenen Multimedia-Seiten. Suchen die Jugendlichen nach Unterstützung, sehe ich kein Problem, einen ästhetischen Input zu geben. Die Ästhetik der Kreuzmitte bzw. der Zentralperspektive, einmal erklärt, ist den

Abb. 73: Süd III Inside, Screenshot

Abb. 74: Süd III Inside, Screenshot

Jugendlichen augenblicklich klar und sie können, wenn sie einmal eine Achse in einem Bild bewusst gesehen haben, sehr schnell mit diesen ästhetischen Kriterien arbeiten. Nur in Gestaltungsfragen werden die Jugendlichen von den Studenten, die vor dem Projekt die Technik auch nicht kannten, nach Bedarf unterstützt. Inhaltlich wird nicht beeinflusst.

Ibi arbeitetet von Beginn an konzentriert an seinem Werk. Gezielt geht er in den Stadtteil und fotografiert die für ihn wichtigen Punkte. Er beschäftigte sich spielerisch mit seinem Lebenskontext, während die Mehrzahl der Jugendlichen mehr Zeit investierte in die biographische Darstellung. Ali, der Star der Mädchen, war eine wichtige Integrationsfigur bei dem Projekt. Von Anfang an hatte er sich für das Projekt interessiert[5] und sich sehr viel Mühe bei seinen Seiten gegeben. Er hatte sich auch mit einem digitalen Musik-Schnittprogramm beschäftigt und einen Song komponiert, den er zur akustischen Untermalung am Anfang mit in seine Seiten hineingenommen, später jedoch wieder gelöscht hatte. Durch eine Kopierpanne wurden Alis Seiten versehentlich gelöscht. Das führte im ersten Moment zu einer hohen Irritation. Der Fehler wurde zu einer ganz wichtigen Lehrerfahrung. Obwohl Ali zuerst aufgeben wollte, konnten wir ihn überzeugen, die Seiten noch einmal zu machen. Nach anfänglichem Zögern tat er dies dann auch. Die Seiten wurde noch besser. Diese Selbstüberwindung war für Ali eine ganz wichtige Erfahrung.

Projektergebnis

Die CD-ROM hat drei verschiedene inhaltliche Schwerpunkte. Sie beginnt mit einem reizintensiven Streifzug durch Süd III. Danach erscheint eine Seite, von der drei Links ausgehen. Der erste Link und damit der erste Teil der CD-ROM beschäftigt sich mit einer **virtuellen Reise** durch den **Lebensraum der Jugendlichen**. Mit digitaler Kame-

5 Obwohl die Hauptamtlichen vorher gemutmaßt hatten, dass wir bei Ali nicht „landen" würden.

ra und Videokamera durchstreiften die Jugendlichen ihren Stadtteil und stellten die subjektive Wahrnehmung ihres sozialen Lebensraumes zu einer bildhaften Collage zusammen. Im Rahmen einer Sozialrecherche erlernten sie die handlungsorientierte Aneignung von Medien und setzten sich gleichzeitig mit ihrer Lebenswelt auseinander (Plätze, die gefallen; Orte, wo sie sich wohl fühlen; Ecken, die sie nicht schön finden). Sinnlich erlebten sie, dass ihre Sicht vom Lebensraum (der von der Person aktiv angeeignete Raum) nicht identisch ist mit der Sicht der anderen Projektmitglieder. Ebenso erfuhren sie sinnlich, dass sie somit nur einen Ausschnitt ihres Sozialraums „besetzen".

Hervorzuheben bei den Stadtteilerkundungen sind Kevins Reich, der insbesondere das Gebiet rund um den August-Metz-Weg erkundete. Seine Aufnahmen zeigen die majestätische Dominanz der urbanen Wohnkultur. Demgegenüber konzentrierte sich Burak auf die Präsentation einer Mikrowelt, der Konsumwelt von Aldi. Sehr schön gelungen sind die Schriftanimationen, die in burlesker Folge über den Bildschirm huschen. Mit viel Aufwand kreierten die Jugendlichen mit Photoshop eine Kugel, die sie dann durch den Sozialraum springen lassen. Zum Schluss folgt ein Video, indem die Jugendlichen bei ihren Recherchen zu sehen sind. Gleichzeitig vermittelt das Video eine Menge an Sozialkolorit.

Der zweite Teil des Projektes konzentriert sich auf die persönliche Lebenswelt der Jugendlichen, ihre persönlichen Interessen, Bedürfnisse und Vorlieben, ihre **virtuelle Biographie**. Sie konnten Ihre eigenen Multimedia-Seiten entwerfen und gestalten. Entsprechend ihrer Vorlieben beschäftigten sie sich mit ihrer Peergroup, ihren Medienidolen oder ihrer Alltagskultur. Dieser Teil der CD-ROM, der in **Our Lifes** zusammengefasst ist, gibt einen ungeschminkten Einblick in die Lebensphantasien und -entwürfe der beteiligten Jugendlichen.

Ali ist Mitglied der Battle Rockers, einer HipHop-Gruppe. Er demonstriert seine Breakdance-Qualitäten und zelebriert auf mehreren Ebenen seinen favorisierten Jugendstil. Erstaunlicherweise gestaltete er auch eine Seite über seine Schule. Wowkas und Andrejs Lebensalltag ist offensichtlich durch ihre Peergroup maßgeblich geprägt. „Live and die" untertitelten sie ihre Titelseite. Untermalt von HipHop-Klängen zeigen sie vor allem ihre Peergroup. In einer weiteren Seite erhält jeder der Freunde Darstellungsraum. Andy benötigte viel Aktionsraum, er präsentiert sich als Selbstdarsteller. Zu Beginn liegt er mit ausgestreckten Füßen auf Stühlen, danach inszeniert er einen Unfall im Werkraum (Finger in der Steckdose), posiert mit dem Ghettoblaster im Teamraum, macht mit anderen Faxen, während gleichzeitig der Text „Geht man zu häufig ins Juze, kann man ziemlich bescheuert werden" zu lesen ist. Das Juze ist für sie wichtig, das wird deutlich, weil es keine Alternative für sie gibt. Andererseits hängt es ihnen „zum Hals heraus". Zum Schluss positioniert er sein Konterfei in eine Kloschüssel und lässt es wegspülen. Lalli zeigt seine Heimat Süd III und veröffentlicht eine visuell-ästhetische Liebeserklärung an seine Tochter.

Abb. 75: Süd III Inside, Screenshot

Abb. 76: Süd III Inside, Screenshot

Während bei den Jungen bei der Selbstdarstellung das korrekt Dargestellte Abbild (eigene Person, Peergroup) den höchsten Stellenwert hat, legen die Mädchen großen Wert auf ergänzende Animationen und raffiniertere ästhetische Gestaltungen. Auffallend ist ebenso, dass die Jungen im Wesentlichen darauf verzichten, ihr Bild zu verfremden, während die Mädchen offensichtlich große Freude dabei empfinden, als erstes eine Ästhetisierung zu zeigen, die später in eine reales Bild gemorpht wird. Bei den Seiten von Scarlett ist zuerst ihr Relief zu sehen, bevor sie im „Original" erscheint. Dieses Prinzip wiederholt sie bei ihren Freundinnen. Neben dem Relief tauchen weitere kunstvolle Filter auf, die Buchstaben werden in unterschiedlichen Größen geschrieben, gleichzeitig schwirren Animationen durch das Bild (Herzchen, Schmetterlinge und Fotos). Nachdem zuerst die Freundinnen in differenzierten ästhetischen Arrangements gezeigt werden, tauchen drei Jungs auf, die dann wiederum von den Idolen *2Pac* und *Re!2000* abgelöst werden. Vanessa zeigt in ihren Seiten versteckte Liebeserklärungen nicht nur an Ali. Insgesamt dominieren bei ihren Seiten die Suchbewegungen nach dem anderen Geschlecht. „Coole Jungs" haben es ihr offensichtlich angetan. Verena hat sich offensichtlich viel Mühe gegeben. Liebevoll und engagiert hat sie sich bemüht fast allen Besuchern des Juze gerecht zu werden. Sowohl die Mädchen als auch die Jungens werden visuell gewürdigt. *2Pac* und andere HipHop-Stars dürfen natürlich auch nicht fehlen. Einen besonderen Platz in ihren Seiten erhält das Mädchenfest und die Mädchenpyramide.

Einblicke in den Jugendhausalltag des „Go In" geben die Jugendlichen im dritten Teil der CD-ROM. Der User taucht über den animierten Eingang in die Räumlichkeiten ein und begegnet den schönsten Graffitis, bevor er auf der Aktionsseite des Juze landet. Dort kann er die Aktionstage besuchen, so z.B. das Fotocasting der Mädchen und deren Mädchenparty, bei der offensichtlich eine heftige HipHop-Party stattgefunden hatte mit der bereits erwähnten Mädchenpyramide als Höhepunkt. Ebenfalls bekommt der User einen Eindruck vom „Go In II", der „Zweigstelle" des Juze.

Abb. 77: Mädchenfest im Go In

Wer sich so durch die Seiten gezappt hat, wird nachvollziehen können, weshalb die Jugendlichen stolz auf ihre CD-ROM sind. Die Lust, sich sinnlich der eigenen Lebenswelt zu nähern, ohne Vorgaben sich zu erfahren und Grenzen ohne Abschreckung kennen zu lernen, zu spüren, wie durch die Neuen Medien sich die Vorstellungsräume erweitern, ist allenthalben auf der CD-ROM zu spüren.

7.2. Der Virtuelle Fachbereich

Die CD-ROM „Der virtuelle Fachbereich" wurde von Studenten im Rahmen ihres Grundstudiums in Form spiralförmigen Lernens produziert. Die erste Studentengruppe begann im SS 2000. Im SS 2003 wird die CD-ROM vorläufig fertiggestellt. Jede Studentengruppe setzte an dem vorhandenen Stand der CD-ROM an und entwickelte die CD-ROM weiter. Verblüffend war, wie die Studenten, ausgehend von dem jeweils vorhandenen Level, in der Lage waren, die bisher schon erzielten Lernschritte zu adaptieren. Nahezu immer gelang eine ästhetische und inhaltliche Präzisierung.

Die Aufgabe war, für die HOBIT, eine Messe für Schüler zur Studienorientierung, eine CD-ROM zu produzieren, die Studienanfängern die Möglichkeit gibt, sich darüber zu orientieren, was man im Fachbereich Sozialpädagogik der FH Darmstadt studieren kann. Während die Studenten sich damit beschäftigen, anderen zu vermitteln, was Sozialpädagogik ist, lernten sie gleichzeitig die Grundstruktur ihres Studiums kennen und beschäftigten sich wesentlicher intensiver mit der Studienordnung und dem Studienablauf als sie dies ansonsten getan hätten. Darüber hinaus lernten die Studenten den Umgang mit Hypertext und sind nunmehr in der Lage, eine Multimedia-Produktion selbstständig zu produzieren. Entsprechend dem grundlegenden Konzept der Navigation stehen nur die Grundparameter fest, wie z.B. die Studienordnung, ansonsten ist alles offen und kann nach eigener Verantwortung inhaltlich und ästhetisch nach dem Prinzip der unscharfen Aufgabenstellung frei gestaltet werden.

Innerhalb eines topographischen Planes sind, wenn man mit dem Cursor einen Hotspot berührt, die verschiedenen Gebäude der unterschiedlichen Fachbereiche zu sehen. Wenn man mit dem Cursor z.B. auf E 30 geht, erscheint z.B. das Gebäude der Designer. Mit Klicken auf B 10 kommt man zum Lernturm. In einem Rundgang kann der User sich die Architektur der Gebäude anschauen. Bevor der User unterschiedliche visuelle

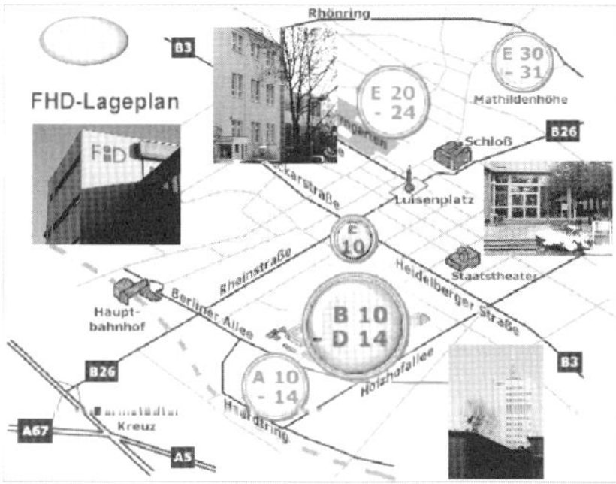

Abb. 78: Virtueller Fachbereich, Screenshot

Abb. 79: Virtueller Fachbereich, Screenshot

Eindrücke von den Gebäuden erhält, wird ihm ein ästhetisches Bilderrätsel präsentiert. Die ästhetische Deformation der Gebäudeteile lädt zum virtuellen Spaziergang durch die Unterrichtsgebäude ein. Begleitet wird der User von einer psychoakustische Spannung vermittelnden Musik. Damit wird dem User von Beginn an vermittelt, dass es bei der CD-ROM vor allem um eine sensitive Annäherung geht. Die Intention der CD-ROM ist es nicht rational zu überzeugen, sondern Neugierde und Interesse an der FH Darmstadt bzw. des Fachbereichs Sozialpädagogik zu entwickeln. Von den FH-Seiten kann er sich noch die Mensa anschauen und beim ASTA vorbeischauen.

Abb. 80: Virtueller Fachbereich, Screenshot

Abb. 81: Virtueller Fachbereich, Screenshot

Wenn man auf E 10 drückt, kommt man zum Fachbereich Sozialpädagogik. Die Eingangsseite zeigt das Unterrichtsgebäude und heißt alle Besucher willkommen. Von dieser Seite kann man wieder zurück zur FH, kann anschauen wer die CD-ROM produziert hat (Credits), erhält Kontaktadressen und kann sich kundig machen, wo Studenten in Darmstadt wohnen können und welche Abendfreizeitmöglichkeiten Darmstadt außerhalb der Studienzeit bietet. Ebenso kommt man von dieser Seite in das Gebäude des FB Sozialpädagogik.

Abb. 82: Caféte, FB Sozialpädagogik, FH Darmstadt

Im Gebäude begegnet man zuerst der Navigationsseite. Es empfiehlt sich zuerst ein Rundgang, produziert als multimediale Diaschau mit Webcam-Integration. Der Rundgang zeigt in kunstvoller Weise das Studienambiente. Dann empfiehlt sich, der Caféte einen Besuch abzustatten. Die Caféte, die von Studenten im Stil des spanischen Künstlers GAUDI ebenfalls im Rahmen eines Selbstlernprozesses, betreut von meiner Kollegin Lisa Niederreiter, gestaltet wurde, wird ebenfalls in Form einer spritzigen multimedialen Schau präsentiert.

Denkbar wäre es, sich danach im Sekretariat umzuschauen. Im O-Ton berichten die Sekretärinnen von ihren Aufgaben. Ein Bilderbuch zeigt ihre vielfältigen Arbeitsfelder. Wer wissen will, welche Dozenten es am Fachbereich gibt und welche Schwerpunkte sie vertreten kann dies tun. Wenn auf die Rubrik „Dozenten“ klickt, erscheint ein Menü von dem aus alle Dozenten vorgestellt werden. Die Arbeit der Studenten in der Fachschaft wird ebenfalls gewürdigt. Die Seiten über die Bibliothek geben, unterstützt durch ein ästhetisches Arrangement, Informationen über die Benutzungsmöglichkeiten der Bibliothek.

Die Seiten über den Studienaufbau und die Seiten über die Praktika geben detailliert Auskunft über die Art und Weise des Studiums, welche Schwerpunkte studiert und welche Praktika wann und wo gemacht werden können. Ebenfalls enthalten ist die Aufgabe des Praktikantenamtes und deren Dienstleistungsangebot.

Das Herzstück der CD-ROM die auch visuell sehr gelungene Darstellung des Themas „Was ist Sozialpädagogik?“. Der Text wird nicht nur auf dem Bildschirm präsentiert. Durch Animationen, bei denen Bilder zu den jeweiligen Themenaspekten auftauchen, verschwinden oder durch Text ersetzt werden, entsteht ein dichter Eindruck von dem, was Sozialpädagogik ist. Die Hintergründe sind mit ausdrucksstarken Doppelbelichtungen gestaltet, bei denen jeweils das Thema „Mensch und Krise“ bzw. Irritation erkennbar ist.

Da die CD-ROM unterschiedlichen Studentengruppen produziert wurde, haben die einzelnen Teile ganz unterschiedliche Gestaltungsformen. In aufregender Weise dokumentieren sich die unterschiedlichen Sichtweisen der Studenten und präsentieren sich durch die Eingebundenheit in der CD-ROM gleichwohl als Teil eines gemeinsamen Produktes. Während die jeweilige Gestaltung gänzlich unterschiedlich ist, lässt sich der gemeinsame Nenner als Versuch der Ästhetisierung beschreiben. Alle Studenten ließen sich von der Idee anstecken, künstlerisch-ästhetisch auf den Fachbereich aufmerksam zu machen.

Abb. 83: Virtueller Fachbereich, Screenshot

Abb. 84: Virtueller Fachbereich, Screenshot

Der User entwickelt Neugierde und Neigung zu sehen, wie die Studenten die jeweiligen Themen dargestellt haben. Durch lustvolles Flanieren entlang der Hyperstruktur lernen die User, was Sozialpädagogik ist. Bei den ersten Einsätzen der CD-ROM konnten wir nicht nur beobachten, dass Schüler vor dem PC entlang der Seiten navigierten, auch Pädagogen ließen sich darauf ein, einen virtuellen Spaziergang durch den Fachbereich zu machen.

7.3. Politisches Lernen mittels ästhetischer Erfahrung

Bis in die jüngste Zeit lässt sich die Tendenz feststellen, dass Denken und Erkenntnis vorwiegend im Kontext von Sprache und Schrift reflektiert werden. Bildkommunikation und damit auch ästhetische Bildung wird demgegenüber „nur“ eine persönlichkeitsbildende Bedeutung zugeschrieben. Die zunehmende „Bildwerdung“ unserer Kommunikationskultur änderte nichts am Primat der Dominanz des Sprachlichen und Rationalen als Ausdrucks- und Denkform des politischen Denkens.

Der politischen Bildung geht es vor allem um den mündigen Staatsbürger. Jugendliche sollen befähigt werden, eine distanzierte Reflexion und Analyse von Gesellschaft und Politik zu leisten. Sie sollen dazu in die Lage versetzt werden, zwischen Wertungen, Tatsachen und Deutungen unterscheiden zu lernen. Durch individuelle Urteils- und Handlungsfähigkeiten soll Mitsprache und Partizipation erreicht werden. Personale Entfaltung und damit Selbstbestimmung vermischen sich im idealen Fall mit sozialer Verantwortung. Dieser Anspruch der politischen Bildung hat weiterhin seine Berechtigung. Rationalität als grundlegende Vermittlungsform genügt allerdings schon lange nicht mehr, um diese Ideale umzusetzen.

Jugendliche sind nicht nur Vernunftwesen, sie sind vor allem emotionale Wesen. Affektive Komponenten, die Wahrnehmung des Menschen in seiner Ganzheit, Erlebnisorientierung und Ansetzen an den Alltagserfahrungen sind unumgängliche Voraussetzungen für Lernprozesse mit Jugendlichen. Immer mehr Jugendliche erleben das

Verständnis von Zusammenhängen erst dann, wenn eine konkrete Situation, eine Aufgabe oder faktische Details den größeren Einfluss haben und somit sinnlich-ästhetische Erfahrung den Ausgangspunkt für den Lernprozess bilden. In Folge dieser Entwicklung wird das Verstehen (kognitiver Ansatz) als bisherige dominante Denkweise durch das Begreifen (symbolhaft-assoziativer Ansatz) als Denkweise in Frage gestellt. Begreifen und Erkennen werden die erkenntnisleitenden Methoden neue Dinge aufzunehmen (vgl.Kap.2.3.).

7.3.1. Ästhetik und politisches Lernen

Wenn sich das Denken von Jugendlichen vom begrifflichen Denken hin zur bildhaften Ausdrucksweise verlagert, werden ästhetische Erfahrungen zum Instrument, mit dessen Hilfe die innere und äußere Lebenswelt gedeutet werden kann und Erfahrungen organisiert, verarbeitet, gegliedert und geformt werden können. Der Begriff des Ästhetischen wird dabei als Wahrnehmungsbildung verstanden, als Schnittstelle zur Generierung der subjektiven Vorstellung von der so genannten „Realität" (*aisthesis*). Ästhetisches Denken ist längst zum eigentlich realistischen Denken geworden, da in der heutigen Medienwelt Wirklichkeit im Wesentlichen ästhetisch konstituiert ist. Da ästhetisches Denken von Wahrnehmungen ausgeht, ist es in der Lage, auf die Bilderwelten zu reagieren. Wahrnehmungsschulung wird somit zu einem unerlässlichen Instrument für die angemessene Beurteilung von realer und medialer Wirklichkeit (vgl. Kap. 3.5.).

Die Befähigung zum ästhetischen Denken führt zur Thematisierung von Sinnfragen und begünstigt Identitätsreflexionen. Bei den Produkten handelt es sich um aus den Sinnen geformte Sinnbilder, in denen Sinn verdichtet ist. Es handelt sich um eine Auseinandersetzung mit dem vergangenen, dem gegenwärtigen oder dem Entwurf für ein zukünftiges mögliches Sein. Die selbstgeschaffenen Medienprodukte repräsentieren das Ergebnis der Bearbeitung von Phänomenen der Lebensweltwahrnehmung.

Ästhetische Erfahrungen haben das Potenzial, Vorstellungen und Überzeugungen zu transformieren. Wer sich selbst als veränderbare und nicht statische Dimension erfährt, erlebt auch die soziale Umgebung als transformierbaren Raum. Wer gelernt hat, mit ästhetischen Mitteln in „Lebensräume" einzugreifen, hat gute Chancen, diese Erfahrungen auf den Lebensalltag zu übertragen. Leben wird unter diesen Prämissen dann als Entwurf, als Projekt(ion) verstanden. Im ästhetisches Lernen sehe ich daher ein Potenzial für alle Lernvorgänge.

Während die diskursive Logik die rationale Beurteilung, Reflexion und Auseinandersetzung mit den konkreten Lebensbedingungen eröffnet, kann der ästhetische Lernprozess Dimensionen des Vor- und Unbewussten enthüllen. Beabsichtigt ist dabei, über die Deskription des Vorhandenen hinauszukommen und sowohl sich selbst als auch die Strukturen der Lebenswelt besser verstehen zu lernen. Die aktuelle Lebenserfahrung soll unter einem neuen Gesichtspunkt, mit einem anderen Standpunkt rekonstruiert, die Stabilität des Selbst gestärkt und die sinnliche Kraft gemeinschaftlichen Lernens und Lebens gespürt werden.

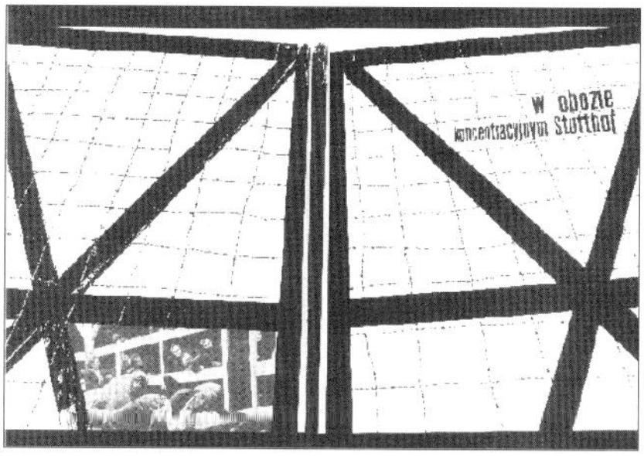

Abb. 85: Konzentrationslager Stutthof (Montage)

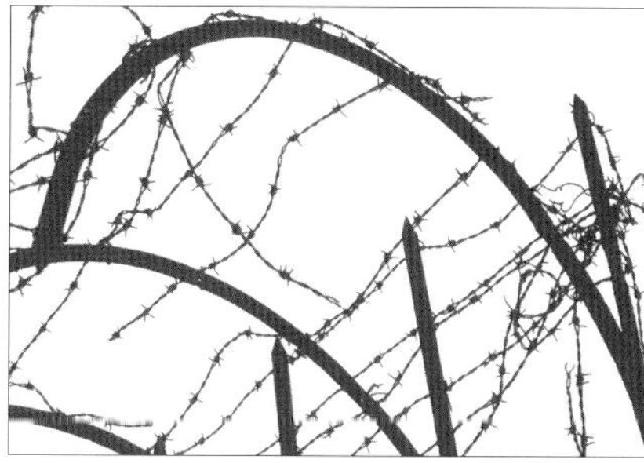

Abb. 86: Auschwitz, Aneignung mittels Imagination

Mitte der 80er Jahre begann ich mit Bildungsurlaubsteilnehmern Gedenkstätten zu besuchen. Von Jahr zu Jahr schien es mir schwieriger, dieses schwierige Thema den Jugendlichen näher zu bringen. Bei einem Seminar hatte ich den Eindruck, dass die vorwiegend männlichen Jugendlichen die Gedenkstätte Auschwitz (Oświ'ęcim) wie einen Zombiefilm wahrgenommen hatten. Trotz unserer Bemühungen gelang es uns nicht, die Jugendlichen zu erreichen. Mit Bestürzung mussten wir erleben, dass die Jugendlichen nach dem Besuch der Gedenkstätte Auschwitz am gleichen Abend ein alkoholreiches Fest feierten. Es handelte sich keineswegs um „rechte" Jugendlichen, sondern um ganz „normale" Jugendliche.

Während dieses Seminars hatten wir auch das Konzentrationslager Stutthof besucht. Wiederum gelang es uns nicht, mit rationalen, reflexiven Mitteln die Jugendlichen zu erreichen. Während des gesamten Seminars hatten wir die Jugendlichen gebeten, Ihre Eindrücke mit Fotos festzuhalten. Nach der niederschmetternden Erfahrung von Auschwitz verzichteten wir auf Betroffenheitspädagogik und setzten auf eine eigene visuell-ästhetische Erkundung des Lagers. Jeder sollte die Eindrücke festhalten, die ihm wichtig waren. Nunmehr ging es nicht mehr darum, kognitiv zu erfassen, sondern sich durch eigene Aktivität dem Unaussprechlichen anzunähern.

Nach dem Seminar wurde ein Zeitung und eine Ton-Dia-Multivisions-Schau aus dem mitgebrachten Material produziert. Zu unserem Erstaunen stellten wir fest, dass viele der Jugendliche, die Auschwitz scheinbar beteiligungslos erlebten, im Rahmen der Recherchen für den Produktionsprozess erstaunliches Engagement zeigten und in vielfältiger Weise sich dem Thema näherten. Damals schien es mir, als ob der Filter der Medien ihnen überhaupt erst eine Chance gab, das Unfassbare aufzuarbeiten.

Im Verlauf dieser Erfahrungen wurde mir bewusst, dass wir Erwachsenen in Gefahr geraten, unsere Deutungs- und Erwartungshorizonte den Jugendlichen überzustülpen. Oftmals fühlen sie sich bevormundet und in dem, was Sie denken sollen, indoktriniert.[6]

6 Gerade die Nachkriegsgeneration vertritt gegenüber der von mehrperspektivischen Wahrnehmungswelten geprägten Mediengeneration starres und beratungsresistentes Überzeugungswissen.

Der Pädagoge begegnet ihnen als Vertreter eines Wahrheitspostulats. Die Jugendlichen empfinden sich nicht selten als Erfüllungsgehilfen der guten Tat der Pädagogen, die mit ihrer Arbeit die unvollendete Trauerarbeit ihrer Väter leisten. Unter dieser Voraussetzung ist das Aufnehmen neuer Positionen schwierig. Das Über- und Unterlegenheitsgefühl bedarf der Auflösung. Dies gelingt, wenn eine dritte Ebene in den Lernprozess eingebaut wird: ein Projekt, ein Medium. Wenn die Jugendlichen dabei im Umgang mit dem Medium erfahrener und kompetenter sind, begünstigt dies den Lernprozess. Die Jugendlichen werden ermächtigt, sich des Themas in eigenständiger Form anzunähern.

Beim ästhetischen Lernen verändert sich die Rolle des Pädagogen. Pädagogen und Jugendliche werden zu Navigatoren des Lernprozesses. Der Pädagoge als Navigator konstituiert die Lernumgebung. Seine Aufgabe ist es, die Jugendlichen zum selbstgesteuertem Lernen zu befähigen. Autonomie- und Kompetenzerleben werden begünstigt. Die gestellten Aufgaben werden nach den Vorstellungen der Jugendlichen bearbeitet. Beim Handeln stehen Spielräume zur Verfügung. Die Jugendlichen erfahren sich beim sachverständigen Lösen von Problemen und spüren damit ihre eigenen Wirksamkeit. Da sie dies in einer Gruppe erleben, erfahren sie Anerkennung und soziale Einbindung durch die Peergroup und damit eine solidarische Grundkompetenz. Die Jugendlichen selbst werden ebenfalls zu Navigatoren, da sie selbst entscheiden können, welche notwendigen Experten (Pädagogen, Bücher, Internet, Fotos, Filme, Zeitzeugen) zur Bewältigung des Themas mit einbezogen werden können.

Gelingt es dem Pädagogen ein offenes Lernfeld zu organisieren, kann er die subjektiven Weltsichten zum Erscheinen bringen. In dem Aktiv machen, d.h. Bewusstmachen des unbewussten Standpunktes, des impliziten Weltbildes, der sich über die Bildgestaltung (Perspektive, Topologie des Raums) erkennen lässt, wird die Wahrnehmung des Standpunkt-Denkens geschärft. Durch konkrete handlungsorientierte Hilfen in Verbindung mit sinnlichen Erfahrungen in konkreten Erlebnisfeldern bisher nicht aktualisierter Wahrnehmungswelten wird die Wahrnehmungskompetenz erweitert und differenziert. Dies begünstigt die Befähigung zur reflexiven Imagination mittels visuell-ästhetischer Kriterien (Bildgestaltung, Symbolik, Dramaturgie, Montage). Personen, die befähigt sind, zu erkennen, dass Ihre Wahrnehmung nicht die Wirklichkeit abbildet, sondern einen Standpunkt innerhalb vielfältiger Wirklichkeitskonstruktionen, sind zunehmend bereit, das Denken des anderen als legitim und nachvollziehbar zu akzeptieren. Durch die handlungsorientierte Produktion werden sie sich ihrer Disposition, Welt subjektiv zu erzeugen, bewusst. Gleichzeitig müssen sie lernen, Botschaften multiperspektivisch zu gestalten, um unterschiedliche Zielgruppen angemessen erreichen zu können. Da sich die Wahrnehmungswelten in unserer Gesellschaft zunehmend spezifizieren, ist von daher bei Produktionen für eine amorphe Gruppe die Kenntnis der Denk- und Wahrnehmungsweisen der Zielgruppen unabdingbare Voraussetzung für die Befähigung in Kommunikation zu treten.

7.3.2. Anne-Frank-Projekt

1997 gestalteten Thomas ZIEGLER[7] vom Jugendbildungswerk (JBW) Frankfurt in Kooperation mit Karsten KRÜGLER vom Institut für Medienpädagogik und Kommunikation (MuK) zum ersten Mal zu dem Thema *Das Tagebuch der Anne Frank – eine Video-Recherche in Amsterdam* ein Bildungsurlaubsseminar, das dem oben ausgeführten Konzept angelehnt ist. Seither findet das Angebot regelmäßig alle ein bis zwei Jahre statt. Nach dem Selbstverständnis der Veranstalter wird im Verlauf des Seminars aktiv die Geschichte der Anne Frank recherchiert. Bei diesem Verständnis geht es aber nicht nur um eine Rekonstruktion der historischen Bedingungen von 1933-1945 (Lebensgeschichte Anne Frank, Widerstandsbewegung), sondern auch und insbesondere um die Sensibilisierung für heutige politische Herausforderungen. Der Name Anne Frank wird nicht nur als Synonym für die Aufarbeitung der NS-Vergangenheit verstanden, sondern steht vor allem als Symbol für Toleranz und Lebensfreude. Den Verantwortlichen war vor allem klar, dass sie die ganz alltäglichen Empfindungen der jungen Menschen außerordentlich ernst nehmen müssen.

Wie sich Vorstellungen über eine Stadt durch die Kenntnis ihrer Geschichte verändern, wird bei diesem Konzept am Beispiel der Stadt Amsterdam sinnlich erfahren. Daher geht es nicht nur um den Besuch des Anne-Frank-Hauses und um Gespräche mit Zeitzeugen, sondern auch um die Bearbeitung der Widersprüche zwischen den verschiedenen Gesichtern Amsterdams. Eigenständig erleben die Jugendlichen durch unterschiedliche Recherchen die Widersprüche zwischen dem Selbstbild der „Vorzeigestadt" (Grachtenromantik, Coffeeshops, Skydome) und der sozialen Wirklichkeit in den Niederlanden (wirtschaftliche Situation, Integrationsbemühungen von Migranten). Als impliziter Lehrplan recherchieren sie zu den Themen „Rassismus oder Diskriminierung von Minderheit

Bei diesem Konzept wird nicht nur Selbsterkenntnis, Schärfung der Wahrnehmung sowie Handlungs- und Produktionsfähigkeit erlernt, sondern die Jugendlichen werden mit ihrer multiperspektivischen Sicht, ihrer Tendenz, aus dem *ich* heraus, soziale und politische Fragen anzugehen, ernst genommen. Betroffenheit ist kein didaktisches Programm, sondern wird durch aktive Bewältigung begriffen.

Politische Sensibilisierung mittels Multimedia

Das JBW hat mich gebeten, im Rahmen der Sozialpädagogik-Ausbildung eine professionelle interaktive Multimedia-CD über ihre Lernerfahrungen in Amsterdam zu produzieren. Die Absicht, konkrete Erfahrungen einem amorphen Publikum zur Verfügung zu stellen, stellt neue Herausforderung an die politische Bildung. Nunmehr fehlte der Aspekt der aktiven Aneignung des Themenfeldes. Eine CD-ROM über Anne Frank zu produzieren, kann daher nicht bedeuten, einen Ersatz für diese Form des Lernens zu

7 Inzwischen wird das Projekt inhaltlich von Mia Beck betreut.

bieten. Die CD-ROM kann aber einen Anstoss geben, sich mit diesem Thema zu beschäftigen.

Bei derartigen Produktionen ist es sinnvoll, sich an den Seh- und Wahrnehmungsmuster der Zielgruppe zu orientieren. Von Anfang an bemühten wir uns, nicht zu „überzeugen", sondern sinnlich begreifbar zu machen. Letztlich arbeiten wir mit den gleichen Instrumentarien wie die Konsumkultur.[8] Wir bieten sinnlich-ästhetische Anreize. Gelernt wird nicht durch Druck und „Qual", sondern durch Faszination. Letztlich „verführen" wir die Nutzer, einen neuen Standpunkt einzunehmen. Seinen Standpunkt aufzugeben, führt zu einer Identitätsdiffusion. Einen neuen, erweiterten Standpunkt zu erwerben, fördert die Identitätsstabilisierung. Mit Vernunft, so unsere Erfahrungen, lassen sich nur die überzeugen, die bereits überzeugt sind. Nur mit Hilfe von Emotionen und/oder ästhetischer Erfahrung können starre Wahrnehmungsskripte aufgeweicht werden (vgl. Kap. 3.5.).

Dergleichen Produktionen dürfen nicht gut gemeint, sondern müssen gut gemacht sein. Bedienungsfreundliche Editorenprogramme erlauben es, Produkte mit professionellem Aussehen herzustellen. Neben der hohen technischen Qualität bedarf es einer jugendgemäßen Logistik (Hypermediastruktur). Eine interaktive Multimedia-CD-ROM, die vielfältige und unterschiedliche Erfahrungsräume öffnen soll, muss Text, Sprache, Ton, Video, Grafik und Foto, synergetisch verbinden. Künstlerische Gestaltungen und ästhetische Verfremdungen gerade auch der inhaltlichen Teile (Geschichte von Anne Frank) sind unumgänglich. Die ästhetische Gestaltung ist Ankerpunkt und Lernfeld, sie begünstigt den Transfer zur intendierten Botschaft. Somit werden Methode und Inhalt miteinander verknüpft.

Neben den wesentlich zu vermittelnden Fakten, wie der Geschichte der Anne Frank und des Widerstands sowie die Präsentation der Zeitzeugen per Video, benötigt eine Multimedia-CD zu diesem Thema Erweiterungen. Als „added value" werden Einblicke in die religiösen und kulturellen Hintergründe des Judentums gegeben. Das historische Amsterdam wird durch einen visuellen Streifzug „rekonstruiert". Weiterhin benötigt eine derartige CD-ROM einen Gebrauchswert. Sie muss wichtige Informationen zum aktuellen Amsterdam enthalten. Das bedeutet in unserem Falle sowohl die Beschäftigung mit AMOC (Drogenhilfeeinrichtung), dem Skydome (Erlebnis-Stadion) als auch mit konkreten Informationen (Unterkünfte, Museenführer, Parkmöglichkeiten).

Gestaltet wurde die CD-ROM von Studenten des Projekts „Jugend" an der FH Darmstadt, FB Sozialpädagogik nach dem Realtime-Lernen oder auch Goal-based-Prinzip,[9] Lernen geschieht durch die Bewältigung einer realen Aufgabe. Es gibt keinen pädagogischen Schonraum. Ziel ist die Produktion einer Multimedia-CD, die einen Beitrag dazu leisten soll, Jugendliche für das Thema Holocaust zu sensibilisieren. Angewandt

8 Die Wahrnehmungsskripte der Jugendliche haben hier ihren Ausgangspunkt.

9 Ines Glinka, Daniel Kozacki, Eva Karnovsky, Mariana Pereza, Markus Ries und Michael Schwinger. Im Rahmen des Projekts *Süd III inside* haben sie sich mit der Software vertraut gemacht.

wurde das Prinzip der Pädagogik der Unschärfe. Bei lernzielorientierten Projekten besteht die Gefahr, ein maschinisiertes Denken (In und Output als identische Größen) zu erwarten und damit zu produzieren. Jegliche Kreativität und ein eigenständiger Lernprozess sind hinderlich. Bei unscharfen Fragen werden kreative Denkprozesse ausgelöst und der Lernende integriert, ausgehend von seiner kognitiven Landkarte, seine bisherige Lebenserfahrung in die zu bewältigende Aufgabe. Damit wird das Projekt zugleich zu einer Lernchance für die Pädagogen. Diese Methode erlaubt die Entwicklung eigener Lernstile und führt in der Regel zu anspruchsvollen und zugleich informativen Bildwelten. Die Bewältigung von Aufgaben ausgehend von der eigenen Selbst-Suche begünstigt die intrinsische Motivation und fördert das Denken in Zusammenhängen. Das führt zu einem erheblichen Kompetenzzuwachs und kreativer Selbstwahrnehmung.

Abgesehen von dem Grundplan[10] war nichts vorgegeben. Jegliche Erweiterungen, Veränderungen, Konkretisierungen waren und sind erlaubt. Jeder Einzelne arbeitet an einem Themenschwerpunkt (Geschichte der Anne Frank, Judentum, Skydome etc.) und erstellt eine Gammaversion von seinem Schwerpunkt. Nach Fertigstellung werden mögliche Verlinkungen erörtert und der Gesamteindruck diskutiert. Entsprechend der Anregungen der anderen Studenten wird eine Betaversion produziert. Diese wiederum wird gemeinsam reflektiert und danach anderen Personen, den potenziellen Nutzern gezeigt. Deren Reaktionen wiederum bieten die Basis für die vorläufig endgültige Bearbeitung der Alphaversion.

Mäanderhaft entsteht Stück für Stück die CD-ROM. Es gibt keinen Autor mehr (Dramaturg), der hinter dem Produkt steht. Das Produkt ist die Summe einer Wechselwirkung sich gegenseitig beeinflussender Faktoren. Niemals gibt es ein Endprodukt, sondern selbst die Alphaversion bedeutet nur ein punktuelles Festhalten. Jederzeit könnte die CD-ROM wieder erweitert bzw. verändert werden.

Arbeitsergebnis

Das Zentrum der CD-ROM bilden die Seiten über Anne Frank. Dieser Teil ist in vier Teile gesplittet. Die CD-ROM ist interaktiv aufgebaut, in einzelnen Phasen sind aus dramaturgische Gründen, vergleichbar einer Multivisionsschau, Bildübergänge programmiert, um die Synästhesie des Produkts zu steigern, d.h. dass der Bildübergang mit einem bestimmten Hintergrundton identisch ist. Bei geschickter Überblendung von einer Seite auf die andere Seite entsteht darüber hinaus ein weiteres Gestaltungsmittel, das so genannte „Dritte Bild“, da die erste Seite noch zu sehen und die kommende Seite in den Strukturen schon erkennbar ist. Erfahrungsgemäß lösen Montagen mit Drittbildern und der Beachtung von Bild- und Tonwechsel einen hohen Aufmerksamkeitsgrad aus.

10 Das dramaturgische Grundkonzept wurde von einer meiner ehemaligen Studentinnen, Sandra Schollmeyer, im Auftrag des JBW Frankfurt konzeptioniert. Die endgültige Gestaltung wurde dann von der Projektgruppe der FH Darmstadt festgelegt.

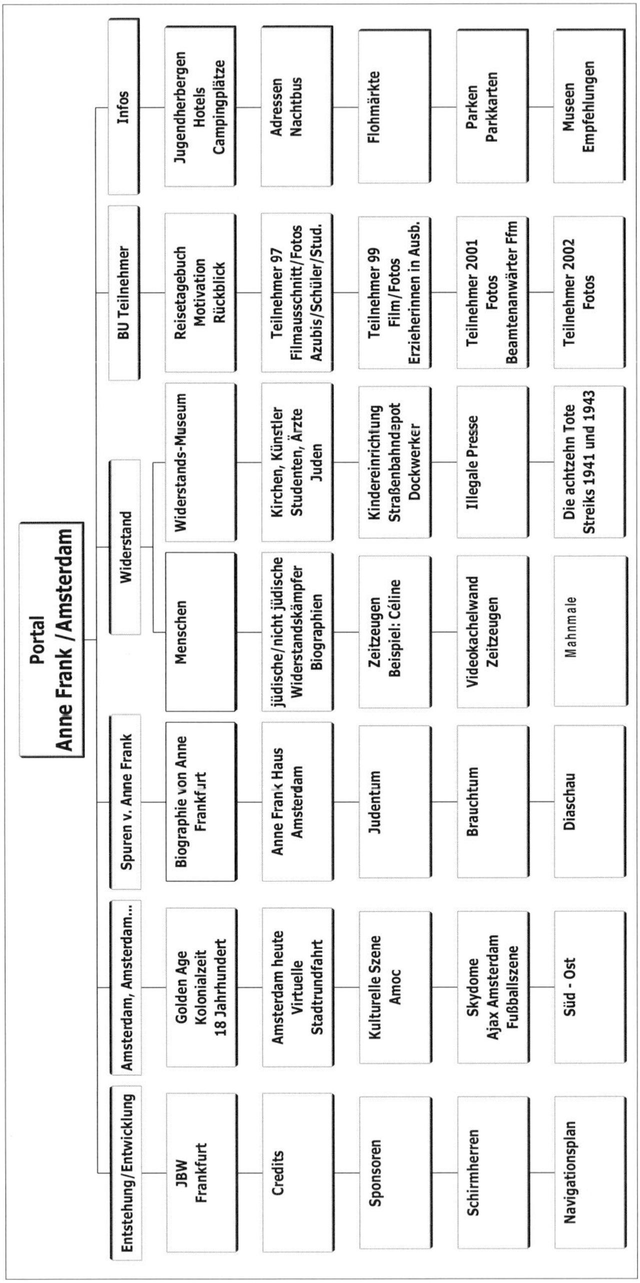

Abb. 87: Navigationsplan Anne-Frank-Projekt (ohne Querverweise)

Im ersten Teil sehen wir einen braun colorierten Ausschnitt des Tagebuches. Aus der Tiefe des Raumes taucht der Titel auf. Kaum ist der Titel zu sehen, wechselt taktgenau die Seite und wir sehen viermal drei Passfotos von Anne Frank. Die mittlere Reihe enthält eine rötliche Tönung. Gleichzeitig ist im Hintergrund eines dieser Passbilder großformatig in Wasserzeichenästhetik, zentrisch positioniert über den gesamten Bildschirm, vage zu erkennen. Wie bei Büchern blättern sich die Seiten auf und im ersten Teil wird die Geschichte Anne Franks im dokumentarischen Stil erzählt. Poesie- und Fotoalben bilden den Hintergrund der ersten biographischen Aufnahmen von Anne Frank. Danach wechselt der Hintergrund und schemenhaft braunkolorierte Fachwerkhäuser (Elternhaus in Frankfurt) sind zu sehen. In dieses Design werden die wichtigsten Etappen von Anne Franks Kindheit eingeblendet, die Verwandschaft und die Geschwister werden gezeigt. Zum Ende des ersten Teil ist Anne vor einer Häuserreihe abgebildet, jedoch wie die anderen Hintergrundbilder nur schemenhaft, damit es zu keinem Figur-Grund-Konflikt beim Anschauen der CD-ROM kommt. Die aufgeblendeten Bilder zeigen sie mit anderen Mädchen. Die Hintergründe dieser Bilder sind ebenfalls ästhetisch manipuliert. Während die Mädchen real zu sehen sind, ist deren Hintergrund zu Kacheln geformt. Das sieht surreal aus und führt zum Haus-in-Prinzip (die Verfremdung des [Hinter-]Grunds, wird auf der Figurebene wiederholt). Ein recht einfacher Zusammenhang, die Vermittlung von historischen Daten, wird durch die Gestaltung zu einem Seherlebnis.

Die zweite Phase dient „nur" zur Sensibilisierung. Gezeigt werden Aufnahmen von Anne und ihrer Schwester Margot aus der Zeit von 1933 – 1940. Sie sind alle als Triptychon gestaltet. Zu sehen sind die beiden Kinder bei unterschiedlichen Tätigkeiten. In dieser Phase baut der Zuschauer eine Beziehung zu den Personen auf, sie werden in ihrem Lebensalltag abgebildet und damit für den CD-ROM-User unmittelbarer erfahren. Umsointensiver wirkt dann der zu Beginn des dritten Teils folgende Plot Point, die Machtübernahme Deutschlands durch Hitler. Durch die intensive Darstellung des Lebensalltags wird die Zerstörung der Familie eindringlich erlebt.[11] Der gesprochene Kommentar über die Machtübernahme Hitlers wird mit einem Hintergrundbild kontrastiert, bei dem bereits die Deportation der Juden zu sehen ist (obwohl dies, historisch gesehen, erst viel später erfolgte). Durch derartige Verdichtungen wird der User angeregt, in Bild-Text-Montagen zu denken. Nach dem ersten Plot-Point wird wieder scheinbare „Normalität" gezeigt, der Umzug bzw. genauer die Flucht nach Amsterdam und der Aufbau der Opekta-Werke. Diese Seiten werden durch den zweiten Plot Point jäh unterbrochen, die Seite, die über den Eroberungsfeldzug von Hitler berichtet. Am 14. Mai überfällt Nazi-Deutschland die Niederlande. Dies wird ästhetisch sehr eindrucksvoll dargestellt. Über eine Reliefkarte von Amsterdam schiebt sich ein Flugzeug, marschierende Soldaten werden eingeblendet und langsam läuft die Farbe Rot über den Bildschirm, weitere Truppen marschieren auf, dazwischen werden NSDAP-Fahnen im linken Bildfeld platziert.

11 Umso bedauerlicher ist es, dass wir aus rechtlichen Gründen den zweiten Teil nicht veröffentlichen dürfen.

Abb. 88: Anne-Frank-Projekt, Screenshot

Abb. 89: Anne-Frank-Projekt, Screenshot

Die nächsten Seiten informieren über die Zwangsregistrierung, den Zwang, den Judenstern zu tragen und zeigen, wie in jüdischen Geschäften Scheiben eingeworfen wurden und es verboten war, bei Juden einzukaufen. Die Aufforderung an Anne Franks Schwester sich für einen Transport zu melden, führt dazu, sich ein Versteck einzurichten. Mit dem Zeigen des Verstecks (die Öffnung des Verstecks hinter einer Bücherwand wird simuliert) beginnt der vierte Teil. Alle acht Personen, die hinter der Tür lebten, werden gezeigt. Der Kontakt zu den Untergetauchten wird durch die Helfer hergestellt, die zuerst nur als Schemen dargestellt werden, die sich dann im Verlauf der Erzählgeschichte personifizieren. Die Entdeckung des Verstecks und der Bericht über die Folgen wird durch Schriftgrafik

Abb. 90: Anne-Frank-Projekt, Screenshot

Abb. 91: Anne-Frank-Projekt, Screenshot

dargestellt. Ganz im Hintergrund ist ein Innenraum als Wasserzeichen zu erkennen. Wenn über das bittere Ende von Anne Frank berichtet wird – Verhaftung, Deportation und Tod –, sind nur ihre Augen zu sehen. In der Replik ist eine Großaufnahme der Tagebuchschrift zu sehen, in die das Tagebuch und die Aufnahmen einer schreibenden Person eingeblendet werden. Zum Schluss kommt Anne Franks Konterfei noch einmal zentriert aus dem Off. Gleichzeitig wird über die Bedeutung des Tagebuches von Anne Frank berichtet.

Abb. 92: Anne-Frank-Projekt, Screenshot

Abb. 93: Anne-Frank-Projekt, Screenshot

Vom Anne-Frank-Haus gehen Seiten zum Seitenast Judentum. Hier gibt es grundlegend Informationen über das jüdische Jahr und ausgewählte jüdische Bräuche, so z.B. über Pessach, Channukah, Purim und Jom Kippur. Die Nutzer sollen die Möglichkeit bekommen, sich einen Überblick über jüdisches Brauchtum zu verschaffen. Ergänzt wird dieser Infoteil über die jüdische Kultur durch eine Ton-Dia-Vollbild-Schau. Taktgenau zu den Klängen eines jüdischen Liedes sind Bilder einer Synagoge und von jüdischen Symbolen und von Grabmälern zu sehen. Die außergewöhnliche Musik in Verbindung mit exquisiten Fotoaufnahmen löst bei den meisten Zuschauenden Trauer über die zerstörte Kultur und die getöteten Menschen aus.

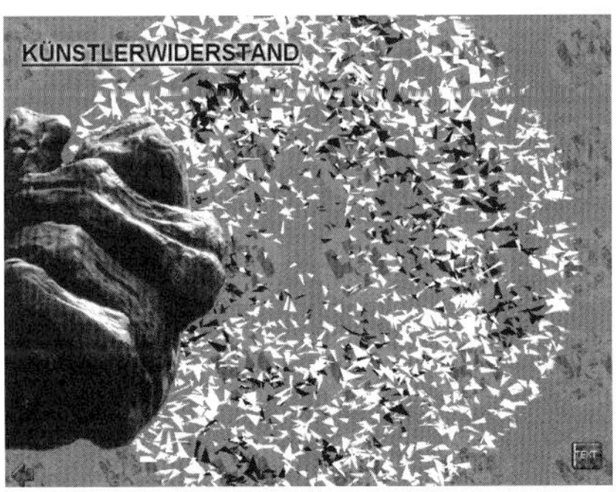

Abb. 94: Anne-Frank-Projekt, Screenshot

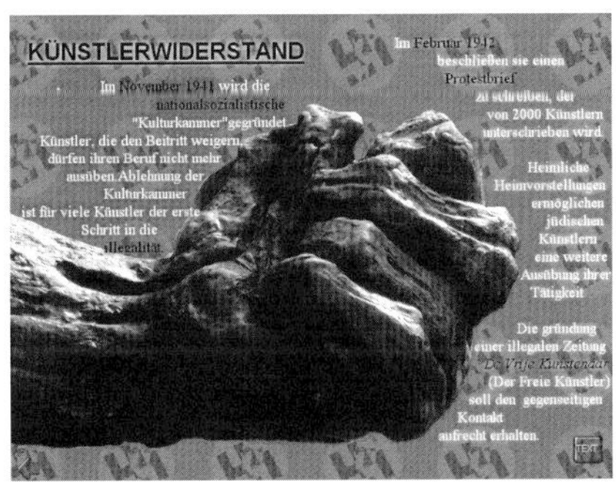

Abb. 95: Anne-Frank-Projekt, Screenshot

Wiederum mit Schriftgrafik beginnt der Zweig, der sich mit dem Thema „Widerstand" beschäftigt. Von der Animationsseite kommt der User zu einer Hauptseite, von der er zu verschiedenen Berichten gelangt, so z.B. über den Streik am 25. und 26. Februar 1941, die Streiks im April/Mai des Jahres 1943, die illegale Presse, die 18 Toten und das Widerstandsmuseum in Amsterdam. Ebenso gelangt er von dieser Seite auf den Widerstand der Kirchen, der Künstler, der Ärzte, der Studenten und der Juden. Beim Widerstand der Kirchen wird zentralperspektivisch im Hintergrund eine Innenaufnahme einer Kirche gezeigt. Ein Grabkreuz bildet die Kreuzachse, rechts und links von der vertikalen Achse sind zwei Kirchen zu sehen. Kurz danach folgt ein Text, der Hintergründe über den kirchlichen Widerstand vermittelt. Bei den Seiten über den Widerstand der Juden wird über den Rotterdamer Grundschullehrer Joop Westerweel berichtet, der anderen Juden half, in das sichere Spanien zu fliehen.

Bei den Seiten über den Künstlerwiderstand ist zentriert eine NS-Fahne mit Hitler-Bild dargestellt. Eine Faust kommt von links ins Bild und zerschlägt das Hakenkreuz und das Hitlerbild. Um die Faust herum sind dann die Informationen über den Widerstand der Künstler.

Bei den Streiks im April/Mai 1943 wird wiederum mit ungewöhnlicher Schriftgrafik gearbeitet. Im unteren Bereich des Bildes sind mehrere Schriften aufeinander gestapelt, so dass nichts zu lesen ist. Im oberen Teil des Bildes wird das Thema durch Rechts-Links-Bewegungen animiert. Wenn man nunmehr auf die gestapelten Texte drückt, löst sich ein Text und wird in den oberen Bereich positioniert, so dass er gut zu lesen ist. Danach folgen die restlichen Texte bis der Schriftberg „abgetragen“ ist.

Ein weiterer Themenast der CD-ROM beschäftigt sich mit den Zeitzeugen. Da die Zeitzeugen besonders durch ihre Authenzität wirken, konzentrierten sich die Studenten hier auf das Medium Video. Auf einer Videokachelwand lassen sich eindringliche Aussagen von CÉLINE anschauen und anhören, die die Geschichte des Faschismus in den Niederlanden, den Widerstand und heutige wichtiger Aufgaben antifaschistischer Arbeit in eindringliche Botschaften fasst.

Hervorzuheben ist noch, dass ergänzend zu dem Faschismuskomplex auch über das historische und das aktuelle Amsterdam informiert wird. In schnellen Zügen entsteht ein audiovisueller Eindruck der goldenen Epoche. Ausgehend von einer Grachtenfahrt gibt es einen Überblick über die schönsten Stellen von Amsterdam. Facettenreich wird das vielfältige und widersprüchliche Ambiente Amsterdams deutlich. Die Seiten über den Skydome, verbunden mit O-Ton-Aufnahmen lassen nachvollziehen, weshalb er gerade bei Jugendlichen Kultcharakter hat. Insgesamt ist hier ein ausgenommen komplexes Werk mit anspruchsvoller Ästhetik entstanden.

Innovative politische Bildung kontra Monopolisieren

Alle Beteiligten erwarten sich von der CD-ROM innovative Impulse für die Didaktik antifaschistischer Jugendarbeit, zumal die CD-ROM zusammen mit einem Medienpaket vertrieben wird und damit weitere Materialien zur Verfügung stehen, die das Bildungskonzept des JBW und des MuK nachvollziehbar machen. Die Hessische Landeszentrale für politische Bildung hat bereits ihre Unterstützung zugesagt.

Aus rechtlichen Gründen sind wir leider nicht in der Lage, die CD-ROM in der von uns gewünschten Weise zu veröffentlichen. Da das Produkt vorwiegend visuell konzeptioniert ist, benötigen wir die Berechtigung Anne-Frank-Bilder zu verwenden. Alle Rechte für Anne-Frank-Bilder liegen bei der Anne Frank Stichting in Amsterdam. Die Stiftung erlaubt grundsätzlich nur die Rechte für fünf Bilder je Produktion.

Mehrere Mitarbeiter der Stiftung, die das Produkt gesehen haben, waren von dem Ergebnis sichtlich angetan und haben uns dies auch gegenüber mündlich geäußert. Auf Grund der „guten Zusammenarbeit" mit der Stadt Frankfurt war die Stiftung nach weiteren Verhandlungen bereit, Rechte für zehn Bilder zur Verfügung zu stellen. Trotz mehrerer Interventionen, u.a. auch vom Sozialdezernenten der Stadt Frankfurt gelang es uns trotzdem nicht, die Rechte für mehr Bilder zu erhalten. Einem Gesprächswunsch zwischen der Anne Frank Stichting, dem Leiter des JBW, meiner Person und dem Leiter der Stiftung wurde nicht entsprochen. Selbst das Angebot, die CD-ROM gemeinsam herauszugeben, führte zu keiner Kooperationsbereitschaft. Die abschließende Antwort vom Head Collection Management lautete wie folgt: „Over a period of many years we have carefully developed our own educational approach and we do not want to get into the position that we are made responsible, or that the impression could arise that we are responsible for other educational work on Anne Frank. With the large number of applications that we receive from everywhere in the world we cannot possibly check all this work, or co-operate with other educational initiatives."

Trotz aller Berechtigung, nicht inflationär mit Anne-Frank-Produkten den Bildungsmarkt zu „überschwemmen" (so übersetze ich den Brief), bleibt der Verdacht, dass es vor allem darum geht, das Monopol für Anne Frank CD-ROMs zu bewahren. Das Produkt war ja bereits inhaltlich von Mitarbeitern „gecheckt" und für gut befunden worden.[12] Dies bedeutet, dass es nicht um inhaltliche Aspekte geht. Bei uns bleibt der Eindruck, dass partiale Interessen aus Gründen der Konkurrenz bzw. der Aufrechterhaltung eines Monopols Gemeinwohl-Interessen dominieren können. Es muss die Frage gestellt werden, ob Bilder mit einer derartigen historischen und aktuell politischen Brisanz der produktiven Aneignung entzogen werden dürfen. Es könnte jedoch auch sein, dass es keine Bereitschaft gibt, sich auf innovative ästhetische Konzepte einzulassen. Das eine wie das andere Motiv gibt Anlass zu Bedenken.

In einem Land, in dem neofaschistische und ausländerfeindliche Aktionen keine Seltenheit sind, stehen wir in der Verantwortung alle Erfolg versprechenden Methoden einzusetzen, um einen Beitrag zu einem solidarischen und interkulturellen Zusammenleben zu fördern. Wenn bei einem so wichtigen Thema eine Monopolisierung zur Verringerung der Aufklärung von faschistischer Geschichte dient, wenn antifaschistische Bildungsarbeit nicht nur Arbeit von Betroffenen für Betroffene sein soll, wenn Zielgruppen angesprochen werden sollen, die sich dem rationalen Diskurs entziehen, bedürfen wir nicht nur der Ästhetik als einer wesentlichen Komponente politischen Lernens, sondern sind auch angewiesen auf die Freiheit im Umgang mit für die politische Bildung relevanten Bildern.

Die Produktion wurde im SS 2003 trotz dieser unerfreulichen Umstände abgeschlossen. Allerdings wird ein wesentlicher Baustein nicht die Gestaltung haben, die er nach unserer Auffassung haben müsste, um dem Anspruch gerecht zu werden, in einer zeitgeist-adäquaten Weise für antifaschistische Jugendarbeit zu sensibilisieren.

12 Zwei Studenten hatten das Bildungsurlaubsseminar 2002 beobachtet und begleitet und es genutzt, um die Betaversion des Anne-Frank-Segments Mitarbeitern des Anne-Frank-Hauses zu zeigen.

7.4. *Selma* – Multimedia im Unterricht

Nicht immer ist es möglich, zu jedem Thema bzw. Schwerpunkt eine aufwändige CD-ROM zu produzieren. Die neuen Technologien können, ganz abgesehen von dem Komplex E-Learning, auch in anderen Zusammenhängen eingesetzt werden, um multimediales Lernen als Selbstlernprozess auszulösen.

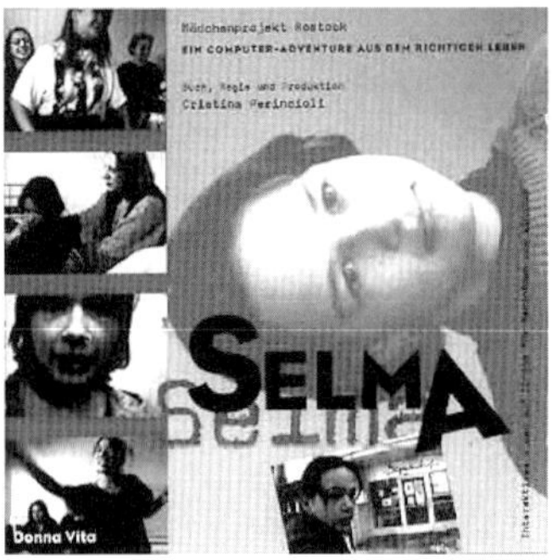

Abb. 96: Selma, Cover

Zum Thema „Wissenschaftstheorie" habe ich im Rahmen einer Studieneingangsgruppe eine von Cristina PERINCIOLI produzierte CD-ROM zum Thema „Sexueller Mißbrauch" eingesetzt.[13] Obwohl *Selma* für Mädchen produziert wurde, ist sie ebenfalls für Jungen sehr gut geeignet, um für das Thema zu sensibilisieren. Bei der CD-ROM handelt es sich um ein interaktives Video auf CD-ROM. Die 16-jährige Selma wird von ihrem Vater belästigt und missbraucht. Die CD-ROM *Selma* erzählt ihre Geschichte. Durch Kommunikation mit dem User führt Selma interaktiv durch das Programm. Der User begleitet die Hauptfigur Selma, er wird zu ihrem Ratgeber.

Einer der Hintergründe für die Produktion der CD-ROM ist nach Mitteilung der Herausgeber die Tatsache, dass ein von sexuellem Missbrauch betroffenes Kind sich im Durchschnitt sieben Mal vergebens an Erwachsene wendet, bevor es sinnvolle Auskunft und Hilfe erhält. Die Realitätsnähe ist die große Leistung der CD-ROM. Nicht immer gibt die CD-ROM auf jede Frage eine Antwort. Oftmals sind die Antworten wenig hilfreich (siehe Polizei). Der User wird durch die Beraterrolle direkt in das Geschehen einbezogen und wird an den Lösungen beteiligt. Indem er Selma mit Rat und Tat zur Seite steht, lernt er den Weg Selmas und die wesentlichen Hilfs- und Unterstützungsangebote für Mädchen wie Selma kennen: das Leben auf der Strasse, Jugendnotaufnahme, Polizei, Beratungsstelle und schließlich die Jugendwohngemeinschaft. In der CD-ROM ist eine Mädchenwohngemeinschaft von innen zu sehen und es wird gezeigt, wie Selbstverteidigung funktioniert. Das Mädchenhaus kann Schutz geben vor dem Täter; das Verhältnis zur Mutter müssen die Mädchen im Wesentlichen selbst aufarbeiten. Der User erhält Hintergrundinformationen über das Problem, wo man Ansprechpartner finden kann und wie es möglich ist, eine Zukunftsperspektive zu entwickeln. Ebenso gibt die CD-ROM Informationen über die rechtlichen Möglichkeiten und führt ein in die emotionale Problematik. Durch die hypertextuale Struktur kann der User seinen eigenen Weg durch Selmas Geschichte nehmen. Unabhängig welchen Weg er geht, erhält er im Verlauf der Geschichte alle relevanten Informationen und kann Selma helfen aus ihrer Missbrauchsbeziehung freizukommen. Stellvertretend lernt er mit Selmas Mutlosigkeit und Schuldgefühlen umzugehen

13 Zu erhalten bei Donna Vita Verlag, Sudermannstr. 5, 50670 Köln.

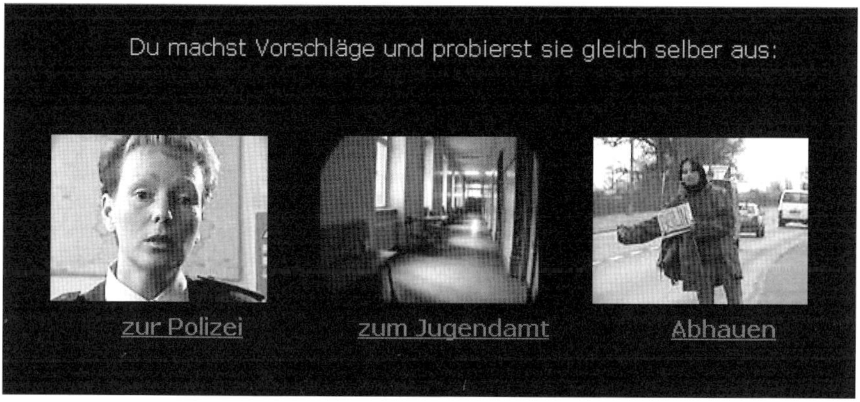

Abb. 97: Selma, Screenshot (Ausschnitt)

und kann schließlich nachvollziehen, wie Selma zum Schluss selbst in die Rolle der Helfenden kommt und nicht mehr nur das ratlose Opfer ist. In der Wohngemeinschaft werden gegen Ende verschiedene Aufarbeitungsstrategien ausprobiert. Betroffene helfen Betroffenen, damit wird auch ein Ausweg aus der Hilflosigkeit gezeigt.

Die CD-ROM haben wir uns in einer Studieneingangsgruppe gemeinsam interaktiv angeeignet. An das szenische Spiel der CD-ROM wurde angeknüpft. Die Aufgabe bestand darin, ein szenisches Spiel zu entwickeln. Während es in der CD-ROM darum ging, Hilfemaßnahmen für Selma nachvollziehbar zu machen, hatten die Studenten den Auftrag, aus unterschiedlicher wissenschaftstheoretischen Positionen „sexuellen Mißbrauch" zu erklären, da das eigentliche Lernziel der Unterrichtseinheit Wissenschaftstheorie war. Die jeweiligen Theorien sollten mit Beispielen aus der CD-ROM erklärt werden. Es wurden Paare gebildet, die sich für jeweils eine Theorien entschieden, so z.B. für die Systemtheorie, die kritische Theorie, die analytische Psychologie, die Psychoanalyse und die Verhaltensforschung/Lerntheorie. Als Hilfsmittel sollten die Studenten das Internet nutzen. Sie sollten lernen, mit Hilfe von Suchdiensten wesentliche Aussagen zu Theorien herauszufinden und gleichzeitig beurteilen lernen, ob die jeweils gefundenen Texte zur Problembewältigung geeignet sind. Die Ergebnisse konkretisierten sie nicht in Form von Referaten, sondern in Form von Gerichtsverhandlungen, die gleichzeitig mit Video aufgenommen wurden. Zwei Studentinnen hatten sich als Richter qualifiziert, d.h. sich über die juristische Dimension sachkundig gemacht. Nicht nur aus meiner Sicht wurde das Semester eine ganz aufregende Lernerfahrung. Einerseits war ich verblüfft, wie intensiv sich die Studenten mit Wissenschaftstheorie auseinander setzten, andererseits zeigte sich, dass durch die spielerische Herangehensweise offensichtlich ein Weg gefunden wurde, sich diesem komplexen Thema angemessen zu nähern. Die Studenten lernten nicht, was richtig und falsch ist, sondern zu welchen Aussagen zu einem Problem bzw. einem Konflikt die jeweiligen wissenschaftlichen Forschungsrichtungen kommen würden. Sie lernten damit multiperspektivisches Denken.

8. Zur Ästhetik des Internets – Wahrnehmungsdispositive eines neuen Mediums

„Das eigentlich Neue an den Neuen Medien sind die Verbindungen, welche die fortschreitende Digitalisierung unter ihnen erlaubt."
Stefan Bollmann

Das Medium Internet lässt sich zur Zeit als das ästhetische Leitmedium unserer Kommunikationskultur bezeichnen. Entscheidend dabei ist nicht die hohe Reichweite, sondern die Tendenz, dass Webseiten zur wesentlichen Repräsentations- und Darstellungsform von Universitäten, Firmen, staatlichen und privaten Institutionen, Verbänden und sonstigen gesellschaftlichen oder privaten Einrichtungen werden.

Wir leben in einer Gesellschaft der gesättigten Märkte. Die Entscheidung für den Kauf eines Produktes hängt selten mit den jeweiligen Produkteigenschaften zusammen. Meist spielen sogenannte „added values" die größere Bedeutung. Diese zusätzlichen Werte deutlich zu machen, ist das Hauptaufgabengebiet der Werbung. Sie entwickelt immer raffiniertere Methoden, um dem von den Werbeagenturen befürchteten „low-involvement" (niedrige Ich-Beteiligung) zu entgehen. Emotionalisierung, Aktivierung und Ästhetisierung sind beispielhafte Mittel diese Tendenz zu unterlaufen. Dem Wettbewerb um die Erzielung von Aufmerksamkeit kommt in der Informationsgesellschaft eine besondere Bedeutung zu.

Würde sich dieser Wettbewerb um Aufmerksamkeit nur auf kommerzielle Produktionen beziehen, wäre dies weniger beunruhigend. Die Forderung nach Effektivierung, Leistungsoptimierung und Qualitätsmanagement im Bildungsbereich sowie im sozialen Bereich[1] macht aber deutlich, dass bald kein Bereich mehr davon ausgenommen sein wird, um Aufmerksamkeit von potenziellen Klienten oder genauer Kunden zu werben. Die durch den strukturellen Wandel ausgelöste Konkurrenz verlangt vor allem eine Sichtbarmachung der angebotenen Dienste und Leistungen. Das gilt für die Industrie, die Wirtschaft genauso wie für den Sozial- und den Bildungsmarkt.

Kontaktaufnahme und erste Eindrücke von potenziellen Kontaktpartnern laufen mehr denn je über die jeweilige Webseite. Die Homepage wird zum Portal für den Eintritt in die virtuelle Kommunikationskultur. Der User wird nicht mit guten Argumenten erreicht, sondern nur mit einer Portalästhetik, die ihn motiviert auf der Seite zu bleiben. Der Ästhetik der Webseiten und insbesondere der ersten Seite sollte daher besondere Aufmerksamkeit geschenkt werden, da viele User nach einem flüchtigen Blick entscheiden, ob sie die Seite intensiver anschauen oder weiter klicken.

1 Vgl. KÖNIG/OERTHEL/PUCH, Starnberg 2000.

Im Folgenden möchte ich mich mit strukturell-ästhetischen Überlegungen im Kontext des Internets beschäftigen. Aufzeigen möchte ich, welche ästhetischen Herausforderungen an Produzenten und Rezipienten gestellt werden. Ebenso möchte ich die subtextualen Wahrnehmungswandlungen reflektieren, die durch die Wahrnehmungsdispositive des Mediums Internet mutmaßlich ausgelöst werden. In diesem Text möchte ich mich mit fünf Dimensionen genauer beschäftigen:

- der Dimension des Motivs
- der Dimension der Aneignung
- der Dimension der Struktur
- der Dimension der Verknüpfung
- der Dimension der Gestaltung

Bei der Dimension des Motivs möchte ich andeuten, wie das Motiv die ästhetische Darstellung beeinflusst. Die Dimension der Aneignung beschäftigt sich mit der ästhetischen Aneignung durch die User. Die Dimension der Struktur deutet die unbewusst gelernten Wahrnehmungsmuster an. Die Dimension der Verknüpfung reflektiert die vielschichtigen Prozesse, die bei der hypertextualen Verlinkung von Webseiten zu berücksichtigen sind. Bei der Dimension der Gestaltung geht es um die Sichtbarmachung der wichtigsten gestalterischen Mittel, die beim Webseitendesign eingesetzt werden.

8.1. Die Dimension des Motivs

Die Interessen und Absichten der Webseiten-Produzenten führen in der Regel zu einer spezifischen ästhetischen Darstellungsweise. Betrachtet man ihre Motive, so kann man idealtypisch die Webseiten wie folgt klassifizieren:

- ***Depotästhetik*** Der Produzent betrachtet das Internet als ein bedeutendes Instrument, in dem er wichtige Gedanken, Materialien, Informationen, Wissensbestände der globalen Kommunikation zur Verfügung stellt. Es geht nicht um eine optimale ästhetische Präsentation, sondern um eine bestmögliche Unterbringung maximaler Informationen. Diese ästhetische Erscheinungsform war früher häufig bei vielen Hochschulseiten zu beobachten. Das hat sich allerdings in den letzten Monaten geändert. Inzwischen legen die Hochschulen immer größeren Wert auf Außendarstellung. Im Handbuch der Globalisierung ist die Depotstruktur noch gut zu erkennen (*http://www.contracom.de/*).
- ***Informationsästhetik*** Die Produzenten wissen, dass zielgruppenspezifische Wahrnehmungsmuster nötig sind und beabsichtigen entsprechend ihrer Kompetenz ihre (vorwiegend kognitiven) Ideen einer breiten Öffentlichkeit zur Verfügung zu stellen. Die Inhalte sind nach gestalterischen Gesichtspunkten arrangiert, jedoch fehlt es an ästhetischer Brillanz. Insbesondere Verbände, Institutionen und inzwischen

auch die Hochschulen agieren in diesem Modus. Als Beispiel habe ich die FH Aachen ausgewählt (*http://www.fh-aachen.de/*).

- ***Verlautbarungsästhetik*** Das Internet wird als Plattform für die Verbreitung der eigenen Botschaft genutzt. Beabsichtigt ist, Gleichgesinnten ein virtuelles Tableau für die Identifizierung zur Verfügung zu stellen. Besonders sollen potenzielle Interessenten geworben werden. Radikale politische Parteien und Gruppierungen setzen diesen Modus vermehrt ein. Beispielhaft verweise ich auf die rassistische Seite von Stormfront (*http://www.stormfront.org/*).
- ***Merkantilästhetik*** Zur Erzielung von Kaufwünschen wird zielgruppenspezifisch eine maximal zumutbare Affektivierung betrieben, um Kunden zu werben und zu binden. Dies geschieht vor allem durch ein „gutes" und ansprechendes Design. Es ist der Modus in dem der E-Commerce sich präsentiert. Als Beispiel habe ich die Firma *analog multimedia* (*www.analogmultimedia.de/php/frameset/frameset.php3*) ausgewählt.
- ***Selbstdarstellungsästhetik*** Bei diesem Modus geht es zwar auch, wie bei der Verlautbarungsästhetik, um die Präsentation von Ansichten und Überzeugungen. Sie werden jedoch nicht als politische, soziale oder ethische Botschaften, sondern als Lebensentwürfe präsentiert, nach dem Motto „my home is my homepage". Weblogs, die virtuellen Tagebücher lassen sich dieser Rubrik zuordnen. Als Beleg weise ich hin auf *http://andrea.editthispage.com/*.
- ***Unterhaltungsästhetik*** Hier geht es um die Erzielung von Spaß und Zeitvertreib. Bei Disney World (*http://disney.go.com/park/homepage/today/flash/index.html.*) führen nahezu alle Links auf Aktivitäten (Spiele). Dieser Modus ist oft mit dem merkantilen Modus verknüpft, taucht aber auch bei vielen Selbstdarstellern auf. Es dominiert der spielerische Aspekt.
- ***Erlebnisästhetik*** Aktivierung und Motivierung, als Auslöser von Erlebnissen, stehen im Zentrum dieses Modus. Firmenhomepages, die besonders kinder- bzw. jugendnah sein möchten, aber auch einzelne medienpädagogische Projekte, wie z.B. *http://www.spiellandschaft.de/* sind diesem Modus zuzuordnen.

8.2. Die Dimension der Aneignung

Richtet man den Blick auf die Art und Weise wie das Medium angeeignet wird, wird erkennbar, daß unsere mentalen Strategien sich in Korrespondenz zu den spezifischen technischen Ausgangsbedingungen entwickeln. Wie Form und Inhalt einer Botschaft wahrgenommen wird, hängt auch von den Aneignungsebenen ab, die das Medium (Internet) implizit, als „hidden curriculum" begünstigt.

- ***Prosumentenästhetik*** Die Unterscheidung von Produzent und Konsument wird im Internet auf zwei Ebenen aufgehoben. Im Sinne von BRECHTs Radiotheorie kann jeder selbst zum Sender, d.h. zum Produzenten werden (erste Ebene). Das Internet ist ein 2-in-1-Medium: Jeder Produzent ist gleichzeitig User, jeder User kann jederzeit Produzent werden. Das Gegensatzpaar Produzent und Konsument löst sich aber auch noch in einer zweiten Ebene auf. Die Webseiten-Produzenten sind aufgrund der Veränderung der unterschiedlichen Seh- und Wahrnehmungsweisen von Kindern, Jugendlichen und Erwachsenen gezwungen, ihre Anliegen immer stärker auf Zielgruppen hin zu orientieren. Die unterschiedlichen kognitiven Skripte (Lernstile) bei der Aufnahme von Welt, die Segmentierung der Lebenserfahrungen und die Differenzierung in *Special-Interest*-Gruppen, macht eine genaue Zielgruppenanalyse nötig. Aus diesen Gründen setzen sich die Produzenten intensiver mit den Wünschen und Interessen der potenziellen User auseinander und erstellen ästhetische Entwürfe, die einen Kontakt begünstigen. Der „Kon"sument wird somit zum „Pro"sumenten, da er durch seine bewusste oder unbewusste Quotierung bestimmt, was der Produzent anbietet. Das Internet hat somit die Entwicklung einer Prosumentenästhetik beschleunigt.

- ***Aktivierungsästhetik*** Im Internet lässt sich nur surfen, wenn die User mit der sogenannten Benutzeroberfläche (in der Regel dem Bildschirm) mittels Schnittstellen und Eingabegeräten (Maus, Tastatur, Trackball, etc.) interagieren. Selbstverständlich kann es auch einen nur beobachtenden Status geben. In der Regel handelt der User jedoch aktiv. Selbst wenn er „nur" einzelne Seiten im Web aufruft, werden mehrere Sinne (Sehen, Hören, Kinästhetik) angesprochen. Da die Koordination von Auge und Hand eine enge Beziehung mit unserem Ich-Gefühl eingeht[2], begünstigt das Agieren im Medium Internet eine intensive Lernerfahrung. In diesem Kontext lässt sich von einer Aktivierungsästhetik sprechen.
- ***Echtzeit-Ästhetik*** Die Aktivitäten im Internet führen, abgesehen von den mehr oder weniger langen Ladezeiten, zu einer augenblicklichen Reaktion und einem Erleben im Hier und Jetzt. Erfahrungen und Kenntnisse werden durch Zugriffe auf andere Seiten ständig erweitert. Dies impliziert die Illusion der permanenten Verfügbarkeit. Da auf Webseiten oft nicht zu erkennen ist, wann sie produziert wurden, kann der Eindruck entstehen, dass die Vergangenheit mit der Gegenwart verschmilzt. Die Wahrnehmung einer Seite korreliert nicht mit dem Zeitpunkt ihrer Herstellung, sondern mit dem Zeitpunkt des aktuellen Aufrufs. Das führt zu einer Echtzeit-Ästhetik. Für den User sind keine Prozesse erkennbar, die Wandlung einer Seite wird selten bewusst wahrgenommen. In der Mehrzahl handelt es sich um eine Augen-Blick-Ästhetik. Die Ästhetik der Zukunft im Internet heißt „Baustelle" oder „under construction".
- ***Ästhetik der Zufälligkeit*** Das Internet enthält als Medium keine lineare Verlaufsform und damit keine inhärente Dramaturgie bzw. Spannungskurve. Die Seiten des Internet sind beliebig miteinander verknüpfbar. Die Akzentuierung einer möglichen Spannungskurve muss von jedem einzelnen User selbst gestaltet werden. In den

2 Vgl. LEROI-GOURHAN 1988 und RÖLL 1995.

seltensten Fällen surft der User entlang der gleichen Links. Die Veränderbarkeit der virtuellen Begehung ist dem Medium inhärent, Variabiliät wird zur Standarderfahrung. Dies führt zu einer Ästhetik der Zufälligkeit, zumal durch die Nutzung von Suchmaschinen viele Seiten nicht gezielt ausgesucht werden.

- ***Ästhetik der Camouflage*** Aufgrund der amorphen Struktur des Netzes kann sich potenziell jeder im Netz begegnen. Standes- und soziale Unterschiede sind den jeweiligen Web-Seiten nicht anzusehen (das trifft in noch intensiverer Weise auf Chatrooms und das USENET zu). Ebenso ist nicht selbstverständlich davon auszugehen, dass zu erkennen ist, ob Seiten von Grafik-Agenturen, professionellen Gestaltern oder von Personen gemacht wurden, die sich eigenständig das Medium angeeignet haben.[3]
- ***Netz-Ästhetik*** Aufgrund der Interaktivität, und der Möglichkeit der Peer-to-Peer-Kommunikation, des Austausches von Informationen, Files und Dokumenten entsteht durch das Internet eine eher egalitär zu nennende Kommunikation im Vergleich zu früheren Medien. Die pyramidale Struktur, die dadurch geprägt ist, dass Information von oben nach unten fließt, weicht der Netz-Struktur, bei der Informationen durch unterschiedliche Knoten verbunden sind (vgl. Kap. 1.6.). Im Internet lässt sich somit eher von einer Netz-Ästhetik sprechen.

8.3. Die Dimension der Struktur

Das Besondere des Internets ist, dass es einerseits andere Medien integriert, andererseits durch die Art, wie dies geschieht, neue Dimensionen ästhetischer Wahrnehmungsaneignung bildet. Viele dieser Dimensionen sind sichtbar, aber einige aktualisieren sich hinter dem Rücken der User. Im Folgenden möchte ich einige dieser „unsichtbaren" Aspekte skizzieren:

- ***Opake Struktur*** Die Technik des Internet ist für die meisten User nicht durchschaubar. Vergleichbar einem Auto, das man fährt, ohne zu wissen, wie ein Vergaser oder eine Benzineinspritzpumpe funktioniert, lässt sich im Internet agieren, ohne Kenntnis der Technik, die die virtuelle Kommunikation ermöglicht. Das bedeutet, die jeweiligen User verfügen nicht über eine freie Gestaltung im Ausdruck, sondern sind auf Normen und Techniken angewiesen, die andere gesetzt haben. Dieses Phänomen verdoppelt sich bei der Interaktion mit der Benutzeroberfläche. Auch diese und die über sie gestalteten Seiten sind nicht mehr durchschaubar. Der Trend zur Nut-

3 Selbstverständlich haben Firmen und Institutionen bessere Ausgangsbedingungen. Aber allein die Tatsache, dass die Webseite *http://ffm.junetz.de/members/vlado/* von Vlado Vidovic aus Frankfurt über das Musical *Cats* höhere Kontaktzahlen aufweist als die offizielle Homepage von *Cats*, gibt Hinweis auf das hier diskutierte Phänomen.

zung von Editoren-Programmen bei der Gestaltung von Webseiten (u.a. *Composer* von Navigator, *Frontpage*, *Dreamweaver*, *Flash*) verstärkt diese Tendenz. Kreativität und Gestaltung entfaltet sich also auf der Basis opaker Strukturen. Während in der Gründerphase (um 1991) die Kenntnis der Programmiersprache HTML, des sogenannten Quelltextes, die Ausgangsbasis zur Erstellung von Webseiten war, führt die aktuelle Entwicklung hin zu einer *Editorenästhetik*, die es erlaubt im WYSIWYG-Modus („What you see is what you get") Webseiten zu gestalten.

- ***Präsentative Struktur*** Multidimensionalität und Parallelität unterschiedlicher inhaltlicher Darstellungs- und medialer Gestaltungsformen kennzeichnen das Internet. Anspruchsvolle und weniger anspruchsvolle Seiten stehen unvermittelt nebeneinander. Die Komplexität des Netzes erfährt sich nicht in einer Webseite, sondern in der potenziell zur Verfügung stehenden Ganzheit. Das Netz ist somit von einer *präsentativen Ästhetik* geprägt, die nicht durch ihre Einzelteile, sondern durch die gesamte Struktur ihre wesentliche Bedeutung entfaltet. „In der Kombination von Grafik, Text und Bild, die durch die Konstellation des Browserfensters zusätzlich eingerahmt werden, ist die Anmutung einer Webseite zunächst immer eine grafische. Die Wirkung des Inhalts ist nachhaltig geprägt durch die grafische Gestaltung. Durch die Rezeption anderer Medien sind wir allerdings daran gewöhnt, Kombinationen von Text, Bild und grafischen Elementen durchaus als bildhaftes Ganzes wahrzunehmen" (LOCKEMANN 2002, S. 261).
- ***Hybride Struktur*** Aufgrund der Segmentierung der Zielgruppen müssen viele Anbieter darauf achten, jeweils unterschiedliche Portale anzubieten. Dies führt zum Zwang hypride Webseiten anzubieten. Die hybride Struktur zeigt sich nicht nur in den unterschiedlichen Seiten, sie wiederholt sich oft auch innerhalb der jeweiligen Webseiten. Es kommt zu transversalen Verbindungen und damit zur Verknüpfung unterschiedlicher inhaltlicher und ästhetischer Zusammenhänge in einem Produkt. Damit versuchen die Produzenten dem Problem unterschiedlicher Erwartungen seitens der User gerecht zu werden. Sehr schön lässt sich die hybride Struktur an den Webseiten der BZgA (Bundeszentrale für gesundheitliche Aufklärung) verdeutlichen. Das Portal der BZgA (*www.bzga.de*) richtet sich an ein amorphes Publikum und enthält ein sachliches Angebot, bei dem die oberste Frameleiste auch mittels visueller Information sensibel für das Angebot der BZgA machen will. Die Seite, die über die Sexualpädagogik informiert, ist künstlerisch sehr anspruchsvoll gestaltet und wohl für Multiplikatoren gedacht (*http://www.sexualaufklaerung.de/*). Die *www.loveline.de*-Seite ist kindgemäß, aber fast ein wenig zu poppig geraten. Die BZgA beantwortet somit ausgehend von einem Portal die unterschiedlichen Interessen mit unterschiedlichen Webdesigns. Während früher (und noch heute) versucht wurde eine einheitliche *Corporate Identity* über die Außendarstellung zu gewinnen, entsteht aufgrund der Segmentierung der Zielgruppen die Notwendigkeit einer *hybriden Ästhetik* (*Hybrid Identity*).
- ***Hypertext-Struktur*** Die Hyperlinks bilden die Basis für den Hypertext, eine diskontinuierliche virtuelle Verknüpfung von Texten. Über diese Links lassen sich Seiten und Informationen innerhalb der Seiten einzeln abrufen. Die Reihenfolgen der

Links, die über Knoten verknüpft sind, bestimmt der User. Ein Hypertext wird nicht gelesen, er wird „erlebt". Durch die Hypermediastruktur wird die Linearität bisheriger Kommunikationsformen, wie z.B. die von Büchern, durch ein System von unterschiedlich vernetzten Webseiten ersetzt (vgl. Kap. 2.4.1.). Die Logik dieser Kultur steht der Manuskriptkultur im frühen Mittelalter näher als der Buchkultur, daher lässt sich diese Ästhetik als *Manuskript-Ästhetik* bezeichnen.

- ***Hotspot-Struktur*** Der Begriff Hotspot bezeichnet die Möglichkeit in einem Bild eine weitere Information (meist Grafik, Bild, Text oder Fenster oder einer weiteren Seite) aufzudecken (vgl. Kap. 2.4.3.). Während beim Hyperlink sichtbar ist, dass durch Anklicken oder Berühren des Schriftzuges oder des Bildes eine weitere Information oder Seite aufgerufen werden kann, ist das Besondere des Hotspots, dass der User durch Zufall und zufälliges Agieren auf der Bildschirmoberfläche weitere Infos bzw. Etagen (Seiten) aufdeckt. Aus diesem Grunde nenne ich diese Struktur auch *Etagen-Ästhetik*. Sehr oft wird der Hotspot eingesetzt, um einen Farb-, Bild oder einen Ikonwechsel auszulösen. Die Produzenten vermuten, dass damit höhere Aufmerksamkeit erzielt wird. Seine besondere Raffinesse entfaltet er, wenn Zusatzinformationen (Texte, Bilder oder andere Seiten) aufgerufen werden.

8.4. Die Dimension der Verknüpfung

Da in der Regel beabsichtigt ist, dass der User sich die Seiten interaktiv aneignet, bedarf es einer Gestaltung der vernetzten Strukturen als vielschichtigen Prozess. Damit der Betrachter Zusammenhänge erkennen und für ihn nützliche Folgerungen ziehen kann, besteht die Notwendigkeit, die jeweiligen Informationen planvoll zu gruppieren und zu strukturieren (vgl. DAHLBERG 1994, S. 227). Das Auswählen und Bewerten von Informationen sowie das Erkennen von Zusammenhängen ist für die User eine kognitive Herausforderung. ISKE (2002, S. 93) sieht daher die Notwendigkeit bei der Gestaltung von Multimedia- bzw. Webseiten vielschichtige Prozesse zu integrieren, die ich im Folgenden darstellen werde.

- ***Metakognitiv-reflexiver Aspekt*** Der Autor muss sich sowohl mit der inhaltlichen als auch mit der Ebene der strukturellen Verknüpfung der einzelnen Module (Knoten und Kanten) auseinandersetzen. Die Module müssen eine innere inhaltliche und ästhetische Stimmigkeit haben. Dies wird als Kohäsion bezeichnet. Auf dieser Ebene wird die Art der medialen Codierung festgelegt und entschieden, welche Informationen Verwendung finden. Dann müssen die Module stimmig aufeinander bezogen sein. Die einzelnen Module müssen zu größeren thematischen Einheiten verknüpft werden. Die Stimmigkeit des Kontextes wird als Kohärenz bezeichnet. Die gesamte Netzstruktur mit allen verknüpften Modulen lässt sich als Metatext bezeichnen. Das Gestalten eines anspruchsvollen Metatextes verlangt metakognitive Fähigkeiten

- ***Interpretativ-hermeneutischer Aspekt*** Die Verknüpfung von Modulen verlangt eine aktive Auseinandersetzung, bei der der Autor durch das Erstellen von Zusammenhängen, das Zuordnen zu Gegenstandsbereichen und Typisierungen der Informationen notwendigerweise das Informationsmaterial interpretieren muss. Verlangt wird vom Autor ein hermeneutisches Verständnis, ein Erfassen, Verstehen und Herstellen von komplexen Zusammenhängen, das über ein elementares Verstehen hinaus geht. Es geht nicht nur um das Arrangement von Informationen innerhalb eines Moduls, sondern die unter Abwägung alternativer Möglichkeiten nachvollzogene Auswahl und Anordnung der Information bezogen auf das jeweils bereits entwickelte Wissensdesign.
- ***Heuristisch-kreativer Aspekt*** Im Gegensatz zur traditionellen wissenschaftlichen Methode, die Inhalte systematisch entwickelt, ist beim Aufbau von Hypertexten aufgrund der vielen Anordnungsformen und Verknüpfungsmöglichkeiten ein heuristisches Vorgehen angemessener. Hypothesen und Modellvorstellungen bieten die Basis (Bottom-up-Ansatz), von der aus kreativ Lösungen gesucht und gefunden werden. In der ersten Phase geht es um das Sammeln neuer Ideen. Dabei können Zettel- und Karteikästen, aber auch Brainstorming, Clustering, Mind Mapping, Ideencoaching und spielerische Methoden helfen. Danach kommt es zum Selektieren, Zusammensetzen und Verknüpfen der neuen Ideen. In den Vordergrund rückt die kreative Verknüpfung der gesammelten Daten, um zu neuen Einsichten und Erkenntnissen zu kommen.
- ***Pluralistisch-interdisziplinärer Aspekt*** Beachtet werden müssen die vielfältigen Beziehungen zwischen den Themengebieten. Die Hypertext-Basis eröffnet die Möglichkeit eines intertextuellen Lexikons, das am ehesten durch einen interdisziplinären Ansatz verwirklicht werden kann. Da Hypertexte die Möglichkeit erlauben, die Informationen unter verschiedenen Gesichtspunkten anzuordnen, werden die Inhalte in Wechselbeziehung und in Kontexten gesehen. Gleichberechtigt können zu einem Themengebiet unterschiedliche, auch widersprüchliche methodische Zugänge und Positionen nebeneinander gestellt werden. Dies führt zu einer pluralistischen Sicht.
- ***Kooperativer Aspekt*** Hypertexte können von mehreren Personen erstellt werden. Damit wird die Konzentration beim Produktionsprozess auf Kooperation und Kollaboration gelegt. Das Individuelle tritt gegenüber dem Sozialen in den Hintergrund. Die typischerweise vereinzelte Wissensproduktion wird durch die Kommunikation mit anderen aufgebrochen. Kollegiale Kooperationen oder projektbezogene Kollaboration mit gemeinsamer Planung und Entwicklung von Zielen sind möglich. Allerdings kann dieser Prozess auch zu Schwierigkeiten führen, wenn die Intensität der Zusammenarbeit nicht mit dem Stadium der sozialen Gruppe korrespondiert (vgl. KERRES, 2001, S. 267).

8.5. Die Dimension der Gestaltung

Ob und wie eine Webseite vom User wahrgenommen wird, steht in engem Kontext zu dem jeweiligen Layout. Für die Webseiten-Produzenten besteht die Herausforderung darin, den User möglichst lange für die Seite zu interessieren. Die im Internet zu beobachtenden Gestaltungsformen orientieren sich an den klassischen Gestaltungsregeln, wenn sich auch bedingt durch die Besonderheiten des Mediums und der Internetsprache HTML einzelne spezifische ästhetische Darstellungsformen herausgebildet haben. Wichtige Werkzeuge möchte ich im Folgenden darstellen.[4]

- ***Hintergrund*** Durch eine klare Abgrenzung von Vorder- und Hintergrund lässt sich das Subjekt (Figur) vom Objekt (Grund) abgrenzen. Bei Schrifttext ist zu beachten, dass der (Hinter-)grund nicht in Konkurrenz mit dem Text (Subjekt) tritt, um „Lesbarkeit" zugewährleisten ist. Institutionen, die vorwiegend an der Vermittlung kognitiver Wissensbestände interessiert sind, wie z.B. die FH Darmstadt (*www.fh-darmstadt.de/*) oder die an modernem Design orientierte Deutsche Gesellschaft für Ästhetik (*www.dgae.de/*) nutzen einen weißen Hintergrund. Seiten mit künstlerischem Anspruch sind oft schwarz gestaltet, wie z.B. die Seiten des Kongresszentrums in Luzern (*http://www.kkl-luzern.ch/german/index.html*) und die Webseite von *masa & friends gmbh (http://www.dasauge.de/cgi-bin/sprung.pl?aktion=info&anb=34&hauptframe=1)*, wobei bei *masa & friends* durch Lichteffekte im oberen horizontalen und im linken vertikalen Frame der schwarze Hintergrund ästhetisch dynamisiert wird. Einfarbige Hintergründe sind in hoher Anzahl im Netz zu finden, wie z.B. auch in *www.hannover.de/deutsch/kultur.htm*.
  Der Trend insbesondere von Seiten für Kinder und Jugendliche geht allerdings in Richtung Farbverläufe oder marmorierter oder strukturierte Hintergrundflächen. Damit soll Raum bzw. Tiefe visuell zum Ausdruck gebracht werden, wie z.B. auf der Webseite *www.junge-medien.de/*. Überzeugender ist meines Erachtens der Hintergrund der legendären Künstlerkolonie in Berlin (*http://www.kultur-netz.de/*). Es gibt mehrere Typen von Hintergrundbildern (auch wallpapers genannt). Vorwiegend werden „wallpapers" mit visuellen Effekten genutzt, wie z.B. faserige, hölzerne, metallene oder papierene Oberflächen. Eine Alternative bilden klare Farbflächen mit geometrischen Mustern. Die Hintergrundbilder dürfen nur dezent erkennbar sein, damit vom Vordergrund, dem eigentlichen Inhalt, nicht abgelenkt wird. Hintergründe können auch fixiert werden, so dass beim Scrollen der Eindruck entsteht, der Text würde über den Hintergrund geschoben. Der Effekt wirkt dann besonders wirkungsvoll, wenn in den Hintergrund eine Grafik mit erkennbarem Motiv eingebunden ist (Wasserzeicheneffekt). Bei der Nutzung von Grafik als Hintergrund muss immer beachtet werden, dass die Lesbarkeit des Textes nicht beeinträchtigt wird.

4 Unter *http://selfhtml.teamone.de/* lassen sich viele wertvolle Tips finden.

Ein recht auffallender Effekt ergibt sich, wenn Hintergründe fixiert werden und der Text über den Hintergrund gescrollt werden kann, wie es auf einer Seite der FH-Rhein-Sieg zu finden ist (*http://www2.inf.fh-rhein-sieg.de/mi/lv/3dcg-2/aktuell/vorlesung/01_visualisierung/vis.html*).

- ***Frame*** Der Frame, das heißt die Aufteilung der jeweiligen Seite in Felder, ist die charakteristischste Ästhetik des Internet. Der Frame ermöglicht die Aufteilung des Bildschirms in frei wählbare Segmente. Diese können unterschiedliche Inhalte enthalten. Mit dem Frame werden die Horizontale und die Vertikale in das Bildfeld hineinverlegt, damit entsteht eine Bild-in-Bild-Komposition. Sehr oft wird am linken Rand ein schmaler Frame gesetzt, der dann die Navigationsleiste für die internen und externen Links bildet. Er ist meist farbig unterlegt. Der Frame kann sowohl oben und unten als auch auf beiden Seiten positioniert sein, wie z.B. bei *http://www.heise.de/*. Als gestalterisches Mittel, das über das ganze Bildfeld verteilt wird, findet der Frame ebenso Verwendung. Ein rechteckiger Frame ist einfacher herzustellen als ein Frame, dessen Ränder abgeflacht oder ellipsenförmig verlaufen. Die Kompetenz eines Screendesigners zeigt sich in der unauffällig aufwendigen Gestaltung der Frames. Wie die Dominanz des rechten Winkels durch runde Formen ersetzt werden kann, ist in *http://www.schulen-ans-netz.de/projekte/lizzynet/index.php*, der Webseite für Frauen in Schule und Bildung und bei *http://www.navigo.de/* beispielhaft zu sehen.

Abb. 98: Ästhetisch gelungene Framegestaltung bei *http://www.navigo.de/*

- ***Tabelle*** Mit Hilfe von „blinden" Tabellen kann der gesamte Screen oder einzelne Frames noch einmal unterteilt werden. Während bei den Frames die Abgrenzung sichtbar ist, sind die Raumtrennungen bei den Tabellen nicht sichtbar, daher werden sie als „blind" bezeichnet. Wenn mit Blocksatz Text geschrieben werden soll, ist dies nur mittels Tabellen möglich. Mit Tabellen können Bild und Text sowie mehrere Grafiken nebeneinander gestellt werden. Die Tabelle ist das wichtigste nicht sichtbare Gliederungsmittel, um Text und Bild auf einer Fläche zu positionieren. Die Tabellen können aber auch „sichtbar" gemacht werden. Durch die farbige Gestaltung des Tabellenhintergrundes oder die Integration von Fotos ergeben sich weitere Gestaltungsmittel, wie in der Seite von *Politische Bildung online*, einem Angebot der Bundeszentrale und der Landeszentralen für politische Bildung (*http://www.politische-bildung.de/),* zu sehen ist.

- **Icon** Der Button oder das Bullet dienen als visuelles Zeichen. Meist werden sie als Hinweis auf eine Verlinkung (Hypertextstruktur) eingesetzt. Sie lassen sich als visuelles Ausrufezeichen bezeichnen. Sie bestehen entweder aus Vierecken, ovalen Formen oder aus einer Grafik bzw. einem Bild. Runde, ovale und andere Objekte werden von den Designern höher eingeschätzt als Objekte mit rechtem Winkel. Die Icons können Farben, Texte, Grafiken oder Bilder enthalten. Bei einfach gestalteten Homepages hebt sich der Icon vom Hintergrund deutlich, bei raffinierter gestalteten nur dezent ab.

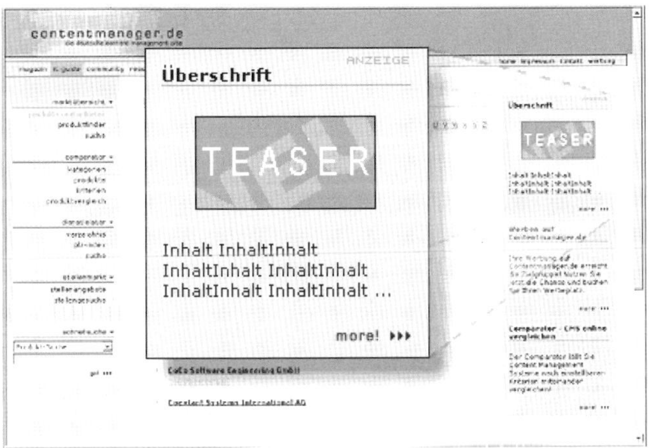

Abb. 99: Teaser auf *http://www.contentmanager.de/contentmanager/werbung_teaser.html*

- ***Teaser*** Ein Teaser besteht aus einer Überschrift von bis zu 25 Zeichen, einem Text von bis zu 75 Zeichen und einer Grafik von bis zu 120 x 60 Pixel Größe. Meist werden Teaser für Werbung genutzt und haben die gleiche Funktion wie Banner. Sie können aber auch verwendet werden, um auf aktuelle Themen oder Schwerpunkt der Webseite aufmerksam zu machen.
- ***Schrift*** Immer mehr setzt sich im Web durch, dass reine Schriftseiten wenig attraktiv sind. Bleiwüsten führen meist zum sofortigen Weiterklicken. Texte wirken überzeugender, wenn sie visualisiert oder durch Schriftgröße, besondere Schriften, Schriftformatierung und Farbe gestaltet sind. Ein wichtiges Gestaltungsmerkmal ist die Größe und die Schriftform. Bei Überschriften sind der Kreativität keine Grenzen gesetzt. Beim Fließtext sollte man auf Serif-Schriften (z.B. Times New Roman) verzichten, da diese typische Buchschriften sind, aber weniger geeignet als Screenschriften. Seltene und mit Hilfe von Software produzierte Schriften gewinnen eine immer größere Bedeutung. Sehr geschätzt sind im Moment 3-D-Schriften, Blinken und der Marquee-Effekte (damit kann ein Text ohne Java Script horizontal über den Bildschirm laufen). Das Schriftdesign, das lange Zeit wenig beachtet wurde, drängt im Moment in den Vordergrund. Wie mit Einsatz von Schat-

Abb. 100: Modernes Schriftdesign auf *www.uni-weimar.de/medien/*.

ten aus Schrift Kunst werden kann, demonstriert die Fakultät für Medien an der Uni Weimar auf *www.uni-weimar.de/medien/*.
Überschriften werden neuerdings oft vertikal platziert. Ebenso liegen sich bewegende Schriften im Trend. Einen Augenschmaus animierter Schriftgrafik präsentiert die American Society For Aestetics auf *http://aestetics-online.org*. Getoppt werden sie von Laufschriften. Sie garantieren, so scheint es, besondere Aufmerksamkeit zu erregen. Aus diesen Gründen tauchen sie vermehrt auf. Allerdings nutzen sich diese Laufschriften schnell ab. Die Laufschrift im Internet entspricht dem Zoom beim Film; er vermittelt kalte Nähe und simuliert eine Kamerafahrt. Die Laufschrift suggeriert die interaktive Unterstützung beim Leseprozess. Nicht mehr das Auge bewegt sich, sondern die Buchstaben bewegen sich vor dem Auge. Das aktiviert in der ersten Phase die Wahrnehmung, führt aber sehr schnell zu einer Penetranz und damit zu einer Abwehr. Daher sollte dieses Gestaltungsmittel mit Vorsicht benutzt werden.

- **Dot** Durch dots (grafische Punkte) kann ein Text besser gegliedert werden. Mit kleinen, farbigen Punkten, Quadraten, Dreiecken und informellen Flecken können textlastige Information augenfreundlich unterstützt werden. Das kann durch ganz einfache oder durch gestaltete Punkte geschehen. Da der User dazu neigt, den Dots eine Bedeutung zuzuordnen, sollten die Dots so verwendet werden, dass sie eine nachvollziehbare Bedeutung haben. Auf der Webseite *http://selfhtml.teamone.de/grafik/anzeige/dots.htm* lassen sich einige typische Dots finden und kopieren.

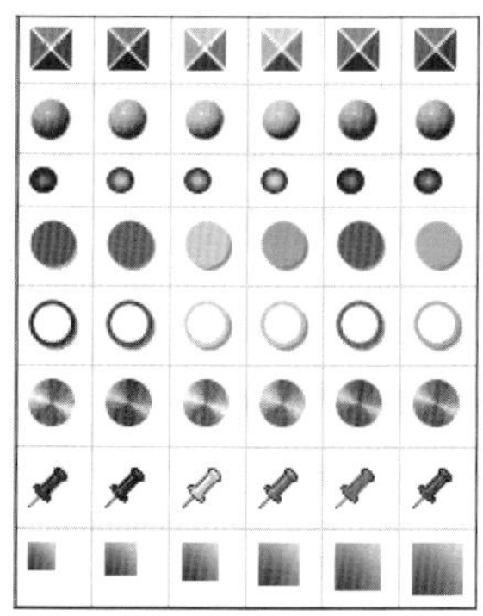

Abb. 101: Beispiele für Dots

- ***Linie*** Die Linie, in der Szenesprache „bar“ genannt, kann als Gestaltungsmittel zur Trennung von Argumenten, Gedanken, unterschiedlichen Aspekten eingesetzt werden. Sie gibt der Homepage eine individuelle Note und ist ein hervorragendes Mittel die Lesefreudigkeit zu steigern und die Strukturierung des Textes bzw. der Seite zu verbessern, wie auf *http://www.freizeit-im-sattel.de/ und http://www.vwb-verlag.com/* sehen. Selbst wenn eine Bildschirmseite viel Text enthält, wird sie vom User vor allem als Bild wahrgenommen. Linien können helfen den Text lesefreudiger zu gestalten.

- ***Symbol*** Bei technischen Dokumentationen oder wissenschaftlichen Texten sind Symbole von elementarer Bedeutung. Da beim Online-Lesen die meisten User diagonal lesen und daher ständig nach Orientierungsmöglichkeiten suchen, um schnell zu der gewünschten Information zu gelangen, geben Symbole eine gute Orientierungshilfe. Die verwendeten Symbole sollten sich an den geltenden Standards orientieren, da dies die intuitive Orientierung erleichtert. Symbole sollten sofort verstanden werden. Symbolgrafiken werden als Hinweissignal verwendet, um ein Verweisziel zu charakterisieren oder vor Absätzen, um auf eine Zusatzinformation hinzuweisen.

Abb. 102: Beispiele für Symbole

- ***Clipart*** Cliparts sind prägnante und oft humorvolle Grafiken, die größere Texte auflockern können. Es muss allerdings darauf geachtet werden, dass sie zu der umgebenden Textinformation eine sinnvolle Ergänzung bilden. Clipart-Grafik bringt auf den Punkt, was ansonsten nur mit viel Sprache zu erreichen ist. Da Cliparts die Aufmerksamkeit auf sich ziehen dürfen sie nur ganz sparsam eingesetzt werden. Dann muss darauf geachtet werden, dass die jeweils verwendeten Cliparts in Farbe, Größe und Stil zueinander passen. Cliparts bilden eine visuelles Gegengewicht zum Text. Im idealen Fall wird die gleiche Figur benutzt (Clipart-Serie), die dem Text entsprechend verschiedene Posen einnimmt.

Abb. 103: Beispiele für Cliparts

- ***Thumpnail*** Da großformatige Fotos oder Landkarten zu lange Ladezeiten benötigen, sollten sie nicht „ohne Vorwarnung" in die Seiten eingebunden werden. An Stelle der Fotos können verkleinerte Versionen, sogenannte Thumpnails, benutzt werden. Die gezeigte Version sollte so groß sein, dass der User erkennen kann, ob er das Bild in voller Größe betrachten möchte. Das verkleinerte Foto sollte anklickbar sein und beim Anklicken das ganze Bild in einem Anzeigefenster anzeigen.
- ***Bild*** Grafiken und Fotos gehören zum wesentlichen Werkzeug eines Screendisigners. Ohne die Nutzung von Bildern werden Seiten schnell langweilig. Hier gilt es jedoch darauf zu achten, dass Bilder in komprimierter Form ins Netz gestellt werden, damit zum Laden der Seiten nicht zu viel Zeit in Anspruch genommen wird. Dann sollte beachtet werden, dass die jeweiligen Bilder nicht einfach in einen Text integriert, sondern mit den anderen Gestaltungsmitteln komponiert werden müssen. Bilder können als spannungssteigernde Akzente im Bildraum Verwendung finden.

Ein weiterer Verwendungseffekt des Bildes ist die Präsentation einer Diaschau, wie dies die Uni Weimar eindrucksvoll auf ihrer Portalseite anbietet (*www.uni-weimar.de/ medien/*).
Um die Aufmerksamkeit der User zu steigern, finden Doppel- bzw. Mehrfachbilder zunehmend Verwendung, d.h. Bilder werden mit weiteren Bilder, Icons und Text überlagert. Verschiedene Gestaltungsmittel werden herausgelöst und auf einer Ebene übereinander kopiert und begegnen dem User als mehrschichtiges Bild. Die Etagen-Ästhetik des Hotspots verdoppelt sich hier. Im Gegensatz zum Hotspot sind die verschiedenen Etagen zu sehen. Ein Beispiel dieser Ästhetik findet sich auf der Seite von World Wide Techno (*http://www.worldwidetechno.de/*). Mit verschiedenen Filter-Effekten ist es möglich, Bildern und Grafiken mehr Tiefe zu verleihen. Ein beliebter Effekt ist es, den Bildrand mit unscharfen bunten Rändern zu versehen. Ein gern verwendeter Effekt ist die Nutzung der Funktion Transparenz, d.h. einzelne Farben von Bildern werden transparent geschaltet und können damit optimal in einen Hintergrund integriert werden. Durch prozentuale Transparenz kann diese Wirkung graduell genutzt werden. Weitere Effekte lassen sich u.a. mit Alphakanal,[5] Dithering[6] und Gammakorrektur[7] erzielen.

- ***Simulation*** Unter Simulation wird eine realitätsgetreue Abbildung von Prozessen, Ressourcen und Abläufen verstanden mit dem Ziel, Erfahrungen zu sammeln, ohne in den realen Prozess einzugreifen. Von dem modellhaften Durchspielen möglicher Ereignisse wird eine Verbesserung der zukünftigen Planungen erwartet. Sportler und Piloten trainieren am Simulator, Produzenten konzipieren ihre Produktionslinie mit Simulationen, Soziologen simulieren die Bevölkerungsentwicklung in China, Klimaforscher ermitteln die möglichen Folgen von Klimaveränderungen und Chemiker designen neue Moleküle. Beispiele sind zu finden auf *http://www.simulation.fraunhofer.de/* und *http://www.learn-line.nrw.de/angebote/modell/*.
- ***Animation*** Gif-Animationen, z.B. sich bewegende Comicfiguren sind insbesondere bei Kinder- und Jugendseiten zu finden. Mit Hilfe der Scriptsprache Java können Hubschrauber, Schiffe oder Würfel gedreht und damit von allen Seiten betrachtet werden. Dies ist unter der Rubrik „kreativ" auf der Java-Fun-Seite des Jugendnetzes Offenbach zu finden (*www.of.junetz.de/frame.html*). Personen können mittels Vektorgrafik die Nasen bzw. die Ohren lang gezogen werden, ein Effekt, der von der Software *Kais Power Goo* bekannt ist. Bei der Zielgruppe Jugendliche werden aber auch bereits Flash-Animationen eingesetzt. Spritzig und in enger Nähe zur Video-

5 Mit dem Alphakanal-Effekt lassen sich z.B. Schriften über Bilder legen, wobei die Struktur des Bildes noch in der Schrift erkennbar ist.

6 Beim Dithering, auch Error-Diffussion genannt, werden Farbverläufe in Punktmuster aufgelöst, die mit Hilfe der vorhandenen Palettenfarben darstellbar sind.

7 Der Gammawert bezeichnet bei Computergrafiken das Verhältnis zwischen den Farbwerten, die in der jeweiligen Grafik enthalten sind, und den Farbwerten, die das jeweilige Ausgabegerät wie der Bildschirm oder Drucker daraus macht.

clipkultur präsentieren sich die Seiten von Drugcom.de (*www.drugcom.de/site/menu.php*). Professionelle Flash-Animationen auf der Portalseiten sind auf der Seite von Cimdata, Akademie für digitale Medien zu finden (*www.cimdata.de/index_flash.php*). Ebenfalls eine sehr schöne Flash-Animation enthält die Seite der Stiftung Kultur (*http://www.sk-kultur.de/web/indexx.htm*).

- ***3-D-Visualisierungen*** Im Moment werden 3D-Animationen noch oft als Spielereien angesehen. Einige Produktpräsentationen lassen sich durch 3-D-Visualisierung effektiver gestalten. So ist es möglich, verschiedene Ansichten eines Gegenstandes anhand von 3D-Modellen dynamisch zu generieren und dadurch einen viel besseren Eindruck des Objekts zu vermitteln. Auch im Chat-Bereich tauchen die ersten 3-D-Variationen auf. Die Startup-Firma *There* (*http://www.prod.there.com/*) bietet eine Mischung aus Online-Spielkanal und grafisch animiertem Chat-Room an. Die Kommunikation beruht auf 3-D-Instant Messaging. Der 3D-Online-Dienst findet im Moment in acht Begegnungsräumen statt. Außer einem Screen-Namen können die Teilnehmer eine 3-D-animierte menschliche Figur (Avatar) auswählen.
- ***Interaktion*** Wenn man einen gegenseitigen Austausch zwischen mehreren Personen (Computerteilnehmer) in Echtzeit realisiert, werden die Webseiten interaktiv genannt. Dies geschieht häufig auf Basis von Chat-Kommunikation (Internet Relay Chat). Aber auch wenn in Bildebenen eingegriffen wird, kann von Interaktion gesprochen werden. Eine besondere Form von interaktiver Ästhetik findet sich auf der Homepage des Albert Schweitzer Hauses des Jugendamtes Darmstadt. Auf der Webseite *http://www.odinet.de/ash/virtuelles-ash.html* kann vom User mittels der Maus, ausgehend von 360-Grad-Fotos, ein virtueller Rundgang durch das Jugendhaus unternommen werden. Ebenso eindrucksvoll lässt sich auch ein virtueller Rundgang durchs Vorarlberger Medienhaus machen (*http://apps.vol.at/tools/rundgang/*). Interaktive ästhetische Annäherungen sind insbesondere in der Medienpädagogik beliebt. Beispielhaft möchte ich auf die *Graffity Wall of Sounds* von Jürgen Ertelt[8] hinweisen (www.konnektivity.de). Auf einer multimedialen Pinnwand befinden sich zum Teil animierte „Steine“ (Icons), hinter denen Töne oder Videoclips als Hotspot liegen.
- ***Webcam*** Webcams sind Kameras, die meist in oder auf Gebäuden montiert sind und in mehr oder weniger kurzen Abständen ein Bild aufnehmen, das danach ins Internet eingespeist wird. Dieses Gestaltungsmittel wird im Moment noch wenig innovativ genutzt. Die Mehrzahl der Webcams ist nicht steuerbar. Es gibt aber auch interaktive Webcams. Die Neue Osnabrücker Zeitung *(http://www.neue-oz.de/etc/webcam_city/index.html*) hat z.B. an neuralgischen Punkten der Stadt Webcams positioniert, die dann im Internet von den Usern gesteuert werden können. Auf *http://www.netcamera.de/* gibt es ein Verzeichnis weltweiter Seiten mit Bildern von Livekameras. Inzwischen können auch Livevideos über Webcams in die Webseite integriert werden.

8 Vgl. ERTELT 1999, S. 85ff.

8.6. Ästhetische Höhepunkte im Netz

Die meines Erachtens technisch beeindruckendsten Effekte im Netz werden von derBauer webDesign angeboten (*http://www.derbauer.de/*). Wenn die Seite aufgerufen wird, ist kurz das Firmenlogo zu sehen. Dann wechselt die Seite schnell und drei Objekte scheinen nach vorne zu schnellen. Dieser Effekt wird von akustischen Tönen unterstützt. Zu sehen sind drei runde metallisch aussehende Knöpfe mit den Aufschriften **A**bout, **W**ork und **M**ail. Die Knöpfe haben Schatten, so dass der Eindruck von Dreidimensionalität entsteht. Wenn der Curser die Knöpfe berührt, verändern sich die Knöpfe zu eiförmigen Gebilden als ob sie Wasser seien. In diesen Objekten taucht dann jeweils ein Menu auf. Neben der edlen, aber auch ästhetisch puristischen Frontseite sind insbe-

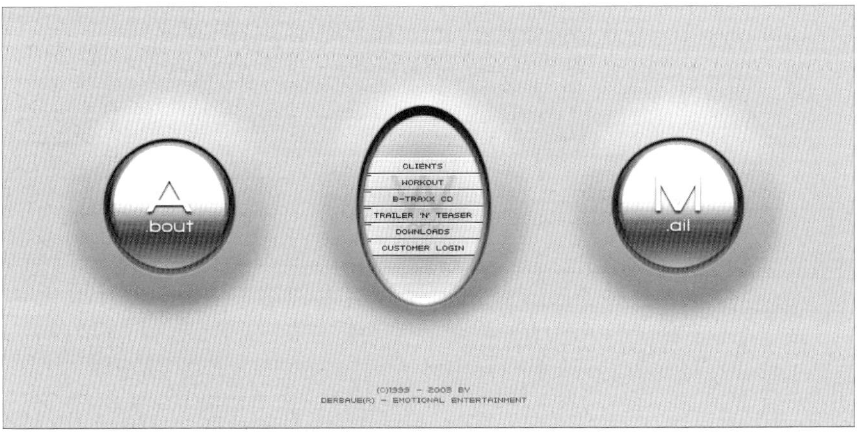

Abb. 104: derBauer webDesign, Portal, Screenshot

sondere die Teaser-Werbungen erwähnenswert. Die Beispiele gehören zu den technisch beeindruckendsten audiovisuellen Animationen, die im Netz zu finden sind. Wer wissen möchte wie die Ästhetik der Zukunft im Web aussehen könnte, sollte sich die Teaser-Trailer und die Client-Seite (z.B. Bravo) anschauen.

Eine ganz andere Ästhetik nutzt das Kongresszentrum in Luzern. Der Hintergrund der Webseite *http://www.kkl-luzern.ch/german/index.html* ist schwarz gehalten. Den größten Teil des Bildfeldes nimmt eine Fotoaufnahme des Luzerner Sees ein, eine Schwarz-Weiß-Aufnahme mit grüner Colorierung. Dünne Linien teilen das Bild in unterschiedliche Frames bzw. Tabellen auf, in denen sich verschiedene Menüs öffnen lassen. Thumbnails illustrieren die jeweiligen Infos. Die zentralen Informationen sind auf dem See zu sehen, wobei damit eine optimales Figur-Grund-Verhältnis gewährleistet ist. Während die Mainframes auf der horizontalen Ebene positioniert sind, können von jedem Hauptframe, lokalisiert auf der rechten Seite, weitere Popup-Menus geöffnet werden.

Hervorragend gefällt mir auch die Webseite von *ksv communications bozen* (*http:// www.dieagentur.it/*). Von einer im unteren Bildfeld plazierten horizontalen Bildleiste, lassen sich die unterschiedlichen Menüs öffnen, wobei jeweils im linken Bildfeld ein ausdrucksstarkes Bild auftaucht und im rechten Bildfeld weitere Informationen zu lesen sind.

Selbstverständlich ist jedes Urteil subjektiv und abhängig von der Zielgruppe. Wenn andere zu dem Ergebnis kommen, die Webseite *www.speck-medien.ch/* ist die beste Webseite, wird es Einverständnis und zugleich Widerspruch geben. Ästhetisch innovativ ist vor allem die horizontale Bildleiste, bei der die Bilder ineinander verschmelzen und gleichzeitig graphische Elemente animiert werden. Mit anderen Worten, die beste Webseite gibt es nicht, da es immer wieder auch darauf ankommt, was dargestellt wird und

Abb. 105: Kongresszentrum Luzern, Portal, Screenshot

wer die Zielgruppe ist. Ganz unterschiedliche Gestaltungsformen können zu einem sehenswerten Ergebnis führen. Dass die Komposition der dabei verwendeten Gestaltungsmittel keineswegs beliebig ist, sollte diese Skizze über die Wahrnehmungsdispositive des Mediums Internet deutlich gemacht haben.

8.7. 10 Grundregeln für die optimale Gestaltung einer Webseite

1. Die Entscheidung für die Gestaltung einer Seite sollte nicht mit den eigenen, sondern den Bedürfnissen der adressierten **Zielgruppe** in Verbindung stehen. Während Kinder bunte Flächen, Animationen und Aktivitätsanreize suchen, sind für einen wissenschaftlichen Diskurs Seiten mit gut gegliedertem Text sinnvoll.

2. **Übersichtlichkeit** sollte das Kennzeichen der Navigationsseite sein. Dies hilft dem User beim Einstieg. Die Navigationsseite dient nicht der Information, sondern der Orientierung, eine klare Gliederung ist notwendig für eine komfortable Navigation.

3. Die Schriftgröße ist für eine deutliche **Lesbarkeit** maßgeblich. Achten Sie bei der Schrift auf den Hintergrund (Figur-Grund)

4. Spielen Sie nicht mit zu viel unterschiedlichen Farben und Schriftgrößen, das kann dazu führen, dass der User vom Wesentlichen abgelenkt wird. **Reduktion**, der überlegte Einsatz von Farbe und eine gute Raumaufteilung sind das Geheimnis erfolgreicher Seiten.

5. Lange Textpassagen führen zur Ermüdung. Arbeiten Sie mit Absätzen, Linien und noch wichtiger, teilen sie lange Texte in unterschiedliche Seiten auf, **partionieren** Sie ihre Texte.

6. Wo es sinnvoll und zu einer Vertiefung der Inhalte dienlich ist (Zusatzinformation), **visualisieren** Sie den Text. Grafiken helfen beim Navigieren und können ideal zur Gliederung eines Textes eingesetzt werden.

7. Die Seiten sollten ein **einheitliches Layout** haben, d.h. gleiche Schriftart, gleiche grafische Elemente (Dots, Bars und Bullets).

8. Die Seiten sollten nicht zu lang sein, damit keine langen **Ladezeiten** entstehen.

9. Wer zu viele **Links** auf seiner Seite anbietet, erweckt den Eindruck, dass er selbst wenig mitzuteilen hat.

10. Pflegen Sie ihre Webseiten. **Aktualität** ist ein bedeutsames Qualitätskriterium im WWW.

9. Jugend im Netz

„Technische Erfindungen haben nur deshalb Epoche gemacht,
weil sie jeweils die Freiheit des Individuums vergrößerten.
Die letzte dieser Revolutionen, das Internet, emanzipiert uns
nun auch von den institutionellen Meinungsführern
und professionellen Informationsvermittlern."
Ira Magaziner

Die empirischen Daten geben Hinweis auf die Nutzungsintensität des Mediums Internet. Das Internet hat bei Jugendlichen, das ist eines der zentralsten Ergebnisse der ARD-Online-Studie 2002, den Rang eines Massenmediums. 76,9 % der 14-19-Jährigen, 80,3 % der 20-29-Jährigen sind Onlinenutzer. Im Vergleich dazu sind 44,1 % der Gesamtbevölkerung Onlinenutzer (vgl. VAN EIMEREN/GERHARD/FREES 2002, S. 348). Die Studie hat ausgehend von Lebensstilen, die nach OEHMICHEN/SCHRÖTER (2002, S. 380) auch einer altersspezifischen Nutzung gleichkommt, unterschiedliche Nutzerprofile herausgearbeitet. Bei den „Jungen Wilden", den „Erlebnisorientierten", den „Leistungsorientierten" und den „Unauffälligen" lässt sich eine überdurchschnittlich starke Internetnutzung feststellen. Die als „Häuslich" und „Zurückgezogen" eingestuften Gruppen sind erwartungsgemäß unterrepräsentiert. Nur die „Jungen Wilden" werden in der Jugendphase verortet. Ihr Verhalten wird als aktionistisch, hedonistisch und spannungsorientiert beschrieben, wobei die persönliche Entfaltung in den Mittelpunkt gestellt wird. Die aktiv-dynamischen Nutzer verorten OEHMICHEN/SCHRÖTER (2002, S. 383) bei den „Jungen Wilden" (56 %). Sie sind gekennzeichnet durch Entdeckerfreude und ausgeprägte Surfleidenschaft. Sie sind die Träger vieler Gesprächsforen oder Chats und pflegen kontinuierlich die E-Mail-Kommunikation. Das Pendent zu den aktiv-dynamischen innerhalb der Gruppe der Jungen Wilden, bildet eine Gruppe, die ein selektiv-zurückhaltendes Verhältnis zum Internet aufweist (44 %). Sie verfolgen stärker ihre individuellen Interessen im Netz und betonen die Kommunikationsfunktion des Internets.

Während für die meisten Nutzer das Internet primär ein Informationsmedium ist, nutzen Jugendliche das Internet im weitesten Sinne als Unterhaltungsmedium. Chats, Newsgroups und Gesprächsforen, zielloses Surfen, Spiele, Klatsch und Tratsch, Spaßseiten, Musik herunterladen und im Hintergrund laufen lassen, werden mindestens einmal in der Woche getätigt (vgl. VAN EIMEREN/GERHARD/FREES 2002, S. 354). Die zitierten Untersuchungen belegen nicht nur den hohen Stellenwert der Internetnutzung bei Jugendlichen, sie bestätigen auch die im Vergleich zu Erwachsenen unkonventionellere Nutzung.

Während die Mehrzahl der Medienpädagogen davon ausgeht, dass sich die aktive Medienarbeit mit Multimedia und Internet nicht von denen der klassischen Medienarbeit (Audio, Video und Foto) unterscheidet, macht KÜBLER (1997a) darauf aufmerksam, dass das Internet gründliches Nach-, wenn nicht prinzipielles Umdenken verlangt. Aufgrund der Universalität des Internets, das alle erdenklichen Kommunikationsformen und Medien beinhaltet, ist nach seiner Auffassung bei einer Pädagogik für das Internet von einer „neuen Universalitätspädagogik" (ebd., S. 8) auszugehen. Allerdings verzichtet er darauf zu exemplifizieren was er mit Universalitätspädagogik meint. Im zweiten Teil seines Textes (KÜBLER 1997b, S. 55) sieht er das Internet „nur" als „Instrument und Mittel für Inhalte, die mit ihm transportiert und vermittelt werden". Da das Individuum grundsätzlich mit all seinen Sinnen lernt, ist für ihn jegliche Rezeption multimedial. „Multimedialität kann mithin – so sehr sie derzeit beschworen wird – keine neue pädagogische Qualität sein" (ebd.). KÜBLERs Urteil gegenüber dem Lernpotential des Internets fällt entsprechend skeptisch aus. „Wissen erwirbt man jedoch nur, wenn Daten und Fakten im Kontext erarbeitet und in persönliche Sinnzusammenhänge eingefügt werden" (ebd., S. 57). Er stellt fest, dass sich „Strukturen, Werte und Prozeduren der gesamten gesellschaftlichen Wissensorganisation" (vgl. ebd., S. 58) verändern, bedauert, dass über die Rolle und die Funktion des Bildungssystem in diesem Wandlungssystem zu wenig gründlich diskutiert wird. Auf der einen Seite erkennt KÜBLER somit, dass die Universalität des Internets neue Dimensionen birgt, andererseits nimmt er in einem der wesentlichen Charakteristika des Internets, seiner Multimedialität, keine neue Qualität wahr. Sein Wissensverständnis konzentriert sich auf den deklarativen und kontextualen Aspekt des Wissens. Er ist dem kognitionspsychologischen Paradigma verpflichtet. So entgeht ihm nicht nur die Dimension den Lernprozess als konstruktive Aneignung zu verstehen, sondern auch die Dimension der durch das Internet und unsere Bildkultur induzierten sich wandelnden Seh- und Wahrnehmungsweisen (z.B. Hypertext-Denken, Hotspot-Kultur, kreuzmodale Wahrnehmung).

Wie bereits ausgeführt gehe auch ich davon aus, dass einige „Lernziele", sowohl mit klassischen Medien als auch mit Multimedia und Internet zu erreichen sind. Sozialraumerkundung ist sowohl mit Video, Foto oder auch Webcamera bzw. digitaler Kamera zu leisten. Die bei der Recherche gesammelten Erfahrungen sind sehr ähnlich. Jedoch bieten die Neuen Medien einen „added value", einen „Mehrwert". Mit der Aneignung der Neuen Medien werden gleichzeitig Schlüsselqualifikationen für die partizipative und kommunikative Kompetenz in der Wissensgesellschaft vermittelt. Das ist neu. Foto- und Videoprojekte erhielten Anerkennung und Lob. Die erworbenen Kompetenzen konnten jedoch in den wenigsten Fällen in späteren Arbeitsprozessen genutzt werden. Doch nicht nur Kompetenzen werden erworben, sondern auch multioptionale Denkweisen, mehrperspektivisches Wahrnehmen und Netzdenken. Das birgt neue Qualitäten, da Kinder und Jugendliche plötzlich spüren, dass mit den Produkten, die sie erzeugen, zumindest mehr als zuvor Öffentlichkeit und damit Aufmerksamkeit erzielt wird.

Ganz abgesehen davon, dass zur Zeit für „normale" medienpädagogische Projekte, seien sie noch so überzeugend, kaum noch Projektmittel fließen, ist das Interesse an Computerpädagogik mehr als nachvollziehbar. Einerseits wird damit auf Erwartungshaltungen reagiert, andererseits wird Jugendlichen die Möglichkeit gegeben, das im Augenblick und in naher Zukunft wichtigste Ausdrucksmedium kennen zu lernen.

ANFANG (2001, S. 12f.) hat die wesentlichen Ziele für eine aktive Medienarbeit mit dem Computer in folgenden Punkten zusammengefasst:

- Bedingungen schaffen zum Erwerb von Medienkompetenz,
- Angebote und Strukturen der Neuen Medien durchschaubar machen,
- selbstbestimmten und kritischen Umgang ermöglichen,
- gesellschaftliche Partizipation und soziale Kompetenz fördern,
- technische Kompetenzen unterstützen,
- Wissensklüfte überwinden und Chancengleichheit herstellen,
- Kreative Potentiale fördern.

Dabei bezieht er sich besonders auf SCHELL (1993), AUFENANGER (1995), KÜBLER (1997a, S. 8), THEUNERT (1996, S. 28) und ZACHARIAS (1997, 2000). Diese Ziele unterstütze ich ebenfalls. Nicht nur die genannten Medienpädagogen vereint die Absicht, zum selbstbestimmten Lernen anzuregen. Wie bereits bei der Diskussion um die „Medienkompetenz" deutlich wurde (Kap. 1.6.), wird dabei die Befähigung zum analytischen, reflexiven und handlungsorientiertes Denken für bedeutsam angesehen. „Für einen selbstbestimmten Umgang mit den neuen Medien ist diese Reflexion von Inhalten und Zusammenhängen unabdingbar" (ANFANG 2001, S. 14).[1] Strittig ist, „wie" zum „reflektierten Denken" angeregt werden kann.

Mit Jugendlichen, die über kognitiv-reflexive Fähigkeiten verfügen, dürfte die Absicht auch problemlos umzusetzen sein. Allerdings bezweifle ich, ob alle Jugendlichen mit „Vernunft" oder „Argumenten" erreichbar sind. Dann sehe ich die Gefahr, dass Aussensteuerung eine von Pädagogen initiierte kognitive Reflexion bewußt oder unbewußt überlagert. Zweifel habe ich, ob aussengesteuerte Lernprozesse nachhaltig sind. Es ergibt sich das Problem, dass die Jugendlichen im Lernzusammenhang reflektiert nachvollziehen, aber dies keine Konsequenzen hat auf ihr späteres Verhalten. Das Verstehen eines Zusammenhangs ist ein wichtiger Aspekt, aber leider nicht oder oft nicht genügender Anlass, das Verhalten zu ändern. Wir stehen vor der Herausforderung, Lernumgebungen zu generieren, in denen in einem Selbstlernprozess die Befähigung des kritischen Denkens eigenständig erworben wird. Welche Reaktionen sind angemessen, wenn die Jugendlichen die von uns Pädagogen mutmaßlich angebrachten „Erkenntnisse" nicht teilen? Wie wir unsicher sein müssen, ob der Lernerfolg den Seminar- bzw. Lernzusammenhang überdauert, können wir auch Zweifel anbringen ob ein „misslungener Lernprozess" wirklich bedeutungslos war. Ein Lernprozess ist keineswegs gescheitert, wenn er scheinbar zu keinem gewünschten Ergebnis führt. Denkbar ist auch, dass er eine wichtige Ausgangserfahrung war, die durch weitere vergleichbare Erfahrungen bestätigt werden muss.

---

1 ANFANG bezieht sich bei diesem Zitat zwar auf das Segment „Computerspiel". Die Aussage lässt sich aber generalisieren, das sie dem Selbstverständnis des Instituts Jugend Film Fernsehen, bei dem ANFANG Mitarbeiter ist, entspricht (vgl. SCHORB 1995).

Selbstbestimmt oder selbstgesteuert bedeutet, radikal zu Ende gedacht, die Möglichkeit, dass der Lernende auch die Chance hat, sich gegen die Überzeugung und Meinung der Pädagogen zu entscheiden. Wir Pädagogen müssen es aushalten, dass Jugendliche zu anderen als von uns favorisierten Ergebnissen kommen.

Auch AUFENANGER (1995, S. 60) macht darauf aufmerksam, dass die Neuen Medien und damit auch das Internet in der Lage ist, die Selbstgestaltung und Mitbestimmung von Lernprozessen zu ermöglichen. Er exemplifiziert jedoch in diesem Text nicht, wie weit er bereit ist „wirkliche“ Selbstgestaltung zuzulassen. Ich sehe die Notwendigkeit, Jugendliche zu motivieren, ihnen virtuelle und reale Räume anzubieten, sich kreativ, kompetent, ressourcenorientiert, projektiv, kollaborativ, empathisch und kommunikativ zu entwerfen. Jugendliche müssen neugierig gemacht werden, in sich die Utopie möglicher Entfaltung zu entdecken. Sie müssen in konkreten und sinnlichen Lernprozessen die Erfahrung machen, sich, ihr Verhalten und das anderer zu beurteilen und in Beziehung zu setzen. Dazu gilt es Anlässe zu schaffen. In der Konfrontation eines Realtime-Lernens im Kontakt mit anderen entstehen Reibungen, die Ausgangsbedingung von Lernen sind. Die Befähigung zur Reflexion muss sich als impliziter Lernprozess durch die Aktivitäten erschließen. Agieren Jugendliche immer im gleichen Modus (z.B. Videospiel, Fernsehen schauen), ist dies für mich vornehmlich kein inhaltliches Problem, sondern das Problem, dass sie in ihrem Aktivitätsniveau auf einer Ebene verharren. Aus diesen Gründen sehe ich vor allem die Notwendigkeit Anreize zu schaffen, das bisherige Erfahrungsfeld zu erweitern. Je komplexer die Anreizebenen sind, desto geringer ist die Wahrscheinlichkeit, dass ein Bedarf nach Redundanz besteht, es sei denn ein Jugendlicher möchte sich aus psychodynamischen Gründen eine längere Phase im gleichen Anregungsniveau aufhalten (möglicherweise um sich zu stabilisieren).

Gerade die Vielfalt der Neuen Medien bietet einen schier unermessliches Anregungmilieu. Werden dabei grundlegende Aspekte, wie ich sie bereits dargelegt habe, beachtet, wie z.B. Identitätsentfaltung und nicht Identitätszerstörung, Lebensweltorientierung und Selbstermächtigung lassen sich aufregende Erfahrungen machen. Während ich das Erkennen des eigenen Selbst, der eigenen Möglichkeiten, der in den Jugendlichen potenziell vorhandenen Kreativität als Motor für Interaktivität und politisches Lernen in den Vordergrund stelle, sieht sich die Mehrzahl der Medienpädagogen stärker der Utopie verpflichtet, die in ihrer Jugend Programm war. Im Internet sieht die Fernsehgeneration ein weltweites Kommunikationsmedium, das ihre Utopie, Video als Medium der „Gegenöffentlichkeit“ zu nutzen, in einem neuen Medium verwirklichbar erscheinen lässt. Jede Webseite ist Gegenöffentlichkeit, dazu bedarf es keines Postulates. Im Web ist Gegenöffentlichkeit, im Gegensatz zu früher, keine Frage der Ressourcen, sondern eine Frage des Engagements, der Fantasie und der Bereitschaft sich zu entfalten. Die Gegenöffentlichkeit der Hotspotgeneration ist kein politisches Flugblatt sondern z.B. ein Weblog (virtuelles Tagebuch). Das schließt nicht aus, dass es sinnvoll und machbar ist, das Internet im klassischen Bereich politischer Aktivierung zu nutzen, wie Anfang 2003 geschehen durch eine Internetaktion gegen den Krieg (*http://deutschland-sagt-nein.de*).

Wir sollten weniger pädagogisieren, sondern Räume für utopische Erfahrungen bereitstellen. Bereits die Punks fanden einen dazu passenden Spruch. „Wer keinen Mut hat zu träumen, hat keine Kraft zum Kämpfen". Diese Bereitschaft träumend, fantasierend, entwerfend, und handelnd sich lustvoll die Neuen Medien anzueignen ist auch die Grundtendenz der verschiedenen Projektbeschreibungen des von ANFANG u.a. (2001) herausgegebenen Buches. Zum Schluss seines Grundsatzartikels erkenne ich auch bei ihm eine Öffnung hin zu einem offeneren Lernen. „Ein wesentliches Merkmal der Computerarbeit ist es ja auch, dass jeder von jedem lernen kann und durch gemeinsames Tun Erfahrungen gesammelt und neue Kenntnisse angeeignet werden können. Gerade hier liegt eine nicht zu vernachlässigende Dimension der neuen Medien" (ANFANG 2001, S. 18). Genau, das ist es, worauf es ankommt. Das neue Lernen schafft die Reibung, die zu einer impliziten Reflexion Anlass gibt.

BADER (2001, S. 357) macht zu Recht darauf aufmerksam, dass das pädagogische Arbeiten mit dem Computer nicht nur andere soziale Gestaltungsräume erfordert, sondern auch andere soziale Lernformen aktiviert werden. BADER ist beizupflichten, dass die von der Medienpädagogik favorisierte sozialisationstheoretische Perspektive (der Jugendliche hat aus dieser Sicht meistens ein Defizit) durch eine ressourcenorientierte Perspektive ersetzt werden muss (der Jugendliche hat Potenziale). Ressourcenerschließung, Wahrnehmungsschulung, Handlungsorientierung, Selbstaktualisierung, Qualifizierung, soziale Kompetenzerweiterung vermischen sich in einem selbstgesteuerten Lernprozess mit neuen Medien zu einem Amalgam. Durch die hohe gesellschaftliche Akzeptanz und sinnlich erfahrbare Produkterfahrung, die einen hohen Aufmerksamkeitswert zur Folge hat, reflektieren die Jugendlichen in einem impliziten Lernprozess. Sie setzten sich mit ihrem eigenen Selbstbild auseinander, sie mischen sich über ihre Produkte in den gesellschaftlichen Diskurs ein und sie erwerben sich kommunikative Kompetenz im herrschenden Diskursmodus. Reflexion ist zweifelsohne wichtig, sie sollte aber insbesondere bei Jugendlichen, die über keine ausgeprägten logisch-diskursiven Fähigkeiten verfügen, als impliziter Diskurs in die handelnde Lernerfahrung integriert sein. Wir müssen lernen zu akzeptieren, dass Reflexion nicht nur mit Sprache und Text, sondern auch mit audiovisuellen oder alphanumerischen Mitteln zum Ausdruck gebracht werden kann. Während Reflexion bedeutet, Abstand zu haben und einen Beobachterstatus einzunehmen, begünstigt der hier favorisierte Ansatz einen permanent wechselnden Blick von außen und innen. Auch BADER (2001, S. 368) bezweifelt, ob Reflexion hinreichend ist, um Sozialisationsprozesse zu begünstigen, die es erlauben selbstgesteuerte Qualifikationen zu erwerben, die zielgerichtet, vielseitig und gewinnbringend für die eigene Biographie eingesetzt werden können. „Wichtig ist vielmehr, den Erwerb von Medienkompetenz im sozialen Kontext der Nutzung zu begreifen und die Interaktion zwischen Menschen als dasjenige Element anzusehen, das Identitätsentwicklung auslöst und befördert" (ebd., S. 368).

Beobachten und Handeln fallen in der idealen Lernumgebung zusammen. Perspektivenwechsel ist gefordert und Einmischen in jeweils aktuelle Handlungs- und Problemfelder. Reflektiert wird im Handlungskontext und nicht außerhalb von ihm. Diese Befähigung gehört nach meinem Verständnis auch zur Medienkompetenz. Medienkompetenz wäre aus dieser Perspektive gesehen, die Befähigung zur Selbstentfaltung, das Vermögen kommunikativ und kollaborativ lernen und handeln zu können sowie die Befähigung zur Partizipation im gesellschaftlichen Diskurs.[2]

BADER (ebd., S. 356), der sich auf die Sozialisationstheorie der „Legitimen Peripheren Partizipation" von LAVE/WENGER (1991) bezieht, bezeichnet die ***legitime Partizipation*** als ein angemessenes Handlungsfeld der Medienpädagogik. Ausgehend von gruppenorientierten Ansätzen der aktiven Medienarbeit wird für einen „Auftraggeber" oder im Rahmen eines „Auftrags" ein Produkt produziert.[3] Die Lernprozesse finden nicht in einem geschützten Rahmen statt, sondern im wirklichen Leben. Durch eine reale Aufgabe bedarf es der Abstimmung mit dem Auftraggeber oder der Institution, für die das Produkt erstellt wird. Dies führt zu einem Anwachsen von Verantwortung und der Notwendigkeit die inhaltlichen und ästhetischen Vorstellungen zu begründen, gegebenenfalls zu verteidigen und anschließend Kompromisse zu finden. Die Jugendlichen müssen sich in die Perspektive der Arbeitgeber, der Kooperationspartner oder der avisierten Zielgruppe hineinversetzen. Das führt dazu, das eigene Produkt als „kommunikatives Artefakt" anzusehen und zwingt, es aus einer neutralen Sicht zu beurteilen. Dies sensibilisiert zu einem medienkritischen Verständnis, da unterschiedlichen Faktoren zur Beurteilung eines Produktes herangezogen werden müssen, wie z.B. der situative Zusammenhang, die Wahrnehmungs- und Beurteilungskompetenz der Auftraggeber, die Identifizierung der Seh- und Wahrnehmungsweisen der Zielgruppen, die Zeitgeist-Ästhetik, die Integration widersprüchlicher Erwartungen seitens der eigenen Gruppe, berücksichtigt werden müssen. Die bei diesem kommunikativen und interaktiven Prozess erworbenen Fähigkeiten können ihnen auch dabei helfen andere Webseiten zu beurteilen.

Jugendliche können durch die Herstellung eines Produkts, das gebraucht und genutzt wird, nicht nur an den Arbeits- und Kommunikationsabläufen von Institutionen partizipieren, sondern diese auch partiell mitgestalten (vgl. BADER ebd., S. 370). Wesentlich ist, dass Jugendlichen überhaupt die Möglichkeit gegeben wird, an kommunikativen Prozessen beteiligt zu werden. Mit Legitimität ist die Berechtigung der Jugendlichen gemeint, ihre Kenntnisse und Fähigkeiten einbringen zu können.

Eine vernetzte, multimediale Arbeit mit dem Computer, zu diesem Ergebnis kommt auch SCHINDLER (2001, S. 129), eröffnet für die Jugend- und Bildungsarbeit eine Didaktik des selbstgesteuerten Lernen, das intrinsisch gesteuert ist. „Gemeinsames Gestalten computergestützter Lernumgebungen, in denen PädagogInnen nicht ungeliebtes

2 BADER (ebd., S. 366) hat dem gegenüber Probleme, den Begriff Medienkompetenz zu akzeptieren. Nur wenn er die Bedeutung eines Mittels und die Rolle eines Ziels erhält, hält er ihn für sinnvoll.

3 Das gleiche Prinzip liegt den Produktionen von Anne Frank, Süd III inside, Virtuelles Kinderhaus, Virtueller Fachbereich zu Grunde (vgl. Kap. 7).

Nadelöhr beim Wissenserwerb sind, sondern Begleiter in virtuellen und leibhaftigen Welten, ist in der außerschulischen Bildungsarbeit möglich geworden" (ebd., S. 12). Dies weist er mit seinen Mitherausgebern BADER und ECKMANN anhand vielfältiger Belege aus Theorie und Praxis nach. Wesentliche Erfahrungen sind für SCHINDLER/BADER/ECKMANN (2001) die Identitätsentwicklung im gemeinsamen Produzieren, im Erobern und Gestalten von virtuellen Räumen, im Reisen in und durch virtuelle Räume und in der Chance den Computer als „trigger for change" zu sehen. Es bedarf nicht immer des distanzierten Blickes. Medien produktiv zu verwenden, bedeutet für sie immer auch zu reflektieren „denn egal, was thematisch bearbeitet wird, die eigene Produktion nimmt einen distanzierten Blick zu den Themen und Inhalten ein. Sie prüft, wählt aus, bewertet, verfremdet und stellt das Gegebene in einen neuen Zusammenhang" (ebd., S. 25). Damit knüpfen die Autoren an ARNHEIM (1980) an, für den beim Prozess der Anschauung bereits Denkprozesse ausgelöst werden. Wichtig ist ihnen, dass die zu erzielenden Produkte kein Selbstzweck sind, sondern einen gesellschaftlichen „Tauschwert" haben (vgl. ebd., S. 24). Das ist identisch mit dem, was ich Realtime-Lernen nenne.

Internet ist eines der Medien, das in der Mehrzahl eher von den Jugendlichen als von den Pädagogen beherrscht wird. Es sollte daher nicht vernachlässigt werden, dass ein hoher Anteil von Jugendlichen in der Lage ist, sich das Medium ohne pädagogische Begleitung selbst anzueignen. Die vielfältigen Aktivitäten in MUDs, MOOs, IRCs, Newsgroups geben einen sichtbaren Nachweis jugendlicher Aneignung des Mediums. Jugendliche bilden weltweit Communities, schaffen sich eigene Regeln und entwerfen virtuelle Kommunikationswelten, wie ich es am Beispiel von Cyberland noch näher beschreiben werde, wobei bei diesem Projekt ein pädagogischer Prozess die Initialzündung bildete. Eine weitere aktuelle „Besetzung" des Mediums Internet durch Jugendliche erfolgt mittels der Weblogs.

Weblogs sind themenorientierte, lyrische, politische oder alltagszentrierte personale Chroniken, enthalten News oder Berichte über selbst Erlebtes, vergleichbar mit einem Tagebuch. Diese persönlichen Sites enthalten eine Liste von kommentierten Links zu anderen Web-Sites. Sie erfüllen damit eine ähnliche Funktion wie Zeitschriften und selektieren Lesenswertes für andere. Diese Selektion ist persönlich, nonkonformistisch, bisweilen sarkastisch. Wenn mehrere Leute eine Website zu einem bestimmten Thema zusammentragen oder Bezug aufeinander nehmen, so dass eine Art Gesprächsprotokoll entsteht, wird dies kollaborative Weblogs genannt. Die jeweils spezifischen Fähigkeiten und Interessenschwerpunkte können in einer Seite zusammengezogen werden. Wenn die unterschiedlich zusammengetragenen Annotationen ein Thema breit bearbeiten, wird von *clipping service* gesprochen, das bedeutet private Online-Zeitung. Weblogs können eine wichtige demokratische Rolle spielen, wenn z.B. die anderen Medien der immensen Nachfrage nach Informationen, wie nach den Ereignissen am 11. September 2001 nicht gerecht werden oder wie im Afghanistan-Krieg, die journalistische Berichterstattung behindert oder zur pychologischen Kriegsführung missbraucht wird. WOLCOTT (2002) schreibt dazu: „In the early days of the anti-Taliban campaign, foreign and domestic bloggers countered the defeatism of the dominant media — which was then in its „quagmire" funk — and corrected the falsehoods, exaggerations, and rote groupthink of the punditry. „We can fact-check your ass!" Ken Layne crowed, and the phrase quickly became the rallying cry of blogland." Dann haben Weblogs noch den Vorteil, sich schnell zu verbreiten. "Bloggers are the minutemen of the digital revolution." (JENKINS 2002). Private Weblogs sind zu finden u.a. in *Weblogs.com* und *http://dmoz.org/World/Deutsch/Computer/Internet/WWW/Weblogs/Pers%F6nliche_Weblogs/*. Unter *www.cl21.net/blogs/* kann man Weblogs anmelden.

Allerdings gibt es genügend Jugendliche, die keinen oder nur einen eingeschränkten Zugang zu den neuen Kommunikationstechniken haben. Da *computer literacy* zu einer wichtigen Schlüsselqualifikation geworden ist, ist gerade für diese Zielgruppen eine pädagogische Unterstützung von Vorteil. Auch bei hochgradig kompetenten Jugendlichen ist der Pädagoge nicht bedeutungslos, wenn er seine Rolle als Navigator versteht, der als Mentor den Lernprozess begleitet, aber nicht dominiert. Eine ganz wichtige Kompetenz des Pädagogen wird in der Zukunft sein, Lernerfahrungen zuzu lassen, die er in allen Aspekten überhaupt noch nicht durchschaut. Er muss sich selbst als Lernender verstehen. In einem gemeinsamen Prozess profitieren sowohl die Pädagogen als auch die Jugendlichen. Die Mehrzahl der (Medien-)Pädagogen sind keine Internetaktivisten, daher fühlen sie sich nicht in der Lage, Internet-Projekte zu initiieren. Entscheidend ist nicht, ob ein Pädagoge Netzkompetenz hat, sondern dass er eine Lernumgebung schafft, in der Netzkompetenz erworben werden kann.

Im Folgenden möchte ich Projekte beschreiben, die beispielhaft verdeutlichen, welche enormen Selbstlernpotenziale das Internet birgt und wie durch die Schaffung von geeigneten Lernumgebungen Selbstlernprozesse induziert, kommunikative Kompetenz gefördert, kollaborative Potentiale geweckt, kreative Prozesse ausgelöst und Eigeninitiative und Verantwortungsbewusstsein gefördert werden. Dabei werde ich mich nur auf wenige Projekte konzentrieren. Den Stand der Diskussion über „Internet in der Praxis der außerschulischen Jugendarbeit" fasst am ausführlichsten DÜX (2000, S. 289-350) zusammen. Bei ihm finden sich auch, neben den Beschreibungen, kompetente Einschätzungen zu den verschiedenen Projekten.

9.1. Jugendnetz Frankfurt

Die ersten Jugendinformationsdienste wurden Anfang der Neunziger Jahre gegründet. Pioniere der Entwicklung von Jugendinformationsdiensten waren der Berliner Jugendserver Spinnenwerk (*www.spinnenwerk.de*). 1993 startete das Spinnenwerk als Mailbox, um für den Jugendbereich eine Berliner Internet-Plattform für und über junge Menschen in der Stadt aufzubauen. Bereits im April 1995 ermöglichte die Internetanbindung die Gestaltung von überregionalen Kommunikationsstrukturen. Das Spinnenwerk wurde zum ersten Jugendserver, der einer breiten Öffentlichkeit die Möglichkeit bot, Informationen von und über Jugendliche, Jugendeinrichtungen und Projekte zu erhalten. Die dabei erworbenen Erfahrungen und Kenntnissen haben sie an andere Projekte weitergegeben. Die Berliner Spinnenwerker haben erheblichen Anteil daran, dass sich die Jugendnetzbewegung so expansiv entfalten konnte. Das Spinnenwerk verfolgt bis heute die Absicht, den Berliner Jugendlichen und der Berliner Jugendarbeit Werkzeuge in die Hand zu geben, mit denen sie sich die neuen Informations- und Kommunikationstechniken aneignen können.

Inzwischen gibt es bundesweit eine hohe Anzahl von Jugendinformationsdiensten. Dies wurde begünstigt durch die Initiativen des Bundesjugendservers (*www.jugendinformation.de*), der durch eine neue Form der Zusammenarbeit in der deutschen Jugendhilfelandschaft entstand (vgl. Schmidt 2000, S. 11). Durch die Kooperation von Bund, Bundesländern, dem Deutschen Bundesjugendring und dem Internationalen Jugendaustausch- und Besucherdienst der Bundesrepublik Deutschland wurde die Möglichkeit geschaffen, dass sich viele öffentliche und freie Träger an der Ausgestaltung des Servers beteiligen können. In Folge dieser Initiative entstanden mit wenigen Ausnahmen (z.B. Hessen) Landesjugendserver. Durch diesen Prozess konnte eine Infrastruktur wachsen und neue Leitbilder konnten sich entwickeln. Interessenten erfuhren durch diese Aktivitäten logistische Unterstützung. Innerhalb der Länder haben sich unterschiedliche Initiativen und Gruppierungen gefunden, die teilweise im Kontext pädagogischer Intentionen, aber auch aus eigenem Interesse oder Verantwortungsgefühl Jugendserver eingerichtet haben. Die im Jahre 2002 gegründete Bundesinitiative „Jugend ans Netz" will eine Plattform für informelle Bildung auf die Beine stellen. Unter Mitwirkung von Jugendlichen und aktiven Kräften aus der Jugendarbeit soll ein Internetportal entstehen, das informelles Lernen ermöglicht und nebenbei auch noch Spaß macht. In der zweiten Hälfte des Jahres 2003 will das Projekt ans Netz gehen (*http://134.91.9.25:9673/projectpages/jugend_info*).

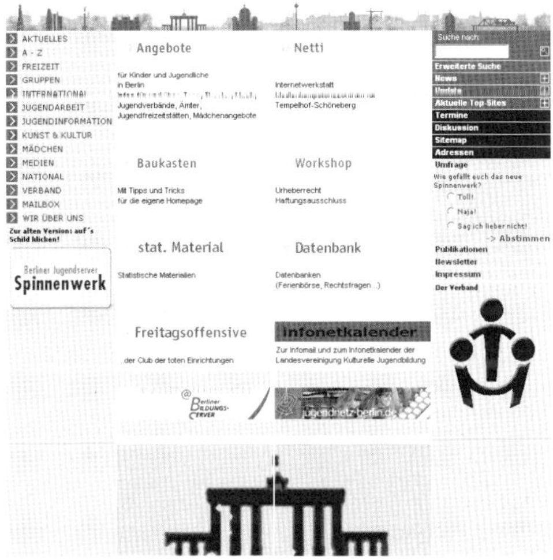

Abb. 106: Berliner Jugendserver Spinnenwerk, Portal

Obwohl in Hessen die medienpädagogischen Initiativen nahezu keine landesweite Unterstützung erfahren, haben sich dennoch zehn regionale Jugendserver gebildet:

- Jugendnetz Frankfurt (*http://ffm.junetz.de*)
- Jugendnetz Offenbach (*http://of.junetz.de*)
- Jugendnetz in und um Darmstadt (*www.cyberscouts.de*)
- Jugendnetz Giessen (*http://www.gi-point.de/gi-point/launch/flash/*)

- Stadtserver Mühlheim (*http://www.muehlheim.de/dike/servlet/www/dsm/*)
- Jugendnetz Wetzlar (*http://www.jugendnetz-wetzlar.de/*)
- Kommunales Jugendnetz Groß Gerau (*http://www.kommunale-jugendarbeit.de/*)
- Jugendnetz Hattersheim (*http://www.hattersheim.net/*)
- Jugendinfonetz Main-Kinzig (*http://www.jugendinfonetz-mkk.de/*)

Abb. 107: Jugendportal Giessen

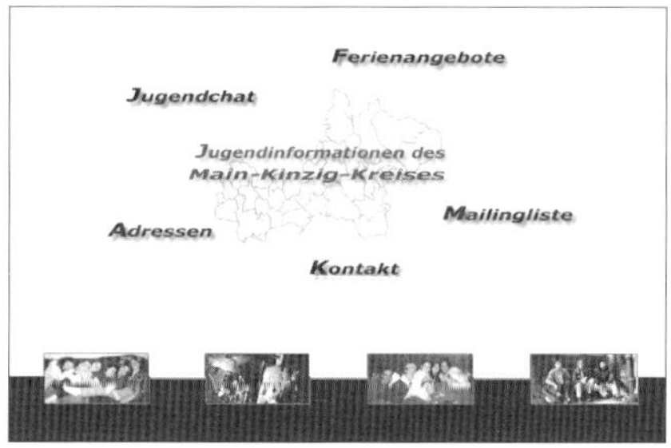

Abb. 108: Jugendportal Main-Kinzig

Bei den unterschiedlichen Jugendserverangeboten liegen differierende Konzepte zu Grunde. Während z.B. der Bundesjugendserver seine 15 unterschiedlichen Themen vorwiegend für Multiplikatoren anbietet, sind andere Jugendserver stärker daran orientiert ein Infoangebot für die Jugendlichen direkt anzubieten. Ebenso lässt sich differenzieren, ob Informationen über grundsätzliche Probleme und Fragestellungen (z.B. Kontext Adoleszenz) im Vordergrund stehen oder ob konkrete Tipps, Serviceangebote, Hinweise, Angebote und Informationen über den Nahraum gegeben werden. Weiter lassen sich die Angebote noch unterscheiden in „reine“ Infoangebote und in Interaktionsangebote (Chats, Newsgroups). Das Navigationssystem ist ebenfalls unterschiedlich. Während das Jugendnetz Gi-Point mittels Bildlogik die User zu den unterschiedlichen Angeboten lenkt, nutzt die Mehrzahl der Jugendnetze eine textbasierte Navigation. Bei allen Infoangeboten sind nach Auffassung der jeweiligen Macher für Jugendliche interessante Linklisten (z.B. wo man Klingeltöne findet, umsonst SMS schicken kann, Verbraucherinformationen etc.) zu finden. Ein wesentlicher Unterschied besteht noch in dem jeweiligen Anteil der Beteiligung von Jugendlichen bei der Erstellung der Seiten bzw. der Wartung des Servers.

Da das Jugendnetz Frankfurt von der Konzeption, der Umsetzung, der Programmierung und der administrativen Betreuung des Servers sowie der Besorgung der Sponsoren von Jugendlichen eigenständig und in einem Selbstlernprozess implementiert wurde, möchte ich dieses Projekt besonders hervorheben. Das Jugendnetz Frankfurt, getragen vom Jugendclub Praunheim der evangelischen Auferstehungsgemeinde (*http://ffm.junetz.de*), wurde zusammen mit Offenbach (*http://of.junetz.de*) aufgebaut.[4] Selbst-

4 Aus Platzgründen gehe ich in diesem Text nur auf die Seiten des Frankfurter Projektes ein.

Abb. 109: Jugendnetz Frankfurt, Top-Frame

organisation und somit selbstverantwortete Partizipation von jungen Menschen stand von Beginn an im Zentrum des Projekts. Das Motto des Jugendnetzes lautet „Von Jugendlichen für Jugendliche“ (KÖHLER/VOIGT 2000, S. 14). Die Selbstaneignung im Kontext der Erarbeitung von Medienprojekten wird als identitätsstiftendes Potential zur Förderung einer jugendpolitischen Informations- und Kommunikationskultur wahrgenommen.

Am 05. März 1998 ging das Jugendportal ans Netz. Die Navigatoren des Implementierungsprozesses waren Uli VOIGT in Frankfurt und Harry KÖHLER in Offenbach. Auch sie fungierten als Mentoren, die halfen die strukturellen Bedingungen bestmöglichst zu organisieren, damit sich die Jugendlichen frei entfalten konnten. Das gleiche galt für mich. Vornehmlich wurde ich bei gruppendynamischem Diskussionsbedarf als Berater hinzugezogen. Meine Funktion lag in der wissenschaftlichen Begleitung (Beratung). Durch Verhandlung mit der Fachhochschule Frankfurt, Fachbereich Sozialpädagogik konnte eine Kooperation verwirklicht werden, die es ermöglichte, dass 20 Jugendhäusern und -einrichtungen in Frankfurt freie Accounts (Zugänge) für das Internet zur Verfügung gestellt wurden.

Zu meiner unterstützenden Tätigkeit gehörte die berufsbegleitende Fortbildung für die haupt- und nebenamtlichen Mitarbeiter der Mitglieder des Jugendnetzprojektes (Lernumgebung absichern). Zu diesem Zweck bot ich Informations- und Weiterbildungsveranstaltungen an. Damit die Jugendlichen überhaupt eine Chance haben eigenständig zu lernen, bedurfte es erst einmal der Überzeugungsarbeit bei den Sozialpädagogen. Die Sensibilisierung der Hauptamtlichen war notwendig, da bereits sehr schnell nach dem Start des Projektes klar war, dass nur wenn viele Jugendliche an dem Projekt beteiligt waren, der Anspruch ein Informations- und Kommunikationsnetz als aktiven Knotenpunkt der Kommunikation zu initiieren, verwirklicht werden konnte. Da Hauptamtliche Gatekeeper sind, war somit meine wesentliche Navigationsfunktion, deren Interesse für Neue Medien und das Internet zu wecken. Aus diesem Grunde entwickelte ich ein mehrstufiges Fortbildungsprogramm, das aus folgenden Modulen bestand:

1. der ***Einrichtung eines Computerforums***, bei dem bundesweit erfolgreiche Projekte vorgestellt wurden. Dieses Angebot richtete sich an die Sozialpädagogen bzw. Multiplikatoren. Bundesweit bereits operierende Jugendnetzinitiativen (z.B. Spinnenwerk) wurden eingeladen, über ihre Arbeit zu berichteten. Diese Veranstaltung diente dazu, die Jugendhausmitarbeiter zu inspirieren und ihnen zu zeigen, dass an anderen Orten Computerarbeit mit Jugendlichen funktioniert.
2. einer kontinuierlichen ***berufsbegleitenden Fortbildung*** für die Mitarbeiter des Jugendnetzes Frankfurt zum Themenkomplex Jugend und Computer. Im Rahmen die-

ser Fortbildungsreihe wurden grundsätzliche Problemkomplexe diskutiert. Welche Bedeutung haben Computer für die Identitätsausbildung bei Jugendlichen? Werden durch Computer die Seh- und Wahrnehmungsweisen verändert? Welche Konsequenzen für die Aneignung von Wirklichkeit haben die Erfahrungen im Umgang mit Hypertexten und Hypermedien? Wie verändert sich die Rolle des Sozialpädagogen im Angesicht der Computerkompetenz von Jugendlichen? Ebenso wurden die Sozialpädagogen mit elektronischen Netzsystemen vertraut gemacht. Von der Ein-Weg-Kommunikation zur interaktiven Kommunikation wurde die Entwicklung unseres Kommunikationssystems nachgezeichnet. Ebenso wurde auf die Bedeutung des Hypertextes bzw. von Hypermedia als neue Form der logistischen Kommunikationskultur im Netz hingewiesen. Ein weiterer Schwerpunkt war das Aufzeigen von Möglichkeiten der Kommunikation im Internet. Die Entwicklung des Internet zum globalen Kommunikationsnetz wurde nachvollziehbar gemacht. Die unterschiedlichen Dienste und Kommunikationsformen (Webseiten, Newsgroups, Chatrooms, FTP) wurden gezeigt. Eine Benutzer-Einführung half die Funktion von Browsern und Suchdiensten zu verstehen. Ebenso wurden ausgewählte Seiten von unterschiedlichen Anbietern vorgestellt und reflektiert. Desweiteren wurden in dieser Veranstaltungsreihe Einblicke in handlungsorientierte Tools, Programme und Software gegeben. Außerdem wurde über die ästhetische Gestaltung und Wirkung von Web-Seiten diskutiert.

3. eine **kontextspezifische Qualifizierung** bei der Erstellung von Webseiten. In Seminaren konnten sich die Mitarbeiter handlungsorientiert qualifizieren lassen, um eigenständig mit Hilfe von Editoren Webseiten zu erstellen bzw. Multimediaseiten zu gestalten.

Das selbstgesteckte Ziel des Jugendservers Frankfurt ist es, kreative und kommunikative Projekte im Internet anzuregen sowie Jugendlichen, Jugendeinrichtungen und Jugendgruppen Hilfestellung beim Zugang zum Internet zu geben, um die regionale Vernetzung zu fördern.[5] Die Jugendlichen hatten erkannt, dass das globale Medium bestens geeignet ist den Nahraum zu erschließen. Wie das Projekt bestätigte, besteht ein hoher Bedarf z.B. zu erfahren, wo es in der näheren Umgebung einen Raum gibt, in dem man Musik machen kann. Jugendliche erhalten über eine kostenlose Mitgliedschaft Speicherplatz für eine private Homepage und eine E-Mail-Adresse.

Auch ohne Programmierkenntnisse kann mit Hilfe eines eigens erstellten Homepage-Baukastens eine eigene Webseite erstellt werden. Die Jugendlichen können Adresse und Bookmarks verwalten und Foren und Gästebücher über einen niedrig schwelligen Zugriff konfigurieren. Jeder Jugendliche ist frei in der Gestaltung seiner Webseite. Er kann sich über seine Hobbys, seine Biographie oder technische Aspekte sich ausdrücken. Ebenso ist es denkbar auf Veranstaltungen oder andere Informationen hinzuweisen. 300 Jugendlichen machen inzwischen von dem Angebot Gebrauch. Jugendeinrichtungen

5 Auf dem Internetserver der Frankfurter Initiative befindet sich sowohl die Plattform des Frankfurter als auch des Offenbacher Jugendnetzes.

Abb. 110: Titel und Logo der CD-ROM „Internet ganz easy"

können sich ebenfalls mit einer eigenen Webseite präsentieren. Die von den Jugendgruppen und den Jugendlichen produzierten Homepages werden im Jugendserver zu einer Plattform zusammengefasst. Für die Mitarbeiter ist eine Mailingliste zum ständigen fachlichen Austausch eingerichtet. 43 Jugendeinrichtungen aus Frankfurt und zwölf aus Offenbach sind inzwischen im Jugendnetz verbunden. Damit Jugendliche einen einfachen Einstieg haben, wurde als weitere Unterstützung im Sommer 1999 gemeinsam mit dem Team aus Offenbach die Lern-CD-ROM „Internet ganz easy" produziert.[6]

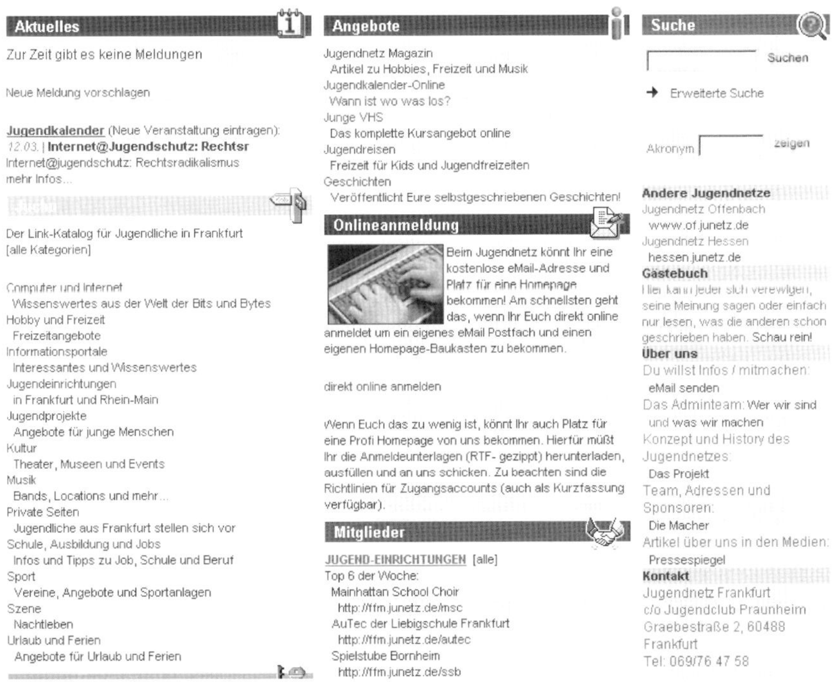

Abb. 111: Jugendserver Frankfurt, Portal

6 2.000 Exemplare der CD-ROM wurden im ganzen Bundesgebiet verkauft.

Das Informationsangebot des Jugendservers verbindet u.a. aktuelle Meldungen aus Rhein-Main, Internethilfen, Veranstaltungshinweise, Beratungsangebote, Stadtführer und interaktive Bereiche wie Chat und Pinboards. Im Jugend-Kalender können alle nichtkommerziellen Jugendveranstaltungen abgefragt werden. Verlinkungen mit dem Angebot der „jungen VHS", den Jugendbildungswerken der Stadt Offenbach und der Stadt Frankfurt sowie dem Jugendparlament in Offenbach wird die Plattform geöffnet für Bildungsangebote für Jugendliche. In Juchu finden die User eine umfangreiche kategorisierte Linksammlung, unterteilt nach Computer und Internet, Hobby und Freizeit, Informationsportale (dort findet man z.B. Checked4you, die Jugendseite der Verbraucherzentrale NRW; Loveline, die Webseite der BZgA für Jugendliche zum Thema Sexualität; Jugendwettbewerbsportale und Sinnflut, eine Jugendnachrichtenagentur für ökologische und soziale Kreativität), Jugendeinrichtungen- und Jugendprojekte, Kultur, Musik, Private Seiten, Schule, Ausbildung, Jobs, Sport, Szene, Urlaub und Ferien. Ebenfalls hervorhebenswert ist die Rubrik Geschichten. Dort finden sich selbstgeschriebene Geschichten, die sich mit allen nur denkbaren Themen beschäftigen.

In Zusammenarbeit mit dem Arbeitsamt wurde eine Praktikumsplatzbörse aufgebaut. Auf den Seiten des Junetz Ffm befindet sich eine der meistgelesenen deutschsprachigen Anleitungen zur Skriptsprache PHP und der Datenbank MySQL. Seit Dezember letzten Jahres gibt es auch ein virtuelles Magazin mit Beiträgen zu verschiedenen Themen. So werden z.B. aktuelle Bücher, Gesellschaftsspiele, Bastel- und Jongliertechniken vorgestellt. In der Musikrubrik gibt es aktuelle Kritiken und Berichte von Konzerten aus der Region. Ebenso wird auf Veranstaltungen in und um Frankfurt hingewiesen. Etwa 8.000 E-Mails werden pro Woche empfangen oder verschickt, 72.000 Webseiten werden nach Angaben der Jugendlichen wöchentlich abgerufen und dabei werden 3,3 Gigabyte Daten übertragen. Das macht deutlich, dass das Jugendnetz angenommen wird.

Die Mitglieder des Jugendnetzes treffen sich mindestens zweimal im Jahr zu einem Austausch in der realen Welt, um sich gegenseitig Anregungen zu geben und die Weiterentwicklung des Projektes zu diskutieren. Sonderaktionen in unregelmäßigen Abständen fördern das Gemeinschaftsgefühl. Die Aktionsfelder verliefen von dem internet-begleitenden Rockbandwettbewerb der Frankfurter Sparkasse, das 1822-RockFestival per Video-Stream, der Aktion Hyperlinks gegen Rechts im Rahmen der hessischen Jugendfilmtage, der Übertragung eines Jugendtreffens mit Jugendlichen aus Litauen in deren Heimat oder einer Live-Sendung im Offenen Kanal Offenbach/Frankfurt. Am 31. März 2000 gestalteten 30 Jugendliche aus fünf Jugendhäusern eine dreistündige Live-Sendung zum Thema ***„Night@JuNetz.de"***. Erstmals wurde in der Geschichte der hessischen Offenen Kanäle eine Sendung auch ins Internet übertragen. Während der Sendung gab es kleine Workshops zu Internet- und Computerthemen, Jugendhäuser wurden vorgestellt, Experten stellten in einer Diskussionsrunde neue IT-Berufe vor und eine Band trat live auf. Die Zuschauer konnten E-Mails und Faxe ins Studio schicken. Gleichzeitig war es möglich auf der Webseite in einem Chat zu diskutieren.

Das Projekt ist ein eindrucksvoller Beleg für die außergewöhnlichen Fähigkeiten von Jugendlichen, sich mit den Neuen Medien auszudrücken, gestaltend in die soziale und politische Kommunikationskultur einzugreifen. Ein hoher Anteil der Pioniere des Projektes, so z.B Stefan NAGELSCHMIDT und Christoph REEG, die heute für den Jugendserver verantwortlich sind, waren zu Beginn des Projekts Gymnasiasten und fühlten sich in der Schule im Fach Informatik nicht gefordert bzw. konnten sich in dem Fach nicht verwirklichen. Ganz abgesehen von ihrem hohen Maß an Selbstverwirklichungsideen, utopischen Fantasien Communities mit Leben zu füllen, war ihnen von Anfang an bewusst, dass sie sich mit dem Projekt einen Wettbewerbsvorteil bei zukünftigen beruflichen Tätigkeiten verschaffen. Das liest sich im O-Ton der Netzseite unter „Das Jugendnetz Frankfurt Offenbach – Was ist das“ wie folgt: „Wer heute in der Lage ist, ein großes Projekt in Teilziele und konkret Arbeitsschritte zu unterteilen, konstruktiv in einem Team zu arbeiten, sich an verändernde Bedingungen anzupassen und vor größeren Gruppen sicher zu präsentieren, hat auf dem Arbeitsmarkt klare Vorteile.“

Es war schon verblüffend, mit welchem Elan und welcher Geschwindigkeit die Jugendlichen in der Lage waren, sich in diese komplexe Materie einzuarbeiten. Dies führte dann aber auch zu dem Problem, dass der Abstand zwischen dem Administrations-Team und den beteiligten Jugendhäusern immer größer wurde. Die Offenheit für neue Mitglieder und neue Ideen wurde schwieriger, da die Erfahrung der Kompetenz auch dazu führte, sein eigenes Know-How als Basis anzusehen und in jedem Neuling erst einmal einen DAU (Dümmst anzunehmender User). Unabhängig von dem eigenen Bestreben entstanden elitäre Gepflogenheiten und der Eindruck alles selbst machen zu müssen, da anderen das eh nicht so gut könnten. Ebenso konnte ich beobachten, dass Jugendlichen, die nicht an Linux-Programmierung interessiert waren, sondern mit Hilfe von Editoren ästhetische Akzente setzen wollten, einen schweren Stand in der Gruppe hatten. Es war ein wichtiger und spannender Lernprozess für die Jugendlichen, diese Schwierigkeiten und Probleme anzugehen und zu meistern. Bezogen auf das selbst gestellte Thema, die Konkretisierung und kontinuierliche Betreuung handelt es sich bei dem Frankfurter/Offenbacher-Jugendnetz nach meiner Auffassung um eines der beeindruckendsten Jugend-Internet-Projekte, wenn auch sicherlich, wie KÖHLER/VOIGT (2000, S. 15) selbstkritisch resümieren, eine Menge Lehrgeld bezahlt wurde. So erwies es sich z.B. als großes Hindernis, dass viele Jugendeinrichtungen nicht ausreichend und mit vielen alten Computern ausgestattet waren, in den Einrichtungen zu wenige „qualifizierte“ Ansprechpartner waren und die Wartung und Pflege des Netzwerks in den Jugendeinrichtungen mit erheblichen Belastungen verbunden waren. Besonders traf es die Navigatoren, dass ihre Jugendlichen recht schnell vom professionellen Markt begehrt aufgenommen wurden und damit für den arbeitsintensiven Jugendnetzalltag keine Zeit mehr aufbringen konnten.

Im Verlauf der letzten fünf Jahre hat das Jugendportal mehrfach sein Layout gewechselt. Die Webseiten des Frankfurter Jugendservers sind professionell gestaltet. Ihnen ist jedoch weiterhin anzusehen, dass die Gruppe stark von einer kognitiv-rationalen Sichtweise geprägt ist. Visuell ästhetische Ebenen sind nur mit bedacht integriert. Die Gruppe verfolgt damit stringent einen rational-informativen Diskurs. Obwohl ich persönlich ein hohes Interesse an ästhetischer Gestaltung habe (vgl. Kap. 8) habe ich den

Jugendlichen zwar mitgeteilt, wo, ästhetisch gesehen, die Stärken und Schwächen ihrer Seiten liegen, habe aber weder in Gestaltungs- noch bei inhaltlichen Fragen interveniert. Reagiert haben die Jugendlichen aufgrund von Bemerkungen und Anregungen, die von Usern kamen. Die Inputs der User haben sie sehr ernst genommen und gerne aufgegriffen, wenn sie nicht die grundlegende Struktur (logozentrische Struktur) in Frage stellten. So lernten die Jugendliche ihre Grundkonzeption den Erfahrungen anzupassen. Die Programmierpuristen ließen sich mit der Zeit erweichen. Durch die Erstellung der redaktionellen Teile durch Managementsysteme wurden die Serververwaltung und die Erstellung der redaktionellen Teile vereinfacht, so dass sich inzwischen auch Jugendliche ohne Programmierkenntnisse an dem Projekt beteiligen können.

9.2. Das Virtuelle Jugendhaus

Das Projekt *Das virtuelle Jugendhaus* vom Medienzentrum Parabol verbindet eine virtuelle Begehung von Räumen, die visuell gestaltet sind, wie dies beim Cyberland-Projekt ebenfalls der Fall ist mit Elementen, die typisch sind für Jugendserver Angebote. Gleichzeitig geht es um den Anspruch, den Sozialraum als Erkundungsraum mit dem virtuellen Raum zu verbinden. Da gibt es Überschneidungen mit meinen Offline-Projekten (z.B. *Süd III inside* und *Virtuelles Kinderhaus*). Da aber in der Ästhetik und in der strukturellen Gestaltung ein eigenständiger Weg gewählt wurde, möchte ich das Parabol-Projekt als beispielhaft vorstellen. EIMER (2001, S. 98) kommt in seinem Resümee zu der Feststellung, dass neben dem Gruppenprozess das fassbare Ergebnis (vorzeigbare Produkt) und die Möglichkeit der Selbstinszenierung im Vordergrund stehen. Erst die Möglichkeit der Veröffentlichung runde den Prozess ab, da die Notwendigkeiten und Zwänge medialer Herstellungsprozesse ansonsten nicht so ohne weiteres durchschaubar seien. Produkte hinterlassen für andere sichtbar Spuren. Sie gestatten die Möglichkeit der Selbstdarstellung. Sie führen durch die Veröffentlichung zu Aufmerksamkeit und Beachtung. „Die Anwendungskompetenzen eignen sich die Jugendlichen dabei nahezu „von selbst" an" (ebd.). Nicht in der Kursform und der Vermittlung von technischem Anwendungswissen sieht er Methode und Ziel, sondern in der Aktivierung von Selbstlernprozessen.

Das virtuelle Jugendhaus versteht sich als Konzept, das Internet für Jugendliche nutzbar zu machen, ihnen eine Plattform zu geben für den Erwerb von Medienkompetenz. In Anlehnung an BAACKE (1997) intendieren sie Vernetzung, Integration (Verschmelzung bisher getrennt verwendeter Medien in einem Projekt) und Interaktion miteinander zu verbinden. Reale Jugendhäuser als vertraute Orte werden mit einer Internet-Plattform, einer begehbaren Oberfläche im Internet verknüpft. Jugendlichen wird ein eigener Anlaufpunkt gegeben, ein kommunikativer Treffpunkt, ergänzt durch Informationen von Jugendlichen für Jugendliche und für Professionelle. „Das virtuelle Jugendhaus ist konstruiert als ein pädagogischer Aneignungsraum in Bezug auf die neuen virtuellen Räume und die damit verbundenen Möglichkeiten, Fähigkeiten und Fertig-

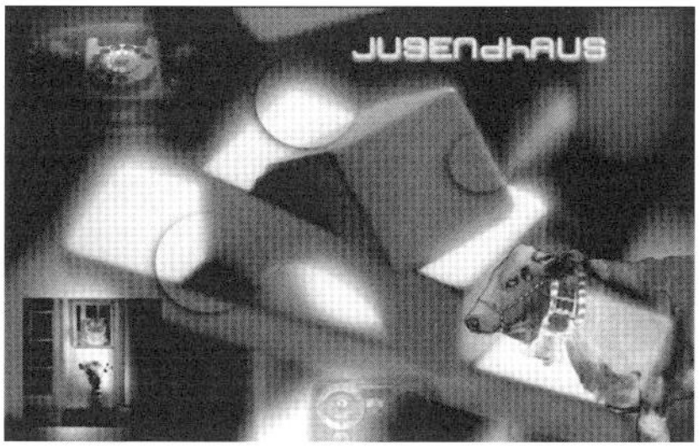

Abb. 112: Virtuelles Jugendhaus, Portal

Abb. 113: Virtuelles Jugendhaus, Fantasieraum

keiten“ (EIMER 2001, S. 92). Ausgehend von der Aneignung der realen Umwelt, der sozialräumlichen Erkundung ihrer Lebenswelt, erschließen sich die Jugendlichen neue Räume. Mit der Schnittstelle des virtuellen Jugendhauses werden virtuelle Aneignungsmöglichkeiten als Lernumgebung geschaffen.

Die Internetplattform dient als Schnittstelle, als Ausgangspunkt zur besseren Orientierung im Internet. Doch die Plattform dient nicht nur zum Einstieg der Erkundung in virtuelle Welten, sondern gleichzeitig ist sie Aufenthaltsraum und Ort der Begegnung, des Rückzugs und der Unterhaltung. Die Arrangements müssen Kommunikation begünstigen und Chancen eröffnen, „die Grenzen zwischen Virtualität und Realität durch eigenes Erleben auszuloten“ (ebd. S. 93). Im Umgang mit virtuellen Welten wird das „virtuelle“ Zusammentreffen mit „realen“ anderen Jugendlichen als wichtige Erfahrung geschätzt.

Das Grundgerüst der Webseite (*www.parabol.de/jugendhaus*) ist von Pädagogen und professionellen Gestaltern und Programmierern erstellt, damit ein leichtes und sofortiges Mitmachen möglich ist und die Oberfläche (Portalästhetik) sofort ansprechend ist und somit auch Jugendliche angesprochen werden, die sich mit selbstgemachten Produkten nicht identifizieren können.[7] Als ganz wichtig werden die Elemente „Treffpunkte“ und „Kommunikationsort“ angesehen, da nach Möglichkeit unmittelbare Teilnahme und Rückkopplung gewährleistet sein sollten. Damit der Kommunikationsort als „Streifraum“ genutzt werden kann, bedarf es Gästebücher, Diskussionsforen und verschiedener Chat-Räume, in denen Jugendliche sich zu unterschiedlichen Themen zeitgleich unterhalten können. Ausgehend von der attraktiven Oberfläche erhalten die Jugendlichen die Möglichkeit, neue „Räume“ oder „Flügel“ in das virtuelle Haus einzubauen. „Mitmachelemente“ laden somit die Jugendlichen ein, gestaltend am Aufbau des virtuellen Jugendhauses mitzuwirken.

Das Besondere an dem Projekt ist (im Gegensatz zu dem Frankfurter Jugendserver), dass es ohne textgesteuerte Navigation auskommt und ausschließlich das Prinzip

7 Aus diesen Gründen arbeite ich bei den sozialräumlichen Ansätzen lieber Offline. Autorensysteme für Multimedia können auch von Jugendlichen problemlos angeeignet werden und es bedarf keiner von Experten konstruierten Grundgerüsts.

der Bildnavigation bzw. der -kommunikation vorherrscht. Die Jugendlichen agieren in Räumen und können durch unterschiedliche Türen gehen. Die Raummetapher bietet die Grundlage der Handlungsfähigkeit der Jugendlichen in den virtuellen Räumen. Somit entsteht eine begehbare Welt. In den Räumen begegnen sie bekannten Strukturen aus der dinglichen Welt. Das Entdecken neuer Räume soll Neugierde auslösen. Das ganze virtuelle Jugendhaus soll zu einem einzigen miteinander verflochtenen Entdeckungsraum ausgebaut werden, bei dem es Spaß macht die nächste Tür zu öffnen. Die Türen aktivieren sich nach dem Prinzip des Hotspots erst, wenn mit der Maus spezielle Stellen aktiviert werden. „Die aus Bildern bestehende Oberfläche soll durch ihre Ästhetik attraktiv wirken und durch die sich verändernden, bewegten Elemente zum Weitermachen einladen und so den Gedanken des „Stöberns" unterstützen." (ebd., S. 96). Auffallend ist die surreale Ebene, in der die Räume gestaltet sind. Wenn Jugendliche sich entlang der Räume bewegen, werden assoziative Denk- und Wahrnehmungsbilder angeregt.

Das Nutzen von Editoren hilft Jugendlichen selbstständig semiprofessionelle Räume gestalten zu können. Insbesondere imponiert mir bei diesem Projekt die konsequente Konzentration auf die Bildlogik (Bilder, Sprache und Töne) und damit die Bereitschaft, sich auf einen ästhetischen Diskurs einzulassen als wesentliche Strategie, die Handlungsspielräume von Jugendlichen zu erweitern und deren Artikulationsfähigkeit zu unterstützen.

9.3. Cyberland

Cyberland nennt sich ein Jugendchat für Jugendliche im Alter von 12 bis 20 Jahren (*www.virtuellewelt.de/index.php*), dem die Software „The Palace" zugrunde liegt. Mit Hilfe dieser Software ist es möglich, dass die Einwohner, die Mitbestimmungsrechte haben, eigene Figuren verwenden und durch selbst gestaltete Räume wandern können. Die Software ist nach einer Anmeldung kostenlos zu beziehen und kann daher problemlos in medienpädagogischen Lernzusammenhängen eingesetzt werden. Inzwischen gibt es weltweit Hunderte von Chaträume, die auf dieser Technologie beruhen. Cyberland wurde von und für Jugendliche in einem Selbstlernprozess entwickelt, daher kann es als Modellprojekt für eigenständige Aneignung von neuen Medien bezeichnet werden. Die Initiative und die konzeptionelle Planung ging von Michael LANGE vom WANNSEEFORUM, einer Jugendbildungsstätte in Berlin, aus. Bereits im Jahre 1997 hatte er begonnen im Rahmen von Fortbildungsmaßnahmen Jugendlichen die Möglichkeit zu geben, sich die grafische Oberfläche eines Chatservers und der dazu gehörenden Homepage zu gestalten. Die jeweiligen Projekte fanden bzw. finden in der Regel in fünf- bis sechstägigen Seminaren statt.

Jede Gruppe entwickelt ihr eigenes Konzept und stellt die notwendigen Verhaltensregeln und Organisationsstrukturen auf. Die Jugendlichen erhalten die Möglichkeit, eine selbst gestaltete und selbst verwaltete virtuelle Gemeinschaft im Internet aufzubauen

Abb. 114: Cyberland Jugendchatserver, Logo

und in dieser „Welt“ mit anderen zu kommunizieren. Implizit wurden dabei vorhandene Vorurteile und ihr spezifisches Rollenverhalten reflektiert. Während im Vordergrund die Veränderung der Kommunikation durch die Neuen Medien erprobt wurde, setzten sich die Jugendlichen mit der Frage nach Identität und ihrer sozialen Rolle in den virtuellen Welten auseinander. Wie LANGE (2001, S. 78) mitteilt, setzen sich die Jugendlichen intensiv mit dem Verhältnis zwischen der realen und der virtuellen Welt auseinander. Dabei stellen sie jeweils Überlegungen an, welche Regeln und Gesetze übertragen und welche neu definiert werden müssen. Meist sehen die beteiligten Jugendlichen in der virtuellen Gemeinschaft ein Experimentierfeld für unterschiedliche Lebensentwürfe und Gesellschaftsformen und betrachten diese Entwürfe gleichzeitig als Vorbild für die reale Welt.

Ihre Bedürfnisse und Ansprüche an Kommunikation kamen auch in der „Verfassung“ zum Ausdruck, in der u.a. geregelt ist, dass die angemeldeten Mitglieder der virtuellen Gemeinschaft die Administratoren alle sechs Monate neu wählen. Bei den Seminaren sieht LANGE folgendes Leitziel: „An erster Stelle steht dabei die Erweiterung von Partizipationsmöglichkeiten, indem die Jugendlichen selbst Regeln und Mitbestimmungsstrukturen entwickeln, die eine jugendgerechte Kommunikation im Internet ermöglichen“ (ebd., S. 76). Der Erwerb sozialer und kommunikativer Kompetenzen steht im Vordergrund der Seminare und nicht der Erwerb technischen Wissens. Die Unterrichtseinheiten sind multiperspektivisch aufgebaut und integrieren sowohl informative, diskursive als auch gestalterische Ebenen. Die Seminare dienen vor allem dazu, zu einer aktiven Gestaltung des Lebensumfeldes und der eigenen Biografie anzuregen. „Im Vordergrund steht der Zuwachs von politischer und sozialer Kompetenz, Sensibilität und Kooperationsbereitschaft und die Vermittlung von Werten wie Respekt und Verantwortungsbewusstsein“ (vgl. ebd., S. 78).

Zu Recht sieht LANGE (ebd., S. 79) im „realen“ Charakter des Projekts und der dabei notwendigen Eigenverantwortlichkeit der Jugendlichen einen Schlüssel für deren Motivation. „Wichtig war den Jugendlichen die gemeinsame Arbeit am Projekt“ (ebd.). Für die Jugendlichen war es offensichtlich eine positive Erfahrung, dass sie die Struktur und die Inhalte des Chatservers sowie der Homepage in einem kooperativen und kollaborativen Lernzusammenhang erarbeiten konnten. Aufgrund der Vielfältigkeit der un-

Abb. 115: Cyberland, Navigationshalle

Abb. 116: Cyberland, Einwohnerraum

terschiedlichen Aufgaben, konnten sich in der Regel alle mit ihren unterschiedlichen Fähigkeiten und Potenzialen einbringen. Begünstigend kommt hinzu, dass Chatten für Jugendliche eine der beliebtesten Internetaktivitäten ist. Wenn auch das zentrale Motiv darin zu sehen ist, schnell und unkompliziert andere Jugendliche kennen zu lernen, zeigt das Projekt, dass Jugendliche zu enormen Engagement bereit sind und sich auch hochverantwortlich einbringen, wenn es um Bereiche geht, die mit ihren Interessen, Bedürfnissen und ihrem Lebenskontext in Beziehung stehen.

Der Vorteil bei visuellen Chats ist, dass neben dem Text noch weitere Botschaften hinzukommen. Der Hintergrund, die einzelnen Räume und somit die gesamte Kommunikationsumgebung kann selbst gestaltet werden. Die gewählte Figur, der Avatar, verkörpert reale oder imaginierte Anteile des eigenen Selbst. Ebenso ist der Abstand zwischen den Figuren immer auch ein Hinweis auf das gewünschte Nähe-Distanz-Verhältnis.[8] Wie auch bei globalen Chats Personen miteinander ins Gespräch kommen, die sich ansonsten nie begegnet wären, kommunizieren auch während der Seminare Personen miteinander, die vorher nicht miteinander geredet hatten.[9] Entgegen der herrschenden Meinung konnte LANGE keinen unverbindlichen Smalltalk beobachten, sondern den ernsthaften Versuch im Chat neue Freunde zu finden bzw. eine reale Freundschaft aufzubauen. Er identifizierte das Bedürfnis, sich in einer nahezu anonymen Situation

8 Als ich einmal im Milka-Chat, der ebenfalls auf der Palace-Software basiert, Erfahrungen sammelte, stieg mir ein(e) Kommunikationspartner(in), ein attraktiver Avatar auf den Kopf. Obwohl ich eigentlich in der Lage bin reflektiert-distanziert in neue Erfahrungsräume zu gehen, fand ich das überhaupt nicht angenehm und war verblüfft über meine emotionale Reaktion.

9 Diese Beobachtung kann ich bestätigen. Während eines Seminares kommunizierten 15 Studenten im Milka-Chatroom. Neben den Studenten waren noch andere Personen im virtuellen Raum. Durch Zufall wusste ich bei einzelnen, welchen Avatar sie ausgewählt hatten. So konnte ich beobachten, dass zwei Studenten Rücken an Rücken saßen aber gleichzeitig, ohne von der Identität des anderen zu wissen, ernsthaft miteinander kommunizierten. Beide hatte ich vorher in der Veranstaltung nicht miteinander reden sehen.

Abb. 117: Cyberland, Eingangshalle

Abb. 118: Cyberland, Romantikraum

offen auszusprechen und sich „endlich" so darzustellen, wie man eigentlich empfindet. Für viele ist daher der Chat eine Chance „sich anderen gegenüber zu öffnen und sich mitzuteilen, ohne dem anderen dabei etwas vormachen zu müssen" (ebd., S. 80). Offensichtlich zeigten die Jugendlichen ein starkes Bedürfnis nach sozialen und authentischen Kontakten. Sehr schnell suchten sie eine möglichst intime Ebene. Das bedeutet, dass Lange auch das von TURKLE (1998) hervorgehobene Bedürfnis in eine andere Rolle zu schlüpfen bei seinen Jugendlichen nicht entdecken konnte.

Beeindruckend ist die Vielfalt der Räume von Cyberland. Wenn man in das Haus hineingeht, eröffnen sich in der Eingangshalle Wege zum Saal, von dort aus geht es u.a. zu den Einwohnerräumen. Die Eingangshalle ist wiederum auch der Ausgangspunkt, um in die Bar oder in die Navigationshalle zu kommen. Ebenfalls gelangt man von diesem Raum zum Matrixweg, der Abzweigungen zum Romantikraum, der Gartenbank und der Kuschelhöhle erlaubt. Auffallend ist die artifizielle Ästhetik, die oft mit symbolischen Kontexten aufgeladen ist. Alle Räume sind exquisit gestaltet oder es wurden geeignete Bilder als Hintergrund gefunden. Meist handelt es sich aber, wie gut anhand des Romantikraumes (Abb. 118) zu erkennen ist, um Montagen.

Eine Gruppe von Jugendlichen hat nach Abschluss der Seminarreihe die Verantwortung für das Projekt übernommen und sich die Aufgabe gestellt, weitere Jugendliche für das Projekt zu begeistern und will Jugendeinrichtungen helfen, den Chatserver in deren Medienpädagogik zu integrieren. Sie beabsichtigen, den Chatserver zu einem attraktiven Treffpunkt einer virtuellen Gemeinschaft aufzubauen. Regelmäßig veranstalten sie Chatpartys und aktualisieren die Homepage. Wöchentlich treffen sie sich einmal in einem Internetcafe und planen dort den weiteren Ausbau ihrer virtuellen Welt. Nur wenn es ihnen gelingt, weitere Jugendliche zur Mitarbeit zu motivieren, werden sie in der Lage sein, sich im Internet mit ihrem Projekt zu behaupten. Es ist schon erstaunlich und imposant, welche Energie und Power Jugendliche entwickeln, um in einer selbstgestalteten und selbstverwalteten virtuellen Welt mit anderen kommunizieren zu können.

Abb. 119: Webmobilprojekt, Dortmund 2002

Abb. 120: Webmobilprojekt, Dortmund 2002

9.4. Netzwerkstatt Webmobile

Selbstgesteuertes Lernen mit Neuen Medien und speziell dem Internet verlangt keineswegs aufwändige pädagogische Arrangements. Das konnte ich im September 2002 im Kontext des bundesweiten Fachkongresses „Kinder- und Jugendarbeit – Wege in die Zukunft an der Universität in Dortmund miterleben. Am Nachmittag hatte ich während des Kongresses einen Vortrag gehalten. Während meines Vortrags machten einige Schüler der Johann Gutenberg Realschule aus Dortmund-Wellinghofen mit einer digitalen Kamera Aufnahmen, während andere sich Notizen von meinen Argumenten machten (wobei ich dies während des Vortrags nicht bemerkte). Nach meinem Vortrag kam ich zufällig an einem Raum vorbei mit der Aufschrift „Redaktion". Im Raum herrschte ein reges Treiben. Deutlich war hier zu erkennen, dass die Schüler an einer Kongresszeitung arbeiteten. Einige saßen an Computern, andere lasen Bilder ein und bearbeiteten sie, wiederum andere druckten erste Layoutentwürfe aus. Eine Schülerin gab mit ein Kärtchen mit einer Webseite.

Da ich am nächsten Tag bereits einen anderen Termin hatte, fuhr ich anschließend nach Hause. Zu Hause angekommen ging ich ins Internet, um mir die avisierte Seite anzuschauen. Da staunte ich nicht schlecht, dass mir *KonKress – Der Kongress Konkret* „entgegenblickte", die Online-Version der Kongresszeitung. Während der Dortmunder Kongress noch lief, berichteten die Jugendlichen fast zeitgleich von den Veranstaltungen per Zeitung und im Internet. Die Berichte über die Veranstaltungen wurden ergänzt durch Interviews, Fotorecherchen, Berichte über Menschen im Hintergrund (Pförtner, Putzfrauen) und ihre subjektiven Beobachtungen am Rande des Kongresses.

Auch dies ist Realtime-Lernen in Form von Selbstaneignung. 21 Schülerinnen einer 10ten Jahrgangsstufe beteiligten sich an diesem medienpädagogischen Projekt. Betreut und unterstützt wurden sie u.a. von Dörte SCHLOTTMANN und Sascha DÜX vom Webmobil Süd des JFC Medienzentrum Köln (vormals Jugendfilmclub Köln). Wie ich anhand der Internet-Zeitung herausbekommen konnte, hatten die Webmobiler sechs Computer und digitale Kameras mitgebracht. Während der gesamten Tagung waren die

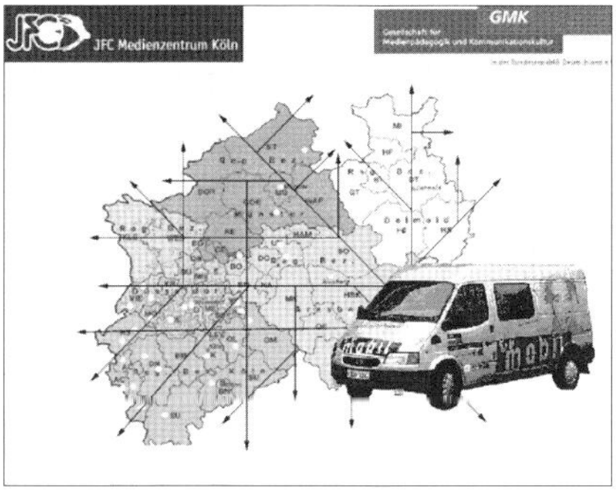

Abb. 121: Webmobile für NRW

Abb. 122: Webmobil unterwegs

Schüler von Claudia WERNER, der kooperierenden Lehrerin, unterwegs, um zu interviewen, Arbeitsgruppen und Vorträge zu besuchen und Recherchematerial zu sammeln. Die Recherchen wurden sofort im Computer geschrieben, gelayoutet und durch ausgewählte Fotos ergänzt. Stefan MÖRKENS vom Webmobil half den Jugendlichen, dass ihre eigenständig entwickelte Seite als Internetpräsentation im Netz zu sehen ist (*www.netzprojekt.de/dortmund*). Drei Zeitungen produzierten die Jugendlichen während des dreitägigen Kongresses.

Bereits früher haben Schüler mit Video und Foto recherchiert. In Nordrhein-Westfalen liegen die Wurzeln des Konzeptes „Schüler machen Fernsehen". In dieser Tradition bewegt sich dieses medienpädagogische Projekt. Früher wurden allerdings meist ausgehend von Zeitungsausschnitten kleine Episoden im Nahbereich recherchiert. Daher hat das Projekt durchaus eine neue Qualität. Neu ist, dass Schüler legitimiert werden eine Dokumentation zu einem der bedeutendsten Jugend-Kongresse des Jahres 2002 zu erstellen. Sie produzierten nicht nur für die restlichen Projekt-Teilnehmer und deren Freunde und Verwandten, sondern für die Öffentlichkeit. Die Schüler erhielten Verantwortung und wurden somit ernst genommen. Die technischen Medien halfen ihnen in kurzer Zeit, nahezu in Echtzeit, über den Kongress zu berichten. Gleichzeitig haben die Jugendlichen erlebt, dass sie nicht in der Lage waren, über alle Aspekte zu berichten. Sie mussten auswählen und damit entscheiden, welche Nachricht in die Zeitung kommt und welchen Platz sie beanspruchen darf. Sie erlebten damit hautnah die Zwänge des medialen Produktionsalltages. Die Teilnehmer an diesem Projekt werden nach dieser Erfahrung Zeitungen anders lesen. Sie haben auch durch das Aufrufen der Internetseiten erfahren, dass sich ein hoher Anteil der Kongressteilnehmer ihre Seiten im Netz angeschaut hat. Diese Akzeptanz stärkt das Selbstbewusstsein und veranschaulicht den Jugendlichen, dass sie sich mit ihrer Zeitung in die Aufarbeitung des Kongresses eingemischt haben. Dies lässt sich durchaus als partizipative Erfahrung deuten. Somit entspräche dieses Projekt dem, was BADER (2001) mit legitimer Partizipation fordert.

Das Dortmunder Medienprojekt fand im Rahmen der vom Nordrhein-Westfälischen Jugendministerium geförderten Initiative *Webmobile für NRW* statt. Das Medienprojekt hat den Schwerpunkt, in ländlichen Regionen und an Stadtrandlagen Nordrhein-Westfalens den Aufbau qualifizierter Multimediaarbeit in der außerschulischen Jugend- und Bildungsarbeit zu unterstützen. Damit eine flächendeckende Arbeit gewährleistet ist, hat das Projekt einen nördlichen (Gesellschaft für Medienpädagogik und Kommunikationskultur, GMK - Bielefeld) und einen südlichen Standort (JFC Medienzentrum Köln).

Im ersten Zwischenbericht (vgl. GMK/JFC 1999) werden die Schwerpunkte Information und Qualifikation, Beratung und Unterstützung sowie Kooperation und Vernetzung hervorgehoben. Nach zwei Jahren sehen die Webmobiler in ihrer Arbeit eine Erweiterung der „klassischen" Themen und Arbeitsformen der außerschulischen Jugend- und Bildungsarbeit. „Für die Begleitung von Prozessen jugendlicher Identitätssuche etwa bietet sich das Internet als „Identitätsworkshop" (Sherry Turkle) an, als Raum für Experimente mit sozialen Rollen, für Selbstdarstellung und –definition. Der selbstbestimmte Umgang mit den Medien, ihre Nutzung als Kommunikationsmittel, das souveräne Navigieren in Netzen sowie die Bewertung von Vorgefundenem nach inhaltlichen, ethischen und ästhetischen Kriterien gehören zu den erfolgreich vermittelten Zielen der webmobilen Medienpädagogik (GMK/JFC 2001, S. 1). Eigenproduktionen werden gefördert, um den Jugendlichen die Möglichkeit zu geben, bei der Mitgestaltung des Netzes mitzuwirken. Es wird ihnen der Raum gegeben, ihre eigenen Interessen im gesellschaftlichen Diskurs zu vertreten. Medienkompetenz wird vor allem auch als Lebenskompetenz verstanden. Jenseits von Informatikunterricht und betreutem Surfen sollen PC- und Internetkompetenzen spielerisch erworben werden. Die kurzzeitpädagogischen Projekte werden so gestaltet, dass reale und virtuelle Welten, Online- und Offline-Aktivitäten aufeinander treffen. Intendiert ist ebenfalls soziales und identitätsrelevantes Lernen (vgl. SCHLOTTMANN/DÜX 2002, S. 3).

Die Webmobiler agieren somit in dem pädagogischen Diskurs der Navigation. Sie schaffen eine Lernumgebung, in der die Jugendlichen vielfältige Lernprozesse selbstständig aktivieren können. Die Themen sind an der Lebenswelt der Jugendlichen und an deren Bedürfnissen und Interessen orientiert. Sie fragen danach, wo die Themen im Alltag der Jugendlichen vorkommen und ob und wie die jeweiligen Themen verknüpft werden müssen, damit die Adressaten sie spannend finden. Die Palette der Angebote reicht von Stadtteilerkundungen (Online-Stadtführer), Umweltpädagogik, internationalen Begegnungen, Vermittlung von Grundlagen der digitalen Fotografie und Bildbearbeitung bis hin zu Angeboten zum Thema „der virtuelle Schminksalon", Webcam-Videos oder der Durchführung einer Cyber-Hip-Hop-Woche. Beim dritten großen Jugendcamp der Ev. Kirche im Rheinland (ca. 4.000 Teilnehmer) berichtete eine Gruppe von ca. 25 Ehrenamtlichen aus dem Jugendverband ESR (Evangelische Schülerinnenarbeit im Rheinland e.V.) im Rahmen offener Doku-Workshops mit Webmobil-Unterstützung vom Campgeschehen. Dabei drehten u.a. zwei gehörlose Mädchen während eines Webvideo-Workshop für Mädchen ihr erstes Interview-Video (*http://www.nebensachen.net/freitag/mit_den_augen_gehoert.ram*). Die Webmobiler sind sicher, dass Handy-Tage und SMS-Workshops oder Webcam-Soaps von Jugendlichen erfolgreich angenommen werden würden. Die Projektergebnis-Seite des JFC-Webmobils gibt einen differenzierten

Abb. 123: CD-ROM „Taste It"

Einblick in die Arbeits- und Lernfelder (*http://www.netzprojekt.de*).

Die handlungsorientierten Projekte werden durch Veröffentlichungen ergänzt, wobei ich ein Produkt wegen seiner besonderen Form herausstellen möchte. Auf die Verpackung kommt es an. Das könnte der Hintergrund von *taste it* sein, der ultimativen Pizza-CD-ROM mit feinsten multimedialen Zutaten für die pädagogische Praxis. Diese auch ästhetisch sehr gelungene CD-ROM bietet Ideen, Konzepte, Praxistipps und Workshops für die medienpädagogische Projektarbeit mit vernetzten Computern. Die CD-ROM enthält vier Schwerpunkte. Sie bietet grundlegende technische Informationen (Was braucht man? Wie funktioniert's? Welche Software ist für Jugendarbeit geeignet? Wie setze ich sie ein?) Dann wird eine Vielfalt von möglichen Themen vorgestellt. Abgerundet wird die CD-ROM mit medienpädagogischem Hintergrundwissen.

10. Elektronisches Lernen als Herausforderung für die Aus- und Weiterbildung

„Knowledge itself is power“
Francis Bacon

Elektronisches Lernen nutzt die Computertechnik und das Internet, um Wissen zu vermitteln. Selbstlernen und betreutes Lernen mit Hilfe der neuen Medien werden nach Auffassung des Bundesministeriums für Bildung und Forschung eine tiefgreifende Umgestaltung der Bildung bewirken. Das Ministerium beabsichtigt in den Haushaltsjahren 2000-2004 etwa 200 Mill. EUR zu investieren. Mit Hilfe der Neuen Technologien werden neue Formen der Wissensvermittlung und die Vision des selbstbestimmten, ortsunabhängigen Lernens genährt. Für die Aus-, Fort- und Weiterbildungsmöglichkeiten eröffnen sich Potenziale zu einem eigenverantwortlichen und selbstorganisierten individuellen Lernen.

Vermutet wird, dass Bildungsbiographien ihre sequentielle Struktur verlieren (vgl. Kap. 1.1.). Da das netzbasierte Lernen die Strukturen herkömmlicher Lehrangebote aufbricht und inhaltlich und organisatorisch stärker als bisher berufliche Erstausbildung und spätere Weiterbildung miteinander verbunden werden können, wird in E-Learning große Hoffnung gesetzt. Insbesondere dem Internet wird eine wichtige Bedeutung zugemessen, da Lernende auf Datenbänke, Simulationen, Lernbausteine, Informationssysteme und netzgesteuertes Lernen (Anbindung an Lernplattformen) zurückgreifen können.

Ob sich die erwarteten Kosteneinsparungen sich realisieren lassen, kann nach dem Stand des jetzigen Wissens erst einmal bezweifelt werden. Begünstigt wird durch elektronisches Lernen die Erschließung neuer Wege, um Wissen zu generieren, sich anzueignen, zu speichern und zu verteilen (Wissensmanagement). Insbesondere bieten die neuen Technologien „hinsichtlich der Wissensverteilung und -aktualisierung erhebliche Geschwindigkeits- und Flexibilitätsvorteile“ (SEUFFERT/BACK/HÄUSLER (2001, S. 23). Die Firmen erhoffen sich mehr Optionen, auf die unterschiedlichen gesellschaftlichen Veränderungen und Anforderungen der Kunden angemessener reagieren zu können. „De-Standardisierung wird zum neuen Standard“ (REGLIN/USCHNER 2002, S. 12). Flexible Lernsysteme erlauben eine Integration des Lernens am Arbeitsplatz.

E-Learning wird eingesetzt, um den Lernenden unabhängig von Zeit und Ort Lernmaterialien und Lernmöglichkeiten zur Verfügung zu stellen. „Sie enthalten überschaubare Einheiten von Sachwissen, Selbsttestelemente und Testbatterien, die schnelles (Selbst)Überprüfen der Lernergebnisse zulassen. Ihr Ziel ist es, kurzfristig benötigtes Wissen <just in time> verfügbar und lernbar zu machen“ (DICHANZ/ERNST 2001, S. 6). DICHANZ/ERNST (ebd., S. 7) gehen davon aus, dass bei dieser Form des elektronischen Lernens nur einfache Lernzielebenen erreicht werden können, da nur „die Organisation und Verteilung von Containerwissen" erreicht werde. Sie plädieren dafür den Begriff E-Learning durch ES-Learning (Electronically Supported Learning) zu ersetzen. Auch BAUER/PHILIPPI (2001, S. 94f.) sprechen sich dafür aus, den Begriff E-Learning nur für Formen des Lernens zu nutzen, bei denen spezifische Ausgangsbedingungen gewährleistet sind. Vier Komponenten halten sie für notwendig, um von E-Learning sprechen zu können:

- Beim Lernprozess wird auf ***Multimedia-Technik*** zurückgegriffen. Dabei wird Lernmaterial aus unterschiedlichen Kontexten und Herkunft zu einem neuen, homogenen und übereinstimmenden Ganzen verknüpft. In den jeweiligen Programmen werden multimediale Techniken (Text, Fotografie, Simulation, Animation, Video) so präsentiert, dass multimodale (auditive, visuelle, kognitive) Rezeptoren angesprochen werden, um multisensorisches Lernen zu begünstigen.
- Der zeitliche und inhaltliche Rahmen des Lernvorgangs wird von der lernenden Person vorgegeben. Der Lernende selbst steuert den Rhythmus des Lernprozesses. Er kann eigenständig entscheiden, mit welchem Modul des Lernangebotes er sich beschäftigt, er ist frei von einem Ablaufzwang. Die im idealen Falle durch Hyperlinks geprägte offene Struktur erlaubt das Springen im Lernprozess. Gerade beim Online-Lernen ermöglichen Verlinkungen komplexe Ergänzungen und Erweiterungen. Gute E-Learning-Programme geben den Handlungsablauf nicht vor, sondern erlauben variable Handlungsmöglichkeiten. Lernen ist somit durch ein hohes Maß von Autonomie geprägt, das durch eigenständiges Navigieren begünstigt wird. Bedingungsfaktoren für E-Learning sind daher **autonomes und interaktives Lernen**.
- Neben dem Erschließen von Inhalten gehört zu einem effektiven Lernprozess der Austausch mit anderen und eine persönliche Begleitung. Im idealen Sinne bedeutet E-Learning nicht isoliertes Lernen vor dem Computer, sondern kommunikatives Lernen mit einer vernetzten Lerngemeinschaft. Das **Tutoring** ist eine der zentralen Schnittstellen beim E-Learning. Die Tutoren stehen nicht nur für die Klärung von technischen und inhaltlichen Fragen zur Verfügung. Ganz wesentlich gehört zu ihrer Aufgabe das Anleiten und Begleiten beim Erwerb des Wissens. Weiterhin sind sie Ansprechpartner für kritische Rückmeldungen.
- Ein weiterer wesentlicher Faktor für E-Learning ist die **Nutzung von Datennetzen**. Die gesamte Organisation und Verwaltung von E-Learning-Kursen, ausgehend von der Anmeldung, dem Zugriff auf die jeweiligen Module bis hin zur Lernevaluation erfolgt über Netzkommunikation. Kommunikation mit den Lernenden ist möglich über E-mails, Newsgroups, Chatrooms oder virtuelle Klassenräume. In den Datennetzen kann das zu erwerbende Wissen gespeichert werden. Die Informationseinheiten in den Datennetzen können permanent aktualisiert werden.

Für computerunterstütztes Lernen, das dieser Definition nicht entspricht, hat sich der Begriff *Computer Supported Learning* durchgesetzt. Was unter diesem Begriff zu verstehen ist, werde ich beispielhaft darstellen. Besonderes Augenmerk werde ich jedoch auf das E-Learning richten. Dabei ist der Blick nicht nur auf die Zielgruppen und deren Interesse an E-Learning und die Rolle des Telecoachs beim E-Learning gerichtet. Abwägen möchte ich ebenso die Bedeutung der sozialen Präsenz und der Kommunikation beim E-Learning. Wichtig ist mir ebenfalls, die Anwendungsarchitektur zu beschreiben. Fragen werde ich insbesondere, welche Potenziale E-Learning für selbstgesteuertes Lernen bietet und wo die Stärken und gegebenenfalls Schwächen dieser Lernform bestehen. Ausgehend von den Erfahrungen und der Reflexion über die Vor- und Nachteile, werde ich Formen des elektronischen Lernens wie *Community Learning*, *Blended Learning* und *Goal Based Scenarios* vorstellen, die sich bemühen, die neuen Potenziale des elektronischen Lernens bei gleichzeitiger Integration bewährter Lernkonzepte zu nutzen.

10.1. Computer Supported Learning

Elektronisches Lernen oder Computer Supported Learning wird als Überbegriff verwendet, um die unterschiedliche Nutzung der elektronischen Medien in Lehr-Lernzusammenhängen zu kennzeichnen. Während früher bereits Lernsoftware auf CD-ROM-Basis als E-Learning bezeichnet wurde, wird der Begriff zunehmend komplexer interpretiert. Folgt man der von BAUER/PHILIPPI (2001) vorgeschlagenen Definition, kann beim Einsatz von CD-ROMs und beim Teleteaching nicht von E-Learning gesprochen werden. Auch nicht bei allen *Web Based Learning* Angeboten und Teletutorials handelt es sich automatisch um E-Learning Angebote. Gleichwohl ist es sinnvoll, sich diese Medien auf ihre Potenziale, die sie zum selbstorganisierten Lernen beitragen können, anzuschauen. Das Gleiche gilt für internetunterstützte Lehrangebote.

10.1.1. Computer Based und Web Based-Learning

Beim elektronischen Lernen wird unterschieden zwischen *Computer Based Training* (CBT) und dem Web Based Training (WBT). CBT-Lernen bedeutet OFF-Line-Lernen mit Hilfe von Lernsoftware (CD-ROM). Diese Methode hat den Vorteil, dass in der Regel die jeweiligen Informationen, Animationen und Simulationen eine bessere Qualität haben. Der Nachteil dieser Methode ist, dass die Lerninhalte statisch sind und es zwar eine Interaktivität bei der Steuerung der CD-ROM gibt, aber keine Interaktion mit anderen Lernenden und/oder Betreuern.

Die funktionale Einbettung von Hypertexten in die CBTs stellen eine wesentliche Voraussetzung für den Erfolg und die Attraktivität dieser Lernform dar. Allerdings müssen die Hypertexte intrinsisch motivieren, Anregung zum Nachdenken geben und zur „tiefen“ Informationsverarbeitung veranlassen. Aus diesem Grund ist das oft vernachlässigte Instruktions-Design von hoher Bedeutung. 50 % der 3.000 Programme einer Standardsoftware im Bereich beruflicher Bildung, die das BIBB im Jahre 1996 untersuchte (vgl. ZINKE 2002), hatten ausschließlich die Qualifizierung im Umgang mit Informationstechnik zum Ziel. Mehr als 20 % vermittelten Grundlagen in speziellen technischen und kaufmännischen Fachgebieten, weitere 10 % bezogen sich auf das Lernen von Fremdsprachen.[1]

WBTs sind Online-Kurse, mit denen das selbstständige Erarbeiten von Dokumenten, Daten und Aufgaben möglich ist. Meist ist ein Austausch mit der Gruppe, den Mitlernenden und den Lehrenden durchführbar. Über Intra- oder Internet ist Netzkommunikation möglich (Oft wird Groupware verwandt und Open Source-Software). Durch Schwarze Bretter, Newsgroups, Foren, E-mail-Tutoring, Chats und interaktive Fragebögen ist ein hoher Grad an Interaktion möglich. Wenn diese Dienste bei WBT-Kursen genutzt werden, handelt es sich um E-Learning. Da oft nur Teile dieser Möglichkeiten Verwendung finden, gehört die Mehrzahl der WBTs eher zum *Computer Supported Learning*, zumal bei der Anwendungsarchitektur von E-Learning-Tools der Trend zur Verwendung von Content Management Systemen geht, die bei den WBT-Kursen nicht selbstverständlich zum Einsatz kommen.

10.1.2. Internetunterstütztes Lehren

Elektronisches Lernen beginnt bereits bei Internet-Recherchen. Zu nahezu allen Themen gibt es einführende Volltexte, die eine recht schnelle Orientierung innerhalb eines Themenbereiches ermöglichen. Auf der Makroebene oder auf der Ebene der Sekundärtexte bietet das Internet ein einzigartiges Kompendium. Wesentlich ist allerdings, dass eine Kompetenz zur Beurteilung der gefundenen Texte besteht. Dies wird in Zukunft eine der wichtigsten Qualifikationen sein, die Lehrende zu vermitteln haben. Aus diesen Gründen bitte ich die Studenten immer wieder Links zu den für sie jeweils relevanten Themen zusammenzutragen. Gemeinsam lernen sie, ein Informationsangebot auf Gebrauchsfähigkeit zu beurteilen. Eine wesentliche Hilfe kann dabei die Software Hyperfolio bilden (vgl. Kap. 4.5.2.). Auf dieser Plattform lassen sich die gefundenen Texte und auch Bilder in einem Ordner abspeichern. Im kommunikativen Austausch der gefundenen und bewerteten Quellen zu einer spezifischen Thematik entsteht die Befähigung zur kontextuellen Beurteilung, wenn parallel dazu auch gelernt wird, welche grundlegenden wissenschaftstheoretischen Positionen in Texten als Subtexte enthalten sind bzw. sein können. Wie auf spielerische Weise diese Kompetenz erworben werden kann, habe ich am Beispiel der CD Selma bereits ausgeführt (vgl. Kap. 7.4.).

Gleichzeitig lernen die Studenten, dass es möglich ist, ein Thema aus unterschiedlicher Perspektive (wissenschaftlichen Position) zu beurteilen. Sie lernen nicht die Wahrheit zu destillieren, sondern Positionen zu bestimmten Themen zu vertreten. Das verändert hoffentlich die immer noch deutlich zu erkennenden quasireligiösen wissenschaftlichen Glaubenskämpfe in der Hochschule. Aufgrund dieser Erfahrung werden die Ler-

1 Es muss beachtet werden, dass es sich um eine ältere Untersuchung handelt.

nenden die Lehrenden mit Positionen konfrontieren, die sie selbst nicht vertreten. Es wäre wünschenswert, dass die Lehrenden dies nicht als Bedrohung, sondern als Bereicherung ihrer Lehrtätigkeit ansehen.

Für Lernende können derartige Makrorecherchen den Ausgangspunkt für eine Materialsammlung bilden, um komplexere Referate halten, informationsreichere Hausarbeiten, Referate und Diplomarbeiten schreiben zu können. Ergänzt werden müssen derartige Recherchen durch Mikrorecherchen, die teilweise auch im Internet möglich sind. In der Regel ist es aber sinnvoll, Fachliteratur und Fachzeitschriften hinzuzuziehen. Nachdem genügend Material recherchiert wurde, ist es sinnvoll ein Mindmap mit Hilfe des MindManager zu erstellen (vgl. Kap. 4.5.2.), um Visualität als Basis für die Gliederung einzusetzen.

Die selbstständige Informationsrecherche ermöglicht dem Lernenden, persönliche Schwerpunkte und Fragestellungen bei der Aufgabenbearbeitung zu integrieren. Eigenständigkeit und individuelle Interessenentfaltung werden damit gefördert. Parallel dazu werden übergreifende Kompetenzen beim Suchen erworben. Beim Suchen wird in Form von Strategien und Methoden ‚Lernen gelernt'. Sinnvoll ist es, die Lernprozesse in einem kooperativen Lernzusammenhang zu erarbeiten. Darüber hinaus kann sich der Lernprozess in einem spielerischen Environment entwickeln. „Dabei können intrinsische Motivationspotenziale aufgrund intuitiver Bedienung und einem damit einher gehenden Bedeutungsgewinn spielerischer und erlebnishaft-konkreter Elemente genutzt werden" (HARTH 2001, S. 15).

Doch nicht nur als Rechercheraum ist das Internet ein hochinteressanter Lernraum. Ebenso ist es denkbar, zu einem Thema selbstständig zu recherchieren und die Ergebnisse in das Netz zu stellen.[2] Während des Darstellungsprozesses findet der eigentliche Lernprozess statt. Das selbstständige Erarbeiten von Recherchen erhöht die Lernbereitschaft und -fähigkeit. Veröffentlichungen führen dazu, sich in die potenzielle Position der Rezipienten hineinzuversetzen und zwingt zur Herausforderung, die eigene Produktion mit dem virtuellen Ich eines Zuschauers zu beobachten. Durch die Produktion von Webseiten wird nicht nur die Kreativität gefördert, sondern auch die kritischere Beurteilung von Informationen. Allerdings gelingen derartige Lernformen nur dann, wenn die zu vermittelnde Information die Lernenden auch interessiert.

Durch die Präsenz der Ergebnisse im Netz gibt es die Möglichkeit, das Netz nicht nur als Open Source zu nutzen, sondern sich auch an seiner Erweiterung zu beteiligen. Die persönliche Lernsituation kann zu einem echten lebendigen Kommunikationsraum

2 Auch Offline ist das zur Verfügung stellen von Materialien eine wesentliche Erweiterung der traditionellen Lehr-Lern-Aktivitäten. Im WS 2002/03 hat mein Kollege Hans-Joachim GEHRMANN zum Thema „Beratung in der Sozialpädagogik" den Studenten eine CD-ROM mit einer Vielfalt von Texten gezielt zu den zur Lehrveranstaltung passenden Schwerpunkten zusammengestellt. Die Mehrzahl der Texte hat er aus dem Internet herausgezogen. Für die Studenten ist die Materialsammlung weit über die konkrete Lehrveranstaltung hinaus eine wichtige Quellensammlung.

erweitert werden (vgl. ebd., S. 16). Durch ein Gästebuch oder E-Mail-Integration sind kommunikative und interaktive Dialoge möglich und denkbar. Die Präsentation von erarbeitetem Wissen und dessen kommunikativer Vermittlung sind schon mit geringem Aufwand realisierbar. Damit würde sich der Lernende nach Auffassung von SCHEIBEL (2002, S. 285) drei wesentlichen Aspekte des Internets, Kommunikation, Präsentation und Wissensvermittlung aktiv aneignen.

10.1.3. Teleteaching

Teleteaching ist ebenfalls ein Bereich, der von der erweiterten Definition von E-Learning nicht erfasst wird, aber auch als computerunterstütztes Lernen bezeichnet werden kann. Teleteaching umfaßt ein Szenario, bei dem Vorlesungen oder Vorträge eines Dozenten incl. seiner Lehrmaterialien (Folien, Filme, Grafiken, Animationen) aus einem Hörsaal mit Hilfe eines Hochgeschwindigkeits-Datennetzes und multimedialer Konferenzsysteme aufgezeichnet und synchron in einen anderen Hörsaal oder auch über Videostreaming ins Internet übertragen werden. Ebenso ist es technisch möglich, die aufgezeichneten Sendungen via Satellit im Fernsehen zu empfangen.

Der Lehrende erhält beim Teleteaching eine zentrale Rolle bei der Steuerung der Lernprozesse. Teleteaching hat ökonomische Vorteile, da Dozenten „eingespart" werden. Für die Lernenden hat es noch den Vorteil, dass die Dozenten ausgewählt werden können. Veränderungen in einem Wissensgebiet können sehr schnell adaptiert werden. Der didaktische „Nutzen" hängt von der Qualität der „Vorlesung" ab. Ein erheblicher Nachteil ist, dass das Lernen aus dem passiven Aufnehmen von Information besteht und sich der Lernende dem Tempo des „flüchtigen" Informationsangebotes anpassen muss. Das Tempo, in dem die Informationen von den Lernenden wahrgenommen und verarbeitet werden, wird von dem Dozenten bestimmt. Bei diesem Lernszenario sind selbstgesteuerte Lernprozesse erheblich eingeschränkt.

10.1.4. Teletutoring

Teletutoring bezeichnet Seminare, die im Internet oder anderen Datennetzen stattfinden. Da bei diesen Veranstaltungen meist kein Rückgriff auf komplexe Datenbanken und/oder Wissensressourcen möglich sind, gehört diese Lernform ebenfalls nicht zum advanced E-Learning. Es gibt aber auch Angebote, die den E-Learning Angeboten weitgehend entsprechen. Während Teleteaching bedeutet, Vorlesungen im Netz abzubilden, versteht man unter Teletutoring „virtuelle Seminare". Beim Teletutoring sind räumlich voneinander entfernte Teilnehmer über Netze miteinander verbunden. Der Lernende bearbeitet den Stoff selbstständig, diskutiert mit anderen Lernenden, dem Telecoach oder dem Dozenten.

Der Lehrende wählt das Lernmaterial aus und stellt es meist in Form von CBTs oder Online den Lernenden zur Verfügung. Das Lernmaterial kann einmal zur Verfügung gestellt werden oder partioniert, dann spricht man von einer „getakteten Distribu-

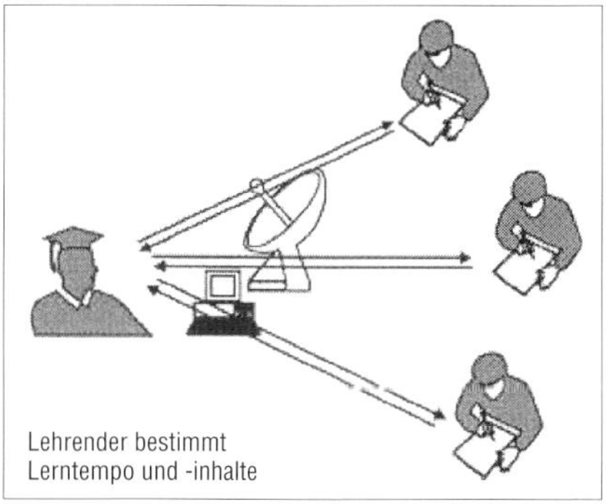

Abb. 124: Telecoaching

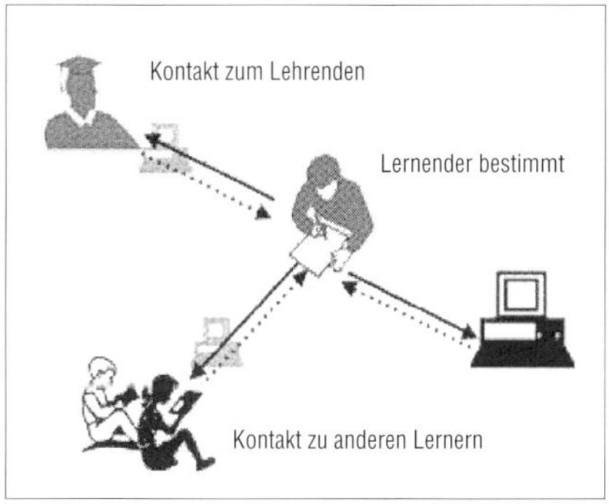

Abb. 125: Teletutoring

tion" (KERRES 2001). Der Lehrende stellt Aufgaben und die Lernenden erhalten ein Feedback. Der Lehrende bearbeitet in der Regel das Lernmaterial eigenständig. Er wird von einem Tutor individuell betreut. Im Vergleich zum Präsenzseminar erhält der Lernende eine selbstständigere Rolle. Der Lernende muss allerdings die Kommunikation initiieren (E-mail, Chat). In manchen Formen des Teletutoring können sich die Seminarteilnehmer in Newsgroups und Chats auch untereinander austauschen. Kooperatives Lernen durch das gemeinsame Erarbeiten und Diskutieren von Sachverhalten ist ebenfalls nicht ausgeschlossen.

Bei dem Teletutoring lernen die Teilnehmer, sich Informationen zusammenzusuchen, Sachgebiete zu bearbeiten, Lerninhalte zu strukturieren und spezifische Probleme und Aufgaben zu lösen. Dabei erlangen Sie Medienkompetenz und Methodenkompetenz. Im Lerndialog mit den anderen Lernenden kann Sozialkompetenz erworben werden. Im Vergleich zum konventionellen Fernstudium ist die Kommunikation eine wesentliche Verbesserung der Lernsituation. Sie hilft nicht nur bei der Vermittlung von Wissen, sondern unterstützt vor allem den sozio-emotionalen Aspekt und trägt erheblich zur Motivation der Lernenden bei. Gleichzeitig werden noch weitere Fähigkeiten implizit erworben „Durch den Informationsaustausch mit anderen werden metakognitive Prozesse wie das Denken in Zusammenhängen oder das Erschließen von Regeln gefördert" (PAECHTER 2001, S. 11).

Die Selbststeuerung des Lernens bezieht sich bei den virtuellen Seminaren auf die Organisation der kommunikativen Prozesse (Kontakt zu Tutoren, Dozenten und den anderen Teilnehmern), der Organisation des Lernmaterials (Auswahl und Reihenfolge der Lerneinheiten) und den äußeren Bedingungen (Zeitpunkt und Ort des Lernens). Die Lernenden benötigen ein hohes Maß an Selbstdisziplin und intrinsische Motivation, da die sozialen Verpflichtungen in virtuellen Seminaren nicht so stark ausgeprägt sind.

10.2. Wissensaneignung durch E-Learning

Im E-Learning, das auch als *distant learning* bezeichnet wird, wird der Königsweg gesehen, einerseits zeitgemäß Wissen zu vermitteln, andererseits im Angesicht der Wissensgesellschaft und des „Zwangs" zum lebenslangen Lernen angemessen reagieren zu können. Damit E-Learning erfolgreich umgesetzt werden kann, bedarf es einer angemessenen Lernumgebung. In ihr ist die E-Learning-Architektur, d.h. die Komponenten, die das elektronische Lernen erst ermöglichen, eingebettet. Da Computer Management Systeme (CMS) immer mehr an Funktionalität abdecken und das technische Herzstück von E-Learning bilden, werde ich diese Systeme ausführlich beschreiben, bevor ich die Vor- und Nachteile der unterschiedlichen Anwendungsmöglichkeiten skizziere.

10.2.1. Lernumgebung von E-Learning

Mit Lernumgebung sind nicht nur die materielle Umgebung und die technische Ausstattung, sondern ebenfalls die sozialen Kontexte, in denen das Lernen stattfindet, gemeint. Dazu gehören personale Dienstleistungs- und didaktisch aufbereitete Unterstützungsangebote, die keine unwesentliche Rolle für den Lernerfolg bilden. Das Bereitstellen von Mediensystemen genügt nicht, um eine angemessene lernförderliche Infrastruktur zu implementieren. Ein computerunterstützes CBT-Programm mit mehr oder weniger multimedialen Bestandteilen repräsentiert noch keine Lernumgebung. „In den Mittelpunkt des Blickfeldes einer solchen mediendidaktischen Konzeption rückt vielmehr die gesamte physikalisch-soziale Infrastruktur und deren Potenzial zur Anregung von individuellen oder kollektiven Lernprozessen" (KERRES 2001, S. 34).

Die Auseinandersetzung von einzelnen und Gruppen mit technischen Medien ist die Ausgangssituation des Lernens in der Lernumgebung. Die dazu zur Verfügung gestellten personalen und technischen Dienstleistungen können ganz unterschiedlich sein (technische Unterstützung, tutorielle Begleitung, Lern- und Medienberatung etc.). Die Lernumgebung begünstigt oder behindert die planvolle Gestaltung des Lernprozesses. Die eingesetzten Medien sollten nicht nur an einer Förderung und Anregung von Lernprozessen orientiert sein, sondern vor allem auch an dem Aktivwerden des Lernenden. "Mediale Lernumgebungen sind planmäßig gestaltete Arrangements, in denen – auf Grundlage der technischen Medien – möglichst lernförderliche Bedingungen geschaffen werden" (ebd. S. 33). Damit eine Lernprozesse begünstigende Umgebung angeregt werden kann, müssen die Medien aufbereitet und arrangiert sein. Wenn dies auch nicht immer von außen sichtbar ist, gehört die Planung und Regelung des Lernverhaltens zu der gestalteten Lernumgebung.

SEUFERT u.a. (2001, S. 52) unterscheiden zwischen Lernumgebung und einem kursübergreifenden Wissens- und Lernnetzwerk. In der Kursumgebung, die in die Lernumgebung integriert ist, fassen sie die zielgerichteten und geplanten kursspezifischen Lernangebote zusammen. Zur Lernumgebung zählen sie die Administration, das Skill

Management, das Content Management und die Pflege der Community. Alle Informationen über die Ziele, die Struktur, Inhalte, Kosten, Kursplanung und Verwalten der Teilnehmer werden zu der Funktion Administration gezählt. Mit Skill Management (Experten-Netzwerk) ist die Möglichkeit gemeint, Zugang zu Experten mit spezifischem Fachwissen und Projekterfahrungen zu erhalten. Mit Content Management verbinden sie das Wissen, das über das kursrelevante Angebot hinausgeht. Mit virtuellen Räumen, z.B. Online-Cafes soll die Gemeinschaft gefördert werden (Communities), um den kommunikativen Bedürfnissen der Lernenden gerecht zu werden. Bei einer hohen Anzahl von Content Management Systemen ist z.B. die Administration im Portal integriert, ebenso die Möglichkeit zur asynchronen und synchronen Kommunikation (Online-Cafe), so dass Tutor und Lernende bzw. die Lernenden untereinander kommunizieren können. Ebenso ist die Differenzierung in kursrelevantes und nicht relevantes Wissen obsolet, zumal heute in den CMS-Systemen jegliche Wissenskomponenten integriert sind. Eine Differenzierung in Kursumgebung und Lernumgebung hat sich daher erübrigt.

Die Arrangements der Lernumgebung sollten unter Einbeziehung mehrerer Medien so gestaltet werden, dass den unterschiedlichen Erwartungen Rechnung getragen wird (Aktualisierung von fachlichen Kenntnissen, Erwerb von neuen Fähigkeiten), die Lerndisposition beachtet, eine kompetente administrative und inhaltliche Betreuung gewährleistet und Rahmenbedingungen geschaffen werden, die die kommunikativen Bedürfnisse berücksichtigen und selbstorganisiertes Lernen zulassen. Ganz wesentlich für den Erfolg von E-Learning ist, ob es den Anbietern gelingt, die unterschiedlichen Voraussetzungen und individuellen Bedingungen für Lernen zu integrieren.

Damit dies gelingt, schlägt WILBERS (2002, S. 3) ein Modell vor, das u.a. auf den Bausteinen Stakeholderanalyse und Design basiert. Im Englischen bedeutet „stake" Spieleinsatz oder Risiko. Bei der ***Stakeholderanalyse*** geht es vor allem „um die genaue Ermittlung derjenigen, die in diesem Spiel ‚E-Learning' etwas zu gewinnen oder zu verlieren haben" (ebd.). Ermittelt werden die Interessen der Betroffenen und Beteiligten, deren Ansprüche und Erwartungen (hemmende und fördernde Lernfaktoren). Gesucht wird nach Informationen über die Motive, Ziele, Bedürfnisse, Gefühle, Verhaltenstendenzen, der Einstellung zum Medium und kognitive Voraussetzungen der Lernenden. Damit der Lerninhalt angemessen bestimmt werden kann, wird das Curriculum daraufhin aufgebaut, ob das Lernangebot mit den künftig zu erwartenden beruflichen und außerberuflichen Anforderungen an die Lernenden übereinstimmt. Die Gestaltung der Lernumgebung wird auch von der vorhandenen Fach- Methoden- und Sozialkompetenz beeinträchtigt. Die Teilnehmer werden zur Mitarbeit verpflichtet. Vor dem eigentlichen Lernprozess wird ein „Partizipationslevel" (ebd., S. 13) festgelegt, dessen Unterteilung ist u.a. in Mitarbeit in Projekten, Vetorechten und Information der Beteiligten und Betroffenen differenziert. Das Heft der Gestaltungsansprüche hält die Mitarbeit und Verpflichtung der Beteiligten fest.

Da für WILBERS Lehren der Versuch ist, eine Umgebung zu gestalten, die das Lernen anregt, legt er große Bedeutung auf das **Design**. Nach seiner Auffassung sollte es nicht von außen eingekauft werden, „sondern das Ergebnis eines mühevollen Lernprozesses" (ebd., S. 14) sein. Die anhand von sogenannten Evolutionspfaden erzielten Ergebnisse fließen in den Bereich der Gestaltung ein. Die Gestaltung der Lernumgebung wird ebenfalls als Teil des Designs der Lernumgebung verstanden. Für die methodisch-didaktische Gestaltung stehen in Anlehnung an SEUFERT u.a. 2001, S. 57) drei Lernstrategien zur Verfügung.

- **Direct Learning** Der Lehrende übernimmt die aktive Rolle. Er hat Bestimmungsrechte über Art und Umfang der Inhalte und somit auch die Leitung und Kontrolle der Lernvorgänge. Der Lernstoff wird bei dieser Methode in Form von Instruktion vermittelt, so dass der Lernende passiv Grundlagen vermittelt bekommt.
- **Self Directed Learning** Nach einer qualifizierten Einführung und Betreuung durch den Dozenten übernimmt der Lernende das Planen, Steuern und Überwachen der meist komplexen Aufgaben. Im Mittelpunkt des Lernens steht hier der Prozess, der zur Problemlösung führt.
- **Collaborative Learning** Die Erweiterung des *Self directed Learning* zusammen mit anderen nennen sie *Collaborative Learning*. „Die Arbeit in Gruppen regt zur kritischen Reflexion an und kann auf diese Weise zum Aufbau von Werterhaltungen beitragen" (ebd.). Mit Hilfe von Fallstudien und Rollenspielen werden als Gruppenprojekt berufs- und lebensnahe Aufgaben aktiv bearbeitet. Aus den selbst erarbeiteten Materialien erfolgt die Problemlösung. Prozess- und produktorientierte Betrachtung werden miteinander verbunden. Die Aufgaben des Dozenten liegen in der Förderung der metakognitiven Fähigkeiten, in dem er mit den Lernenden durch Reflektieren Lernvorgänge und Lernstrategien initiiert.

Die Entscheidung für die Lernform hängt von der jeweiligen kognitiven Zielsetzung (Faktenwissen, prozedurales Wissen, etc.), den Lernvoraussetzungen der Lernenden, den vorhandenen Informationen, den Kenntnissen zur Orientierung (exemplarischer Unterricht, Ganzheitlichkeit) und der verfügbaren Unterrichtszeit ab. Je nach der gestellten Aufgabe und den Lernvoraussetzungen werden Methoden des kognitiven Behaviorismus, des Kognitivismus und des Konstruktivismus eingesetzt. Die Verknüpfung von fremd- und selbstgesteuertem Lernen mit elektronischem Lernen führt zur unterschiedlichen Nutzung computerunterstützten Lernens (Teleteaching, Tutorials, Arbeit mit Hypertexten, Nutzung von Informationssystemen, simulative Methoden, kooperatives Lernen, Projektseminare und virtuelle Seminare).

Das Modell von WILBERS zeigt die komplexen Einsatz- und Verwendungsmöglichkeiten von E-Learning bei Integration vielfältiger Lernphilosophien und computerunterstützter Lernmöglichkeiten. Das Grundverständnis, die Lernenden und deren Wahrnehmung und Denkweisen in das Zentrum des Lernprozesses zu stellen ist sehr begrüßenswert. Die einzelnen Grundbausteine wirken überzeugend, wenn auch WILBERS bei mir den Eindruck nicht verdrängen konnte, so z.B. bei der Festlegung des Partizipationsniveaus, dass die Selbstständigkeit und Freiheit der Lernenden doch enger an die

Bewertungsdominanz der Lehrenden geknüpft ist, als dies das theoretische Konzept auf den ersten Blick vermuten lässt. Auch die Berechtigung unterschiedliche Lernstrategien zur Verfügung zu stellen, ist sicherlich ein probates Mittel den divergenten Bedürfnissen und Kompetenzen der Lernenden gerecht zu werden. Es dürfte allerdings in der Praxis nicht ganz so einfach sein, die jeweils angemessenen Lernstrategien für die Lernenden zu finden. Es ist ein Verdienst von WILBERS auf die hohe Bedeutung der Lernumgebung aufmerksam gemacht zu haben. Es kann bezweifelt werden, ob allen Nutzern von E-Learning-Architekturen die komplexe Struktur des selbstgesteuerten Lernens bewusst ist.

10.2.2. Anwendungsarchitektur von E-Learning

E-Learning lässt sich mit Autorenwerkzeugen, mit Weblogs und mit Content-Management-Systemen (CMS) verwirklichen. Jedoch sind nur die Autorenwerkzeuge geeignet, die es zulassen, dass die Lerninhalte multimedial aufbereitet werden können und eine Interaktion zwischen den verschiedenen Inhalten gewährleistet ist. Für die Vorbereitung und Durchführung von Evaluationen wird ein Testgenerator benötigt (vgl. KELLER 2002, S. 34).

Während die Autoren-Tools zunehmend an Bedeutung verlieren, werden in naher Zukunft sogenannte Weblogs für kleine Lösungen an Bedeutung gewinnen. Ursprünglich bedeutet „webloggen“ das Sammeln und Annotieren von Links. Web-Log bedeutet erst einmal Logbuch, d.h. die Chronik dessen, was man im Netz macht. Wenn mehrere Leute eine Website zu einem bestimmten Thema zusammentragen oder Bezug aufeinander nehmen, so dass eine Art Gesprächsprotokoll entsteht, wird dies kollaborative Weblogs genannt. Weblogs bieten weit über ihren bisherigen Verwendungszusammenhang vielfältige Potenziale. Sie enthalten die Funktionalität von einfachen Content-Management-Systemen, sind aber viel schneller zu installieren und einfacher zu handhaben. Die professionelle Nutzung von Blogger.com kostet zur Zeit 35 US-Dollar pro Jahr (für beliebig viele Blogs und User) im Vergleich zu Content-Management-Systemen, die mehrere Hundert bis zu vielen Zehntausend Euro kosten, ist dies eine wesentlich kostengünstigere Variante. „Ein Weblog-Tool ist ein Personal Publishing System, das eine Trennung von Form und Inhalt zur Grundlage hat. Der Content (Text, Bild etc.) wird in einer Datenbank abgelegt und im Publishingsprozess mit einem Template verknüpft.“ (BURG 2002). Der Text wird in ein Interface geschrieben. Danach genügt es auf eine Schaltfläche zu klicken, um die Webpage freizugeben. Entsprechend den Vorgaben wird der Text-Beitrag von der Software automatisch formatiert und dort eingegeben, wo man es vorher festgelegt hat. Die Software gibt dem Beitrag eine identifizierbare Nummer, wodurch er verlinkt werden kann. Das Publizieren wird damit immens bequem gemacht. Es gibt für Interessierte auch die Möglichkeit, eigene kreative Elemente zu integrieren, so z.B. das Entwerfen von Templates (Aussehen der Überschriften, Spaltenbreite, Aussehen der Links, etc.). Neben den Templates wird nur die editierbare Datenbank mit den Inhalten benötigt. Weblogs können von jedem Wap-fähigen

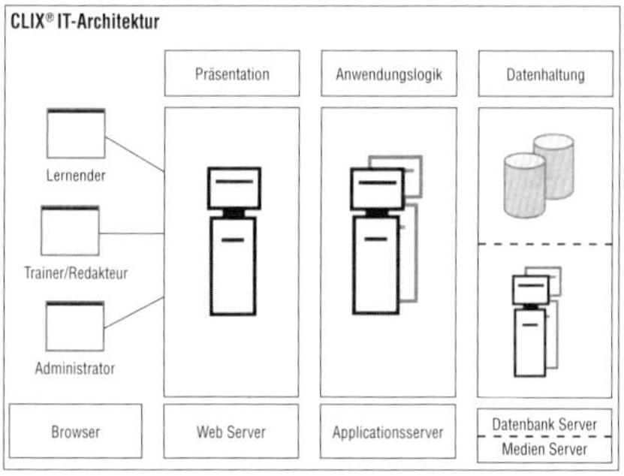

Abb. 126: Clix IT-Architektur

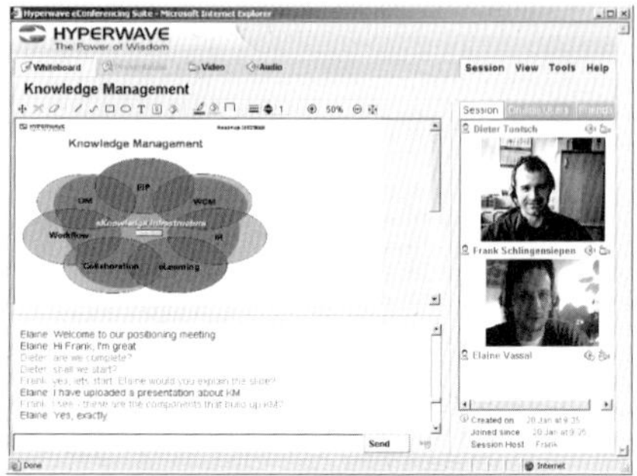

Abb. 127: Whiteboard-Kommunikation

Handy oder einem Communicator oder Notepad editiert werden. Nur wenn man in Weblog-Beiträgen Links oder Graphiken einbauen oder Dateien zum Download anbieten will, sind Grundkenntnisse in HTML notwendig. Weblogs geben Institutionen und Gruppen, die über keine oder nur geringe finanzielle Mittel verfügen, eine Chance, elektronische Lernangebote zu machen. Unter *www.cl21.net/blogs/* kann man Weblogs anmelden.

Nahezu alle aktuellen E-Learning-Software-Anbieter basieren auf mehrstufigen Client Server-Architekturen (CMS). Sie orientieren sich an vorhandenen Hard- und Software-Komponenten. Der Browser ist die Schnittstelle für den Lernenden, die Trainer (Telecoach), der Web Server gewährleistet die Präsentation, der Applikationsserver enthält die Anwendungslogik (oft basierend auf Java Komponenten), auf der Datenbank und dem Medien Server sind die Daten gespeichert, wie es anhand der CLIX IT-Architektur (vgl. Abb. 126) zu sehen ist.

Im wesentlichen werden mit den Softwarelösungen folgende Angebote und Applikationen im Bereich E-Learning offeriert:

- **Portaldienste**. Das Portal leistet den strukturierten Einstieg in das virtuelle Lernen. Auf dem Portal befinden sich verschiedene Registrierungsworkflows (Anmeldung, Kennwort, Authentifizierung) sowie eine template-basierte Redaktion von Portalinformationen (Infodienste).
- **Persönlicher Arbeitsplatz.** Alle Lernenden verfügen über einen Bereich, in dem sie ihre persönlichen Daten und Inhalte verwalten können. Der persönliche „Schreibtisch" kann von niemandem eingesehen werden. Verschiedene Funktionen werden für den Lernenden angeboten, wie z.B. Kalender, Nachrichten, meine Dokumente. Für den Telecoach und/oder die Trainer stehen Möglichkeiten zur Verfügung, sich modulbezogen die Lernfortschritte von Teilnehmern anzeigen zu lassen.
- **Lernprozesse**. Es stehen spezifische Kommunikations- und Kolloborationsinstrumente zur Betreuung der Lernenden zur Verfügung. Dabei lässt sich differenzieren in ***asynchrone und synchrone Kommunikation***. Bei der zeitversetzten asynchro-

nen Kommunikation sind insbesondere die Mail-Listen bedeutsam, da mit deren Hilfe die Zustellung der gesammelten Mails erfolgt und Diskussionen zu bestimmten Themen möglich sind. Auf schwarzen Brettern (Bulletin Boards) können schnell aktuelle Informationen verbreitet werden. In Diskussionsforen können Beiträge, die nach ihrem Inhalt gespeichert werden, veröffentlicht werden. Das zeitlich unabhängige individuelle Bearbeiten von Lernmaterialien und Diskussionsbeiträgen wird dadurch möglich. Die zeitgleiche synchrone Kommunikation wird insbesondere durch Chat oder Audio und (wegen der hohen Datenraten seltener) Videokonferenzen gewährleistet. Mit Hilfe von Webkameras, Mikrophon, Headset und spezieller Software (Netmeeting) und einem Telekommunikationszugang kann zwischen zwei oder mehreren Partnern kommuniziert werden (Point-to-Point oder Multi-Point-Audio- oder Videokonferenzen). Die Teilnehmer und deren Textbeiträge sind sofort auf dem Bildschirm zu sehen und jeder kann direkt auf die Beiträge reagieren. Bild-, Audio- oder Videodateien können als Attach beigefügt werden. Weitere Dienste und Werkzeuge, die den Lernprozess unterstützen, sind das Brainstorming-Board, das Whiteboard (virtuelle Wandtafel, auf die alle Lernenden ihre Beiträge schreiben können bzw. Texte, Grafiken, Power-Point-Präsentationen oder andere Daten [vgl. Abb. 127]. Die Beiträge sind für alle sichtbar und können von jedem kommentiert werden), Shared Browsing (gemeinsames Webbrowsen), Voting (Abstimmungen, Auswahl, Abfragen) und das Application-Sharing (gemeinsames Arbeiten an einem Programmsystem, ohne dass dies auf dem eigenen Rechner installiert werden muss).

- **Lerninhalte.** Die Lerninhalte können mit Hilfe von Templates verwaltet und gestaltet werden. Schnittstellen ermöglichen die Integration zu externen Content-Quellen. Bei nahezu allen Systemen ist die strukturelle Präsentation der Lerninhalte gleich. Meist wird, trotz gegenteiliger konzeptioneller Deklarationen, von einem kognitiv-rationalen Grundverständnis des Lernens ausgegangen. Innerhalb dieses Konzeptes sind Visualisierungen, Simulationen und Animationen integeriert. Bisher gibt es noch wenige Versuche, die Angebote an unterschiedliche Lerntypen auszurichten. Allerdings gibt es bereits bemerkenswerte Ausnahmen. VAM steht für Virtuelle Ausbildungsplattform Medizinstudium. VAM ermöglicht koordinierte E-Learningprojekte. VAM erlaubt den Studierenden und den Dozierenden an der Medizinischen Fakultät Zürich, die Lernziele mittels neuer Techniken in multiplen Kontexten und unter multiplen Perspektiven zu erarbeiten (*www.vam.unizh.ch*). Medizinstudierende verfügen im persönlichen Online-Wissensportfolio über drei standardisierte Optionen, mit denen sie ein Krankheitsbild bearbeiten: medXskript (Fachtext der Lehrenden), notXenter (automatischer Online-Notizblock) und netXzerpt (community-basierte Checkliste). Eine weitere Lernumgebung, die sich bemüht, die unterschiedlichen Ausgangsvoraussetzungen der Lernenden mit einzubeziehen, ist die web-basierte Lernumgebung ActiveMath. Sie generiert Lehr- und Lernmaterialien, die an das Vorwissen der Lernenden adaptiert sind. Lerninhalte können somit individuell präsentiert werden. Der Lernende informiert das System bei der ersten Benutzung über sein Wissen. Dadurch entsteht ein Benutzermodell, das bei jeder Präsentation von Lernmaterialien und Aufgabenbearbeitung verändert wird (*http://www.activemath.org*).[3]

Abb. 128: Multioptionales Lernen mit VAM

- **Lernorganisation**. Die individuellen Gruppen- und Benutzerstrukturen können festlegt, das Zugriffs- und Verwaltungsrecht auf die unterschiedlichen Komponenten geregelt, die Benutzerprofile definiert und die Organisationsstrukturen gestaltet werden.
- **Systemverwaltung**. Sie bildet die Voraussetzung für die technische Administration. Die spezifische Konfiguration von Prozessen, Daten und Terminologien können abgestimmt werden.

Mit der Skizzierung der E-Learning-Architektur ist das Herzstück, das Content-Management System, noch nicht umfassend beschrieben.

10.2.3. Content Management Systeme

Content-Management-Systeme (CMS) bieten unterschiedliche Nutzungsformen. Sie dienen vor allem dazu, sich bei einem Auftritt im Internet von der Abhängigkeit von professionellen Webdesigner zu lösen. Mit CMS werden Design und Funktionalität vom Inhalt getrennt. CMS steht für die Generierung, Verwaltung und Veröffentlichung von Inhalten im Internet. Durch die Software werden Formelemente in Form von Templates (die das Layout festlegen) zur Verfügung gestellt, so dass der einzelne digital zur Verfügung stehende Inhalt in Form von Texten, Bildern, Links, Downloadmöglichkeiten in

3 Bei dem Bildungskongress zum Thema „Wirkungen und Wirksamkeit Neuer Medien in der Bildung", der im November 2002 in Dortmund stattgefunden hat, habe ich ein Content Management System gesehen, das es erlaubt, die Lerninhalte auf den Lerntyp zu adaptieren, so z.B. vom logisch-rationalen auf den bildhaft-assoziativen Typ.

die vorgegebene Gestaltung integriert werden. Gleichzeitig kann mit Hilfe von CMS der Content (Inhalt) verwaltet werden. Wiederkehrende Anteile einer Webseite können zentral verwaltet und bei Bedarf geändert werden. Inhalte können auch von Personen, die mit HTML, Web-Editoren bzw. Internet-Kenntnissen nicht vertraut sind, problemlos verändert und gestaltet werden. Mit relativ geringem Aufwand ist es möglich, einen permanent aktuellen Webauftritt zu haben.

Unterschiedliche Autoren und jeder Berechtigte können unabhängig von der Örtlichkeit jederzeit neue Einträge machen oder die vorhandenen Inhalte verändern. „Der Autor hat die Möglichkeit, selbstständig neue Fakten hinzuzufügen oder fehlerhafte Informationen und Rechtschreibfehler direkt zu editieren" (KRÜGER/KÖPP 2002, S. 29). Dabei achtet das System darauf, dass ein Dokument nur von einem Autor zum gleichen Zeitpunkt editiert werden kann. Wenn bereitgestellte Informationen nur eine sehr begrenzte Lebensdauer haben, ist der Einsatz von CMS sinnvoll. Ebenfalls bietet dieses System Vorteile, wenn große Mengen an bereitgestellter Information gewartet, indexiert, verschlagwortet und verlinkt werden müssen.

Die Content-Management-Anbieter haben sich mit ihren Produkten auf dem Markt unterschiedlich verankert. Häufige Positionierungen findet man in Angeboten mit der Befähigung zum Dokumentenmanagement (dem Ursprung von CMS), der zur Verfügungstellung von Portalsystemen und zunehmend im Bereich von Knowledge-Management, d.h. CMS ist für das selbstorganisierte Lernen mit elektronischen Medien für Bildungsanbieter zunehmend interessant. Knowledge Management beabsichtigt nicht nur Daten, Information und Wissen zu speichern, sondern in Wissen zu verwandeln. CMS erlaubt Subadministrationen und gestattet somit einzelnen Benutzergruppen nur Zugriff auf bestimmte Bereiche. „Jeder sieht also genau das, was er sehen darf und will" (ebd., S. 31).

Der E-Learning-Anbieter muss sich für eines von vier grundlegend zu differenzierenden Geschäftsmodellen entscheiden.

Der Rückgriff auf ***kommerzielles Knowledge Management*** ist, da es relativ günstig ist und meist einen hohen Funktionsumfang hat, eine attraktive Alternative. Allerdings fehlen in der Regel individuelle Funktionalitäten. Bezüglich der Erweiterungen erweisen sich diese Systeme als inflexibel, da der Quellcode nicht bekannt ist. Die jeweiligen Angebote sind inkompatibel. Somit entsteht eine Herstellerabhängigkeit. Da in diesem Sektor die Marktbereinigung noch nicht abgeschlossen ist, besteht die Gefahr, dass Herstellerfirmen verschwinden. Einer der bekanntesten Anbieter von Wissensmanagement-Lösungen ist die Hyperwave AG (*http://www.hyperwave.com*) .

Hyperwave will jedem Mitarbeiter zeitnah und nach Möglichkeit standortunabhängig selektiv Informationen zur Verfügung stellen, die er für seine Aufgabe benötigt. „Hyperwave hat es sich zur Aufgabe gemacht, das in Organisationen verborgene Wissenspotenzial freizusetzen. Die Hyperwave Softwarelösungen für Wissensmanagement unterstützen die Zustellung von Informationen, die Arbeit in Teams und den kontinuierlichen Lernprozess im gesamten Unternehmen ebenso wie in der Zusammenarbeit mit Kunden und Lieferanten." (*http://www.hyperwave.com/d/company/profile.html*). Die

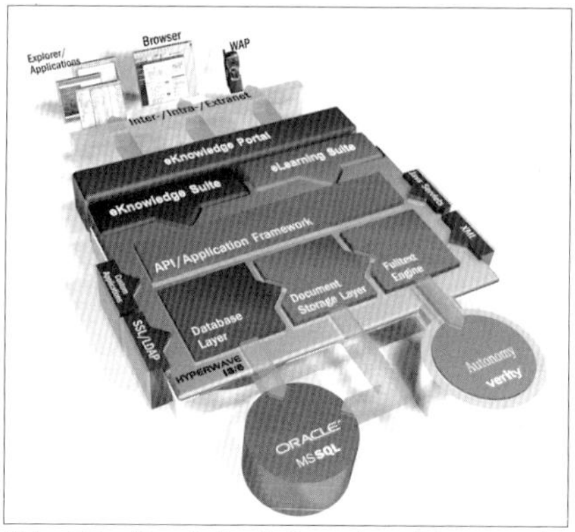

Abb. 129: eKnowledge Infrastruktur (Hyperwave)

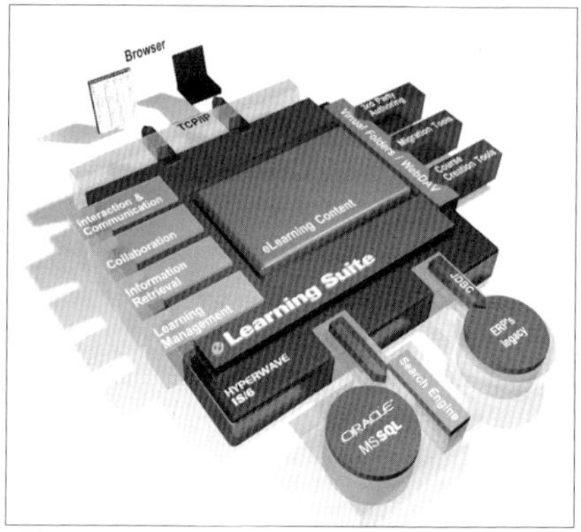

Abb. 130: eLearning Content (Hyperwave)

Hyperwave eKnowledge Infrastructure integriert sowohl Content- und Dokumentenmanagement, Informationsabfrage und Workflow als auch projektbezogene Teamarbeit sowie Video-/Audio-Conferencing und E-Learning (Abb. 129). Die Hyperwave eLearning Suite kombiniert Weiterbildung mit Wissensmanagement (Abb. 130). Damit wird nach Angaben der Hersteller ein konstanter und gezielten Transfer von Informationen und Know-how zwischen Mitarbeitern – und das zeit- und ortsunabhängig – gewährleistet. Die Vorteile von Präsenztrainings werden mit den Vorteilen von Web- beziehungsweise Computer Based Trainings verbunden.

Während bei Hyperwave stärker die Bezüge zur betrieblichen Weiterbildung verankert sind, bietet die Firma IMC (*www.im-c.de*) ein Management System an, das explizit für Corporate Learning entwickelt wurde. Zusammengefasst in der CLIX-Familie (Corporate Learning & Information eXchange) werden Softwarelösungen angeboten, die sowohl zum Aufbau von *Corporate Universities* dienen, zur Gestaltung von Online Universitäten, als auch die technischen Voraussetzungen für Online Akademien und Bildungsanbieter bieten. Mit CLIX lassen sich sämtliche Informations-, Lern- und Wissensprozesse über einen Browser steuern.

Arbeitet man mit einem **Application Service Provider** (ASP) kann man sich auf Inhalte konzentrieren, da die Plattformen homogen sind, in die die Module wie in einem Baukasten integriert sind. Beim ASP-System mietet man sich in ein bestehendes Rechenzentrum ein und greift auf die Applikation über das Internet zu. Diese Systeme begünstigen eine pragmatische Kompatibilität, da kein technisches Personal und keine Hardware benötigt werden. Ebenso haben diese Systeme meist ein ästhetisch anspruchsvolles Design und eine komplexe Architektur. Beispielhaft möchte ich auf blaxxun E-Learning (*www.blaccun.com*) und das Blackboard Learning System™ verweisen (*www.blackboard.com*). Diese Lösung sind kostengünstig. Wie bei allen kommerziellen Lösungen gibt es eine starke Abhängigkeit vom Anbieter und es besteht eine starke Einschränkung bezüglich der Integration des eigenen Geschäftsmodells (Corporate Iden-

Abb. 131: Campus Source, Logo

tity). Inflexible Funktionalitäten und mangelnde Kompatibilitäten zwischen den Systemen auf der funktionalen Ebene können sich als Nachteil erweisen. Wichtig ist es darauf zu achten, dass sowohl die Templates als auch die Einbindung externer Anwendungen mit Hilfe eines Webinterfaces konfigurierbar sind.

Die **Open Source Lösung**[4] ist kostengünstig in der Anschaffung und im Betrieb. Die Software ist flexibel und erweiterbar. Verwendet werden offene Standards. Das Problem ist, dass einige Systeme noch nicht ausgereift sind und häufig ein kommerzieller Support fehlt. Ein Beispiel für eine Open Source Lösung, die einen kooperativen Prozess für die Entwicklung von Software-Werkzeugen und Infrastruktur für das Lernen bietet, ist Campus Source (*www.CampusSource.de*). Die vom Ministerium für Wissenschaft und Forschung des Landes Nordrhein-Westfalen unterstützte Initiative beabsichtigt kooperative Prozesse für den Aufbau eines virtuellen Hochschulraums zu initiieren. Die Open Source-Plattformen sollen als technische Voraussetzung für eine virtuelle Universität dienen, die allen Interessenten zur Benutzung und Weiterentwicklung zur Verfügung gestellt werden. Die Initiativen der einzelnen Hochschulprojekte sollen damit gebündelt werden.

Sechs Plattformen und sieben Module bietet CampusSource an, um die Kernfunktionalität eines virtuellen Lehrbetriebs abzudecken. Beispielhaft möchte ich im Folgenden die Open Source-Projekte litw3, Javanti, MMC, Stud.ip, EdoWorkSpace und ILIAS beschreiben. Sie lassen sich von der oben angegebenen Internetadresse downloaden.

- **litw^3** ist ein von der Westfälischen-Wilhelms-Universität Münster entwickeltes webbasiertes Literaturverwaltungssystem. Mit diesem System ist eine orts- und zeitunabhängige Eingabe von Literaturdaten durch Arbeitsgruppen möglich. Frei definierbare Dateneingabemasken garantieren eine einfache Bedienung, Dateneingabe und Datensuche (Standardsuche). Durch das Setzen von Standardwerten (default values) wird die Effizienz gesteigert. Zur Gewährleistung von Vielfalt ist durch eine hohe Feldanzahl eine differenzierte Dateneingabe möglich. Da Bool'sche Operatoren eingesetzt werden, erlaubt die angebotene Expertensuche vielfältigste Abfragemöglichkeiten. Die Datenfelder können in litw^3 an die eigenen Bedürfnisse angepasst werden, damit ist Flexibilität gewährleistet.
- **Javanti**, entwickelt von der Fachhochschule Wedel, ist eine integrierte Entwicklungsumgebung für interaktive Präsentationen und E-Learning-Anwendungen. Auf

4 Opensource-Software ist „Freie Software". Die Software ist kostenfrei erhältlich und darf frei verbreitet werden. Der Quell- und Binärcode darf benutzt und modifiziert werden. Sowohl die unveränderte als auch eine modifizierte Software darf kopiert und verteilt werden.

Abb. 132-134: Open-Source-Plattformen, Logos

einfache Art und Weise können virtuelle und interaktive Folien für den Unterricht, Vorlesungen oder Schulungen erstellt werden. Der Autor einer Javanti-Anwendung kann auf virtuellen Folien, so genannte Smart Elements platzieren. Dies sind Bausteine von beliebiger Komplexität. Sie reichen vom einfachem Text über Audio und Video bis hin zu Simulationen und Experimenten. Die spezifischen Eigenschaften der Smart Elements, wie z.B. Farbe und Position können beliebig manipuliert werden. In Eigenschaftsgruppen (Property Groups) können logisch zusammengehörende Elementeigenschaften zusammengefasst werden. Diese Eigenschaftsgruppen können von mehreren Elementen gemeinsam benutzt werden. Da Texte und Bilder auf verschiedenen Folien jeweils an identischen Positionen und in derselben Größe dargestellt werden, lässt sich auf diese Weise ein konsistentes Layout erzeugen.

- Der von der FernUniversität in Hagen konstruierte **Multimedia Catalogue** (MMC) ist ein Ablage- und Verwaltungssystem wiederverwendbarer Multimedia-Komponenten für die Lehre. Zur Kurserstellung ist eine einfache Arbeitsumgebung integriert. Der Prozess der Gestaltung von Multimedia-Kursen wird durch den Katalog verbessert. Es wird eine Plattform zur Publikation, Wiederverwendung und gemeinsamen Nutzung von Multimedia-Komponenten angeboten. Drei Grundbausteine bilden das Gerüst des Katalogs: Rohdaten (Texte, Grafiken, Bilder, Ton- und Videoclips sowie Animationen), Metadaten (Daten über Daten) und Links (Verweise). Mit kommerziellen Text-, Bildbearbeitungs- oder Autorenwerkzeugen können die in eine Komponente eingebetteten Rohdaten erzeugt werden. Im Katalog kann man gezielt nach Namen, Begriffen oder Kategorien des Metadatenmodells suchen oder entlang seiner thematischen Struktur stöbern. Im Browser können die Multimedia-Komponenten sofort angesehen oder gespielt werden. Ein anspruchsvolles Hypertextsystem erlaubt eine strikte Trennung von Inhalt, Präsentation und Navigation und bietet dem Nutzer die Vorteile bidirektionaler Verweise und eine kontinuierliche Verweis-Konsistenz.
- Das von der Georg-August-Universität Göttingen herausgebrachte **Stud.IP** bietet einen minimalen Standard für die Präsenzlehre. Universitäre Lehrveranstaltungen können mit dieser Software unterstützt und administrative Abläufe vereinfacht werden. Ablaufpläne, Dateiordner, Diskussionsforen, Teilnehmer- Literatur- und Linklisten, Newsticker können für jede Veranstaltung bereitgestellt werden. Mit der Software kann ebenso die bestehende Instituts-Homepage über das Internet, die Verwaltung von Ressourcen, wie Raumorganisation, ausleihbare Technik, Druck von Ver-

Abb. 135-137: Open-Source-Plattformen, Logos

anstaltungskommentaren oder die Verwaltung von Terminen im integrierten Personal Information Manager (PIM) aktualisiert werden. Das System bietet Infrastruktur, aber keine Inhalte an.

- **EdoWorkSpace** ist von der Universität Dortmund konstruiert worden. Es handelt sich um eine internetbasierte Arbeits- und Projektumgebung für Lehrveranstaltungen, Forschungsprojekte oder Arbeitsgemeinschaften. Den Nutzern werden virtuelle Veranstaltungsräume zur Verfügung gestellt. (Auflistung der Teilnehmenden incl. E-Mail Adresse, automatisch geführte Mailingliste, Schwarzes Brett als Diskussionsforum sowie ein Chatraum für alle Teilnehmenden einer Veranstaltung). Multimediale Materialien können veröffentlicht und/oder die Kommunikations- und Kooperationsmöglichkeiten der Plattform genutzt werden. Die Software ist ebenfalls einsetzbar für rein virtuelle Veranstaltungen.
- **ILIAS** (**I**ntegriertes **L**ern-, **I**nformations- und **A**rbeitskooperationssystem) ist eine Lerner- und Autorenumgebung für den Einsatz webbasierter Bildungsangebote im Internet. Sie wurde an der Universität Köln konzeptioniert, um die Kosten für den Einsatz neuer Medien in der Lehre und Weiterbildung zu senken. Die Plattform bietet eine standardisierte Funktionspalette für den Lernprozess. Sie erlaubt eine effiziente Erstellung von Kursmaterialien einschließlich einer integrierten Navigation und Verwaltung. Sowohl Dozenten bzw. Autoren als auch Lernende verfügen über personalisierte Arbeitsbereiche. Zwischen Dozenten und Lernenden sind Zusammenarbeit und Kommunikation möglich. Kursmaterialien können ohne Programmierkenntnisse durch das integrierte Autorentool erstellt werden. Für noch nicht registrierte User gibt es eine Übersicht der vorhandenen Lernangebote. Jeder Nutzer (Lerner, Gast, Autor, Administrator) hat einen persönlicher Schreibtisch. Er kann z.B. Nachrichten, Diskussionsforen und Lerneinheiten eigenständig verwalten. Beim Lernen stehen ihm eine Überblicksfunktion, Notizen, Bookmarks, Suchmaschine, Druckfunktion und Downloads für Offline-Nutzung zur Verfügung. Offene und geschlossene Gruppen können gebildet werden. Eine Systemverwaltung und ein differenziertes Kursmanagementsystem (member, admin, owner – Zugang zu Kursen) bietet eine optimale Verwaltung der Kurszugänge und der Grupppenmitglieder und -ressourcen. Das System erlaubt auch kooperatives Erstellen von Kursmaterial (shared authorship) sowie Gruppenarbeit mit Kursmaterial. Das Internetbasierte Nachrichtensystem gewährleistet User- und Gruppenmail, eine integrierte sendmail-Funktion und die Möglichkeit der Einrichtung von Newsgroups oder themenorientierter Foren.

Lerneinheiten können angelegt und bearbeitet, Text kann per „copy & paste“ eingestellt werden. Die Software bietet standardisierte Layoutmöglichkeiten, interne und externe Hyperlinks, Grafiken/Bilder, animierte Grafiken, Tabellen, Glossare und Multimedia-Objekte (Java-Applets, Flash Animationen, Audio- und Video-Dateien etc.). Das Nutzerverhalten und die Systemperformanz lassen sich evaluieren.

Der Vorteil **eigener Entwicklung** ist, dass die Lösung auf die jeweiligen Bedürfnisse hin maßgeschneidert ist. Sie repräsentiert im Idealfall die Abbildung des jeweiligen Geschäftsmodells. Eine flexible Integration in die vorhandene Infrastruktur ist möglich, da es keine Abhängigkeit von Herstellern gibt. Der Nachteil ist, dass es in der Regel an Erfahrungen und Entwicklungspotenzial fehlt, eine frühe Alterung der Systeme aufgrund kurzer Innovationszyklen zu befürchten ist und die Entwicklungskosten teuer und aufwändig sind.

In Abwägung der Vor- und Nachteile hat die FH Darmstadt sich für eine eigene Entwicklung entschieden, die im März 2003 für die Lehre zur Verfügung gestellt wurde.[5] **2 MN – Multimediale Netzbasierte Lehre** als Teil des Projekts **ELAT** (environment for learning and teaching), eine systemunabhängige Lernplattform mit Benutzermodellierung, verknüpft mit Teleteaching und Teletutoring (*www.elatnet.de*). Für ingenierwissenschaftliche und informationswissenschaftliche Studiengänge soll Lehrmaterial zur Verfügung gestellt werden.

Das Lehrangebot basiert auf drei Lernmodulen:

- **Systematisch angeleiteter Wissenserwerb** Er wird erworben mit Hilfe von Text, Audio, Video, Animation, Simulation.
- **Problemorientierte Wissensanwendung.** Bei der problemorientierten Wissensanwendung müssen die Lernenden das erworbene Wissen bei der Lösung authentischer Fälle aus der Praxis anwenden. Dazu stehen verschiedene Experimentierumgebungen zur Verfügung. Zusammenhänge können somit auch durch Experimente erschlossen werden. Der Lehrende kann sich mit Hilfe der Programme NetSim (Informationsnetzwerk), DCSS (Digital Communications Simulations System) und VLIP (Virtual Laboratory for Image Processing) eine „Welt“ konstruieren und ein Experiment in der Simulation durchführen.
- **Kooperatives Lernen** Beim kooperativen Lernen eignen sich mehrere Personen das neue Wissen gemeinsam an. Dabei können sie auf das CSCL-System (Computer Supported Cooperative Learning) zurückgreifen. Für die Lehrveranstaltungen werden spezielle virtuelle Gruppenarbeiten konzipiert. Eine über webbasierte Kommunikationstools realisierte tutorielle Betreuung ergänzt das Lehrangebot.

5 Konkret wurde die Plattform vom Institut für Graphische Datenverarbeitung (IGDV) an der FH Darmstadt entwickelt (verantwortlich: Horst RÖDER). Die ersten erfolgreichen Anwendungen wurden von Gerhard KNORZ umgesetzt.

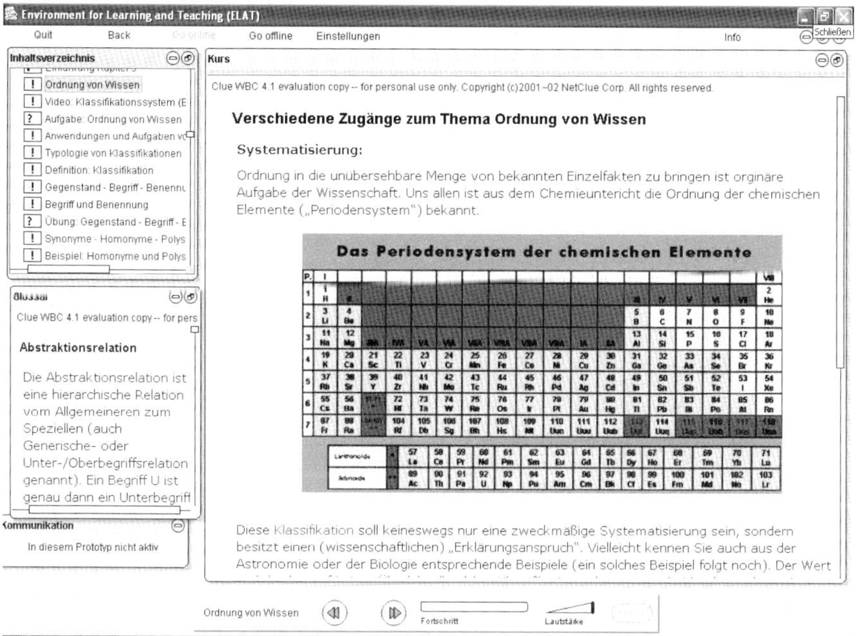

Abb. 138: E-Learning-Lernplattform ELAT

Durch Benutzermodellierung wird sich bemüht man sich, dem unterschiedlichen Wissensstand der Nutzer gerecht zu werden. Reihenfolge und zeitlicher Ablauf der Lernmaterialien kann eigenständig entschieden werden. Die Benutzerschnittstelle ist visuell übersichtlich, enthält eine klare Kommunikationsstruktur und verlangt minimale Anforderung bei der Bedienung. Die abwechslungsreiche, kurzweilige Struktur der Lerneinheiten unter gezieltem Einsatz unterschiedlicher Medien sowie der modulare Aufbau gewährleisten ein ausgewogenes Angebot von Funktionalitäten. Eine spezifische visuelle Identität gibt der Plattform eine eigenständige, funktionale Gestalt. Das ästhetische Design und die Funktionalität können allerdings mit kommerziellen Angeboten (wie z.B. www.blackboard.com) nicht konkurrieren.

Die Lektionen sind in Wissensbausteine unterteilt. Diese wiederum setzen sich aus unterschiedlichen Medienobjekten (Grafik, Text, Videoclip, Audiosequenz bzw. einer Übung mit einer Experimentierumgebung) zusammen. In einem integrierten Editor lassen sich die einzelnen Wissensbausteine jederzeit bearbeiten und verändern. Die Medienobjekte lassen sich durch Drag & Drop auf einer Zeitleiste arrangieren und können somit parallel oder in einer bestimmten Reihenfolge gezeigt werden.

10.3. E-Learning in der Diskussion

Befürworter sehen im E-Learning Chancen, nicht nur den gesellschaftlichen und wirtschaftlichen Anforderungen der Wissensgesellschaft gerecht zu werden, sondern gleichzeitig ein Lernsystem, das optimale Voraussetzungen für die Lernenden liefert, da u.a. deren unterschiedliche Lerndispositionen gewürdigt werden. E-Learning gewährleistet nach dieser Auffassung, eine situative Reaktion auf den Bedarf der Zielgruppen. Kritiker halten dem entgegen, dass der entscheidenste Aspekt beim Lernen, die Face-to-Face Kommunikation auch durch synchrone webunterstützte Kommunikation nicht ersetzt werden kann. Sie verweisen auf die hohen Abbrecherquoten und sind der Überzeugung, dass das elektronische Lernen weniger effektiv ist als die traditionellen Methoden. Bevor ich mich mit den Vor- und Nachteilen von E-Learning beschäftige, möchte ich vorab die Zielgruppen von E-Learning näher beschreiben.

10.3.1. Zielgruppen

Relevante Zielgruppen für E-Learning sind nicht nur Einzelpersonen, sondern ebenfalls Unternehmen, Weiterbildungsinstitutionen und Hochschulen.

Für das ***Individuum*** eröffnet E-Learning die Unterstützung vielfältiger Lernprozesse, wie z.B. intensiven und aktuellen Wissenstransfer für die tägliche Praxis, optimale Anpassung an die eigenen Lernvoraussetzungen, so z.B. das Lernniveau, die Lerngeschwindigkeit, die freie Entscheidung für den Zeitpunkt und den Ort des Lernens, wenn die entsprechenden Angebote gefunden werden, eine optimale Berücksichtigung der verschiedenen Lerntypen (vgl. SEUFERT u.a. 2001, S. 24) sowie die Ermöglichung eigenverantwortlichen Lernens. KLOSTERMANN/MICHEL (2001, S. 16) machen darauf aufmerksam, dass die Online-Lernumgebungen keineswegs Wissen vermitteln kann, sondern nur die Lernenden anregen kann, „sich intensiv mit bestimmten Dingen auseinander zu setzen.“ Während dieses Prozesses wird individuelles Wissen konstruiert.

Das offene Angebot des Online-Lernens bietet auch benachteiligten Gruppen, Personen sowie Zielgruppen, die nur einen erschwerten Zugang zu entsprechenden Angeboten haben, eine Lernchance (vgl. KERRES 2001, S. 108). Es ermöglicht z.B. Personen mit einer körperlichen Behinderung, Berufstätigen mit Weiterbildungsambitionen, Eltern in der Phase der Kinderbetreuung und Alleinerziehenden Zugang zu Bildungsangeboten, der ansonsten aufgrund mangelnder Mobilität nicht möglich wäre.

Die Entwicklung von E-Learning kommt aus dem Bereich Weiterbildung in ***Unternehmen***. Die zunehmende Spezialisierung innerhalb der unterschiedlichen Arbeitsbereiche zwingt die Unternehmen zu individualisierten Fortbildungsmaßnahmen, damit je nach Bedarfslage schnell reagiert werden kann. „De-Standardisierung wird zum neuen Standard“ (REGLIN/USCHNER 2001, S. 12). Auf den ständigen Aktualisierungsbedarf müssen die Unternehmen schneller reagieren. Wenn ihnen dies gelingt, führt es zu erheblichen Geschwindigkeits- und Flexibilitätsvorteilen. Sie müssen einerseits die erforderlichen Organisationsstrukturen entwickeln, andererseits ihre Mitarbeiter entsprechend den Anforderungen schulen. Neue Wege der Wissensgenerierung, -aufbereitung und -kommunikation (Wissensmanagement) können mit Hilfe von E-Learning erschlossen werden (vgl. BAUER/PHILIPPI 2001, S. 139f.). Erwartet wird, dass sich das individuelle Wissen effektiver in für Unternehmen relevantes Wissen umsetzen lässt (Lernendes Unternehmen). Durch die Globalisierung breiten sich die Unternehmen weltweit aus. Die räumliche Distanz lässt sich bei Weiterbildungsmaßnahmen mit E-Learning überwinden. Auf zentrale Lernangebote kann einfach zugegriffen werden. Der Informationsaustausch mit örtlich ungebundenen Gesprächspartnern kann gewährleistet werden (vgl. REGLIN/USCHNER 2002, S. 12f.). Experten können bei den unterschiedlichsten Themen mit einbezogen werden. Damit kann eine effektivere Beziehung zwischen Personen mit Wissensbedarf und Personen mit Wissensressourcen hergestellt werden. „Für Großunternehmen ist besonders das firmeninterne Intranet geeignet, um eingegliederte Lern- und Wissensmanagement-Konzepte aufzubauen (SEUFERT u.a. 2001, S. 23). Neben der raum- und zeitlichen Unabhängigkeit werden Kostenersparnisse vermutet. Da E-Learning am Arbeitsplatz angewandt werden kann, wird es als wirksames Mittel einer flexiblen und bedarfsgerechten Nutzung von Weiterbildungsangeboten gesehen. Die Vorteile lassen sich allerdings nur realisieren, wenn die Mitarbeiter für E-Learning geeignete Arbeitsplätze haben. Wie die ersten Erfahrungen zeigen, ist dies keineswegs bereits gewährleistet (vgl. ZINKE 2002, S. 7).

Im Bereich der **Weiterbildung** haben insbesondere die Volkshochschulen auf den Bedarf nach lebenslangem Lernen reagiert. Sie sehen in einem fächerübergreifenden neuen Arbeitsbereich positive Entwicklungspotenziale. E-Learning „scheint eine praktikable Alternative, die vor allem vor dem Hintergrund der Kostensenkung bei vermehrtem Weiterbildungsbedarf zu sehen ist" (DICHANZ/ERNST 2001, S. 14). Durch die Implementierung von E-Learning-Angeboten verbessern sie ihr Image. Gleichzeitig stellen sie sich den aktuellen Herausforderungen. Sie erwarten an einem bedeutenden Zukunftsmarkt teilhaben zu können (vgl. CASTENDYK 2000, S. 10). Mit dem Engagement beim elektronischen Lernen versprechen sie sich Ressourcen zu erschließen. Insbesondere in der Produktion von *content* sieht sich die VHS aufgrund ihrer Erfahrung begünstigt. Bei einem gezielten Engagement in diesem Bereich erlaubt dies „das Setzen bzw. Weiterentwickeln von Standardprodukten, die gerade in den Zielmärkten der beruflichen Weiterbildung immer gefragt sind und die Vermarktung fördern" (ebd.). Wenn die VHS in der Lage wäre, den Lernenden differenzierte Lernmodule zur Auswahl zu stellen, könnte sie dem Bedarf nach flexiblen Weiterbildungsangeboten gerecht werden. Als wichtige Voraussetzung wird die Möglichkeit zur Entwicklung einer eigenen Plattform (Content Management System) und die eigenständige Qualifizierung von E-Learning-Tutoren gesehen.

Die **Hochschulen** sind alleine schon wegen der internationalen Konkurrenz bemüht, sich im Bereich E-Learning zu profilieren. Ein weiterer Grund liegt in der Option, die Qualität von Lehre und Forschung in Erwartung der Wissensgesellschaft zu steigern. Mit elektronischem Lernen können aktuelle und anspruchsvolle Daten und Informationen in die Lehrveranstaltungen integriert werden. Ebenso wird erwartet, dass im Vergleich zum Präsenzunterricht mehr Studenten unabhängig von Öffnungszeiten mit dem Lernstoff erreicht werden können. Vor allem Grundlagenwissen soll über virtuelle Medien angeboten werden, das sich dann die Studierenden selbstständig aneignen. Erhofft wird, dass die Lehrenden ein größeres Zeitbudget für Forschung und Betreuung der Studierenden zur Verfügung haben. Die damit vermutete effektivere Kapazitätsauslastung konnte allerdings bisher noch nicht bestätigt werden. Wenn elektronisches Lernen mit tutorieller Begleitung verknüpft wird, führt dies in den meisten Fällen nicht zu einer Verringerung, sondern zu einer Verlagerung der Belastungen. Ein erheblicher Vorteil ist die Unabhängigkeit von Zeitvorgaben. Vom Aufbau von Universitätsnetzen, bei denen die einzelnen eigenständigen Universitäten zu einer durch Netzwerke verbundenen virtuellen Hochschule miteinander verknüpft sind, verspricht man sich ebenfalls eine effizientere Nutzung (vgl. Kap. 11.1.).

10.3.2. Erschwerende Faktoren

Entgegen den Verlautbarungen ist E-Learning zumindest in der Implementierungsphase keineswegs kostengünstig. Zunächst ist erst einmal mit hohen Investitionskosten sowohl bei den Lernanbietern als auch bei den Lernenden zu rechnen. Notwendig werden Investitionen in die technische Ausrüstung, dazu kommen Kosten für die Wartung und Instandhaltung, die Telekommunikationskosten, die Plattformkosten incl. ergänzender Software und die Betreuungskosten (Tutoren, Telecoachs). BAUER/PHILIPPI (2001, S. 148f.) gehen allerdings davon aus, dass die Folgekosten geringer sind als das Lernen in Präsenzphasen.

Einige Autoren, so z.B. DICHANZ/ERNST (2001) bezweifeln, ob elektronische Medien einen begünstigenden Einfluss auf den Lernvorgang haben. Nur im Einsatz als unterstützende Programme in Lernarrangements sehen sie geeignete Verwendungsmöglichkeiten.

Die meist heterogene Ausgangssituation bei den Lernenden erschwert das Lernen. Einheitliche Voraussetzungen, wie sie meist in klassenraumbasierten Lernszenarien vorhanden sind, gibt es nicht. Aus demographischer (berufliche Stellung, Bildungsstand, Alter) und auch aus inhaltlicher Sicht (Vorwissen, Kenntnisse, Abstraktionsniveau) sind die Lernenden in der Regel heterogen. Dies zwingt dazu, multioptionale Lernarrangements zu implementieren und den Lernprozess so weit wie möglich zu individualisieren. Bei dem Angebot muss auf Wahlfreiheit geachtet werden. Nur wenn der Lernende den Zeitpunkt, die Reihenfolge, die Auswahl und die Bearbeitungsstrategie eigenständig bestimmen kann, kann diesem Problem Rechnung getragen werden. Nachteilig für den Lehrenden ist, dass er keinen Einfluss mehr auf Inhalte, Zeitpunkt, Dauer und Häufigkeit hat. Für den Lernenden kann dies ein spezifischer Vorteil sein.

Nicht vernachlässigt werden darf, dass sich hinter jeder Software theoretische Lernmodelle verbergen. Wenn Lehrinhalte instruktional über Schrift präsentiert und anschließend mit Multiple Choice abgefragt werden, können sich im günstigsten Fall Lernmotivierte mit hohem kognitiven Grundverständnis über diese Form des elektronischen Lernens Wissen aneignen. Es ist keineswegs so, dass die Lernenden automatisch das implizite Lernmodell der Software übernehmen. Dies geschieht nur dann, wenn sie dazu in der Lage sind intrinsisch zu lernen, und das Lernmodell bei ihrer bisherigen Lernerfahrung eine positive Erinnerung auslöst. Intrinsisch motivierte Personen lernen aus Interesse am Lerngegenstand und sind in der Lage von der konkreten Lernsituation zu abstrahieren. Extrinsisch motivierte Personen lernen, um ein spezielles Ziel zu erreichen (Diplom, Zertifikat, Erhalt des Arbeitsplatzes). Da die Motivation nicht mit dem Lerngegenstand zusammenhängt, sind extrinsisch Motivierte weniger am selbstgesteuerten Lernen interessiert. Damit E-Learning Erfolg hat, bedarf es ganz wesentlich der Wandlung vom extrinsischen zum intrinsischen Lernen. Die hohen Abbrecherquoten von E-Learning-Programmen führe ich u.a. darauf zurück, dass die Lernmodelle der Software nicht mit den Lerntypologien der Lernenden zusammenpassen. Sobald Motivierung zum wichtigen und bedeutenden Teil des Lernprozesses wird, bedarf es der komplexeren Integration der Lernenden in das Lehr-Lernsystem. Dies bedeutet vor allem auch eine vielfältige und auf die unterschiedlichen Lerntypen eingehende Darstellung des Lernstoffs.[6]

Als weiterer Nachteil wird oft der Orientierungsverlust angeführt. Vermutet wird, dass die Lernenden den Überblick verlieren (lost in cyberspace) oder in der „Informationsflut" versinken. Diesen Aspekt habe ich bereits in Kap. 2.4.1. ausführlich diskutiert. Eine der zentralen Aufgaben des Navigators besteht in der Vermittlung von hypertextualen Kompetenzen, die Ausgangsbedingung sind, sich in multimedialen Netzwerken zu bewegen. Dazu gehört auch die Vermittlung von Bewertungskompetenz, die Befähigung geeignete Text zu selektieren und bewerten zu können. Genau genommen benötigen die Lernenden Navigationskompetenz. Das Problem sehe ich nicht im Orientierungsverlust, sondern in der Fähigkeit die Struktur des hypertextualen Denkens zu adaptieren. Gleichwohl können Produkte so aufgebaut sein, dass Ordnung und Struktur nicht ohne weiteres erkennbar ist. Für die Produzenten besteht daher die Anforderung, ihre Studieneinheiten so zu gestalten, dass die Schritte des Lernenden immer nachvollzogen werden können.

Nach Auffassung von SHORT/WILLIAMS/CHRISTI (1976) bestimmen die unterschiedlichen Kommunikationsmedien, wie die Interaktionspartner Diskussionen und Beziehungen untereinander erleben und gestalten. Jedes Medium hat demgemäß eine unterschiedliche „soziale Präsenz", in der sich die Qualität des Kommunikationsmediums ausdrückt. Die Informationskanäle (auditiv, visuell, piktoral, haptisch, etc.), die ein Kommunikationsmedium anspricht, bestimmen nach dieser Theorie die Stärke der sozialen Präsenz. Medien, die eine hohe Präsenz zulassen, lassen Gefühle, persönliche Nähe, Geselligkeit und eine sozio-emotionale Kommunikationskultur zu. Vermutet wird nunmehr, dass die soziale Präsenz nicht nur die soziale und emotionale Dimension der

6 Die Lerntypen und ihre Ansprüche an onlinegestützte Lernprogramme untersucht derzeit Ulf EHLERS von der Uni Bielefeld. Ergebnisse sind in Kürze zu erwarten (*www.lernqualitaet,de*)

Kommunikation beeinflusst, sondern auch das Diskussionsverhalten und das Lösen von Aufgaben. Ein Kritikpunkt am E-Learning basiert auf diesen Überlegungen. Er geht von der Vermutung aus, dass die Reduktion der sozialen Präsenz im Internet als Störfaktor des Lernprozesses anzusehen ist. Der Ansatz leidet darunter, dass die Lernenden nicht differenziert wird und die Wirkung der unterschiedlichen Medien pauschalisiert werden. Die Behauptung, dass alle Personen mittels bestimmter Medien sich in einer vorhersagbaren Weise entwickeln, ist nicht haltbar. Eher ist zu erwarten, dass die Lernenden den einzelnen Medien eine unterschiedliche soziale Präsenz zu weisen.

Ein weiteres Defizitmodell geht von der Theorie der „Reduzierung sozialer Kontexthinweise" (SPROULL/KIESLER 1986) aus. Nach dieser Theorie beeinflusst das Fehlen sozialer Kontexthinweise, die vorrangig über nonverbale Informationen vermittelt werden, die Kommunikation in überwiegend negativer Weise. Bei computerunterstützter Kommunikation käme es wegen der Depersonalisation zu einer Veränderung des Aufmerksamkeitsfokus. Die Aufgabe erhält einen höheren Wahrnehmungsstellenwert zu Ungunsten der Kommunikationspartner. Die Konsensbildung werde erschwert. Gleichzeitig wurde eine Gleichverteilung der Redebeiträge festgestellt. Personen, die sich von Angesicht zu Angesicht nicht äußern, ergreifen in der computervermittelten Kommunikation das Wort. Ebenso entdeckten die Autoren bei schriftlicher Kommunikation sozial unangemessenes Verhalten („flaming", d.h. Verletzen der Kommunikationsregeln) und damit gravierende Defizite in Bezug auf die soziale und emotionale Dimension.

Die Theorien des SIDE-Modells[7] (SPEARS/LEA 1992) und die „Perspektive der sozialen Informationsverarbeitung" (WALTER 1992), die als neutrale Modelle gelten, gehen vom Kommunizierenden und seiner sozialen Identität aus. Sie sind davon überzeugt, dass das Kommunikationsverhalten von Personen vom sozialen Kontext bestimmt wird. Einen weitreichenden Einfluss auf Personen hat die Zugehörigkeit zu einer Gruppe. Die Mitgliedschaft in sozialen Gruppen bestimmt nach dieser Auffassung das Verhalten. SPEARS/LEA (1992) postulieren, ausgehend von diesem Grundverständnis, dass das Kommunikationsverhalten von Personen, die mit Medien kommunizieren durch ihre soziale oder personale Identität bestimmt wird. Die soziale Identität wird höher eingeschätzt als die nonverbale Kommunikation. Die Autoren des SIDE-Modells stimmen mit den Defizittheorien überein, dass das Fehlen nonverbaler Informationen zur Anonymität führt. Die fehlende Identifizierbarkeit verhindere, dass sich die Kommunikationspartner im Verhalten aneinander orientieren. Während eine unfreundliche Aussage durch ein Lächeln nivelliert werden kann, ist dies bei der computerunterstützten Kommunikation nicht möglich. Die Autoren befürchten eine „De-Individuation" und in Folge dessen einen Verlust an personaler Identität (individuelle Werte und Ansichten) und ein Umschwenken in eine soziale Identität (determiniert von der jeweiligen Gruppe zu der man gehört). Bei diesem Modell löst die computervermittelte Kommunikation nicht

7 SIDE = Social Identity = SI plus De-Individuation = DE

automatisch negative Effekte aus. Entscheidend ist, welche Identität aktiviert wird. Wenn die Gruppennormen eine sozial enthemmende Ebene aufweist, treten negative Wirkungen auf.

WALTHER (1992), der auch von der Annahme einer sozialen Identität ausgeht, formuliert drei Grundannahmen. Nach seiner Auffassung sind Kommunikationsteilnehmer daran interessiert, sich einen Eindruck von anderen zu machen. Sie sind interessiert, personale und soziale Informationen über ihre Kommunikationspartner zu erhalten. Dementsprechend steuern sie ihr Verhalten. Sie versuchen die Einschränkungen des Mediums in der Eindrucksbildung zu überwinden. WALTHER geht von einer gezielten Steuerung des Kommunikationsverhaltens aus. Die Kommunikationsteilnehmer in einer medienvermitteltenden Kommunikation passen ihr Verhalten den jeweiligen Rahmenbedingungen an. Aus Sprachstilen, Inhalten und neuen Zeichen (Akronyme, Emoticons, Aktionswörter, Disclaimer, lexikalische Surrogate) erhalten sie soziale Informationen. Nach seiner Feststellung spielt Zeit eine wesentliche Rolle. Die Entwicklung von Beziehungen in computervermittelter Kommunikation wird langsamer aufgebaut. WALTHER widerspricht somit den Defizittheorien und belegt durch seine Langzeituntersuchung, dass bei der computervermittelten Kommunikation zahlreiche Informationen über den sozialen und personalen Kontext vermittelt werden, die die Kommunikationspartner bei ihrer Eindrucksbildung berücksichtigen.

Unstrittig ist, dass technische Probleme das computervermittelte Lernen erheblich behindern können, so z.B. zusammengebrochene Leitungen bei Audiokonferenzen, Abbruch von Programmen, mangelnde Abstimmung von Hard- und Software, Verzögerungen und Verschiebungen von Beiträgen, unnötig lange Ladezeiten aufgrund mangelhafter Netzgeschwindigkeiten oder wegen der hohen Datenmenge der jeweils aufgerufenen Seiten. Dies sind nicht zu unterschätzende Problembereiche, die Auswirkungen auf die Motivation der Lernenden haben können.

Während bei jüngeren Lernenden die Adaption der zu beherrschenden alphanumerischen Kommunikation meist problemlos funktioniert, ist dies für ältere Lernende keineswegs selbstverständlich. Insbesondere Chatkommunikation mit schneller Kommunikationsabfolge ist für sie nicht ohne weiteres adaptierbar. Eine grundlegende Kompetenz im Umgang mit der jeweils erforderlichen Technik ist für die Lernenden und Lehrenden erforderlich.

10.3.3. Begünstigende Faktoren

E-Learning beabsichtigt die Lernkompetenzen des Lernenden zu stärken. Dies kann nur gelingen, wenn von einer Befähigungspädagogik und nicht von einer Belehrungspädagogik ausgegangen wird. Das lernende Individuum muss in das Zentrum des Lernprozesses gestellt werden. Nur wenn dieser Paradigmenwechsel gelingt, kann E-Learning übergreifend erfolgreich angewandt werden. Die Qualität des Lernprozesses wird nicht mehr (alleine) vom Lehrenden, sondern vor allem vom Lernenden definiert. Eine essentielle Bedingung für Lernerfolg mit elektronischem Lernen ist die Akzeptanz des

Angebots durch den Lernenden. „Den E-Lernprozess gestaltet primär der Lernende selbst – und damit auch die jeweilige Lernqualität. Lernen tut der Lernende“ (EHLERS 2002, S. 10).

E-Learning eröffnet daher vor allem für motivierte Lerner und Personen, die Erfahrung mit Lernen haben, eine erhebliche Chancen zum Lernen. E-Learning ist ein effektives Mittel, wenn z.B. Mitarbeitern damit ermöglicht wird, eine flexible und bedarfsgerechte Nutzung eines Weiterbildungsangebotes nachzufragen (vgl. ENCARNACAO/GUDDAT/SCHNAIDER 2002, S. 25). E-Learning lässt sich problemlos mit situiertem Lernen verbinden. Der Lernort kann ausgesucht werden, der Lernzeitpunkt kann eigenständig bestimmt werden, die Lernmethoden können variiert werden. Durch die Individualisierung des Lernens kann der Lernende das Lernen konkret auf seinen Alltag hin optimieren. Begünstigenden Einfluss auf das Lernen hat die verbesserte Veranschaulichung der Lerninhalte. Durch Visualisierungen, Animationen und Simulationen können komplexe Lerninhalte vermittelt werden. Die mediale Präsentation oder das Lernmodul kann jederzeit unterbrochen und wiederholt werden. Damit ist eine, entsprechend dem Lernrhythmus des Lernenden, angemessene Heranführung an den Lernstoff möglich. Mit Hilfe von Lernprogrammen ist es möglich, das Ausgangsniveau des jeweils Lernenden zu eruieren und ihm die Möglichkeit zu geben, individuell, abgestimmt auf seinen Kenntnisstand zu lernen. Mittels einer multioptionalen Lernstruktur kann der Komplexität divergierender Lernstile und Lerntypen Rechnung getragen werden. Lernende können in Zukunft die Lernprogramme entsprechend ihrer Disposition abrufen. Somit können die individuell favorisierten (Lern-)Kanäle direkt angesprochen werden.

Durch die Möglichkeit kommunikativer und kollaborativer Lernebenen können soziale und emotionale Kontakte zu Personen entstehen, bis hin zu multikulturellen und internationalen Lerngemeinschaften, die ansonsten nur mit hohem Aufwand zu realisieren wären. Durch die Interaktion zwischen Lehrendem und Lernenden (Teletutoring, Newsgroups, virtuelle Seminare) eröffnen sich neue Begegnungs- und Lernformen. Der Lernende lernt nicht auf Vorrat, sondern just-in-time, d.h. genau zu dem Zeitpunkt, wenn das jeweils zu erwerbende Wissen benötigt wird. Die Lernmaterialien können, da sie über Internet vermittelt werden, jederzeit konfiguriert und somit permanent aktualisiert werden.

Lernen mit neuen Medien ist nicht auf einfache kognitive Lehrinhalte beschränkt. Durch den Einsatz neuer Bildungsmedien lässt sich die Lernmotivation steigern und durch mediengestütztes Lernen verringert sich die Lerndauer. Nach einer Untersuchung von KERRES (2001, S. 107) schneidet das Lernen mit Medien nicht schlechter ab als der konventionelle Unterricht.

FRICKE (1997, S. 405) hat am Beispiel von Multimedia vier notwendig zu beachtende Lern-Arrangements beschrieben, die konstituierend auf den Lernprozess einwirken. Die Effektivität eines Lernarrangements sieht er in Abhängigkeit von folgenden Faktoren:

- **Lernumgebung** Sowohl die multimediale (Software) als auch die soziale Lernumgebung (Räumlichkeiten, Klassenverband, betriebliche Lernkultur, etc.) nehmen maßgeblich Einfluss auf den Lernerfolg.
- **Lernenden** Wenn das Vorwissen, die bisherige Bildungsbiographie, die jeweils vorhandenen Lern- und Medienkompetenzen, das persönliche Interesse, die Erwartungen und Ziele nicht bekannt sind, wird der Lernerfolg davon beeinflusst.
- **Lernthema** Die Art und Weise der Aufbereitung des Lernthemas führt ebenfalls zu Beeinträchtigungen des Lernens.
- **Lernerziel** Der zu erzielende Transfer, das Lernziel, das intendierte Lernergebnis, das jeweils zu erzielende Wissen, die zu erwerbenden Handlungskompetenzen haben Auswirkungen auf den Lernprozess.

Wie bereits bei den erschwerenden Faktoren ist auch bei den begünstigenden Faktoren die Frage nach der Rolle der sozialen Präsenz bei der computervermittelten Kommunikation relevant. Erstaunlicherweise ist eine positive Zuschreibung von einem Autor konzeptioniert worden, der in seinem ersten Werk zu einer nivellierenden Einschätzung gekommen war. Neben der im letzten Kapitel skizzierten Theorie der sozialen Informationsverarbeitung hat WALTHER (2000) eine zweite Theorie zur computervermittelten Kommunikation entwickelt, die „Hyperpersonale Perspektive". In dieser Theorie formuliert er ein „Überschussmodell", d.h. er kommt zu dem Ergebnis, dass es bei der computervermittelten Kommunikation zu einer positiven personalen Einschätzung der Kommunikationspartner und höheren Verbundenheit und Intimität kommt als bei der Face-to-Face-Kommunikation. Wenn, so WALTHER, in einer schriftbasierten Kommunikation die physischen und visuellen Hinweise geringer sind oder fehlen, führe dies dazu, dass jede soziale Information mit „großen, übersensiblen Ohren" aufgenommen, gespiegelt und bezogen auf eigene Ähnlichkeiten bewertet werde. Darüber hinaus führe computervermittelte Kommunikation, insbesondere bei der asynchronen Kommunikation, zu einer entspannteren und besseren Informationsverarbeitung. Die Botschaften seien sorgfältiger und persönlicher verfasst, da die Kommunikationspartner sich mehr Zeit beim Verfassen von Nachrichten nehmen. „Feedback verbindet Sender und Empfänger und bringt eine weitere Dynamik in die Beziehungsentwicklung. Wenn der Empfänger einer Bostschaft ein positives Bild vom anderen entwickelt, wird er sich ansprechend präsentieren und auf den anderen eingehen. So wird der positive Eindruck spiralenförmig verstärkt." (PAECHTER 2001, S. 38). Das Sympathieniveau erreiche bei der computervermittelten Kommunikation eine Ebene, die in der Face-to-Face-Kommunikation nicht erreicht werde, da sie weniger bewusst gestaltet werden könne.

Auch DÖRING (1997) bestätigt, dass Chatpartner ein übermäßig positives Bild voneinander entwickeln und es recht schnell zu Freundschaften kommt. BADER (2001, S. 147) weist ebenfalls darauf hin, dass computervermittelte Kommunikation auch neue Chancen für den Aufbau und die Aufrechterhaltung von Sozialkontakten eröffnet. Gleichwohl macht sie aber auch deutlich, dass die Koordination in virtuellen Lerngruppen gegenüber der kopräsenten Interaktion schwieriger ist. „Die Probleme virtueller Seminare sind gravierend und lassen vermuten, dass mit den bisher verfügbaren Technologien ein vertieftes und zugleich kollaboratives Lernen nur schwer möglich ist" (ebd., S. 147). Wenn bei kommunikativen Aktivitäten im Internet die Teilnehmer sich wohl und verstanden fühlen, hält er „Kommunikation" für prinzipiell möglich. Entscheidend für ihn ist der Aufbau eines Gemeinschaftsgefühls. „Kommunikation kann also nur dann funktionieren, wenn es eine implizite oder explizite gemeinsame Abstimmung der Kommunizierenden über die Regelhaftigkeit ihrer Kommunikation oder einen standardisierenden Gebrauch des Mediums gibt" (BADER ebd., S. 148). BADER macht somit darauf aufmerksam, dass computerunterstützte Kommunikation positiv sein kann, aber ganz entscheidend die Rahmenbedingungen (z.B. Gemeinschaftsgefühl, technische und soziale Kompetenzen) berücksichtigt werden müssen.

Während die Defizittheorien (vgl. Kap. 10.2.3.2.) davon ausgehen, dass in einem dunklen Raum (computervermittelte Kommunikation) nichts gesehen werde und dies zu einer Demotivation führe, gehen die neutralen Modelle davon aus, dass sich die Sinne an die Dunkelheit gewöhnen und damit vergleichbare, wenn nicht gar intensivere Erfahrungen gesammelt werden können. Die hyperpersonale Perspektive wiederum nimmt an, dass andere Sinne aktiviert werden, die Materialien und Oberflächen entdecken, die in einem beleuchteten Raum (Face-to-Face Kommunikation) nicht entdeckt worden wären. In Folge dessen werde der dunkle Raum mit einem überaus positiven Eindruck verlassen.

Ich teile die Auffassung von WALTHER, dass die Spiegelung der Selbstwahrnehmung ein wesentlicher Faktor ist. Nach meinen Beobachtungen entwickeln die Kommunikationspartner in dunklen Kommunikationskulturen höhere Zuschreibungen und Erwartungsstrukturen. Ausgehend von den empfangenen Daten wird ein Bild von dem Partner konstruiert (Pygmalioneffekt), das bedeutet aber, dass es keineswegs nur zu positiven Zuschreibungen kommt. Entsprechend der Persönlichkeit und insbesondere entsprechend der psychodynamischen Wahrnehmungskultur und der bereits erworbenen (bzw. nicht erworbenen) alphanumerischen und audiovisuellen Skripte kann es zu positiven, neutralen, aber auch negativen Bewertungen kommen. Die Medienerfahrung führt nur dann zu einer impliziten Akzeptanz, wenn die entsprechenden Rezeptoren ausgebildet sind. Diskursive Persönlichkeiten, die der Denkstruktur des Senioritätsprinzips verhaftet sind, werden andere Erfahrungen machen als Hotspotpersönlichkeiten, die vom juvenilen Prinzip geprägt sind. Die Potenziale des E-Learning und der computervermittelten Kommunikation aktualisieren sich insbesondere in dieser Zielgruppe.

Diese Auffassung wird durch das medienökologische Rahmenmodell von DÖRING (1999) bestätigt. Das Internet ist für DÖRING „ein neuer Handlungsraum, in dem Menschen auf kreative Weise Gefühle ausdrücken, Beziehungen realisieren und soziale Fertigkeiten erlernen, ohne dass daraus automatisch Kommunikationsstörungen und Beziehungsverarmung resultieren müssen" (ebd., S. 227). Kommunikationsstörungen tauchen auf, wenn Kompetenzprobleme auftauchen (die netzspezifischen Ausdrucksmittel werden nicht beherrscht), Motivationsprobleme beeinträchtigen, soziale Normen behindern und das Zeitbudget zu gering ist. Kommunikationsmedien stellen spezifische Optionen und Restriktionen für die zwischenmenschliche Verständigung zur Verfügung, die von den Kommunizierenden situativ auf unterschiedliche Weise angeeignet und gestaltet werden. „Im Zuge dieser Transaktionen (Technisierung des Alltags und Veralltäglichung der Technik) bleiben auch die Nutzerinnen und Nutzer nicht dieselben, sondern machen Erfahrungen, die ihr Denken und Handeln innerhalb und außerhalb medialer Umwelten verändern“ (ebd., S. 243). Die Nutzungssituation wird nach Auffassung von DÖRING von fünf Komponenten beeinflusst:

- **Medienwahl** Welches Medium wird eingesetzt? Induziert die Wahl des Mediums Selbst- oder Fremdbestimmung?
- **Mediale Umgebung** Optionen und Restriktionen im Hinblick auf das Interaktions- und Kommunikationsverhalten, so z.B. Kosten, Zielgruppe, Zeit, Ort, Modalität, Kultur.
- **Mediales Kommunikationsverhalten** Alltägliches Mediennutzungsverhalten.
- **Kurzfristige soziale Effekte** Einschätzung der Maßnahme als vorteilhaft oder nachteilig in Abwägung zu den technischen und sozialen Fertigkeiten.
- **Langfristige soziale Effekte** Die computervermittelte Kommunikation hat einen positiven Verlauf, wenn die kompetente Nutzung der technischen und kommunikativen Möglichkeiten die eigene Identität, das Erleben von Partizipation und die Entwicklung der Identität fördert (vgl. ebd., 245f.).

DÖRINGS Analyse macht deutlich, dass nur eine multikausaler Ansatz in der Lage ist, eine angemessene Antwort auf die Frage nach begünstigenden oder erschwerenden Bedingungen computerunterstützter Kommunikation finden kann. Das Modell von DÖRING müsste noch ergänzt werden durch die Berücksichtigung der jeweiligen **Wahrnehmungsskripte** und **Lernstile der Lernenden** und das verwendete **Lehr-Lernkonzept** der Lernenden. Ganz wesentlich scheint mir ebenfalls, ob es gelingt, die Lernenden in einem umfassenden Sinne zu aktivieren. Dazu gehört die **Integration lebensweltorientierter Erfahrungen**. Deutlich wird, dass die Neuen Medien nicht automatisch begünstigende Lernpotenziale erschließen. Nur wenn die unterschiedlichen Faktoren mehrheitlich beachtet werden, kann die computerunterstützte Kommunikation zur kognitiven Verarbeitungsintensität (vgl. EULER 2001, S. 13) beitragen. Bei Berücksichtigung dieser multioptionalen Beeinflussungsfaktoren wird implizit die intrinsische Motivationen gestärkt.

Dem erweiterten Rahmenmodell wird allerdings meines Erachtens beim klassischen E-Learning nicht (in allen Bereichen) entsprochen. Neue Formen des elektronischen Lernens, wie z.B. *Blended Learning*, *Community Learning* und *Goal Based Scenario* beabsichtigen auf unterschiedliche Weise den komplexen Erwartungen und Ansprüchen der Lernenden gerecht(er) zu werden.

10.4. Neue Formen elektronischen Lernens

Lernen in Online-Lernsituationen führt zu einer anderen Informationsaufnahme und -verarbeitung als in Face-to-Face-Interaktionen. Nonverbale Kommunikation und soziale Kontexthinweise fehlen. Da sich die Lernenden an unterschiedlichen Orten befinden, sind die Umgebungsvariablen bei den einzelnen Lernenden unterschiedlich. Ob dies zu beeinträchtigendem oder begünstigendem Lernen führt, hängt, wie bereits herausgearbeitet, von mehreren Faktoren ab. Wenn es auch unter spezifischen Bedingungen zu Beeinträchtigungen des Lernens kommen kann, führt die Online-Kommunikation keineswegs automatisch zu Nachteilen. „Negative Effekte wie der Verlust von Orientierung können durch positive Effekte wie die bewusste Präsentation erwünschter sozialer Hinweise oder die erleichterte Einnahme verschiedener Rollen durch virtuelle Identitäten über alternative Kommunikationskanäle ausgeglichen werden" (GRUNE 2000, S. 85). Verbale Interaktion kann in der Regel durch schriftliche Kommunikationsformen, Audio- und Videokonferenzen ausgeglichen werden.

Elektronisches Lernen führt zu einer anderen Form des Lernens. Dabei kommt es zu Verlusten (bisher gewohnter Kommunikations- und Lernformen) und zu Gewinnen (Erweiterung bisheriger Lernformen). Beim elektronischen Lernen werden die Nutzer meist mit hypertextualem Lernen konfrontiert. Wer nicht gelernt hat, sich in mehrdimensionalen Lernebenen zu bewegen wird den Eindruck von Orientierungslosigkeit bekommen. Hotspoterfahrene werden sich in diesen Kommunikationsorten leichter und einfacher bewegen als in der sequentiellen Buchkultur. Eine Möglichkeit, die ausgeführten Nachteile des E-Learnings zu umgehen bzw. zu mildern, ohne die Vorteile zu verlieren wird einerseits in verstärkter tutorieller Betreuung, der Integration von Präsenzphasen (*Blended Learning*) und kooperativer und kollaborativer Lernformen (Unterstützung von Lernnetzwerken und *Learning Communities*) sowie in zielorientiertem Lernen gesehen (*Goal Based Scenario*).

10.4.1. Blended Learning

KLOSTERMANN/MICHEL (2001, S. 16) halten die E-Learning-Angebote für lernintensiver als Präsenzveranstaltungen, da beim Online-Lernen jede mail individuell beantwortet wird und jeder Tutor bzw. Trainer max. 15 Teilnehmer betreut. Bezogen auf die Vermittlung von deklarativem Wissen folge ich dieser Argumentation. Da wichtige und zentrale Schlüsselqualifikationen, wie z.B. die sogenannten Soft Skills (emotionales Lernen, soziale und kommunikative Kompetenzen, Teamfähigkeit) nur rudimentär mittels elektronischem Lernen vermittelt werden können, halte ich ein phasenorientertes Lernen, das auch Blended Learning genannt wird, für wichtig und notwendig.

Mit *Blended Learning* wird eine Optimierung und Verknüpfung verschiedener Weiterbildungsmethoden angestrebt. *Blended Learning* (gemischten Lernen) intendiert integrierte Lösungen, da unterschiedliche Lernmodelle einbezogen werden. E-Learning wird mit unterschiedlichen Ansätzen traditioneller Lernformen und Präsenzlernens unter Nut-

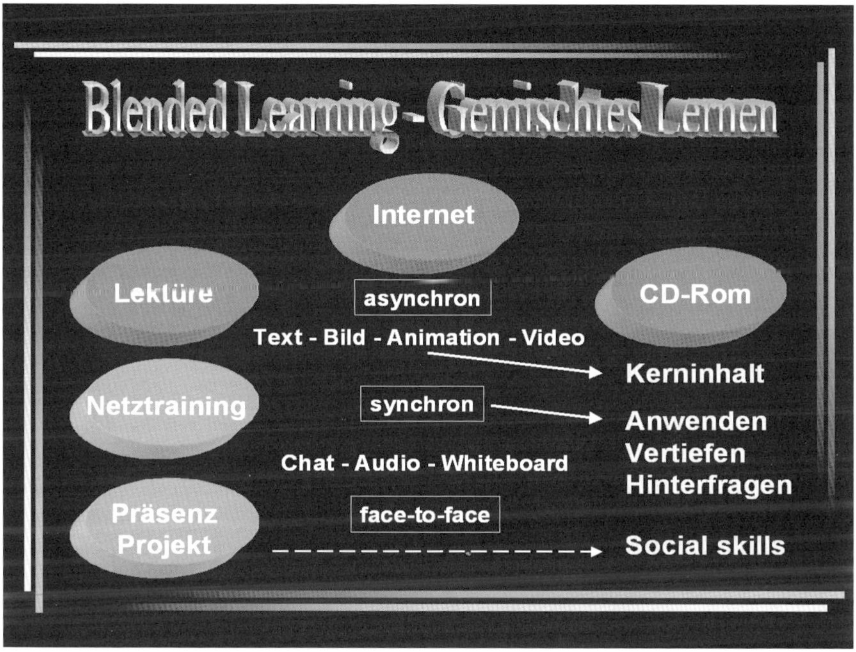

Abb. 139: Blended-Learning-Module

zung der jeweiligen Vorzüge verbunden. „Wir gehen von einer Welt des ‚Entweder/Oder' in eine Welt des ‚Sowohl als auch'" (SAUTER 2001, S. 1). Synchrone, asynchrone und Face-to-Face-Kommunikation wird beim *Blended Learning* miteinander verknüpft. Folgende Modelle können beim *Blended Learning* miteinander kombiniert werden:

- **Präsenz** Vermittlung von Lehrstoff.
- **Checks** Ermitteln von Vorkenntnissen, Abgleich der Erwartungshaltung.
- **Chat** Kennenlernen und Austausch der Seminarteilnehmer.
- **Foren** Erfahrungsaustausch bezüglich der Inhalte, Praxistransfer.
- **Virtuelle Bibliothek** Weiterführende Literatur und ergänzende Dokumente.
- **Download** Übungsaufgaben zur Vertiefung der Lerninhalte.
- **Computer Based Training** Einführung des Lernstoffs.
- **Web Based Training** Vertiefung des Lernstoffs.
- **Teletutorial** Nachbereitung des Lernstoffs.
- **Projekte** Social skills, prozedurale Kompetenzen.
- **Tutorials** Tutorenbriefkästen, FAQ, schwarzes Brett.

Wenn E-Learning mit Präsenzphasen verbunden wird, hat sich bewährt, dass der eigentliche Kerninhalt über die elektronischen Medien asynchron vermittelt wird, während die Anwendungen, das Vertiefen und das Hinterfragen am besten durch synchrone Kommunikation (Chat, Forum und Webcam) erfolgt. E-Learning wird, so die Erfahrungen von SAUTER, wirksamer, wenn neben computerunterstützen Elementen auch Lernformen wie Workshops und Teamlernen integriert werden.

Die Lernbedürfnisse des Lernenden werden beim *Blended Learning* in den Mittelpunkt des Lernens gerückt. Die Lernenden erhalten entsprechend ihrem Lerninteresse und -bedarf ein individuelles Lernprogramm. Ausgehend von den unterschiedlichen Komponenten, kann der Lernende beliebig kombinieren und somit kann ihm ein auf seine Lerndisposition zugeschnittenes Produkt zur Verfügung gestellt werden. Nach Bedarf können zusätzliche Lernangebote nachgefragt werden. Vorteilhaft ist, dass zwischen Teamlernen und Selbstlernen gewechselt werden kann, um den spezifischen Lernbedarf abdecken zu können. *Blended Learning* geht von einem konstruktivistischen Lernkonzept aus, bei dem der Erwerb des Wissens im Kontext zu den bereits vorhandenen Deutungsschemata steht. Die Vermittlung des Wissens erfolgt in einem Prozess der Kompetenzerweiterung. Da dieses Konzept sich auf Kompetenzen statt auf Qualifikationen konzentriert und der Fokus nicht auf die Bildungsinstitution sondern den Bildungsnachfrager gerichtet ist, entspricht dieses Modell dem Anspruch nach selbstgesteuertem, selbstorganisiertem und lebensweltorientiertem Lernen.

10.4.2. Community Learning

Während im amerikanischen Hochschulsystem *Learning Communities* auf eine lange Tradition zurückblicken können, ist diese Lernform bei uns noch nicht sehr ausgeprägt. Ursprünglich entstand sie als alternative Methode in Ermangelung oder Ablehnung institutioneller Anbieter. Heute findet sich diese Lernform sowohl bei der Unterstützung von Erstsemestern als auch im Rahmen forschungs- und erfahrungsbasierter Lernformen, um interdisziplinäres Lernen zu begünstigen und wenn Gemeinschaftsgefühle gefördert und Sozialkompetenzen, wie Team- und Kooperationsfähigkeit vermittelt werden sollen.

Eine veränderte Dimension des Lernens ergibt sich bei ***Virtual Learning Communities***, .d.h. virtuellen Lerngemeinschaften, die sich nur virtuell begegnen, bei denen der Erwerb von Fertigkeiten oder Wissen im Vordergrund steht. DÖRING (2001) unterscheidet vier verschiedene Typen von Lerngemeinschaften:

- **Öffentliche Wissensbörsen** In Wissensbörsen kann das persönliche Wissen aktiviert und ausgebaut werden. Nach Nennung der individuellen Expertise kann kostenlos auf das Fachwissen anderer zurückgegriffen werden. Bei diesen Börsen (z.B. *www.wer-weiss-was.de*) sind insbesondere Computerthemen stark vertreten.
- **Berufsbezogene und fachliche Foren** In hochqualifizierten und selbstständigen Berufen verlagert sich Networking immer mehr ins Internet und ist ein wichtiger Erfolgsfaktor. Die Webgrrls-Community (*www.webgrrls.de*) bietet weiblichen Fach- und Führungskräften im Bereich neue Medien ein Komplett-Angebot mit Newslet-

ter, Mailinglisten, Face-to-Face-Veranstaltungen incl. Webseite mit passwortgeschütztem und öffentlichem Bereich. Bei dieser Peer-to-Peer-Community wird Weiterbildung nach dem Prinzip „first give, then take" *on demand* zur Verfügung gestellt. Auf vergleichbarer Ebene funktioniert das Psychotherapieforum *www.psychotherapie.org*.

- **Unternehmensinternes Wissensmanagement** Unternehmen richten zum Wissensaustausch ihrer Mitarbeiter und zur gemeinsamen Projektentwicklung zunehmend Wissens- und Lern-Plattformen ein. Es wird vermutet, dass damit unter den Mitarbeitern ein effizienterer Austausch angeregt wird.
- **Kursbezogene Foren** Zur Unterstützung von E-Learning oder als Teil von Blended Learning werden Online-Foren für den internen Austausch genutzt. Unterstützt werden die Foren meist von Tutoren. Durch reflexionsfördernde Software, wie z.B. das weiter unten beschriebene CSILE (csile.oise.utoronto.ca) kann eine gemeinschaftliche Auseinandersetzung mit den Inhalten gefördert werden.

Bei diesen Lernformen wird ein gemeinsamer *virtueller Treffpunkt* bzw. eine technische Plattform benötigt, auf die alle Beteiligten Zugriffmöglichkeiten haben. Umsetzen lässt sich dies durch ein Online-Forum mit zeitversetzten (asynchronen) Botschaften (Mailinglisten, Usenet Newsgroup, Newsboard) oder synchron mit CHAT, MUDs, IRCs. Ein themenbezogener Austausch lässt sich besser über asynchrone Foren verwirklichen, da die Beiträge in Ruhe gelesen werden können. Die Unmittelbarkeit der synchronen Foren erlaubt Problemreflexion und gibt Raum für kommunikative Bedürfnisse. Bei Yahoo (groups.yahoo.com) können Mailinglisten kostenlos eingerichtet werden, bei Parsimony Newsboards (*www.parsimony.net*) und bei Webmaster als Backback-Lösung Chatrooms (*www.webmaster.com*). Inzwischen ist es auch bereits möglich sowohl synchrone als auch asynchrone Online-Foren auf einer *Community-Webseite* zusammenzuführen (z.B. *www.startrampe.net*). Allerdings ist es dann notwendig eine professionelle Community-Software zu installieren.

Vom Learning Community[8] Ansatz ist auch die Rede, wenn durch gezielten Wissensaustausch untereinander bzw. mit Experten Lern- oder Forschungsaufgaben gelöst werden. Die Aufgaben werden gemeinsam bearbeitet. Lernen geschieht wechselseitig. Eigenes Wissen wird weitergegeben und auf das Wissen anderer kann zurückgegriffen werden. Wissen wird dynamisch interpretiert, das nicht bewahrt, sondern weitergegeben wird. „Nicht der Besitz von Wissen zählt, sondern die Weitergabe und Veränderung von Wissen" (GRUNE 2000, S. 91). In den (Lern-)Netzen zirkuliert nur das Wissen, das aktiv verfügbar ist und somit tatsächlich genutzt wird. Dementsprechend besteht die Notwendigkeit Informationen in Dokumenten anzubieten, die jederzeit veränderbar sind.

8 In der deutschen Literatur wird zunehmend auch von Lernnetzwerken gesprochen (vgl. Grune 2000, S. 75).

Das Lernen ist eng mit alltäglichen Aufgaben und Problemen der Mitglieder verknüpft und somit erfahrungsbezogen (vgl. FLECHSIG 1996, S. 189). Kommunikationstools erlauben gegenseitige Lernhilfe bzw. Bewältigung eines Themas (Projekts). Die Lernziele werden von allen Teilnehmern der Lerngruppe festgelegt. Von den Lernenden wird Eigeninitiative, Selbstverantwortung und Kreativität verlangt, d.h. sie sind selbstorganisiert und legen die Regeln für die Kommunikation eigenständig fest. Mitglieder in Learning Communities sind Lerner, Berater und Vermittler zugleich (vgl. GRUNE 2000, S. 75). Die Lerngemeinschaften sind gekennzeichnet durch Flexibilität. Neuen Wissensquellen und Inhalten stehen sie offen gegenüber. Alle Mitglieder können auf eine zentrale Datenbank mit relevanten Informationen zurückgreifen.

Kooperatives und kollaboratives Lernen bildet die Grundlage der Learning Communities. LENNING/EBBERS (1999, S. 62f.) heben folgende didaktische Prinzipien hervor:

- Der Schlüssel für eine erfolgreiche Lerngemeinschaft ist aktives Lernen. Darunter verstehen sie u.a. einen kooperativen Lernstil, Gruppenprojekte, Präsentationen eigener Ergebnisse vor der Gruppe, diskussions- und dialogorientierte Kommunikation und gemeinsame Themen- und Inhaltsplanung.
- Damit der Transfer in andere Disziplinen und in die Praxis gewährleistet ist, wird fallbasiertes Lernen als Methode eingesetzt.
- Die fachlichen Aspekte stehen nicht alleine im Zentrum. Lernen ist in den Gruppenprozess eingebunden.

Im Verlauf des jeweiligen Projekts bringen die Lernenden ihr bereits individuell erworbenes Wissen mit ein. Wie im späteren Leben übernehmen die Lernenden die Rolle von „Experten", die unterschiedliche Materialien zusammentragen und dann ihre erarbeiteten Ergebnisse mit anderen austauschen. Individuelles Lernen wird somit durch Teamlernen abgelöst. Kooperative Lernformen setzen voraus, dass die Lernenden zur Teamarbeit und zur kooperativen Arbeit mit anderen fähig sind. Respektvoller und emotionaler Umgang ist ein wichtiges Kriterium beim Community Learning. Das Lernen aus Fehlern wird als eine Methode des effektiven Wissenserwerbs angesehen. Kritikfähigkeit und Diskussionsbereitschaft ist eine der Grundlagen für diese Lernform. Online-Kooperation verlangt einen höheren Zeitaufwand von allen Beteiligten.

WILBERS (2001, S. 28) sieht beim *Community-Learning* ebenfalls Vorteile, da es das Lernen des Lernens begünstigt, situiertes Lernen erlaubt und damit konstruktivistische Lernmethoden Verwendung finden können. Durch die Zusammenarbeit mit anderen Lernenden, die jeweils über unterschiedliche Erfahrungshintergründe verfügen, wird die Befähigung des Erkennens divergenter Perspektiven und Sichtweisen zu den jeweiligen Lernthemen begünstigt.

Lernnetzwerke, die die elektronischen Medien einbeziehen, werden oft auch ***Knowledge Building Communities*** genannt, in denen die Lernenden *Shared Knowledge* (geteiltes Wissen) erwerben können. So können z.B. bei dem Schülernetzwerk *Computer*

Supported Intentional Learning Enivironments (CSILE) die Schüler die erarbeiteten Ergebnisse ihrer Wissenskonstruktion in einer Datenbank ablegen bzw. auf dort abgelegten Daten zugreifen (vgl. BEREITER/SCARDAMMALIA 1991, zitiert in: GRUNE 2000, S. 78). Stichworte, Themen, Autoren und Denktypen bilden Schlüsselwörter für den Zugriff auf die Datenbank, die zu Beginn des Schuljahres leer ist. Im Verlauf des Lernprozesses entsteht in einem kooperativen Lernprozess ein gemeinsamer Wissensfundus. Alle Gedanken und Ideen werden zugänglich gemacht. Die Erweiterung des gemeinsamen Wissens ist Ziel der Wissensgemeinschaft. Die Erweiterung des kollektiven Wissensstandes sind Basis und Ausgangspunkt für das individuelle Verstehen. Dynamisches und adaptives Lernen kann dadurch gefördert werden. Nicht der Lehrende sondern die Lernenden selbst haben die Verantwortung für den Lernprozess. Die Verantwortung für Organisation, Planung, Zusammenfassung und Präsentation ihrer Ergebnisse obliegt ihnen. Die elektronischen Netzwerke haben die Aufgabe den Lernprozess prozedural zu dynamisieren.

Die Vorteile von Knowledge Communities liegen in der schnellen Generierung neuen Wissens durch Know-How-Transfers, die permanente Weiterentwicklung und Aktualisierung der vorhandenen Kompetenzen und die Möglichkeit der Verknüpfung von Experten in Wissensnetzwerken. Bei systematischer Wissensvermittlung ist diese Lernform weniger geeignet, da sie nur in win-win-Situationen funktioniert und für die Teilnahme ein „Expertenstatus" erforderlich ist. Des weiteren besteht die Gefahr des „Lurking"-Phänomens.[9] Lurker sind passive Mitglieder, die nur Informationen abgreifen, aber selbst keine Informationen zur Verfügung stellen.

10.4.3. Goal Based Scenario

Auf die Forderung nach einer Verlagerung des Lernens in die Praxis und einer höheren Authentizität im Lernprozess sowie die Integration von Lernaufgaben, die der Eigenaktivität mehr Raum gibt, reagiert ebenfalls das von SCHANK (1992, 1999) und seinen Mitarbeitern entwickelte Goal Based Scenario (GBS). Das GBS lässt sich als computerunterstütztes fallbasiertes Lernen bezeichnen, das auf situierten hypermedialen Lernumgebungen basiert. Bei diesem Modell wird elektronisches Lernen mit einer Vielfalt von anderen Lernmöglichkeiten verbunden. Das Modell verzahnt reformpädagogische Ansätze mit dem konstruktivistischen Lernverständnis (Prinzipien aus der Anchored Instruction und der Cognitive Apprenticeship werden integriert) und ist daher nach meiner Auffassung eines der interessantesten Modelle des elektronischen Lernens.

Der Lernende wird aktiv in ein simuliertes Geschehen einbezogen. Er lernt durch das Bewältigen einer gegebenen Zielaufgabe. Beim GBS werden die Lernenden mit einem „pre-specified" Inhalt konfrontiert, den der Lehrende auswählt. Das Paradigma

9 Lurking kommt aus dem Englischen und heißt übersetzt „Schlummern, unbeobachtetes Herumlungern".

des Lernens wird durch die Zielvorgabe und gegebenenfalls mittels erarbeiteter oder vorgegebener Szenarien beeinflusst, aber nicht so stringent wie bei Modellen, bei denen es um das Beherrschen von Lerninhalten geht. Die Zielorientierung kann sehr variabel gehandhabt werden. Die Lehrenden können verschiedene Ziele entwerfen, um Anfängern mit unterschiedlichen Interessen zu helfen, die gleichen Fähigkeiten zu erwerben. In einigen Fällen kann es sich als sinnvoll erweisen, den Lernenden die Entscheidung überlassen, ihre Ziele für das Erwerben der gewünschten Fähigkeiten fest zu legen.

SCHANK (1992, 2003, S. 1) geht von der Prämisse aus, dass jeder Aspekt des menschlichen Verhalten auf das Erreichen eines Ziels hin ausgerichtet ist. Einige dieser Ziele sind nach seiner Auffassung ziemlich einfach, wie z.B. Zähne putzen. Andere sind unbewusst, aber es gibt auch Ziele, die sehr komplex sind, wie z.B. eine anspruchs-

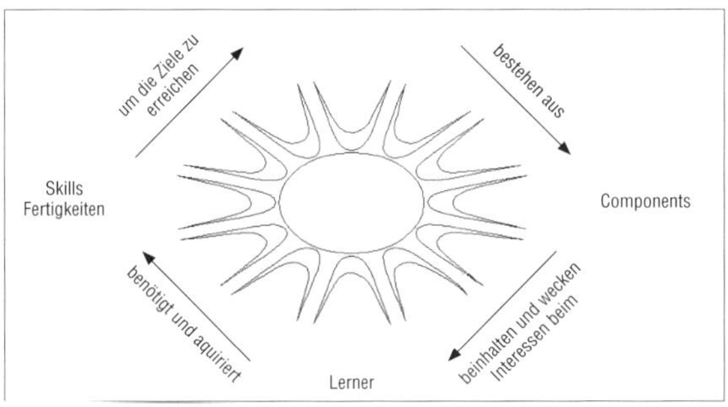

Abb. 140: Modell von Goal Based Scenarios

volle Software zu entwickeln, die dazu beiträgt das Schulsystem zu verändern. An mehreren Beispielen verdeutlicht er, dass Ziele nicht nur elementar für das menschliche Denken sind, sondern auch ein wesentlicher Aspekt, Kognition zu verstehen. „If goals are at the base of the human thought process, then it follows that learning must be a goal-dominated arena as well“ (ebd.). Zielorientiertes Lernen ist für Schank natürliches Lernen und grenzt sich ab gegen das Lernen bei dem gelernt wird, um die Erwartungen der Lehrenden zu erfüllen (to please the teacher). „In other words, natural learning goals that have to do with increased understanding or increasing one's power to operate successfully in varios endeavors get replaced by artificial learning goals that have to do with acceptance, approval, and socialization“ (ebd., S. 2). In dem Grundverständnis lässt sich auch der Anspruch nach Selbstermächtigung der Lernenden identifizieren (vgl. Kap. 3).

GBS sind auf ein konkretes produktives Lernziel gerichtet. Die Zielaufgabe wird in einen situativen Kontext gestellt, die somit sowohl den Erwerb von Wissen impliziert als auch konkrete Fertigkeiten vermittelt. Die Lernenden müssen eine Aufgabe innerhalb eines authentischen Kontextes bewältigen. SCHANK macht darauf aufmerksam, dass die Ziele entlang der persönlichen Interessen der Studenten entwickelt werden sollten. Ein wesentlicher Aspekt ist, dass die Lernenden das Thema bzw. das Ziel interessant finden. „This means that the concept of a curriculum must include an understanding of how materials pertain to specific interests an how they convey general issues independent of a specific context“ (ebd., S. 5). Zum Bearbeiten der Aufgaben werden umfangreiche Materialien zur Verfügung gestellt, um diesem Anspruch gerecht zu werden. Die zu lernenden Fähigkeiten werden bei der Lösung der Aufgabe erworben, bei einer Tätigkeit oder dem angestrebten Ziel. Für die beim GBS zu bewältigenden Aufgaben werden Komponenten (Materialien) zur Verfügung gestellt, die das Interesse des Lernenden wecken sollen. Im Zentrum des Lernens steht ein Ziel. Dieses Ziel kann nur erreicht werden, wenn der Lernende sich Fertigkeiten (Skills) erwirbt. Mit diesen Fähigkeiten kann er die das Ziel (Aufgabe) erreichen.

> „The intent of a goal based scenario is to provide motivation, a sense of accomplishment, a support system, and a focus on skills rather than facts. Facts can be deceptive, they give the sense of knowing, without the significance of knowing. Understanding why you are doing something, having a clear goal that is more than the recitation of facts, truly knowing why and wanting to know more so that one can become curious about more „whys“ is what education is all about. Goal based scenarios, interrupted by good telling of important cases, offer a reasonable framework for courses that are meant to be the means of education“ (vgl. ebd., S. 25)

GBS lässt sich ideal mit elektronischem Lernen verbinden. Bei dem Projekt PROMETHEUS (*www.prometheus.uni-tuebingen.de*) wird das GBS angewandt. Ziel bei diesem Projekt ist es, dass Studenten im Rahmen ihrer Medizinausbildung lernen eine richtige Diagnose zu stellen. Inhaltlicher Schwerpunkt des Projekts ist eine Kliniksimulation in deren Mittelpunkt eine ärztliche Entscheidungsfindung steht. Vergleichbar mit einer klinischen Vorgehensweise untersucht der Student virtuelle Patienten. Ziel ist es, die richtige Diagnose zu finden. Beim Lösen des Patientenfalls werden neue Informationen und Handlungen gelernt. Vorhandenes Wissen soll auf den virtuellen Patienten angewandt werden, um das Krankheitsbild erkennen zu können. „Beim Erarbeiten der Diagnose wird vorhandenes bzw. für die Lösung eines Falles erworbenes Wissen an besondere Sachverhalte angepasst, wobei es sich durch diese Konstruktionsprozesse verändert. Es findet <Lernen durch Problemlösen> statt“ (KRAUSE/KORTMANN (2002, S. 7). Die Kombination von räumlicher Situierung und interaktiver Nutzung sowie simulierter und virtueller Realitäten begünstigen eine förderliche Lernumgebung. Sie ist gekennzeichnet durch „fundamentale Vorteile“ gegenüber traditionellen Lernumgebungen. „Ist die virtuelle Realität immersiv genug gestaltet, kommt es durch Speicherung der neuen Inhalte in neuronale Netzstrukturen, die ähnlich zu denjenigen sind, in der die zukünftige reale Situation repräsentiert wird, zusätzlich zu zahlreichen Assoziationseffekten, die Qualität und Geschwindigkeit des Dekodierens erhöhen – das Gelernte steht somit in dem späteren Anwendungskontext schneller zur Verfügung“ (ebd., S. 7f.).

ZUMBACH/REIMANN (1998) haben mittels einer Struktur-Lege-Technik untersucht, ob die Gestaltung der hypertextuellen Informationen beim Prozess der Wissensvermittlung durch *Computer Based Learning* optimiert werden kann. Ein tutorielles Lernprogramm und eine frei navigierbare hypertextuelle Lernumgebung zu einem meeresökologischen Inhalt wurden in ein GBS integriert. Bei dem Szenario „Nachrichten" agieren die Lernenden als Journalisten, die eine virtuelle Zeitung schreiben. Studenten werden z.B. Zeitungsredakteure und erhalten Faxnachrichten über das „Kranke Meer". Sie erhalten den Auftrag einen Artikel zum Thema „Der Einfluss von Mensch und Öl auf das Meer" für die Zeitung zu schreiben. Dabei werden ihnen die Komponenten Fax, Telefon, Virtueller Notizblock, Frageratgeber CTQT (Critical Thinking Questioning Tool) zur Verfügung gestellt. Über Internet steht ihnen eine große Datenbank zur Verfügung. Reale und virtuelle Experten können befragt werden. In Einzel- und/oder Gruppenarbeit werden Artikel erstellt, die dann auch real erscheinen.

Der jeweilige Zuwachs an strukturellem Wissen wurde an sechzig Versuchspersonen ermittelt. Durch die argumentative Auseinandersetzung mit einer provokanten Aussage wurde ebenfalls die argumentative Kompetenz untersucht. Sowohl vor und nach der Untersuchung wurde die motivationale Einstellung gegenüber der Software erhoben. ZUMBACH/REIMANN stellten bei allen Programmen einen Zuwachs an strukturellem Wissen fest. Die GBS-Gruppe schnitt sogar beim Nachtest signifikant besser ab als die beiden anderen Gruppen. Ebenso erwies sich die Einbeziehung der Lernenden signifikant motivierender. Durch die Gestaltung nach dem GBS-Ansatz konnte eine intrinsisch motivierte Auseinandersetzung mit dem Programm erzielt werden, während eine signifikante Abnahme der Motivation in den beiden anderen Lernumgebungen festgestellt wurde. „Auch bei der Überprüfung der Transferleistungen, erhoben durch eine Argumentationsaufgabe (mittels einer zweispaltigen Pro-Kontra-Eingabemaske, wiesen die Lernenden in der situierten Lernumgebung signifikant bessere Leistungen auf." (ebd.). ZUMBACH/REIMANN kommen zu dem Ergebnis, dass insbesondere wenn kein oder wenig Vorwissen vorhanden ist, das GBS eine effizientere und motivierende Art der Wissensvermittlung darstellt, als die reine hypertextuelle Form (CBT, WBT).

10.4.4. Telecoach

Damit einerseits gewährleistet ist, dass das Lernen in hohem Maße selbstgesteuert ist, andererseits auch eine Betreuung in Zwischenphasen gewährleistet ist, bedarf es eines neuen Verständnisses des pädagogischen Prozesses. Lehrende sind nur noch ein Element im Lernarrangement und müssen daher ihre Rolle neu definieren. Gefordert ist der Telecoach, der Begleiter und Gestalter des Lernprozesses ist. Wesentliche Funktion des Telecoaches ist die Beratung, so u.a. auch bei der Erstellung eines Bildungsplanes.

Die Anforderungen an den Telecoach sind vielfältig, sie erstrecken sich über die Bereiche „persönliches Handeln, Kommunikationskompetenz, fachtheoretisches Wissen, IuK-technisches Können, Medienkompetenz, Organisationskompetenz und das Wissen um die Besonderheiten telekommunikativ gestützter Lehr- und Lernprozesse"

(MÜNDEMANN 2000, S. 3f.). Damit die zukünftigen Pädagogen diesem Anspruch gerecht werden, hat MÜNDEMANN (2003, S. 3) ein Ausbildungskatalog erstellt, der folgende Qualitätskriterien ausweist:

- **Lernberater** Beratende Unterstützung der Teilnehmer sowohl in Präsenz- als auch in Distanzphasen.
- **Informationsbroker** Unterstützung bei der Beschaffung der gewünschten bzw. notwendigen Informationseinheiten.
- **Contentadaptor** Anpassung der Lerneinheiten an die Wahrnehmungs- und Lerntypen, Denkstile und Intelligenzen der Lernenden.
- **Telelernbegleiter** Begleitung der Lernenden während der synchronen (Chatrooms, Audio- und Videokonferenzen) und asynchronen Kommunikation (Newsgroups, Foren, E-mails).
- **Transferbegleiter** Unterstützung der Lernenden beim Transfer des Gelernten in konkrete Einsatzfelder.
- **Qualitätskontrolleur** Einhaltung und Überwachung der notwendigen Qualitätsstandards.

Damit der Telecoach diesen Anforderungen gerecht werden kann, bedarf er sogenannter „Rollenskills" (rollenspezifische Fähigkeiten) und „Querschnittsskill" (Basisfähigkeiten). Diese Fähigkeiten beziehen sich auf das persönliche und situationsgerechte Auftreten, somit die eigene Persönlichkeit, auf seine Kommunikationsfähigkeiten (u.a. Wahrnehmung, Vorstellungsvermögen, Präsentationstechnik, sprachliche Ausdrucksfähigkeit), lerntheoretisches Wissen (u.a. Lerntheorien, Lerntypen, Kommunikationstheorien, Methoden zur Verankerung von Wissen), technisches Wissen (u.a. Grundwissen im Bereich Betriebssysteme und im informations- und kommunikationstechnologischen Bereich, Handhabung der Technik), organisatorische Fähigkeiten (Geschäftsmodelle für Telecoaching, Projektmanagement, Marketing und Rechtsgrundlagen). MÜNDEMANN (ebd., S. 4) weist darauf hin, dass die Ausbildung zum Telecoach keine fachspezifische Qualifizierung ersetzt und ebenfalls vorausgesetzt wird, dass der Telecoach sich bereits fachdidaktische Kompetenzen als Präsentpädagoge erworben hat (u.a. Kenntnis, Analyse und Begleitung von Lernprozessen, Rolle des Lernenden, Lernstörungen).

Während der Lehrende in der Präsenzlehre alleine für die Aufbereitung des Lernstoffs verantwortlich, ist es denkbar (und auch sinnvoll), dass Teile der geforderten Potenziale von „Experten" übernommen werden bzw. der Lernstoff von einem Team erstellt und verantwortet wird. Informationsbroker werden eine zentrale Rolle im zukünftigen Bildungssystem bilden. Dies kann eine große Chance sein, aber auch zu einem Digital Divide führen, wenn Zugangsvoraussetzungen (Information, Geld, gesellschaftliche Stellung) den Zugang zu den Brokern bedingen. Mit Hilfe dieser Informationsbroker kann der Lehrende (Telecoach) stets auf aktuelle Wissensbestände zurückgreifen bzw. seine Materialien aktualisieren. Der Informationsdesigner hilft, den Stoff in einer visualisierten Form so zu präsentieren, dass die Lernenden in ihrer gewohnten

Seh- und Wahrnehmungskultur lernen. Der Medienpädagoge unterstützt den Telecoach, indem er die Bedeutung und Relevanz des medialen Kommunikationsprozesses beachtet und reflektiert. Der Sozialpädagoge wird benötigt, damit die sozialen Kompetenzen und social skills nicht vernachlässigt werden.

Ob sich die Rolle des Lehrenden so stark differenziert, ist unsicher. Sicher ist meines Erachtens, dass sie sich ändern wird. So spricht einiges dafür, dass bei der Darstellung und der Auswahl des Lernstoffs der Lehrende an Entscheidungsbefugnis verliert. „Mehr Gestaltungsspielräume in bezug auf die Kommunikation, aber geringere Autonomie für den Lehrenden bei der Erstellung der Lernmaterialien, höhere Selbstverantwortung der Lernenden, größere Anonymität der am Lernprozess beteiligten Personen, unterschiedliche Spielräume zur Vermittlung personenbezogener Information" (PAECHTER 2001,S. 42) kennzeichnen die Online-Lehre. Die zentrale Rolle des Lehrenden liegt in der organisatorischen Verantwortung der Rahmenbedingungen (Lernumgebung) und des Kommunikationsprozesses (soweit dies nicht vom Sozialpädagogen abgedeckt wird). Dabei kontrolliert er nicht die Lernumgebung, er teilt sie mit den Lernenden. Im idealen Falle liefert er nicht den Lernstoff, sondern er gestaltet die Lernerfahrungen. Er ist nicht zuständig für Antworten, sondern für die Formulierung von Fragen. Bei diesem Szenario wird der Telecoach zum Navigator, wie es auch denkbar ist, dass der Lehrende von einem Telecoach unterstützt wird (dieses Szenario vermute ich insbesondere für die Schule, vgl. Kap. 6.4.).

Die allumfassende Deutungs-, Erklärungs-, Darstellungs- und Bewertungskultur der aktuellen pädagogischen Bildung ist angemessen für das Maschinenzeitalter mit seinem stark geprägten hierarchischen Input-Output-Denken (die maschinelle Verarbeitung von Rohstoff führt unter Benutzung spezieller Werkzeuge zu einem Produkt). In der Wissensgesellschaft muss sich Bildung strukturell verändern, wenn sie die Absicht hat, kreative, eigen- und sozialverantwortliche Individuen zu erzeugen. Dies gelingt in einem Team wesentlich effektiver, zumal die Lehrenden in ihrem Arbeitsleben weniger individuell als teamorientiert denken und arbeiten müssen. Der Lehrende muss zum Teamarbeiter werden, will er zur Teamfähigkeit erziehen. Gelingt dies, wird die Möglichkeit der Selbststeuerung des Lernens erheblich erweitert. Der Lehrende im Netz begleitet die Lernenden bei den gemeinsamen Lehr-Lernzielen. Der Lernende wird dabei unterstützt, seine Potenziale abzurufen, seine Kenntnisse und Fähigkeiten zu erkennen und zu nutzen, um sie in einem dialogischen, kooperativen und kollaborativen Lernzusammenhang zu entfalten und zu verändern.

11. Lernen in Netzwerken

„Zu den risikolos vorhersehbaren Zukunftsszenarien gehört zweifelsohne das vom Zusammenwachsen von immer mehr einzelnen Netzen.“
Helmut Gold, Museum für Kommunikation

Mit dem Wandel von einer Produktions- in eine Wissensgesellschaft wird der Bildungsstand der Bevölkerung zu einem Schlüsselfaktor. Damit einhergehend wird sowohl für Individuen als auch für Institutionen, Firmen und Verbänden eine bessere Qualifizierung erforderlich. Die neuen Herausforderungen werden vermutlich zu einer Umstrukturierung des Bildungssystems führen. Das traditionelle, angeleitete Lernen während einer befristeten Ausbildungsphase wird sich zunehmend zu einem bedarfsorientierten und zeitlich fortlaufenden System von Lernzyklen entwickeln müssen. In Zukunft werden die für die Wissensgesellschaft notwendigen Qualifikationen daher nicht allein in Bildungseinrichtungen wie Schulen oder Universitäten vermittelt, sondern verstärkt auch auf Wissensplattformen. Der physische Standort von Nutzer und Anbieter von Bildungsinhalten verliert dabei in dem Maße an Bedeutung, wie ein flexibler Zugang zu dem benötigten Wissen von beliebigen Netzwerkpunkten aus gewährleistet werden kann (*http://www.wissensnavigator.com/interface2/knowledge/contents/virtuelle_universitaet/*).

Die Vermittlung der Wissensinhalte (content) wird zunehmend zu einer Service-Dienstleistung für die Lernenden. Nicht mehr der Lehrende steht im Zentrum, sondern der Lernende. Wenn die institutionelle Gebundenheit und der Lernstandort an Bedeutung verlieren, hat der Lernende mehr Freiheit bei der Auswahl eines Bildungsträgers. Um dieser Entwicklung zu begegnen, könnten Träger demnach ebenfalls ganz auf elektronische Angebote setzen. Doch nicht jede Institution ist in der Lage auf diesem Wege ein hinreichend differenziertes, komplexes und konkurrenzfähiges Angebot zu machen. Aus diesem Grunde wird es für sie notwendig werden Verbundpartner zu finden. Die Vernetzung der Angebote wäre daher eine angemessene Antwort auf die sich anbahnende Bildungskonkurrenz.

Vernetztes Lernen ist auch aus der Binnenperspektive sinnvoll. Die in der Regel fachbereichsbezogenen Ausbildungsgänge an den Universitäten begünstigen interdisziplinäres Denken keineswegs. Durch Vernetzung innerhalb der Universitäten und durch Kooperationen mit anderen Universitäten lassen sich enorme Ressourcen für Lernende erschließen. Das Konzept der Virtuellen Universität ist eine Antwort auf diese Herausforderung. Insbesondere reagiert es aber auf die strukturelle Veränderung des Lernens durch neue Medien. Wie bereits im letzten Kapitel ausgeführt, verspricht man sich davon größere Effizienz, Kostenersparnis und eine Verbesserung des Qualitätsstandards der Ausbildung.

Ein weiterer Aspekt ist die Zunahme an Bildungsanbietern. Mit hoher Wahrscheinlichkeit werden die Universitäten auf die zunehmende Konkurrenz mit Bildungsangeboten für neue Zielgruppen antworten. Die vorhandenen Curricula und Kurse können nach Auffassung von MENGEL/ENGLERT (2000, S. 7) problemlos exportiert werden. Durch virtuelle Fort- und Weiterbildungsangebote, die bereits einzeln offeriert werden, können so neue Ressourcen erschlossen (*off-campus*) und dringend benötigte Drittmittel erwirtschaftet werden. Gleichzeitig bedeutet dies aber auch, sich der Konkurrenz auf dem Fort- und Weiterbildungsmarkt zu stellen.

Lernen mittels Netzwerken wird dabei sowohl von einzelnen Universitäten als auch von Zusammenschlüssen verschiedener Universitäten (z.B. Virtuelle Universität Oberrhein) angeboten. Unter der URL *http://www.studieren-im-netz.de/redaktion/txt_li0.htm?KMID=4* sind die verschiedenen Hochschulen zu finden, die derzeit virtuelles Lernen anbieten.

Die bisher getrennt agierenden Aus- und Weiterbildungsträger werden ebenfalls unter einen stärkeren Anpassungsdruck für bedarfs- und marktorientierte Bildungsangebote geraten. Eine denkbare und wahrscheinlich sinnvolle Reaktion liegt in der Kooperation mit anderen Trägern. Diese Lösung strebt die Initiative „Lernende Regionen - Förderung von Netzwerken“ des Bundesministeriums für Bildung und Forschung (BmBF) und der Europäischen Gemeinschaft an. Die Projekte der „Lernenden Regionen“ stellen sich den Anforderungen der Wissensgesellschaft. Im Verbund mehrerer Träger werden zeitgemäße Qualifizierungsmaßnahmen angeboten, um die Arbeitnehmer bzw. Bildungsnachfrager für ihre aktuelle oder spätere berufliche Tätigkeit zu qualifizieren. Beispielhaft dafür werde ich das Projekt „Lernende Region Offenbach“ darstellen.

11.1 Virtuelle Universität

Die Universitätslandschaft wird sich nach Auffassung von ENCARNACAO u.a. (ebd., S. 53f.) in naher Zukunft verändern. Danach werden die mit der Globalisierung und der Wissensgesellschaft verbundenen strukturellen Veränderungen einen Veränderungsdruck auf das universitäre Bildungssystem auslösen, der in den nächsten Jahren die Herausbildung von fünf Universitätstypen begünstigt. Diese sind:

1. Nationale und internationale Bildungskonsortien, die im wesentlichen ihr Bildungsangebot in Form von E-Learning kommerziell anbieten.
2. Firmeninterne Corporate Universities, die sich vor allem an dem speziellen Bedarf der Firmen orientieren.
3. Virtuelle Hochschulen, die ein orts- und zeitunabhängiges Studium gewährleisten.
4. Hochschulverbünde, die miteinander kooperieren und ihr Know-how austauschen.
5. Klassische Universitäten, die ihr Angebot mit Online-Lernen erweitern und E-Learning u.a. auch einsetzen, um Drittmittel für den Bildungsmarkt zu akquirieren.

In diesem Szenario bildet das E-Learning jeweils eine beträchtliche Rolle. Bereits heute reagieren viele Fachhochschulen und Universitäten auf den Veränderungsdruck. Einzelne Hochschulen bemühen sich um den Aufbau virtueller Kommunikationsnetze vorwiegend über Internet. Es gibt zudem die Tendenz, dass Hochschulen ihre elektronischen Lehrangebote schrittweise im Verbund ausbauen, um so ihre Ressourcen zu bündeln.

Die unterschiedlichen Aktivitäten der Universitäten werden unter dem Begriff „Virtuelle Universität" zusammengefasst. Meist handelt es sich jedoch nur um partielle Übernahmen des Konzeptes der virtuellen Universität, wonach tatsächlich alle relevanten Funktionen einer Universität über elektronische Kommunikationsnetze integriert sind. Zu jedem Zeitpunkt und von (fast) jedem Ort sind die als Netzwerk verknüpften Lehrmaterialien als hypermediale Dokumente für die Studierenden über Internet erreichbar (z.B. Textkurse, Videos, Animationen und Simulationen). Ergänzend dazu werden Lernmodule mit hohem Datenumfang (Multimedia-Produkte) in Form von CD-ROMs für Computer Based Trainings und bei stark textbasierten Kursen als Printmedien zur Verfügung gestellt. Die CD-ROM enthält kommunikative Anknüpfungen an das CMS. Von dort aus ist mit Hilfe von Suchfunktionen auch das schnelle Finden von Textteilen bei den Printmedien gewährleistet.

Die Hypermedia- und Kommunikationstechnologie ist die Grundlage der virtuellen Universität. Sie bildet die Schnittstelle zwischen Benutzer und Hochschule. Wie bereits im Kapitel 10.2.3. (Content Management System – CMS) ausgeführt gibt es dafür unterschiedliche Lösungen. Neben der kommerziellen Lösung oder der Eigenentwicklung bieten Open Source-Plattformen eine Alternative. Die Virtuelle Universität der Fernuniversität in Hagen bietet solch eine zentrale Plattform zur Verteilung von Lehr- und Lernmaterialien mit einer integrierten Kommunikations- und Interaktionsplattform als Open Source an (*www.CampusSource.de*; *https://vu.fernuni-hagen.de/*).

Mit dieser Software ist es möglich, das Konzept einer virtuellen Universität vollständig zu realisieren. Durch die konsequente Nutzung von Multimedia- und Kommunikationstechnologien kann ein räumlich sowie zeitlich flexibles, individualisiertes und bedarfsorientiertes Lernen realisiert werden. Über das Internet wird nicht nur interaktives Lehrmaterial angeboten, sondern darüber werden auch die Kommunikationsmöglichkeiten der Studierenden optimiert, um gemeinsames Lernen (peer-learning) und soziale Vernetzung zwischen ihnen zu begünstigen. Neue Formen des Übungs- und Praktikumsbetriebs über Netze werden ebenso eingesetzt wie Möglichkeiten zur netzbasierten Gruppen- und Seminararbeit. Die technische Plattform stützt sich auf das Internet und integriert Datenbanken- und Java-Technologien. Sie ist offen für verschiedene didaktische Konzepte und Materialien unterschiedlichster Wissensbereiche. Da das System auf der Ebene der Benutzerseite auf Standardsoftware basiert, lässt es sich in unterschiedlichen Bereichen der Aus- und Weiterbildung (Universitäten, Fachhochschulen, Schulen, firmeninterne Weiterbildung etc.) einsetzen. Hinsichtlich der Qualität, der Individualisierung, der Bedarfsorientierung und der sozialen Vernetzung eröffnet die Virtuelle Universität nach Auffassung der Entwickler völlig neue Perspektiven.

Eine konsequente Umsetzung der Konzeption der Virtuellen Universität wird von der Fernuniversität Hagen geleistet. Seit der Implementierung der VU Hagen wurden die Plattformen mehrfach erweitert. Plattform 2003 enthält bereits eine Versions-Historie der Lehrveranstaltungen, eine höhere Granularität des Lehrmaterials und eine gestaffelte Freigabe. Ferner ist das Kommunikationssystem erweitert und auch das Studienzentrum in das Betreuungsangebot eingebunden. Das Design ist vereinheitlicht und den Benutzern wird eine mehrsprachige Benutzeroberfläche angeboten. Hinzu kommt eine verbesserte Protokollierung von Anwenderaktionen und eine Ressourcenverwaltung für Anwenderdienste für Lehrveranstaltungen (vgl. *https://vu.fernuni-hagen.de/*).

Nach dem Konzept der VU versteht man sich jedoch nicht nur als Zugang zu Lehrmaterialien. SCHLAGETER u.a. (2003, S. 2) weisen der VU ebenfalls eine wichtige Bedeutung als Auskunftsterminal und als Kommunikationszentrum zu. Folgende Aktivitäten stellen sie heraus:

- die Unterstützung sozialer Kontakte zwischen den Studierenden,
- umfassende Kommunikationsmöglichkeiten,
- die Unterstützung von community learning (Gruppenarbeit, Seminare),
- die Einbindung von Praktika,
- umfassende Beratungs- und Informationssysteme,
- der Zugang zu einer Bibliothek,
- die Einbindung jeglicher verwaltungsbezogener Abläufe (Rückmeldung, Kursbelegung),
- Hinweise auf Veröffentlichungen und Forschungsergebnisse der Dozenten,
- Themen für Diplomarbeiten.

Die VU Hagen gliedert sich in folgende Dienste: Information (Info), Administration (Büro), Lehrbetrieb (Lehre), Forschung, Bibliothek, Aktuelles (News), Cafeteria, sowie Weiterbildung (Shop).

- **Info** Die Information ist die zentrale Kontaktstelle. Sie liefert Einstiegstipps und Navigationshilfen für die anderen Angebote. Ein E-mail- und ein Mitarbeiterverzeichnis bietet die notwendigen Kontaktdaten. Auf Bedarf kann auf eine reale Beratung zugegriffen werden. „Guided tours“ weisen auf die verschiedenen Dienste hin und geben einen Einblick in die verschiedenen Lernfelder des virtuellen Universitätscampus.
- **Büro** Die Rückmeldung, die Belegung von Kursen, die Änderung persönlicher Daten und alle anderen administrativen Funktionen können über diese Zugänge bearbeitet werden.
- **Lehre** Betritt ein Student das virtuelle Hörsaalgebäude erhält er Zugang zu allen angebotenen Lehrveranstaltungen (Seminare, Vorlesungen, Prüfungen, Praktika, Übungsgruppen) und einen Überblick über seine aktuell belegten Lehrveranstaltungen. Kurse können bearbeitet werden, Literaturrecherchen können durchgeführt und mit anderen Kommilitonen kann online kommuniziert werden.

- **Forschung** In dieser Rubrik werden die Forschungsinteressen der einzelnen Fachgebiete präsentiert und die Forschungsergebnisse veröffentlicht. Doktoranden, Diplomanden und Projektgruppen finden hier ein wichtiges Anregungsfeld.
- **Bibliothek** Eine Schnittstelle zur Hochschulbibliothek gewährleistet einen bequemen Zugang zur traditionellen Bibliothek. Ergänzt wird diese durch Zugänge zu digitalen Bibliotheken. Bücher und Artikel können in digitaler Form eingesehen werden.

Abb. 141: Portal der Virtuellen Universität Hagen

- **News** Aktuelle Informationen können auf dem Bulletin Board (schwarzes Brett) – hier News genannt – gelesen werden. Eine Suchfunktion und Strukturierungshilfen unterstützen bei der Suche nach Informationen.
- **Cafeteria** Sie ist der Binnenraum für die sozialen Kontakte unter den Studenten. Fragen zum Studium oder zum Lebensalltag können hier diskutiert werden. Die Studierenden können persönliche Aushänge anbringen, wie z.B. die Suche nach Mitfahrgelegenheiten, nach einer Wohnung oder nach Kommilitonen für eine Arbeitsgruppe.
- **Shop** In diesem Bereich sind vorwiegend Weiterbildungsangebote für Personen, die „on the job" lernen, verankert. Aus der beruflichen Situation heraus kann jederzeit auf die benötigte Information zugegriffen werden. Des Weiteren lassen sich im Shop kostenpflichtige Materialien abrufen und bestellen.

Den Benutzern wird eine individuelle Sicht auf den Informationsraum „Universität" geboten. Durch die Individualisierung wird der Informationsraum transparenter gemacht. In der Benutzerverwaltung der VU werden die persönlichen und studienbezogenen Informationen (Studienverlauf) und Benutzerprofile (Hard- und Softwarenutzung, Kommunikationspräferenzen) abgelegt. (SCHLAGETER 2003, S. 7) Die VU wird damit für jeden Benutzer aus einer ihm persönlich angepassten Sicht dargestellt.

In der geradezu euphorischen Selbstdarstellung (vgl. ebd., S. 9) wird von begeisterten Studierenden berichtet. Hervorgehoben wird die Vielfalt der Kommunikations- und Kooperationsmöglichkeiten sowie die komfortablen Funktionen der Sektoren Bibliothek und Büro. Die Mitarbeit in virtuellen Seminaren erwies sich als intensiver als die in traditionellen Präsenzveranstaltungen. Hohe Akzeptanz fanden die Online-Übungsstunden zur Vorbereitung von Klausuren. Die angebotene Möglichkeit, sich in einem

Seminar in einer separat eingerichteten Ecke vorzustellen, fand großen Anklang. Insbesondere wurden die Angebote von Studierenden aus weiter entfernt liegenden Regionen begrüßt. Die Autoren kommen zu dem Ergebnis, dass durch die VU eine erhöhte Aktualität und Qualität der Lehrmaterialien gewährleistet wird. In Bezug auf den Kommunikationsservice stellten sie eine Minderung der sozialen Isolation fest (vgl. ebd., S. 10).

Bei der Fernuniversität Hagen liegt es nahe, wenn sie als alleiniger Träger der Lernplattform auftritt. Neben Hagen gibt es weitere Universitäten, die als eigenständiger Anbieter virtuelles Lernen realisieren, so z.B. die Universität Regensburg (*http://vur.uni-regensburg.de/*) und die Universität Stuttgart (*http://www.geologie.uni-stuttgart.de/virt_uni.htm*). Bei diesen und den im Folgenden beschriebenen Angeboten handelt es sich jedoch nicht um virtuelle Universitäten im ursprünglichen Sinne, sondern um ergänzende virtuelle Angebote zum Regelangebot oder um das Erschließen neuer Ressourcen durch Verbundsysteme.

Die Universität Schwerin versteht sich als extrem effiziente Elitehochschule (*http://www.rissberger.de/pages/uni-projekt.html*). Sie will den Studierenden mit ihrem Angebot in kürzester Zeit eine Qualifizierung zum Master ermöglichen. Den Studenten, die als Kunden behandelt werden, wird nach eigenen Angaben die beste soziale Führungs- und Managementkompetenz vermittelt, sodass sie nach Abschluss ihrer Ausbildung unmittelbar in der Lage seien, Führungsverantwortung insbesondere in mittelständischen Unternehmen zu übernehmen. An diesem Beispiel wird die Bereitschaft und das Interesse der Universität deutlich, sich in sehr direkter Weise an den Erwartungen der Wirtschaft zu orientieren. Unternehmensmanagement interdisziplinär mit neuen Informations- und Kommunikationstechnologien, E-Business und Neuen Medien zu verbinden, lässt sich als Hauptziel der Universität Schwerin bezeichnen.

Zukunftsträchtig dürften Kooperationsverbünde sein. Die Virtuelle Hochschule Bayern (vhb) ist eine gemeinsame Einrichtung verschiedener Trägerhochschulen (von neun Universitäten, siebzehn staatlichen Fachhochschulen und acht weiteren Hochschulen). Dieses hochschulübergreifende Netzwerk (*http://www.vhb.org/*) stellt Studierenden bedarfsorientiert virtuelle Lernangebote zur Verfügung. Weitere Verbundsysteme bilden die Virtuelle Hochschule Baden-Württemberg, (http://www.virtuelle-hochschule.de/), der Virtuelle Campus Oldenburg, Lüneburg, Dortmund, Bremen, Halle, Belc (*http://www.campus-virtuell.de/cgi-bin/build/links.pl?Ort=FB4Verz&Art=181&Action&Lang=49*), der Entwicklungsverbund virtueller Campus Hannover, Hildesheim, Osnabrück (*http://www.uni-hildesheim.de/ZFW/vc/index.htm*) und der Virtuelle Campus Rheinland Pfalz (*http://www.vcrp.de/*). Seit Oktober 2001 bietet der Hochschulverbund *Virtuelle Fachhochschule*, dem derzeit sieben Hochschulen aus sechs Bundesländern angehören, einen länderübergreifenden Online-Studiengang „Medieninformatik" an (*http://www.oncampus.de/home.html*). VISU nennt sich das Online-Netzwerk der Universität des Saarlandes, das für alle Interessenten innerhalb und außerhalb der Universität konzipiert ist (*http://web.swi.uni-saarland.de/visu/root-typo3/index.php*). Im Aufgabenspektrum der Universität integriert VISU die virtuelle und die reale Universitätswelt, bündelt alle Aktivitäten zum Einsatz Neuer Medien und stärkt die universitäre

Gemeinschaft. Das Netzwerk versteht sich als Forum für Kooperationen und für Wissens- und Technologietransfer und bietet dazu eine innovative Plattform.

Beispielhaft für die virtuelle Verbund-Universität möchte ich auf Viror, die Virtuelle Hochschule Oberrhein (Baden-Württemberg), aufmerksam machen (*http://www.viror.de/*). Viror ist ein Gemeinschaftsprojekt der Universitäten Freiburg, Heidelberg, Karlsruhe und Mannheim. Seit Mitte 1998 wird das Internet als Basis für Lehren und Lernen genutzt. Multimediale und netzgestützte Fernlehre-Elemente bieten den Studierenden ergänzend und über das traditionelle Angebot hinausgehend zeitlich und örtlich flexiblere Lernszenarien an. Realisiert wird damit ein Blended-Learning-Konzept. Gewünscht und intendiert ist darin eine stärkere Einbindung virtualisierter Lehrformen in die reguläre Hochschullehre. Viror hat sich das Ziel gesteckt, ein übergreifendes, multimediales Lehrprogramm in verschiedenen Fächern zu entwickeln, das es erlaubt an vier Universitäten zugleich zu studieren. Der Verbund gewährleistet, dass jede einzelne teilnehmende Einrichtung ihre Kompetenzen und Ressourcen einbringen kann. Damit entsteht ein Synergieeffekt und die ganze Vielfalt des universitären Lehrens und Lernens der beteiligten Universitäten kann eingebracht werden.

Verschiedene Szenarien werden beim Einsatz neuer Medien in der Lehre erprobt und entwickelt. Im Wesentlichen decken sie sich mit den bereits dargestellten Angeboten (Kap. 10). Lernmodule werden über CBTs und WBTs oder über CD-ROM angeboten. So gibt es z.B. unter den Lernmodulen eine Vielzahl von Einzelthemen, aber auch vollständige Informatik-Vorlesungen. Eingesetzt wird das „Authoring on the Fly"-Verfahren (AoF). Dieses Verfahren folgt dem sogenannten „Notetaking"-Ansatz und trägt zum starken Live-Charakter des Materials bei. Gleichzeitig minimiert es die Kosten und die Erstellungszeit von Lehrsoftware. Die Angebote enthalten hohe Anteile des Teleteachings mit all ihren bereits diskutierten Vor- und Nachteilen. Sie sind vor allem als Ergänzung des Lehrangebots derjenigen Partner gedacht, die vor Ort keine entsprechende Fachkompetenz in der Lehre anbieten können. Die didaktische Konzeption geht nicht über das hinaus, was im Bereich E-Learning in der Weiterbildung bereits referiert wurde. Wichtig und neu ist die Organisationsform, denn sie bietet neue Lernformen.

Der Aufbau einer Virtuellen Universität mit mehreren Partnern erfordert veränderte strukturelle und organisatorische Maßnahmen an den Partnerhochschulen. Notwendig ist u.a. eine modulare Studienordnungen, die über Kreditpunkte das Einbringen extern erbrachter Prüfungsleistungen erlaubt. Über das Internet erworbene Leistungsnachweise müssen von allen beteiligten Partnern ebenso anerkannt werden. Prinzipiell wäre es dann auch möglich, fachlich qualifizierten Inhaltsanbietern, die die nötige technische, gestalterische und didaktische Qualifikation mitbringen, ein „Fenster" zu öffnen (*private public partnership*). Externe Anbieter könnten zu spezifischen Schwerpunkten ein qualitatives Angebot machen, wenn bei keinem der Projektpartner diese Qualitätsebene vorhanden ist.

Damit die Qualitätssicherung der angebotenen virtuellen Lehre gewährleistet ist, werden die virtuellen Angebote evaluiert. Für alle Projektbeteiligten gelten verbindliche Qualitätskriterien, damit die Güte der angebotenen Lehre bestimmt werden kann.

Ein Katalog mit Qualitätskriterien dient dazu, die Nachhaltigkeit der Qualitätsbestimmung zu sichern. Die grundlagenwissenschaftlich ausgerichtete Untersuchung von Lehr- und Lernprozessen mit neuen Medien sowie die formative und summative Evaluation der Lehrangebote wird ergänzt von einer Lehr- und Lernberatung der Dozenten und Studierenden.

Zusammenfassend lässt sich festhalten, dass die Entwicklung auf eine stärkere Medienentwicklung und den verstärkten Medieneinsatz an den Hochschulen hinweist. Die fortschreitende Integration von Information, Kommunikation und Computertechnologie erlaubt elektronisches Lernen in synchronen und asynchronen Kommunikationskontexten und wird dazu führen, traditionelle und andere technologiebasierte Lern- und Lehrformen (Übertragung per Satellit) zurückzudrängen. Direkte Zugriffs- und Zugangsmöglichkeiten treten an die Stelle autorisierter und strukturierter Vermittlungsprozesse. Die traditionellen „Bildungsmonopole" werden beeinflusst durch die zunehmende Diffusion von Wissen, abgelöst von in Netzwerken eingebundenem und innerhalb von Verbundangeboten vermitteltem und abgerufenem Wissen. „Wissen selbst unterliegt einer fortschreitenden Desaggregierung und Differenzierung. Informationsbestände und Wissensbestände können in beliebiger Weise aufgebrochen, neu kombiniert, auf individuelle Bedürfnisse zugeschnitten und für unterschiedliche Zwecke verwendet werden" (MÜLLER-BÖLING 2000, S. 239). Damit ergibt sich die Möglichkeit einer maßgeschneiderten Adaption und Kombination verschiedener Wissensmodule (*mass-customization*). Das Ergebnis des Wissenserwerbs tritt in den Vordergrund. Die organisatorische Anbindung an Institutionen wird sich abschwächen. Dies führt notwendigerweise zu neuen Formen der Validierung von Lernleistungen. Die Formen der Betreuung, der Wissensüberprüfung und der Kommunikation zwischen den Lehrenden und Lernenden wird sich wandeln. Nach Auffassung von MÜLLER-BÖLING (ebd., S. 248) kann diese Entwicklung von den Hochschulen nur dann problemlos bewältigt werden, wenn sie Organisations- Personal- und Finanzautonomie erhalten.

Die bisherigen Erfahrungen mit dem elektronischen Lernen zeigen, dass das Ursprungskonzept der Virtuellen Universität als globales Modell nur eine begrenzte Reichweite hat. Die hohen Drop-Out-Quoten beim E-Learning belegen, dass das Konzept „nur" bei hoch motivierten Nutzern ohne Einschränkungen funktioniert. Die positiven Erfahrungen der Fernuniversität Hagen könnten einerseits damit zusammenhängen, dass sich vorwiegend diese Personengruppe in Hagen anmeldet, andererseits könnte es auch damit zusammenhängen, dass Hagen aufgrund der Tradition in der Fernlehre über ein fachspezifisches Know-How verfügt, das nicht ohne weiteres auf andere Anbieter übertragbar ist. Nicht alle Studenten sind hoch motiviert. Einige Qualifikationen, wie z.B. Softskills und sozialpädagogische Kompetenzen sind in Präsenzseminaren effektiver zu vermitteln. Ganz entscheidend für den Erfolg virtueller Konzepte wird die Entwicklung differenzierter Angebote für die unterschiedlichen Lerntypen sein. Ebenso wird es notwendig sein, situierte Lernbezüge in den Lehr-Lern-Zusammenhang zu integrieren. Interaktive Simulationen und/oder handlungsorientierte Praktika müssen ebenfalls miteinbezogen werden, wenn ein umfassendes selbstgesteuertes Lernen ermöglicht werden soll.

11.2. Netzwerk Offenes Lernen

„Lernende Regionen - Förderung von Netzwerken" nennt sich ein Programm des Bundesministerium für Bildung und Forschung und der Europäischen Gemeinschaft, das im Oktober 2000 gestartet wurde und sich im Moment in der zweiten Welle (Ausbauphase) befindet. Das Projekt dient dem Auf- und Ausbau bildungsbereichs- und trägerübergreifender Netzwerke auf regionaler Ebene. Bis 2006 stehen 118 Mio. EUR zur Verfügung, 51 Mio. davon aus Mitteln des Europäischen Sozialfonds. Gefördert wird jeweils eine einjährige Planungsphase. Nur wenn die Ausgestaltung und Gestaltung der Ideen dem Ausgangskonzept dient, beginnt eine geförderte, bis max. vier Jahren andauernde Durchführungsphase, in der die teilnehmende Region einen stetig wachsenden Eigenbeitrag leisten muss. Bisher betreut der Projektttträger, das deutsche Zentrum für Luft- und Raumfahrt (DLR) 230 Einzelvorhaben in 81 lernenden Regionen.

Intendiert ist mit diesem Programm die Förderung des „lebenslangen Lernens" aller Menschen sowie die Förderung einer „lernenden Gesellschaft" unter besonderer Berücksichtigung einer zeitgemäßen regionalen Lernkultur. Gefördert werden der Auf- und Ausbau bildungsbereichs- und trägerübergreifender regionaler Netzwerke (*http://www.bmbf.de/563_1492.html*). Angestrebt wird eine bereichsübergreifende Zusammenarbeit zwischen Bildung, Wirtschaft, Verbänden und öffentlicher Hand. Die Partner können in den so genannten „public private partnerships" ihre jeweiligen Stärken zur Verwirklichung der gemeinsamen Vorstellungen einbringen.

Die Begründung des Bundesministeriums für das Förderprogramm entspricht den grundlegenden Argumenten, die in der Wissensgesellschaftsdebatte geäußert werden (vgl. Kap. 1). „Lebenslanges Lernen, Qualifikationserwerb und Kompetenzentwicklung gewinnen immer größere Bedeutung sowohl für die Zukunft unserer Gesellschaft als auch für die persönliche Lebensgestaltung in Arbeit und Beruf, in der Familie, in Freizeit, Kultur und Politik. Für den Einzelnen bedeutet dies, Lernfähigkeit zu entwickeln, selbständig lernen zu lernen sowie Lernen als Weg zum Erwerb und Ausbau personaler, sozialer, fachlicher und methodischer Kompetenzen zu verstehen und kontinuierlich zu praktizieren. Für Wirtschaft und Gesellschaft werden diese Kompetenzen zugleich zu entscheidenden Standortfaktoren für Innovationen und gesellschaftliche Gestaltungsfähigkeit, um im internationalen Wettbewerb bestehen zu können und den Anschluss an die sozialen und kulturellen Entwicklungen in der Welt nicht zu verlieren" (*http://www.bmbf.de/677_3266.html*).

Ein wesentliches Ziel dieser Projekte ist es, neue Lernorte zu erschließen, möglichst viele Beteiligte, z.B. Bildungseinrichtungen, Bildungsinteressierte, Betriebe, Sozialpartner, Jugendämter, Arbeitsämter und soziokulturelle Einrichtungen, zu integrieren und insbesondere bildungsferne Menschen zum Lernen zu motivieren. „Eine neue breite Bewegung zur Förderung des lebenslangen Lernens aller Menschen ist daher heute notwendig sowohl für die Entwicklung und Wahrung der Lebenschancen der Menschen als auch für die Zukunftsfähigkeit der sozialen Demokratie in ihren wirtschaftlichen, ökologischen, kulturellen und sozialen Entwicklungsperspektiven" (ebd.).

Neue Wege des Lernens sollen exemplarisch erprobt, lebensbegleitendes Lernen entwickelt und auf Verstetigung angelegt werden. Insbesondere geht es um eine stärkere Nutzerorientierung. Durch die Stärkung der Eigenverantwortung und Selbststeuerung als Grundprinzip des Lernens soll eine neue kulturelle Haltung gegenüber dem Lernen entwickelt werden.

Selbstgesteuertes, erkundendes, ganzheitliches und situationsbezogenes Lernen sollen gefördert werden. Die Lernenden sollen dabei motiviert werden, eigene Strategien zum Lernen zu entwickeln. Die Mehrzahl der Projekte ermöglichen es, sich die neuen Technologien (E-Learning, Lernplattformen) anzueignen. Das modulare Prinzip der Projekte lässt ferner Möglichkeiten einer Modifikation zu.

Durch den Aufbau von bildungsbereichsübergreifenden Netzwerken und durch innovative Impulse sollen Effektivität und Innovationskraft des Bildungssystems gestärkt und erweitert werden. „Eine zeitgemäße Lernkultur erfordert u.a. neue und mehr Beratungs- und Serviceangebote, aber auch mehr Flexibilität, Eigenverantwortung und Kommunikation aller Akteure, die auch neue Formen partnerschaftlicher Zusammenarbeit, insbesondere mit den Nachfragern und Nutzern selbst, erfordern“ (ebd.). Das Programm soll mit dazu beitragen, die Persönlichkeitsentwicklung und Handlungsfähigkeit der Menschen umfassend zu fördern, ihre Vermittlungsfähigkeit zu verbessern, die Durchlässigkeit zwischen den Bildungsbereichen zu erhöhen, die Zusammenarbeit zwischen Bildungs-, Beschäftigungs- und Arbeitsmarktpolitik zu verbessern sowie die allgemeine, politische, kulturelle und berufliche Bildung stärker miteinander zu verzahnen.

Die konzeptionellen Ausgangsüberlegungen dieses Förderungsprogramms entsprechen dem in diesem Buch geforderten Anspruch, das Selbstlernen in das Zentrum des Lernprozesses zu stellen. Die Grundüberlegungen basieren auf der Annahme, dass die Wissensgesellschaft in Zukunft Anforderungen an die Lernenden stellt, denen das jetzige Bildungssystem auf Grund der Notwendigkeit des lebenslangen Lernens, nicht gerecht werden kann. Ein weiterer Grund dürfte in der fehlenden Flexibilität des aktuellen Bildungssystems zu sehen sein. Just in time-Lernen, also Lernen zu dem Zeitpunkt, wenn das Wissen gebraucht wird, lässt sich nur über ein modulares, flexibles und permanent aktualisiertes Lernangebot umsetzen. Das können Lernzentren, virtuelle Lernangebote und Organisationsformen informellen Lernens wesentlich effektiver leisten als ein Bildungssystem, dessen auf Lehrplänen aufgebautes lineares Lernen ein Gegenbild zu dem geforderten bedarfbezogenen Lernen (*learning on demand*) darstellt. Im Originaltext wird es zwar moderater formuliert, der Grundgedanke ist jedoch erkennbar: „Die klassischen Lernformen in Schule, beruflicher Ausbildung, Hochschule und Weiterbildung verlieren dabei nicht ihre Bedeutung, die Schlüsselrolle spielt aber ein stärker selbstgesteuertes, in der „Schule des Lebens“ sich vollziehendes informelles Lernen im Alltag, am Arbeitsplatz, in der Familie und in der Freizeit“ (ebd.).

Erste Ergebnisse dazu wurden bereits in dem Infodienst zum Programm „Lernende Regionen – Förderung von Netzwerken“ (DLR 2002) und auf der Webseite *http://217.69.234.77/dlr/4_34_100_102.php* publiziert. Es handelt sich dabei jeweils um die Auswertung der Planungsphase oder erste Reflexionen zu einzelnen Projekten. Eine übergreifende Aufwertung ist bisher nicht erfolgt, zumal ein Großteil der Projekte (zweite Welle) erst in den letzten Monaten angelaufen ist. Noch ist damit nicht zu belegen, ob die anspruchsvolle Projektidee auch umgesetzt wird oder ob mit Fördergeldern nur finanzielle Engpässe etablierter Organisationen bereinigt werden und dabei alter Wein in neuen Schläuchen verkauft wird.

11.3. Lernende Region Offenbach

Ein Projekt, das Netzwerk Offenes Lernen Offenbach[1], möchte ich näher beschreiben, um die Umsetzung der Projektvorgaben des Bundesministeriums für Bildung und Forschung (BmBF) und der Europäischen Gemeinschaft (Europäischer Sozialfonds) anhand eines Beispieles zu konkretisieren. Obwohl sich auch das Projekt in Offenbach noch in der Implementierungsphase befindet, lässt sich bereits jetzt erkennen, welche Zielrichtung es haben könnte.

Abb. 142: Logo des Netzwerkes Offenes Lernen Offenbach

Die im Selbstverständnis (Vision, Ziel, Struktur, Profilbildung) formulierten Projektabsichten (Stadt Offenbach 2002, S. 3) decken sich mit den Zielen des Konzeptes „Lernende Region" des BmBF. Das Offenbacher Projekt reagiert mit dem „Netzwerk Offenes Lernen" auf die Forderung nach „public private partnerships" und gewährleistet dabei eine Verschränkung unterschiedlicher Perspektiven. Als eine Grundvoraussetzung für das erfolgreiche Bewältigen der Zukunft jedes Einzelnen wird die individuelle Bereitschaft und die Befähigung zum lebenslangen Lernen angesehen. Damit dies gewährleistet ist, soll die Bildungsbeteiligung allgemein erhöht werden. Neue Zugänge sollen insbesondere für bildungsferne und benachteiligte Bevölkerungsgruppen geschaffen werden. Die sich aus regional und überregional agierenden Institutionen zusammensetzenden Netzwerkpartner verbindet die Absicht, „sich für die nachhaltige Veränderung der Bildungslandschaft im Hinblick auf eine stärkere Integration verschiedenster Zielgruppen einzusetzen" (ebd., S. 3).

1 Zu den Netzwerkpartnern gehören: das Amt für Arbeitsförderung Statistik, Europaangelegenheiten der Stadt Offenbach, die Volkshochschule Offenbach, die INBAS GmbH, Webb – die Weiterbildungsberatung Offenbach; das Amt für Wirtschaftsförderung und Liegenschaft der Stadt Offenbach; die Stadtbücherei Offenbach; die Mathildenschule Offenbach, die Käthe-Kollwitz-Schule Offenbach; die Industrie- und Handelskammer Offenbach, das Arbeitsamt Offenbach; die systeam GmbH; die Deutsch-marokkanische Kulturgemeinschaft e.V.; die Novotny, Mähner & Assoziierte Gesamtplanungsgesellschaft mbH; das Jugendamt, das Jugendbildungswerk KOM,ma Jugendzentrum der Stadt Langen (IB); die Technologieberatungsstelle beim DGB (TBS); das Institut für berufliche Bildung, Arbeitsmarkt- und Sozialpolitik und die Gemeinnützige Offenbacher Ausbildungs- und Beschäftigungsgesellschaft mbH (GOAB).

Ausgangsbasis der verschiedenen Teilprojekte ist deren Anlehnung an die Nutzerperspektive. Das selbstgesteuerte und eigenverantwortliche Lernen steht dabei im Vordergrund. Gleichzeitig wird aber auch eine Verzahnung von schulischer, allgemeiner und beruflicher Bildung als dringlich angesehen. Neue Formen partnerschaftlicher Zusammenarbeit gilt es durch den Einbezug unterschiedlichster Institutionen, Vereine, Verbände, Unternehmen und einzelner interessierter Personen aufzubauen. Die Bildungsinfrastruktur soll durch eine koordinierte Zusammenarbeit zwischen öffentlichen Stellen, kommerziellen Anbietern und Non-Profit-Organisationen verbessert werden. Alle Aktivitäten sind darauf gerichtet, einen positiven Einfluss auf die Regionalentwicklung auszulösen.

Es besteht kein Zweifel, dass Offenbach einen Bedarf an derartigen Projekten hat. Die Sozialstruktur Offenbachs weist hohe prozentuale Anteile bei den niedrig qualifizierten Beschäftigten, bei der Arbeitslosenquote (mit 12,6 %, bezogen auf die kreisfreie Stadt Offenbach, die dritthöchste in Hessen) und beim Anteil an Migranten (ein Drittel der Bewohner) aus. Die Arbeitslosenquote der Zugewanderten beträgt 18,1 % (zum 31.03.2003, bezogen auf den Arbeitsamtsbezirk Offenbach). Der Sozialhilfeempfängeranteil der Bewohner beläuft sich auf 8,3 % (zum 30.09.2000).

Mit dem Netzwerk soll langfristig auch eine Verbesserung der sozialstrukturellen Lage erzielt werden (ebd., S. 2). Die außerschulischen Bildungsinstitutionen der Region bieten hauptsächlich Angebote im Bereich beruflicher Weiterbildung mit dem Ziel eines unmittelbar beruflich verwertbaren Wissens an. An selbstgesteuerten Lernprozessen, die übergreifende Schlüsselqualifikationen vermitteln, fehlt es ebenso wie an modular aufgebauten, fachspezifischen Qualifikationen. Desgleichen gibt es derzeit erst wenige Angebote, um sich mittels elektronischem Lernen weiter zu qualifizieren.

Nach Abschluss der einjährigen Planungsphase befindet sich das Netzwerk Offenes Lernen Offenbach seit September 2002 in einer vorerst zweijährigen Durchführungsphase. Mit Aussicht auf weitere zwei Jahre Förderung können die entwickelten Konzepte bis Ende Juni 2004 erprobt und weiterentwickelt werden. Durch die Realisierung der folgenden Teilprojekte will das Netzwerk die gesteckten Ziele erreichen:

- Aufbau und Betrieb eines Selbstlernzentrums
- Einrichtung eines Forum Innovations- und Potenzialförderung
- Bildungsnetz Offenbach
- Implementierung einer Internetplattform „Offenes Lernen im Internet“

Das Mindmap „Lernende Region“ veranschaulicht die geplanten und teilweise bereits umgesetzten Angebote:

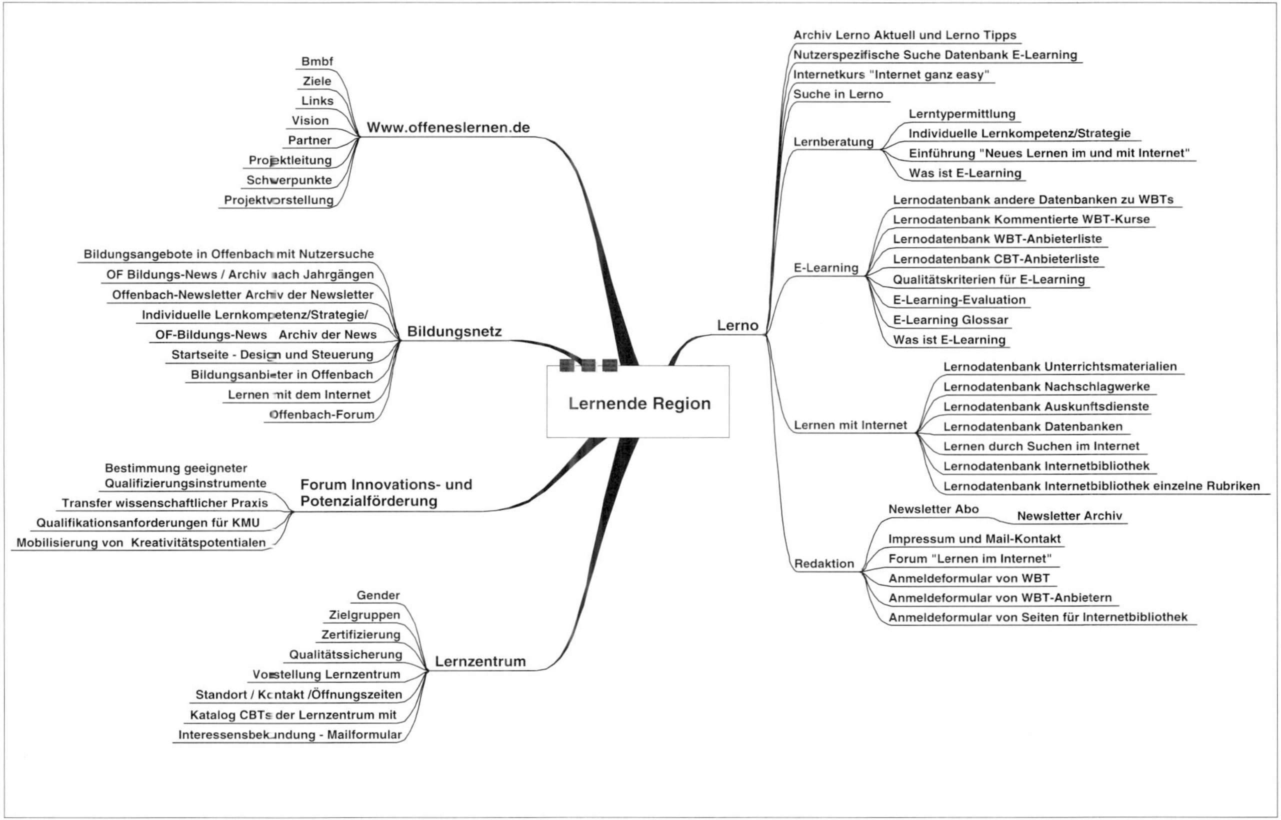

Abb. 143: Mindmap des Jugendamts Offenbach zum Projekts „Lernende Region Offenbach"

11.3.1. Offenes Lernen im Lernzentrum

Das SelbstLernZentrum (SLZ), das am 27.03.03 offiziell eröffnet wurde, bietet Lernmöglichkeit *on demand* (nach Bedarf). Verantwortlich für den Betrieb des SLZ ist die Gemeinnützige Offenbacher Ausbildungs- und Beschäftigungsgesellschaft mbH (GOAB). Lerninteressierte Personen (Schüler, Auszubildende, Studenten, Berufstätige, Berufswiedereinsteiger, Migranten, Senioren), Lern- und Interessengruppen, Organisationen und Unternehmen können, unterstützt von Tutoren, an selbstgewählten Themen dort arbeiten. Sie können das Lerntempo, die Lernzeiten und den Rhythmus des Lernens in Abstimmung mit den anderen Nutzern selbst festlegen. Unterstützt von modernster Hard- und Software eröffnet das SLZ die Chance zum selbstgesteuerten Lernen.

Abb. 144: Logo des Offenen Lernzentrums

An 20 PC-Arbeitsplätzen steht eine breite Vielfalt von ständig erweiterter Software zur Verfügung. Das SLZ hat Lernsoftware zur beruflichen Bildung, Hilfen für den Wiedereinstieg in Beruf und Arbeit, zur allgemeinen Bildung und zum Erlernen von Sprachen zur Auswahl. Lern- und Weiterbildungsberatung ist auf Wunsch möglich. Software für Kinder, Schüler, Erwachsene und Senioren ermöglichen auch Lern- und Erfahrungsprozesse, die nicht im direkten Bezug stehen zu aktuellen Anforderungen aus dem beruflichen Alltag. Es entstehen nur geringe Kosten für die Nutzung der Selbstlernprogramme und ein Teil der Programme kann kostenlos genutzt werden.

Die bisher angebotene und zur Verfügung stehende Lernsoftware, wie z.B. Lern- und Arbeitstechniken, Grundwissen betriebliche Abläufe, Spezialwissen Betrieb und Technik (nach Branchen), Deutsch als Zweit-Sprache, Sprachen lernen – Englisch und Französisch, Spanisch in Schule und Betrieb –, Biologie, Chemie-Physik-Mathematik, sind auf der Ebene der Organisation zwischen tutoriell unterstützten CBT- und WBT-Kursen angesiedelt. Durch die Integration von Software, wie z.B. Spielend verstehen, Logik üben, Merkfähigkeit steigern, wird auch das Bestreben erkennbar, mit Hilfe der CD-ROMs das Lernen zu lernen. Diese Angebote bieten vor allem Einzelnen gute Möglichkeiten, ihren individuellen Lernbedürfnisse in einem selbständigen Lernprozess nachzugehen. Damit die Lernenden Anstöße zum eigenständigen Lernen erhalten, bemühen sich die Verantwortlichen Software auszusuchen, die sich nicht auf behavioristische Verhaltenssteuerung beschränkt, sondern kognitive Lernprozesse begünstigt. Bei der Auswahl steht der Gesichtspunkt der Adaptivität im Vordergrund. Gesucht wird nach Software, die die spezifischen Bedürfnisse der Lernenden am besten erfüllt. Während sich die Verantwortlichen um die Software kümmern (Lernumgebung), liegt das Aneignen der Lernsoftware weitestgehend in der Hand der Lernenden. „Im SelbstLernZentrum kann [...] mit Hilfe von Selbstlernmaterialien wie computerbasierten Training (CBT) und webbasierten Training (WBT) eigenverantwortlich und selbstorganisiert gelernt werden" (*www.offeneslernen.de)*.

Das SLZ versteht es des Weiteren als wichtige Aufgabe, ein Rahmenkonzepts zur Zertifizierung von Schulungsangeboten und Kursen zu entwickeln, bei denen das in der Pädagogik dominierende, implizite Verständnis einer Instruktionspädagogik überwunden wird. Das dabei zugrundeliegende Lernkonzept basiert auf dem Lernkonzept der Stiftung Berufliche Bildung Hamburg (*http://www.sbb-hamburg.de/arbweise/off_lern/off_lern/sbbmastr.htm*). Es bietet konzeptionell die wünschenswerte Offenheit für die Initiierung von Selbstlernprozessen. Ein curriculares Konzept zu entwickeln, ohne die beim curricularen Denken nicht auszuschließende Einschränkungen des flexiblen Denkens und Lernens, ist eine große Herausforderung. Dem will man damit begegnen, dass die Ziele gemeinsam festgelegt werden, aber die Wege zur Erzielung der Ziele offen sind.

> „Das Offene Lernen bedeutet Lernen im Sinne eines selbstorganisierten Lernprozesses und Offenheit im Sinne von Flexibilität der Lernorganisation, der Ziele, der Inhalte und der Methoden. Darüber hinaus bedeutet Offenes Lernen auch den offenen Zugang zu Bildungsangeboten, die Angebots-, Medien- und Methodenvielfalt, die Anpassungsfähigkeit an individuelle Voraussetzungen und die didaktische Flexibilität als Elemente des Offenen Lernens. Offenes Lernen ist ein pädagogisches Konzept, das den individuellen Lernprozess in den Mittelpunkt stellt: Beratung für Einzelne statt Wissensvermittlung für alle. Es verändert die Aufgaben von Lernenden und Lehrenden. Offen ist der Weg und nicht das Ziel“ (ebd.).

Innovativ und begrüßenswert ist, dass die früher im Klassenverband bzw. Gruppenverband festgelegten Ziele individualisiert werden. Die Zielerreichung wird nicht mehr für alle Lehrenden global, sondern individuell von Lehrenden und Lernenden festgelegt. „Gemeinsam mit dem/der Lehrenden werden in einem individuellen Qualifizierungs- und Vermittlungsplan Ziele festgelegt, für deren Erreichung der/die Lernende verantwortlich ist“ (ebd.). Vernachlässigt werden darf aber nicht, dass auch Ziele sich im Verlauf eines Lernprozesses verändern können. Sinnvoll ist eine Zielorientierung festzulegen, die aber im Verlauf des Lernprozesses verändert werden kann, denn jeder Lernende verändert sich gleichfalls durch das Lernen.

Auch Lernungewohnte erhalten die Chance, ihren eigenen Rhythmus und ihre Strategien zu verfeinern, um ihr Lernpotenzial weiter zu entwickeln. Sie haben die Chance, bei der Bearbeitung von Aufgaben und Lernzielen auf die Kompetenz der Lernberater zurückzugreifen. Insbesondere bei lernungewohnten Personen ist es empfehlenswert, neben der Orientierung auf das Ziel auch den Aspekt der Motivation zu berücksichtigen. Wenn es nicht gelingt, die extrinsisch Motivierten zu einer intrinsischen Lernmotivation zu bewegen, wird es erfahrungsgemäß schwer, Lernungewohnte zu erreichen. Bei dieser Zielgruppe ist es daher bedeutsam, die strukturellen Rahmenbedingungen des Lernens nicht zu vernachlässigen.

Zur Berufsorientierung und Berufswahlvorbereitung (Einführung des Berufswahlpasses in allgemeinbildende Schulen) sollen im SLZ in Kooperation mit dem Arbeitsamt Offenbach multimediale Hilfsmittel entwickelt werden, die die Jugendlichen bei der Berufswahlorientierung unterstützen. Hier sehe ich Chancen für Selbstlernprozesse. Es wäre den Verantwortlichen zu wünschen, dass diese Erfahrungen nicht nur die Tutoren oder die Verantwortlichen machen, sondern diese Programme in enger Zusammenarbeit mit und von den betroffenen Jugendlichen selbst entwickelt werden. Das SLZ beabsichtigt darüber hinaus ein Lernkonzept zu entwickeln, das die Zielgruppe gering qualifizierter, ausländischer Beschäftigte fachspezifisch in deutscher Sprache qualifiziert. Auch bei diesem Projekt wäre den Verantwortlichen Mut zu wünschen, die Zielgruppe in die Konzeption und Gestaltung des Lernkonzepts mit einzubeziehen.

Das avisierte selbstgesteuerte Lernen scheint mir insbesondere in den geplanten regionalen Kleinprojekten verwirklicht werden zu können. Um die Lernenden sukzessiv auf die neue Lernform vorzubereiten und auch daran zu gewöhnen, hat die Lernende Region Offenbach die Absicht, in der Region Strukturen aufzubauen, bei der traditionelle gruppenorientierte Lernformen in das Konzept des Offenen Lernens integriert werden. Dies könnte ein wichtiges Erfahrungsfeld bieten, um Erfahrungen mit möglichen Lernschwierigkeiten zu sammeln, die dann auch in das SLZ einfließen könnten.

Besonders interessant ist das SLZ für Lerngruppen. Sie finden hier einen Ort für die Durchführung ihrer Projekte. Hier eröffnen sich ausgezeichnete Möglichkeiten *community learning* real (mit Präsenz vor Ort) und virtuell (im Internet) zu organisieren. Durch die optimale Lernumgebung lassen sich in Verbindung mit zielgruppenorientierter Arbeit situierte Lernkontexte problemlos integrieren, die ein an Zielen orientiertes Lernen ermöglichen, ohne die individuellen, sozialen und kommunikativen Bedürfnisse der Lernenden zu vernachlässigen. Während bei dem Lernen mittels CBT/WBT das selbstorganisierte Lernen dominiert, lassen sich bei diesen Angeboten selbstgesteuerte, erlebnisorientierte und verankerte Lernprozesse initiieren. Durch die vielfältige Kompetenz der Projektpartner kann es zu kooperativen, kollaborativen und integrierten Lernerfahrungen kommen, die die Lernprozesse um die Dimension des transversalen Lernens bereichern. Ebenso ist diese Konstellation eine hervorragende Ausgangsbedingung für *Goal Based Scenarios* (vgl. Kap. 10.3.3.). Lernen würde dann als Ressource, als Exploration verstanden (Selbstlernen durch die Aktivierung von Potenzialen).

Für die Lehrenden entsteht aus diesem Konzept eine höhere Verantwortung bei der Auswahl von Selbstlernmaterialien für die unterschiedlichen Lernvoraussetzungen und Lernziele. Die Aufgabe des Lehrenden wird nicht mehr in der reinen Wissensvermittlung (Fakten vermitteln) gesehen, sondern in einer beratenden, betreuenden und Feedback gebenden Funktion. Der Pädagoge wird zum Lernberater, der dabei hilft, Informationen selbst recherchieren zu können, Quellenwissen zu erwerben und den Lernenden vorwiegend bei Problemlösungen Hilfestellungen zu geben.

Das SLZ ist ein überaus spannendes Laboratorium, und man möchte es den Verantwortlichen wünschen, dass sie offen und unabhängig bleiben, um auf die Anforderungen flexibel, innovativ und kreativ reagieren zu können.

11.3.2. Forum Innovations- und Potenzialförderung

Das Forum Innovations- und Potenzialförderung richtet sich an Klein- und Mittelunternehmen (KMU) und Einrichtungen der Aus- und Weiterbildung. Die Projektgruppe der Lernenden Region Offenbach, die von Netzwerkpartnern unterstützt wird, sieht die Notwendigkeit, KMU zu unterstützten, um ihren Mitarbeitern die Option des lebenslangen Lernens zu eröffnen, sodass sie Gelegenheit erhalten, sich mit dem rasanten technologischen und strukturellen Wandel in unserer Gesellschaft auseinander zu setzen. Für KMU und Freiberufler soll ein Erfahrungsraum geöffnet werden, der ihnen Einblicke in die veränderten Qualifikationsanforderungen gibt. Da dieser Sektor eher als „weiterbildungsunwillig" gilt, bedarf es eines „Bewusstwerdungsprozesses" (Stadt Offenbach 2002, S. 1) über die von der Wissensgesellschaft geforderten Qualifikationen und Kompetenzen. Es bedarf eines Raumes, in dem die Betroffenen Möglichkeiten erhalten, über den durch die Globalisierung ausgelösten Zwang zur Mobilität, Veränderung und permanenten Weiterentwicklung zu kommunizieren. Notwendig sind u.a. Verständigungsprozesse über sinnvolle und angemessene Anpassungsstrategien gegenüber den globalen Märkten sowie die Sinnhaftigkeit der Adaption neuer Technologien. Dabei orientieren sich die Initiatoren an folgenden Zielen:

- Mobilisierung der Kreativität bei den KMU und den Bildungsträgern.
- Qualifikationsanforderungen für die regionalen Unternehmen auf Grund des gesellschaftlichen, technischen und politischen Wandels.
- Entwicklung eines bedarfsgerechten Weiterbildungsangebots durch die Bildungsträger.
- Auswahl geeigneter Qualifizierungsinstrumente zur Deckung der ermittelten Qualifikationsanforderungen.
- Förderung des Transfers wissenschaftlicher Erkenntnisse über neue Qualifikationsanforderungen, neue Lernkulturen, neue Dialog- und Kooperationsoptionen, innovative Lehr- und Lernmethoden sowie über neue Lernarrangements in die Praxis (vgl. Stadt Offenbach 2002, S. 10).

Das Forum intendiert, praxisnahe Anregungen zur Umsetzung bisher noch nicht ausgeschöpfter Innovationspotenziale zu geben. Durch Workshops, Seminare und Tagungen soll ein Raum geboten werden, um sich mit den oben skizzierten grundlegenden Fragen auseinander zu setzen und um die Herausforderungen der Zukunft in der Region gemeinsam in einem Netzwerk zu bewältigen. Gemeinsam mit Klein- und Mittelunternehmen sollen Einrichtungen der Aus- und Weiterbildung im Verbund (Netzwerk) Bildungsangebote offerieren, die sich mit dem skizziertem Problemfeld beschäftigen. So wird z.B. der Netzwerkpartner Technologieberatungsstelle beim DGB Hessen (TBS) sein Projekt „ProQua" (Projekt Qualifizierungsberatung für Klein- und Mittelbetriebe in Hessen) vorstellen.

Vermutet wird, dass die veränderten Qualifikationsanforderungen in den KMU auch zu einer Veränderung der klassischen Strukturen und Aufgaben der Bildungsträger führen. Die Verbesserung der interdisziplinäre Kooperation zwischen Institutionen der Aus- und Weiterbildung und der KMU ist ein weiteres Lernziel dieses Projektsegments.

11.3.3. Bildungsnetz Offenbach

Abb. 145: Logo Bildungsnetz Offenbach

In allen Zukunftsstudien ist unbestritten, dass lebenslanges Lernen eine Ausgangsbedingung ist, um den sich permanent wandelnden Anforderungen der Wissensgesellschaft gerecht zu werden. Für die Mehrzahl der Weiterbildungssuchenden ist der Bildungsmarkt schwer zu überschauen. Obwohl das Angebot an qualifizierten Lehrgängen in der Rhein-Main-Region groß ist, fällt es vielen schwer, den richtigen Anbieter mit dem für sie passenden Angebot zu finden. Das Bildungsnetz Offenbach bietet die Möglichkeit, sich über die vielfältigen Kursangebote der öffentlichen, institutionellen und privatwirtschaftlichen Bildungseinrichtungen in Stadt und Kreis Offenbach zu informieren.

Mit dem Bildungsnetz (*www.bildungsnetz.de*) verfolgt die Lernende Region Offenbach die ambitionierte Absicht, allen Bildungsanbieter in der Region Offenbach eine regionale und überregionale Marketingplattform zur Verfügung zu stellen. Den Anbietern wird in diesem Bildungsnetz in Form einer Webseite Raum gegeben, um sich mit ihren Angebotsschwerpunkten (Selbstdarstellung, Kontaktdaten) vorzustellen. Die Seiten werden von den Anbietern selbst gestaltet und gepflegt. Alle Anbieter haben einen Zugangscode, mit dem sie die Angaben zu Ihrer Einrichtung eigenständig online aktualisieren können. In naher Zukunft werden auch Anbieter, die im Rhein-Main-Gebiet lokalisiert sind, in den Bildungsverbund mit aufgenommen.

Das Teilprojekt startet mit den 700 Anbieteradressen der Anbieterdatenbank der Walter-Kolb-Stiftung, Ffm. (Weiterbildungsberatung im Rhein Main). Gemeinsam mit der Weiterbildungsberatung in OF (Webb) übernimmt die Walter-Kolb-Stiftung, Ffm. die persönliche Weiterbildungsberatung und den Beratungs-Chat im Bildungsnetz.

Alle Bildungsanbieter erhalten die Möglichkeit, ihre Kursangebote in einer Weiterbildungsdatenbank, die sich an empfohlenen Standards des Bundes und des Landes orientiert, einzustellen. Diese Weiterbildungskursdatenbank mit detaillierten Angebotsbeschreibungen zu aktuellen Bildungs- und Weiterbildungskursen bildet einen weiteren wesentlichen Kern des Bildungsnetzes, mit dessen Hilfe die Nutzer aktuelle Kursangebote zu ihrem spezifischen Lerninteresse finden können. In der Rubrik „Bildungsinfo", die im Bildungs-News-Bereich, verankert ist, können einzelne Veranstaltungen besonders hervorgehoben werden. Zunächst wird diese Kursdatei nur für die Region OF angeboten. Mittel- und langfristig ist die Erweiterung zu einem Bildungsnetz Rhein-Main geplant.

Das Bildungsnetz garantiert eine hohe Streuung der Bildungsangebote, da die Datenbank mit der Internetpräsenz der Stadt Offenbach, mehreren Kommunen im Kreis Offenbach, der geplanten hessischen Weiterbildungsdatenbank und einer bundesweiten Datenbank verknüpft wird.

11.3.4. Offenes Lernen im Internet

Die Internetplattform „Offenes Lernen im Internet“ (*www.offeneslernen.de*) ist die Homepage des Gesamtprojekts „Lernende Region Offenbach – Netzwerk Offenes Lernen“. In dieser Funktion informiert sie über die thematischen Schwerpunkte und aktuellen Tätigkeiten im Netzwerk. Sie richtet sich an Bürger/innen, Professionelle im Bereich Bildung und Qualifizierung, Klein- und Mittelunternehmen (KMU) sowie Bildungs- und Weiterbildungseinrichtungen.

Abb. 146: Imagebild von Lerno.de

Ein weiterer thematischer Schwerpunkt des Projektangebotes, das von Harry KÖHLER vm Jugendbildungswerk Offenbach konzipiert wurde und von ihm betreut wird, ist der E-Learning Wegweiser **lerno.de**, der sich auf das Thema „Lernen mit dem Internet“ konzentriert.[2]

Lerno.de versteht sich als Begleiter auf dem Weg in eine Lernzukunft, in der es nötig ist, individuell (just for me) oder zu einem gegebenen Zeitpunkt (just in time) zielgerichtet lernen zu wollen (oder zu müssen). Lerno.de beabsichtigt auf mehreren Ebenen über Lernen im und mit Hilfe des Internets zu informieren (*www.offeneslernen.de*).

Ein Schwerpunkt bildet eine Datenbank über Wissen, Lernen und Informationsquellen im Internet. Die Notwendigkeit eines präsenten deklarativen Wissens wird mit der aktuellen Transformation unserer Informationsgesellschaft zur Wissensgesellschaft zunehmend abnehmen, bedeutsamer wird das Quellenwissen und das Kontextwissen, das Wissen, wo etwas steht, und die Zuordnung des Wissens zu den jeweiligen Kontexten. Bereits heute lässt sich das Internet als Welt umfassende Enzyklopädie (Weltarchiv) bezeichnen. Für die Speicherung und Vermittlung des Wissens kommt ihm eine immer größer werdende Bedeutung zu. Für die Informationsbeschaffung und Wissensvermittlung wird das Internet zu Recht als ein zentrales Schlüsselmedium gesehen.

Bereits heute gibt es im Internet Wissensbestände mit mehreren Millionen Informationsseiten, die täglich erweitert werden. Problematisch ist jedoch für den Einzelnen, das für sein Bildungsinteresse geeignete Angebot zu finden. „Lerno.de – der Lernwegweiser im Internet“ begegnet diesem Problem mit der „Lernothek“. Die Redakteure von

2 Bei diesem Teilprojekt habe ich die Aufgabe der wissenschaftlichen Begleitung.

Lerno.de recherchieren im Internet, um Bildungsangebote herauszufiltern. Redaktionelle Kommentare und Bewertungen dieser Angebote sollen dem Nutzer helfen, ein für ihn geeignetes Angebot zu finden. Konkret können folgende Dienste abgerufen werden:

- nach Themen sortierte, kommentierte Internetadressen,
- Schlagwortsuche nach Interessengebieten,
- Beurteilungen von Lern- und Informationsquelle durch die Nutzer,
- Verweise auf Nachschlagewerke und Lexikas,
- Angebote von Lernsoftware-Anbietern,
- Unterstützung bei der Suche von Online-Kursen im Internet,
- Informationen zum Thema Wissen, neue Lernformen und Lerntechniken.

Da die Redaktion nicht alle geeigneten Links finden kann, werden die Nutzer an den Recherchen zur Entwicklung der Internetbibliothek (Lernothek) beteiligt. Die Nutzer werden gebeten, interessante Seiten des sie interessierenden Wissensgebiets an die Redaktion zu schicken. Die Links werden dann nach Bearbeitung durch die Lerno-Redaktion freigeschaltet. Lerno.de lässt sich damit auch als Weblog-Modell verstehen, genauer als ein Community-Weblog (vgl. Kap. 10.2.2.).

Ein weiteres Kernstück von Lerno.de bildet ein kommentiertes Verzeichnis von E-Learningangeboten im Internet. Für den Lernenden sind die bereits heute vorhandenen E-Learningangebote weder von der inhaltlichen, der impliziten lerntheoretischen und der didaktischen Ebene zu durchschauen. Sie sind vielmehr gezwungen, sich auf der Basis einer Portalinformation oder eines Flyers für ein Lernangebot zu entscheiden. Hierzu bedarf es eines Zuwachses an Entscheidungskompetenz seitens der Lernenden, wofür diese vor allem mehr Informationstransparenz seitens der Anbieter benötigen. Denn in der Regel wird der Lernende nur über die Kursorganisation und den Kursablauf informiert. „Souveräne Entscheidungen der privaten Nachfrager setzen überschaubare Märkte voraus. Der Nachfrager sollte idealer Weise wissen: Was ist auf dem Markt; in welchen Qualitäten ist das von mir gewünschte Produkt auf dem Markt; und welches Preis-Leistungs-Verhältnis ist für meinen Bedarf angemessen?" (STIFTUNG WARENTEST 2001, zit. in: EHLERS 2002, S. 16).

Voraussetzung für eine Entscheidung seitens des Lernenden ist es zu wissen, wo sein inhaltlicher Bedarf ist, was der Stand seines Wissens ist und wo er entsprechend seiner Fähigkeiten und Kompetenzen die gewünschten Qualifikationen angemessen erwerben kann. Da der Lerner in Zukunft für seine Bildung selbst verantwortlich gemacht wird, er zu seinem eigenen Bildungsmanager wird (vgl. Kap. 1), muss er einen Qualitätsbegriff entwickeln. Lerno.de dient dazu ihm dabei zu helfen. Lerno.de will mit dazu beitragen, dass Lernende in die Lage versetzt werden, ihren Lerntyp analysieren zu können. Der Lernende muss seine Lernmuster, sein Lernverhalten und seine individuell passenden Lernstrategien kennen, um sich angemessen entscheiden zu können. Ebenso wichtig ist es für ihn, unterschiedliche Lernwege und die Vielfalt der vorhandenen Lernmedien kennen zu lernen, um sie gegebenenfalls kompetent nutzen zu können.

Notwendig und daher zu fordern ist eine Stiftung „Bildungstest". Da es bisher für den Konsumenten keinen Institution gibt, die dies leistet, versucht Lerno.de eine Struktur aufzubauen, die dem Konsumenten Entscheidungshilfen für die Einschätzung von E-Learning-Angeboten gibt. Das Augenmerk ist dabei nicht in erster Linie auf die redaktionelle Bewertung der inhaltlichen Dimensionen der E-Learning-Angebote gerichtet. Im Vordergrund steht eine Beurteilung des Lehr-Lern-Verhältnisses. Die Lernenden werden auf mehreren Ebenen über die Angebote informiert werden.

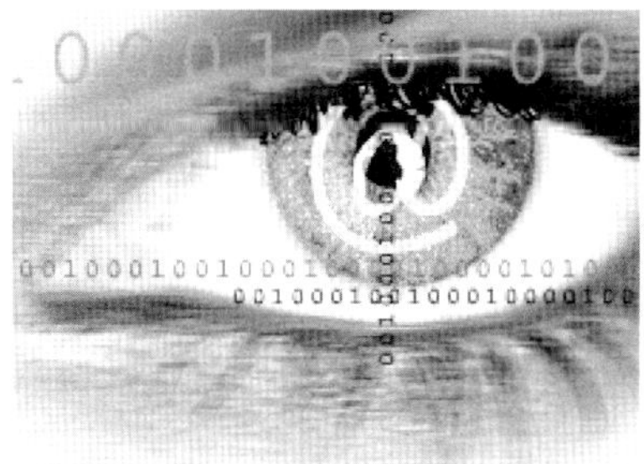

Abb. 147: Alphavisuelle Kommunikation

Damit die Lernenden wissen, welche Lernphilosophie vertreten wird, werden verschiedene Lernszenarios beispielhaft vorgestellt. Die Lernszenarios werden entsprechend dem in den Paradigmen des Lehrens und Lernens (vgl. Kap 4, Abb. 25) entwickelten Modell konzipiert. Sie werden bildhaft und erlebnisorientiert dargestellt, sodass die Lernphilosophie nicht explizit, sondern implizit zum Ausdruck kommt. Von diesen Lernszenarios ausgehend soll der Einzelne sich dann zuordnen können. Die Auswertung von E-Learning-Angeboten wird einen prozentualen Anteil der unterschiedlichen Lernszenarios enthalten. Ergänzend zur Lehrenden-Sicht werden weitere Aspekte untersucht, die die Qualität eines E-Learning-Programms beeinflussen.

Damit die Lernenden sich besser beurteilen können, wird ein „Lerntyptest" angeboten, der ihnen Anregungen gibt, ihren Lerntyp besser einzuschätzen. Wenn Lernende ihren Lerntyp besser ermessen können, so die Hypothese, gelingt es ihnen eher, das für sie jeweils geeignete Lernangebot zu finden. Die Lernenden sollen wissen, welcher Lernstil (Lerntyp) von dem Anbieter favorisiert wird, um abzuwägen, ob das jeweilige Angebot zu ihnen passt. Damit die Lernenden dies einschätzen können, steht ein Fragerasten – nach dem Stand der aktuellen Diskussion, das HDI-Modell (vgl. Kap. 4.3.) – als Ausgangsbasis zur Verfügung, um dem Einzelnen eine Hilfestellung zu geben, sich besser einordnen zu können. Die Nutzer können ihren Lerntyp ermitteln und erhalten eine Lernberatung, die passend ist zu ihrer individuellen Lernstrategie.

Ergänzend wird geklärt, ob ein Bildungsangebot die Möglichkeit anbietet, den bisherigen Wissensstand zu evaluieren, um darauf aufbauend auf unterschiedlichen Lernniveaus einsteigen zu können. Als weitere Ebene der Beurteilung von Lernangeboten gehört hierzu die Beurteilung der Interaktivität. Die E-Learning-Angebote werden daraufhin untersucht, welche Rolle Interaktivität innerhalb der Kurse spielt. Es wird gefragt, ob kooperative und kollaborative Lernbereiche integriert sind, ob und wenn ja, welche interaktiven Schnittstellen es zwischen Lernenden und Lehrenden und Lernenden und Lernenden gibt. Auch die Frage nach erweiterten Lernformen wird gestellt: Ist z.B. gemischtes Lernen beabsichtigt; wie und in welcher Weise sind Präsenzphasen oder traditionelle Lehrdimensionen integriert (*Blended Learning*); ist kooperatives und

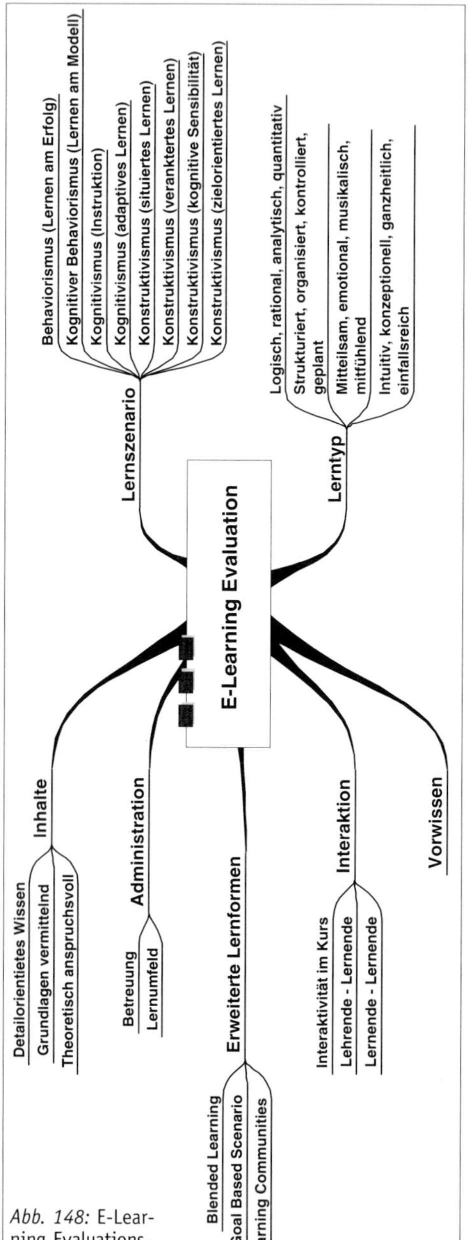

Abb. 148: E-Learning Evaluationsmodell von Lerno.de

kollaboratives Lernen vorgesehen (*Community Learning*); ist zielorientiertes Lernen geplant (*Goal Based Scenario*)? Neben einer Einschätzung der Lernumgebung (Administration) ist selbstverständlich auch eine Beurteilung der Inhalte eines Angebots wesentlich. Eine solche Einschätzung gibt zum einen das Kursniveau an, also ob die Inhalte eher theoretisch anspruchsvoll, einen Überblick verschaffend (Grundlagen vermittelnd) oder detailorientiert dargestellt werden (Lernanfänger), zum anderen ist sie ein Urteil über die Angemessenheit, Vollständigkeit oder auch Aktualität. Diese Art inhaltlicher Beurteilung basiert insbesondere auf dem Feedback der Nutzer, die ihre Erfahrungen zu einem Angebot an lerno.de zurückmelden.

Lerno.de bietet grundlegende Informationen über elektronisches Lernen, die dem Nutzer helfen, E-Learning als Lernmodell zu beurteilen. Ein Nutzer erhält z.B. Kenntnisse über die unterschiedlichen Formen des E-Learning, die Stärken und Schwächen der jeweiligen Konzepte und die notwendigen Qualitätskriterien, die ein E-Learning-Angebot erfüllen sollten.

Per Newsletter wird über aktuelle Erkenntnisse und Entwicklungen im Bereich der Bildung und des selbstgesteuerten Lernens mit elektronischen Medien informiert. Auf Neueinstellungen in Lerno.de wird aufmerksam gemacht.

Ob und wie sich dieses Modell in der Praxis realisieren lässt, ist schwer vorauszusagen. Allerdings bietet es eine gute Chance, Navigationshilfen zur Verfügung zu stellen, und könnte damit stilbildend für einen komplexeren Umgang mit Wissen, Lernen und Lehren sein. Besonders interessant wird sein zu sehen, ob die Nutzer das Angebot, die Differenz von Sender und Empfänger aufzuheben, tatsächlich annehmen. In Lerno.de kann der Nutzer wie der Redakteur an der Entwicklung des Projekts Anteil nehmen. In diesem Projekt ist Partizipation kein Schlagwort, sondern Programm. Nicht nur Lerno.de, sondern das gesamte Projekt „Lernende Region Offenbach" könnte ein wichtiges Signal geben, beim Lernen die Vernetzung, die Transparenz, die Partizipation und die Selbststeuerung in den Vordergrund zu stellen.

Der Vorteil des selbstgesteuerten Lernens mit Neuen Medien ist, dass diese Lernform eine enorme Vielfalt an Lernmöglichkeiten eröffnet. Neue Medien sind, wie bereits in der Einleitung deutlich gemacht wurde, kein neuer Nürnberger Trichter. Sie bieten aber, weil die Lernumgebung vielfältige Lernprozesse zulässt und sofern die Bedürfnisse, Interessen und Lernvoraussetzungen der Lernenden gewahrt bleiben, eine ausgesprochen günstige Ausgangsposition für das Lernen in der Wissensgesellschaft.

12. Von der Pädagogik zur Navigation oder Vom Unter-richten zum Auf-richten

„Und das Ende all unseres Kundschaftens
wird sein, am Ausgangspunkt anzukommen.
Und den Ort zum erstenmal zu erkennen."
T.S. Eliot, Little Gidding

Der Begriff der Bildung bildete sich Mitte des 18. Jahrhunderts heraus. Er wurde zum Inbegriff der Selbstverwirklichung des Menschlichen im Menschen und hatte einen (pseudo-) religiösen Akzent. Für die geisteswissenschaftliche Pädagogik war „Bildung" ein einheitsstiftender Faktor, der Orientierung vermittelte. Mit diesem Begriff wurden Wissen, Geist und Haltungen assoziiert. Bildung verstand sich nicht nur als regulative Idee, sondern war Ziel des pädagogischen Handelns. Da man Bildung als die Theorie des pädagogischen Wirkens verstand, war mit dem Bildungsbegriff implizit auch die Aufforderung zur freien Selbsttätigkeit und der Transformation gesellschaftlicher Einflüsse verbunden. Die Bildungstheorie ging von der offenen Struktur des Menschen aus, also seiner potenziellen Bildsamkeit, sowie von der Idee eines nicht-hierarchischen Verhältnisses unterschiedlicher Praxisformen. Die Stimmigkeit dieses Konzeptes wurde allerdings bereits in seiner Hochphase u.a. durch Wertediskussionen, Normprobleme in der Erziehung und normative Indoktrinationskonzepte konterkariert.

Die umfassend integrative Funktion hat der traditionelle Bildungsbegriff inzwischen verloren. Die „realistische Wende" in den 60er Jahren führte zur Hinwendung zu empirischen Forschungsmethoden und in Folge dessen zu Fragen nach der Leistungsfähigkeit von Bildungseinrichtungen oder nach einer gerechten Verteilung von Bildungschancen. Die kritische Erziehungswissenschaft intendierte seinerzeit eine Erziehung, die mündige und kritische Subjekte heranbilden sollte. Dabei zielte man nicht nur auf das Individuum als solches, sondern dessen Erziehung sollte eine Veränderung des Gesellschaftssystems zur Folge haben. Nicht von Bildung war die Rede, sondern Begriffe wie Sozialisation, Integration, Emanzipation, Qualifikation und Lernen traten an seine Stelle.

Die Lösung des Bildungsbegriffs von Normerwartungen leitete die pragmatische Wende ein, wie sie bei GIESECKE (1987, S. 13) beschrieben ist: „Zentrale Aufgabe pädagogischen Handelns ist nicht ‚Erziehen', sondern ‚Lernen ermöglichen'. Pädagogen sind professionelle ‚Lernhelfer'". Nicht mehr „Bildung" steht damit im Vordergrund, sondern „pädagogisches Handeln", das nicht mehr auf die Persönlichkeit des Lernenden gerichtet ist, sondern auf sein Verhalten, auf das durch spezifische Interventionen Einfluss genommen wird.

In BÖHMs (1994) Definition von Allgemeinbildung taucht der Schatten des ursprünglichen Bildungsbegriffs noch einmal auf. Seiner Auffassung nach soll Allgemeinbildung den Einzelnen dazu befähigen, „in allen Bereichen am gesellschaftlichen-kulturellen Leben teilzunehmen, seine sachlichen und mitmenschlichen Verpflichtungen wahrzunehmen und zu erfüllen und Antworten auf die Fragen nach dem Sinn des menschlichen Daseins zu finden.“ Allerdings weist LUHMANN (1986, S. 160f.) darauf hin, dass Bildungsvorstellungen nur auf der Programmebene eine herausragende Bedeutung haben, während im Alltag der pädagogischen Institutionen die Selektionsfunktion überwiegt. Pädagogische Bildungsabsichten stehen demnach im Widerspruch zum pädagogischen Alltag. Ansätze, die die Idee einer Bildung und einer Pädagogik vertreten, die von der Logik des Kindes ausgehen und sich als Anwalt des Kindes verstehen (Reformpädagogen), konnten bisher keine globale Bedeutung erhalten. Zusammenfassend kann somit konstatiert werden, Bildung spielt in der pädagogischen Diskussion nahezu keine Rolle mehr. Gerade weil Sie im pädagogischen Alltag keine Bedeutung mehr hat, werden die mit der Bildung verbundenen Erwartungshorizonte an anderer Stelle gesucht.

Der kürzlich verstorbene Frankfurter Kabarettist Matthias BELTZ äußerte einmal bei einem seiner Auftritte, Bildung komme von „Bild“ und nicht vom „Buch“, sonst würde es ja wohl „Buchung“ heißen müssen. Die Sprachgeschichte gibt ihm durchaus Recht. „Bild“ bedeutete ursprünglich „Zeichen“ und „Wesen“. Erst später wurde es in seiner Bedeutung als „Abbild“ und „Nachbildung“ genutzt. Dementsprechend bedeutet „bilden“ zuerst, einer Sache Gestalt und Wesen zu geben, und nur in seiner Nachbedeutung, „eine vorgebildete Gestalt nachzubilden“ (vgl. SCHWENK zit. in: LENZEN 1989, S. 219). Einer Sache Gestalt und Wesen zu geben, steht im Kontext ontologischer Fragestellungen. Es geht letztlich um die Verortung des Einzelnen zu sich selbst, der Gesellschaft und der Welt (vgl. MEDER/FROMME 2001. S. 23). Die Bewältigung dieser Fragestellung wird nicht mehr vornehmlich durch pädagogische Einrichtungen geleistet, sondern durch die Medien. Das Sinn- und Deutungsreservoir für die Konstruktion der jeweiligen Identitätsmuster speist sich in erheblicher Weise aus dem medialen Erfahrungsraum. Der symbolische Raum der Medien ist längst zum Nachlassverwalter der Bildungsutopie geworden.

Will die Pädagogik ihre frühere Bedeutung als Ort der Bildung wiedergewinnen, bedarf es einer Reaktualisierung der Reformpädagogik, die seinerzeit in ihren Grundanschauungen, Zielen, Inhalten und Methoden entschieden auf Veränderung des Bestehenden hin tendiert hatte. Folgende Grundmotive und Erkenntnisse der klassischen Reformpädagogik (vgl. BECK/SCHLIEP 1996) könnten dazu dienlich sein:

- die Kritik am Methodenmonismus,
- die Diagnose der Kluft zwischen Schule und Leben,
- die Erkenntnis der Notwendigkeit einer Orientierung vom Kinde aus,
- die Erziehung zu verstehen als ein Sich-Anschließen an die natürliche Selbstentwicklung des Heranwachsenden in seiner Lebenswelt,
- die Äußerungen und Interessen der Heranwachsenden als Ansatzpunkt der bildenden Bemühungen anzusehen,

- die Vorstellung, dass Zwang, feste Führung und Autorität der freien natürlichen Entwicklung Schaden zufügt,
- die Akzeptanz, die geistigen Kräfte „wachsen zu lassen“,
- die positive Einschätzung des Spiels als eines wichtigen, natürlichen, freien Selbstbildungsmittels,
- die didaktische Aufwertung der musischen und der kreativen Bereiche,
- der Drang des Kindes nach Selbsttätigkeit und Selbstständigkeit,
- die zielgerichtete Erfüllung einer vom Schüler selbst gewählten Aufgabe durch Anwendung der von der Sache selbst vorgegebenen Methoden und Hilfsmittel.

Betrachtet man diese grundlegenden Aussagen bietet die Reformpädagogik auch heute noch in wesentlichen Bereichen ein modernes Konzept. In der Reformpädagogik findet sich bereits der Ansatz, dass Erziehung sich einerseits **in** der Gesellschaft, andererseits **durch** die Gemeinschaft vollzieht, indem deren Mitglieder sich gegenseitig erziehen. Einen entscheidenden Unterschied sehe ich allerdings in der Person des Pädagogen. Während er in der Reformpädagogik in allen Erziehungs- und Bildungsbereichen den methodischen und organisatorischen Fragen gegenüber übergeordnet ist, favorisiere ich eine Bedeutungsreduktion des Erzieher-Zögling-Verhältnisses als die eigentliche erzieherische Wirkungskraft. Auch hat heute das Gespräch als die Grundform aller Erziehung nicht mehr die zentrale Bedeutung wie in der Reformpädagogik.

Es bedarf daher einer Anpassung des reformpädagogischen Konzeptes an die Wissensgesellschaft, wobei auch die Begriffe zu aktualisieren und der Wissensgesellschaftsdebatte anzupassen sind. High-Tech-Reformpädagogik bedeutet die Gestaltung von offenen und prozessualen Lerngefügen, die vernetztes und kooperatives Lernen ermöglichen und ästhetisches und kontextuelles Denken fördern. Der Lernende muss befähigt werden, auf neue und unerwartete Situationen adäquat reagieren zu können. Selbstlernprozesse müssen gefördert werden, um die in der Wissensgesellschaft benötigten Schlüsselqualifikationen erwerben zu können. Information und Wissen entsteht aus den Interaktionen der Menschen mit ihrer Umgebung. „Was wir Wissen und Denken nennen, entwickelt sich aus unseren Interaktionen mit der Außenwelt und ändert sich deshalb beständig“ (ROSENFIELD 2000, S. 167). Daher muss Raum zur Verfügung stehen, um sich lernend in Interaktionen mit anderen und dem Lebensumfeld zu erfahren.

Wollen Pädagogen auf die Wissensgesellschaft vorbereiten und dabei die sich verändernden Seh- und Wahrnehmungsweisen berücksichtigen, bedarf es einer dringlichen Reform des aktuell vorherrschenden Bildungskonzeptes. Die zukünftigen Pädagogen werden ihre Methodenkompetenz erweitern müssen: Konstruktives, rekonstruktives, spiralmethodisches, szenarisches und rollenbasiertes Lernen werden als Ensemble unterschiedlicher Lerndidaktiken ebenso eine Bedeutung erhalten, wie die Selbstverständlichkeit, den Lernprozess so zu gestalten, dass situiertes Lernen möglich ist. Fächerübergreifende, ganzheitliche und lernstilorientierte Lernerfahrungen werden in die zu schaffende Lernumgebung einbezogen werden müssen. Bildungs- und Lernprozesse müssen Non-Linearität, wurzelartige Lern-Strukturen (Rhizome), Interaktivität und

Lernen mit Unterstützung von Hypermedia (Hypertext-Lernen) integrieren, wenn sie eine angemessene Qualifikation für die Wissensgesellschaft vermitteln sollen. Lernen wird als Selbstermächtigung angesehen, bei dem Spaß und Freude Teil des Lernens bilden. Durch die Neuen Technologien sind die Lehrenden nicht mehr länger die Schwellenhüter, Bewahrer und Bewerter von Wissen.

Anstelle einer Zusammenfassung möchte ich im Folgenden ein reformuliertes reformpädagogisches Szenario entwerfen, in welchem ich direkt und indirekt bereits entwickelte Gedanken noch einmal aufgreifen und um einige bisher noch nicht formulierte Argumente ergänzen werde. Das Szenario scheint mir im Zeitalter interaktiver Medien eine geeignete Antwort auf die Wissensgesellschaft zu bieten und gleichzeitig eine Voraussetzung dafür zu sein, dass zukünftige Pädagogen nicht mehr **unter**-, sondern **auf**-richten.

1. Von der entwicklungspsychologischen zur kreuzmodalen Denkweise

Nach Auffassung des Entwicklungspsychologen PIAGET (1980) entwickelt sich das Denken des Kindes in hierarchischen Stufen (vom sensomotorischen, dem vorbegrifflichen, dem anschaulichen, dem konkret-operationalen bis zum formalen Stadium). Im Alter von etwa 12 Jahren kommt es zur Befähigung zum konkret-operationalen Handeln, das günstige Voraussetzungen für das kausale Denken bietet. Die neue Säuglingsforschung (STERN 1985) widerspricht PIAGETs Konzept der hierarchischen Entwicklung von Stufen. STERN geht von dem kompetenten Säugling (Kind) aus. Danach verfügen Kinder von Anfang an über die Fähigkeit des holistischen Denkens und der kreuzmodalen Wahrnehmung: Sie sind in der Lage, ihre Sinneseindrücke intersensorisch zu verknüpfen, und sie können erworbene Erfahrungen auf andere Sinne übertragen. Denken und Lernen ist bei diesem Konzept nicht auf kognitive Denkweisen reduziert. Begreifen und Denken werden im engen Kontext gesehen. Die Fähigkeit zur kreuzmodalen Wahrnehmung legt nahe, dass ursprünglich Ganzheiten wahrgenommen werden, da die Wahrnehmung von Teilen in ein Ganzes „eingebaut" wird. Die Differenzierung dieser Ganzheiten in separate Empfindungen ist ein Ergebnis des Entwicklungsprozesses und nicht sein Anfang. Während bei PIAGET die sensomotorische Phase die Ausgangsbedingung für den Entwicklungsprozess des Denkens bedeutet, ist diese Phase bei STERN ein bedeutsamer Teil der kognitiven Aneignung von Wirklichkeit mit von der Wahrnehmung bestimmten Sensoren, die amodal verknüpft werden.

2. Vom universalen zum mehrdimensionalen Verständnis von Intelligenz

GARDNER (2002) zweifelt an der Universalität unseres an der Kognition orientierten Verständnisses von Intelligenz. Das Denken und das Ordnen des Weltverständnisses des Kindes werde vielmehr durch symbolische Strukturen geformt. Mit dem Erwerb von Symbolen wird also erst das Denken geformt und das Weltverständnis geordnet. Nach GARDNER lernen Kinder in Wellen; ihre geistigen Entfaltungen entsprechen treibenden Strömen. Nicht in Stufen, sondern in Wellen erwerben Kinder ein inneres Skript. Unsere Intelligenz ist für ihn multifunktional: Neben der handelnden, der topologischen und der numerischen Ordnung der Intelligenz gibt es zumindest noch die emotionale, die soziale, die musikalische, die personale, die spirituelle, die naturwissenschaftliche sowie die emotionale Intelligenz. Alle Intelligenzebenen gilt es zu fördern. Der Computer ist kein Allheilmittel, aber er bietet das Potenzial zur anregungsreichen Aktivierung mehrerer Ebenen von Intelligenz.

Der Computer erlaubt das Anwenden und gleichzeitig das Widerrufen der abstrakten Vernunftordnung. Dadurch kommt es zur Verschiebung von Perspektiven. Die bisher dominante Zentralperspektive wird von einem mehrdimensionalen Blick abgelöst. Kinder lernen im Umgang mit dem Computer, dass bestimmte symbolische Ordnungen gelten oder nicht gelten. Es gibt keine monokausale Lösung. Es gibt das Nebeneinander, das Gleichzeitige; - alles ist möglich. Das Lernen anhand von Symbolen verallgemeinert sich unmittelbar, weil das Symbol immer eine Ebene der Reflexion anspricht. Handeln im Symbolischen entspricht aktiver Selbstreflexion. Die Symbolwelt von Computern begünstigt positive Erfahrungen und hilft negative Erlebnisse in der seelischen Repräsentation zu löschen; – zumindest wird ihre Allgemeingültigkeit in Frage gestellt. Im Umgang und Gebrauch von Symbolen lernen wir die Welt zu erkunden, zu verstehen und letztlich über sie zu verfügen. Gelernt werden sowohl die symbolische und die reflexive als auch die aktive Selbsterprobung. Dies ist eine gute Voraussetzung für Selbstveränderung und für selbstgesteuertes Lernen.

3. Vom Top-down-Lernen zum Bottom-up-Lernen

In der Regel agiert die Pädagogik im Rahmen eines Top-down-Ansatzes. Sie geht von einem theoretischen Modell aus und überträgt deren Erwartung auf die Ebene der Wirklichkeit. Dies entspricht der deduktiven Denkmethode. Bei ihr stehen Verstand, Abstraktheit, Zielgerichtetheit, Analyse, hierarchische und sequentielle Ordnungen im Vordergrund. Die Theorie (Verständnis der Zusammenhänge) geht der Tat voraus und bestimmt diese. Der Bottom-up-Ansatz steht dem induktiven Denken nahe und ist geprägt durch intuitives Erfassen, konkretes, mäanderhaftes und ganzheitliches Denken. Kinder und Jugendliche in der Mediengesellschaft lernen eher durch Prozesse des Einsehens oder des Begreifens (sinnlich-ästhetische Wahrnehmung) als durch analytisches Verstehen (kognitive Denkweise). „Durch die Tasterfahrung wird das Gehirn geprägt“ (GASSEN in: KARISCH 2003). Begreifen und Erkennen werden die erkenntnisleitenden Methoden, um neue Dinge aufzunehmen. Die Befähigung zum anschaulichen Denken wird zu einer Schlüsselqualifikation.

„In viel allgemeinerem Sinn verstehen wir unter anschaulichem Denken die Fähigkeiten, Sinnesformen als Abbilder von Kräftekonfigurationen zu sehen, die unserem

Dasein zugrunde liegen und zwar sowohl der Tätigkeit des Geistes, wie auch des Körpers, den Einrichtungen der Gesellschaft und dem Gefüge unserer Ideen" (ARNHEIM 1980, S. 296). In idealer Weise bedeutet Lernen die Integration aller Sinne, eine Forderung, die bereits von den Reformpädagogen formuliert wurde. Die Mehrzahl ihrer Grundprämissen, das habe ich bereits herausgestellt, gelten auch in der Wissensgesellschaft. Möglicherweise entfalten sich erst darin all ihre Potenziale.

4. Vom Fachunterricht zum transversalen Lernen

Der Fachunterricht wird durch das Modell des transversalen Lernens in Frage gestellt. Lernen wird dabei zu einer Erfahrung bei der übergreifende Aspekte, transversale Dimensionen wirksam werden. Die Ziel, Probleme möglichst lebensweltorientiert zu lösen, steht im Zentrum eines fächerübergreifenden Lernens. Von Mitarbeitern wird heute Flexibilität und ein fachübergreifender „Blick" verlangt. „Das Denken allein in fachlichen Kategorien erweist sich dabei regelmäßig als Hemmschuh, weil es den komplexen Problemsituationen nicht ausreichend Rechnung trägt" (WEISS 1994, S. 8). Durch fächerübergreifendes Lernen kann diesem Problem begegnet werden. „Die Grenzen der Disziplinen und ihre Regeln sind nichts anderes als Versuche, den Wildwuchs der Kreativität zu kontrollieren" (MAU 2000, S. 222).

Wichtig ist es beim Lernen Problemsituationen zum Ausgangspunkt zu nehmen, die mehrere Fachrichtungen berühren und bei deren Lösung gleichzeitig unterschiedliche Perspektiven berücksichtigt werden müssen. Mit Hilfe eines derartigen multidisziplinären Ansatzes können die Lernenden motiviert werden, transversal zu denken, um Wissen flexibel und kreativ anwenden zu können.

5. Vom Modell zum maßgeschneiderten Lernen

Die Massenausbildung ist ein Produkt der Industriegesellschaft. In der Wissensgesellschaft dominieren individuelle Produktionsabläufe und Flexibilität, die durch einen molekularen Ansatz geprägt sind. Durch die Auflösung von Raum und Zeit als Determinanten von Lernen und Erfahrung sind Anpassungen an individuelle Lernstrategien sinnvoll und machbar. Zukünftiges Lernen wird durch Individualität und Non-Linearität geprägt sein. Die Interaktivität wird einen hohen Stellenwert erhalten. Der jeweilige Lernstoff wird nicht mehr allen Lernenden gleichzeitig angeboten, sondern modulartig werden die Einzelnen entsprechend ihres Wissenstands mit dem Stoff konfrontiert oder selbstständig die Auswahl über die modular aufgebauten Informationsquellen und Interaktionsformen treffen.

Notwendig ist es, Lernprozesse und Lehrprogramme so zu organisieren, dass sie adaptiv auf die individuellen Bedürfnisse, die jeweiligen Seh- und Wahrnehmungsmustern sowie die individuellen Ausgangsbedingungen reagieren. Der Lernende und sein Bedarf stehen im Zentrum der Aufmerksamkeit und nicht mehr ein allgemeingültiges Curriculum, dessen Vermittlung an einen bestimmten Ort und eine spezifische Lebensphase gebunden ist. Dazu werden zum einen flexiblere Bildungs- und Lernangebote benötigt und zum anderen muss das Lernen vom aktuellen Wissenstand des Lernenden ausgehen und dessen besondere Lerndominanzen beachten. Sicherlich wird es nicht möglich sein, alle denkbaren Lerntypen zu berücksichtigen, zumal verschiedene Ansätze miteinander konkurrieren und deren Differenzierungsmerkmale sich überschneiden. Entscheidend dürfte es jedoch sein, dass die Lernumgebung so aufgebaut ist, dass sie Angebote für unterschiedliche Lerntypen enthalten. Ebenso wichtig ist es, die emotionalen Bedürfnisse der Lernenden ernst zu nehmen und ihre sozialen Kontexte (Lebenswelt) als einen wesentlichen „Anker" in den Lernprozess zu integrieren. Beim Lernen darf das Bedürfnis nach sozialer Eingebundenheit und sozialer Zugehörigkeit (affiliation) nicht vernachlässigt werden (Lernen als Selbstermächtigung).

6. Von dem Lernen von Fakten hin zum Erlernen des Suchens

In Zukunft wird die Gewohnheit, Daten, Fakten und Formeln im Gedächtnis als Sachwissen zu speichern, an Relevanz verlieren. Dies kann wesentlich effektiver von Festplatten geleistet werden. Nicht mehr die Präsenz von Fakten-Wissen ist wesentlich, sondern die Kenntnis, wo die notwendigen Informationen zu finden sind. Wie bereits ausgeführt gibt es dazu ganz unterschiedliche Such-Strategien; Kreativität, Verknüpfungskompetenz, Ideenpolyvalenz sind dazu nötig.

Lernende werden in der Zukunft die Kompetenz erwerben müssen, sich mit Informationsquellen auseinander zu setzen. Die Befähigung zur Bewertung der recherchierten Wissensbestände wird von großer Bedeutung sein. Die Befähigung, kontextuelles Wissen und Sinnzusammenhänge zu erschließen, sind ebenso wichtig wie das Erkennen von thematischen Zusammenhängen. Die lernende Suche ist dabei vor allem ein Interpretationsprozess. Lernende müssen daher vor allem lernen zu analysieren und zu synthetisieren. Das Lernen des Lernens wird zur Grundvoraussetzung für eine Aneignung von Wissen. Lernen sollte immer als aktive und forschende Dimension verstanden werden.

7. Vom Einzelkämpfer zum Teamworker

FAHL (1996) kommt in Ihrer Untersuchung über die Integration sozialer Schlüsselqualifikationen in der wirtschaftswissenschaftliche Fachhochschulausbildung zu dem Ergebnis, dass die Studierenden nach ihrer Ausbildung zwar über solides Fachwissen verfügten, aber große Probleme bei der Integration in die Unternehmen hätten. In der Wissensgesellschaft sind vor allem Personen gesucht, die teamfähig sind. Unternehmen werfen den Hochschulen daher oft vor, dass in der Ausbildung neben der Konzentration auf Einzelkämpfertum das Verwaltungsdenken gefördert wird. Dem gegenüber ist das Denken in komplexen fachlichen aber auch sozialen Strukturen zu fordern (soziale Kompetenz). Nur wer wirkungsvoll kooperieren und kommunizieren kann, ist in der Lage, effektiv zu arbeiten. Das Anforderungsprofil an zukünftige Mitarbeiter steht im Kontext eines Paradigmenwechsels (vgl. MEYER-DOHM 1993, S. 32). Die Vermittlung der sozialen Kompetenz muss bereits in der Ausbildung erfolgen.

Unter Sozialkompetenz wird die Befähigung verstanden, personale Voraussetzungen von Kommunikationsprozessen im Kontext sozialer Beziehungen erkennen zu können. Dazu gehört die Fähigkeit in verbaler und nonverbaler Form auf der Ebene der Sach-, Beziehungs- und Absichtsebene sich artikulieren und Äußerungen von Kommunikationspartnern interpretieren zu können. Schlüsselqualifikationen sind des Weiteren Kommunikations- und Kooperationsfähigkeit inklusive Problem- und Konfliktbewältigung sowie Handlungskompetenz. Es bedarf zunehmend der Kompetenz, sich in der Kommunikation vom Einzelstandpunkt zu lösen und eine meta-kommunikative Kompetenz zu erreichen, d.h. wechselnde Perspektiven einnehmen zu können. Ebenso sind Fähigkeiten wie Motivation, Verhandlungsführung und Beratung sowie rhetorische und didaktische Kenntnisse von Vorteil (vgl. STANGL 2003, S. 7).

Die Befähigung zum kooperativen Lernen verspricht nicht nur positive sozial-affektive Kompetenzen, sondern begünstigt auch den kognitiven Lernprozess. Das gemeinsame Lösen von Aufgaben sollte ein Grundprinzip jeglicher Pädagogik bilden. Dieser Anspruch entspricht dem kooperativen Lernen des situierten Ansatzes. „Kooperation fördert den freien Gedankenaustausch und bietet die Möglichkeit, gegenseitig bzw. gemeinsam neue Ideen zu testen und bisherige Annahmen [...] zu überprüfen“ (MANDL/REINMANN-ROTHMEIER 1994, S. 30).

8. Vom leistungsorientierten Ziel-Lernen zum Umweg-Lernen

Im traditionellen Verständnis ist ein Umweg nicht der beste Weg für das Erreichen eines Ziels. In Wirklichkeit erhöht ein Umweg jedoch die Ortskenntnis. Umwege können daher mehr an Kenntnissen und Kompetenzen vermitteln als der direkte Weg. Auch die im traditionellen Verständnis sog. Fehler sind genau genommen Umwege. Fehler „öffnen“ oft eine höheres Lernpotenzial als richtig gelöste Aufgaben. Gefordert wird bisher einfach die Reproduktion der richtigen Antwort; unterbewertet oder vergessen wird dabei jedoch die Entwicklung möglicher anderer Lösungswege.

In Deutschland wird positiv bewertet, wer linear, kausal, logisch, hierarchisch, systematisch und konzentriert denken und arbeiten kann. Wer eine Aufgabe anders oder gar nicht löst, wird diszipliniert. Bei einem schulpsychologischen Test hatte unsere seinerzeit siebenjährige Tochter den Auftrag, einen Baum zu malen. Sie entschied sich den Baum nur in Umrissen darzustellen und ihre Konzentration auf die Wiese zu richten. Äußerst differenziert malte sie Blumen, Pflanzen und vier Hasen. Dies spiegelte ihre Lebensweltwahrnehmung wider, denn kurz zuvor hatte sie zwei Hasen geschenkt bekommen. Bei der Auswertung des Tests teilte uns die Psychologin mit, unsere Tochter sei nicht zur differenzierten Wahrnehmung und Gestaltung fähig. Auf meinen erstaunten Hinweis, dass die Blumen und die Hasen doch äußerst differenziert dargestellt seien, antwortete Sie, das Thema habe gelautet „Baum malen". Die Blumen und die Hasen hätten nichts mit dem Thema zu tun. Auch meine Einwände, dass unsere Tochter doch eine erstaunliche Raumaufteilung in dem Bild nachweise (symmetrische Gestaltung mit zentralperspektivischer Perspektive bei gleichzeitiger Setzung von diagonalen Spannungspunkten), konnte die Psychologin nicht von ihrem Urteil abhalten, das Kind verfüge über eine unterdurchschnittliche Feinmotorik und keine elaborierte gestalterische Fähigkeit. Dieses Beispiel veranschaulicht, wie ein erreichtes Ziel bei uns bereits in der Grundschule bezogen auf eine gestellte Aufgabe bewertet wird. Dem gegenüber wird z.B. in Japan der gesuchte Lösungsweg bewertet.[1] Der Aufwand, die Intelligenz und die Kreativität, die für die Lösung der Aufgabe aufgewandt wurde, wird als Basis der Beurteilung genommen.

Gefordert sind das Zulassen von Suchbewegungen und Gedankenexperimenten. Zufälle und Fehler öffnen den Blick auf andere mögliche Lösungsformen. Manche Fehler machen darauf aufmerksam, dass aus der Sicht des Lernenden möglicherweise die Frage falsch gestellt war. „Diejenige falsche Antwort ist die richtige Antwort, die nach einer Frage sucht. Das Sammeln falscher Antworten ist Teil des Prozesses. Stelle andere Fragen" (MAU 2000, S. 218). In der Wissensmanagement-Ausbildung wird bereits die „Failing-forward-Kultur" (BACK 2002, S. 14) gefordert. Insbesondere bei Innovationsprozessen seien Experimente wichtig und dabei sei nicht jeder Misserfolg (Umweg) >unnötig<. Er wird als „intelligent failure" eingeschätzt, der innerhalb eines Lernprozesses notwendig ist.

9. Vom lernzielorientierten zum unscharfen Lernen

Wenn Lernziele klar und präzise bestimmt sind, besteht die Gefahr, ein mechanistisches Denken (In- und Output als identische Größen) zu erwarten und damit zu reproduzieren. Kreativität und eigenständige Lernprozesse sind dabei hinderlich. Bei unscharfen Fragen hingegen werden kreative Denkprozesse ausgelöst und der Lernende integriert, ausgehend von seiner kognitiven Landkarte, seine bisherigen Lebenserfahrung in die zu bewältigende Aufgabe. Damit wird die Beantwortung einer Frage zugleich zu einer Lernchance für die Pädagogen. Bei unscharfen Fragen und Aufgaben erhält der Lehrende mittels der Interpretation der Aufgabe durch den Lernenden Kenntnis über dessen kognitive, kreative und lebensweltbedingte Wahrnehmungs- und Denkmuster.

1 Auf diesen Zusammenhang hat mich dankenswerter Weise mein Kollege Eberhard NÖLKE hingewiesen.

Unscharfe Aufgaben umgehen die traditionelle Mixtur aus künstlicher Motivation und aufgezwungener Disziplin. Kinder und Jugendliche sind gefesselt von der Aussicht, dass etwas anders gemacht werden kann. Diese Methode erlaubt die Entwicklung eigener Lernstile und ist besonders bei dem Einsatz von Medien Erfolg versprechend. Die Bewältigung von Aufgaben, ausgehend von der eigenen Selbst-Suche, begünstigt die intrinsische Motivation und fördert das Denken in Zusammenhängen.

Denkbar ist es eine Zielorientierung festzulegen, die im Verlauf des Lernprozesses jederzeit verändert werden kann. Jeder Lernende verändert sich durch das Lernen. Dem muss Raum gegeben werden. Ein offenes Curriculum hat den Vorteil, dass keine übergeordnete Instanz Entscheidungen als falsch oder richtig qualifiziert und damit einer Beurteilung unterzieht. Getroffene Entscheidungen legen Schranken fest und verhindern das Erkunden alternativer Erfahrungsräume. Irrtümliche oder ungeeignete Lösungswege zeigen sich oft erst in einem späteren Stadium. Viele Entscheidungen sind in bestimmten Phasen in ihrer Folgewirkung noch nicht einzuschätzen (vgl. BERGMANN 2002, S. 132).

Sowohl in der außerschulischen Bildung als auch in der Fachhochschulausbildung habe ich mehrere Projekte mit bemerkenswerten Ergebnissen betreut, bei denen jeweils die Aufgabe war, eine Multimedia-CD, eine Webseite, eine Fotoausstellung, einen Videofilm oder eine Multimediaschau zu erstellen. Allen Teilnehmern war bekannt, dass das herzustellende Medienprodukt öffentlich präsentiert werden würde, damit die Produktion keinen Selbstzweckcharakter hatte, sondern Realtime-Lernen bedeutete. Als Lernumgebung wurde ein Erfahrungsraum festgelegt: ein spezieller Stadtteil, ein Teil des eigenen Lebensraumes oder ein Begriff, wie z.B. das Thema „Anne Frank“ (vgl. Kap. 7.3.2.). Die Lernenden konnten selbst entscheiden, wie das jeweilige Thema gelöst und welche Hilfsmittel verwendet wurden oder für welche ästhetische Umsetzung sie sich entschieden. Innerhalb der Logik der selbstständig entwickelten Entwürfe beriet ich die Einzelnen oder die Teams nach Wunsch. Damit war gewährleistet, dass die von den Teilnehmenden gewählte Codierung auch von Personen, die bei dem Lernprozess nicht dabei waren, nachvollzogen werden konnte.

10. Vom fremd- zum selbstgesteuerten Lernen

Die Lernenden sollten an der Zielfestlegung des Lernens, der Metadiskussion über den Verlauf der Lernprozesses bzw. des Projekts und der Beurteilung des Lernergebnisses nicht nur beteiligt sein, sondern die Vorgänge weitgehend selbst übernehmen. Nur selbstgesteuertes Lernen führt somit auch zur Übernahme von Verantwortung. Daher bedarf es der Wandlung vom Lernen als Nachvollzug hin zum eigenständigen verantwortungsvollen Lernen. Folgendes Zitat von PAPERT (1998a) macht den notwendigen Wandlungsprozess im pädagogischen Lernprozess deutlich: „Der Skandal in unserem Schulwesen besteht darin, dass man immer dann, wenn man ein Kind irgend etwas lehrt, es der Freuden und nützlichen Begleiterscheinungen einer eigenen Entdeckung beraubt“.

Dieses Verständnis von Lernen geht von einem Bedürfnis nach Kompetenz und Selbstwirksamkeit (effectance) aus. Lernen hat mit Identität zu tun. Nur wenn Lernen dazu beiträgt, dass der Lernende Impulse zur Selbstermächtigung erhält (Empowerment), kann von einem umfassenden Selbstlernen gesprochen werden. Auffallend ist, wie häufig in Selbstdarstellungen von selbstverantworteten Lernen die Rede ist. Eigenständiges, verantwortungsvolles Lernen kann, muss aber nicht damit gemeint sein. Oft ist damit nur verbunden, dass die Lernenden die volle Verantwortung für den Lernprozess tragen, also z.B. die persönlichen Konsequenzen, wenn der Lernprozess nicht erfolgreich ist. Lernen als Selbstermächtigung hat mit diesem Verständnis von Lernen nichts zu tun, denn oft steht hinter solchem selbstverantwortlichen Lernen eine ganz präzise Lernzielorientierung. Die Lernenden haben somit genau das zu lernen, was ihnen die Lehrenden direkt oder auch indirekt vorgeben. Selbstverständlich ist es in einem Lernprozess von hohem Vorteil, wenn die Lernenden eine eigene Verantwortung tragen und zugegebenermaßen gibt es eine enge Beziehung zwischen dem Umstand, eigene Verantwortung zu tragen, und der Konsequenz, verantwortlich gemacht zu werden. Gleichwohl halte ich es für wichtig, sich über die Doppeldeutigkeit dieses Begriffs bewusst zu sein. Wenn von selbstverantworteten Lernen die Rede ist, kann es durchaus sein, dass die Lehrenden sich nicht für den Lernprozess bzw. die Lernumgebung verantwortlich fühlen. An einem weiteren Begriff möchte ich deutlich machen, dass die Beachtung der Begrifflichkeit durchaus von Bedeutung sein kann.[2]

Selbstorganisiertes Lernen ist ebenfalls ein Begriff der im Kontext des elektronischen Lernens häufig Verwendung findet. Auch bei diesem Begriff besteht die Gefahr, dass damit kein offenes Lernen gemeint ist, sondern nur die Befähigung, den Ort, die Zeit, die Arrangements des Lernens zu wählen. Das Prozedere, Lernen selbstständig zu organisieren, bedeutet dennoch nicht, eigenständig Lernprozesse zu verantworten. Selbstgesteuertes Lernen ist der einzige Begriff, der meines Erachtens keine fremdgesteuerten Implikationen enthält. Bei diesem Begriff ist erkennbar, dass die Lernenden selbst zu Navigatoren des Lernprozesses werden. Sie steuern mit ihrem Interesse, mit ihrem Bedarf und ihren Wünschen das Lehr-/Lernverhältnis, Selbstbestimmung und Autonomie stehen im Vordergrund dieses Begriffs.

11. Von der Lernqual zum Lernspaß

Weithin herrscht die Vorstellung, dass Lernen anstrengend sein muss. Ich kann mich noch an ein Motto aus meiner Schulzeit erinnern, das uns permanent mitgeteilt wurde: „Vor Erfolg setzten Schweiß die unergründlichen Götter“[3]. In dieser Tradition stehen

2 Selbstverständlich ist es denkbar, dass diese Begriffe benutzt werden, ohne dass man sich über deren Bedeutung bewusst ist, sodass die Begriffe auch nicht immer mit den sie darstellenden Lernprozessen identifiziert werden.

3 Wenn ich mich recht erinnere, stammt das Zitat aus Homers „Ilias“.

GRUSCHKA/MARTIN (2003), die sich kürzlich gegenüber der Mogelpackung des „Leichten" äußerten. Eine im Unterricht betriebene Reflexion über subjektive Lernwege und mögliche Alternativen sei weder methodisch noch inhaltlich angemessen. „Lernpsychologisch belegt ist, dass wir nur dann etwas Neues lernen, wenn wir die Widerstände überwinden, die sich von der Sache und unseren Fähigkeiten aus ergeben" (ebd.). Aus Sicht der Lernpsychologie ist dies nachvollziehbar. Wie ich bereits ausführlich dargelegt habe, gibt es inzwischen ein weitaus differenziertes Verständnis von Lernen, angeregt durch die kognitivistischen Theorien und den Konstruktivismus.

Auch MAAR (2002) stellt heraus, dass bis heute jeder Lernprozess als hart und konfliktreich angesehen wurde. Nur bei den Kreativen (z.B. Designern) identifiziert sie die mitreißende Freude an den neuen Möglichkeiten der Verdichtung und Verwandlung durch die elektronischen Medien. „Die neuen Medien dienen ihnen dazu, die Anstrengung des Lernens mit Spaß zu paaren und Information als Lustgewinn zu verkaufen." Sie erkennt aber auch, dass sich bereits neue Ebenen abzeichnen. „Spaß und das Lebensgefühl einer fast grenzenlosen Freiheit – auch beim Erleben von Gemeinschaft – sind quasi das Gleitmittel, das der neuen Technologie den Weg zum Massenmedium bereitet" (ebd., S. 13).

Lernen kann, muss aber keineswegs anstrengend sein. Lernen mit Neuen Medien löst in vielen Fällen alleine schon dadurch Faszination aus, dass die Interessen der Lernenden aufgenommen werden und dadurch Handlungen begünstigen, die um ihrer selbst willen ausgeführt werden (intrinsisches Lernen). Lehrende können diese positive Grundeinstellung (insbesondere bei Kindern und Jugendlichen) fördern, indem sie die Lernumgebung ästhetisch gestalten, sodass das Lernen in einer anmutigen Atmosphäre stattfindet. Wie durch wenige gestalterische Eingriffe, wie z.B. Girlanden, Lichterketten, Stanniolpapier, Spielfiguren und Objekte des Lebensalltags, die jeweiligen Lernszenarios zu Laboratorien sinnlicher Erfahrung werden (vgl. Abb. 149), zeigen immer wieder auf sehr anschauliche Weise Sabine KRETSCHMER (Arbeitsgemeinschaft Jugendfreizeitstätten, AGJF Sachsen) und Jürgen ERTELT (Internationaler Jugendaustausch- und Besucherdienst der Bundesrepublik Deutschland, IJAB e.V.).

Abb. 149: Sinnlich-ästhetisches Seminararrangement von Jürgen Ertelt

Für die kalifornische Designerin Marney Morris steht der Benutzer im Mittelpunkt aller Überlegungen. Sie fragt immer, wer die Benutzer sind und was sie wollen. Ziel jeglicher Lernprojekte sollte es sein, dass sie den Benutzern Spaß machen. Programmatisch sagt Morris: „Lernen soll Spaß machen. Nein, besser: Lernen ist Spaß" (MORRIS 2000, S. 252). Sie will die Benutzer verführen, sich in das Lernen zu verlieben, „to fall in love with learning" (S. 247). Die von ihr initiierte Lernsoftware ***Sprocketworks*** erlaubt dem Anwender, auf spielerische Weise umfassendes Wissen zu erwerben (*www.animattrix.com, http://www.sprocketworks.com/*). Die Anwendungslogik und Programmiersprache des Computers haben dabei die Aufgabe, die Erfahrungen des Anwenders zu unterstützen, nicht aber sie vorzudefinieren oder einzuschränken. „Unsere CD-ROMs wollen nichts anderes als eine Startrampe für erfolgreiches Lernen sein. Wenn wir den Leuten einen Anstoß geben können, mit diesen CD-ROMs etwas zu lernen und dabei Spaß zu haben, dann werden sie von selbst weiterlernen. Wir liefern quasi nur die Initialzündung“ (ebd., S. 248). Das Online-Produkt *Sprocketworks* zeichnet beispielhaft die Schnittstelle des Übergangs von der Informations- zur Wissensgesellschaft vor. Es ist das erste Großprojekt, das den Nutzer ins Zentrum des Designs von Computeranwendungen stellt. Ein wesentliches Grundprinzip des neuen Tools ist, dass die Anwendung für alle Alters- und Bildungsgruppen verstehbar ist.

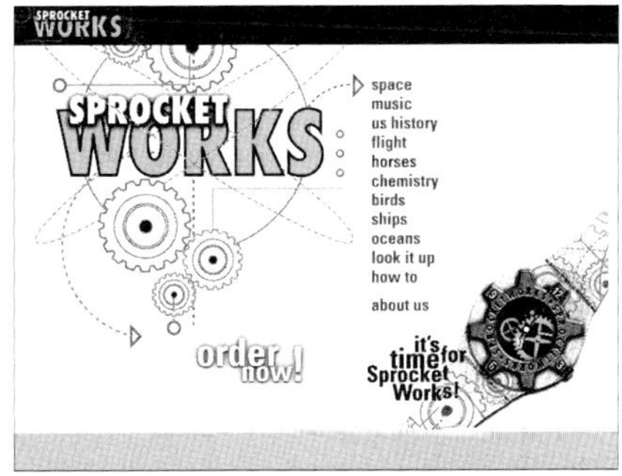

Abb. 150: Portal von Sprocketworks

GERSTNER (2003) berichtet in der Online-Ausgabe von „Nature Science“, wie Langeweile und Realitätsferne aus dem Unterricht verbannt und selbst Fächer wie Physik mit Spaß unterrichtet werden können. Mit Superhelden haucht James KAKALIOS von der Universität von Minnesota seinen Physikkursen Leben ein. Ein Kurs trägt den Titel „Alles, was ich über die Naturwissenschaften weiß, habe ich durch Comics gelernt.“ In den Physikhausaufgaben für Superhelden müssen die Studenten die Superhelden den Naturgesetzen unterwerfen. Sie untersuchen, ob deren Superkräfte realistisch sind. Welche Kraft ist notwendig, um wie Superman über ein großes Gebäude zu springen? Wie stark muss das Netz von Spiderman sein, damit er sich durch die Abgründe von Lower Manhattan schwingen kann? Um die Superkräfte der Comic-Helden zu analysieren, verwenden KAKALIOS und seine Studenten traditionelles physikalisches Wissen. Wie das Magazin berichtet, konnte KAKALIOS mit Hilfe von Batman, Superman und Spiderman nicht nur die Langeweile aus dem Studium vertreiben, sondern auch eine mit Lernspaß verbundene Lernkultur etablieren.

Es zeigt sich z.B. dass die Erinnerungsleistungen verbessert werden, wenn Tätigkeiten mit Gefühlen und möglichst vielen Sinneseindrücken aus der rechten Gehirnhälfte verbunden sind. „Aber erst die Verbindung des emotionalen und sinnhaften Bezugs beim Lernen macht Lernen in Bildungsinstitutionen bedeutsam“ (GUDJONS 1995, S. 210). Für den Darmstädter Genforscher GASSEN ist das Spiel Ausgangspunkt von Lernen schlechthin: „Die Lust am spielerischen Lernen, die Neugierde sind dem Menschen in die Wiege gelegt“ (GASSEN zit. In: KARISCH 2003). Im Hebräischen bedeutet „Gnosis“ sowohl schlagartig neue Zusammenhänge sehen als auch lustvolles Erleben. Die Griechen benutzten das Wort gignoskein (γιγνοσκειν) als Bezeichnung für erkennen, zeugen, werden und geschehen. Die Neuschöpfung symbolisiert in beiden

Sprachen sowohl Zeugung, d.h. etwas Neues hervorbringen, als auch Erkenntnis. Etymologisch lässt sich somit eine Bezug von Lust und Lernen herstellen. Diese Beziehung stellen inzwischen auch die Gehirnforscher fest. Beim lustvollen Lernen, genau wie beim Sex, schüttet das Gehirn Dopamin aus. Dadurch bekommt der Lernende gute Laune und seine Durchblutung verbessert sich. Während dieses Belohnungssystem im Gehirn stammesgeschichtlich sehr alt ist, sind die für das Denken zuständigen Stirnlappen von der Evolution erst spät ausgebildet worden (vgl. SINGER 2002). Daher ist es durchaus sinnvoll, Lernen mit Spaß und Lust zu verbinden.

Insbesondere Kinder lernen spielerisch. Als Spieler nimmt man teil an einem Geschehen, das allerdings nur von einer Perspektive aus übersehbar ist. Die Reaktionen können so vielfältig sein, dass der Spieler immer in einen mehrdimensionalen Diskurs eingebunden ist, in welchem er nie weiß, wann und wo Reaktionen zu erwarten sind. Das spielerische Element löst die hohe Faszination aus, die von den neuen Maschinen und den künstlichen Welten ausgehen. Dabei wird die Schnittstelle zwischen einem Computerspiel und einer wissenschaftlichen Simulation immer enger, sodass Kompetenz im Umgang mit Computer(spielen) gleichzeitig eine Basisqualifikation im kommunikativen Umgang mit der maschinellen Kommunikation bedeutet. Bei der weiteren Verbreitung von interaktiven Medien und vernetzten Medien wird diese notwendige Qualifikation jedoch vermutlich nicht Spiel genannt werden, sondern Befähigung zur Steuerung von komplexen Systemen. Spielen und forschen sind keine Gegensätze, sondern ergänzen sich.

Bei wachsender Optionalität kann es keine eindeutigen Zwecke mehr geben. Auch TULLY (2000, S. 198) geht davon aus, dass der spielerische Umgang mit der Technik zum vorherrschenden Umgangsstil und zum Idealmodell der pädagogischen Unterweisung wird. Multimediale Lernsysteme werden dazu beitragen Lernen als lustbetonte Exploration zu erleben. In Zukunft wird Lernen und Unterhaltung zusammenfallen. Mit Hilfe der Neuen Medien werden die Pädagogen zu Unterhaltern. In dieser Eigenschaft sorgen sie für Freude, Motivation und Verantwortlichkeit im Lernprozess. Allein durch Spielen mit dem Computer lernen Kinder eine Reihe ganz unterschiedlicher Fähigkeiten. Beim Spiel sind meist mehrere Sinne beteiligt. Das Agieren ist vom Modus des Begreifen geprägt. Bereits das Sehen und Erkennen von Objekten ist von Deutungen begleitet. Diese Deutungen bedürfen einer Einordnung. Somit lernen Kinder beim Spielen automatisch zu bewerten (implizites Lernen). Sie erleben im Spiel mit anderen Kindern unterschiedliche Bewertungen; darauf müssen sie, wenn sie im Spiel dabei sein wollen, reagieren. Immer bedeutet das Spiel auch eine Aneignung von Regeln, Verhaltensweisen, Spielstrategien. Das jeweilige Spiel und dessen System müssen verstanden werden. Entsprechend den subjektiven Interessen kommt es zu Umdeutungen vorhandener Spiel-Schemata. Im Idealfall werden neue Spiel-Szenarios entworfen. Das Potenzial des eigenen möglichen Seins kann im Spiel entworfen und projiziert werden. Meist gelingt dies nur durch Kooperation mit anderen. Daher wird Interaktion zu einer notwendigen Lernstrategie. In der Wiederholung verfestigen sich diese Lernschritte und führen zu Rückerinnerungen des Gelernten. Nach meiner Auffassung führt derartiges spielerisches Lernen zu der komplexen Fähigkeit, mit sinnlich-ästhetischen Mitteln die gesellschaftliche Wirklichkeit aufzunehmen, zu verarbeiten und in ihr interaktiv und kompetent zu handeln.

12. Vom wissensvermittelnden Pädagogen zum lernfördernden Pädagogen

Das Leitbild des Lehrenden wird sich verändern hin zu einem pädagogischen Verständnis, das offene Lernprozesse ermöglicht. Der Fokus wird sich verlagern vom Lernprozess zum Lehrprozess (vgl. DIETRICH/FUCHS-BRÜNINGHOFF 1998, S. 3). Pädagogen müssen aufhören, sich nur als Lieferanten von Faktenwissen zu sehen. Medien-, Methoden- und Sozialkompetenz werden die Schlüsselqualifikationen der zukünftigen Pädagogen sein, wollen sie nicht durch entsprechende Experten „unterstützt" werden. Lehren wird immer mehr zu einer sozialen Tätigkeit, bei der Teamfähigkeit gefordert und gelernt wird. Die Lernenden erarbeiten sich ihr Wissen selbstständig über Recherchieren, Ressourcenbewertung und anschließende Präsentation. Die Pädagogen werden zu Mentoren, d.h. Berater. Sie sind ebenso wie das Internet oder andere Experten eine von mehreren Informationsquellen. Sie helfen den Lernenden dabei, ihre Lernstrategien entsprechend ihres Lerntyps zu optimieren. Ziel des Pädagogen muss es sein, Interesse für den Lehrstoff zu wecken. „Ziel des Lehrers sollte sein, den Studierenden die Fähigkeit zu vermitteln, eigene Strukturen und eigenes Verständnis für ein Wissensgebiet zu entwickeln" (BATES 2002, S. 131). Lehrende müssen sich vor allem auch als Lernende verstehen, die gemeinsam mit den Lernenden lernen.

Damit einher wird eine Veränderung der Rolle des Pädagogen gehen. Sie werden zu Coaches oder besser gesagt zu den Navigatoren des Lernprozesses. Sie sind zuständig für die Generierung der Lernumgebung; sie organisieren die Lernarrangements; sie fördern die Auseinandersetzungen der Lernenden mit dem Lernangebot. Der Navigator schleust ein Schiff durch ein ihm bekanntes Gebiet, das aber eine Menge unbekannter Dimensionen enthält. Das Gebiet, die Wissens- und Lerndimensionen, die jeweils vorhandenen Kenntnisse und Fähigkeiten sind zwar bekannt, sie repräsentieren jedoch keine unumstößlichen Wahrheiten. Navigatoren arbeiten mit dem Prinzip der Wahrscheinlichkeit. Jederzeit kann es notwendig sein, das bisher scheinbar als gültig wahrgenommene Wissen zu hinterfragen, weil sich die Perspektive geändert hat oder weil sich auf Grund neuer Erfahrungen die Deutung der jeweiligen Erscheinungen gewandelt hat. Das Wasser symbolisiert die Erfahrung, dass sich alles bewegt (παντα ρε - panta rhei - alles fließt). Der schwankende Wasserboden macht deutlich, dass sich die Navigatoren auf bekanntem, aber keineswegs auf sicheren Terrain bewegen.

Pädagogik als Navigation heißt die Lernenden zum selbstgesteuerten Lernen zu befähigen, sie ebenfalls zu Navigatoren zu machen. In dem zukünftigen Lernraum übernehmen die Lernenden Funktionen, die vorher nur den Lehrenden zugestanden wurde. Autonomie erleben wäre ein wesentliches Stichwort. Strukturell gesehen entsteht ein neues Lernverhalten. Die gestellten Aufgaben werden nach den Vorstellungen der Lernenden bearbeitet. Beim Handeln stehen Spielräume zur Verfügung. Kompetenz erleben wäre ein weiteres Stichwort. Die Schüler erleben sich und damit ihre eigene Wirksamkeit beim sachverständigen Lösen von Problemen. Da sie dies in einer Gruppe erleben, erfahren sie Anerkennung durch die Peer Group und somit auch das Erleben sozialer Einbindung. „Gleichrangige teilen ihr Wissen, wodurch sich Wissen dauernd neu strukturiert und formiert und von jedem in jedem gewünschten Zusammenhang verwendet werden kann" (BATES 2002, S. 133).

Diese neue Rolle als Navigator muss uns Pädagogen keineswegs bedrohen. Es kann eine Bereicherung sein, nicht immer alles wissen zu müssen und das aufregende Gefühl zu erleben, wenn Lernende uns eine Kompetenz beibringt. Gerade die elektronischen Medien bieten ein anregendes Szenario des komplementären Lernens. Lernen kann sowohl für die Lernenden als auch die Lehrenden zu einer täglichen Bereicherung werden. Die hierarchische Lehr-Lernstruktur müsste allerdings abgebaut werden, und an die Stelle der Subordination sollte eine egalitäre Lernumgebung treten, damit die Forderung nach dem Auf-richten der Lernenden nicht Postulat bleibt, sondern Wirklichkeit wird.

Literatur

Anderson, John R. (1988): Kognitive Psychologie. Heidelberg 1988.

Anfang, Günther; Demmler, Kathrin; Lutz, Klaus (Hrsg.) 2001: Erlebniswelt Multimedia. Computerprojekte mit Kindern und Jugendlichen. München 2001.

Anfang, Günther (2001): Computer in der Kinder- und Jugendarbeit. Ziele und Kriterien für die aktive Medienarbeit mit Multimedia. In: Günther Anfang; Kathrin Demmler; Klaus Lutz (Hrsg.): Erlebniswelt Multimedia. Computerprojekte mit Kindern und Jugendlichen. München 2001, S. 9-18.

Anfang, Günther; Demmler, Kathrin; Lutz, Klaus (Hrsg.) 2003: Mit Kamera, Maus und Mikro. Medienarbeit mit Kindern. München 2003.

Arnheim, Rudolf (1969): Anschauliches Denken. Zur Einheit von Bild und Begriff. Köln 1980.

Arnold, Rolf (1995): Erwachsenenbildung: Eine Einführung in Grundlagen, Probleme und Perspektiven. Baltmannsweiler 1996.

Asimov, Isaak (1986): Future Days: Nineteenth-Century Vision of the Year 2000. New York 1986.

Aufenanger, Stefan (1995): Neue Medien als pädagogische Herausforderung. In: Fred Schell; Bernd Schorb; Hans-Jürgen Palme (Hrsg.): Jugend auf der Datenautobahn. Sozial-, gesellschafts- und bildungspolitische Aspekte von Multimedia. München 1995., S. 57-63.

Aufenanger, Stefan (1997): Medienpädagogik und Medienkompetenz. Eine Bestandsaufnahme. In: Enquete-Kommission „Zukunft der Medien in Wirtschaft und Gesellschaft. Deutschlands Weg in die Informationsgesellschaft“ (Hrsg.): Medienkompetenz im Informationszeitalter. Deutscher Bundestag, Bonn 1997, S. 15-22.

Aufenanger, Stefan (1999): Lernen mit neuen Medien. Was bringt es wirklich? Forschungsergebnisse und Lernphilosophien. In: medien praktisch, 4/1999, S. 4-8.

Aufenanger, Stefan (2000): Medien-Visionen und die Zukunft der Medienpädagogik. Plädoyer für Medienbildung in der Wissensgesellschaft. In: medien praktisch, 1/2000, S. 4-8.

Baacke, Dieter (1973): Kommunikation und Kompetenz. Grundlegung einer Didaktik der Kommunikation und ihrer Medien, München 1973.

Baacke, Dieter (1987): Jugend und Jugendkulturen. Darstellung und Deutung. Weinheim und München 1993.

Baacke, Dieter (1996a): Medienkompetenz als Netzwerk. Reichweite und Fokussierung eines Begriffs, der Konjunktur hat. In: medien praktisch, 2/1996, S. 4-10.

Baacke, Dieter (1996b): Medienkompetenz – Begrifflichkeit und sozialer Wandel. In: Antje von Rein (Hrsg.): Medienkompetenz als Schlüsselbegriff. Bad Heilbrunn 1996, S. 112-124.

Baacke, Dieter (1997): Jugend und Internet. Ersetzen des Erziehungsparadigmas durch das Dialog-Paradigma. In: Dieter Baacke; Dorothee Schnatmeyer (Hrsg.): Neue Medien – Neue Gesellschaft? GMK, Schriften zur Medienpädagogik 25, Bielefeld 1997, S. 26-36.

Baacke, Dieter; Röll, Franz Josef (Hrsg.) 1995: Weltbilder Wahrnehmung Wirklichkeit. Der ästhetisch organisierte Lernprozeß. Opladen 1995.

Baacke, Eugen; Frech, Siegfried; Ruprecht, Gisela (Hrsg.) 2002: Virtuelle (Lern)Welten. Herausforderung für die politische Bildung. Einleitung. Schwalbach 2002. S. 1-23.

Back, Andrea (2002): E-Learning durch Wissensmanagement bereichern: Impulse von einem umfassenden E-Learning-Verständnis für mediendidaktische Ausbildungen. In: www.medienpaed.com (23.03.03).

Bader, Roland (2001): Legitime Partizipation. Ein Handlungsmodell der Medienpädagogik mit Computern. In: Wolfgang Schindler; Roland Bader; Bernhard Eckmann (Hrsg.): Bildung in virtuellen Welten. Praxis und Theorie außerschulischer Bildung mit Internet und Computer. Frankfurt a. M. 2001, S. 356-376.

Bader, Roland (2001): Learning Communities im Internet. Aneignung von Netzkompetenz als gemeinschaftliche Praxis. Eine Fallstudie in der pädagogischen Weiterbildung. Münster 2001.

Ballstaedt, Steffen-Peter (1997): Wissensvermittlung. Die Gestaltung von Lernmaterial. Weinheim 1997.

Bandura, Albert (1976): Lernen am Modell. Stuttgart 1976.

Bandura, Albert (1979): Sozial-kognitive Lerntheorie. Stuttgart 1979.

Bates, Anthony W. (2000): Virtuell Global Zielgruppenorientiert. Der Einfluss der Neuen Medien auf die Universität. In: Christa Maar; Hans Ulrich Obrist; Ernst Pöppel: Weltwissen Wissenswelt. Das globale Netz von Text und Bild. Köln 2000, S. 123-135.

Bateson, Gregory (1990): Geist und Natur. Eine notwendige Einheit. Frankfurt a. M. 1990.

Bauer, Angelika (2001): SuperSpace und Spielaktiv. Projekte zwischen Sinnenreich und Cyberspace. In: Hans-Jürgen Palme; Natasa Basic, (Hrsg.): Medienkompetenz – Version 2002 Navigationshilfen für Kinder, Jugendliche und Erziehende. Bielefeld 2001, S. 104-110.

Bauer, Robert; Philippi, Tillmann (2002): Einstieg ins E-Learning. Die Zukunftschance für beruflichen und privaten Erfolg. Nürnberg 2001.

Bauer, Wolfgang (1995): Multimedia in der Schule? In: Ludwig J. Issing, Paul Klimsa (Hrsg.) 1995: Information und Lernen mit Multimedia. 2., überarbeitete Auflage. Weinheim 1997, S. 376-399.

Beck, Henrike; Schliep, Rixta (1996): Reformpädagogik. In: http://www.wipaed.wiso.uni-goettingen.de/~ppreiss/didaktik/reform96a.html (13.04.03).

Beck, Ulrich (1986): Risikogesellschaft. Auf dem Weg in eine andere Moderne. Frankfurt a. M. 1986.

Beeres, Thorsten: Hörspielarbeit mit Kinder in Kindertageseinrichtungen. Ein Konzept zur Förderung der kommunikativen und sozialen Kompetenz. Darmstadt 2002 (unveröffentlichte Diplomarbeit).

Belgrad, Jürgen; Niesyto, Horst (Hrsg.) 2001: Symbol Verstehen und Produktion in pädagogischen Kontexten. Hohengehren 2001.

Bell, Daniel (1975): Die nachindustrielle Gesellschaft. Frankfurt a. M. 1975.

Bergmann, Wolfgang (2000): Computer machen Kinder schlau. Was Kinder beim Computerspielen sehen und fühlen, denken und lernen. München 2000.

Bering, Kunibert (2002): Bezugsfelder der Vermittlung visueller Kompetenz. In: Hans Dieter Huber; Bettina Lockemann; Michael Scheibel (Hrsg.): Bild Medien Wissen – Visuelle Kompetenz im Medienzeitalter. München 2002, S. 89-101.

Beyer, Maria (1995): Mind Mapping, der Lernbeschleuniger für ganzhirniges Denken und Behalten in der Schule. In: Peter Heitkämper (Hrsg.): Mehr Lust auf Schule. Ein Handbuch für innovativen und gehirngerechten Unterricht, Paderborn 1995, S. 259-269.

Bildungskommission der Heinrich-Böll-Stiftung (2002a). Lasst die Schulen frei. Mit radikaler Autonomie befassen sich die neuen Empfehlungen der Bildungskommision der Heinrich-Böll-Stiftung. In: FR 05.07.02.

Bildungskommission der Heinrich-Böll-Stiftung (2002b): Lehrer brauchen Professionalität und ein Berufsethos. Neue Empfehlungen der Bildungskommission der Heinrich-Böll-Stiftung. Plädoyer für eine grundlegende Reform des Lehrberufs. In: FR 30.11.02.

Böhm, Winfried (1982): Wörterbuch der Pädagogik. Stuttgart 1994.

Bonsiepe, Gui (2002): Audiovisualistik und die Darstellung von Wissen. In: Hans Dieter Huber; Bettina Lockemann; Michael Scheibel (Hrsg.): Bild Medien Wissen – Visuelle Kompetenz im Medienzeitalter. München 2002, S. 223-241.

Bourdieu, Pierre (1970): Zur Soziologie der symbolischen Formen. Frankfurt a. M. 1970.

Bronfenbrenner, Uri (1976): Ökologische Sozialisationsforschung. Stuttgart 1976.

Bruner, Jerome S. (1966): Toward a theory of instruction. Norton, New York 1966.

Burg, Thomas N. (2002): Tagebuch im Netz. In: Telekom-presse.at vom 6. November 2002.

Buzan, Tony (1984): Kopftraining. Anleitung zum kreativen Denken. München 1984.

Cassirer, Ernst (1944): Versuch über den Menschen. Einführung in eine Philosophie der Kultur. Frankfurt a. M. 1990.

Cassirer, Ernst (1923): Philosophie der symbolischen Formen. Bd. 1, Darmstadt 1988.

Castendyk, Jürgen (2002): Rahmenbedingungen für die Einführung von E-Learning an niedersächsischen Volkshochschulen. In: E-Learning Report, Nr 3/2002.

Charlton, Michael; Neumann-Braun, Klaus (1990): Medienrezeption und Identitätsbildung. Kulturspsychologische und kultursoziologische Befunde zum Gebrauch von Massenmedien im Vorschulalter. Tübingen 1990.

Charlton, Michael; Neumann-Braun, Klaus (1992): Medienkindheit – Medienjugend. Eine Einführung in die aktuelle kommunikationswissenschaftliche Forschung. München 1992.

Chomsky, Noam (1969): Aspekte der Syntaxtheorie. Frankfurt a. M. 1969.

Chou, Luyen (2000): Informativ, interaktiv, kollaborativ und selbstbestimmt – mit digitalen Lernumgebungen verändern sich die Lernprozesse. In: Christa Maar; Hans Ulrich Obrist; Ernst Pöppel: Weltwissen Wissenswelt. Das globale Netz von Text und Bild. Köln 2000, S. 116-122.

Collins, Allan; Seeley-Brown, John; Newman, Susanne (1989): Cognitive Apprenticeship: Teaching the Crafts of Reading, Writing and Mathematics. In: Lauren B. Resnick (Ed.), Knowing, Learning, and Instruction. Essays in Honor of Robert Glaser. Hillsdale, NJ 1989, S. 453-494.

Corell, Werner (1969): Denken und Lernen. Beiträge der Lernforschung zur Methodik des Unterrichts. Frankfurt am Main 1971.

Csikszentmihalyi, Mihaly (1985): Das Flow-Erlebnis. Stuttgart 1985.

Dahlberg, Ingetraut (1994): Wissensorganisation – eine neue Wissenschaft? In: Rudolf Wille; Monika Zickwolff (Hrsg.): Begriffliche Wissensverarbeitung. Grundfragen und Aufgaben. Mannheim 1994, S. 225-238.

Dale, Edgar (1946): Audio-Visual Methods in Teaching. New York 1946.

Deinet, Ulrich (2001): Sozialräumliche Orientierung – Mehr als Prävention! Jugendarbeit verkauft sich mit einer Sozialraumorientierung „light". In: Deutsche Jugend 03/2001, S. 117-121.

Deleuze, Giles; Guattari, Félix (1977): Rhizom. Berlin 1977.

Deutsche Shell (Hrsg.): Jugend 2000. 13. Shell Jugendstudie, Bd. 1, Opladen 2000.

Dewe, Bernd; Sander, Uwe (1996): Medienkompetenz und Erwachsenenbildung. In: Antje von Rein (Hrsg.): Medienkompetenz als Schlüsselbegriff. Bad Heilbrunn 1996, S. 125-142.

Dewey, John (1934): Kunst als Erfahrung. Frankfurt a. M. 1980.

Dichanz, Horst; Ernst, Annette (2001): E-Learning. Begriffliche, psychologische und didaktische Überlegungen zum „electronic learning". In: http://www.medienpaed.com/00-2/dichanz_ernst1.pdf (15.03.2003).

Dietrich, Stephan; Fuchs-Brüninghoff, Elisabeth (1998): Projekt: Selbstgesteuertes Lernen (SeGeL). Serviceleistungen zur Entwicklung einer neuen Lernkultur in der Weiterbildung. In: www.die-frankfurt.de (23.03.03).

Deutsches Zentrum für Luft- und Raumfahrt e.V. (Hrsg.) 2002: Infodienst zum Programm „Lernende Regionen – Förderung von Netzwerken" des Bundesministeriums für Bildung und Forschung. Nr. 02/02. Bonn 2002.

Döbert, Rainer; Habermas, Jürgen; Nunner-Winkler, Gertrud (Hrsg.) 1980: Entwicklung des Ichs. Königstein 1980.

Doelker, Christian (1991): Außenbilder - Innenbilder. Elemente einer Bildtheorie. In: medien praktisch, 1/1991, S. 4-9.

Doelker, Christian (1987): Kulturtechnik Fernsehen. Umgang mit einem Medium. Stuttgart 1989.

Dohmen, Günther (1999): Leitbegriffe für das Nachdenken und über die Zukunft – Kritischer Kommentar zum „Wissens- und Bildungs-Delphi". In: Bernhard von Rosenbladt (Hrsg.): Bildung in der Wissensgesellschaft. Ein Werkstattbericht zum Reformbedarf im Bildungssystem. Münster 1999, S. 45-54.

Döring, Nicola (1997): Identitäten, Beziehungen und Gemeinschaften im Internet. In: Bernad Batanic (Hrsg.): Internet für Psychologen. Göttingen 1997, S. 299-336.

Döring, Nicola (2001): Virtuelle Gemeinschaften als Lerngemeinschaften!? Zwischen Utopie und Dystopie. In: DIE, III, 2001, zitiert nach: http://www.die-bonn.de/zeitschrift/32001/positionen4.htm (13.03.03).

Döring, Nicola (2000): Sozialpsychologie des Internet. Die Bedeutung des Interent für Kommunikationsprozesse, Identitäten, soziale Beziehungen und Gruppen. Göttingen, Bern, Toronto, Seattle 1999.

Dörre, Klaus (2002): Gewerkschaften in der Wissensgesellschaft. In: Hessische Jugend. Außerschulische Jugendbildung in der Wissensgesellschaft, 2/2002, S. 8-9.

Dornes, Martin (1993): Der kompetente Säugling. Die präverbale Entwicklung des Menschen. Frankfurt a. M. 1994.

Drucker, Peter (1969): The Age of Discontinuity. Guidelines to our changing Society. New York 1969.

Duncker, Ludwig (1999): Begriff und Struktur ästhetischer Erfahrung. In: Norbert Neuß (Hrsg.): Ästhetik der Kinder. Frankfurt a. M. 1999, S. 9-19.

Düx, Sascha (2000): Internet, Gesellschaft und Pädagogik. Computernetze als Herausforderung für Jugendarbeit und Schule in Theorie und Praxis. München 2000.

Eccles, John C. (1989): Die Evolution des Gehirns – die Erschaffung des Selbst. München 1993.

Eco, Umberto (1985): Semiotik und Philosophie der Sprache, München 1985.

Edwards, Betty (1979): Garantiert zeichnen lernen. Die rechte Gehirnhälte aktivieren – Gestaltungskräfte freisetzen. Augsburg 1999.

Ehlers, Ulf (2002): Qualität beim E-Learning: Der Lernende als Grundkategorie der Qualitätssicherung. In: www.medienpaed.com (23.03.03).

Eimer, Thomas (2001): Das virtuelle Jugendhaus. Ein pädagogischer Aneignungsraum virtueller Räume. In: Wolfgang Schindler; Roland Bader; Bernhard Eckmann (Hrsg.): Bildung in virtuellen Welten. Praxis und Theorie außerschulischer Bildung mit Internet und Computer. Frankfurt a. M. 2001, S. 91-98.

Eimeren, Birgit van; Gerhard, Heinz; Frees, Beate (2002): Entwicklung der Onlinenutzung in Deutschland: mehr Routine, weniger Entdeckerfreude. ARD/ZDF-Online-Studie 2002. In: Mediaperspektiven, 8/2002, S. 346-362.

Encarnacao, Jose; Guddat, Hannes; Schnaider, Michael (2002): Die Hochschule auf dem Weg ins E-Learning-Zeitalter. In: Ulrike Bentlage; Peter Klotz; Ingrid Hamm (Hrsg.): E-Learning. Märkte, Geschäftsmodell, Perspektiven. Gütersloh 2002.

Englmeier, Karl-Hans (2000): Virtual Reality in der Medizin – 3-D-Techniken revolutionieren die Mensch/Maschine-Schnittstelle. In: Christa Maar; Hans Ulrich Obrist; Ernst Pöppel: Weltwissen Wissenswelt. Das globale Netz von Text und Bild. Köln 2000, S. 185-190.

Ertelt, Jürgen (1999): Kling? Klang? Klong? In: Dieter Glaab; Jürgen Ertelt: Konnekt – Das Medienpaket. Remscheid 1999, S. 85-89.

Fahl, Elke (1996). Soziale Kompetenz und ihre Vermittlung an den Fachbereichen Wirtschaft der Fachhochschulen. Ein Zwischenbericht zur Studie „Integration sozialer Schlüsselqualifikationen in wirtschaftswissenschaftliche Fachhochschulausbildung“. In: http://www.wirt.fh-hannover.de/veroeff/apapier/arb25.htm (25.02.03).

Fasching, Thomas (1997): Internet und Pädagogik. Kommunikation, Bildung und Lernen im Netz. München 1997.

Feibel, Thomas (1999): Großer Kinder-Software-Ratgeber: Lernen, Wissen, Spiel und Spaß. München 1999.

Ferchhoff, Wilfried; Neubauer (1997): Patchwork-Jugend. Eine Einführung in postmoderne Sichtweisen. Opladen 1997.

Fischer, Barbara B.; Fischer, Louis (1979): Styles in Teaching and Learning. In: Educational Leadership, 1979, S. 245-254.

Flaig, Berthold Bodo; Meyer, Thomas; Ueltzhöffer, Jörg (1993): Alltagsästhetik und politische Kultur. Zur ästhetischen Dimension politischer Bildung und politischer Kommunikation. Bonn 1993.

Flechsig, Karl-Heinz (1996): Kleines Handbuch didaktische Modelle. Eichenzell 1996.

Flusser, Vilém (1994): Vom Subjekt zum Projekt. Menschwerdung. Bensheim, Düsseldorf 1994.

Flusser, Vilém (1995): Verbündelung oder Vernetzung? In: Bollmann, Stefan. (Hrsg.): Kursbuch Neue Medien. Mannheim 1996.

Flusser, Vilém (1998): Kommunikologie. Frankfurt a. M. 2000.

Frantzen, Dieter (1998): Effizient lernen. Wie Sie Ihre Qualifikation selbst managen. Wiesbaden 2000.

Friedrich, Heidrun (2001): Neue Lehr- und Lernkultur. In: Bericht der Expertengruppe Forum Bildung, August 2001.

Friedrich, Helmut F.; Mandl, Heinz (1997): Analyse und Förderung des selbstgesteuerten Lernens. In: Franz E. Weinert; Heinz Mandl (Hrsg.): Psychologie der Weiterbildung (Enzyklopädie der Psychologie, Serie I, Band 4). S. 237-293.

Fries, Rüdiger (2003): Cognitive Apprenticeship-Ansatz. In: http://www.ruediger-fries.de/modera/tele5.html (25.03.03).

Friese, Holger (2002): Was war denn eigentlich Hypertext? Ein Versuch, sieben Jahre Internetgestaltung in Worte zu fassen. In: Hans Dieter Huber; Bettina Lockemann; Michael Scheibel (Hrsg.): Bild Medien Wissen – Visuelle Kompetenz im Medienzeitalter. München 2002, S. 243-255.

Fricke, Reiner (1995): Evaluation von Multimedia. In: Ludwig J. Issing; Paul Klimsa (Hrsg.): Information und Lernen mit Multimedia. Weinheim 1997, S. 400-413.

Fromme, Johannes; Meder, Norbert (Hrsg.) 2001: Bildung und Computerspiele. Zum kreativen Umgang mit elektronischen Bildschirmspielen. Opladen 2001.

Gardner, Howard (1985): Abschied vom IQ. Die Rahmen-Theorie der vielfachen Intelligenzen. Stuttgart 2001.

Gardner, Howard (1999): Intelligenzen. Die Vielfalt des menschlichen Geistes. Stuttgart 2002.

Gerstenmaier, Jochen; Mandl, Heinz (1994): Wissenserwerb unter konstruktivistischer Perspektive (Forschungsbericht Nr. 33 der Ludwig-Maximilians-Universität, Lehrstuhl für Empirische Pädagogik und Pädagogische Psychologie). München 1994.

Gerstner, Ed (2003): Superheroes make physics fun. Comic books impart common sense and critical thinking. In: Nature Science, 12. März 2003, http://www.nature. com/ nsu/030310/030310-3.html (28.03.03).

Geulen, Dieter (Hrsg.) 1989: Kindheit. Neue Realitäten und Aspekte. Weinheim 1989.

Giesecke, Hermann (1996): Das „Ende der Erziehung". Ende oder Anfang pädagogischer Professionalisierung? In: Arno Combe; Werner Helsper (Hrsg.): Pädagogische Professionalität. Untersuchungen zum Typ pädagogischen Handelns Frankfurt a. M. 1996.

Giesecke, Hermann (1987): Pädagogik als Beruf. München 1987.

Glaap, Dieter; Ertelt, Jürgen (Hrsg.) 1999: Konnekt. Das Medienpaket. Remscheid 1999.

GMK/JFC (1999): Webmobile für Nordrhein Westfalen – Zwischenbericht – 15.09.1998 - 14.09.1999. In: http://www.medienmobil.de/mobil/zwischenbericht.pdf (25.03.03).

GMK/JFC (2001): Jugend macht Medien. Webmobil – Netzwerkstatt. Materialien für eine vernetzende Jugendarbeit. Zwischenbericht September 2000 bis März 2001. In: http:/ /www.medienmobil.de/mobil/zwischenbericht0900-0301.pdf (25.03.03).

Gödert, Winfried (2001): Schnittstelle von Wissen zwischen Institution und Nutzer. Expertise im Rahmen des Teilprojekts „Virtuelle Wissensplattformen" im Projekt Entwicklung und Förderung innovativer weiterbildender Lernarrangements in Kultur- und Weiterbildungseinrichtungen (EFIL). Köln 2001.

Götz, Maya (2000): Die Bedeutung von Daily Soaps im Alltag von 10- bis 15-jährigen. In: TelevIZIon, 13/2000/2, S. 52-64.

Goddar, Jeannette (2003): Nicht Stundenpläne sollen wichtig sein, sondern was der Schüler kann. In: FR 19.02.03.

Goleman, Daniel (1995): Emotionale Intelligenz. München 1996.

Goleman, Daniel (1999): EQ. Der Erfolgsquotient. München 1999.

Gottwald, Franz-Theo; Sprinkart, Karl Peter (1998): Multi-Media Campus. Die Zukunft der Bildung. Düsseldorf 1998.

Greenfield, Patricia M. (1984): Kinder und neue Medien. Die Wirkungen von Fernsehen, Videospielen und Computern. München, Weinheim 1987.

Groebel, Jo (1998): Medienkompetenz: universell und unmittelbar. In: TelevIZIon, 11/1998/ 1, S. 36-44.

Gruber, Hans; Mandl, Heinz; Renkl, Alexander (1999): Was lernen wir in Schule und Hochschule: Träges Wissen?, Forschungsbericht 101 des Lehrstuhls für Empirische Pädagogische Pädagogik und Pädagogische Psychologie der LMU, München 1999.

Grune, Christian (2000): Analyse didaktischer Konzepte für vernetzte Lernumgebungen. München 2000.

Grün; Peter; Höhler-Helbig, Konrad (1999): Die Fälscherwerkstatt. Ein fächerübergreifendes Projekt zur digitalen Bildbearbeitung, erstellt im Rahmen des hessischen Modellversuchs „Integrative Medienerziehung mit multimedialen, interaktiven Systemen (IMMIS)". Hessisches Landesinstitut für Pädagogik (HeLP), Materialien zum Unterricht, Sekundarstufe I, Heft 140. Wiesbaden 1999.

Grün, Peter (2002): Spiegel-Schule - Schule der Zukunft. Erste Frankfurter Virtuelle Schule. In: Hessische Jugend 02/2002, S. 12-13.

Gruschka, Andreas; Martin, Ellen (2003): Die Zauberformel vom Lernen lernen. Eine Kritik am Methodentraining in Schulen. „Pädagogischer Selbstbetrug". In: FR 22.01.03.

Gudjons, Herbert (1995): Pädagogisches Grundwissen. Bad Heilbrunn 1995.

Habermas, Jürgen (1988): Individuum durch Vergesellschaftung. In: Derselbe: Nachmetaphysisches Denken. Frankfurt 1988.

Häfele, Gudrun (1997): Multimediale Lern- und Informationssysteme. In: http://www.psychol.uni-giessen.de/abteil/paedglo/osinet/paedagog/instrukt/konstruk/COGNFLEX.htm (18.04.03).

Haller, Hans-Dieter (1992): An die Tür des Geistes klopfen. Lernen und Problemlösen. In: ManagerSeminar, 7/1992, S. 42-49.

Haller, Hans Dieter: Lernstildiagnose. In: www.gwdg.de/~hhaller/KOLB.doc) (18.03.03).

Harth, Thilo (2001): Neue Lernchancen mit dem Internet? In: Kursiv - Journal für politische Bildung, 3/2001, S. 12-19.

Heidenreich, Martin (1998): Die duale Berufsausbildung zwischen industrieller Prägung und wissensgesellschaftlichen Herausforderungen. In: Zeitschrift für Soziologie, 5/1998, S. 321-340.

Heidenreich, Martin (2002a): Merkmale der Wissensgesellschaft. Überarbeitetes Manuskript eines Vortrags vor der Bund-Länder-Kommission für Bildungsplanung in Esslingen. In: http://www.uni-bamberg.de/sowi/europastudien/dokumente/ blk.pdf (21.02.03).

Heidenreich, Martin (2002b): Die Debatte um die Wissensgesellschaft. In: www.uni-bamberg.de/~ba6se1/erlangen.htm (21.12.03).

Hengst, Heinz (1991): Medienkindheit heute. In: Stefan Aufenanger (Hrsg.): Neue Medien – Neue Pädagogik? Bonn 1991, S. 18-39.

Henseler, Wolfgang (2001): Interface-Agenten: Der Wandel in der Mensch-Objekt-Kommunikation oder von benutzungsfreundlichen zu benutzerfreundlichen Systemen. In: Bernhard Bürdeck (Hrsg.): Der digital Wahn. Frankfurt a. M. 2001. S. 130-146.

Herriger, Norbert (1997): Empowerment in der sozialen Arbeit. Eine Einführung. Stuttgart 1997.

Herrmann, Ned (1991): Kreativität und Kompetenz. Das einmalige Gehirn. Mit dem Originalfragebogen. Wiesbaden 1991.

Herrmann, Ned (1997): Das Ganzhirn-Konzept für Führungskräfte. Welcher Quadrant dominiert Sie und Ihre Organisation? Wien, Frankfurt a. M. 1997.

Herzig, Bardo (2002): Lehr-lerntheoretische Ansätze zum Lernen mit Neuen Medien. In: http://www.uni-leipzig.de/~sander/hd/info/lerntheorie/telelernen.pdf (07.02.03).

Hillebrandt, Frank (2001): Soziologische Handlungstheorie. In: www.tu-harburg.de/tbg/Deutsch/Mitarbeiterinnen/Frank/Vorlesung3.pdf (25.03.03).

Huber, Hans Dieter (2002): Verkörpertes visuelles Wissen. In: Hans Dieter Huber; Bettina Lockemann; Michael Scheibel (Hrsg.): Bild Medien Wissen – Visuelle Kompetenz im Medienzeitalter. München 2002, S. 163-174.

Huber, Hans Dieter; Lockemann, Bettina; Scheibel, Michael (Hrsg.) 2002: Bild Medien Wissen – Visuelle Kompetenz im Medienzeitalter. München 2002.

Iske, Stefan (2002): Vernetzes Wissen. Hypertext-Strategien im Internet. Bielefeld 2002.

Issing, Ludwig J.; Klimsa, Paul (1995): Information und Lernen mit Multimedia. Weinheim 1997.

Jenkins, Henry (2002): Blog This. In: Technology Review, März 2002.

Jung, Volker (2000): Wissen, das produktiv wird – mit Wissensmanagement zum lernenden Unternehmen. In: Christa Maar; Hans Ulrich Obrist; Ernst Pöppel: Weltwissen Wissenswelt. Das globale Netz von Text und Bild. Köln 2000, S. 293-301.

Jürgens, Eiko (2002): Es wird viel mehr Abstieg als Aufstieg produziert. Nur wenn man an die Köpfe der Lehrer herankommt, wird sich in Schulen Nennenswertes bewegen lassen. In: FR, 10.04.02.

Kaiser, Astrid (1998): Praxisbuch handelnder Sachunterricht (Band 2). Baltmannsweiler 1998.

Kant, Immanuel (1794): Über den Gemeinspruch: Das mag in der Theorie richtig sein, taugt aber nicht für die Praxis, Werkausgabe XI, Frankfurt a. M. 1991.

Karisch, Karl-Heinz (2003): Die Lust der Erkenntnis. Eigentlich ist Lernen wie Sex, nur verlieren die meisten Menschen schnell Spaß dran. In: FR 22.01.03.

Kaye, Anthony R. (1992): Learning Together Apart. In: Derselbe (Ed.): Collaborative Learning through Computer Conferencing. Berlin 1992.

Kebeck, Günther (1994): Wahrnehmung. Theorien, Methoden und Forschungsergebnisse der Wahrnehmungspsychologie. Weinheim und München 1994.

Keller, Herbert: Vier Elemente für erfolgreiches E-Learning, In: Professional Computing, Nr. 2/2002.

Kerres, Michael (2001): Multimediale und telemediale Lernumgebungen. Konzeption und Entwicklung. München, Wien 2001.

Ketter, Verena; Piatkowski, Dirk (2001): Carpe varietatem. Multimedia und noch viel mehr. In: gruppe & spiel, 5/2001, S. 33-37.

Keupp, Heiner; Höfer, Renate (1997): Identitätsarbeit heute. Frankfurt a. M. 1997.

Keupp, Heiner (2000): Identitäten in Bewegung – und die illusionäre Hoffnung auf den Körper. In: motorik, 3/2001, S. 113-123.

Kirckhoff, Mogens (1985): Mind Mapping – Die Synthese von sprachlichem und bildhaften Denken. Berlin 1990.

Klawe, Willy (2000): Lebensräume wahrnehmen und gestalten. Konjunktur und Umsetzung sozialräumlichen Handelns in der Kinder und Jugendarbeit. In: Deutsche Jugend, 10/2000, S. 437-443.

Klimsa, Paul (1993): Neue Medien und Weiterbildung: Anwendung und Nutzung in Lernprozessen der Weiterbildung. Weinheim 1993.

Klostermann, Petra; Engelbert, Michel (2001): Eintritt in neue Lernwelten. In: Durchblick – Zeitschrift für Ausbildung , Weiterbildung und berufliche Integration, 2/2001, S. 15-18.

Knecht, Evelyn; Wrana, Daniel (1999): Spielen ist Megabyte. Das Internet in spielpädagogischen Projekten. In: Dieter Glaap; Jürgen Ertelt (Hrsg.): Konnekt. Das Medienpaket. Remscheid 1999, S. 69-73.

Köhler; Harry, Voigt, Uli (2000): Jugendnetz Frankfurt/Offenbach: Regionale Kommunikations- und Informationsplattform im Internet. In: Hessische Jugend, 3/2000, S. 14-16.

Kolb, David A. (1976): The Learning Style Inventory. Technical Manual. Boston, Mass., 1976.

Koring, Bernhard (2000): Probleme internetbasierter Bildung. Untersuchungen über den Zusammenhang zwischen Bewußtsein, Lernen, Information, Bildung und Internet. In: Winfried Marotzki; Dorothee M. Meister; Uwe Sander (Hrsg.) 2000: Zum Bildungswert des Internet. Opladen 2000, S. 138-157.

König, Joachim; Oerthel, Christian; Puch, Hans-Joachim (Hrsg.) 2000: Qualitätsmanagement und Informationstechnologien. Starnberg 2000.

Krämer, Sybille (1997): Vom Mythos künstlicher Intelligenz. In: Stefan Münker; Alexander Roesler (Hrsg.): Mythos Internet. Frankfurt a. M. 1997, S. 83-107.

Krause, Stefan; Kortmann, Rolf-Dieter (2002): Standardisierung im E-Learning oder Vom schleichenden Untergang der Didaktik. In: http://www.medienpaed.com/02-2/krause_kortmann1.pdf (16.03.2003).

Krause, Stefan: Didaktik? ... wozu? ... braucht man das? In: http://www.e-learning-in-der-medizin.de/nachbereitung/krause_didaktik.ppt (25.04.03).

Krieg, Peter (1998): Die Filme entstehen im Kopf. In: Theodor M. Bardmann: Zirkuläre Positionen 2 – Die Konstruktion der Medien. Opladen, Wiesbaden 1998, S. 337-353.

Krüger, Jörg Dennis; Kopp, Matthias (2002): WebContent managen. Professioneller Einsatz von Content-Management-Systemen. München 2002.

Kubicek, Herbert (2002): Vor einer „digitalen Spaltung“? Chancengleicher Zugang zu den neuen Medien als gesellschafts- und wirtschaftpolitische Herausforderung. In: Eugen Baacke; Siegried Frech; Gisela Ruprecht (Hrsg.): Virtuelle (Lern)Welten. Herausforderungen für die politische Bildung. Schwalbach/Ts. 2002, S. 53-65.

Kübler, Hans-Dieter (1997a): Surfing, chatting, mailing ... wie viel und was für eine Pädagogik braucht das Internet, Teil 1. In: medien praktisch, 3/1997, S. 4-9.

Kübler, Hans-Dieter (1997b): Surfing, chatting, mailing ... wie viel und was für eine Pädagogik braucht das Internet, Teil 2. In: medien praktisch, 4/1997, S. 55-58.

Kübler, Hans-Dieter (2002): Modalitäten von Medienkompetenz. Von der Medienerziehung zum Wissensmanagement? In: forum medienethik, Medienkompetenz – Kritik einer populären Universalkonzeption, 1/2002, S. 18-28.

Kühl, Stefan (1998): Von der Suche nach Rationalität zur Arbeit an Dilemmata und Paradoxien. In: Jürgen Howaldt und Ralf Kopp (Hrsg.): Sozialwissenschaftliche Organisationsberatung. Auf der Suche nach einer spezifischen Beratungsverständnis. Berlin 1998, S. 303-322.

Kuhlen, Rainer (1991): Hypertext. Ein nicht-lineares Mediums zwischen Buch und Wissensbank. Berlin, Heidelberg, New York 1991.

Kuhlen, Rainer (1995): Informationsmarkt. Chancen und Risiken der Kommerzialisierung. Konstanz 1995.

Kuwan, Helmut; Waschbüsch, Eva (1999): Wissensgesellschaft und Bildungssystem – Ergebnisse aus dem Bildungs-Delphi. In: Bernhard von Rosenbladt (Hrsg.): Bildung in der Wissensgesellschaft. Ein Werkstattbericht zum Reformbedarf im Bildungssystem. Münster 1999, S. 19-35.

Lange, Michael (2001): Cyberland. Eine Netcommunity von Jugendlichen für Jugendliche. In: Wolfgang Schindler; Roland Bader; Bernhard Eckmann (Hrsg.): Bildung in virtuellen Welten. Praxis und Theorie außerschulischer Bildung mit Internet und Computer. Frankfurt am Main 2001, S. 77-82.

Langer, Susanne (1942): Philosophie auf neuem Wege. Das Symbol im Denken, im Ritus und in der Kunst. Frankfurt/M 1987.

Lave, Jean; Wenger, Etienne (1991): Situated Learning. Legitimate Peripheral Participation. Cambridge 1991.

Lenning, Oscar T.; Ebbers, Larry H. (1999): The Powerful Potential of Learning Communities: Improving Education for the Future. In: Eric Ashe: Higher Education Report, 6/1999, S. 1-163.

Lenzen, Dieter: Pädagogische Grundbegriffe, 2 Bde. Reinbek 1989.

Leroi-Gourhan, André (1988): Hand und Wort. Die Evolution von Technik, Sprache und Kunst. Frankfurt a. M. 1988.

Lesgold, Alan (1988): Intelligenter computerunterstützer Unterricht. In: Heinz Mandl; Hans Spada (Hrsg.): Wissenspsychologie, München 1988, S. 554-569.

Lil, Gerlinde (2000): Bildung im Kindergarten – neue Mode oder alter Hut ? In: klein & groß 2/2000, S. 6-12.

Lockemann, Bettina (2002): Jenseits der Netzkunst. In: Hans Dieter Huber, Bettina Lockemann, Michael Scheibel (Hrsg.): Bild Medien Wissen – Visuelle Kompetenz im Medienzeitalter. München 2002, S. 257-272.

Lück, Willi van (1994); Landesinstitut für Schule und Weiterbildung (Hrsg.) 1994: Interaktive Medien im Unterricht. Gestaltung von Hypermedia-Arbeitsumgebungen. Lernen in Sach- und Sinnzusammenhängen. Soest 1994.

Lück, Willi van (1995): Die Hypermedia-Arbeitsumgebung „Grünes Klassenzimmer“. In: Lernwelt Schule, 1/1995.

Lück, Willi van (1996): Verändertes Lernen: eigenaktiv, konstruktiv und kommunikativ. In: Computer und Unterricht, 23/1996, S. 5-9.

Luft, Alfred L. (1994): Zur begrifflichen Unterscheidung von „Wissen“, „Information“ und „Daten“. In: Rudolf Wille; Monika Zickwolff: Begriffliche Wissensverarbeitung: Grundfragen und Aufgaben. Mannheim 1994.

Luhmann, Niklas (1986): Codierung und Programmierung. Bildung und Selektion im Erziehungssystem. In: Tenorth, Heinz-Elmar (Hrsg.): Allgemeine Bildung. Weinheim und München 1986, S. 154-182.

Maar, Christa; Obrist, Hans Ulrich; Pöppel, Ernst (2000): Weltwissen Wissenswelt. Das globale Netz von Text und Bild. Köln 2000.

Maar, Christa (2000): Envisioning Knowledge – Die Wissensgesellschaft von morgen. In: Christa Maar; Hans Ulrich Obrist; Ernst Pöppel: Weltwissen Wissenswelt. Das globale Netz von Text und Bild. Köln 2000, S. 11-19.

Mach, Frank (2000): „Handwerk hat goldenen Boden" – Jugendhilfe in der Wissensgesellschaft. In: Hessische Jugend, Außerschulische Jugendbildung in der Wissensgesellschaft, 2/2002, S. 22-23.

Mandl, Heinz; Gruber, Hans; Renkl, Alexander (1995): Situiertes Lernen in multimedialen Lernumgebungen. In: Ludwig J. Issing; Paul Klimsa (Hrsg.): Information und Lernen mit Multimedia. Weinheim 1997, S. 167-178.

Maresch, Rudolf (1997): Öffentlichkeit im Netz. Ein Phantasma schreibt sich fort. In: Stefan Münker; Alexander Roesler (Hrsg.): Mythos Internet. Frankfurt a. M. 1997, S. 193-146.

Marotzki, Winfried; Meister, Dorethea M; Sander, Uwe (Hrsg.) 2000: Zum Bildungswert des Internet. Opladen 2000.

Martin, Klaus-Peter (2002): „Alt hilft Jung" im Jugendbüro Neu-Isenburg. Berufsvorbereitung für Jugendliche mit besonderem Förderbedarf. In: Hessische Jugend, Außerschulische Jugendbildung in der Wissensgesellschaft, 2/2002, S. 19-21.

Maturana, Humberto R. (2002): Das Multiversum der Wirklichkeiten. Ein Gespräch mit Humberto Maturana über den Terror der Wahrheitsfanatiker und die Sehnsucht nach Gewissheit. In: Frankfurter Rundschau, 05.10.2002, S. 19.

Mau, Bruce (2000): Wachstumsvorgänge – ein unvollständiges Manifest zu den verschiedenen Weisen der Wissenserzeugung. In: Christa Maar; Hans Ulrich Obrist; Ernst Pöppel: Weltwissen Wissenswelt. Das globale Netz von Text und Bild. Köln 2000, S. 217-223.

Mc Luhan, Marshall; Fiore, Quentin (1967): Das Medium ist Massage. Frankfurt a. M.; Berlin, Wien 1984.

Mc Luhan, Marshall (1964): Die magischen Kanäle – Understanding Media. Dresden, Basel 1994.

Mead, George Herbert (1913): Die soziale Identität. In: Derselbe: Gesammelte Aufsätze, herausgegeben von Hans Joas. Frankfurt 1980. S. 241-249.

Meder, Norbert; Fromme, Johannes (Hrsg.) 2001: Computerspiele und Bildung. In: Johannes Fromme; Norbert Meder (Hrsg.): Bildung und Computerspiele. Zum kreativen Umgang mit elektronischen Bildschirmspielen. Opladen 2001, S. 11-28.

Meister, Dorothee M.; Sander, Uwe (2000): Bildung *just in time* durch Internet? In: Winfried Marotzki, Dorothee M. Meister; Uwe Sander (Hrsg.): Zum Bildungswert des Internet. Opladen 2000, S. 115-135.

Mengel, Maximilian; Englert, Gabriele (2002): Die virtuelle Universität. Darmstadt 2002.

Meyer-Dohm, Peter (1993). Welche Art Bildung erwarten die Großunternehmen von Absolventen der Universitäten? In: Stifterverband für die Deutsche Wirtschaft (Hrsg.): Wozu Universitäten – Universitäten wohin? Essen 1993, S. 32-33.

Mikos, Lothar (1999): Erinnerung, Populärkultur und Lebensentwurf. Identität in der multimedialen Gesellschaft. In: medien praktisch, 1/1999, S. 4-8.

Michael. Berthold: (1983): Darbieten und Veranschaulichen. Möglichkeiten und Grenzen von Darbietung und Anschauung im Unterricht. Bad Heilbrunn 1983.

Minsky, Marvin (1985): Mentopolis. Stuttgart 1994.

Mitchell, William J.T. (1994): Picture Theory. Chicaco 1994.

Mitchell, William J.T. (2000): Das Kunstwerk im Zeitalter seiner biokybernetischen Reproduzierbarkeit. In: Christa Maar; Hans Ulrich Obrist; Ernst Pöppel: Weltwissen Wissenswelt. Das globale Netz von Text und Bild. Köln 2000, S. 205-213.

Mohr, Hans (1999): Wissen. Prinzip und Ressource. Die Zukunft gehört der Wissensgesellschaft. Berlin 1999.

Morawitz, Holger (1995): Lerntypen im lehrgangsorientierten und offenen Unterricht. In: Schulmagazin 5 bis 10, 3/1995.

Morris, Marnie im Gespräch mit Uli Pecher (2000): Verliebt ins Lernen – Grundprinzipien des Multimedia-Designs. In: Christa Maar; Hans Ulrich Obrist; Ernst Pöppel: Weltwissen Wissenswelt. Das globale Netz von Text und Bild. Köln 2000, S. 247-252.

Moser, Sonja; Dreyer, Klaus (Hrsg.) 2001: Im Netz werken. Kinder und Jugendprojekte rund ums Internet. München 2001.

Moser, Sonja; Dreyer, Klaus (Hrsg.) Spuren im Netz. Kinder- und Jugendprojekte rund ums Internet. München 2002.

Müller, Albrecht A. C. von (2000): Das Erzeugen, Speichern und Nutzen von Wissen als Schlüsselkompetenz der Zukunft. In: Christa Maar; Hans Ulrich Obrist; Ernst Pöppel: Weltwissen Wissenswelt. Das globale Netz von Text und Bild. Köln 2000, S. 262-268.

Müller, Klaus E. (1987): Das magische Universum der Identität - Elementarformen sozialen Verhaltens - Ein ethnologischer Grundriß. Frankfurt a. M, New York 1987.

Müller, Stephanie (2001): Kind und Computer. Ein Ratgeber für Eltern und Erzieher. Nürnberg 2001.

Müller-Böling, Detlef (2000): Die entfesselte Hochschule. Gütersloh 2000.

Münchmeier, Richard (1998): Was ist offene Jugendarbeit? – eine Standortbestimmung. In: Ulrich Deinet; Benedikt Sturzenhecker (Hrsg.): Handbuch Offene Jugendarbeit. Münster 1998, S. 13-33.

Mündemann, Belen Mercedes (2000): Leichter, schneller, besser lernen. Innovative Lernmethoden für das Informationszeitalter. Landsberg am Lech 2000.

Mündemann, Friedhelm (2000): TeleCoach – ein Telepädagoge der Zukunft? In: http://www.arbeitsamt.de/laa_bb/international/InhaltKongressD/D25M_ndemann.pdf (25.03.03).

Negroponte, Nicholas (1997): Total digital. Die Welt zwischen 0 und 1 oder die Zukunft der Kommunikation. München 1997.

Neisser, Ulrich (1979): Kognition und Wirklichkeit. Stuttgart 1979.

Neuß, Norbert (2001): Computereinsatz in Kindertagesstätten. Erfahrungen und Praxisvorschläge. In: medien praktisch, 2/2001, S. 19-23.

Neuß, Norbert; Michaelis, Carola Neuß (2002): Computer schon im Kindergarten. In: Norbert Neuß; Carola Michaelis: Neue Medien im Kindergarten. Spielen und Lernen mit dem Computer. Freiburg 2002, S. 7-11.

Oehmichen, Ekkehardt; Schröter, Christian (2002): Zur Habitualisierung der Onlinenutzung. Phasen der Aneignung und erste Ausprägung von Nutzertypen. In: media perspektiven, 8/2002, S. 376-388.

Oppelt, Peter (2002): SYS*KOM-Qualifying. Junior-Screendesigner in 24 Monaten. In: Hessische Jugend, Außerschulische Jugendbildung in der Wissensgesellschaft, 2/2002, S. 17-19.

Orthmann, Claudia; Issing, Ludwig J. (2000): Lernen im Internet – ein integrativer Ansatz. In: Winfried Marotzki, Dorothee M. Meister; Uwe Sander (Hrsg.): Zum Bildungswert des Internet. Opladen 2000, S. 83-96.

Otto, Gunter (1994): Das Ästhetische ist „Das Andere der Vernunft". Der Lernbereich Ästhetische Erziehung. In: Friedrich Jahresheft 1994, S. 56-58.

Paechter, Manuela (2001): Moderation des Lehrens und Lernens im Internet. In: http://www.unibw-muenchen.de/campus/SOWI/s71amapa/skript_ega.pdf (24.03.03).

Palme, Hans-Jürgen (1999): Computern im Kindergarten. München 1999.

Palme, Hans-Jürgen; Friedrich, Björn (2001): Kinderspuren im Internet. In: Hans-Jürgen Palme; Natasa Basic (Hrsg.): Medienkompetenz – Version 2002. Navigationshilfen für Kinder, Jugendliche und Erziehende. Bielefeld 2001, S. 124-130.

Palme; Hans-Jürgen; Basic, Natasa (Hrsg.) 2001: Medienkompetenz – Version 2002. Navigationshilfen für Kinder, Jugendliche und Erziehende. Bielefeld 2001.

Papert, Seymour (1993): Revolution des Lernens. Kinder, Computer, Schule in einer digitalen Welt. Hannover 1998a.

Papert, Seymour (1996): Die vernetzte Familie. Kinder und Computer. Stuttgart 1998b.

Parkhurst, Helen (1922): Education on the Dalton Plan. Zitiert nach: http://www.dalton.org/ (21.03.03).

Pasch, Ralf (2002): Kampfansage an die „Wissensbarone". Experten halten Wandel bei der Verbreitung von Bildung für notwendig. In: FR, 19.10.02.

Pasch, Ralf (2003): Lehrer sollen lebenslang lernen. Experten-Kommission will Pädagogen nach zehn Jahren wieder auf die Schulbank schicken. In: FR, 10.01.03.

Pask, Gordon (1976): Styles and Strategies of Learning. In: British Journal of Educational Psychology, 1976, S. 128-148.

Peters, Otto (2000): Ein didaktisches Modell für den virtuellen Lernraum. In: Winfried Marotzki, Dorothee M. Meister; Uwe Sander (Hrsg.): Zum Bildungswert des Internet. Opladen 2000, S. 159-187.

Peuckert: Rüdiger. (1996): Familienformen im sozialen Wandel. Opladen 1999.

Piaget Jean (1936): Das Erwachen der Intelligenz beim Kinde. Stuttgart 1975.

Piaget Jean; Inhelder, Bärbel (1980): Die Psychologie des Kindes, Stuttgart 1980.

Pöppel, Ernst (2000): Drei Welten des Wissens – Koordinaten eine Wissenswelt. In: Christa Maar; Hans Ulrich Obrist; Ernst Pöppel: Weltwissen Wissenswelt. Das globale Netz von Text und Bild. Köln 2000, S. 21-39.

Pospeschill, Markus (1998): Wissen. In: Siegfried Grubitzsch; Klaus Weber (Hrsg.) Psychologische Grundbegriffe. Ein Handbuch. Reinbek 1998, S. 689-691.

Poster, Mark (1997): Elektronische Identitäten und Demokratie. In: Stefan Münker; Alexander Roesler (Hrsg.): Mythos Internet Frankfurt am Main 1997, S. 147-170.

Rao, Ramana (2000): Der >hyperbolic tree< und seine Verwandten – 3D-Interfaces erleichtern den Umgang mit grossen Datenmengen. In: Christa Maar; Hans Ulrich Obrist; Ernst Pöppel: Weltwissen Wissenswelt. Das globale Netz von Text und Bild. Köln 2000, S. 253-261.

Reglin, Thomas; Uschner, Brit (2001): Der moderne Mitarbeiter im Online-Seminar. In: Durchblick. Zeitschrift für Ausbildung. Weiterbildung und berufliche Integration. Februar 2001.

Rehäuser, Jacob; Krcmar, Helmut (1996): Wissensmanagement in Unternehmen. In: Georg Schreyögg; Peter Conrad (Hrsg.): Wissensmanagement. Berlin 1996. S. 1-40.

Reich, Robert B. (1992): The work of Nations. Preparing Ourselves for the 21st Century Capitalism. New York 1992.

Reinmann-Rothmeier, Gabi; Mandl, Heinz (1994): Wissensvermittlung: Ansätze zur Förderung des Wissenserwerb (Forschungsbericht 34 der Ludwig-Maximilians-Universität, Lehrstuhl für Empirische Pädagogik und Pädagogische Psychologie). München 1994.

Reinmann-Rothmeier, Gabi / Mandl, Heinz (2000): Wissensmanagement im Unternehmen – Eine Herausforderung für die Repräsentation, Kommunikation und Nutzung von Wissen. In: Christa Maar; Hans Ulrich Obrist; Ernst Pöppel: Weltwissen Wissenswelt. Das globale Netz von Text und Bild. Köln 2000, S. 271-282.

Reinmann-Rothmeier, Gabi; Mandl, Heinz; Erlach, Christine; Neubauer, Andrea (2001): Wissensmanagement lernen. Ein Leitfaden zur Gestaltung von Workshops und zum Selbstlernen. Weinheim, Basel 2001.

Reinmann-Rothmeier, Gabi; Vohle, Frank (2002): Pädagogisch-psychologische Ideen für die Repräsentation und Kommunikation von Wissen im Netz – ein narrativer Ansatz. In: Hans Dieter Huber; Bettina Lockemann; Michael Scheibel (Hrsg.): Bild Medien Wissen – Visuelle Kompetenz im Medienzeitalter. München 2002, S. 337-362.

Rico, Gabriele L. (1983): Garantiert schreiben lernen. Reinbek 1984.

Riebsamen, Hans (2003): Adieu, Einstein. Die Schüler wenden sich von den Naturwissenschaften ab. Deutschland fehlt der Nachwuchs. In: FAZ, 09.03.03.

Rolff, Hans-Günther; Zimmermann, Peter (1985): Kindheit im Wandel. Eine Einführung in die Sozialisation im Kindesalter. Weinheim und Basel 1997.

Röll, Franz Josef (1995): Navigieren im Medienraum. Interaktive Medien, die Schlüsseltechnologien im Stadium entgrenzter Medien. In: Jürgen Lauffer; Ingrid Volkmer (Hrsg.): Kommunikative Kompetenz in einer sich verändernden Medienwelt. Opladen 1995, S. 147-165.

Röll, Franz Josef (1998): Mythen und Symbole in populären Medien. Der wahrnehmungsorientierte Ansatz in der Medienpädagogik. Frankfurt a. M. 1998.

Rosenbladt, Bernhard von (Hrsg.) 1999: Bildung in der Wissensgesellschaft. Ein Werkstattbericht zum Reformbedarf im Bildungssystem. Münster 1999.

Rosenfield, Israel (2000): Wissen als Interaktion – Beiträge aus der Gehirnforschung und Computerwissenschaft. In: Christa Maar; Hans Ulrich Obrist; Ernst Pöppel: Weltwissen Wissenswelt. Das globale Netz von Text und Bild. Köln 2000, S. 161-169.

Sachs-Hombach, Klaus (2002): Begriff und Funktion bildhafter Darstellungen. In: Hans Dieter Huber; Bettina Lockemann; Michael Scheibel (Hrsg.): Bild Medien Wissen – Visuelle Kompetenz im Medienzeitalter. München 2002, S. 9-45.

Sandbothe; Mike (2000): Globalität als Lebensform. In: Winfried Marotzki, Dorothee M. Meister, Uwe Sander (Hrsg.) (2000). Zum Bildungswert des Internet. Opladen 2000, S. 17-31.

Sanderson, David W. (1993): The Smiley Book. Cambridge 1993.

Sauter, Werner (2001): Blended Learning. Trends in der betrieblichen Qualifizierung. In: Monitor, Blended Learning, 1/2001.

Schachtner, Christina (2001): Lernziel Identität. Medienkompetenz als Identitätskompetenz. In: medien praktisch, 1/2001, S. 4-9.

Schank, Roger C. (1992): Goal Based Szenarios. In: http://cogprints.ecs.soton.ac.uk/archive/00000624/00/V11ANSEK.html (25.03.03).

Schank, Roger C., Berman, Tamara R.; & Macpherson, Kimberli A. (1999). Learning by doing. In: Charles M. Reigeluth (Ed.): Instructional Design Theories and Models (S. 161-181). Mahwah, NJ 1999.

Scheibel, Michael (2002): Visuelle Kommunikation im Internet. Perspektiven für den Kunstunterricht. In: Hans Dieter Huber, Bettina Lockemann, Michael Scheibel (Hrsg.) 2002: Bild Medien Wissen – Visuelle Kompetenz im Medienzeitalter. München 2002, S. 273-286.

Schell, Fred (1999): Bedeutung von Medienkompetenz als Bildungsaufgabe und inhaltliche bildungspolitische Zielsetzungen, in: Fred Schell, Elke Stolzenburg, Helga Theunert (Hrsg.): Medienkompetenz – Grundlagen und pädagogisches Handeln. München 1999.

Schindler, Wolfgang (2001): Außerschulische Bildung in virtuellen Welten. In: Wolfgang Schindler; Roland Bader; Bernhard Eckmann (Hrsg.): Bildung in virtuellen Welten. Praxis und Theorie außerschulischer Bildung mit Internet und Computer. Frankfurt a. M. 2001, S. 11-20.

Schlageter, Gunter; Buhrmann, Peter; Laskowski, Frank; Mittrach, Silke: Virtuelle Universität: eine neue Generation netzbasierter Bildungssysteme: In: http://webdoc.gwdg.de/ebook/aw/infostru/schlaget.htm. (26.04.03).

Schlottmann, Dörte; Düx, Sascha (2002): Medienpädagogische Projekte in der außerschulischen Jugendarbeit. In: http://www.digitale-chancen.de/transfer/downloads/MD273.pdf (09.03.03)

Schmidt, Artur P. (1999): Der Wissensnavigator. Das Lexikon der Zukunft. Stuttgart 1999.

Schmidt, Ulrike (2000): Jugendserver. Der Butler für Informationen zu Jugend- und Jugendarbeit im Internet. In: Hessische Jugend, 3/2000, S. 11-12.

Schönwald, Oliver (1999): Modernes Lernen mit Multimedia und Internet. In: Hagener Universitätsreden 25. Hagen 1999. S. 51-74.

Schorb, Bernd (1995): Medienalltag und Handeln. Medienpädagogik in Geschichte, Forschung und Praxis. Opladen 1995.

Schröder, Dirk (1999): Der Link als Herme und Seitensprung. Linktypologie und Navigationsformen in pädagogischen Hypertextwissensbasen. In: www.update.ch/beluga/digital/99/schoeder.htm (30.12.02).

Schulze, Gerhard (1992): Die Erlebnisgesellschaft. Kultursoziologie der Gegenwart. Frankfurt a. M., New York 1993.

Schütz, Alfred: Gesammelte Aufsätze I. Das Problem der Sozialen Wirklichkeit. Den Haag 1971.

Schütz, Alfred; Luckmann, Thomas (1979): Strukturen der Lebenswelt, Band 1, Frankfurt a. M. 1979.

Seeburger, Sonja: Die Bedeutung von E-Learning in der Wissensgesellschaft und die sich daraus ergebenden Anforderungen für die Bildungsarbeit. Darmstadt 2002 (unveröffentlichte Diplomarbeit).

Seufert, Sabine; Back, Andrea; Häusler, Martin (2001): E-Learning. Weiterbildung im Internet. Das Plato-Cookbook für internetbasiertes Lernen. Kilchberg 2001.

Shannon, Claude; Weaver, Warren (1976): Mathematische Grundlagen der Informationstheorie. München 1976.

Short, John; Williams, Ederyn; Christie, Bruce (1976): The Social Psychology of Telecommunications. Chichester 1976.

Siebert, Horst (1985): Identitätslernen in der Diskussion. Frankfurt a. M. 1985.

Siebert, Horst (2003): Lernstile und Lernschwierigkeiten. Studienbrief EB 0053. Kaiserslautern. In: www.zfuw.de (25.02.03).

SIN-Studio im Netz (Hrsg.): Spielplatz Computer. München 1997.

Singer, Wolf: Wissensquellen – Wie kommt das Wissen in den Kopf. In: Christa Maar; Hans Ulrich Obrist; Ernst Pöppel: Weltwissen Wissenswelt. Das globale Netz von Text und Bild. Köln 2000, S. 137-145.

Singer, Wolf (2002): Der Beobachter im Gehirn. Essays zur Gehirnforschung. Frankfurt am Main 2002.

Skinner, Burrhus Frederik (1953): Wissenschaft und menschliches Verhalten. München 1982.

Spanhel, Dieter (2002): Medienkompetenz als Schlüsselbegriff der Medienpädagogik ? In: forum medienethik, Medienkompetenz – Kritik einer populären Universalkonzeption, 1/2002, S. 48-53.

Spears, Russel; Lea, Martin (1992): Social Influence and the Influence of the „Social“ in Computer-Mediated Communication. In: Martin Lea (Ed.): Contexts of Computer-Mediated Communication. London 1992, S. 30-65.

Sperry, Roger Wolcott (1974): Lateral Specialization in the Surgically Seperated Hemispheres. In: Francis O. Schmitt; Frederick G. Worden (Hrsg): The Neurosciences, 3rd Study Progamm. Cambridge 1974, S. 5-19.

Spinner, Helmut F. (2002): Ein Wort sagt mehr als tausend Bilder? Entwurf einer Wissenstheorie des Bildes. In: Hans Dieter Huber; Bettina Lockemann; Michael Scheibel (Hrsg.): Bild Medien Wissen – Visuelle Kompetenz im Medienzeitalter. München 2002, S. 175-207.

Sproull, Lee; Titus, William (1985): Pooling of Unshared Information in Group Decision Making: Biased Information Sampling during Discussion. In: Journal of Personality and Social Psychology, 48, S. 1467-1478.

Schell, Fred (1993): Aktive Medienarbeit mit Jugendlichen – Theorie und Praxis. München 1993.

Spiro, Rand J.; Jehng, Jihn-Chang (1990): Cognitive Flexibility and Hypertext: Theory and Technology for the Nonlinear and Multidimensional Traversal of Complex Subject Matter. In: Nix, Don; Spiro, Rand J. (Eds.): Cognition, Education, and Multimedia: Exploring Ideas in High Technology. Hillsdale, NJ 1990, S. 163-205.

Spitz, René (1965): Vom Säugling zum Kleinkind. Naturgeschichte der Mutter-Kind-Beziehung im ersten Lebensjahr. Stuttgart 1974.

Stadt Offenbach (2002): Ergebnisdarstellung „Lernende Region Offenbach – Netzwerk Offenes Lernen" im Rahmen des BMBF-Förderprogramms „Lernende Region – Förderung von Netzwerken. Offenbach 2002.

Stahl, Elmar; Bromme, Rainer. (2000): Spiro´s „Cognitive Flexibility" und das Schreiben von Hypertexten: Fördert die Einnahme verschiedener Leserperspektiven den Wissenserwerb beim Erstellen von Hypertexten? Referat auf dem 42. Kongress der DGPs in Jena, September 2000.

Stangl, Werner (2001): Der Begriff der „sozialen Kompetenz" in der psychologischen Literatur. In: http://paedpsych.jk.uni-linz.ac.at/PAEDPSYCH/SOZIALEKOMPETENZ/default14.html (07.02.2003).

Stehr, Nico (1994): Arbeit, Eigentum und Wissen. Zur Theorie von Wissensgesellschaften. Frankfurt a. M.1994.

Steps, Manfred. (1997): Mind Mapping im Unterricht. In: Praxis Schule 5-10, 5/1997, S. 25-29.

Stern, Daniel (1985): Die Lebenserfahrung des Säuglings. Stuttgart 1992.

Stone, L. Joseph; Smith, Henrietta T.; Murphy, Lois B. (Eds.) (1973): The Competent Infant. New York 1973.

Straka, Gerald A (1999): Mitarbeiter planen das Lernen eigenständig, in FR, 21.08.1999.

Tapscott, Don (1998): Net Kids – Die digitale Generation erobert Wirtschaft und Gesellschaft. Wiesbaden 1998.

Tausch, Jürgen (1999): MindManager oder: Wie man systematisches Denken mit Hilfe des Computers organisieren und visualisieren kann. In: Zentralstelle für Weiterbildung der Technischen Universität Braunschweig (Hrsg.): Elektronische Medien in der wissenschaftlichen Weiterbildung – Möglichkeiten, Erfahrungen, Anstöße. Fachtagung 18./19. März 1999 in Braunschweig, Tagungsband. Braunschweig 1999, S. 52-62

Tausch, Jürgen (2002): Mind Mapping via MindManager. In: http://www.tu-bs.de/institute/didaktikbio/MindManager.htm (07.02.03)

Tergan, Sigmar-Olaf (2002): Lernen mit Multimedia-, Hypertext- und Hypermedia-Systemen. Zur Funktion von Visualisierungen. In: Hans Dieter Huber; Bettina Lockemann; Michael Scheibel (Hrsg.): Bild Medien Wissen – Visuelle Kompetenz im Medienzeitalter. München 2002, S. 321-336.

Thau, Wolfgang (2002): Informations- und Kommunikationstechnologien in der beruflichen Integrationsförderung. In: Hessische Jugend, Außerschulische Jugendbildung in der Wissensgesellschaft, 2/2002, S. 14-16.

Theunert, Helga (1987): Gewalt in den Medien – Gewalt in der Realität. Gesellschaftliche Zusammenhänge und pädagogisches Handeln. München 1996.

Theunert, Helga (1996): Multi-Medienpädagogik. In: merz, 1/1996, S. 24-29.

Theunissen, Georg; Plaute, Wolfgang; Stichling, Melitta; Garlipp, Birgit; Hoffmann, Claudia; Matzke, Cordula (1995): Handbuch Empowerment und Heilpädagogik. Freiburg 1995.

Thissen, Frank (1999): Das Lernen neu erfinden: konstruktivistische Grundlagen einer Multimedia-Didaktik. In: Gaby Engel; Michael Klein (Hrsg.), Landesinstitut für Schule und Weiterbildung, Beratungsstelle für neue Technologien: Eine neue Lernwelt: das Netz als Medium zur Unterstützung des Lernens. Gütersloh 1999.

Tulodziecki, Gerhard (1996): Unterricht mit Jugendlichen. Bad Heilbrunn 1996.

Tulodziecki, Gerhard (1999): Multimediale Angebote – verbessern sie Lernen und Lehren? Lerntheoretische Grundlagen und didaktische Perspektiven. In: medien praktisch, 4/99, S. 10-13.

Tully, Claus J. (2000): Jugendliche Netzkompetenz: *just do it* – Surfen im Cyberspace als informelle Kontextualisierung. In: Winfried Marotzki; Dorothee M. Meister; Uwe Sander (Hrsg.) 2000: Zum Bildungswert des Internet. Opladen 2000, S. 189-215.

Turkle, Sherry (1984): Die Wunschmaschine. Vom Entstehen der Computerkultur. Reinbek 1984.

Turkle, Sherry (1995): Leben im Netz. Identität in Zeiten des Internet. Reinbek 1998.

Uhl, Christiane (2002): Bewegte Kindheit in der Mediengesellschaft. Zur Interdependenz von Medienerfahrung und psychomotorischem Erleben. Darmstadt 2002 (unveröffentlichte Diplomarbeit).

Varela, Francisco J. (2002): Die biologischen Wurzeln des Wissens – Vier Leitprinzipien für die Zukunft der Kognitionswissenschaft. In: Christa Maar; Hans Ulrich Obrist; Ernst Pöppel: Weltwissen Wissenswelt. Das globale Netz von Text und Bild. Köln 2000, S. 146-160.

Vierhaus, Rudolf (1994): Die Rekonstruktion historischer Lebenswelten. Es geht um die gesellschaftlich konstituierte, kulturell gestaltete, symbolisch gedeutete Wirklichkeit des Menschen. FR, 28.09.1994, S. 8.

Walter, Hans-Jürgen (2002): DenkZeichnen Clustering. In: http://www.denkzeichen.de/DenkZeichnen-111.htm (25.02.03).

Walther, Joseph B. (1992): Interpersonal Effects in Computer-Mediated Interaction: A relational Perspective. In: Communications Research, 19/1992, S. 52-90.

Walther, Joseph B. (2000): Die Beziehungsdynamik in virtuellen Teams. In: Margarete Boos, Kai J. Jonas; Kai Sassenberg (Hrsg.): Computervermittelte Kommunikation in Organisationen. Göttingen 2000, S. 11-25.

Walther, Petra (2002): Den Anschluss nicht verpassen. Bildungsanbieter und Blended Learning. In: Manager Seminare, e-le@rning – Lernen mit neuen Medien, 61/2002, S. 26-30.

Webb, Colin; Rowe, Wynne (1995): Kinder entdecken den Computer. Praktische Ratschläge für Eltern mit (Vor-) Schulkindern. München 1996.

Weidenmann, Bernd (1995): Multicodierung und Multimodalität im Lernprozeß. In: Ludwig J. Issing; Paul Klimsa (Hrsg.): Information und Lernen mit Multimedia. Weinheim 1997, S. 65-84.

Weiß, Reinhold (1994). Schlüsselqualifikationen und Fachwissen – ihre Bedeutung in Beruf und Hochschulausbildung. In: VHW Mitteilungen, Juli/September 1994, S. 6-10.

Welsch, Wolfgang (1990): Ästhetisches Denken. Stuttgart 1993.

Wersig, Gernot (1997): Der Weg in die Informationsgesellschaft. In: Buder, Marianne; Rehfeld, Werner; Seeger, Thomas; Strauch, Dietmar (Hrsg.): Grundlagen der praktischen Information und Dokumentation, Band 1. München, London, Paris 1997, S. 974-999.

Wetzstein, Thomas A.; Dahm, Hermann; Steinmetz, Linda; Lentes, Anja; Schampaul, Stephan; Eckert, Roland (1995): Datenreisende. Die Kultur der Computernetze. Opladen 1995.

Wilbers, Karl (2002): E-Learning didaktisch gestalten. In: Andreas Hohenstein; Karl Wilbers: Handbuch E-Learning. Köln 2002.

Wilhelmi, Hans H. (1999): Lernen, Wissen und Handeln – Anmerkungen des Auftraggebers zum „Wissens- und Bildungs-Delphi". In: Bernhard von Rosenbladt (Hrsg.): Bildung in der Wissensgesellschaft. Ein Werkstattbericht zum Reformbedarf im Bildungssystem. Münster 1999, S. 37-44.

Wilke, Helmut (1998): Systemisches Wissensmanagement. Stuttgart 1998.

Wille, Rudolf (1992): Begriffliche Datensysteme als Werkzeuge der Wissenskommunikation. In: Harald H. Zimmermann; Heinz Dirk Luckhardt; Angelika Schulz (Hrsg.): Prot. des 3. Int. Symposiums für Informationswissenschaft (IS'92), 5.-7.11.1992 in Saarbrücken. Konstanz 1992.

Wiswede, Günter (2000): Konsumsoziologie – Eine vergessene Disziplin. In: Doris Rosenkranz; Norbert F. Schneider (Hrsg.): Konsum – Soziologische, ökonomische und psychologische Perspektiven. Opladen 2000.

Wolf, Andreas (1998): Multimediales Lernen im Unterricht. In: http://bildung.freepage.de/cgi-bin/feets/freepage_ext/41030x030A/rewrite/airwolf007/start.htm (21.02.03).

Wolff, Heimfried (1999): Potentiale und Dimensionen der Wissensgesellschaft – Ergebnisse aus dem „Wissens-Delphi". In: Rosenbladt, Bernhard von (Hrsg.): Bildung in der Wissensgesellschaft. Ein Werkstattbericht zum Reformbedarf im Bildungssystem. Münster 1999, S. 11-18.

Wolcott, James (2002): Blog Nation, in: Business 2.0 vom 2. Mai 2002.

Yates, Frances A. (1991) Gedächtnis und Erinnern. Mnemonik von Aristotels bis Shakespeare. Berlin 2001.

Zacharias, Wolfgang (Hrsg.) 1997: Interaktiv – Im Labyrinth der Möglichkeiten. Remscheid 1997.

Zacharias, Wolfgang (Hrsg.) 2000: Interaktiv – Medienökologie zwischen Sinnenreich und Cyberspace. Neue multimediale Spiel- und Lernumwelten für Kinder und Jugendliche. München 2000.

Zacharias, Wolfgang (2001): Kulturpädagogik – Kulturelle Jugendbildung – Eine Einführung. Opladen 2001.

Zeiher, Helga (1983): Die vielen Räume der Kinder. In: Ulf Preuss Lausitz u.a.: Kriegskinder - Konsumkinder - Krisenkinder. Zur Sozialisationsgeschichte seit dem Zweiten Weltkrieg. Weinheim, Basel 1983, S. 176-195.

Zeiher, Helga (1989): Modernisierungen in den sozialen Formen von Gleichaltrigenkontakten. In: Dieter Geulen (Hrsg.): Kindheit – Neue Realitäten und Aspekte. Weinheim 1989.

Zinke, Gerd: E-Learning: Potenziale und Interessenlagen in Unternehmen. In: BBIB Forschung. Informationsdienst des Bundesinstituts für Berufsbildung. Nr. 02/2002.

Zumbach, Jörg; Reimann, Peter (1998): Hypermedia als Learning Tools: A Goal-Based Scenario approach. In: Tel 98 Conference, 24.-26. September in Strasbourg. Straßburg 1998. Zitiert in: http://zumbach.psi.uni-heidelberg.de/tech-intele98.PDF (25.03.03).

Film

Stampfler, Sabine: Multimedia und die Folgen - 1. Schüler im Network (Sendereihe Doppelklick, WDR 1996)

Bildnachweis

Prolog, Abb. 58: Verena Ketter
Abb. 1: ArtToday, in: http://www.payer.de/kommkulturen/kultur062.htm
Abb. 2: Asimov, Isaak 1986
Abb. 3: Franz Josef Röll, nach einer Vorlage von Gabi Reinmann-Rothmeier u.a. 2002, S. 344
Abb. 4, 12, 14, 16, 17, 19, 20, 23, 24, 25, 26, 36, 46, 47, 51, 52, 70, 139, 148: Franz Josef Röll
Abb. 5, 6, 7: Gabi Reinmann-Rothmeier u.a. 2001, S. 21, S. 76
Abb. 8, 9: Vilém Flusser 2000, S. 24. und S. 32
Abb. 10: Stefan Iske 2002, S. 43
Abb. 11: Dirk Schröder 1999
Abb. 13: Dieter Baacke 1993 und Uri Bronfenbrenner 1976
Abb. 15, 18, 37: Archiv
Abb. 21: Frank Hillebrandt 2001
Abb. 22: Franz Josef Röll nach einer Vorlage von Alfred Schütz und Thomas Luckmann 1979
Abb. 27 Franz Josef Röll nach einer Vorlage von www.uni-bielefeld.de/psychologie/ae/AE09/HOMEPAGE/Wild/Instruktion
Abb. 28: Michael Kerres 2001
Abb. 29: Albert Bandura 1979
Abb. 30, 31: Hans Dieter Haller 2003
Abb. 32, 33: Herrmann Institut Deutschland GMBH (H.D.I.)
Abb. 34: Jüngst, Karl-Ludwig, in: http://www.unisaarland.de/fak5/ezw/abteil/lehr/concept/cmapdef.html
Abb. 35: http://www1.ku-eichstaett.de/PPF/PDMueller/lerntech/method/bildsys.htm
Abb. 38: http://www.teachsam.de/arb/krea/krea_cluster_1.htm
Abb. 39: Mogens Kirckhoff 1990, S. 5.
Abb. 40: Monika Legenstein
Abb. 41: Franz Josef Röll nach einer Vorlage von Belen Mercedes Mündemann 2000, S. 11.
Abb. 42: http://people.cs.vt.edu/~north/infoviz/perspectivewall.pdf
Abb. 43: www.inxight.com
Abb. 44: www.inxight.com
Abb. 45: www.inxight.com
Abb. 48: Jürgen Tausch (2003), in: http://www.tubs.de/institute/didaktikbio/abb3. htm.
Abb. 49: www.smarttech.de
Abb. 50: www.sin-net.de/
Abb. 53, 54: Verlag Tivola, Screenshot
Abb, 55: Pädagogische Aktion / SPIELkultur e.V., München
Abb. 56, 57: Spiellandschaft Stadt e.V., München
Abb. 59, 60, 61, 62, 63, 64: Kinderhaus Nordweststadt und Franz Josef Röll
Abb. 65, 66: www.spiegel-schule.de
Abb. 67: www.dalton.org
Abb. 68, 69: Landesinstitut für Schule, Soest
Abb. 71, 72, 73, 74, 75, 76, 77: FH Darmstadt, FB Sozialpädagogik und Jugendhaus Go In, Darmstadt
Abb. 78, 79, 80, 81, 82, 83, 84, 87, 88, 89, 90, 91, 92, 93, 94, 95: FH Darmstadt, FB Sozialpädagogik
Abb. 85, 86: MuK, Institut für Medienpädagogik, Ffm
Abb. 96, 97: Donna Vita Verlag
Abb. 98: www.navigo.de/
Abb. 99: www.contentmanager.de/contentmanager/werbung_teaser.html
Abb. 100: www.uni-weimar.de/medien/
Abb. 101, 102, 103: Stefan Münz, in: http://selfhtml.teamone.de/grafik/anzeige/dots.htm
Abb. 104: www.derbauer.de
Abb. 105: www.kkl-luzern.ch/german/index.html
Abb. 106: www.spinnenwerk.de
Abb. 107: www.gi-point.de/gi-point/launch/flash/
Abb. 108: http://www.jugendinfonetz-mkk.de/
Abb. 109, 111: http://ffm.junetz.de
Abb. 110: http://ffm.junetz.de und http://of.junetz.de
Abb. 112, 113: www.parabol.de/jugendhaus
Abb. 114, 115, 116, 117, 118: http://www.virtuellewelt.de/index.php
Abb. 119, 120, 123: JFC Medienzentrum Köln
Abb. 121, 122: Gesellschaft für Medienpädagogik und Kommunikationskultur (GMK), Bielefeld
Abb. 124, 125: Manuela Paechter 2001
Abb. 126: www.imc.ce
Abb. 127, 129, 130: http://www.hyperwave.com/d/
Abb. 128: www.vam.unizh.ch
Abb. 131, 132, 133, 134, 135, 136, 137: www.CampusSource.de
Abb. 138: www.elatnet.de
Abb. 140: Stefan Krause 2003
Abb. 141: https://vu.fernuni-hagen.de/
Abb. 142, 144, 145, 146, 147: www.offeneslernen.de
Abb. 143: Harry Köhler und Jugendamt Offenbach
Abb. 149: Jürgen Ertelt
Abb. 150: www.sprocketworks.com